中国证券业
高质量发展论文集
（2023）

中国证券业协会 ◎ 编

中国财经出版传媒集团
中国财政经济出版社
北京

图书在版编目（CIP）数据

中国证券业高质量发展论文集.2023／中国证券业协会编.－－北京：中国财政经济出版社，2023.11
　ISBN 978－7－5223－2541－5

　Ⅰ.①中… Ⅱ.①中… Ⅲ.①证券业－经济发展－中国－文集 Ⅳ.①F832.51－53

中国国家版本馆 CIP 数据核字（2023）第 198263 号

编辑人员：	李　曦　刘相君	责任校对：	徐艳丽
	李劭琛　王运星	封面设计：	孙俪铭
责任编辑：	翁晓红	责任印制：	党　辉

中国证券业高质量发展论文集（2023）
ZHONGGUO ZHENGQUANYE GAOZHILIANG FAZHAN LUNWENJI（2023）

中国财政经济出版社 出版

URL：http://www.cfeph.cn
E－mail：cfeph@cfeph.cn

（版权所有　翻印必究）

社址：北京市海淀区阜成路甲 28 号　邮政编码：100142
营销中心电话：010－88191522
天猫网店：中国财政经济出版社旗舰店
网址：https://zgczjjcbs.tmall.com
北京时捷印刷有限公司印刷　各地新华书店经销
成品尺寸：185mm×260mm　16 开　33 印张　808 000 字
2023 年 11 月第 1 版　2023 年 11 月北京第 1 次印刷
定价：120.00 元
ISBN 978－7－5223－2541－5
（图书出现印装问题，本社负责调换，电话：010－88190548）
本社质量投诉电话：010－88190744
打击盗版举报热线：010－88191661　QQ：2242791300

《中国证券业高质量发展论文集（2023）》编委会名单

主　　　编：赵山忠

委　　　员：（按照姓氏笔画排序）

王　松	王连志	王常青	王琳晶
邓　舸	毕玉国	刘元瑞	刘志辉
刘肃毅	李　军	李　康	杨玉成
吴　坚	何之江	张佑君	张纳沙
张剑文	陈　亮	林传辉	周　杰
周　易	贺　青	陶永泽	黄朝晖
章宏韬	阎卫星	曾　山	霍　达

执 行 主 编：王燕红　　孟宥慈　　张冀华　　张东升
　　　　　　　汪兆军　　李亚琳

执行副主编：曹永强　　于　佳

前　言

党的二十大擘画了以中国式现代化全面推进中华民族伟大复兴的宏伟蓝图。建设中国特色现代资本市场是中国式现代化的应有之义，是走好中国特色金融发展之路的内在要求。为助力中国特色现代资本市场建设，证券行业将切实提高政治站位，胸怀"国之大者"，强化使命担当，坚定不移走高质量发展之路，凝聚行业智慧与力量，为实现建设安全、规范、透明、开放、有活力、有韧性的资本市场总目标发挥证券业专业引领和"智库"作用，为推进中国式现代化贡献行业力量。

近年来，中国证券业协会积极主动履行《证券法》赋予的"组织会员就证券业的发展、运作及有关内容进行研究"重要职责，发挥自律组织的共建、共治、共享平台作用，组织证券业开展研究工作，借鉴境外成熟市场发展经验，形成了大量具有指导性、借鉴性、针对性的研究成果。这些研究成果多数为一线证券从业人员的所思、所感、所悟，现实意义和应用价值突出，为中国特色现代资本市场建设和证券业高质量发展提供理论支持、实践经验与政策建议。

为集中展示证券行业年度研究成果，我们精选2022年证券业协会内刊《中国证券》《传导》81篇文章结集出版，包括中国特色证券行业文化建设13篇、资本市场基础制度建设20篇、证券业高质量创新发展29篇、数字化转型与金融科技运用19篇，涵盖党建引领推动证券业高质量发展、ESG与上市公司高质量发展、场外衍生品市场发展、业务风险监测与管控、金融科技融合发展等行业热点研究，供学习交流。在此，感谢每一位作者的辛勤贡献！

由于编写时间紧迫,《中国证券业高质量发展论文集(2023)》的编撰工作难免有疏漏、错误之处,敬请业内同仁、广大读者提出宝贵意见和建议。

中国证券业协会

2023 年 11 月

目　录

中国特色证券行业文化建设

践行新发展理念　建设中国特色证券行业文化 …………………… 张佑君（3）
厚植文化，书写高质量发展新篇章 …………………………………… 林传辉（9）
党建引领　文化聚合　奋力谱写高质量发展新篇章 ………………… 徐朝晖（14）
"文"以载道，"行"稳致远
　　——以"行"文化体系为抓手，激活高质量发展动力 …………… 葛小波（19）
厚植文化底蕴，坚守初心使命，凝聚新一轮高质量发展的磅礴力量 … 菅明军（25）
牢记使命，守正创新
　　——开启湘财证券文化建设新征程 ……………………………… 高振营（31）
党建引领明方向，文化赋能聚力量
　　——粤开证券"五个融合"推动企业高质量发展 ………………… 严亦斌（35）
以文化促管理　以创新致卓越
　　——华兴证券建设企业文化探索实践 …………………………… 项　威（40）
传承发展，以文化建设夯实本土市场长青根基 ……………………… 孙冬青（46）
汇通全球，文化共创
　　——汇丰前海证券文化建设发展之路 …………………………… 何善文（51）
以高质量党建推动行业高质量发展 ……………… 中国证券业协会会员服务二部（56）
证券行业落实文化建设十要素情况调研报告
　　……………… 中国证券业协会证券行业文化建设专业委员会专题研究小组（60）
关于建设中国特色证券行业文化的调研报告
　　……………… 中国证券业协会证券行业文化建设专业委员会专题研究小组（65）

资本市场基础制度建设

中美上市公司结构变化及所反映经济发展特征的比较研究
　　………………………………………………………… 中山证券有限责任公司（73）
ESG 与上市公司高质量发展关系研究 ………………… 中国银河证券股份有限公司（81）
我国证券行业场外衍生品市场发展的问题与思考
　　………………………………………………… 中证机构间报价系统股份有限公司（87）
场外金融衍生品市场监管政策国际比较研究 ………… 国泰君安证券股份有限公司（93）
欧盟场外衍生品监管立法分析与经验借鉴研究 ……… 海通证券股份有限公司（99）

场外市场第三方估值体系研究
………… 中证机构间报价系统股份有限公司 华泰证券股份有限公司
国泰君安证券股份有限公司 浙江工商大学（105）
美国金融业监管局（FINRA）报告卡制度对我国场外业务交易报告库
　数据质量管理与服务机制建设的启示 ………………… 亢　力　王慧琳（112）
资产证券化管理人的民事责任及风险防范研究
………………… 国元证券股份有限公司 北京市天同律师事务所（119）
债券虚假陈述中介机构民事法律责任研究
………………… 中国银河证券股份有限公司 西南政法大学民商法学院（125）
投资者适当性管理制度机制优化研究 ………………………… 胡婷婷（132）
我国证券仲裁试点的若干问题探究
——以投资者保护为中心 ……………… 李元双　葛欣荣　樊一璞（137）
上市公司并购重组中的投资者保护与教育研究 ……… 国信证券股份有限公司（143）
证券投资咨询机构投资者权益保护调研报告
………… 中国证券业协会证券投资咨询机构专业委员会专题研究小组（150）
区域一体化战略下融资结构与融资效率研究 ……… 东兴证券股份有限公司（155）
浅析自律措施的创设和实施边界 ……………… 中国证券业协会自律管理部（161）
证券行业增值税制度完善研究 ……… 张信军　马　中　曲立群　顾晨蓉　高连华（169）
证券行业监管沙盒机制构建和应用场景实践研究 ……… 天风证券股份有限公司（173）
证券投资咨询行业不当维权调查研究报告
………… 中国证券业协会证券投资咨询机构专业委员会专题研究小组（179）
提升信用评级质量　推动评级行业高质量发展研究
……………………………… 中诚信国际信用评级有限责任公司（183）
信托视角下基础设施REITs治理机制的完善研究 ……… 上海对外经贸大学（189）

证券业高质量创新发展

强化金融科技赋能　打造证券公司高质量发展新引擎 ………………… 张纳沙（197）
围绕服务实体经济和客户需求，打造全链条能力的高质量证券公司 ……… 黄朝晖（202）
服务人民美好生活，建设高质量财富管理机构 ……………………… 章宏韬（208）
服务实体经济　践行另类投行　促进高质量发展 …………………… 艾久超（213）
发挥比较优势　打造一流北交所特色券商 ……………………………… 李　刚（220）
弘扬新风　激荡活力　走具有财信证券特色的精品券商之路 ……… 刘宛晨（227）
新时期下证券经营机构高质量发展的路径选择 ……………………… 丁　可（231）
回归金融本源，服务实体经济，促进证券公司高质量发展 …………… 刘加海（236）
提升细分领域专业能力　构建公司差异化、特色化发展新格局 ………… 董　祥（242）
立足新起点，瑞信助力中国资本市场高质量发展新征程 ………………… 胡知鸷（248）
中小券商"特色、强项、专长、精品"差异化发展研究
………………………………………… 刘宛晨　袁　闯　刘　敏（253）

提升证券公司财富管理买方中介能力建设研究 …………… 广发证券股份有限公司 (261)
证券公司场外衍生品业务发展研究 …………… 马 中 钱宇清 范世龙 孙琪旻 (268)
证券公司场外业务风险监测的国际经验比较研究
………… 中证机构间报价系统股份有限公司 华泰证券股份有限公司
北京市京悦律师事务所 (274)
发挥柜台市场功能 规范证券公司金融产品代销业务研究
…………………………………… 赵恒珩 刘 辉 孙 涛 钟振东 (280)
权益类场外衍生品风险画像及管控机制研究
………………… 国泰君安证券股份有限公司风险管理部课题组 (286)
提升证券公司风险管理水平，推动跨境业务高质量发展
………………… 中国证券业协会国际合作专业委员会专题研究小组 (295)
美国量化宽松退出对我国证券公司跨境业务的影响分析研究
………………… 中证机构间报价系统股份有限公司监测业务四部 (303)
助力"双碳"目标下证券业绿色金融发展战略思考
………………… 湘财证券股份有限公司研究所绿色金融课题组 (309)
ESG推动上市证券公司高质量发展研究 …………… 东方证券股份有限公司 (318)
证券经营机构风险监测、预警与处置机制初探
…………………………… 郭晓晖 汪世奎 王 斌 袁思佳 周 越 (324)
证券公司投资银行业务合规风险管理调研报告
………………… 中国证券业协会合规管理与廉洁从业专业委员会专题研究小组 (331)
加强廉洁从业建设 营造风清气正执业环境 …………… 王仁渠 陈德强 黄 涛 (337)
《证券经营机构及其工作人员廉洁从业实施细则》实施情况评估报告
………………… 中国证券业协会合规管理与廉洁从业专业委员会专题研究小组 (344)
拥抱新媒体变化 构建声誉风险主动管理"闭环"
——新媒体环境下证券经营机构声誉风险管理研究
…………………………… 王跃军 官勇华 张 伉 柴英丽 (349)
证券行业数据应用合规问题研究
…… 中证机构间报价系统股份有限公司 己任律师事务所 东吴证券股份有限公司
招商证券股份有限公司 毕马威企业咨询（中国）有限公司 (356)
证券公司开展投资者教育的专业性、通俗性与针对性实践分析
…………………………………………… 胡利安 鲁新超 梁君璐 (362)
2019—2021年证券公司涉诉情况调研报告 …………… 中国证券业协会自律管理部 (368)
证券公司涉刑案件防控实证研究 ………… 中国银河证券股份有限公司案件防控总部 (375)

数字化转型与金融科技运用

科技赋能 数据驱动 全面深化证券公司数字化转型 …………………… 毛宇星 (391)
健全证券公司信息技术制度体系研究 …………… 华锐分布式（北京）技术有限公司 (395)

证券经营机构数字化运营探索与实践
　　……………………………… 徐　峰　潘晓明　朱伟伟　王洪娟　马子珺（401）
区块链在证券行业数据挖掘治理及安全共享的应用研究 …… 海通证券股份有限公司（410）
证券公司资产证券化业务数字化建设实践与思考 ……………… 汪锦岭　毛　伟（417）
融资融券业务风险管控智能化研究
　　………………… 申万宏源证券有限公司　深圳市金证优智科技有限公司（424）
科技赋能证券公司零售业务数字化转型 ……………… 俞仕龙　孙铁林　周华喜（430）
证券行业金融科技系统高效能交付体系构建研究 ……… 国泰君安证券股份有限公司（438）
证券业网点数字化建设研究 …………………………… 国泰君安证券股份有限公司（445）
证券公司信用风险智能预警技术应用研究 …………… 海通证券股份有限公司（451）
知识图谱在证券行业合规风控方向的应用研究
　　——在反洗钱监测分析和集团派系识别中的探索与实践
　　………… 中国银河证券股份有限公司　星环信息科技（上海）股份有限公司（458）
基于大数据和人工智能的信用债违约预警研究 ………… 平安资产管理有限责任公司（465）
机器学习在投资组合风险控制中的应用研究 ………… 东方证券股份有限公司（472）
金融科技助力投资者保护研究 ………………………………………… 辛治运（480）
金融科技发展背景下中老年投资者保护研究 ………………………… 陈　军（487）
面向个人客户信息保护的数据安全治理体系研究 ……… 刘汉西　李明军　左银康（492）
智能中台在证券行业客户服务领域的研究与实践
　　……………………… 唐沛来　霍宇红　刘永旗　马志杰　周诗咏（498）
人工分析与系统监控相结合有效管控客户异常行为研究
　　……………………………………………… 东北证券股份有限公司课题组（505）
量化交易精益管理探索 ………………………………………………… 俞　枫（512）

中国特色证券行业文化建设

践行新发展理念　建设中国特色证券行业文化

张佑君*

文化是一个国家、一个民族的灵魂。我们党始终把文化建设放在党和国家全局工作的重要战略地位。党的十八大以来，国家将文化建设提升到一个新的历史高度，并推进文化建设在正本清源、守正创新中取得历史性成就、发生历史性变革，为新时代坚持和发展中国特色社会主义、开创党和国家事业全新局面提供了强大正能量。

在此背景下，中国证监会于2019年发布《建设证券基金行业文化、防范道德风险工作纲要》进行总体部署，中国证券业协会充分发挥组织、协调、自律、宣传作用，完善行业文化建设制度体系，借鉴国际经验，充分凝聚行业共识，研究制定《证券行业文化建设十要素》，从观念、组织、行为三个层次提出文化建设的十个关键要素，引导证券公司围绕十要素守正笃实推进证券业文化建设。

文化兴则国兴，文化强则国强。习近平总书记强调，"十四五"时期，我们要把文化建设放在全局工作的突出位置，切实抓紧抓好。在此指引下，文化建设成为资本市场健康发展的重要支柱，也是行业高质量发展的内涵要求。历经近三年的发展与深化，证券行业文化建设已取得阶段性成果，为证券公司规范发展方向、优化经营质量、塑造品牌形象提供了文化保障与精神支撑。

站在新时代的新起点，中信证券深刻理解证券行业文化建设的必要性，全面把握行业文化建设的相关要求，按照宣传部署、落地执行、全面推进的总体节奏，持续在公司发展中完善文化建设的思路与举措，努力在行业文化建设中发挥示范引领作用。

一、在中国经济高质量发展进程中，推进行业文化建设势在必行

立足新时代，回顾证券行业文化建设已经取得的阶段性成果，展望"十四五"时期中

---

* 作者简介：张佑君，现任中信证券股份有限公司党委书记、董事长、执行董事、执行委员会委员。兼任中国中信集团有限公司、中国中信股份有限公司及中国中信有限公司总经理助理，金石投资有限公司、中信证券投资有限公司、中信证券国际有限公司、中信里昂（CLSA B.V.及其子公司）董事长。原载于《中国证券》2022年第5期。

国资本市场、证券行业的未来发展前景，我们可以更加清晰、明确地认识到，推进证券行业文化建设是保证行业长远优质发展的题中应有之义，具备时代必然性和发展必要性。

推进证券行业文化建设，是为中国经济高质量发展贡献证券行业力量的时代性举措。金融活，经济活；金融稳，经济稳。党中央明确提出，"金融是国家重要的核心竞争力，金融安全是国家安全的重要组成部分，金融制度是经济社会发展中重要的基础性制度"。在此背景下，深化金融供给侧结构性改革成为当下金融工作的核心主线，也成为实现中国经济高质量发展的重要支撑。在追求速度与效率的基础上，确保金融发展的科学与稳健，对实现经济高质量发展有着更为深远与重要的意义。在此过程中，塑造能够凝聚行业共同价值观，并提供行动指引、精神信仰的行业文化，将助力证券行业塑造更为坚实的信念基底、更为科学的发展范式，进而切实履行好证券行业服务中国经济高质量发展的时代使命。

推进证券行业文化建设，是助推我国资本市场全面深化改革的保障性举措。经济"双循环"格局下，资本市场作用凸显，"十四五"时期将是中国资本市场实现"规范、透明、开放、有活力、有韧性"目标的关键时期。在资本市场革故鼎新、扶优限劣的过程中，证券行业应当成为资本市场的"融资安排者""财富管理者""交易服务和流动性的提供者""市场重要投资者"和"风险管理者"，狠抓中介机构能力建设已成为全面深化资本市场改革的十二项重点改革措施之一。艰巨的时代任务之下，只有具备扎实文化根基与优秀精神气质的证券公司，才能深刻理解资本市场深化改革的战略思路与核心要义，进而成为资本市场改革的推动者。

推进证券行业文化建设，是塑造证券行业文化自信、推动行业行稳致远的长效性举措。习近平总书记指出，提高国家文化软实力，关系"两个一百年"奋斗目标和中华民族伟大复兴中国梦的实现。同时，国务院领导多次就加强证券基金行业文化建设、推动行业发展作出重要批示，指出文化建设是资本市场健康发展的支柱。在此背景下，加快建设"合规、诚信、专业、稳健"的行业文化，是着眼于塑造行业文化自信、立足于推动行业长远发展、致力于打造优质行业形象的应时、应势之举，为每一个证券公司指明了厚植发展力量与内化文化基因的发展方向，指出了把握行业文化建设规律与提升文化软实力的发展重点。

二、厚植文化内涵，为落实行业文化建设要求打造坚实基底

作为中国证券行业中的一分子，中信证券在近27年的发展历程中，始终高度重视文化建设工作，将优质的企业文化作为谋划战略的基础、推进经营的原点、塑造品牌的源泉。在遵循行业文化建设相关要求的前提下，中信证券传承历史积淀，并通过经营发展的实践与完善，已经初步形成了具备丰富内涵及多种层次的企业文化。

首先，中信证券的企业文化与中信集团的文化内涵和精神气质是一脉相承的。中信证券继承了中信集团的优秀文化基因，秉承"遵纪守法，作风正派；实事求是，开拓创新；谦虚谨慎，团结互助；勤勉奋发，雷厉风行"的中信风格，弘扬"诚信、创新、凝聚、融合、奉献、卓越"的中信核心价值理念，恪守"做强做优做大、践行国家战略、助力民族复兴"的中信发展使命。

其次，中信证券的企业文化与证券公司服务实体经济的使命与目标是高度契合的。我们以成为全球客户最为信赖的国内领先、国际一流的中国投资银行为愿景，以践行国家战略、

服务实体经济、为社会创造更大价值为己任，在实践中形成了公司经营管理遵循的原则与文化理念，概括为"七个坚持"：坚持党的领导，为公司发展提供坚强政治保障；坚持践行国家战略、服务实体经济的经营宗旨；坚持以客户为中心、与客户共成长的经营方针；坚持合规经营、严控风险的经营理念；坚持创新创业、永不懈怠的进取精神；坚持以人为本、市场化管理的人才强企战略；坚持和发扬公司优秀的企业文化和传统。

同时，中信证券的企业文化与公司的战略路径、经营理念是同步发展的。在近27年的发展历程中，中信证券不断构建、总结、完善具有自身特色的企业文化，逐渐形成了遵纪守法、规范经营、严控风险的经营理念，铸就了追求卓越、勇于创新、允许试错的进取精神，养成了直面问题、敬畏市场、主动求变的危机意识，培养了低调做人、低头做事、谦虚谨慎的处事风格，形成了勤俭节约、崇尚简明、摒弃缛节的优良传统。

三、深刻理解文化建设的重要意义，为落实行业文化建设要求提供思想基础

上述优秀的文化和传统是中信证券在风雨历程中总结出的思想财富，是保持公司持续健康发展必须继承发扬的精神支柱。以自身的企业文化特质为基础，中信证券对标"合规、诚信、专业、稳健"的证券行业文化建设目标，形成了对证券行业文化建设意义的系统化认知。

中信证券始终将文化建设与经营发展置于同等高度，实现双轮驱动、互补互促。我们认为，经营业绩和文化建设犹如车之两轮、鸟之双翼，都是公司发展必不可少的组成部分。经营业绩是经营管理各项工作成果的直观体现，也是公司决定发展方向、制定经营策略的主要依据；文化建设则是公司长期可持续发展的基础工程，起到凝聚人心、汇聚共识、引领追求的重要作用，必将实现创造价值、反哺经营的长远目标。着眼于行业全局，证券公司的核心竞争力在于机制和文化。在行业竞争白热化、金融领域扩大开放的当下，我们坚定地相信，只有加快企业文化建设，才能提升自身的软实力和行业竞争力。

中信证券全面理解"合规、诚信、专业、稳健"的核心要义与内在联系，确保内化于心、外化于行。其中，合规是底线，应贯穿于经营管理的全部环节，把合规创造价值、合规人人有责的理念深植人心；诚信是义务，证券公司应严守诚实守信、勤勉尽责义务，共同夯实资本市场发展基础；专业是特色，面对行业竞争、对外开放的全方位挑战，证券行业必须扩大行业格局、提升行业专业水平，实现可持续发展；稳健是保证，坚持稳中求进，平衡创新发展和风险防控的关系，全行业方能行稳致远。

中信证券充分认识到文化建设是一项需要时间积累与价值培育的系统工程，必须戒骄戒躁、久久为功。实现经营业绩和文化建设的双赢，关键在于如何以久久为功的精神和劲头，抓实、抓细、抓强文化建设工作。我们认为，实现这一目标，关键在于搭体系、建制度，即以制度承载道德理念、固化良好品行、强化文化认同、培养文化生态，最终才能实现经营管理与文化建设的齐头并进、行稳致远。

四、形成体系化做法，为落实行业文化建设要求打造特色举措

系统化的认知为中信证券落实行业文化建设要求打下了坚实基础，通过结合自身实际，

中信证券明确了自身文化建设的总体目标、工作思路、重点任务与机制保障，在具体实践中形成了诸多具有中信证券特色的文化建设举措。

（一）坚持党的全面领导，将文化建设融入公司发展大局

坚持党对金融工作的领导，是中国特色社会主义市场经济体制和中国道路优越性的关键所在。作为中国金融改革发展历史的参与者和见证者，中信证券自成立以来始终坚持党的领导，传承中信集团的红色基因，将金融报国融入初心使命，为公司高质量发展提供坚强的政治保障。党的十九大以来，中信证券党委深入学习领会习近平新时代中国特色社会主义思想的重大意义、科学体系、丰富内涵、精神实质和实践要求，不断增强"四个意识"，坚定"四个自信"，做到"两个维护"，牢记"国之大者"，自觉在思想上、政治上、行动上同以习近平同志为核心的党中央保持高度一致，积极践行金融企业使命担当。

在此过程中，中信证券不断完善公司治理，逐渐形成公司党委全面领导、股东大会最高决策、董事会战略指导、监事会独立监督、经营管理层具体落实的治理格局，实现了党建工作与经营工作的深度融合。以此为基础，中信证券党委高度重视企业文化建设，在公司层面成立企业文化建设领导小组，统筹和保障相关工作的有序推进；同时，统筹制订了《公司文化建设配套制度和改进计划》，设定和明确企业文化建设的总体目标和工作思路，部署公司文化建设的重点任务和机制保障，进而为公司文化建设构建了治理基础并指明了正确方向。

（二）聚焦关键节点，细化、强化、优化文化建设的落实举措

搭建制度、涵养生态、深化内涵，是推进行业文化建设的关键节点。对标相关要求，中信证券从坚持诚信文化、强调合规经营、严抓风险控制等方面发力，围绕"合规、诚信、专业、稳健"的要求，不断丰富和完善公司制度体系：从公司选人用人监督、廉洁从业管理到业务风险管控、员工合规准则，中信证券将文化建设的基本要求融入基础制度中，以制度建设承载文化理念，建立健全规范化、标准化、系统化、流程化的管理制度体系，实现人员和业务的一体化、全覆盖管理。

人才是企业提升发展质量的根本，人才是塑造优质文化生态的关键。我们认为，员工的价值理念、执业行为所凝聚的共识，最终将形成普遍性的价值认同和文化积淀。因此，中信证券始终坚持"德才兼备、以德为先"的选人用人原则，不断探索完善具有中信证券特色的选人用人模式，实行基于市场对标的绩效评估、职务与职级能上能下、薪酬能增能减的市场化机制，在奖惩、招聘、培训等多个环节引导员工文化价值取向、提升员工专业水平；同时，积极致力于提高员工自豪感、使命感、荣誉感、成就感、幸福感，贯彻实施"人才强企"战略，鼓励员工与公司共成长。

（三）履行社会责任，有效扩大文化建设的情感内涵与覆盖范围

只有实现企业与社会的共同发展，才能真正实现行业文化建设的核心内涵与内在要求。中信证券以高度的政治责任感积极践行国家脱贫攻坚战略。通过结合自身业务与地方实际情况，聚焦机制扶贫、教育扶贫和产业扶贫，有的放矢地创新扶贫手段，形成具备中信证券特色的扶贫理念与实践范式，为帮扶区域持续培育内生发展新动能。十余年间，从海拔 4 800

米以上的西藏申扎县，到地处赣南革命老区的江西会昌县，再到黄土高原上的甘肃积石山县、冀北山区的河北沽源县，中信证券以初心使命为笔、以务实创新为墨，在中国脱贫攻坚、乡村振兴的壮丽史诗中，留下了属于自己的印记。

同时，在业务层面，中信证券以ESG（环境、社会、公司治理）理念服务国家"碳中和"目标，提供"碳达峰"承诺的资本市场解决方案，持续推动发行绿色债券、绿色投资等业务，推动传统产业向高端化、智能化、绿色化转型，助力企业改善治理结构。在日常运营层面，倡导节能环保，采取多种节能减排措施推动绿色办公，积极倡导员工环保行为，有效降低碳排放和能源消耗，促进可再生能源使用和可再生资源利用。通过切实履行社会责任，中信证券实现了企业与社会的同步发展，极大地丰富和拓展了文化建设的内涵。

（四）传承红色基因，激发青春活力，让青年成为行业文化中的靓丽风景

企业文化是行业文化的重要组成部分，中信证券在青年员工的培养过程中，始终高度重视党建与文化建设相结合，牢牢掌握意识形态工作领导权和话语权，用红色基因塑魂，引导青年员工深入学习领会社会主义核心价值观，推动物质文明和精神文明协调发展，弘扬传统文化和爱国主义精神，构建清朗的网络舆论环境。

通过上述举措，青年员工在"红色基因"引领下明确人生方向，在行业文化指导下建立事业梦想，在企业文化要求下明确行动纲领。通过构建以党建为核心的"同心多元"的文化管理模式，帮助青年员工树立积极的价值观，将公司经营管理"七个坚持"深入贯彻到员工的行为要求中，将"合规、诚信、专业、稳健"的行业文化内化为中信证券的管理要素，分解为不同条线、不同分支机构的具体行动纲领，让员工在实际工作中有方向、有方法、有标尺。

五、践行新发展理念，以优质文化助推高质量发展

证券行业文化建设委员会2021年全体会议认为，应从四个方面把握行业文化建设的深刻内涵：一是以践行新发展理念作为行业文化建设的主题内容；二是以防范金融风险成为行业文化建设的重要使命；三是以防止资本消极作用打造行业文化建设的中国特色；四是以促进人的全面发展作为行业文化建设的实践方向。

以上述要求为指引，中信证券对未来文化建设的总体思路进行了深刻反思与系统革新。首先，建设中国特色证券行业文化，中信证券要推动自身坚定积极融入国家发展大局，立足全面注册制改革，进一步发挥金融专业能力，为拥有核心技术创新能力的优质企业，提供更充分、更高效、更全面的投融资服务。

其次，建设中国特色证券行业文化，中信证券要坚定推进以财富管理为核心的商业模式转型，在借鉴国际经验的基础上，走出一条有中国特色的财富管理发展道路，提高金融产品和服务的供给质量，更好地助力社会财富保值增值，服务广大人民群众共享发展成果。

同时，建设中国特色证券行业文化，中信证券要明确防范金融风险的重要使命，采取更有效、更快速、更精准的措施，毫不松懈地监控和化解各类金融风险，服务实体经济实现平稳健康有序发展。

展望"十四五"，国家将乘势而上开启全面建设社会主义现代化国家新征程，向第二个

百年奋斗目标进军。新时代征程上,证券行业文化必然是中国特色社会主义先进文化的重要构成,是资本市场长期稳定健康发展的价值引领和精神支撑。文化强国,文化兴企。中信证券将持续落实行业文化建设的相关要求,以强有力的文化建设带动公司发展全局,为成为"全球客户最为信赖的国内领先、国际一流的中国投资银行"不懈奋斗!

厚植文化，书写高质量发展新篇章

林传辉*

党的十九届六中全会对党的百年文化建设经验进行了系统总结和高度肯定。文化是一个国家、一个民族的灵魂。文化建设是资本市场发展的支柱，是证券公司软实力和核心竞争力的体现。根据证券基金行业文化建设工作纲要，2020年为试点落地期，2021年为全面推进期，2022年为持续强化、巩固文化建设期。行业文化建设实现新提升，呈现新气象，取得新成就。

广发证券以"合规是底线、诚信是义务、专业是特色、稳健是保证"的行业文化建设核心理念为标尺，持续涵养企业精神，将公司发展与国家发展紧密连接，砥砺家国情怀，践行使命担当，与时俱进，自我革新，久久为功厚植"忠、专、实"的文化底蕴。

一、知者行之始，文化建设注入新动能

自2019年开始的本轮文化建设，强化了证券行业的宗旨意识，推动了行业的创新发展，提高了行业的竞争实力，为资本市场长期稳定健康发展提供了价值引领和精神支撑。

（一）文化建设正当其时

我国证券行业脱胎于计划经济向市场经济过渡时期，借鉴了先进国家金融市场经验，经过30多年发展，取得了令人瞩目的成就。但也要充分认识到，行业文化建设的"软实力"与行业规模、资本实力等发展水平不相匹配，在发展模式、价值取向、业务理念上存在偏差，要加强文化建设，促使行业机构真正回归业务本源，与实体经济共荣共生。

（二）文化建设蓝图清晰

党的十八大以来，以习近平同志为核心的党中央高度重视文化建设。国务院领导同志多次就加强文化建设、推动行业发展作出重要批示。2019年7月，中国证监会召开证券基金

---

* 作者简介：林传辉，广发证券股份有限公司董事长。原载于《中国证券》2022年第8期。

机构座谈会，提出要逐步打造合规、诚信、专业、稳健的行业文化。2019年8月，中国证监会党委专门成立了行业文化建设工作领导小组，并印发了工作纲要，明确了行业文化建设的总体目标、工作思路、重点任务和机制保障。2019年11月，中国证监会主席易会满在文化建设动员大会上阐述了行业文化建设核心理念、路线图和重点举措，行业文化建设有了明确的目标和清晰的建设路径，开启了行业文化建设高潮。2021年2月，《证券行业文化建设十要素》正式发布，证券行业文化建设有了具体的落地指引和评价依据。

（三）文化建设革新发展

百年未有之大变局加速演进，国际经济金融形势复杂多变，我国经济由高速增长阶段转向高质量发展阶段，资本市场改革持续深化，全面注册制改革稳步推进。从科创板设立、创业板试点注册制再到北交所设立，经济创新驱动发展，科技自立自强，"专精特新"企业稳步发展，促进了产业转型升级，提升了直接融资占比，提高了企业融资效率，符合我国经济社会发展的多层次资本市场逐步完善。文化建设贯穿资本市场发展全过程，在此过程中不断守正创新，发挥中介机构的专业特长，压实中介机构专业责任，为经济和资本市场高质量发展保驾护航。

二、行者知之成，锻造特色企业文化

广发证券在30年发展历程中，注重企业文化传承与革新，形成了"知识图强、求实奉献"的核心价值观；结合行业文化建设路线图，深入推进文化建设在公司发展中落地生根，补短板、强弱项，持续提升公司的核心竞争力，形成了特色鲜明、优势突出、一脉相承的企业文化。

（一）文化建设制度先行，组织机制保障

广发证券文化建设坚持以党建为引领，从战略高度建制度、强组织、促机制，深化与公司治理和经营发展的融合，夯实公司高质量发展的根基。一是制订《广发证券企业文化建设实施方案（2020—2022）》，配套工作计划表。拟定《广发证券企业文化建设制度》。开展制度与企业文化匹配性审计工作。将文化建设写入公司章程，明确顶层治理架构和职责分工。二是按照中央有关加强民营企业党建的要求，充分发挥党组织在企业文化建设中的重要作用，把党的领导有机融入公司治理。设立企业文化建设领导小组和工作小组，由党委书记担任领导小组组长，发挥党委在文化建设中的领导作用。三是把企业文化核心价值观和使命追求融入公司五年战略。建立发展战略与文化理念融合发展评价机制，开展战略执行情况的回溯与检视，推动文化建设与发展战略协同发展、同频共振。四是构建激励与约束并重、长期与短期兼顾的机制。改革组织考核方式，以战略达成和价值创造为导向，构建公开、透明、促增长、促协同的绩效管理体系。着力推进全方位激励机制优化，对不同业务线实行差异化的激励方案。构建广发证券领导力模型，完善价值观考核。

（二）文化建设以服务国家战略为初心，以服务实体经济为使命，当好资本市场扩大对外开放的"排头兵"

广发证券立足新发展阶段，主动服务和融入国家战略大局，努力成为贯彻落实新发展理念的推动者，积极践行证券行业优化融资结构、激发经济活力、培育创新动能的使命。利用股权融资和债权融资着力提高直接融资比重，近5年累计为600多家企业提供了超过1 300次直接融资服务，总融资规模超过2.5万亿元。

重视民营企业，创新金融工具，支持科技自立自强，助力畅通科技、资本和实体经济的高水平循环。广发证券全资子公司广发乾德、广发乾和聚焦先进制造、半导体、医疗健康等领域，从协助制定发展战略、优化资本结构、提供业务与技术合作机会等多方面支持"专精特新"中小企业发展壮大。发行小型微型企业贷款专项金融债券，有力支持小微企业在疫情期间复工复产，保障小微企业稳健运营。积极参与基础设施领域不动产投资信托基金（REITs）试点工作，为地方盘活存量资产、拓展权益融资渠道提供创新金融服务。

另外，广发证券秉承敢为人先的文化基因，发挥大湾区区位优势，积极参与跨境业务，努力做好资本市场对外开放的"第一哨岗"。认真贯彻落实《粤港澳大湾区发展规划纲要》和《关于金融支持粤港澳大湾区建设的意见》精神，充分发挥在资产配置、产品研究和网络布局等方面的专业优势，全面参与大湾区建设的制度创新、方案研究和产品设计。积极开展跨境业务，申请纳入"跨境理财通"的政策试点范围，助力大湾区通过跨境财富管理领域的领先实践形成显著示范效应，打造跨境理财和资产管理中心。全资子公司广发资管持续拓展跨境资产管理业务，承继广发证券已获批的合格境内机构投资者（QDII）业务资格与外汇投资额度，累计获批外汇额度在21家券商中排名第2位，发行QDII集合产品数量在可比券商中排名第1位。

（三）文化建设以服务居民财富管理为宗旨，助力共同富裕

广发证券坚持以人民为中心的发展思想，以专业的研究能力为基础，充分发挥在大财富管理领域、大资管领域的领先优势，创新更多适应家庭财富管理需求的金融产品，多渠道增加城乡居民财产性收入。广发证券研发团队2017—2021年连续5年获得"新财富本土最佳研究团队"第1名、连续7年获得"金牛研究团队"等行业荣誉。旗下子公司广发基金和易方达基金均是公募基金行业的领军企业，创造了资产管理行业的"广发现象"。广发证券在全国31个省、市、自治区设立证券营业部284家，服务客户数超过1 200万人，管理客户资产规模超过3万亿元。截至2021年12月末，易方达基金剔除货币基金后的公募基金管理规模为12 289亿元，行业排名第1位；广发基金剔除货币基金后的公募基金管理规模为6 920亿元，行业排名第3位。广发证券持续优化投资顾问培养机制，打造专业投顾队伍，提升服务投资者理财需求的专业能力。截至2021年12月末，共有注册投顾人员3 975人，排名行业第1位。

（四）文化建设以践行社会责任为担当，真诚回报社会

广发证券积极履行企业社会责任，在发展绿色金融、加强投资者教育、助力乡村振兴、支持抗疫赈灾等方面贡献力量。一是作为首批加入中国企业ESG发展联盟的金融机构，坚定推行绿色金融，积极助力绿色金融体系建设，积极响应绿色债券和绿色资产证券化产品的行动，提供落实国家碳达峰碳中和目标的资本市场解决方案，做好主承销商中介服务工作，不断加大对绿色债券发行工作的推动力度，推动绿色债券市场发展质量提升。二是作为首批挂牌国家级投资者教育基地，2021年举办各类线上线下投资者教育活动超过1 000场，开展少儿财商活动 77 场，国民教育类主题活动 90 余场，服务投资者近 21 万人次，引导投资者认识市场、敬畏风险和树立长期投资、价值投资的理念。三是建立"党建扶贫、金融扶贫、产业扶贫、教育扶贫、公益扶贫"五位一体的立体帮扶体系，公益支出累计超过 2 亿元，成功帮助海南省 3 个国家级贫困县和粤北 3 个贫困村脱贫退出，扎实推进广东云浮镇安镇乡村振兴。持续深耕助学兴教，设立了广发证券社会公益基金会，成为中国第一家以券商作为主要发起人并获得社会组织评估最高等级 5A 级的基金会。务实高效抗疫救灾，助力企业发行疫情防控债，捐赠防疫物资近 6 000 万元，在河南、山西等防汛救灾中捐赠超过 900 万元。

（五）文化建设不断强化合规风控体系，坚守底线，筑牢发展基石

广发证券作为资本市场的中介机构，切实发挥"看门人"作用，持续强化经营活动的合规性，提升风险管理专业能力。一是梳理完善合规管理体系，推动各业务链条的合规管理全覆盖。通过合规检查、合规培训、合规考核及问责等措施强化合规管理，有效提升合规部门的服务意识和履职能力。二是促进常规业务规范运作和创新业务稳健开展，持续优化业务内控机制，为集团业务协作提供合规支持。三是加强员工行为规范管理，制定员工行为准则和改进各级管理人员工作作风的规定，健全覆盖员工职业生涯全周期的培训宣导机制，加强风险事件案例教育。四是注重风险管理制度建设和能力提升。持续完善风险管理系统建设，从基础数据采集、指标计算与展示、风险预警与提示等方面，优化风险管理系统功能，实现具体业务的有效监控与高效管理。

（六）文化建设久久为功，在"常抓"与"抓长"上下功夫

广发证券 30 年栉风沐雨，持续打造企业文化，充分认识企业文化功在当下、利在长远。通过多渠道、多载体、多形式的宣传和培训活动，不断提高广大员工对企业文化的认知水平，使全体员工对公司的使命愿景、核心价值观、经营管理理念等耳熟能详，自觉成为企业文化的践行者、建设者和传播者。通过内部宣传渠道加强宣导，对企业文化理念或倡导的价值取向进行常态化的报道，把无形的文化和精神转化为有形图像和文字，营造浓厚的文化氛围。制作文化作品，挖掘并宣传体现企业文化的先进典型，加强企业文化主题培训。

三、新时代新变革，书写高质量发展新篇章

在新的发展阶段，构建新发展格局对资本市场和证券公司提出了新的更高要求，资本市场改革稳步推进，高水平对外开放持续进行。证券公司作为资本市场重要的中介机构，需要顺势而为，肩负起新责任新使命，开启高质量发展的新征程。

文化建设是高质量中介服务的价值引领，是高质量资本市场的精神支撑，对证券公司高质量转型发展具有重要意义。高质量发展不是各业务条线的简单叠加，做大规模，更重要的是在专业化上下功夫，努力转型为更优的商业模式，有效做强具体业务单元，高效完成经营协同，真正做到以客户为中心、多业务线协作，为客户提供综合价值，提升公司的综合产出。

（一）研究驱动，创新高质量发展新模式

广发证券将持续强化研究能力，提升各项业务的专业性，以研究驱动核心业务的高质量

发展，创新性落地研究深度赋能业务的经营模式。设立产业研究院，打造行业高端智库，深入开展公共政策、区域经济发展等重大课题的前瞻性研究，为各级政府和机构提供有价值的顾问咨询及研究服务支持。高效赋能公司各项业务，在合规前提下，为投行项目遴选、投资产业赛道甄选等提供坚实的研究基础，拓展业务的广度和深度。促进业务创新，构建有效的协同机制，强化平台运营，发挥大型证券公司综合金融服务能力。

（二）提升能力，牵住高质量发展"牛鼻子"

注册制改革是全面深化资本市场改革的"牛鼻子"工程，2022年全面注册制改革稳步推进，广发证券将以此为契机，着力提升专业能力，加快向专业化、主动管理转型。北交所的设立，要求中介机构具备更强的"投早、投小"的能力，支持"专精特新"企业发展，强化保荐能力，选出真公司、好公司。广发证券将不断提升定价能力和产品创设能力，运用多种金融工具，与"买方研究"深度融合，为客户提供好资产、好产品。全面注册制改革是系统工程，对券商的专业能力提出了更高的要求，从前台业务能力到合规风控能力，从产业发展趋势判断到企业盈利能力甄别，需要持续锻造多产业链、覆盖全生命周期的全过程服务能力。

（三）深耕细作，取得高质量发展新突破

广发证券作为头部中介机构，在服务国家战略和实体经济发展中，下足"绣花"功夫，在重点区域深耕有实效，在重点领域突破有成效。全力支持国家重大区域战略实施，充分发挥区位优势，积极参与大湾区建设。构建与重点区域政府的战略合作关系，通过参与产业基金、并购基金设立管理等，深度参与地方产业链的完善与升级，助力经济转型发展。与国资平台开展多层次合作，提供研究、投资、辅导上市、债券融资、并购重组、资产证券化、公募REITs等一揽子金融服务，为地方盘活国有资产、优化产业结构提供支持。积极落实国家重点产业政策，助力科技自立自强和关键技术攻坚突破，为增强产业链供应链自主可控贡献力量。聚焦半导体、生物制药、新能源和大消费等重要赛道，协同推进投行业务和产业研究，通过产业投资基金等方式扎实推进重点产业发展。

（四）合规稳健，夯实高质量发展基本盘

券商是风险定价和风险管理的中介机构，业务模式从传统牌照业务、通道业务向资本中介、买方服务转型，面临的风险日趋复杂，需要严守合规底线，提高风控能力。广发证券将持续压实中介机构责任，归位尽责，从内控机制建设、组织架构调整、业务流程优化、"三道防线"风险管控、操作规范优化等方面构筑长效防控机制。业务创新坚持合规风控先行，推动合规风控部门提高对创新、复杂、跨部门协同业务的研判能力，加强重点、高风险业务的管控，支持业务创新发展和经营模式变革。

"求木之长者，必固其根本，欲流之远者，必浚其泉源"。行业文化建设将引领行业的高质量发展方向，提升行业的高质量发展格局，提供行业的高质量发展支撑。广发证券将厚植文化内涵，秉持高质量发展的经营理念，践行企业使命，为经济和资本市场的高质量发展贡献力量。

党建引领　文化聚合　奋力谱写高质量发展新篇章

徐朝晖[*]

西部证券是中国西北地区唯一的上市券商，作为一家国有控股金融企业，自成立以来始终坚持党的全面领导，持续深入学习贯彻习近平新时代中国特色社会主义思想、党的二十大和历次全会精神，以及习近平总书记历次来陕考察重要讲话、重要指示精神和国有企业党的建设重要指示重要论述，以高质量党建推动高质量发展，服从、服务于党中央决策和国家战略，将党建引领和公司治理、战略发展、文化建设相融合，稳步推进各项业务发展，积极践行"合规、诚信、专业、稳健"的行业文化核心价值观，将公司"和合文化"理念融入企业发展，持续增强企业凝聚力、向心力和战斗力，提升公司文化"软实力"，为高质量发展奠定了理论基础和文化驱动力。

一、坚持党建引领，筑牢公司高质量发展的"根"与"魂"

西部证券党委始终坚持"两个一以贯之"，将党建工作总体要求纳入公司章程，坚持把党的政治建设摆在首位，加强思想政治工作，抓好基层组织建设。持续推动党的全面领导与公司治理的有机结合，发挥双重优势，深入推进"双向进入、交叉任职"，不断完善公司治理体系和决策规则，厘清股东大会、董事会、监事会和管理层的职权职责边界，切实履行党委前置议事程序，充分保障党委在公司治理中发挥把方向、管大局、保落实的领导核心作用。通过建立健全党委议事决策机制，形成党委全面领导、董事会战略决策、监事会独立监督、管理层高效经营的治理格局。

西部证券党委始终贯彻执行党中央决策部署，统一思想认识，树立和履行服务实体经济、防范金融风险、深化金融改革的意识和责任，始终践行金融报国的使命担当，凝心聚力推进企业高质量发展。扎实推进党风廉政建设和反腐败工作，为推动国有资本做强做优做大和公司高质量发展提供坚强的思想和组织保障。

---

[*] 作者简介：徐朝晖，西部证券股份有限公司党委书记、董事长。原载于《中国证券》2022年第10期。

西部证券将党建工作与廉洁从业内部管理相融合，稳健、廉洁地开展各项业务，将廉洁从业管理纳入公司章程，进一步完善管理职责，建立健全廉洁从业管理领导机制和基本制度安排，落实廉洁从业管理目标和总体要求。纪律检查、内审稽核、合规风控等部门形成有效的联动监督制衡机制，充分把党内监督与企业内控相结合、党风廉政与廉洁从业相结合、反腐败与防风险相结合。坚持把廉洁文化建设作为推进党风廉政建设和反腐败工作的基础性工程，立足职责定位，强化纪律教育，丰富教育内容，创新方式方法，推进廉洁文化建设与企业文化建设、精神文明建设相互渗透融合，积极践行"合规、诚信、专业、稳健"的行业文化核心价值观，营造以文化人、以文润德、以文养廉的浓厚氛围。

西部证券党委以思想政治工作为抓手，紧密围绕巩固马克思主义在意识形态领域的指导地位、巩固全党全国人民团结奋斗的共同思想基础这一根本任务，切实履行好举旗帜、聚民心、育新人、兴文化、展形象的职责使命，有力有序开展思想理论教育、党建宣传和企业文化建设等工作。为强化公司党委对宣传工作、意识形态工作和企业文化建设的领导，充分发挥党建宣传思想工作的优势作用，西部证券成立了由党委书记、董事长担任组长的企业文化建设工作领导小组。形成以党建引领、文化建设工作领导小组全面牵头、主责部门全面落实、其他各部门积极配合的文化建设工作机制，并将文化建设纳入公司章程。

近年来，西部证券党委以"第一议题"制度和党委理论学习中心组为载体，持续加强理论武装，并利用公司开设的"西部E学堂"在线学习平台和"学习强国"学习平台等途径进一步丰富学习载体，增强学习实效；还多次组织开展面向基层的理论宣讲活动，形成了党员领导干部、党支部书记、党小组组长全覆盖的多层次、分众化宣讲工作格局，有效发挥了思想政治工作统一思想、凝聚共识、鼓舞斗志、团结奋斗的重要作用。同时，持续推进党史学习教育常态化长效化，组织开展形式多样、内容充实的主题实践活动。各级党组织先后组织开展了"七一·重温入党誓词，牢记初心使命"主题活动和"喜迎二十大，奋进新征程"系列主题实践活动，参观了中共陕南特委机关旧址、八路军兰州办事处旧址、西安事变纪念馆等红色教育基地。公司纪委组织党员干部赴白水县仓颉庙开展廉洁文化教育活动，通过系列实践活动，进一步加强了党性和爱国主义教育，强化践行社会主义核心价值观以及证券行业文化核心价值观，形成公司"和合文化"的思想行动自觉，树立正确思想导向，营造了健康向上的企业发展氛围，起到了统一思想、凝聚力量的效果，进一步夯实了公司谱写高质量发展新篇章的思想基础。

西部证券党委先后荣获中共陕西省委颁发的"全省先进基层党组织"、陕西省国资委党委颁发的"先进基层党组织""省属企业文明单位"等荣誉称号。

二、打造"和合文化"理念体系，形成公司高质量发展支柱，助力公司落实责任担当

西部证券党委以证券行业"合规、诚信、专业、稳健"的核心价值观作为公司企业文化理念体系的深层内核，凝练公司发展历程中形成的文化因子，聚合中华民族优秀传统文化理念，在推动企业发展的同时，一直致力于培育特色鲜明、具有时代精神的个性文化。随着近年来企业高速发展、证券行业文化的规范和相关文件的发布，企业文化又被赋予了新的元素及内涵，西部证券在传承发扬"和衷共济""锐意进取"优良作风的同时，结合自身发展

实际，以传统、地域、行业文化及时代背景为遵循，通过理念征集、文化建设研讨会、实地调研和在线访谈等形式，开展了持续长期的企业文化理念体系建设调研工作，访谈高管、中层和核心员工，发放问卷近1 500份，收集资料3万余字，打造出以"和聚力，合创富"为文化沟通语、四大核心理念、六大子理念为主线的"和合文化"理念体系。

"和合"思想是中国传统文化的宝贵财富，意为和睦同心。君子秉持贵和尚中、善解能容、厚德载物、和而不同的品格，既是中华民族优秀的传统文化理念，也是君子人文品格的代表；习近平总书记在2005年时任浙江省委书记时在《之江新语》专栏刊文中指出，我们的祖先曾创造了无与伦比的文化，而"和合文化"正是这其中的精髓之一。西部证券发展壮大的21年间，经历了由陕西证券、宝鸡证券、陕西信托和西北信托发起设立，接管健桥证券，上市发行以及一系列资本运作等重要事件，不同企业文化间相互碰撞、相互融合，与股东和合、与同业和合、与投资者和合、与员工和合，"和合文化"基因贯穿于西部证券发展历程。"和合"也符合目前证券行业的发展理念，"和"代表和谐、共生；"合"意为合规、稳健；"和合"谐音"荷"，代表着清正廉洁的从业文化。

西部证券"和合文化"理念体系既是全体员工砥砺品格、凝聚力量的集体价值观，更是公司上下躬行践履、奋发求进的动力之源。2021年是中国共产党成立100周年，也是西部证券20年发展壮大值得铭记的年份，公司党委策划开展了"感动西部·发光的平凡"系列报道、"年轮印记——献礼党的生日"主题活动、"用声音温暖往事·用行动践学党史"朗诵活动等，将公司发展历程中，在平凡岗位兢兢业业、甘于奉献、创造价值的党员和员工请到台前，讲述他们的精彩故事。一系列有温度、有深度的活动，感染着广大干部员工，以榜样为力量，形成践行"和合文化"的良好氛围，有力激发了公司文化认同、凝聚行动力量。

"和合文化"不仅是驱动公司不断前进的内在动能，也成为积极履行社会责任的思想助力。西部证券党委深入贯彻落实脱贫攻坚和乡村振兴战略，充分发挥自身金融专业优势，动员公司力量，积极参与社会公益事业。西部证券分别与陕西省白水县、延长县和商洛一区六县共9个区县签订"一司一县"帮扶协议，截至目前，累计捐赠2 000余万元；向陕西省慈善协会捐赠1 000万元抗击新冠疫情，荣获中华慈善总会"2020年度爱心企业"殊荣，荣获陕西省委文明办和陕西省慈善协会共同颁发的"陕西省第三届三秦善星"荣誉称号；2021年河南发生洪涝灾害时捐赠41万元；设立"商洛教育扶贫计划"，已连续4年累计提供1 200多万元，为商洛市4 000多名贫困大学生提供经济支持。成立"纵横有爱"志愿者服务队，以志愿者组织为载体，通过金融帮扶、教育帮扶、消费帮扶、公益帮扶、派驻村工作队等形式认真落实中央和地方以及监管部门的各项部署和要求，增强紧迫感、使命感和荣誉感，提高政治站位，狠抓工作落实，进一步巩固脱贫成果，积极投身乡村振兴，为全面推进乡村振兴战略作出应有的贡献。

"和合文化"是西部证券独有魅力的集中展示，是西部证券人独特品格的充分诠释，也是公司高质量发展的现实需要，更是新时代下践行证券行业文化的主动作为。"和合文化"是西部证券"聚力创富"的宝贵精神财富，是西部证券"专业化、平台化、区域化、数字化"发展战略下管理企业的基本准则，是全体员工共同遵守的行为规范和思想基础，是指引和激励西部证券人锐意进取、奋勇向前的力量源泉。

"鲜衣怒马少年时，不负韶华行且知"，随着"和合文化"理念体系不断赋能公司发展，全体西部证券人将在"和合文化"的指引下，不断提高文化自觉和自信，把自己的职业生涯融入"和聚力，合创富"的生动实践中，与西部证券共成长、同奋进，为企业高质量发展凝聚智慧、创造价值。

三、目标明确，战略领航，推进金融科技与数字化转型，实现公司金融科技价值

在证券行业发展新形势下，良好的企业文化和正确的战略规划成为中小券商在危机中育先机、于变局中开新局的有利条件。西部证券结合自身资源禀赋，参考行业先进发展经验，制定了公司"十四五"战略规划，深化专业化、平台化、区域化及数字化能力建设，立足发展战略导向及服务实体经济本源，践行"金融报国"理念，设立"财富管理、投资银行、自营投资、资产管理、研究（机构）"五大业务板块。通过4家子公司开展公募基金、期货、私募股权投资及另类投资，扩大业务发展版图，为投资者提供全方位综合金融服务，努力把西部证券建设成为以专业化业务与客户共同成长的一流上市综合性投资银行。公司全员秉着"和聚力，合创富"的文化理念，统一思想、步调一致，坚定不移地朝着战略目标迈步前进。

当下资本市场中，金融科技与数字化的战略定位不断提升，数据能力已成为基本能力，大数据规模化的应用开始启动。西部证券围绕"十四五"战略规划，加快构建数字化架构体系，以赋能业务为导向，提升公司整体金融科技的重要性，在定位上实现金融科技被动响应到金融科技主动赋能业务、科技主导推动到科技与业务共创的两大改变。

西部证券"十四五"战略规划对数字化转型和金融科技赋能业务发展提出了非常具体和明确的目标。于2021年筹建数字化转型的组织架构，作为数字化转型工作的核心载体，主要负责以数字化驱动业务流程和经营模式变革，承担各业务线重大金融科技项目开发与管理工作，统筹负责金融科技相关项目小组人员组建、应用系统开发、数字化产品运营等推进落地工作，持续提升公司数字化成熟度。成立以来，数字化转型办公室已经基于定位和职能，统筹公司的金融科技资源规划安排，承接落实了一系列重点项目的系统开发建设工作，并通过对信息技术（IT）建设需求和预算的集中管理，大幅优化了公司采购管理流程，为公司整体IT全景架构及管理奠定了基础。目前，公司财富、研究等重点业务板块的数字化核心平台正在稳步推进，着力打造高质量治理的数字化转型发展体系，以数字化、智能化为主线，推进金融科技与数字化转型，推动科技全面赋能。西部证券将以提升客户经营能力为核心，重点打造科技自研能力，开发与业务提升密切的个性化模块，以整体金融科技赋能业务，共同开拓，实现局部布局前瞻创新。数字化新技术的应用和发展提升了业务的运营效能，将促使业务模式不断变革与创新。经营范围不断拓展，服务的挖掘深度增强，客户的需求定位更加准确，使公司的服务模式以及治理架构逐步向高质量转变。顺应大势、积极作为，探索出适合自身的数字化转型战略，培育技术先进、研发敏捷、渠道融合、决策精准、运营高效的创新发展动能，全面提升数字时代企业的核心竞争力。

2022年是西部证券上市10周年。上市10年来，西部证券积极把握行业发展机遇，紧跟市场发展趋势，不断提升公司经营策略的前瞻性、针对性、有效性，已逐步从区域性券商成长为具有一定全国影响力的券商。上市10年来，西部证券不断刷新各项财务数据，营收

从 2012 年的 7.9 亿元升至 2021 年的 67.5 亿元,增长近 8 倍;净资本从 2012 年末的 40 亿元升至 2021 年末的 234 亿元,增长近 5 倍。近年来,西部证券顺应行业趋势,夯实资本实力。2017 年 4 月,顺利完成配股,募集资金 48.52 亿元;2021 年 1 月成功完成非公开发行股票工作,以 7.75 元/股的价格发行 9.68 亿股,募集资金 75 亿元。两次增资使公司资本实力显著增强。西部证券充分发挥资本市场中介功能,聚焦国家产业发展方向,为企业提供专业化金融服务,支持企业借助资本市场发展壮大,在服务实体经济、防控金融风险、推动绿色发展、提升客户和员工价值等方面取得了一系列成效,在融入经济社会发展大局中诠释了国有控股企业的使命担当,为促进经济、社会、生态的协调可持续发展贡献了西部力量。

二十年砥砺奋进,"十四五"扬帆起航,西部证券将始终坚持以习近平新时代中国特色社会主义思想为指导,坚持党的全面领导,以公司战略规划为行动方略,坚持文化引领,增强文化认同,发挥文化作用力,将"和合"底蕴转化为全体干部员工奋发作为的强大动力,解放思想、改革创新、再接再厉,探索出一条行之有效的高质量发展之路,努力实现立足西部、服务全国、以专业化业务与客户共同成长的一流上市综合型投资银行的战略愿景,奋力谱写高质量发展新篇章。

"文"以载道,"行"稳致远
——以"行"文化体系为抓手,激活高质量发展动力

葛小波[*]

党的十八大以来,以习近平同志为核心的党中央高度重视文化建设,强调要把文化建设放在全局工作的突出位置。文化是民族的血脉,加强文化建设既是提升软实力、竞争力的迫切需求,也是各行各业以优秀文化积淀护航企业规范经营、赋能行业健康发展的动力。企业要想行稳致远,离不开优秀的企业文化作"根基",因为文化是战略定位、发展理念、价值取向、专业实力、精神品质等方面的综合表征,是企业可持续高质量发展的底气所在、力量之源。

新时代,新征程,紧扣金融行业核心任务,证券行业将深刻理解并践行把行业文化提到战略高度,有着不可替代的必要性。2019年11月,中国证监会主席易会满在证券基金行业文化建设动员大会上作重要讲话,对"合规、诚信、专业、稳健"行业文化核心理念和重要内涵作出深刻阐释,提出行业文化建设的路线图和重点举措,为证券行业文化建设工作指明了方向。2021年2月,中国证券业协会制定发布《证券行业文化建设十要素》,倡导证券公司以四个"深度融合"和四个"有机结合"为原则,持续沉淀和涵养行业生态,为打造一个规范、透明、开放、有活力、有韧性的资本市场提供新的支撑。

2019年是行业文化建设宣传倡导期,也是国联证券启动市场化改革、开启二次创业新征程的元年,公司上下高度重视,在回顾自身发展历程、沉淀更新文化理念基础上,根据中国证监会提出的分阶段发展目标和路线图,以中国证券业协会"文化建设十要素"为指导,明确目标、压实责任,有序推进各项工作开展,形成了具有国联特色的"行"文化理念及工作体系,激发组织活力,提供发展动能。3年来,历经A股IPO、非公开发行,国联证券

---

[*] 作者简介:葛小波,工商管理硕士,现任国联证券股份有限公司党委副书记、董事长、总裁;兼任华英证券董事长、中海基金董事、国联证券(香港)董事、中国证券业协会监事、发展战略专业委员会副主任委员、国际会计准则委员会委员、中国工业合作经济学会会员。原载于《中国证券》2022年第7期。

资本实力、抗风险能力、盈利能力持续提升；财富管理形成自身的服务体系和模式，客户结构持续优化，"大方向"基金投顾最高规模突破百亿元，持续名列行业前茅；资产管理规模快速跃升，首次迈上千亿元大台阶；投行业务强化服务实体经济和国家战略，完成了具有市场影响力的闻泰项目和京东方定增项目；固定收益及股权衍生品业务也正在形成新的增长动能。高质量文化建设正在为国联证券转型发展注入新动能、提供新支撑。

一、德行守正，厚植文化基因

（一）先锋"行"，引领文化建设方向

国联证券将党建写入章程，充分发挥党组织的政治核心和领导核心，筑牢国有证券公司文化建设"根"与"魂"；公司党委及班子成员成立文化建设领导小组，担负起文化建设主体责任，形成以党委统一领导、经理层积极参与、各业务条线具体实施的企业文化建设机制；以上市代码"1456"为基础，积极构建"先锋·行1456"党建品牌工作体系，推动在政治思想、组织建设、作风纪律等方面与文化建设互融互促，党建案例被"中国金融业党的建设与思想文化建设调研成果库"收录；推进"两学一做""不忘初心　牢记使命"和党史学习教育常态化、制度化，尤其注重青年党员干部的思想政治教育工作，坚定政治立场和理想信念，积极践行社会主义核心价值观，传承弘扬优良传统和作风，培养家国情怀，践行金融初心，服务中华民族伟大复兴，为扎实推进文化建设提供了坚强的政治保障。

（二）因您而"行"，焕新核心文化理念

1992年，国联证券成立于被誉为"太湖明珠"的无锡，其前身为无锡市证券公司。在30年发展历程中，国联证券传承无锡百年工商文明精神，历经了"大胆实践，迅速发展""陷入困境，规范稳健""强化内控，专业立身""诚信经营，走向全国""守正创新，改革转型"五个阶段，从地方性经纪类证券公司发展成长为一家全国性综合类证券公司。一路走来，国联证券总结经验教训，开展文化建设大讨论，积淀文化内涵，深植"创新、协调、绿色、开放、共享"新发展理念和"合规、诚信、专业、稳健"核心理念，构建形成了以"先锋行"党建品牌为引领，以"因您而行"为核心价值观，以"诚信、稳健、开放、创新"为经营理念，以"志行、慎行、谐行、偕行、笃行、创行、智行、善行"为具体抓手的具有国联特色的"行"文化理念及工作体系，以文化之"德"，指引公司创新转型之"行"，开启国联证券市场化改革和二次创业新征程。

国联证券前后三次更新完善企业文化视觉识别系统，结合公司发展阶段焕新文化品牌符号；形成"一册一片一厅"文化载体，打造"两微一网一端"宣传主阵地，丰富、传播公司文化内涵；积极推动行业主流媒体开展专题报道，传播公司经营发展亮点、文化建设成果，讲好"国联故事"，维护和宣传行业文化形象；在"时习"在线学习平台和日常培训、新员工培训中加入企业文化、职业行为规范、合规风险等内容，以"国联大讲堂"为平台，全年开设了百余场各类宣导及培训活动，推动行业文化理念在公司落地生根。

二、知"行"合一，激发组织活力

（一）志"行"，融入发展战略

立志方能行千里，在实践中，国联证券将文化建设与公司战略协同融合，在价值取向、业务理念等方向牢固树立与实体经济共生共荣的意识，真正回归业务本源。

国联证券明确"十四五"发展的总体目标为：进一步以服务实体经济为本，成为真正以客户为中心的、提供全面金融解决方案的领先投资银行，成为地方区域市场乃至全国市场（某些领域）中最重要的投融资安排者、交易组织者、财富管理者和流动性提供者，为经济社会发展作出积极的贡献。

发展方式方面，国联证券通过推进泛财富管理转型、资本中介战略、"投行+投资"战略以及科技金融战略"四大战略"，全面助推公司转型升级，回归金融本源，服务国家战略及实体经济发展，服务居民投资理财，助力实现共同富裕。

公司治理方面，国联证券将文化建设写入公司章程，进一步明确董事会、监事会、经理层在企业文化建设工作中的相关职责；制定《国联证券企业文化建设管理制度》，提出文化建设总体目标、工作思路、重点任务和机制保障。

（二）慎"行"，把牢合规风险

在转型创新过程中，国联证券始终把牢合规风险之弦，谨慎行之。公司不断建立健全与文化建设、道德风险防范有关的制度机制，充实合规法务、风险管理队伍，将文化理念融入各项管理制度、业务流程和经营管理日常，全面优化制度、流程和授权体系，构建完善信用风险评级体系；坚持"风险可测、可控、可承受"原则，合规审慎开展创新业务；完善廉洁从业管理制度体系，将廉洁从业要求内嵌入人员管理、资金结算管理、采购管理、保密管理及利益冲突管理等流程；通过党风廉政建设宣传教育活动、廉洁从业专题系列讲座、签署廉洁从业承诺书、纳入年度考核等形式，有效防范廉洁从业风险，营造风清气正的文化氛围。

完善收入递延支付机制，建立长周期的考核评价体系和收入分配机制，传导行业文化和价值追求；优化绩效考评管理，制订文化建设专项考核方案，加强文化"软指标"应用，实行"一票否决制"，并纳入人员晋升、调动、入职、离职等环节。

加强声誉风险管理，建立健全制度体系，科学化、体系化管理声誉风险；通过专业舆情监测系统，对舆情进行日常监测、识别、记录、报告；建立完善员工约束评价机制，将员工声誉情况纳入人事管理体系；统一管理媒体接待及信息发布，提升宣传质量和声誉风险应急管理能力。

（三）谙"行"，注重专业立身

随着我国新旧动能转换和发展模式转型，新的业务模式和交易品种不断涌现。证券行业是金融创新最活跃的领域，为此，国联证券注重专业立身，追求精业敬业，只有将专业素养和能力深谙于心，才能持续提升核心竞争力和专业附加值。

国联证券成立培训中心，搭建外部专家及内训师队伍，打造学习型组织，针对不同阶段员工开设了系列业务能力提升课程，弘扬专业精神；通过明确职责，细化考核评优，围绕不同岗位对应的专业知识技能、任职资格，形成了详细的岗位说明书和"一人一表"年度工作绩效目标表，确立了完整的考核评价、激励约束机制，引导员工爱岗敬业，营造崇尚专业精神的文化氛围；制定《国联证券员工执业行为守则》以及各类业务制度管理办法，通过采取考核评估、奖优罚劣等措施，推动广大职工持续提升专业能力和服务质量。此外，公司建立服务对象评价反馈机制，畅通投诉举报渠道，主动开展业务回访，促进服务质量提升，积极维护公司口碑。

国联证券积极发挥行业"智库"作用，充分发挥股权衍生品专业优势，参与完成了上海证券交易所关于"场外期权风险与监管体系"课题研究；在中证机构间报价系统股份有限公司交易报告库建设过程中积极配合数据标准化、接口电子化等一系列工作，专业、规范履行报送义务人的各项职责；凭借资产证券化业务出色的管理创新能力，荣获2021年度深圳证券交易所债券市场"优秀资产支持专项计划管理人"奖项；积极参与全国银行间同业拆借中心创新项目，获2021年度银行间本币市场"市场创新奖""承分销之星"及"活跃机构"等奖项。

（四）偕"行"，激发组织活力

衡量一家公司成功与否的标志是客户服务、员工发展、股东回报，这三者共同构成了公司声誉。国联证券注重平衡各方利益，致力于与股东、客户、员工携手偕行，共创价值，共享收获。

国联证券在内部倡导合伙人文化，通过将文化建设与人才队伍建设有机结合，积极打造"团结协作、多元包容"的精神氛围；以市场化改革为抓手，强化专业骨干和关键岗位人才引进，基本形成"领军将才、中坚骨干、潜力新兵"层次清晰健全的人才梯队，并以薪酬能增能减的市场化考核机制"考"出内生动力；设立年度业务协同奖，完善协同机制，调动一切资源、激活全部力量、融合关键环节，推动协同创效。

为建立和完善员工与公司利益共享、风险共担的长效激励机制，进一步挖掘人才潜力，提升公司核心竞争力，目前，国联证券正在筹设 H 股员工持股计划。此举既体现了国联证券对宏观经济、金融市场及公司基本面的信心，更有利于提升核心员工主人翁意识，聚心聚力，以公司、股东和员工三方的利益最大化奠定公司可持续发展基础。同时，注重发挥党工团合力，推动精神文明建设与文化建设紧密结合、系统推进，通过先进集体及个人年度评选和对长期服务员工的表彰，以及形式丰富的文化活动，增强员工归属感与凝聚力；召开职工代表大会，鼓励员工积极参与民主管理，强化民主决策、民主管理和民主监督。

另外，国联证券与股东秉持相同的文化观、价值观同向而行，为股东带来长期回报，上市两年累计分红占可供分配净利润的 40.2%，体现了与股东共享长期发展利益的决心。

三、"行"稳致远，增强健康发展的韧劲和动力

（一）笃"行"，坚守金融初心

聚焦服务实体经济和国家战略，国联证券投行子公司积极从通道型投行向产业型投行转型，用产业思维服务企业创新转型。国联证券秉承金融初心，锚定国家发展战略，笃行实干，赋能实体经济提质增效。

国联证券完成了迄今为止 A 股市场最大规模的半导体行业并购交易，即闻泰科技收购安世半导体，并牵头促成了闻泰科技5G智能终端及半导体研发和制造项目落户无锡高新区，有力填补了其在智能终端等领域的产业空白，为打造世界级集成电路产业集群和整体产业结构升级作出贡献；2021年保荐隆达金属科创板 IPO 顺利过会，并助力其在国家级科研攻关和体系认证等方面取得了突破性进展；抢抓北京证券交易所设立带来的多层次资本市场发展新机遇，助推专精特新"小巨人"企业在上市新"赛道"上弯道超车，保荐的吉冈精密成为北京证券交易所设立后首批过会的北京证券交易所上市企业；完成京东方203亿元再融资项目，有力支持科技型公司转型发展；承做、发行了绿色债券、疫情防控债、纾困专项债券、数字经济公司债等多个有特色、创新型金融产品，服务实体经济高质量发展。

国联证券积极抢抓"碳达峰碳中和"机遇，多途径构建绿色金融服务综合竞争力，2022年已成功发行了盐城首单碳中和绿色公司债券"G22 盐能 1"；跟投了创业板首单医疗净化行业首次公开募股（IPO）项目华康医疗；设立绿色产业基金规模超20亿元，重点关注集成电路、半导体、医疗健康、智能制造等符合国家战略的行业领域；发行国联证券－远东租赁2022绿色 ABS 产品，募集资金超21亿元。此外，还联合中证指数公司和中债估值中心，分别推出"中证无锡发展主题指数""中证苏锡常发展主题指数"和"中债国联长三角精选短债平衡指数"，为机构投资者提供分散度高、主题明确的投资标的，引导区域上市公司价值重估，为区域债券发行主体注入增量资金，助力苏锡常、长三角一体化发展。

（二）创"行"，服务居民财富管理

财富管理转型是国联证券及证券行业重要的发展方向，需要以创新思维和创业心态来颠覆过往业务模式和管理模式。国联证券聚焦服务居民理财，助力实现共同富裕，积极在产品、服务、组织架构等方面实践创新，推动证券经纪业务向财富管理转型，满足人民群众日益增长的投资和财富传承需求。

国联证券将基金投顾作为战略业务，是首批获得公募基金投顾业务试点资格的7家证券公司之一，试点两年间打造了"5＋N"策略体系，开创了 ToB 业务模式，逐步建立起买方思维的财富管理业务模式，基金投顾规模行业领先。

建立全业务链的财富管理服务体系，夯实客户基础，优化客户结构；聚焦"小 B 大 C"定位，加强私募服务生态链建设，强化提升产品研究和资产配置能力，泛财富管理体系初见雏形；创设各类挂钩类型的浮动收益产品，丰富客户资产配置选择。

（三）智"行"，加强科技赋能

金融科技正在为证券行业创新注入新动能，未来金融产品和服务格局将被重塑。国联证券将进一步加大金融科技投入，逐步构建与发展战略目标相适应的信息技术支持服务能力、业务和技术融合创新能力，以金融科技引领业务创新。

国联证券基金投顾业务在各试点证券公司中首家完成系统上线，基金投顾系统项目获评恒生电子"证券行业创新大奖"，截至目前，已完成与十几家外部合作机构的系统对接，有效支持了业务规模的快速扩张；依托金融行业科技与业务深度融合，提升私募客户服务质量，公司极速交易系统的交易速度行业领先，带动私募业务快速增长；围绕机构客户、高净

值客户、长尾客户需求，加快完善升级交易、投顾、营销、客服等核心系统，打造差异化竞争力。

在信息安全方面，国联证券从优化信息系统架构、规范管理制度流程、健全运行监控体系、强化应急处置能力四个方面着手，抓牢抓实信息安全工作，并以全面过硬的专业素养，积极参与行业网络安全及课题研究，获"无锡市网络安全等级保护工作先进单位"等称号。

目前，国联证券正在筹建金融科技子公司，未来将承担母公司金融科技创新项目的研究和建设工作，主要侧重于人工智能、大数据、云计算、区块链等新一代信息技术在公司各业务和管理领域的应用，以提升客户服务水平和经营管理效率，使金融科技能力成为国联证券的核心竞争力。

（四）善"行"，履行社会责任

国联证券作为金融国企，积极履行社会责任，秉持"善行致远，和谐共生"的公益理念，积极响应国家脱贫攻坚战略，以金融和教育为抓手，结对帮扶了5个国家级贫困县，曾荣获"中国证券期货业扶贫工作贡献奖""中国区五星扶贫项目奖"等荣誉。在"一司一县"结对帮扶工作中积极发挥金融优势，累计帮助区域内企业完成债券发行10次，融资金额48亿元；在结对帮扶地区落实捐赠资金268万元，资助建档立卡贫困学生，捐建"国联希望小屋""留守儿童之家"，开展"青心护苗课堂"等活动，关爱留守儿童的学习生活。此外，积极融入中国证券业协会"证券行业促进乡村振兴公益行动"，出资850万元设立"国联证券公益基金"，投向服务乡村振兴、践行新发展理念、开展慈善公益活动等重点领域；面对新冠疫情，公司第一时间通过无锡市慈善总会捐款500万元，专项用于湖北、无锡及结对帮扶县的疫情防控，累计发行疫情防控债6单，合计88.7亿元，切实为疫情防控提供金融支持。

国联证券以国家级投教基地为平台，主办了校园理财大赛、少儿财商教育、主题音乐节和健康跑等系列活动，深入打造"find凡能仙"高校理财大赛和"友友商学院"两大投教品牌，助力推动财商教育纳入国民教育体系，荣获"投资者教育先锋券商""投资者教育工作先进单位""中国证券公司杰出投资者教育奖"等荣誉。

"文"以载道，"行"稳致远，三十载风雨兼程，国联证券始终以初心使命为笔，以国企担当为墨，将"先锋行、志行、慎行、谙行、偕行、笃行、创行、智行、善行"凝聚铸就"因您而行"的文化核心。证券行业文化建设工作已步入新的征途，国联证券定将继续以"合规、诚信、专业、稳健"行业文化核心理念为"风向标"，在资本市场高质量发展之路上奋楫笃行、勇立潮头，用国联文化谱写全新诗篇！

厚植文化底蕴，坚守初心使命，凝聚新一轮高质量发展的磅礴力量

菅明军[*]

习近平总书记强调："文化是一个国家、一个民族的灵魂。文化兴国运兴，文化强民族强。没有高度的文化自信，没有文化的繁荣兴盛，就没有中华民族伟大复兴。"

2019年11月，中国证监会主席易会满在证券基金行业文化建设动员大会上，就行业文化建设重要性、核心理念、路线图和重点举措等提出明确要求，强调要准确把握、加快打造"合规、诚信、专业、稳健"的新时代行业文化，在行业倡导新风气，树立新形象，为证券行业文化建设指明了努力方向，为资本市场长期稳定健康发展注入了新动能。

2021年，中国证券业协会发布《证券行业文化建设十要素》，精准提炼了行业文化建设的关键要素，并首次开展证券公司文化建设实践评估，对行业文化建设发挥了积极的推动作用。

中原证券是根植于中华文明主要发源地之一——河南的唯一法人券商，也是河南第一家"A+H"沪港两地上市的金融公司。中原证券成立19年来特别是2012年以来，走过了一条不平凡的道路：

2002—2012年是打基础的10年，当时公司业务结构单一，主要以经纪业务为主。

2013—2017年是快速发展的黄金5年，这5年中原证券抓住机遇，先后完成了香港上市和A股上市、H股增发，单家企业利润核算居河南省省管企业首位，由一家名不见经传的地方性券商，一跃发展成为业务涵盖财富管理、投行、自营投资、资管、私募基金、另类投资、四板市场、期货等全牌照、分支机构达120多家的综合性证券公司。

2018—2020年是周期性调整的3年，中原证券成功进行了A股定增，对内部业务条线

---

[*] 作者简介：菅明军，经济学博士，河南省人大常委，河南省劳动模范，享受国务院政府特殊津贴专家。现任中原证券股份有限公司党委书记、董事长，中国证券业协会理事，河南省证券期货基金业协会会长。曾任国家财政部综合计划司干部，河南省财政厅办公室副主任，亚太会计集团常务副总裁，河南省财政厅办公室主任，河南省政府省管国有企业监事会主席，中原证券股份有限公司总裁（2008年10月—2012年8月）。原载于《中国证券》2022年第1期。

组织架构、绩效考核机制等进行了战略性的改革，资本实力和发展活力显著增强。

2021年以来，中原证券经营发展势头强劲，资本实力大幅增强，合规风控能力显著提升。前3个季度实现利润6.52亿元，归母净利润近5亿元，增幅高达473%，全面开启了新一轮快速发展的新阶段。

回顾过去，展望未来，我们深切地感受到，支撑和推动企业发展壮大的一个重要因素是特定时期积淀形成的企业文化和人文精神，企业文化是一个企业的精神脊梁和动力源泉，能够在企业发展进程中发挥强大的价值引领作用，在关键时期激发出不可想象的前进力量。

中原证券经过长期实践的总结沉淀，形成了"朴实善良、诚信厚道、严谨执着、务求实效"的企业精神，"朴实善良、诚信厚道"是对做人做事的要求，体现了诚信、稳健的文化内核；"严谨执着、务求实效"是对业务发展的要求，蕴含了合规、专业的文化取向，整个企业的精神谱系与"合规、诚信、专业、稳健"行业文化理念一脉相承。新的发展阶段，中原证券将深入贯彻证券行业文化理念，积极践行"朴实善良、诚信厚道、严谨执着、务求实效"的企业精神，走出一条契合行业要求和彰显文化价值的特色文化建设之路，凝聚公司新一轮高质量发展的磅礴力量。

一、坚持以党建为引领，强化顶层设计和制度安排，以健康良好的行业文化助力企业行稳致远

充分发挥党委领导作用，将文化建设与党建工作深度融合。坚持党的领导、加强党的领导，是国有金融企业的"根"和"魂"，是国有企业的独特优势。

中原证券始终坚持党对企业文化建设的领导，通过党委会学习传达、党委中心组集中学习、领导讲党课、红色基地现场教育、邀请专家讲座、举办专题读书班等形式，深入开展党史学习教育，始终把政治建设摆在首位，引导党员干部赓续红色血脉、弘扬光荣传统，把伟大的建党精神融会贯通于公司文化血脉。

中原证券党委成立由公司党委书记、董事长亲自挂帅的企业文化建设领导小组，制订印发中原证券《企业文化管理办法》和《企业文化建设总体方案》，对文化建设责任分工、目标要求、督查落实、考核奖惩做了全面翔实的制度性安排。

发挥党管干部的优势，突出政治标准，坚持德才兼备，强化构建激励与约束相容、长期与短期兼顾的制度机制，通过科学选人用人，更加鲜明地传导行业文化和价值追求，推动把行业文化建设融入从业人员管理的全过程。

充分发挥文化建设基础性、导向性作用，将企业文化建设与公司治理体系和战略规划深度融合。我国国有企业的经营实践充分证明，加强党的领导与完善公司治理在目标上是一致的，在功能上是互补的。

作为"A+H"沪港两地上市公司，在公司国有股份不到30%的情况下，2017年中原证券按照法定程序在河南省同类企业中率先把党建写入公司章程，从公司治理层面保障了党委领导作用的发挥。

持续完善科学的公司治理架构，将企业文化建设纳入公司章程，形成党委全面领导、董事会战略决策、监事会独立监督、管理层负责经营的治理格局，明确各主体在文化建设中的职责界限和工作要求，在公司治理层面保证了行业文化建设持续、深入推进。

将企业文化建设提升到战略高度，纳入"十四五"发展规划，提出了文化建设的核心理念和落实措施，全面践行证券行业文化建设要素，为今后五年的企业文化建设提供基本遵循。

坚持推动行业文化核心理念入心入脑，将企业文化建设与公司员工行为管理深度融合。员工是行业文化理念的倡导者和践行者，其职业理念、职业行为代表了一个公司的文化价值导向。

中原证券坚持以制度为纲，将文化建设的基本要求制度化、规范化，嵌入选人用人、绩效考核、合规风控、审计监督、行为规范等内容管理体系，引导和督促员工将行业文化理念内化于心、外化于行，充分体现和巩固文化建设成果。

建立"线上+线下"常态化的培训机制，把合规、诚信、专业、稳健的理念和要求融入员工培训的全过程，加大职业道德教育在员工培训、后续教育中的权重，筑牢珍惜职业声誉、恪守职业道德的思想防线。大力提升合规风控水平，牢固树立"合规就是生命线"的意识，不断完善制度，建立全覆盖的合规风控体系，持续开展宣导检查，将合规意识融入血液、深入骨髓。

以提升专业化水平和核心竞争力为目标，稳步推进公开竞聘、考核分配、激励约束、职务职级并行等市场化改革，大力推动各项业务条线上档升级，公司投行、财富管理、投资等条线的业务能力越来越得到市场的认可。

围绕"合规、诚信、专业、稳健"核心理念，积极组织开展专题宣传活动，大大增强了员工对企业文化的认同感、归属感和幸福感。深入推进党风廉政建设和廉洁从业教育，认真落实"一岗双责"，强化"四风"整治，构建了纪检、巡视、监事会、合规、风控、稽核、人力大监督体系，以风清气正的政治文化、廉洁文化助推公司行稳致远。

二、坚持以服务实体经济和国家战略为己任，认真贯彻新发展理念，努力践行金融报国的初心使命

习近平总书记指出："金融是实体经济的血脉，为实体经济服务是金融的本质，是金融的宗旨。"证券公司作为直接融资的"服务商"、社会财富的"管理者"、金融创新的"领头羊"，在服务实体经济中具有不可替代的独特优势。健康良好的证券行业文化，有助于深刻理解金融本质和证券公司中介机构职责，有助于提升金融服务实体经济和国家战略的紧迫性和责任感，激发内在动力和服务水平。

中原证券作为省管金融企业，始终心怀"国之大者"，坚守服务实体经济的本质，牢固树立与实体经济共生共荣的意识，扎根中原、服务全国，充分发挥投资、投行、基金、四板市场、期货等专业优势和综合优势，在服务实体经济发展和国家战略中彰显证券行业价值理念。

积极探索服务实体经济的新模式。在前期打造涵盖投资、四板、投行等业务的"六位一体"产业链基础上，根据公司投行、投资等专业能力大幅提升的实际，中原证券形成了"投行+投资+投贷联动"的新服务模式，即公司精选一批有发展前景的企业，下属投资公司或科创基金进行股权投资，并带动社会资本跟投，同时吸引商业银行贷款，条件成熟时积极支持企业上市，进入资本市场，加快发展步伐，实现做优做大做强。该服务模式取得了较好的效果，受到企业欢迎。例如，中原证券在洛阳"建龙微纳"新材料公司发展的关键时

期果断投资3 500万元，带动社会资本跟投；2019年公司投行作为联合主承销商又成功帮助其在科创板挂牌上市，成为河南首家、也是中部六省第一家科创板上市企业，使其短短几年时间从净资产不足5 000万元的企业发展到如今市值接近百亿元的上市公司。按照该模式，中原证券下属的投资子公司向国家级高新技术企业慧联电子、华英包装等投资，带动社会资本积极跟投，提升被投资企业的信用，并获得银行授信等融资便利。

多措并举支持实体企业发展。中原证券支持完成了多家企业IPO、定向增发、可转债、企业债、公司债和并购重组等。3年多来，先后完成了郑州"百川畅银"4亿元创业板上市融资、周口"凯旺电子"3亿元创业板上市融资等16个首发上市融资项目，三安光电70亿元定向增发融资等十多个股票再融资项目，国电电力28亿元短期公司债券融资等一大批债权融资项目，累计帮助企业股权债权融资350多亿元，帮助大批企业直接融资、做大做强。中原证券下属股权投资子公司中州蓝海和私募基金管理子公司中鼎开源及中原科创基金也投资了澜起科技、华英包装、西安炬光、大河智信等200多家优秀企业，其中部分企业已实现国内主板、科创板、创业板等上市；帮助平煤神马集团旗下神马股份完成重大资产重组，一举成为国内尼龙66行业中少数具备规模化生产能力和上游原材料一体化生产能力的领先企业；在许昌森源电气异常艰难时及时协调资金3.5亿元，帮助其渡过了难关。中原证券控股的中原股权交易中心先后落地了上交所"资本市场服务河南基地"和新三板河南基地，截至目前累计挂牌企业突破9 000家，累计帮助企业融资近150亿元，在全国34家区域性股权市场中由成立时的倒数第4位，跃居中部6省第1位、行业前6位，有力支持了河南省广大中小企业发展。

积极培育创新生态。中原证券大力支持创新创业，与河南省财政厅共同出资成立河南省首只财政涉企基金化改革的基金和首只专注于初创期科技型小微企业的政府引导风险投资基金——河南省中原科创风险投资基金，已支持省内科技孵化器、众创空间、大学科技园及郑洛新国家自主创新示范区企业29家，高层次人才项目3个，国家专精特新"小巨人"企业2家，省级"专精特新"中小企业6家。科创基金的标杆效应，引导带动了其他社会资本对科技型小微企业的投资，如河南战兴基金、农民工返乡创业投资基金等省内知名基金，弥补了河南省政府引导风险投资基金的空白，发挥了政府引导基金带动作用。

在服务国家战略和落实河南省高质量建设现代化河南、高水平实现现代化河南的"两个确保"中彰显证券行业价值理念。围绕国家"十四五"宏伟蓝图，深度参与和服务国家战略，当好区域经济发展的参与者和推动者。

紧紧围绕黄河流域生态保护和高质量发展、中部崛起、京津冀一体化、长三角一体化和粤港澳大湾区等国家战略，进一步优化调整业务空间布局，夯实郑州、北京、上海、广深等区域业务中心发展架构和职责，加快香港子公司发展，深度参与和服务区域经济发展。

国家提出碳达峰碳中和"3060"目标后，中原证券积极践行绿色投资理念，加大对新能源领域的投资布局，积极支持企业发行绿色债券，帮助蓝天燃气、郑州百川环能、中兰环保、城发环境、多氟多、易成新能、龙源电力等符合绿色经济和"双碳"目标的企业完成首发上市融资、再融资或绿色债券，并在关键时刻通过多种方式支持河南能化集团、平煤神马集团等本土企业纾困发展。

河南省委、省政府作出深入实施"三个一批"和"万人助万企"的决策部署后，中原证券立即研究制定落实措施，对18个省辖市实行公司领导班子分片包干制，落实"领导班子成员+投行+分支机构"的"三位一体"包联服务机制，深入企业和项目一线排忧解难、推动发展。

三、永葆金融向善、造福人民的家国情怀，积极履行社会责任，践行国有金融企业价值使命

习近平总书记强调要"坚持以人民为中心"的发展理念。证券公司特别是国有企业，一定要树立正确的发展观、价值观，成为这一理念的积极倡导者、践行者，提高政治站位，提升发展格局，践行初心使命，传递行业温度，自觉实现经济价值和社会价值相统一。

中原证券始终坚持金融向善理念，积极履行社会责任。长期以来高度重视履行社会责任，特别是积极响应党中央和河南省委、省政府及监管部门关于脱贫攻坚的号召，为河南省脱贫攻坚和乡村振兴工作作出了积极贡献，在履行社会责任方面走在了省管企业前列。

积极开展贫困县结对帮扶。响应中国证券业协会关于"一司一县"结对帮扶的号召，对兰考、上蔡、桐柏和固始4个帮扶县大力开展金融扶贫，助力4县摘掉了贫困县帽子。其中，在上蔡县产业投资1 100万元，用于小王营村苗木种植扶贫项目成效显著，受到河南省纪委领导高度评价。投资300万元，参与中宣部电影频道筹拍的、以兰考脱贫攻坚为背景的大型专题影片《千顷澄碧的时代》，充分展现了河南省牢记习近平总书记嘱托，打赢打好脱贫攻坚战的生动实践，在第二十四届上海国际电影节荣膺"评委会荣誉影片"。2021年选定兰考县和遂平县作为结对帮扶县，接续做好扶贫巩固和推进乡村振兴新发展。

倾力打造大型扶贫公益平台。中原证券牵头设立的"河南省扶贫基金会"，开全国证券公司牵头组建当地大型扶贫基金之先河，目前募资规模已近8亿元，通过教育、医疗、产业等社会扶贫项目累计使20多万名贫困人口脱贫致富，多次受到中国证监会和河南省政府领导的肯定。特别是教育扶贫成绩喜人，所资助的民权、虞城、卢氏等9个贫困县的344名"晨曦学子"高考成绩斐然，本科上线率达88.4%，数十名学生被清华大学、浙江大学等国家重点院校录取，引起社会广泛关注。基金会积极推进的拼多多1 000万元产业扶贫项目也取得了良好效果。

选派优秀干部对口支援。选派具有丰富金融专业能力的投行部门负责同志挂职上蔡县金融副县长，量身定制的培育企业挂牌上市、搭建平台公司等八项精准扶贫举措，加快了上蔡县脱贫步伐。选派优秀干部援疆担任哈密国投副总经理，3年累计融资到位资金60多亿元，为哈密国投经营改革发展作出突出贡献，选派的干部连年被评为优秀援疆干部。选派优秀干部接续担任光山县罗陈村驻村第一书记，帮助罗陈村顺利实现脱贫，在河南省级脱贫攻坚检查中被评为"优秀"。

持续做好公益捐赠。3年多来，中原证券累计捐赠1 000多万元用于公益事业。其中，2019年向河南省公安战线英烈基金和见义勇为基金捐款350万元，用于表彰、奖励、慰问见义勇为人员及其家庭和帮扶英烈后代等；2020年2月捐款400万元，用于河南省和湖北省的新冠疫情防控工作；2021年初捐赠130万元用于河南省内新型农业、新农村及中华豫剧文化建设等；2021年"7·20"郑州特大暴雨灾害发生后，捐款500万元用于支持河南省见义勇为基金会寻访见义勇为英雄，以及支持省内受灾较为严重的新乡、鹤壁和安阳抗洪救灾，受到河南省领导的充分肯定。

四、加强企业文化品牌建设，全方位、多渠道开展企业文化宣导活动，构建具有自身特色的文化建设体系

中原证券作为一家"A+H"上市公司，每一步的发展都根植于"合规、诚信、专业、稳健"的证券行业文化理念，也得益于旨在凝聚共识、形成合力的多维度、立体化企业文化建设体系的构建，使企业文化理念最大限度地成为全体员工共同的价值追求。

在文化建设推进机制上，中原证券根据中国证监会和中国证券业协会部署要求，立足于行业文化理念，对公司企业文化建设方案再研究、再细化、再完善，真正使工作项目化、责任明晰化、要求具体化。

强化督导落实，持续完善和落实月督导制度和联络员制度，每季度通报各部门、各条线工作进展，确保各项要求落到实处。

开展文化建设先进评选表彰活动，鼓励先进，鞭策后进。针对2020年度行业文化评价指标加分和扣分项，查缺补漏，扬长避短，有针对性地列出整改提升清单，逐项分工落实，以此建立涵盖各条线、各领域的全方位、立体化的文化建设管理体系，营造文化理念深入人心、文化建设人人参与的浓厚氛围。

在文化建设平台载体上，积极构建立体化、全方位的文化宣导格局，加强新闻宣传和媒体沟通，强化舆论引导，充分展示具有中原证券特色的文化品牌。

适时启动主流新闻媒体下基层集中采风活动，以小带大、以点带面，积极谋划、挖掘一批反映时代特色和公司文化内核的鲜活素材。打造公司文化品牌官方微信公众号、视频号等自媒体矩阵，精心选择公司企业文化建设的优秀案例，并汇编成企业文化建设系列活动专刊，修订完善公司画册、视频、新闻报道集等对外宣传资料，优化提升公司展览室，全面展示公司发展新面貌、新气象。

发挥官网、OA内网、微信管理群、"中证清风"微信公众号等传播媒介作用，持续推送监管部门政策规定、文化活动新闻和优秀企业文化案例。深入开展员工喜闻乐见、广泛参与的文体活动，丰富精神文化生活。研究谋划文化建设高峰论坛，策划成立中原证券商学院，打造中原智库，多维度宣传和展示公司文化内涵，汇聚强大正能量。

"合规、诚信、专业、稳健"不能当成口号，而应真正贯彻落实到具体的行动中。比如在"诚信"方面，2014年中原证券刚在香港上市时，由于对国际资本市场缺乏了解，感受不深，一开始也将投资分红比例定为可供分配净利润的10%，后来经过深思熟虑，及时果断地将分红比例调整为不低于当年可供分配净利润的50%以上，而且每年实行两次现金分红，盈利多了多分、盈利少了少分，慷慨回报投资者。2016年回归A股、在研究讨论招股说明书时，在是否需要保持50%以上的现金分红比例时，公司内部也有不同的意见，后来大家统一思想，一致同意对境内外投资者一视同仁，均执行50%以上的现金分红比例，高分红已成为中原证券的一大特色。公司股吧是反映中原证券"社情民意"最直接的窗口，大家所反映的情况，很多都转化为工作中的关注重点和决策依据。在"合规""专业""稳健"方面，我们也不敢有丝毫懈怠，工作中勤勤恳恳，尽最大努力，加以贯彻落实。

牢记使命，守正创新
——开启湘财证券文化建设新征程

高振营*

文化是一个国家、一个民族的灵魂。我们党始终把文化建设放在党和国家全局工作重要战略地位。党的二十大作出推进文化自信自强、铸就社会主义文化新辉煌的重大战略部署，以勇立时代潮头的气概和回应时代之问的作为自立于世界文明之林，增强实现中华民族伟大复兴的精神力量。同时，文化建设作为证券行业高质量发展的根本保障，以"合规、诚信、专业、稳健"的行业文化理念为资本市场的长期稳定健康发展提供了强大的价值引领和精神支撑，是证券公司实现差异化经营、增强凝聚力和实现高质量发展的重要保证，是全面提升核心竞争力的最基础、最广泛、最深厚和最持久的关键力量。

自行业召开文化建设动员大会以来，湘财证券立足新发展阶段，构建了多层次的文化建设体系，从加强党建引领、履行社会责任、提升专业能力、加强合规风控、推动文化价值观与经营管理相互融合等方面不断提升文化软实力和核心竞争力，以"诚实守信，专业敬业，合规稳健，客户至上，勇于创新，追求卓越"的企业文化理念为公司规范经营保驾护航。

一、坚持党建引领，促进党建与企业文化融合发展

党建文化是企业文化的基础、底色，企业文化是党建文化的具体体现。湘财证券积极探索以党建统领企业文化，实现两者有机结合、合力发展。

一是制度层面。湘财证券党委围绕新时代党的建设总体要求，以行业文化理念为基石，把方向、保落实，明确了公司党委在文化建设中的领导作用，明确了文化建设的组织体系、

---

* 作者简介：高振营，经济学博士，现任湘财证券股份有限公司董事长兼法定代表人，兼任中国证券业协会监事、湖南省证券业协会会长、深交所第五届理事会会员自律管理委员会委员。曾先后在中国证监会、全国中小企业股份转让系统、北京金融街资本运营中心任职。原载于《中国证券》2022年第12期。

职责分工、工作机制、监督管理及成效评价,有力地推动了公司的企业文化建设。

二是党建教育方面。不断创新活动形式,先后组织前往岳麓书院、南昌八一纪念馆、湖南和平解放史事陈列馆等多地参观学习,开展"三会一课"、专题党课,组织、带领全体党员学习党的二十大报告原文,切实把握重点,深刻领会党的二十大精神,全面提升党员领导干部的政治素养与专业素养,通过党员的战斗堡垒作用带动广大员工赶超先进,充分发挥党建工作的思想引导作用。

三是党建宣传方面。利用展厅、宣传栏等多种载体打造宣传阵地,传承红色基因,赓续红色血脉。在中国共产党百年华诞之际,湘财证券与中国证券博物馆联合出品《中国证券故事之红色记忆》系列节目,展现了中国共产党领导下的红色金融历经革命战争的考验和经济浪潮的洗礼,以更好地帮助公司党员、员工及广大投资者了解红色金融事业发展历史,为企业文化建设奠定良好的思想基础。

二、坚持提升专业能力,创新推动高质量发展

2021年以来,湘财证券不断提升运营管理效率,进一步强化合规风控,把履行社会责任作为文化建设的重要一环,努力推动经营管理全面发展。

(一)以履行社会责任为己任,打造特色文化品牌

湘财证券弘扬感恩社会、热心公益的企业追求,持续倡导"有担当、有格局"的行为理念,积极履行社会责任,支持国家重大战略的落实,做好脱贫攻坚成果与乡村振兴的有效衔接,并在完善投资者保护等方面不断发力。

一是持续在各结对帮扶县创新开展乡村振兴产业帮扶、医疗帮扶、教育帮扶、消费帮扶、抗灾救灾等工作,解决乡村持续发展面临的实际问题。例如,针对帮扶县老龄化、空心化问题,积极推动和参与"互助幸福院"养老新模式建设,为有效解决农村养老难问题助力。

二是发起设立公益基金会,以市场化、开放化、品牌化的思路探索乡村振兴的公益实现路径,更好地服务国家乡村振兴发展战略、服务实体经济发展。

三是发挥专业优势,统筹绿色发展与乡村振兴。着力推动林业碳汇开发,推动开展低碳综合业务的碳汇企业与贫困地区深度合作,借助碳汇产业的社会价值和经济效能,吸收林业职工转向森林抚育、发展林下经济,为林区转型发展提供新途径。

四是建立湘财证券湖南投资者教育基地。依托中国证券博物馆平台优势,打造"历道学堂"投教品牌,推出"创新模式"系列投教产品,融合"多元文化"举办跨界投教活动,初步建成"湘财精品投教"基础工程。该投教基地全年共组织线上线下活动40场,参与人次超过6.8万,极大地提升了投资者对金融风险的认知水平。

(二)联建文化基地,争做湖湘文化建设的排头兵

为构建富有湖湘特色的党建及证券行业文化体系,在湖南证监局的指导下,湖南省证券业协会联合湘财证券共建湖南证券行业文化建设基地。该基地是全国第一家以辖区名义运营的行业文化建设基地,既集中展现湖南证券行业从筚路蓝缕到高质量发展的历程、行业文化

建设的精彩瞬间，又有主题突出的湖南证券经营机构的品牌故事；既是弘扬红色党建文化、营造行业文化建设氛围的良好载体，又是宣传廉洁从业理念、推动廉洁文化建设的重要窗口。

（三）坚守金融使命，以专业优势践行服务实体经济初心

一是坚持"金融报国"理念，服务实体经济。湘财证券关注企业发展面临的问题，打造以客户为中心的一揽子综合服务模式，推出"易企投"、股权激励行权系统等一站式线上平台，高效链接企业投融资需求。围绕实现高水平科技自立自强，聚焦北交所上市业务，为实体经济创新提供专业的投行服务，陪伴企业一路成长。

二是守正创新，加快金融科技驱动财富管理转型。湘财证券作为最早参与公募券商结算业务的券商之一，通过对金融科技的持续投入与券商结算系统的日臻完善，券商结算规模居于同业前列。公司打造集"产品销售、投资顾问、资产配置"为一体的"百宝湘""金刚钻""年糕智投""湘管家"等多个财富管理平台，将"科技与创新"纳入自身核心竞争力当中，通过多维数据联动、客户行为分析实现客户精准定位与目标群体细分，打通线上服务渠道，提供有温度、差异化、精细化的专业客户服务。

（四）强化合规意识，筑牢合规底线

湘财证券始终把合规建设提升到与业务发展同等重要的高度。在完善合规风控制度体系、增强合规风险意识方面，加强培育"合规风控创造价值"的理念，系统性地梳理公司各项制度，全员开展形式多样、内容丰富的合规风控管理、知识、操作技能培训，严格执行合规风控考核及奖罚制度，以更好地促进业务开展的合规性，提升管理效率。

在提升合规风控数字化水平方面，湘财证券搭建了与业务复杂程度相适应的合规和风险管理系统，推进风险监控平台全面改造升级，并通过共同研究、合作开发等模式提升公司系统建设的自研能力，促进业务与互联网技术的融合和流程再造。

在加强合规风控人才能力建设方面，注重与业务条线的深度沟通交流和过程管理，以不断提升合规风控人员为业务条线提供专业服务的能力。

（五）坚持文化育人，激发组织活力

一方面，湘财证券高度重视员工培训，于2021年成立了专门的培训部门，以"搭建一流平台、营造一流氛围"为目标。一是通过培训把好员工的"入门关"，在新员工培训中融入企业文化宣教，引导新员工树立正确的人生观、价值观；二是注重员工专业能力和素质提升，分别从功能、岗位等不同维度搭建线上线下相结合的培训体系，围绕技能、员工发展、协同成长等核心要素，设计开发有针对性的培训课程，不断提升员工的专业技能和职业素养。

另一方面，湘财证券不断完善内部人才培养体系。通过"选优"和"育能"的有机结合，为骨干员工提供广阔舞台，并持续优化从职能体系到专业条线重点岗位人员的培养计划，积极打造与业务发展相匹配的专业团队，在保证核心人才成长的同时，进一步增强员工对企业文化的认知和认同；同时，特别强化干部任前考察和背景调查工作，确保德才配位。

在人才激励方面，注重短期与长期激励的平衡，不过度激励，防止员工行为短期化。为

实现员工与企业利益的长期有机统一，公司股东于 2021 年推出了股票期权激励计划，用以吸引和留住核心人才，激励、促进骨干人员和团队对公司发展作出更大贡献。

三、深入贯彻新发展理念，融入发展新格局

"驽马十驾，功在不舍"。湘财证券将坚持不懈用新时代中国特色社会主义思想凝心铸魂，深入贯彻新发展理念，继续在"合规、诚信、专业、稳健"的行业文化指引下，坚持"金融报国理念"，以文化建设筑牢发展根基，深耕不辍，久久为功。

一是积极落实新时代建设总体要求，不断加强对全体党员理想信念教育，把新时代中国特色社会主义思想转化为坚定理想、锤炼党性和指导实践、推动工作的强大力量。进一步强化行业文化建设与党建工作要求、人的全面发展、专业能力建设和历史文化传承的有机结合，与公司治理、发展战略、发展方式和行为规范深度融合，用文化的力量引领方向、促进发展、塑造品牌形象。

二是牢记初心使命，服务实体经济。党的二十大报告指出，坚持把发展经济的着力点放在实体经济上。湘财证券持续关注国家政策导向，在服务实体经济过程中，关注企业发展面临的问题，通过提供有针对性和差异化的金融服务，激发企业活力。未来，湘财证券将进一步提高细分领域的专业能力，构建差异化的核心竞争力，满足不同客户的个性化需求，在特定行业、特定区域内精耕细作，积极融入和服务新发展格局，通过债权、股权、资产支持计划等多种形式深耕主责主业，践行责任担当，着力服务实体经济。

三是进一步完善合规管理体系，坚定不移地推动业务链条的合规管理全覆盖，通过培训、检查、考核及问责等多种形式强化合规管理。加强员工行为规范管理，健全员工职业生涯的培训机制，增加风险案例教育，强化员工合规风控意识，通过推进合规警示教育，加强审计、检查问题的系统性整改，从严进行责任追究，提高各项工作规范化、标准化水平。

文化兴则国家兴，文化强则企业强。党的二十大为资本市场高质量发展指明了方向。在新时代征程上，湘财证券将坚定不移地贯彻落实习近平新时代中国特色社会主义思想，努力在服务实体经济、满足人民财富管理需求、助力建设中国特色现代资本市场的征程中找准定位，以文化建设为中心，因地制宜探索湘财证券差异化的经营道路。

党建引领明方向，文化赋能聚力量
——粤开证券"五个融合"推动企业高质量发展

严亦斌*

习近平总书记指出，坚持党的领导、加强党的建设，是我国国有企业的光荣传统，是国有企业的"根"和"魂"，是我国国有企业的独特优势。同时，习近平总书记也指出，文化自信是一个国家、一个民族发展中最基本、最深沉、最持久的力量。坚定文化自信，是事关国运兴衰、事关文化安全、事关民族精神独立性的大问题。因此，融合、创新地开展党的建设和文化建设，形成党建和文化建设双轮驱动的良好局面，既是对习近平总书记关于党建和文化讲话精神的深入贯彻落实，体现了党的思想、文化自信在国有企业体制内的扎根串连，也是加强党对金融工作绝对领导的必然要求，是党对牢牢掌握金融领域意识形态工作领导权的集中体现。

作为国资控股证券公司，粤开证券高度重视党建与文化建设工作，积极探索以党建和文化建设引领公司高质量发展的方法和途径。通过党建与文化建设"五个融合"，打好"党建＋文化"组合拳，将党的领导和文化赋能全面融入贯穿到公司经营管理的各个方面，让党的旗帜在公司一线高高飘扬，让文化氤氲在公司内部处处流淌，为实现高质量发展指引方向、保驾护航。

一、坚持目标导向融合，把好高质量发展"方向盘"

粤开证券高举"红色旗帜"，传承红色基因，坚持两个"一以贯之"，确保党的领导核

---

* 作者简介：严亦斌，博士，高级经济师，现任广州开发区控股集团有限公司党委书记、董事长，兼任粤开证券股份有限公司党委书记、董事长。曾在中远集团、浦发银行、万联证券任职，拥有20多年科技金融投资的丰富经验，广州高层次金融管理人才，2019年度深圳证券交易所债券市场"优秀个人"；曾任中山大学、广东财经大学金融硕士研究生导师，历任广州凯得控股有限公司党委委员、副总经理，广州开发区控股集团有限公司党委副书记、总经理。原载于《中国证券》2022年第12期。

心不动摇，并把党组织参与企业重大问题决策贯穿于决策、执行和监督的全过程，使党的领导真正成为企业高质量发展的重要保证。

一是坚持公司党委核心地位的全面凸显。粤开证券将党建工作写入公司章程，把党建工作总体要求、党组织设置形式、党组织地位作用、党组织职责权限等纳入其中，明确了党组织在公司法人治理结构中的法定地位；公司董事长兼任党委书记，2022年新设党委专职副书记，公司总裁、副总裁兼任党委副书记，进一步加强了党委对公司发展的领导核心作用。

二是坚持公司党委对经营发展的全面融入。在重大项目上，公司党委深入参与董事会关于公司经营发展战略的制定与风险管控的决策，对经营管理办公会关于公司经营发展战略的落实进行审核把关；在日常管理中，公司党委参与公司经营业绩考核指标与基础工作考核指标的审议，管人、管事、管薪酬相互融合的制度体系进一步健全。

同时，粤开证券也坚持以党建为文化建设引领导航，为公司文化建设注入新的内涵。

一是确立以党建为引领的文化理念体系。以党建为引领，粤开证券对文化理念进行了重塑，提升文化理念与公司发展战略的契合度，使文化理念能够符合公司党建为魂、发展为纲的高质量发展要求。经提炼，粤开证券确定了以"资本赋能科创实业"为企业使命，以"打造一流精品特色券商"为愿景目标，以"客户为尊，专业为本，创新为"为核心价值观，以"粤力量，跃未来"为企业精神，以"创新，聚焦，协同"为发展理念以及以"德才兼备，有为有位"为人才理念的全新文化理念体系。

二是确立以党建为保障的文化建设机制。在党建引领下，粤开证券制定了《文化建设三年规划》，积极探索文化落地路径；设立了文化建设领导小组和工作小组，分别负责企业文化建设的统筹指导和具体工作的落地执行。

按照公司党政交叉任职的模式，粤开证券党委既负责抓党的建设、履行党建主体责任，也负责抓经营管理和文化建设，确保了党的建设、经营管理以及文化建设之间的同规划、同部署、同实施、同考核。

二、坚持思想教育融合，激活高质量发展"一池水"

粤开证券坚持强化党管人才原则，通过抓思想、抓能力、抓考核，把抓党建、强队伍、促发展贯通起来，建立一支思想正确、作风过硬、敢打敢拼的人才队伍。

（一）抓思想，确保作风意识过硬

一是把党建教育融入日常工作之中。通过开展党员"政治生日"慰问、坚持佩戴党徽、"三会一课"等工作，增添一份初心不改、矢志不渝的感动与坚守；通过开展"寻迹革命历史，传承红色基因"系列主题党日活动，强化奋发有为、昂扬向上的信念与决心；组织开展"中国共产党人精神谱系"兼"三会一课""党建引领业务发展"学习教育活动，点燃员工奋进新征程、建功新时代的活力与激情。

二是把文化学习融入日常工作之中。粤开证券建立周晨会文化学习机制，坚持每周一以站立式晨会形式，对每周监管新规、监管动态及处罚案例等内容进行解读学习，并对行业文化理念、《证券行业文化建设十要素》以及公司文化理念等内容进行诵读熟记，营造了良好的文化学习氛围。

（二）抓能力，确保队伍素质过硬

一是把业务骨干推荐培养成党员。关注那些"想干事、能干事、干成事"的非党员业务骨干，通过邀请其听党课、列席主题党日活动和组织生活会等方式，以党的先进教育熏陶，提升其思想觉悟，逐步将其培养成为合格党员，为党组织注入"新鲜血液"。

二是把党员推荐培养成业务骨干。公司各党支部每年安排至少1名党员，参加公司开展的党务知识、业务营销、合规风控等专题培训，经过培训的"加油充电"以及在一线岗位的锤炼锻造以后，按需将其推荐调配至重要业务岗位，以充分发挥党员在重要岗位的先锋示范作用。

三是把党员业务骨干推荐培养成管理干部。按照梯次孵化模式，对党员业务骨干开展培训、锻炼与培养等工作，将其纳入公司与党组织人才后备库，实施晋级、加薪、升职"三个优先"，适时推荐为支部班子成员或经营管理干部。

（三）抓考核，确保责任担当过硬

一方面，粤开证券党委根据年度党建重点工作任务，对各支部书记进行年度考核，发挥考核"指挥棒"的作用；另一方面，也把廉洁从业、合规诚信执业、全面风险管理、践行行业和公司文化理念等事项纳入人员考核与薪酬管理体系之中，并确保这四方面事项的考核权重在公司人员考核中的占比高于30%。

通过建立健全目标责任制，粤开证券将党建和文化建设工作任务分解到各部门、各条线之中，使党建和文化建设与部门工作有机结合起来，确保上下有联动、人人有目标、个个扛责任，形成齐抓共管、生根结果的良好局面。

三、坚持工作机制融合，共绘高质量发展"同心圆"

（一）对内协同，凝聚共识集智慧

一是创新建立"1313"带动机制。根据"1313"带动机制，粤开证券每1名支委委员与3名党员同志、1名党员同志与3名群众签订结对协议，通过"1个支委带3名党员、1个党员带3名群众"两个"1×3"的引导带动，发挥在思想作风、项目任务、岗位业绩、监督管理等方面的带动作用，构建由N个"铁三角"组成的网状攻坚力量，促进项目任务的攻克与经营目标的实现。

二是全力实施"互融互助"协同机制。通过举办庆祝建党101周年党建与业务发展互融互促调研座谈会，探讨以党建引领为指导，以经营发展为核心，高效开展业务协同，做好业务支撑和职能服务，助力粤开证券三年发展行动规划落地，推动公司高质量转型发展；通过制定重点项目服务清单，组织各支部开展"粤开发展，有你有我"党建服务活动，以党建带动公司业务发展，展现公司"协同"文化特色。

（二）对外联动，整合资源聚优势

粤开证券以党建为纽带，以党建、业务双融共促为目标，深入开展"红联共建"。按照党建"搭台"、业务"唱戏"思路，与广州开发区区内优质企业开展"红联共建"，推进阵地共享、活动共办、党员共训、合作共赢四个方面的结对共建,探索组织联动、资源联享、事务联商、发展联促等共建互助新模式、新路径,扩大党建工作"朋友圈"、拓展金融服务"生态圈",以党建创新势能激发企业发展动能。

四、坚持服务对象融合,细耕高质量发展"责任田"

粤开证券坚持党建与文化"双轮驱动",以精品特色为定位,通过打造以投资为引领、以投研及投行为特色的"三投"协同引擎,为科创企业提供一体化的专业投融资服务,履行金融"活水"职能,在金融赋能科技创新上当尖兵、做表率。

(一)专业为本,构建"专精特新"服务新体系

一是当好"店小二"。聚焦 IPO、股债联动、债券发行等金融需求,构建多层次、多样化金融服务体系,为企业提供全方位、高品质综合金融服务。2022 年 9 月,由粤开证券作为联席主承销商之一的诺诚健华(688428.SH)在上海证券交易所上市,正式登陆科创板,成为粤开证券践行"资本赋能科创实业"使命、服务实体经济的又一成功案例。

二是当好"助推手"。粤开证券旗下全资子公司粤开资本,聚焦为科技型企业成长加油提速,助力新兴产业和科技型中小企业成为新兴科技产业领域的"单打高手""隐形冠军"。2022 年 8 月,粤开资本顺利通过 QDLP(合格境内有限合伙人)试点资格评审,成为广州市首家成功获得 QDLP 试点资格的私募股权投资机构。

三是当好"参谋员"。粤开证券旗下研究院发挥智库优势,积极为监管层建言献策,所承接的多个中央部委、省市区课题获中央领导同志及省领导批示;多次受邀参加国务院参事室、工信部、发改委、国家税务总局、全国工商联等部门座谈会;研报观点频被新华社、人民日报、光明日报、央视财经、央视新闻等权威媒体引用转载。

(二)创新为向,构建绿色金融发展新格局

粤开证券快速响应国家加快健全绿色低碳循环发展经济体系政策要求,主动倡导并践行绿色低碳发展战略,积极开展绿色金融工作,助力推动碳中和进程。

一是为绿色金融研究贡献"粤开智慧"。粤开证券积极开展碳中和及绿色金融研究,研究范围覆盖绿色金融、生物医药和新能源环保产业等主要板块。2021 年,粤开证券累计向监管层报送包括绿色金融、资本市场发展等内容的政策建议报告 70 多篇;4 月,粤开证券成为全国首家实现碳中和的持牌金融机构;5 月,粤开证券作为广东唯一的券商代表,受邀参加监管机构碳中和座谈会,汇报多个绿色金融研究成果,并对广东省绿色金融发展提出建议。

二是为绿色金融发展贡献"粤开力量"。粤开证券积极发展绿色债券业务,支持粤港澳大湾区内附加值高、能耗低的产业的发展,降低绿色企业的融资成本,解决绿色企业的融资期限错配难题。同时,推进绿色金融产品及绿色金融指数基金的创设工作,加大可持续金融债券、资产证券化项目(绿色租赁 ABS、汽车融资租赁绿色 ABS 等)的投放力度,以推动可持续金融发展。

（三）不忘初心，展现国资企业新担当

一是迎疫而战。自新冠疫情暴发以来，粤开证券累计向湖北、广东捐赠疫情防控资金500万元；在疫情防控紧急时刻，组建党员干部、职工群众"先锋突击队"，奔赴属地街道、社区开展抗疫支援，以"硬担当"为党旗增光添彩，用"党旗红"战"疫"护"绿"。

二是志愿前行。粤开证券深入践行消费扶贫，"以购代捐、以买代帮"，持续对贵州威宁县、云南镇雄县、江西余干县等结对点开展消费扶贫活动，带动脱贫人数达400多人；积极参与"点亮计划""京蒙帮扶"等帮扶活动，对接因病致贫家庭儿童，帮助其顺利就学，传递爱心关怀，彰显粤开担当。

三是投教出新。粤开证券持续加大对投资者教育投入，打造了集知识学习、风险教育、互动体验为一体的互联网投资者教育基地，积极开展特色鲜明的投资者教育活动，将投教知识送达千家万户。2022年上半年在广东辖区优秀投教活动及产品评选活动中，粤开证券投教活动及原创投教产品均荣获二等奖。

五、坚持活动载体融合，奏响高质量发展"最强音"

粤开证券不断丰富党建与文化建设落地载体，持续创新党建与文化建设活动形式，把党建、文化建设与团建、工会等活动紧密结合，联合群团组织开展凝心聚力的主题活动或暖心暖情的慰问活动，让党建和文化建设成果看得见、听得到、摸得着、记得牢。

其中，创新以党课培训和文化团建结合方式，组织开展"党建引领，共谋发展"主题党日活动暨"戮力同心，和合共赢"拓展活动，强化了润心铸魂、培根启智的党史教育，展现了互助互勉、协同共进的"粤开精神"。

在"'粤'诵经典，'开'创未来"诵读比赛活动中，粤开证券各党支部把党建文化和公司企业文化有机结合，以传承优秀文化、发扬红色经典、体悟奋斗征程为主题，用富有感染力的语言演绎出精彩纷呈的16个作品，呈现出公司员工在推动党的建设和文化建设征程中的精气神。

连续两年，粤开证券制作发布了两首均由员工作曲、填词的原创文化歌曲。从"家文化"到"奋斗文化"，从《呼唤》到《少年粤开说》，粤开人歌以咏志、乐以抒怀，讲述其为梦想而奋斗的真实故事，唱响了为未来而拼搏的澎湃心声。

近三年，在党建引领、文化赋能下，受益于广州黄埔区优质营商环境以及控股股东的资源支持，粤开证券发展能级得到蝶变提升，取得了营业收入及净利润连续增长、营收三年翻一番的良好成绩，公司内部形成了上下同心、共谋发展的良好局面。实践证明，正确的党建引领、有效的文化赋能是粤开证券得以高质量发展的精神力量与动力之源，二者缺一不可。

未来发展中，粤开证券将坚持以党建为引领，不断加强党的建设，丰富文化底蕴，增强文化自信，持续探索党建与文化建设的融合路径，充分发挥二者融合优势，为推动企业自身的高质量发展提供思想保证和精神动力，为推动证券行业的高质量发展贡献新的模式和新的可能，在新时代的新征程上，为党和人民的伟大事业再立新功、再创佳绩。

以文化促管理 以创新致卓越
——华兴证券建设企业文化探索实践

项 威[*]

党的十九大报告指出："文化兴国运兴，文化强民族强。没有高度的文化自信，没有文化的繁荣兴盛，就没有中华民族伟大复兴。"这段论述深刻阐述了文化强国战略的重要性，为全社会、全行业的文化建设指明了方向。

2021年初，中国证券业协会发布《证券行业文化建设十要素》，从行为、组织、观念三个层次提出了十个关键要素，为证券行业文化建设提供了借鉴意义和具体行动指引。5月，中国证监会主席易会满在讲话中进一步指出，必须守正笃实推进证券业文化建设，促使"合规、诚信、专业、稳健"在全行业内化于心、外化于行，持续优化行业生态。

企业文化作为企业在业务发展和长期经营管理活动中沉淀的价值观的外化载体，是企业高质量发展的基础保障，更是企业发展到一定阶段的核心竞争力。健康向上的企业文化能够营造出和谐向上的发展氛围，使企业中高层管理人员和基层员工能够完整、准确地理解企业发展愿景、战略意图、实施路径以及企业选人用人导向等，从而不断增强团队的向心力和战斗力。

华兴证券自成立以来，在相关部门和中国证券业协会的指导下，以头部券商为标杆，在先进同业的示范下，始终将企业文化建设作为公司发展必不可少的重要一环，不断探索研究适合自身发展阶段的方法论和实践经验，将企业文化建设融入公司战略及日常运营，让文化成为公司高质量发展的内生动力。

---

[*] 作者简介：项威，法学硕士，现任华兴证券有限公司总经理。曾任华兴资本控股有限公司首席运营官、华兴证券有限公司董事会秘书等，并曾在上海期货交易所及多家境内外知名律师事务所从事法律工作。原载于《中国证券》2022年第4期。

一、华兴证券文化建设的方法论

（一）文化引领：始于战略，融于战略

华兴证券成立于2016年，是CEPA协议（《关于建立更紧密经贸关系的安排》）下首批成立的合资券商，也是中国证监会十余年来首批核准的新设券商。作为国内证券市场的新生力量，华兴证券成立伊始就确定了清晰而远大的目标：坚持走差异化、专业化和特色化发展路线，成为服务中国新经济的创新型投行，助力中国新经济的成长与产业转型升级。

公司文化理念是战略核心思想的体现，也是战略规划能够顺利落地的关键保障。华兴证券战略规划中将文化建设作为关键举措，建立了与发展战略相融合的文化理念和价值观念，积极倡导"合规、诚信、专业、稳健"的核心价值观念，其中，合规是底线，诚信是义务，专业是特色，稳健是保障。通过宣贯企业文化统一思想，为战略落地保驾护航；同时，以"善良正直、分享开放、创业精神、追求卓越"为核心企业文化：一是坚守道德规范，善良正直是文化基石；二是鼓励分享开放、平等尊重，相信集体的力量；三是倡导主人翁精神，自我驱动、不断创新，着眼长远发展；四是争做专业翘楚，追求卓越，坚持契约精神，为社会创造价值。

（二）理念支撑：内化于心，外化于行

华兴证券积极组织并参加各类文化理念培训及文化建设活动，通过多种途径传播文化理念，营造文化氛围，并以实际行动践行企业价值观。在内部学习层面，每季度组织新员工培训，帮助员工尽快了解和学习公司企业文化、人力资源、合规法务、风险管理方面的理念和专业要求，提升员工的专业能力和职业素养。不定期组织全体人员参加新《证券法》、信息安全、反洗钱、廉洁从业等方面的学习，传达监管机构对执业行为的最新要求，提高执业人员对现行政策的理解，引导督促员工践行行业和公司文化理念。同时结合公司党建活动的安排及要求，落实"合规、诚信、专业、稳健"的证券行业文化核心价值观，坚持可持续发展，引导和促进公司高质量发展，强化文化认同，履行社会责任。在组织融合层面，营造团结协作、多元包容的氛围，通过部门团建和节日福利等多种形式，增强团队之间的协同性和公司整体凝聚力，激发组织活力；通过组织分享交流会、创办员工风采展示内刊等形式，多维度多渠道收集员工对于企业发展的意见建议，更好地服务公司战略的制定。在实际践行层面，积极投身公益，履行企业社会责任，组织或参加"善行者"徒步公益、"彩虹笔"关爱自闭症儿童、红十字会无偿献血等多项活动；与四川北路山一居委会结对帮扶，定期走访社区生活困难群众；在新冠疫情防控期间通过捐资、捐助医护用品等方式，助力湖北省定点医院抗击疫情。通过实际行动，使员工更好理解并践行公司企业文化，不断强化文化的引领作用。

（三）能力驱动：守正创新，崇尚专业

守正创新是证券行业发展的重要驱动力，也与华兴证券"创业精神"不谋而合。守正，意味着公司在业务开展过程中，紧紧围绕服务实体经济的目标，回归本源、优化结构，不断增强服务实体经济能力。在致力于成为中国新经济领域最专业投资银行的奋斗历程中，华兴证券切实夯实高质量发展底盘，筑牢稳健合规风控基石，本着合规优先、风控优先的准则开

展业务活动，切实保护投资者合法权益。创新，意味着公司在资本市场全面深化改革的新时期，积极顺应新趋势、新变化，从自身禀赋资源出发，持续深耕新经济领域，在"特色、强项、专长、精品"上下功夫，逐步勾勒出以服务新经济为主路线的差异化发展蓝图。专业精神是业务发展的重要原动力，公司以打造学习型、专业型组织为目标，形成学习专业、尊崇专业、按专业主义做事的文化氛围。公司员工通过"华兴讲堂""思维交流会""读书分享""对话 CEO"等内部分享交流，形成协会面授培训及远程培训以外的有益补充。在学习赋能的基础上，资产管理事业部、财富管理中心坚持以客户为中心，设计研发个性化、差异化、定制化的金融服务产品，不断满足客户日益增长的财富管理需求，持续提升客户服务质量和专业附加值，真正将追求长期价值创造、坚持可持续发展的文化理念根植于心。

（四）机制牵引：高效激励，有效约束

不断加强全业务周期管理。逐步将文化理念融入公司管理制度和业务流程，提高制度规范与文化理念的一致性，并在具体工作中予以体现和落实。建立科学的绩效考核与合理的薪酬管理制度，将廉洁从业、合规诚信执业、践行行业和公司文化理念等纳入绩效考核与薪酬管理，设计并推动实行符合战略转型、业务发展需要的分层级、分序列、跨业务线协同的激励和考核机制，采取适度拉长考核周期、薪酬递延发放、加大合规风控考核力度等措施，建立促进长期价值创造、声誉价值创造的长效激励机制。公司投资银行、经纪、研究、资管、自营等各业务部门及另类投资子公司，根据科创板、研究新规等监管政策变化及公司发展实际，组织制定或修订管理制度和业务流程七十余项。不断加强员工全职业周期管理，各部门、分支机构在业务开展和个人执业过程中，落实制度、职业道德等各类规范，筑牢珍惜职业声誉、恪守职业道德的思想防线。在员工选拔、聘用、培育层面，从合规展业、考核激励、选人用人、职业操守等关键环节入手推动公司文化与业务协同发展。员工任职前，明确选人用人标准，加强入职管理，着重考量候选人的职业操守；员工任职期间，打造覆盖从新员工到高管人员的全职业生涯周期培训发展体系，以提升专业能力和业务本领为重点，以新理论、新知识、新技术、新方法为主要内容，聚焦关键业务、产品、流程，外引内培，及时补短板、强弱项，促进专业队伍业务能力过硬、能征善战；员工离职时，要求签署离职承诺，并对关键岗位人员进行离职审计，严把"入口关""任前关""出口关"。人力资源、合规稽核、风险管理、财务等内控部门落实责任担当，通过业务审查、考核激励、监督制衡、宣传培训等方式，构建激励与约束相容的人员管理机制，防范道德风险，传导企业文化和价值追求。

（五）组织保障：协作融合，相互制衡

1. 权责利对等，相互制衡

建立由股东会、董事会、监事会和经营管理层组成的健全有效的组织机构和公司治理架构，形成了权力机构、决策机构、监督机构和经营管理层之间权责明确、运作规范、相互分离与相互制衡的机制，更好地发挥在资源配置、预算考核、客户经营、队伍建设、产品规划等方面的统筹主责作用，为文化建设提供有效的组织和机制保障。

2. 各司其职，协调运转

董事会负责决定与公司战略相融合的文化理念和价值理念，经理层负责实施公司文化建

设的各项举措,包括建立健全文化建设、道德风险防范等系列制度,明确文化建设促进业务发展的具体方法和路径,强化企业文化传播与培养的教育培训计划,建立履行企业社会责任和维护企业品牌形象的激励举措等。公司监事会负责对企业文化建设情况进行监督,与合规稽核部、风险管理部共同发挥监督制衡作用。

3. 发挥各方功用,平衡各方利益

公司人力资源部作为企业文化建设的牵头部门,负责组织协调合规稽核部、董事会办公室、公共关系部等相关部门,共同策划、开展企业文化建设的相关工作。

二、华兴证券文化建设的具体实践

围绕以上"文化引领、理念支撑、能力驱动、机制牵引、组织保障"的"五维"文化建设逻辑,华兴证券积极探索各种文化建设实践活动。

(一) 筑牢信仰之基,补足精神之钙

1. 用好红色资源,赓续红色血脉

为深入贯彻党的十九大精神,进一步激发党员爱国爱党的热情和信念,华兴证券党支部组织全体党员参观中共四大会址纪念馆、中共一大纪念馆,通过现场学习珍贵史料,学习和继承老一辈无产阶级革命家坚定信念、执着奉献、勇于变革、善于创新的精神,不断增强对党的事业的责任感和使命感,不断加强自身的党性锤炼和党史学习,立足本职工作,深入贯彻华兴证券"善良正直、分享开放、创业精神、追求卓越"的文化理念。

2. 深入推进"不忘初心、牢记使命"主题教育

为更好地发挥党的基层组织建设的战斗堡垒作用,探索支部党建新思路,以共建促党建,以互助促发展,以党建促脱贫,华兴证券党支部党员代表走进党建结对街道——四川北路街道山一居民区开展爱心帮困活动,为社区带去证券行业企业的爱心和温暖。结对共建不仅能强化党员党性,密切党群干群关系,推动党建工作,更能实现互融互补,发挥党员先锋模范作用,加强结对共建的能力和水平,为创建新型社区贡献力量,为精准扶贫工作保驾护航。

(二) 推动金融精准扶贫,助力打赢脱贫攻坚战

一是竭尽所能,结对帮扶精准扶贫,开拓思路消费扶贫。华兴证券是证券行业的新兵,依然积极响应"一司一县""一县一企"的扶贫号召,竭尽所能,为国家的精准扶贫事业添砖加瓦。2018年华兴证券正式确立与云南文山州四县开展扶贫共建协作,先后与文山州丘北县、西畴县、马关县和富宁县4个贫困县分别签署了结对帮扶协议,陆续在资金、物资、信息、技术、人力等各方面对4个县进行帮扶;借助新兴经济特点,多次进行消费扶贫,促进文山州的特色农副产品销售,助力脱贫攻坚。二是着眼未来,扎实推进教育扶贫。一方面,公司捐出80万元教育帮扶资金,定点帮扶7所小学、3所中学的820名贫困学生,用于改善贫困地区学校的硬件设置和教学条件,并积极组织支教活动。如增加爱心厨房、阳光操场、阅读空间等设施;给学生发放生活用品包;开设提升学生交流能力、自信心、耐挫力、团队合作能力和创造力的课程,以及提升素质教育的音、体、美课程等。另一方面,作为专

注新经济领域的创新型投行,华兴证券在挖掘客户优势、联动资源共同扶贫方面做出尝试,利用互联网平台给偏远地区教师和孩子们提供在线课程,这样做既能解决学校基础设施不完善、师资力量薄弱的问题,也能弥补学校课程单一的不足,开阔师生的视野。

(三) 金融服务疫情防控,助力打赢疫情阻击战

在抗击新冠疫情期间,华兴证券在第一时间部署各项防控措施,同时密切关注疫情发展。通过一线同事及时反馈,了解到湖北各地,尤其是武汉周边城市医疗资源极度紧缺,在病例检测、确诊方面遭遇巨大压力。公司随即联合股东方华兴资本,迅速设立专项基金,积极发挥在新经济领域的资源优势,联系国内外多个医疗健康领域合作方协调医疗物资,直接对武汉及周边城市的一线医疗机构进行捐赠。在疫情快速发展阶段,短短几天时间,工作组便从联系需求至采购完毕,将首批可供1.1万人使用的检测试剂盒及配套耗材(2019新型冠状病毒核酸检测试剂盒RT-PCR荧光探针法)发往武汉及周边城市的十余家医院;并向黄冈市疾病预防控制中心捐赠"高通量自动化样本制备系统"一套(内含可供3 456人使用的核酸提取试剂及耗材)。华兴证券捐赠的设备及试剂陆续送至当地医疗机构,为缓解武汉、黄冈及周边城市的医疗物资缺口、提高一线医疗机构的检测效率及减轻医护人员压力提供了直接、有效的支持。

(四) 文化建设落地生根,践行社会责任多点开花

"善良正直"是华兴证券的企业文化核心理念之一,在公司文化理念的引领下,全体员工积极参与中国证券业协会及外部公益活动,在"抗疫公益""善行者"徒步公益、"彩虹笔"关爱自闭症儿童、红十字会无偿献血等活动中,处处活跃着华兴人积极践行社会责任、勇于担当的身影。抗疫期间,华兴证券员工迅速行动,自发捐款数十万元。2020年10月,华兴证券徒步队完成全程38千米的"北京善行者公益徒步活动",经受住了体力和耐力的考验,展示了华兴风采,累计为贫困山区捐款4万余元。公司长期参与并支持"彩虹笔"公益项目,以帮助更多的孤独症儿童及外来务工子弟接受优质的"艺术疗愈",为他们的童年增加美好的成长体验。每年组织员工前往福利院探望孤独症儿童,协助孩子们通过感知系统训练提高认知能力和反应能力,让孩子们在未来的人生道路中得到更好的发展。此外,每年还积极响应红十字会献血活动,鼓励员工加入献血献爱心的行列,传递爱与温暖,向社会传播正能量。

(五) 在业务创新中传承文化,凝聚起年轻团队共生共创的文化力量

企业文化建设,重在传承和发展。证券行业从业人员本身存在着年轻化、专业化的特点,而且人员流动较为频繁,这给公司文化的传承和发展带来挑战。华兴证券作为一家年轻的券商,拥有非常年轻且高素质的团队。公司大约1/3的员工是"90后",他们和"新经济"相伴而生、共同成长,是服务"新经济"的最强生力军;他们作为公司未来发展的新兴力量,是公司文化建设过程中的源头活水,是建设者、参与者,更是继承者和发扬者。公司秉承"选择华兴,就意味着选择了开拓"的创新精神,一方面强调守正创新,为年轻人提供干事创业的平台;另一方面也注重凝聚融合,为年轻人举办丰富多彩的团建活动,不断凝聚团队,激扬士气。优秀的年轻人也为公司的业绩发展带来了突出贡献,形成了"文化

促管理,创新致卓越"的良性循环。

"功以才成,业由才广"。企业文化的建设并非朝夕之功,将文化建设转化成发展力更不可能一蹴而就。下一步,华兴证券将继续坚持以习近平新时代中国特色社会主义思想为指导,积极探索企业文化建设新途径,持续提升文化建设水平,凝聚共识、聚合力量,以良好的企业文化护航业务高质量可持续开展,不断增强公司健康发展的韧劲和动力,坚定地向着成为服务新经济的专业投资银行奋进,努力为推动证券行业高质量发展作出更大贡献。

传承发展,以文化建设夯实本土市场长青根基

孙冬青*

《周易》言,"观乎人文,以化成天下",是为文化。文化的核心功能在于以共同价值观来整合和凝聚社会。行业文化是一个行业内企业和员工共同遵守的行业道德规范,企业文化则是单个企业经营宗旨、价值观念和道德行为准则的综合,强有力的文化是一个行业良性健康发展的基础,也是一个企业基业长青的动力源泉。

2021年中国证券业协会发布的《证券行业文化建设十要素》,从行为、组织、观念三个层次,提出证券行业文化建设的十个关键要素,即"平衡各方利益、建立长效激励、加强声誉约束、落实责任担当、融合发展战略、强化文化认同、激发组织活力、秉承守正创新、崇尚专业精神、坚持可持续发展",为全行业开展文化建设提供了支撑和具体行动指引。

事实上,野村集团的创始人野村德七在创业之初便提出了"创始人十原则",以"造福社会——发挥资本市场的专业知识,促进繁荣社会"为企业使命,以"值得信赖的合作伙伴"为企业愿景,强调客户至上,重视研究分析与人才培养,坚持永远先人一步、拓展国际视野,追求"业务发展、社会信赖、员工满意"的和谐统一,引领公司走过了百年的风雨兼程。

作为我国首批获准新设并开业的外资控股证券公司之一,野村东方国际证券有限公司(以下简称"野村东方国际证券")传承野村集团文化,积极践行"合规、诚信、专业、稳健"的行业文化要求,把文化建设融入公司发展战略、内控体系建设以及日常经营的各个环节,有力提升公司的综合实力,为促进行业高质量发展添砖加瓦。

一、溯本源,传承百年积淀淬炼企业文化

野村集团的创始人野村德七于1925年创立野村证券,至今已历经近百年征程。在创立之初,感受到西方资本市场的蓬勃活力和社会贡献,野村创始人就萌生了强烈的造福社会的

---

* 作者简介:孙冬青,现任野村东方国际证券有限公司董事、总经理。此前长期任职在中金公司,历任中金公司北京建国门外大街证券营业部负责人、财富管理部负责人、公司管委会成员。原载于《中国证券》2022年第9期。

使命感和力争国际前沿的进取心,并提出"野村肩负着通过证券业务实现社会繁荣的使命,致力于为创造更好的社会做贡献""要致力于成为国际舞台上的积极参与者"的原则。在不断的实践中,野村创始人又凝练出了"要将客户的利益放在首位、要重视严谨的研究和分析、要始终保持领先一步、要保持企业家精神、要重视人力资源、强调团队合作、要保持勇气追随信念、要坚持客户服务的理念"等理念,并将这些原则与理念整理形成了野村集团的"创始人十原则"。野村集团在百年发展历程中,经历了多次世界性的金融危机、日本金融大爆炸及日本金融开放的洗礼,尤其是多次经营丑闻的教训,促成了野村企业文化的不断完善和进化,最终形成了高度完整的、系统的文化架构,包含原则、愿景、使命、价值观等文化理念体系。

基于长期稳固的企业文化,野村集团的文化建设实践长期规律地在三个层面展开:观念层面,强调职业道德和专业水准;行为层面,强调管理、激励和约束;组织层面,强调传承,重视人才培养以及企业文化在员工中落实扎根。为实现发展战略、文化理念和核心价值观的有机统一,野村集团确定了野村《行为准则》。自2015年起,野村集团将每年的8月3日定为"野村创立原则和公司道德日",并在每年8月组织全集团每一个子公司、分支机构和每一位员工共同回顾与讨论在日常工作中如何做到并保持恰当的行为,以此提醒每一位员工牢记行为准则的具体要求。

正是基于野村集团近百年的企业经营理念、核心价值观以及行为准则,并结合国内证券行业有关文化建设的倡导,野村东方国际证券在2019年成立之初,就确立了"务实、协同、创新、高效"的核心文化价值观。"务实"表明推崇实干精神,在公司各层面事项中以切实可行理念为先,并强调以身作则勇于担当;"协同"要求精诚团结不忘初心,注重公司内部的沟通交流;"创新"提出洞悉行业发展与趋势,敢闯求新永不止步;"高效"意味着致力于为客户和投资者提供更加专业、便捷、高效的金融服务,共同提升财富价值。

二、兴文化,内外兼修塑造合资品牌

在野村集团的示范和引领下,野村东方国际证券的企业文化建设不止于理念层面和泛泛的口号,而是通过多种途径弘扬企业文化,最终构建起立体化的组织体系和传播结构,形成"中日资本市场民间桥梁"的准确定位。在对内宣导教育方面,2021年,在公司文化建设小组的领导下,公司先后筹办了如"野村集团与野村东方国际证券的交流培训会""证券行业文化建设十要素培训会"等企业文化建设专题特色活动,积极宣导野村东方国际证券文化理念,提高公司员工的文化认同感和凝聚力。在对外品牌建设方面,通过自媒体矩阵,加强与各类媒体之间的沟通,积极对外传播企业文化、核心价值观、合规理念及社会责任观念。公司于2021年、2022年分别主办了"中日资本市场研究论坛"和"中日产业研究论坛",聚集众多中日业界专家,取得社会各界广泛关注,进一步宣传了公司的文化价值观念,加深了公司"中日资本市场民间桥梁"的定位愿景。

三、固根基,能力驱动提供卓越服务

专业是一个行业的立身之本,对高度专业化要求的证券行业来说更是如此。成立至今,野村东方国际证券始终贯彻和客户共同成长的理念，为投资者提供专业可信赖的综合金融服务，力争成为外资控股证券公司的经营典范。自 2019 年展业以来，在证券行业文化建设理念的引导下，野村东方国际证券建立了各类有效机制，积极提升员工的专业能力和职业素养，持续完善执业标准，保障服务质量；延续野村集团精细化服务的特点，注重对客户的服务和评价反馈，针对不同服务类型的员工，制订不同的培养方案及规范要求。整体而言，公司从机制建立、工作流程管理等多方面入手，加强从业人员队伍建设，苦修内功，致力于打造一支具备专业精神与素养的人才队伍，为客户提供卓越的服务。

四、守底线，合规建设扎根风控体系

（一）"三道防线"构筑全面风险管理体系

合规经营是证券公司不可跨越的底线，风险管理体系为企业规避风险、稳健经营、实现高质量发展提供重要保障，是公司经营的"防火墙"。野村东方国际证券汲取行业优秀经验，建立了由董事会、监事会、高级管理层、各部门及分支机构所组成的职责清晰、相互衔接、有效制衡的多层级全面风险管理体系；构筑了由业务部门及分支机构、全面风险管理职能部门、内部审计部门组成的"三道防线"，各防线相互分离并分别履行事前防范、事中监控、事后检查的工作职责；制定了《合规管理办法》《全面风险管理办法》等各类基本制度，不断强化合规内控、风险管理体系建设，确保在各个业务环节和日常运作中深入贯彻落实合规管理、风险管理理念，为公司的健康长远发展奠定制度基础。

（二）筑牢防范道德风险防线

防范化解金融风险，是金融工作的职责所在，尤其对道德风险的防范不容忽视。道德风险隐蔽性强，破坏性高，一旦发生，轻则导致企业声誉受损、受到监管机构处罚，重则扰乱市场秩序、破坏社会稳定。基于此，野村东方国际证券从加强从业人员行为规范、职业道德和法制观念教育入手，在建立员工声誉风险管理机制时，尤其重视道德风险关键岗位及重点人员的管理，并将员工声誉风险管理纳入绩效管理环节，有效树立了全员廉洁从业的理念，从源头上筑牢防范道德风险的思想防线。

（三）创新严守合规底线

在积极探索各项新业务模式的同时，野村东方国际证券还高度重视业务发展的合规稳健性。首先，为把控新产品新业务的合规性，修订了《新产品新业务管理办法》，对现行监管规则尚未明确的创新型业务及新产品，或尚未经授权开展的新业务新产品的上线审批流程进行了规范，同时将发起人落实到业务申请部门，进一步做到权责明确、落实到人。其次，风险管理部督促各部门及分支机构建立与新产品新业务相关的操作风险控制指标，并做到部门定期自查与公司整体定期自查。

（四）完善声誉风险管理制度

野村东方国际证券十分注重声誉风险管理，自成立之初就严格按照《证券公司全面风险管理规范》建立完善的声誉风险管理制度，打造系统的新闻发言人制度，设立危机应对流程、舆情分级管理等常态长效机制。为了更好地维护公司品牌形象、防范声誉风险以及维护健康的舆论环境，公司聘请专业外部机构持续对全员开展系统性的声誉风险专项培训，以提高全员声誉风险防范意识，增强面对声誉风险和舆情危机的应对处置能力。

五、显温情，以人为本汇集多元人才

野村东方国际证券坚持以人为本的理念，把企业员工作为最重要的资产。公司始终以公开、客观、平等和择优录用的原则选拔优秀人才，向不同背景、不同国籍、不同性别的候选人提供平等的机会，也因此汇聚了兼具国际视野与本土经验的专业人才。截至2021年底，公司女性员工比例达56%，少数民族员工占比4%。

此外，野村东方国际证券坚持以人为本的理念还体现在员工关怀上。一是为员工提供发声途径，广泛听取干部员工的意见和建议。每年参加由野村集团组织的员工意见调查活动，通过调查，了解员工对野村东方国际证券及野村集团现状与发展的看法、对管理理念和文化价值观的态度，以便创造更好的工作环境。二是关注员工健康。每年为全体员工提供年度体检福利，在疫情期间，及时为员工发放防疫用品、蔬菜礼包等物资。每年公司还积极举办"读书会""员工家庭日""员工健康跑"等专题活动，以更好地提升员工的归属感和幸福感。

六、立规矩，科学制度激发组织活力

野村东方国际证券的文化建设有力落实在组织管理制度和业务流程的制定上。在员工招聘方面，除了评估员工的专业能力、核心能力以外，还重点考察员工的合规意识和诚信理念，以及与公司文化价值观的匹配程度。在薪酬管理制度方面，公司的设计和运用体现了四个原则：一是符合相关法律法规及监管要求；二是结合公司长期发展战略目标与短期业务运营计划；三是综合考虑岗位价值、公司经营效益、个人绩效和市场整体水平，保持市场竞争力，实现优胜劣汰；四是发挥薪酬在公司治理与风险管理中的导向作用。在绩效考核方面，全面考查员工的业绩或工作完成情况以及在合规、反洗钱、全面风险管理、廉洁从业等方面的表现，综合评估员工的绩效情况。

七、献热情，积极履行社会责任

（一）热心投身公益事业

自2019年成立以来，野村东方国际证券以服务国家政策为指引、以造福社会为宗旨，认真贯彻落实党中央、国务院、中国证监会以及中国证券业协会等关于发挥资本市场作用、服务国家脱贫攻坚战略的主导思想，延续野村集团为下一代营造公平的教育环境和可持续发展的社会环境的公益理念，结合行业优势和公司特点，积极投身公益事业，并鼓励员工个体承担更多的社会责任。自2020年起，野村东方国际证券联合野村集团与桂馨基金会创建了"野村·桂馨书屋"公益项目，并组织员工积极参加如"公益慈善健康跑"等各类公益活动，将公益理念传导至每一位员工。未来，公司将秉承一贯的企业社会公民责任，持续搭建并完善公益平台，营造志愿者企业文化，并为改善国内乡村教育环境、促进教育的公平及可持续发展不懈努力。

（二）严格落实投资者保护的企业责任

野村东方国际证券深知企业发展离不开投资者的助力。为了积极回报投资者，公司采取有效措施督促员工履行投资者保护职责。在投资者教育方面，积极组织各分支机构将投资者教育直接或间接地纳入面向投资者的业务环节，提高投资者对产品和服务的认知能力、风险意识和法律意识。此外，还积极组织证券知识普及活动，依托营业网点、自媒体等平台，制作投资者教育宣传材料，开展广泛、持续的各类投资者教育活动。

在投资者合法权益保护方面，野村东方国际证券根据《证券法》等相关法律法规的规定，制定了《投资者权益保护管理办法》《客户投诉处理管理办法》，并建立了投资者权益保护及客户投诉处理机制，明确各部门的职责分工，以确保客户投诉得到及时有效的处理。

（三）自觉维护国家金融安全

野村东方国际证券通过集中开展普法教育，促进员工树立自觉维护国家金融安全、强化社会责任的意识。2021年，围绕"践行总体国家安全观，统筹发展和安全，统筹传统安全和非传统安全，营造庆祝建党100周年良好氛围"的活动主题，开展国家安全教育普法宣传活动；为回应国家对资本市场违法犯罪行为"零容忍"的态度和决心，落实上海证监局对学习宣传《刑法修正案》的通知要求，公司以"证券从业人员常见犯罪及风险防控"为主题，面向全体员工开展了《刑法修正案》的学习宣传工作。

野村东方国际证券尚处于平台建设的初期，各项工作也在探索之中。公司以成为"野村集团亚洲（除日本外）战略核心的综合性证券服务金融平台"为目标，致力于为机构客户和高净值个人客户提供全方位的证券金融服务，力争成为深耕于本土市场，以跨境业务，尤其是以中日跨境业务为特色的专业性金融服务公司。在公司发展过程中，我们深知文化建设是一项需要长期耕耘的事业，任重而道远，不在一朝一夕；企业文化是筑基立魂的根本，公司将保持时不我待的紧迫感，坚守野村集团百年积淀的经营理念和价值观，以造福社会、创造更加美好未来为己任，践行"合规、诚信、专业、稳健"的行业文化，为促进证券行业和资本市场的可持续发展作出积极贡献！

汇通全球，文化共创

——汇丰前海证券文化建设发展之路

何善文[*]

汇丰前海证券有限责任公司（以下简称"汇丰前海"）于2017年8月28日设立。公司控股股东香港上海汇丰银行有限公司成立于1865年，是汇丰集团的创始成员。2017年成立以来，5年间汇丰前海从不到100人迅速发展到超过250人，其中港澳台及外籍员工占总员工人数接近15%，多样化的员工背景使汇丰前海兼具全球视野及市场经验，同时了解中国市场及行业要求，真正实现了国内外先进经验的有效结合。汇丰前海业务有序、稳步发展，在外资金融机构加快进入中国资本市场的步伐中保持了自己的独特优势，逐步建立了汇丰前海良好的公司品牌，这既是汇丰集团在中国业务的关键布局之一，也成为中国证券市场中合资证券公司的一个优秀典范。

在这个发展历程中，良好的文化建设是业务发展的基石，主要表现在：文化先行——推动形成"尊重差异、携手共赢、勇于承担、全力以赴"的价值观；融合创新——铸就符合中国证券行业方向的汇丰前海特色的文化建设之路。汇丰前海积极响应中国证监会《建设证券基金行业文化防范道德风险工作纲要》、中国证券业协会《证券行业文化建设倡议书》以及香港金融管理局《银行文化改革通告》的号召和要求，在企业文化建设中不断探索和建立具有汇丰前海特色的理念和做法。

一、企业文化理念的建立及加强

汇丰前海董事会已于2018年11月26日批准《文化和行为准则说明文件》，构造"稳妥可靠、坦诚开放、重视联系"的价值观文化，积极履行文化与行为准则建设责任，并建

---

[*] 作者简介：何善文，特许金融分析师，现任汇丰前海证券有限责任公司首席执行官兼总经理、公司董事会执行董事。原载于《中国证券》2022年第8期。

立了未来的文化发展目标。同时，文化和行为准则并不是一成不变的，伴随行业发展，《文化和行为准则说明文件》也在与时俱进。2022年3月，汇丰前海董事会通过了最新的《文化和行为准则》，充分反映出与时代并行且与行业并轨的需要。

汇丰文化和价值观是业务战略的关键推动因素，而汇丰前海植根于汇丰历史、传统和特性的目标和价值观则提供了指引。在为客户、投资者和我们自己创造一个充满机遇的资本时代的过程中，汇丰前海深知，公司文化必须建立在诚信及行业一流标准的基础上；公司有清晰、明确和持久的责任，来维护客户、员工、股东以及业务所在地广泛社区的利益。

汇丰前海通过要求遵守最高的职业和道德标准来履行这些责任。因此，公平对待客户和员工、全面遵守法律及监管义务、遵守最佳市场实践及行为准则，以及承担社会和环境责任是公司文化的核心原则。

汇丰前海在管理文化方面采取了一种行为驱动的方式。该方式旨在支持长期战略目标的行为，并创造使之能够蓬勃发展的环境。下列行为体现了汇丰前海的价值观，我们已将其确定为支持有效金融犯罪风险管理和良好行为的行为标准。这些标准对促进审慎承担风险及公平对待客户也非常重要，是公司文化的基础：我们尊重差异——积极倾听，在寻求不同观点时表现出同理心，理解差异，并倡导包容性以达到正确的结果；我们携手共赢——通过积极地与他人有效合作，作出负责任的决策，并相互支持，以秉承共同的目标而行事；我们勇于承担——目光长远，为我们自己设定高标准，善用判断力来攻克障碍，能够直言不讳地提出问题，即使这些问题涉及我们自己的错误；我们全力以赴——及时作出明智的决策，信守承诺，为客户服务，并在实践中展示上述标准和行为，不断学习和改进。

我们的价值观是公司文化的基石。期望所有员工都应充分体现汇丰前海的价值观，敢于诚信正直行事、坦率直言、上报问题，并为客户、社区和彼此正确行事。

汇丰前海采取行之有效的方法来管理文化，寻求并发掘能够支持集团长期策略的良好行为，并为其创造条件以发扬光大，为此建设了完整的保障机制并根据实际持续完善。一是建立覆盖广泛的员工培训机制，不仅安排金融专业知识课程，还安排了大量的企业文化课程，从企业价值、社会价值、服务客户等多角度帮助员工建立起符合法律法规和公序良俗的职业道德观，增强员工的价值判断能力；二是建立全面的责任管理制度，通过矩阵化管理细化业务流程和加强内控独立性管理，通过科学系统的机制保障及时识别问题和差错并予以纠正；三是建立完善的发声机制，通过包括保密举报等多种通道，保障全体员工在识别出问题时能够及时发表意见，使正确的价值判断发挥出应有的影响力。

随着中国证监会《建设证券基金行业文化防范道德风险工作纲要》与中国证券业协会《证券行业文化建设倡议书》的颁布，汇丰前海管理层非常重视学习文件精神，并及时组织学习中国证监会主席易会满在"证券基金行业文化建设动员大会"上的讲话部署，认真领会证券基金行业文化建设的核心理念与内涵、工作思路及监管要求。我们发现，汇丰集团本身的文化和价值观同"合规、诚信、专业、稳健"的证券行业文化核心价值观是天然吻合的，与《证券行业文化建设十要素》紧密相通。

融合中国证监会对于文化建设的指引方向，汇丰前海充分认识到：中国资本市场的稳健发展，离不开从上而下对文化建设的重视和不断强化，并把文化建设在行为层、组织层和观念层的具体反映——诚信和勇于承担作为汇丰前海的生命之门，把稳妥可靠、坦诚开放、重视联系的价值观作为汇丰前海文化的基础。

在行为层，坚持"勇于承担、全力以赴"和"稳妥可靠——始终做正确的事情"，从日常行为上要求"以客户为本""公允服务""勇于纠错""诚信行事"以及"业务连续"，使员工明确日常执业行为标准的具体要求。同时，在公司"三道防线"的治理框架下，每一位员工成为其工作结果的第一道防线，对行为和结果负责；各职能部门作为第二道防线；内部审计作为第三道防线。在行为目标、"三道防线"的建立和内控管理的基础上，完善公司规范治理，强调了解客户的实际需求，保障客户的长期利益，实行业绩长效评估机制并开展涵盖文化践行和声誉维护的行为考核。

在组织层，汇丰前海坚持"尊重差异、携手共赢"和"接纳不同的理念和文化，重视与客户、社区、监管机构及同事之间的联系"，强调客户利益和公司声誉至上，督促全体员工高度重视集团国际化背景对业务合规性、风控标准、相互协作、外部沟通的高标准要求，定期召开会议讨论公司战略推进情况与文化践行情况，建立良好的组织关系、交互模式和工作氛围。

在观念层，坚持"汇通全球、开创新机"，着力于依托集团的国际化背景和丰富的成熟资本市场实践经验，聚焦中国，把握住中国资本市场高速发展的机遇，实现守正创新、专业服务、可持续发展，"成为客户首选的国际化金融合作伙伴"。

二、企业文化的执行与发展

2017年8月至2019年7月是汇丰前海文化建设的建立阶段，其工作重点为：持续推广汇丰文化和价值观，强化行为要求，进一步提高认识并推动积极行为。这一阶段，汇丰前海成立伊始，员工人数快速增长，员工背景多元，大部分来自国内头部证券公司，小部分来自国际一线投行，其余来自汇丰亚太总部。汇丰前海管理层意识到，秉承汇丰集团一贯的价值观和行为准则，需要不断推广认识以及将行为准则落实到日常的工作中。管理层以身作则，采取各项措施，发挥好带头引导作用：公司总经理非常重视文化和行为准则建设，定期组织员工大会，并与新员工座谈，倡导文化和行为准则；公司每一位高管均设立了"推动'最健康的人力资源制度'理念，贯彻落实员工以客户为中心的工作态度"的年度目标，并将此作为高管核心工作的一部分；公司设有"行为倡导者"，作为员工行为操守的标杆，积极传达行为操守和文化建设的精神，为广大员工提供相关的意见和建议，促进文化和行为准则交流。

此外，公司也将文化建设融入日常管理和制度建设两方面。将"文化和行为准则"作为一项重要工作，纳入由总经理主持的公司运营委员会每月议事内容。各部门积极落实一线责任，通过部门会议等方式，开展"文化和行为准则"讨论交流，有效促进员工树立汇丰前海文化与价值观。合规部每周汇总最新"监管案例"，向全体员工发布，为各业务部门提供执业操守处罚案例借鉴。在制度方面，建立"吹哨人"制度。通过汇丰集团统一管理的汇丰匿名举报渠道（HSBC confidential），员工在发现任何违规和不当行为时，可以安全地进行举报及投诉。人力资源部已将文化和行为准则的执行情况纳入员工年度考核。"员工认可计划"于2019年7月在汇丰前海正式启动，鼓励每位员工都可以对身体力行汇丰前海价值观的同事进行认可。2019年6月，汇丰前海员工参加了集团的员工满意度调查（Snapshot），系统收到有效问卷112份，满足生成独立报告的要求。2019年上半年员工满意度调查显示，汇丰前海在承诺市场诚信、推广不良行为举报、真诚服务客户方面均深得员工支持，获得了较高的员工认可度。

2019年8月至2021年12月，汇丰前海的文化建设工作步入融合阶段，工作重点为建设符合证券基金行业文化建设精神的汇丰前海文化。在2019年8月至12月的宣传倡导期，公司成立了文化建设领导小组，由公司总经理担任组长，由公司总经理办公室、合规部、风险管理部、各业务及职能部门负责人担任小组成员，领导部署公司文化建设工作。同时，向中国证券业协会报送《汇丰前海证券文化建设配套制度与改进计划》，进一步明确改进目标、实施计划、任务分工和时间表。公司通过多种渠道，如员工大会、部门会议、邮件等形式，做好文化理念宣传工作，倡议良好的执业道德与行为操守。

在2020年1月至12月的试点落地期，公司秉承汇丰集团宪章及文化建设最佳实践，始终重视企业文化建设与员工行为管理，在已建立的较为完善的文化建设和道德风险防范相关制度体系基础上，进一步完善和补充，基本形成与公司文化建设目标相适应的制度体系。

员工招聘方面，把好"入口关"；做好在职管理，守住"出口关"。通过严格执行《招聘和录用管理办法》《人事聘免管理办法》《员工资格管理办法》等内部制度，按照汇丰前海标准，做好新员工招聘的背景调查和价值观评估，切实把好任职资格、管理能力和执业道德审核关。在职管理方面，持续做好员工在职期间执业行为和道德规范的监督管理，通过员工每年强制休假机制、邮件及办公电话等通讯监控、内幕信息与机密信息知情人登记制度、礼品与招待登记与审批管控机制、典型案例宣传警示等措施，切实做好在职管理。确保重要部门和关键岗位得到切实的监督和制衡，执行和落实好高级管理人员、投行等特殊业务线人员的薪酬递延机制。公司通过已建立的重要管理岗位变动离任审计机制、强制休假审计机制、绩效考核机制等，守好"出口关"，发现问题及时报告，在中国证券业协会证券从业人员执业资格登记信息中客观如实地记录员工勤勉尽责、执业操守情况。此外，每年从业务收入中提取一定的比例作为文化建设专项经费，用于文化建设培训、奖励优秀员工和文化建设宣传，鼓励员工参加职业道德相关培训，对职业道德突出的先进员工予以专项奖励。

在2021年1月至12月的全面推进期，汇丰前海继续加强制度建设和文化宣传，进一步拓展文化建设内涵，在公司全面治理方面稳固汇丰前海文化和行为价值观以及"合规、诚信、专业、稳健"的证券行业文化核心价值观。

汇丰前海建立了规范全面的内部控制体系，可以有效保障公司文化建设目标的落实。树立"以诚信为荣、以失信为耻"的职业道德观，公平对待客户和员工，完全遵守法律和监管要求，始终遵循最佳市场实践和职业操守。一方面，建立新员工入职培训、在职员工合规培训、典型案例宣传警示教育等常态化的教育与培训机制，要求所有员工在指定的时间内完成强制性的网上操守培训课程。若未达到相关培训要求，根据公司现有的机制，相关员工的薪酬浮动部分会进行调整。另一方面，严格遵循《证券期货经营机构及其工作人员廉洁从业规定》《证券经营机构及其工作人员廉洁从业实施细则》和《关于加强证券公司在投资银行类业务中聘请第三方等廉洁从业风险防控的意见》的监管要求，制定了《廉洁从业管理办法》及《廉洁从业规范》，致力于建立良好的公司治理环境，对一切贿赂、腐败及违反廉洁从业行为坚决零容忍，并将其视为破坏公司治理的不道德、不诚信行为。在年度考核中，公司将员工行为操守和合规风控要求作为重要的考核项目之一，实施专项评级，并根据公司的薪酬制度对员工的行为表现进行奖励认可或负面调整，对部分员工薪酬递延发放，建立长效激励机制。

汇丰前海结合汇丰集团特色，深挖文化建设内涵。在各部门定期开展的"文化和行为准则"讨论交流中，公司鼓励来自不同层级的员工分享良好的行为案例，起到积极示范作用，并鼓励员工对现状提出建设性和多元化见解，致力于建立多样性和融合性的文化，有效促进员工树立汇丰前海文化与价值观。公司已将"服务国家发展战略、实体经济，维护投资者合法权益，参与健康舆论生态建设，秉持ESG（环境、社会、公司治理）可持续发展理念，积极参加扶贫帮困"等增强公司"软实力"的指标，纳入了公司的文化和行为建设评估，并且已设立了声誉风险管理委员会来完善相应的管理体系。公司人力资源部细化落实2021年主题为"持续倡导做正确的事，积极履行社会责任"的文化宣传与培养计划，具体措施包括文化和行为准则宣导、职业道德教育、执业行为操守培训等。公司鼓励员工履行社会责任，对各部门的考核指标中包括部门员工履行社会责任活动的参与率情况。

三、展望未来，以文化建设为纲引领新发展

文化建设需要不断强化，不断学习。在进入文化建设工作持续运行阶段，汇丰前海的后续工作重点是从客户、业务、员工、制度等多方面入手，继续巩固文化建设的既有成果，有效扩大文化建设的覆盖范围。随着客户数量的不断增加，公司在文化建设中进一步引导全体员工重视对客户的合规服务，了解客户的实际需求，保障客户的长期利益，公平对待所有客户，加强与客户的沟通交流，从而使汇丰前海"成为客户首选的国际化金融合作伙伴"。随着业务资格和业务线的持续增加，在文化建设中进一步引导全体员工高度重视守正创新、可持续发展，加强与监管机构和自律组织的充分沟通，及时获取合规指导意见，加强"三道防线"的建设，适应新业务拓展带来的新要求，从而维护好公司声誉。随着员工数量的持续增长，在文化建设中进一步重视新员工的良好融入，定期召开会议讨论公司战略推进情况与文化践行情况，建立良好的组织关系、交互模式和工作氛围，引导新员工了解汇丰集团最新推行的文化和价值观。随着内部控制体系的全面规范，不断强化、巩固文化建设成果，持续推进文化建设，持续评估文化和行为准则的执行情况，引导全体员工致力于遵循最高职业与道德标准，履行证券从业人员所担负的职责。

过往五年的文化发展道路，恰好反映了汇丰前海融合汇丰集团文化建设全球最佳实践经验和"合规、诚信、专业、稳健"的证券行业文化核心价值观的成功经验。展望未来，汇丰前海将继续引领全体员工努力践行价值观，遵循流程，以真诚的态度、专业的能力为客户和中国资本市场作出贡献。

以高质量党建推动行业高质量发展

中国证券业协会会员服务二部[*]

党的十八大以来,在中国证监会的指导和中国证券业协会(以下简称"协会")的引导推动下,证券行业机构坚持以习近平新时代中国特色社会主义思想为指引,毫不动摇坚持党的领导,持续加强党的建设,推动党建与业务深度融合,为证券行业高质量发展提供了坚实的政治保证。

一、证券公司党组织建设基本情况

据统计,截至2022年6月底,合并口径106家证券公司中,98家公司设立党组织,其中86家设立党委,3家设立党总支,9家设立党支部,党组织覆盖了所有国有、民营、混合所有制的证券公司;4家外资公司设有党支部,均正常开展组织生活。78家证券公司将党建工作要求写入公司章程,实现国有公司全覆盖。79家证券公司设有专门的党建部门,其余证券公司党建由综合办公类部门承担。证券公司员工中党员占比24.5%,其中国有证券公司员工中党员占比约30%,其他所有制证券公司员工中党员占比约为15%。

二、证券公司党建工作推动落实情况

党的十八大以来,证券公司坚持以习近平新时代中国特色社会主义思想为指导,以党的政治建设为统领,全面推进党建工作。

一是始终坚持党的全面领导。证券行业机构坚持以党的政治建设为统领,深刻理解"两个确立",坚决做到"两个维护",对照全面从严治党主体责任清单,认真落实管党治党政治责任。各相关证券公司党组织始终把政治建设摆在首位,不断加强班子自身建设,坚持

---

[*] 执笔人简介:申屹,中国证券业协会会员服务二部总监;苏起生,供职于中国证券业协会会员服务二部。原载于《中国证券》2022年第9期。

把党的领导与公司治理有机结合，落实"两个一以贯之"，实现党的领导和公司法人治理的有机统一，把党的领导融入公司治理各环节，实现政治领导、思想领导、组织领导的有机统一，把方向、管大局、促落实。严格落实党组织研究讨论重大事项前置程序要求，对决策事项是否符合党的路线、方针和政策，是否契合党和国家的战略部署，是否有利于提高企业效益、增强企业竞争实力、实现国有资本保值增值，是否维护社会公众利益和职工群众的合法权益等进行充分讨论研究。

二是持续优化基层党组织建设工作，基层党组织功能进一步提升。各相关证券公司积极落实"应建尽建""应配尽配""选优配强"要求，坚持"业务拓展到哪里、党组织就设置到哪里"，推动党的组织和党的工作全覆盖。加强各级党组织领导班子建设，实现"应补尽补"，推动"应换尽换"，严格执行党组织任期制度和换届选举制度，按时完成换届选举工作。通过搭建基层党建交流平台，利用新媒体平台宣传等，畅通交流渠道，群策群力，使广大党员干部能够更加深刻领会伟大的建党精神。各相关公司因企施策，以落实"规定动作"与创新"自选动作"相结合的方式，持续提升组织活动效果，激发组织活力。

三是抓好党风廉政建设，持续推进正风肃纪，不断巩固风清气正的良好政治生态。各相关证券公司党组织能够认真学习贯彻习近平总书记关于党风廉政建设和反腐败工作重要论述以及十九届中央纪委五次全会精神，加强对党风廉政建设和反腐败工作重大事项的分析研判。积极发挥党组织在公司内部管理中的监督制衡作用，坚持全面从严治党治司，强化党内监督，把党内监督与企业内控相结合、党风廉政与廉洁从业相结合、反腐败与防风险相结合，建立健全内控监督机制，加强对重要岗位和关键环节的监督，完善廉洁从业管理。强化从业人员政治监督，对拟任管理干部进行廉政评估、任前廉政谈话全覆盖，做好重要节点警醒提示和抽查检查。

四是着力抓好选人用人，推进党组织建设与人才培养相融合，为公司发展提供组织保证和人才支撑。各相关证券公司坚持党管干部、党管人才原则，坚持德才兼备、以德为先、任人唯贤，不断提高领导班子和干部队伍建设质量。持续建立健全选人用人制度，强化监督管理。注重加强政治历练、优化成长路径、拓宽来源渠道，加强干部交流任职，积极培养选拔优秀年轻干部。坚持把党支部书记和党务干部岗位作为选人用人的重要台阶，突出政治标准，加强专职党务人员配备。聚焦公司发展需要，实施人才强企战略，完善培养选拔和考核培训体系，努力打造忠诚干净担当的高素质干部人才队伍。

五是扎实开展党史学习教育，持续深化理论武装。各相关证券公司通过定期召开党委会、中心组学习会议，深入学习习近平总书记重要讲话精神。组织开展党史学习教育，通过探讨党史学习教育感悟、分享党建促业务实践案例，营造学习先进、争做先锋的浓厚氛围，激励党员干部干事创业、担当作为。

六是不断加强以党建引领公司文化建设，推动党的建设与文化建设深度融合。各相关证券公司坚持以党建引领公司文化建设，将公司文化建设融入证券行业文化建设、中国特色社会主义文化建设发展大局，不断健全完善以党建引领文化建设相关制度机制。充分发挥好各级党组织的政治核心作用，强化党组织在文化建设中的领导地位，党委统一领导、管理层大力支持、文化建设工作机构协调指导，在战略层面抓好协同，在业务层面抓好融合，在执行层面抓好落实，统筹推进文化建设。据统计，各证券公司均成立由党委书记、董事长、总经理担任组长的文化建设工作领导小组，合并口径98家公司将文化建设写入公司章程，68家公司形成文化建设规划等纲领性文件，各公司按照行业文化建设总体要求和《证券行业文化建设十要素》，体系化地推进文化建设相关工作，推动形成"合规、诚信、专业、稳健"的证券行业文化。在公示的 2021 年证券公司文化建设实践年报中，74 家公司公示了党建工作案例或党建工作相关情况。

三、持续加强行业党建工作

近年来，协会发挥与行业机构之间的桥梁纽带作用，在监管部门指导下，不断建立完善行业党建交流工作机制，发挥协会在推进行业诚信建设、推动行业机构落实"党建入章"、服务疫情防控和脱贫攻坚、引导行业履行社会责任、推进行业文化建设等方面的作用，通过专业委员会平台、首席经济学家例会机制、将党的组织建设纳入培训体系等方式，持续加强行业党建和政治引领。下一阶段，协会将以贯彻落实十九届六中全会精神为指引，深刻领会政治使命，推动证券公司党建与业务发展深度融合，与人的全面发展相结合，营造证券行业全面推进党的建设、积极发挥党建引领作用的良好氛围。

（一）发挥政治功能，主动担当政治责任

切实发挥政治功能，主动担当政治责任，强化证券行业机构党的领导，引导证券行业以高质量党建推动高质量发展。督促国有证券公司提升政治站位和大局意识，主动服务国家战略，聚焦关系国家核心竞争力的重点行业、重点区域、重点企业和重点项目，保证企业的重大决策事项能够落实落地。引导民营、混合所有制公司以提升组织力为重点，突出政治功能，切实加强党支部、党务工作者队伍和党员队伍建设，充分发挥基层党组织战斗堡垒作用和党员先锋模范作用。促进外资公司融入中国政治、经济、文化环境并在中国境内依法、依规展业。

（二）促进党建与业务深度融合

制订证券行业高质量发展目标与行动计划，明确证券行业党建引领高质量发展要求。进一步推动设有党组织的证券公司发挥公司党委"把方向、管大局、保落实"的领导作用，自觉将党的领导融入企业股权管理、合规风控、决策流程、人员管理、重大决策等方面。完善党组织与董事会、监事会、高管层的沟通机制，把党组织管理体系同法人治理结构结合起来，引导行业持续提升行业合规、风险管理水平，保证公司合规和风险管理方向与党和国家的政策导向一致。提倡专业精神，引导行业机构树立追求"高精尖"的志向，不断提升专业化水平和核心竞争力，加快建设具有全球竞争力的国际一流现代投行和财富管理机构。

（三）强化证券行业责任担当，推动证券行业履行社会责任

持续发挥专业委员会作用，指导专业委员会贯彻新发展理念、主动融入新发展格局，聚焦主责主业，在服务国家战略、推动创新驱动发展和经济转型升级、促进共同富裕等方面发挥更大的功能作用。引导证券行业转变简单地以经营业绩为导向的经营理念，构建激励和约束相容、长期和短期兼顾的制度机制，建立稳健的薪酬制度，健全薪酬激励约束机制，避免激励扭曲、行为失范。大力倡导和鼓励机构开展公益活动、志愿服务，参加防疫抗疫工作，

接续服务乡村振兴，发挥证券行业人才、资金、专业优势，履行社会责任，提升证券行业的社会声誉。

（四）推动党建引领行业文化建设

按照《建设证券基金行业文化、防范道德风险工作纲要》的整体部署，以《证券行业文化建设十要素》为指引，形成中国特色行业文化建设规划，促进党建与行业文化建设同向发力、深度融合、互融互促。探索将党建优秀案例、受表彰等情况作为证券机构文化建设实践评估加分项目，在国企行业文化建设评估中纳入党建指标，增强并提高行业机构抓党建促业务的荣誉感和主动性，努力把党组织的政治优势转化为证券行业机构的发展优势。

（五）加强行业党建交流和培训

准确把握资本市场实际、行业规律和从业人员思想特点，加强对党的理论和路线方针政策等的教育培训。加强从业人员职业操守、道德规范、廉洁从业培训力度，引领从业人员依法诚信规范执业。依托协会官微、各证券报等，借力相关主流媒体，探索开设专刊、专栏交流平台，强化正面宣传引导，加强舆情管理，营造良好氛围。加强证券行业党建调研，广泛征集和总结行业特色做法，积极推选和宣传推广典型案例，推动打造一批行业特色服务品牌，发挥示范带动作用。

证券行业落实文化建设十要素情况调研报告

中国证券业协会证券行业文化建设专业委员会专题研究小组

为了解证券行业落实文化建设十要素情况，进一步引导证券行业开展文化建设工作，提高行业文化建设水平，中国证券业协会于 2021 年 9 月开展了建设中国特色证券行业文化的问卷调研，主要包括证券公司对文化建设十要素的理解与具体落实情况、文化建设质量评估情况、文化建设工作推进的难点问题、对解决难点问题的意见建议等方面。调研共收到来自 101 家证券公司、5 家证券子公司（以下统称"证券公司"）的 106 份有效问卷，具体情况如下。

一、证券公司对文化建设十要素的认识与理解

中国证券业协会于 2021 年 2 月 28 日正式发布《证券行业文化建设十要素》（以下简称《十要素》），从观念、组织、行为三个层次提炼了十个关键要素。经过半年多的实践，证券公司对《十要素》的理解与认识不断深化、形成共识。行业认为，《十要素》刻画了文化建设的三个层次：观念层处于内核位置，是文化建设的深层驱动；组织层居于中间位置，是文化的实现机制；行为层处于表层位置，是文化建设的落地关键环节和成果体现。这三个层次之间存在着"从内及外、由表及里"的深刻内在联系。对证券公司而言，普遍秉承的观念会潜移默化地影响个体的交互方式，从而影响他们的行为表现；行为表现经过长时间沉淀，又反过来影响观念的形成和进化。如此循环往复。《十要素》反映了文化形成的一般规律和内在逻辑，同时深刻揭示了行业文化建设不能仅做"表面文章"、单纯靠约束员工的行为来实现，而要从培养行为、强化组织、树立观念三个层面共同发力，进而形成良性循环，方能行之有效。

十个关键要素充分体现了文化建设不是一项孤立的工作。例如，在行为层面，"平衡各方利益"的内涵涉及公司治理、内控体系、合规管理、全面风险管理、投资者保护、履行社会责任等诸多议题；在观念层面，"秉承守正创新"也涉及业务产品、组织管理、风控合规等多个方面。因此，文化建设不是某个公司、某个部门、某个团队的任务，而应在企业内部横向和纵向同步推进，才能将文化融入"毛细血管"中。

二、证券公司文化建设十要素的使用和落实情况

从问卷调查结果来看,证券公司紧紧围绕十要素中心任务,补短板、强弱项,深入推进文化建设工作,文化建设正从"零散自发"向"统一自觉"转变,百花齐放。

(一)文化建设的行为层面

调研显示,各家证券公司在平衡各方利益、建立长效激励、展现责任担当三方面落实较好,在加强声誉约束方面的落实情况有待加强。

一是平衡各方利益方面。95家证券公司在平衡内部利益方面形成清晰的理念与机制,70家证券公司在外部利益方面形成清晰的理念与机制。内部利益方面,78家证券公司建立了以公司章程为核心的治理制度体系,主要涉及股东、管理层;28家证券公司建立长效考核激励机制;17家证券公司签订廉洁从业承诺书,涉及管理层、员工。外部利益方面,针对客户利益管理落实较为充分,有58家证券公司制定投资者适当性管理办法,35家证券公司制定利益冲突管理办法;针对合作伙伴的利益管理相对充分,32家证券公司签订战略协议;针对竞争对手的利益管理较为薄弱;针对社会公众的利益管理形式多样,18家证券公司提到信息披露、舆情管理,5家证券公司明确提出实施ESG项目,涉及环境、社会、公司治理等多方面。

二是建立长效激励方面。101家证券公司将廉洁从业、合规执业、诚信执业和践行企业文化理念纳入全员绩效考核体系;97家证券公司采取了管理层奖金递延发放;91家证券公司采取项目奖金递延发放;61家证券公司建立人员诚信信息管理机制;58家证券公司建立单项业务风险准备金制度;45家证券公司拉长考核周期;实行员工持股计划和股权激励的证券公司较少,分别有13家和9家。

三是加强声誉约束方面。81家证券公司建立声誉风险管理制度和机制;68家证券公司组织过全员的声誉风险解析和防控培训,要求全体员工对公司信息应承担保密义务;33家证券公司制定媒体采访接待相关制度和工作流程,防范舆情风险;16家证券公司提出以问题为导向梳理可能引发声誉及舆情的各类情况,切实提升声誉风险管理和处置水平。

四是展现责任担当方面。各家证券公司均在服务国家战略、履行社会责任、加强投资者保护等方面有具体实践。102家证券公司在业务服务中主动融入国家战略,积极响应国家脱贫攻坚以及乡村振兴战略,推动长三角业务高质量一体化发展;56家证券公司建成投资者教育基地,开展投资者教育活动;35家证券公司坚持绿色发展理念,发挥资本市场优化资源配置优势;32家证券公司助力抗击疫情,为战胜疫情贡献力量。

(二)文化建设的组织层面

调研显示,各家证券公司在融合发展战略、强化文化认同、激发组织活力等方面开展各自实践,落实情况较好。

一是融合发展战略方面。所有的106家证券公司均在行业文化核心价值观的基础上,结合自身特点和公司发展战略,提炼形成了独具特色的文化理念。100家证券公司将文化建设工作纳入"十四五"规划、"未来三年规划"或"年度工作计划"中,有2家证券公司还制

定了发展战略与文化理念融合发展评价机制，促进提升两者契合度；79 家证券公司已将文化建设的总体要求纳入公司章程，6 家公司章程处在修订待发布状态；50 家证券公司定期对战略目标或经营管理计划进行检视与督导，或开展专项自查活动，梳理各项业务规章制度和业务工作流程。

二是强化文化认同方面。所有的 106 家证券公司均通过多种途径宣传文化理念。90 家证券公司设有文化宣传阵地、在官网设有文化宣传专栏或在微信公众号上设有文化宣传专题；55 家证券公司重视传统媒体宣传，设有报纸、杂志或通过主流媒体宣传文化品牌；18 家证券公司创作了自己的司歌；8 家证券公司寻求外部合作，设有企业文联。

三是激发组织活力方面。104 家证券公司尊重员工的多元背景，鼓励员工对公司现状和发展献言献策，主要方式包括各级党组织民主生活会、各类座谈会、意见交流会、设立意见反馈信箱、组织论坛活动、高管中层面对面交流，或通过职工代表大会、工会、企业内刊、问卷调查等形式。其中有 3 家证券公司还对意见落地进行了督办，有 7 家证券公司通过激励或者表彰方式，在考核体系中对员工积极合理的建言献策予以奖励。

（三）文化建设的观念层面

调研显示，各家证券公司对秉承守正创新、崇尚专业精神方面的理解与落地措施较为统一，对坚持可持续发展的理解和落实措施差异较大。

一是秉承守正创新方面。92 家证券公司坚持合规风控与创新发展，采取各类措施防止盲目创新与不当创新。其中，75 家建立了创新业务全流程合规风控评估审核机制或决策管理机构，对创新业务的开展进行多部门联合审查；63 家建立完善了创新业务相关制度流程体系；3 家设置了专项工作组，持续督导各项创新业务开展符合行业核心价值观要求；2 家主动邀请监管机构参与，对创新业务加强指导和监督；2 家通过"以丰补歉"机制、风险准备金机制、奖金递延机制等绩效考核机制，防范创新业务开展中产生的合规及道德风险。

二是崇尚专业精神方面。各家证券公司在外部招聘、教育培训、轮岗交流、人才储备、考核激励、宣传引导上的方式各有不同。79 家证券公司注重开展培训教育，组织开展各类专业、合规、风控等内容的知识讲堂，或建立内部培训课程体系、讲师队伍和培训制度体系，或开展专业竞赛来培育专业能力和专业精神；14 家证券公司完善考核激励及晋升体系，建立专业职级体系，设立专业与管理晋升双通道；10 家证券公司建立后备人才储备机制；6 家证券公司通过加大双向交流轮岗和挂职锻炼力度，或加强与外部单位的工作学习交流，提升员工经验能力。

三是坚持可持续发展方面。各家证券公司对坚持可持续发展理解和举措差异较大，且大多数证券公司更多地将可持续发展聚焦在公司个体的生存发展上，对经济、社会、环境的关注度不够。仅有 21 家证券公司响应国家碳达峰碳中和、绿色经营等理念，落实有关绿色金融、低碳运营方面的战略及重大决策；15 家证券公司重视 ESG 治理和机制体系，将环保要求融入公司业务拓展，重视环境及生态可持续发展；81 家证券公司从坚持稳健合规经营、履行社会责任、推动业务创新、加强人力资本管理、强化数字化经营管理能力、补充净资本等方面，提高公司自身抗风险和可持续发展能力。

三、证券公司文化建设存在的问题

(一) 文化建设"软实力"与行业发展"硬实力"不平衡、不充分的矛盾依然存在

有 32 家证券公司认为行业整体没有深刻认识到文化建设对于提升核心竞争力的实质,更多将文化建设视为一项任务,是公司获得评级加分的一种手段;有 29 家证券公司认为行业文化建设注重形式,自我服务意识过强,行业整体缺乏文化自觉;17 家证券公司认为难以将文化建设虚功做实,当前形式大于实质,缺乏有效的落实手段。

(二) 公司文化评估体系有待进一步构建和完善

有 85 家证券公司建立了企业文化评估体系,将文化建设质量评估纳入公司评估范围中,通过量化考核、实地走访、问卷调查、员工座谈等形式开展评估,其余 21 家尚未建立文化建设质量评估体系。建立评估体系的证券公司中,仅有 3 家聘请第三方对公司文化建设进行专项评价。建议通过开展自我评估和外部评估相结合的方式,在完善内部评估机制的基础上,与中国企业文化研究会等第三方评估机构开展合作,深化文化建设评估的力度。

(三) 证券从业人员的执业能力和素质有待进一步提升

67 家证券公司认为主要工作难点在于文化建设理论研究能力不足;57 家证券公司认为缺少文化建设专业人才;14 家证券公司认为行业整体从业人员道德水平和守法合规意识不强,缺乏敬畏;7 家证券公司认为人员方面尚未形成坚守诚信、合规的文化自觉,仅通过制度与机制进行约束,难以使文化理念入心入脑。

(四) 文化建设的整体性、系统性、协同性有待进一步增强

54 家证券公司认为"文化"概念较为广泛,涉及公司各个组织机构、各业务条线,协同统一存在难点;有 27 家证券公司认为行业文化建设时间表、路线图不够清晰,方向不够明确。

四、推动证券公司文化建设的意见建议

(一) 文化建设的观念层面

一是要坚持党建引领。行业文化建设要坚持把中国特色社会主义文化作为文化育人的底色,构建"是非明、方向清、路子正"的文化育人内容体系;同时注重"历史传承",人的建设需要循循善诱、循序渐进,需要"传帮带",要在行业人才梯队建设中加大文化引领的分量,推动新生代力量坚定理想信念,树立正确的世界观、人生观、价值观。

二是要把"合规"作为生存发展的立命之本。在行业文化建设过程中要坚持合规创造价值、合规人人有责的理念,推动证券公司和从业人员坚守合规底线,把合规作为企业生存的基础、发展的根本,企业的一切经营活动都必须以符合法律法规、监管规则为第一准绳,让全行业真正将合规意识内化于心、外化于行,不断以合规赢得市场信任、客户信任、投资者信任,推动证券公司真正做好资本市场的"看门人"。

三是把"诚信"作为执业经营的基本原则。证券公司作为促进资本形成的信用中介,

诚实守信是基本的职业道德和重要的声誉资本。在行业文化建设过程中，要树立诚信意识，做好对投资者、对发行人的服务工作，勤勉尽责；要坚守诚信执业操守，坚持"客户利益至上"原则，始终珍惜和维护企业与行业声誉，做到诚信执业。证券公司要推动每一位从业人员做好每一件小事，让诚信成为一种习惯，才能打造资本市场的"百年老店"。

四是把"专业"作为服务实体经济的核心能力。要推动树立专业精神，苦练内功，强化从业人员队伍建设，打造专业的团队，通过专业化的服务提升品牌影响力、维护行业的专业形象。要坚持走专业化的发展道路，持续提升执业质量和服务水平，提升专业附加值。要积极把握金融开放的机遇加强学习，持续提高专业能力，不断提升全球竞争力。

五是把"稳健"作为长远发展的坚实保证。金融是经营风险的行业，其本质就是要把握好风险和收益的平衡，必须把稳健作为行业的经营底色和鲜明特质，警惕盲目、失控状态下的无序发展。特别在开展创新业务时，要结合业务固有风险、企业资本实力、风险防控能力、团队建设基础等情况作出谨慎判断，以稳中求进实现基业长青。

（二）文化建设的组织层面

一是要完善公司治理。进一步健全内部制衡的公司治理制度，落实各方的权利与责任；引入职业经理人制度，建立以市场为导向的选人用人和激励约束机制；设计合理的激励机制，探索实现激励与约束相平衡、长期激励与短期激励相平衡的绩效考核体系。

二是要加强内部控制。健全和完善内部管理制度，强化制度的执行力，有力防范内幕交易、操纵市场、虚假陈述、欺诈客户等道德风险的发生。

三是要防范从业人员道德风险。通过建立一套全面有效的内控治理机制、优化操作流程、明确各项业务道德风险控制点、实现信息公开透明、完善关键岗位人员管理并建立制衡机制、加强重要业务环节审核与监控、加强信息上传下达等方式，使从业人员能够明确自己要做什么以及怎么做；加强对各类从业人员违反规章制度、道德风险行为的问责和处罚，加大违规成本，让从业人员明白什么是底线红线，哪些自己不能做；探索建立利用科技手段加强公司业务运营道德风险点的监测监控，研究设计功能模块、有效监测指标和具体指标阈值等，进一步发挥系统监控功能。

（三）文化建设的行为层面

一是要健全道德风险防控工作体系。将行业内控规范、信用建设、声誉管理、合规风控等机制，有机融入企业文化建设和道德风险防控工作中，明确证券从业人员的行为标准和道德规范，将道德教育纳入证券从业人员后续培训，加强从业人员道德失准、诚信失范的纪律处分和资格管理，指导行业提升企业文化建设水平，健全道德风险防控工作体系。

二是要健全考核评价体系。由行业监管部门定期组织证券公司文化建设、道德风险防控的评价工作，树立行业标杆，发挥示范效应。将企业文化建设和道德风险防控工作水平及成效与证券公司分类评价进行挂钩，增强证券公司加强企业文化建设的积极性和主动性。

三是要建立诚信记录共享机制。扩大诚信数据库覆盖面，建立统一的资本市场诚信数据库，由行业监管部门牵头推进与国家其他部委及行业组织共享信息，纳入跨行业、跨市场的从业人员诚信信息。同时，增强诚信数据库的开放性，引导其他行业使用资本市场诚信数据库，提高资本市场诚信数据库的使用效率，从而真正起到对从业人员的约束与惩戒作用。

关于建设中国特色证券行业文化的调研报告

中国证券业协会证券行业文化建设专业委员会专题研究小组

证券市场的发展依托于中国特色社会主义经济土壤,在发展过程中紧贴中国国情,立足大局,把握中国经济市场的规律,坚持适应把握引领经济发展新常态。新时代健康良好的证券行业文化,必须以习近平新时代中国特色社会主义思想为指导,深入贯彻党的十九大、十九届六中全会和中央经济工作会议精神,充分体现时代赋予证券行业的职责使命,全力推动经济高质量发展。

为全面了解证券公司对中国特色证券行业文化的理解与认知,促进证券行业文化建设工作,中国证券业协会(以下简称"协会")于2021年9月开展了建设中国特色证券行业文化问卷调研。本次问卷调研共收到来自101家证券公司、5家证券子公司(以下统称"证券公司")的94份有效问卷,具体调研情况如下:

一、对中国特色证券行业文化的理解

行业普遍认为,中国特色证券行业文化应当具备以下特点:

(一)以服务实体经济为根本

有89家证券公司认同该观点。证券行业应当为实体经济服务,让更多的人民群众共享国家经济繁荣成果。证券行业是资本市场的重要组成部分,证券公司肩负着高效服务实体经济的重要历史使命,行业必须回归本源、优化结构,发挥好投资银行资本中介功能和投融资枢纽作用,提供更加多样化的金融工具,着力畅通资本、科技和实体经济的高水平循环,为实体经济提供更高质量、更加精准的金融服务。

(二)以履行社会责任为导向

有81家证券公司认同该观点。证券行业文化要积极履行社会责任:一是支持国家重大战略,加大服务乡村振兴、碳中和碳达峰、长三角一体化等的资源投入和工作力度;二是完善投资者教育和服务体系，普及金融知识和投资风险，保护投资者利益；三是凝聚行业公益热情，更积极有效地参与社会公益事业，注重社会责任，部分证券公司建议设立行业整体的公益事业组织。

（三）以党的建设为引领

中国特色证券行业文化是中国特色社会主义文化的组成部分，其最本质的特征是坚持党的领导。有 26 家证券公司认为，中国特色证券行业文化建设需以党的建设为引领，强化党的领导与公司治理、经营管理、文化建设相融合，把党的政治优势转化为推进落实行业文化的力量，把党的监督优势转化为落实合规经营的监督力量，把党管干部、党管人才的优势转化为支撑文化建设的人才队伍力量。

（四）以防范化解金融风险为底线

有 23 家证券公司认同该观点。证券行业文化建设要以不发生系统性金融风险为底线，助力化解金融风险，履行维护国家金融安全的社会责任，推动证券行业做好资本市场的"稳定器"。证券行业文化建设要把"合规"作为生存发展的根本，以合规赢得市场信任、客户信任、投资者信任，推动证券公司真正做好资本市场的"看门人"。证券行业文化建设要把"稳健"作为长远发展的坚实保证，坚持合规风控与创新发展并重，以稳中求进实现基业长青。证券行业文化建设要从加强从业人员行为规范、职业道德和法制观念教育入手，提高从业人员合规风控意识，从源头上筑牢防范道德风险的思想防线，有效保证国家金融安全。

（五）以社会主义核心价值观为指南

有 22 家证券公司认为中国特色证券行业文化应与中华传统文化、革命文化、社会主义先进文化等中国特色社会主义文化一脉相承。要传承和发扬中华优秀传统文化，促进行业树立正确的价值观、义利观、发展观、风险观，涵养行业发展生态，提升行业文化"软实力"和核心竞争力，构建具有更高适应性、竞争力、普惠性的现代金融体系，为引领行业高质量发展提供精神引领和价值支撑。

（六）以专业贡献为保障

有 16 家证券公司认为专业是证券公司安身立命之本。要坚持专业化发展道路，需要更多地利用专业化优势服务国计民生、履行社会责任，也让证券行业的文化建设被更多行业之外的受众接受和认可。

二、对建设中国特色证券行业文化目标的探讨

（一）中短期目标

1. 强化巩固行业文化建设成果

48 家证券公司建议巩固行业文化建设成果，夯实行业文化发展四个"深度融合"和四个"有机结合"的各项措施机制，全面落实文化建设十要素，形成完整的文化体系、评估

考核体系与文化服务体系。有证券公司提出要贯彻落实"创新、协调、绿色、开放、共享"新发展理念，通过理念引导、实践推动，将新发展理念与行业文化紧密结合。

2. 加速推进行业诚信体系建设

40家证券公司建议加速推进行业诚信体系建设，加强声誉约束，打造透明健康的资本市场，营造积极向上、公平有序的从业环境；建议建立统一的资本市场诚信数据库，由行业监管部门牵头，推进与国家其他部委及行业组织共享信息，纳入跨行业、跨市场的从业人员诚信信息；建议增强诚信数据库的开放性，引导其他行业使用资本市场诚信数据库，提高资本市场诚信数据库的使用效率，从而真正达到对从业人员约束与惩戒作用。

3. 形成证券行业文化建设共识

26家证券公司提出要形成证券行业文化共识，通过发布行业文化建设工作纲要、发布行业文化建设倡议书、召开行业动员部署会、典型案例宣传警示等，培养全行业深刻认识文化建设对于提升证券行业核心竞争力的根基性观念，同时督促行业文化建设的具体落实，深化行业文化建设工作。

4. 增强行业文化社会认同

22家证券公司提出证券行业要构建被社会广泛接受的认同感和价值观，培育树立一批行业标杆和文化榜样及个人标兵，形成"文化高地"效应，彰显行业整体竞争力，提高行业治理水平。

（二）中长期目标

1. 树立证券行业良好形象

43家证券公司提出要树立证券行业良好形象，通过自身努力，不断提升行业公信力，同时加强舆论引导，构建行业文化网络，树立良好的资本市场形象。

2. 形成良好的行业文化生态

39家证券公司提出要形成良好的行业文化生态，"补短板、强弱项"，强化制度执行，增进认知认同，使文化建设与公司经营、个人执业行为相融相通，助力服务实体经济、深化资本市场改革和防范金融风险。

3. 增强文化认同、文化自觉和文化自信

24家证券公司建议树立正确的价值导向，形成文化认同、文化自觉和文化自信，使行业的价值追求、经营理念、行为规范变为习惯，成为从业人员的内心觉醒和自觉行动，成为行业的鲜明标识和共同气质，最终形成普遍的、自发的价值认同和文化积淀。

4. 服务实体经济和国家战略

19家证券公司建议通过参与构建多层次资本市场服务实体经济和国家战略，发挥"直接融资"功能，助力产业创新转型，助推高质量发展。

5. 推动证券公司形成文化特色品牌

14家证券公司建议推动证券公司形成文化特色品牌，以品牌项目带动行业文化建设全局，"共性文化"与"个性文化"互相促进，既呈现行业的鲜明标识和共同气质，又呈现百花齐放的局面，成为构建中国特色文化的重要组成部分。

三、政策建议

建设中国特色证券行业文化是一个系统性工程，需要监管机构、自律组织以及证券公司共同努力，形成合力，久久为功。

（一）加强顶层设计，持续推动行业文化建设

一是进一步以习近平新时代中国特色社会主义思想为指导。与时俱进继续完善行业文化建设的总体目标、工作思路、重点任务和机制保障，加快建设"合规、诚信、专业、稳健"的行业文化，推动行业发展与国家战略深度融合，努力做到建设中国特色证券行业文化与行业监管、高质量发展有机融合。

二是进一步加强监管约束。明确文化建设中涉及证券公司经营管理、员工执业行为的边界、底线和约束，不断强化监管硬约束功能。对部分文化建设薄弱、道德风险多发、社会影响恶劣的机构和从业人员，开展专项检查；对严重背离行业文化精神的违法违规行为，及时采取监管措施，不断净化行业环境。

三是加大文化建设考核在分类监管中的权重。进一步发挥政策导向作用，引导行业持续加大文化建设工作力度，以正向激励赋能行业文化建设，助推证券行业高质量发展。

（二）充分发挥协会组织、协调、自律、传导作用

一是加强理论研究。在实践基础上对行业文化建设情况进行总结分析，加强效果评估、理论研究和前瞻性思考，及时完善行业文化的内涵和外延，引导督促证券公司增强落实文化建设工作的自觉性和有效性。组织行业与企业文化领域境内外知名高校、科研院所、专业咨询服务机构的研究合作，开展"产、学、研"深度研究合作，加强企业文化建设理论研究储备，为有效落地落实企业文化建设提供专业理论支持和科学实践指导。

二是完善文化建设激励约束机制。发挥激励约束作用，体现差异化自律管理导向性。促进行业落实《证券行业文化建设十要素》相关要求，完善行业文化实践评估指标与工作机制。同时发挥自律措施在惩戒违法违规、督促合法从业方面的引导和威慑作用，对违反廉洁从业、职业道德准则要求的行为，依法从重处理。

三是加强行业的专业声誉建设。督促行业机构珍惜专业声誉，加强声誉风险管理，自觉维护行业专业声誉，促进行业不断提升声誉资本"软实力"。进一步引导证券行业市场良性竞争，杜绝"价格战"行为，严守廉洁从业底线，促进证券公司依法合规经营。

四是加强宣导。加大行业文化建设宣导以及案例教育，充分展示行业文化建设成果，开展经验交流活动，将正面典型教育与反面典型教育相结合，把好的经验在行业内推广，对道德风险防控失效的公司和个人在行业内进行通报，积极营造良好的行业文化建设氛围。

五是加强培训与交流。以提升文化建设水平和专业能力为核心，定期邀请内外部专家进行授课，特别是加强文化建设理论培训。鼓励证券公司参与课程研发，以贴近行业实际情况的经验案例进行培训，提升文化建设工作的可操作性与培训效果。建立沟通联系机制和工作交流平台，对文化建设工作中的疑惑及时进行解答，适时开展实地调研、参观学习、评选表彰等工作。

六是引导证券公司履行社会责任。充分发挥自律组织的纽带作用，引导证券公司履行社会责任，积极投身社会公益工作，以实际行动为构建健康、和谐、共赢的行业文化贡献力量。

（三）强化证券公司行业文化建设主体责任

一是发挥公司党委领导核心作用。以党建为引领、企业文化建设为抓手、客户需求为核心，将行业价值观落实到经营管理的全过程，筑就自身高质量发展的文化支撑力。

二是建立健全企业文化制度体系。将文化建设的核心要求嵌入公司章程及主要规章制度，将文化建设嵌入公司经营、管理、合规风控、选人用人、考核激励、员工廉洁从业、行为规范的各个方面、各个环节，以制度固化文化认同，确保文化建设"生根落地"；同时制定企业文化建设考评办法，保障文化建设有效落地。

三是加强文化培训宣导。切实加强对行业企业文化价值理念的宣传引导，加强公司使命、愿景、核心价值观、经营管理理念的宣传教育，推动文化入脑入心，引导员工认同和践行公司文化理念，形成文化建设的良好氛围，塑造公司良好健康的社会形象。

四是加强物质保障。通过设立文化建设专项经费、制订文化教育培养计划等方式，确保文化建设目标落地执行。

五是加强员工诚信教育。将廉洁从业、职业道德、诚信操守等内容作为员工日常培训学习的重点，不断加强证券公司全体员工法制观念和诚信意识，提升员工的职业操守和诚信意识水平。

六是要主动践行社会责任。证券公司要积极倡导企业社会责任理念，服务实体经济，支持公益事业，担当社会责任。

资本市场基础制度建设

中美上市公司结构变化及所反映经济发展特征的比较研究

中山证券有限责任公司*

为探讨我国上市公司和经济发展之间的关系，本文将美国作为参照，对比分析中美两国上市公司结构和经济发展演变路径的差异性和共同点，进而为中国资本市场发展提供借鉴。

一、中美上市公司和宏观经济结构演变特征

（一）中美上市公司结构演变特征

1. 中国上市公司结构演变特征

过去30年间，我国资本市场快速发展。1991—2020年，上市公司数量从11家增至4 122家，年复合增速为23%。上市公司资产规模从74亿元增长至313.25万亿元，净资产规模从16亿元增长至51.78万亿元，年复合增速分别为39%和38%。营业收入从13亿元增长至53万亿元，净利润规模从2亿元增长至4.3万亿元，年复合增速分别为39%和35%。

产业结构方面，2000年之前，A股成熟度较低，分行业的各项指标波动均较大；2000年之后，随着A股成熟度不断提升，指标波动性随之减小。从Wind行业分类来看，2006—2020年，A股中金融行业的净资产和净利润占比远高于其他各行业，分别在38%和48%附近波动；工业的净资产和净利润占比最为稳定，两者分别在14%和10%附近波动。近年来，能源行业占比下行幅度最大，材料、信息技术、医疗保健占比均有所提升，但相比而言，信息技术和医疗保健占比依然处于较低水平，净资产和净利润依然不及6%（见图1）。

---

* 本文为中国证券业协会2021年优秀课题。课题负责人：唐晋荣，中山证券有限责任公司研究所所长助理。课题组成员包括：张泽华、汤怀林，中国社会科学院财经战略研究院与中山证券有限责任公司联合培养博士后；张怡媛、方鹏飞，均供职于中山证券有限责任公司研究所；王书鑫，深圳技术大学大数据与互联网学院助理教授；李湛，招商基金首席经济学家。原载于《中国证券》2022年第3期。

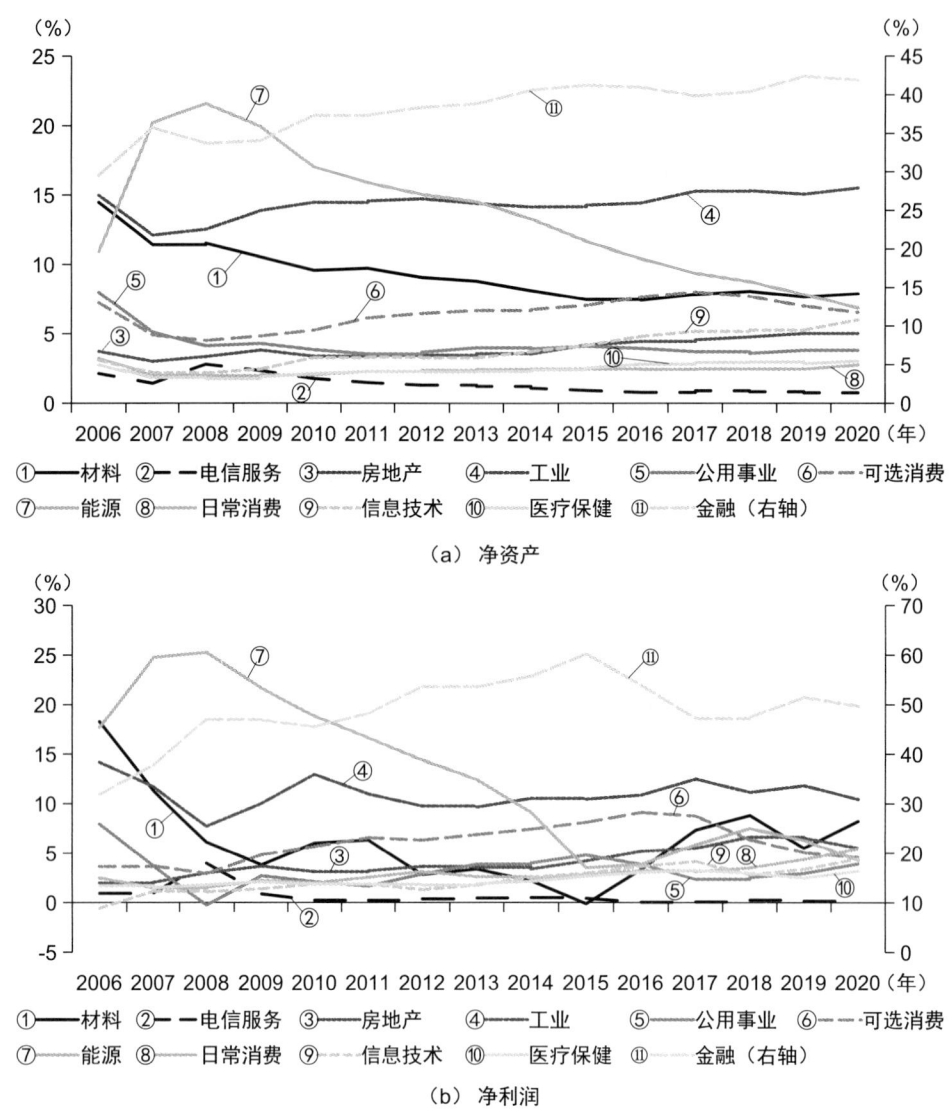

图1 A股上市公司净资产和净利润占比趋势图

资料来源：Wind。

2. 美国上市公司结构演变特征

美国资本市场发展历史悠久，鉴于中美对比和美国数据的可得性，对美国上市公司的考察期间定为2006—2020年。美国本土上市公司数量从2006年的2 714家增加至2020年的4 036家，总体呈现递增趋势。规模特征方面，美国本土上市公司的总资产由187.91万亿元增至346.36万亿元，净资产由40.84万亿元增至75.33万亿元，复合增速分别为4.46%和4.47%。

产业结构方面，美国本土上市公司数量呈现行业分化，金融业、信息技术业、医疗保健业、可选消费业以及工业的上市公司数量明显多于其他行业，其中医疗保健业上市公司数量从2013年开始大幅增加，已成为上市公司数量最多的行业。金融业上市公司各项规模指标远大于其他行业,但其资产总计占比呈现下跌趋势,净资产占比呈现出逐年提升的趋势。信息技术业、可选消费业和医疗保健业上市公司的资产总计占比较高,且呈现出持续提升的趋势(见图2)。

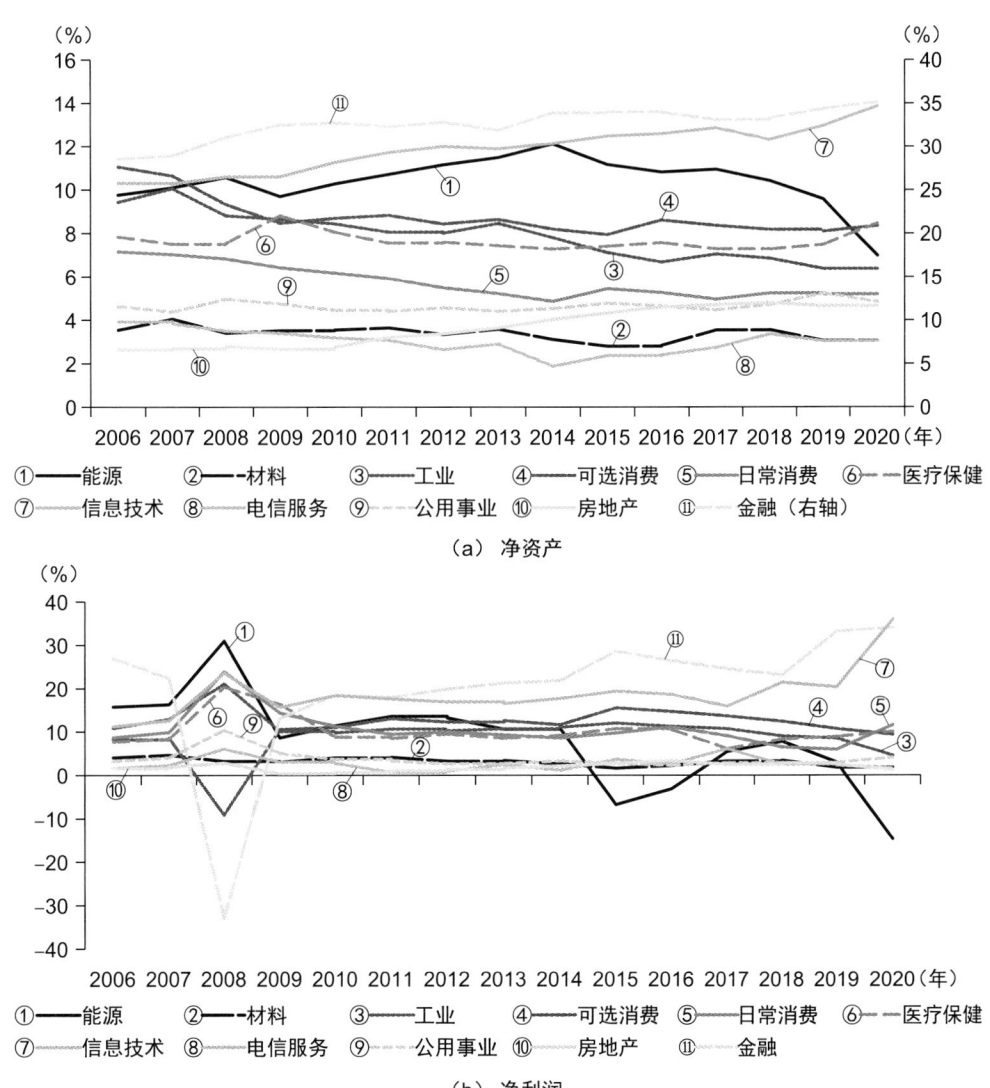

图2 美国本土上市公司净资产和净利润占比趋势图

资料来源:Wind。

(二)中美宏观经济结构演变特征

1. 中国宏观经济结构演变特征

自1992年以来,我国经济增速总体维持在较高水平,但近年来增速有放缓趋势。从结构来看,服务业占比不断提升,其中又以金融、房地产增速最快,信息技术服务业、租赁商务也得到了一定程度提升,交运仓储和住宿餐饮的增速和在GDP占比均呈现下行趋势。而第二产业增速下行较快,使第二产业占比逐年递降,其中工业占比下行幅度更快。

产业发展水平上，我国产业升级方向在向第三产业倾斜，其中以房地产为核心、以建筑业和金融业为两翼的产业组合可能是过去15年我国产业结构变迁的主要形式，近年来信息传输服务业对产业升级方向的引导作用逐渐凸显。在制造业层面，产业变迁主要向以食品、家具制造为代表的轻工业和以电气、交运设备为代表的重工业方向倾斜，而与通信设备制造的关联度较小，产业升级的高端性有待提高。

2. 美国宏观经济结构演变特征

自1950年以来，美国第三产业占比远高于第二产业和第一产业，且这种差距不断扩大，第三产业占比由1950年的49.60%逐渐提升至2020年的57.50%。在第二产业中，制造业占比高于采掘业和建筑业，但占比大幅下行，而采掘业和建筑业占比相对平稳。制造业占比由1950年的27%逐渐降至1980年的20%，2020年进一步降至10.80%。第三产业中，批发业、零售贸易以及交通与公用事业占比较低，其中零售贸易业、交通与公用事业的占比呈现逐年递减趋势，金融、保险及房地产业占比呈明显下降趋势。

在产业发展水平方面，2001—2020年美国的产业结构不断升级，信息技术服务业增加值在GDP中的占比逐年提升，升级速率也保持明显的上行趋势，创新驱动成为美国经济增长的重要力量。

二、中美上市公司反映经济发展特征对比分析

（一）总体特征对比分析

1. A股能反映经济整体特征，但不及美股表现突出

从2020年中美两国经济数据和上市公司数据来看，其中A股的净资产和净利润分布与GDP相一致。但在总市值方面，我国上市公司第二产业占比超过60%，远高于GDP第二产业占比水平。从美国数据来看，美股的净资产、净利润、总市值与GDP均一致，美股对经济整体特征反映更合理。由此可见，A股和美股结构总体均能反映经济整体特征，但美股表现得更为合理（见图3）。

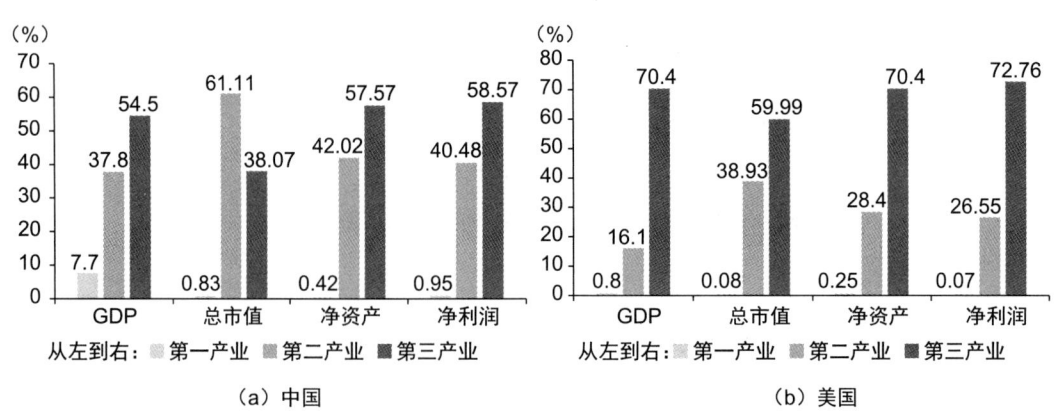

图3 中美经济及上市公司产业结构对比（2020年）

资料来源：Wind。

2. 美股对产业结构反映情况优于A股

从产业结构变动趋势来看，中美两国上市公司的净资产和净利润与GDP占比相一致，且呈现出方向相同的变动趋势。但近年来，中国经济中第三产业占比上升，但A股第三产业的净资产和净利润占比增速均放缓，而美股能更好地反映美国经济第三产业比重的变动特征。总体来看，A股对经济结构变化调整的效率较低，而美股能更好地反映产业结构演变方向（见图4）。

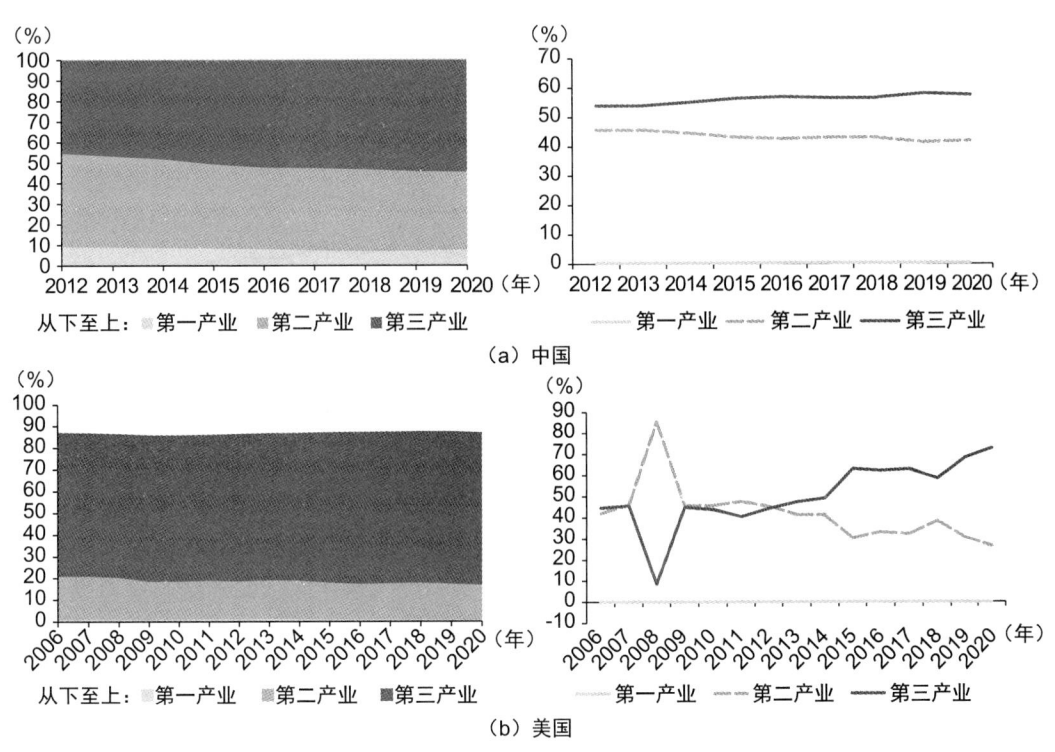

图4 中美三大产业GDP占比和净资产占比

注：美国第三产业不包括"政府"。
资料来源：Wind。

3. A股结构更加偏重制造业和金融业

中美两国第二产业和第三产业的GDP占比和净利润占比存在较大的差异。在第二产业中，A股和美股的制造业占比均较高，与各自经济结构总体一致。从上市公司净利润占比变动趋势来看，虽然我国制造业在GDP中占比表现为下行趋势，但上市公司净利润占比呈现出上行趋势；相比而言，美股第二产业利润占比走势与GDP走势基本一致（见图5）。在第三产业中，中美两国GDP中金融、地产占比均最高，但从上市公司利润结构来看，美国金融企业利润占比幅度远小于A股，可见我国资本市场第三产业结构中倾向于金融企业。

（二）先进产业特征对比分析

下面将重点分析中美两国以先进制造业和信息技术产业为代表的先进产业发展状况，其中先进制造业主要包括交通运输设备制造业、电子设备制造业、医药制造业三个行业，信息

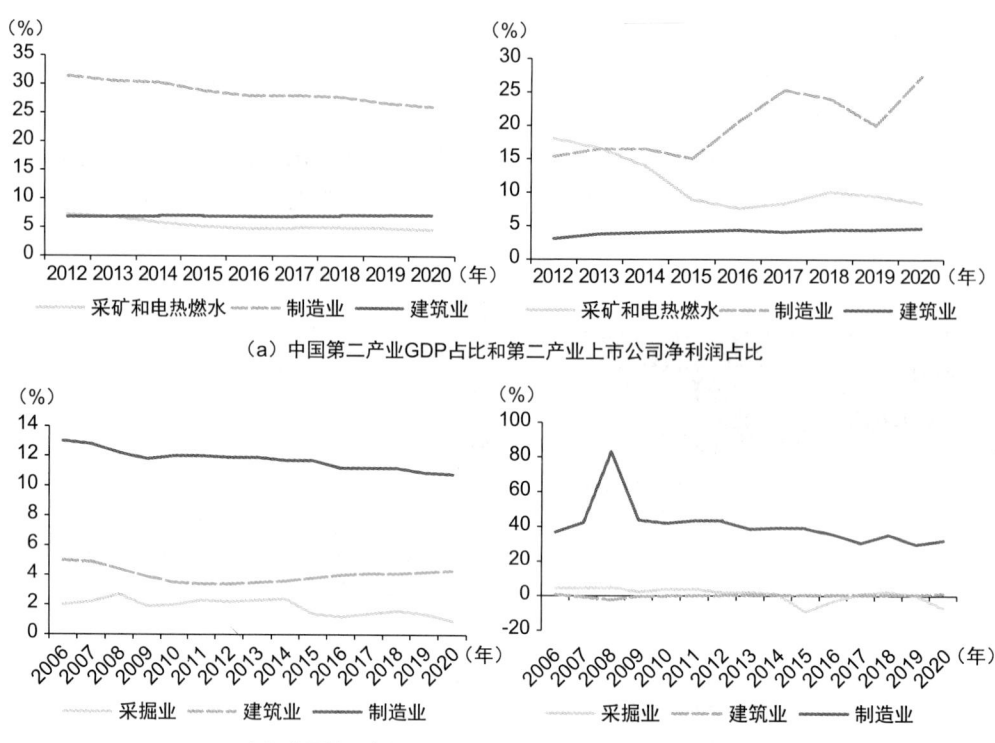

(a) 中国第二产业GDP占比和第二产业上市公司净利润占比

(b) 美国第二产业GDP占比和第二产业上市公司净利润占比

图5 中美第二产业GDP和上市公司净利润占比

资料来源：Wind。

技术产业包括信息技术制造业和信息技术服务业两个行业。

1. A股和美股均能反映先进制造业的升级特征

中国先进产业净利润占比与产业升级方向总体一致，A股产业结构逐渐优化。但从2015年以来，A股先进产业净利润占比出现了较大波动，而产业升级也受到影响。美国本土上市公司中先进行业的净利润占比增长趋势明显，特别是在疫情背景下先进行业上市公司展现出了较好的盈利韧性，产业升级速率呈加快态势。总体来看，A股和美股均能反映先进制造业的升级特征，但美股表现更稳健（见图6）。

2. 中美信息产业在经济和股市层面均有较大差异

在信息技术制造业方面，中美两国上市公司均能反映各自在GDP中的占比状况，但美股上市公司的盈利占比高于A股，而A股的市值占比高于美股（见图7）。在信息技术服务业方面，美股信息服务业核心指标占比维持逐年递增趋势，并且近年来这种趋势尤为显著，与其在GDP占比变动保持了较好的一致性，而A股占比变动较为平缓，并不能较好地反映其在我国GDP中的变动方向。由此可见，无论是产业层面还是股市层面，中美信息产业规模仍有较大差距。

3. 将中概股纳入A股后中美信息产业差距有小幅改善

鉴于我国部分信息服务业公司倾向于在纳斯达克上市，将中概股纳入我国上市公司统计样本后，结果如图8所示。对比A股、"A股+中概股"、美股的信息技术产业上市公司的净资产收益率（ROE）和资产收益率（ROA）变动趋势可知，将中概股纳入A股后，信息

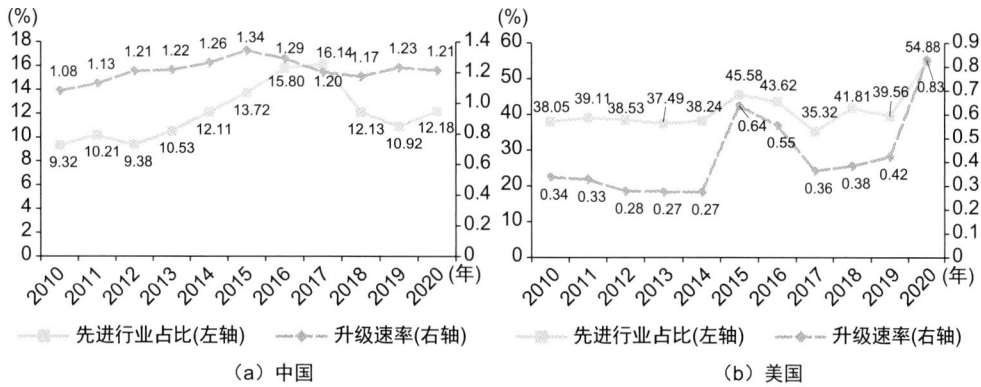

图6 中美先进产业升级特征

资料来源：Wind。

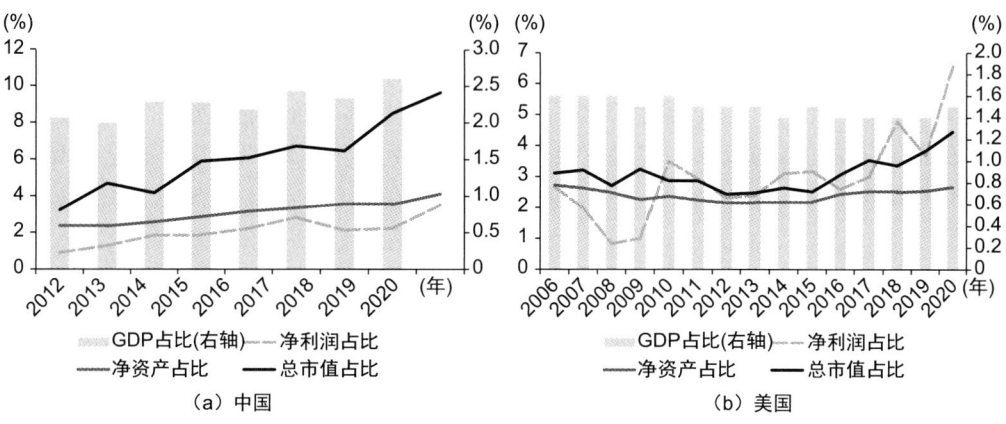

图7 中美信息技术制造业情况对比

资料来源：Wind。

技术产业的 ROE 和 ROA 均实现了改善，但改善幅度有限，与美股的信息技术产业盈利能力依然存在一定差距。此外，近年来我国 A 股和中概股的信息技术产业盈利能力有下行趋势，而美股信息技术产业的盈利能力却得到提升。

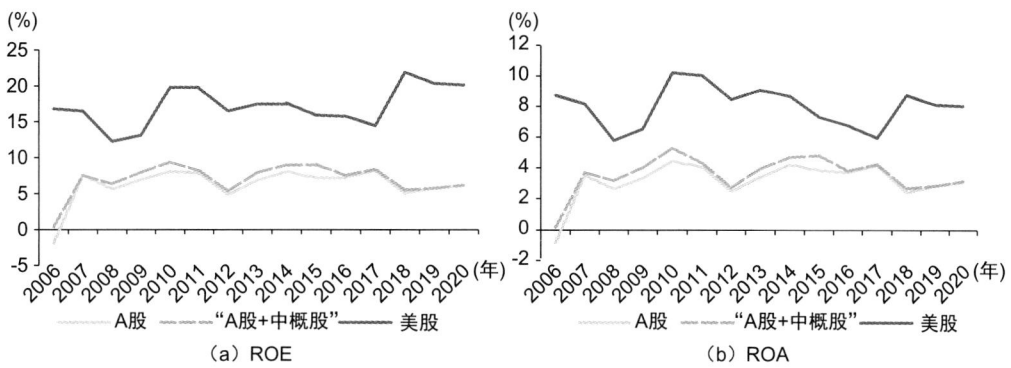

图8 信息技术产业：美股、A 股、"A 股+中概股"三类上市公司盈利能力

资料来源：Wind。

三、政策建议

提升我国上市公司结构和经济发展特征的关系是一项系统性工程，需要多个方面同时施策，持续推进，久久为功。基于前文分析，本文认为未来可以从以下六个方面着力改进：

（一）进一步做大中国经济总量和资本市场，优化经济结构

具体而言，需凝心聚力加快经济追赶，做大经济和资本市场的总量；科学运用跨周期调节政策缓解经济下行压力，确保经济整体稳健发展；深化改革开放，在开放环境中实现经济和资本市场的扩容，并逐步优化结构。

（二）更好地发挥股市引领经济结构优化的作用，进一步加大对重点产业的支持力度

进一步增加重点行业上市公司数量供给，改善 A 股上市公司结构，并降低 A 股作为相对封闭的资本市场而产生的过高流动性溢价；进一步加快落实注册制改革，强化信息披露功能和上市公司治理规则，让市场投资者对企业价值进行风险定价；借鉴国际市场最新发展趋势，在部分新设立的市场板块，探索投融资领域"去中心化"和"去中介化"的做法，改善 A 股市场结构。

（三）建立国有金融体系多元绩效考核机制

理念方面，需要对以商业银行为主体的金融行业建立多元绩效考核和总量控制体系，防范过度攫取市场化企业的利润份额。基准构建方面，摸索建立一套能有效支持"专精特新"企业的绩效考核基准体系，如建立可量化考核、可观测的信贷投放指标等。

（四）发挥资本市场增量改革作用，助力高新技术产业升级

鼓励科创板、北交所支持具有硬科技属性的专精特新企业；考虑高新技术产业的规模和盈利特征，借鉴美国资本市场经验，进一步推动落实注册制改革，发挥信息披露引导风险定价作用。

（五）提升信息技术企业在海外重点市场的份额

借助信息服务上市企业建立应用软件生态联盟，开发吸引海外用户的 App 应用及文娱产品；支持企业借助资本市场进一步做大做强全球用户网络，建立专门的国际板块，吸引境内外服务能力领先、用户网络规模大的信息技术服务企业上市等。

（六）重视资本市场国际化的积极作用，加大对外开放力度

积极推进制度规则与国际接轨，倒逼国内改革推进经济转型；通过对外开放不断硬化制度规则约束，提高资本市场效率；通过路线图和时间表确立制度接轨的进度等。

ESG 与上市公司高质量发展关系研究

中国银河证券股份有限公司[*]

一、ESG 助力上市公司高质量发展具有重要意义

我国经济目前正处于由高速增长阶段转为高质量发展阶段,如何推动上市公司高质量发展,对促进我国资本市场的进一步完善、产业结构的优化和升级至关重要。

ESG(即环境——Environment、社会——Social 和公司治理——Corporate Governance)作为一种评估企业环境可持续性、社会价值与治理能力的综合矩阵指标体系,是评估上市公司高质量发展水平的可行性标准之一。2020 年,中国泛 ESG 投资已超过 13 万亿元,相比 2019 年增长了 23%。ESG 的投资追求与"十四五"规划提出"构建新发展格局、推动高质量发展"的目标高度契合,从而运用 ESG 指标体系助力上市公司高质量发展具有较强的实践意义。

二、构建 ESG "101" 理论框架

根据 2020 年 10 月 5 日发布的《国务院关于进一步提高上市公司质量的意见》,本文将上市公司高质量发展定义为"提升运作规范性,改善信息披露质量,解决突出问题,提高可持续发展能力和整体质量"。ESG 议题是上市公司高质量发展的重要环节,ESG 实践工作也是促进上市公司实现高质量发展的重要因素。为此,本文构建了 ESG "101" 理论框架,从政府参与机制、"ES"与"G"的相互关系、资本市场参与机制三个维度分析 ESG 与上市

---

[*] 本文为中国证券业协会 2021 年优秀课题。课题组成员包括:刘锋,中国银河证券股份有限公司首席经济学家,亚洲金融合作协会绿色委员会执行副主任委员,智库副主任委员;杜书明,中国银河证券股份有限公司研究院副院长;马宗明,中国银河证券股份有限公司研究院博士后;严明,中国银河证券股份有限公司环保分析师。原载于《中国证券》2022 年第 3 期。

公司高质量发展的关系（见图 1）。

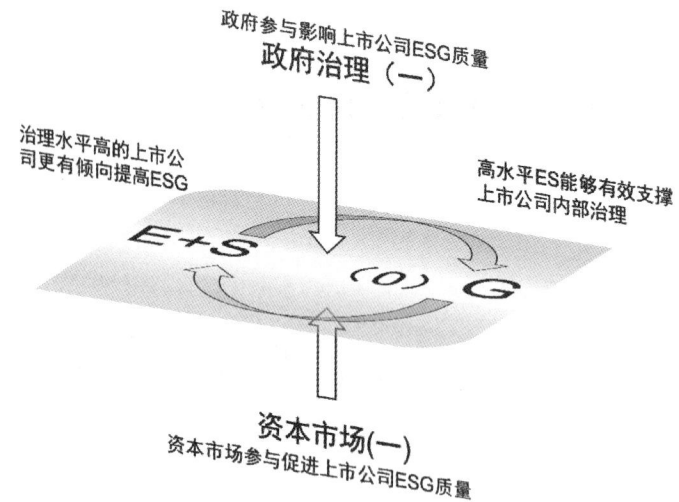

图 1　ESG "101" 理论框架

"101"理论框架中第一个"1"，代表政府及监管部门自上而下的参与，包括党组织参与、政策要求与信息披露水平、环境规制强度、激励政策等，通过政府影响上市公司 ESG 质量，进而影响上市公司高质量发展。

"101"理论框架中的"0"，代表环境、社会责任以及公司治理之间的相互作用。本文认为公司治理是 ESG 的核心，且可与"ES"相互作用，形成正向循环，即公司治理水平有助于提高公司 ESG 水平，且高水平"ES"有效支撑上市公司内部治理。

"101"理论框架中第二个"1"，代表资本市场自下而上的参与并发挥有效资源配置的功能，促进上市公司 ESG 质量。资本市场的资金"趋利避害"，如果上市公司秉承 ESG 理念，却不能为投资者带来正向收益，仅仅依靠政府的监管要求或政策补贴，上市公司 ESG 理念是无法持续的。因此，良好的 ESG 为上市公司以及投资者带来正向收益，是 ESG 理念作为一种可持续发展理念的成立基础。

三、ESG "101" 理论的政府参与机制

（一）ESG 信息披露要求不断加强

在政策层面，政策制定者和监管机构自上而下推动政策框架的制定，使 ESG 发展逐步规范化，信息披露成为 ESG 发展的主要抓手之一。2019 年 3 月，上海证券交易所发布《上海证券交易所科创板股票上市规则》等 10 份配套规则（以下简称《规则》），明确科创板上市和监管要求，并对 ESG 相关信息明确了强制性信息披露要求，要求科创板上市公司披露环境、保障产品安全、维护员工与其他利益相关者合法权益等履行社会责任情况。

ESG 评分是反映上市公司 ESG 实践行为的客观性指标，强制性 ESG 信息披露政策使上市公司不得不公开披露非传统性 ESG 相关指标。在目前投资人越来越关注上市公司 ESG 表现的背景下，本文将探索此次强制性 ESG 信息披露《规则》对上市公司 ESG 表现的效果，

分析政策的有效性。

(二) 实证检验

1. 数据来源与样本区间

本文 ESG 评分数据来源于妙盈科技。妙盈科技 ESG 评分数据为季度数据，时间维度为 2018 年第一季度至 2021 年第二季度。

2. 实证模型

本文基于双重差分模型检验政策实施对上市公司 ESG 评分的影响。科创板股票为实验组，非科创板股票为对照组，政策发生时间为 2019 年 3 月，具体回归模型如下：

$$score_{i,t} = \alpha_0 + \alpha_1 Post_{i,t} + \alpha_2 Treated_{i,t} + \alpha_3 Post_{i,t} \times Treated_{i,t} + \varepsilon_{i,t}$$

其中，方程式中的因变量分别为 ESG 评分及其三个构成部分——E 评分、S 评分、G 评分。$Post_{it}$ 是事件虚拟变量，在政策实施后 $Post_{it} = 1$，在政策实施前 $Post_{it} = 0$。$Treated_{it}$ 用来区分科创板股票与非科创板股票，对于科创板股票 $Treated_{it} = 1$，对于非科创板股票 $Treated_{it} = 0$。交叉项 $Post_{it} \times Treated_{it}$ 的系数 α_3 是政策对实验组科创板股票的净效应。

3. 政策实施效果检验分析

由双重差分模型回归结果可得[①]，各回归结果中系数 α_2 显著小于零，说明在政策实施前，科创板上市公司 ESG 评分及各组成部分评分均显著低于非科创板上市公司。当 ESG 评分、S 评分、G 评分为被解释变量时，回归结果中系数 α_3 均显著大于零，说明科创板上市公司 ESG 评分、S 评分、G 评分与非科创板上市公司之间的差异在政策实施后显著减小。当 E 评分为被解释变量时，回归结果中系数 α_3 显著小于零，说明科创板上市公司 ESG 评分、S 评分、G 评分与非科创板上市公司之间的差异在政策实施后显著增大。

在政策实施后，科创板与主板的 ESG 评分都有所提高，但科创板 ESG 分数增长比主板 ESG 分数增长高出 2.313 分，其中 S 分数高出 4.759 分，公司治理分数高出 3.962 分，且均在 1% 显著性水平显著。

四、ESG 中"G"与"ES"的关系分析

上市公司的 ESG 行为受内外多重因素共同作用影响，除去政府规制与市场激励，也是企业内部利益相关者之间的权衡结果。

(一) 上市公司的高治理水平在中长期会促进环境与社会效益的提高

本质上，环境与社会问题是不良管理，即"G"层面疏漏带来的负面结果。如果没有正确的方向，企业内部管理的低效率与混乱势必反映到更低的生产效率与利润水平上。在此情况下，倘若需要持续经营，必须依靠垄断的行业地位或者国家补贴带来额外收益。而前者是对市场价格的扭曲，后者则加重公共支出的负担。

但如果治理水平较高，上市公司就有能力将节约的管理成本带来的盈余投入社会和环境

---

① 因篇幅所限，此处省略回归结果表格，只分析回归结果。

方面，通过审慎地平衡企业内外的利益相关群体，满足人们在社会环境方面的关切，从而化解未来的潜在风险，实现稳步增长。因此长期来看，良好的公司治理是一切宏观结构性改革在微观层面的最终落实，是市场效率与秩序建立的底层根基。

（二）环保和社会意识是当下上市公司管理模式的重要组成部分

上市公司在环保与社会责任意识层面的匮乏容易损害经营活动中各相关方的利益，负面事件会对其财务状况和运营管理造成一定影响。在网络技术与大众传媒迅猛发展的时代背景下，媒体能够在企业社会责任的培养中引导舆论的走向（Dyck et al.，2008），其外部治理的作用愈发明显（周开国等，2016）。媒体不仅能够发挥监督职能、传播环境信息，还可以提高民众的环保意识，维护公共利益（张梅珍和曹欣怡，2018）。上市公司除必须承担法律责任之外，也会受到消费者对涉事公司自发抵制的影响。倘若最终商誉受损导致股价下跌、业绩下降等损失高于进行 ESG 投资的成本，上市公司就会有动机在未来的公司治理模式中，将环保与社会责任意识融入日常行为。

五、ESG "101" 理论的资本市场参与机制

（一）资本市场助力上市公司高质量发展

除促进企业治理的政府力量之外，资本市场的直接参与也是鼓励 ESG 实践、推动上市公司高质量发展的重要力量。国外 ESG 理念起步较早，现阶段已经发展成完善的投资体系和理念，被市场广泛接受。摩根和瑞典主权基金等 ESG 投资领袖认为，低 ESG 的企业面临潜在的诉讼、声誉风险，更可能在长期经营中难以为继。发展相对成熟、数据披露相对完善的 ESG 体系，也能给投资者追求超额收益带来更大动力。

（二）实证检验

为了研究 ESG 评分对资产组合效绩的影响，我们构建出基于 ESG 评分的动态资产组合。在忽略交易成本的情况下，建立一个对冲多空的交易策略：买入 ESG 评分较高的投资组合 $Q_{h,t}$，同时卖出 ESG 评分较低的投资组合 $Q_{l,t}$。为了衡量 $Q_{h,t}$、$Q_{l,t}$ 和多空交易策略的回报率，采用 Carhart 四因子模型（Carhart，1997）。该模型在量化选股投资策略中被广泛应用：

$$R_{s,t} - r_{f,t} = \alpha_s + \beta_{1,s}(R_{m,t} - R_{f,t}) + \beta_{2,s}SMB_t + \beta_{3,s}HML_t + \beta_{4,s}MOM_t + \varepsilon_{s,t}$$

T 月月末，根据上市公司 ESG 评分由小到大将股票划分为 10 组，ESG 评分最高组为高 ESG 评分组（第 10 组），ESG 评分最低组为低 ESG 评分组（第 1 组），然后求每组股票 T + 1 月的平均收益率，得到各组合月度收益率时间序列。同时构建套利组合，即买入高 ESG 评分组、卖出低 ESG 评分组，套利组合收益率为高 ESG 评分组与低 ESG 评分组收益率之差。最后将各组合收益率序列与 Carhut（1993）四因子回归，得到各组合超额收益率[①]。

从结果来看，低 ESG 评分组月度超额收益率为 -1.45%，在 1% 的显著性水平显著小于零。高 ESG 评分组月度超额收益率为 -0.92%，在 1% 的显著性水平显著小于零。套利组合

---

① 因篇幅所限，此处省略回归结果表格，只分析回归结果。

月度超额收益率0.53%,在5%的显著性水平显著大于零,高ESG评分组月度收益率显著大于低ESG评分组。说明上市公司ESG得分越高,其股票未来的收益率越高。

六、结论与政策建议

(一) 研究结论

本文试图阐明中国A股市场上市公司如何通过践行ESG体系来推动高质量发展,并寻找符合我国上市公司发展现状的转型路径,在考虑政府部门、资本市场影响的前提下提出ESG"101"理论,阐明ESG与上市公司高质量发展之间的关系。通过深入分析相关数据、进行实证检验,得到以下三点主要结论:

1. 监管政策能够显著影响上市公司ESG评分

监管政策能够在一定程度上促进公司ESG表现,进而促进上市公司高质量发展。该结论证实了本文提出的"101"理论框架中的第一个"1",即政府参与机制效应是显著存在的。在投资者越来越关注上市公司的可持续发展能力,以期规避上市公司非系统性风险且获得更好的风险收益比的背景下,上市公司需根据监管要求披露相关ESG信息,会受到投资者的广泛关注,因此监管政策的强制信息披露,不仅能够推动上市公司信息披露的规范性,提高信息披露质量,而且可以通过投资者的关注度反向助力上市公司ESG表现,促进上市公司高质量发展。

2. 上市公司ESG评分及组成部分"ES"能够显著正向影响股票收益率,而组成部分"G"对股票收益率没有显著影响

该结论在控制行业因素的影响之后仍然存在,意味着资本市场将对高质量发展的上市公司给出更高溢价,这主要是由于公司治理是投资者比较关注的,股票价格已经完全反映了公司治理评分所蕴含的信息。但是近几年投资者才逐渐关注"ES",而且受制于数据来源等特殊原因,投资者对"ES"中的信息挖掘程度不够,股票价格未能充分反映"ES"所蕴含的信息,因此"ES"能够预测股票未来收益率。同时,规模大的上市公司ESG评分比较高,ESG评分对股票收益率的影响或源于规模效应。这也证实了本文提出的"101"理论框架中的第二个"1",即资本市场机制效应也是显著存在的。

3. 公司治理是ESG的核心

短期内污染问题或社会问题有更高的可见度,而治理层面对于公众而言接近于"黑盒",导致上市公司内部问题容易被舆论忽略。从本质上看,环境与社会问题是不良管理带来的负面结果。因此,上市公司的高治理水平在中长期将促进环境与社会效益提高,且环保和社会意识是当下上市公司管理模式的重要组成部分。

(二) 政策建议

1. 建立明确的标准体系

根据本文结论,ESG评分与上市公司质量之间具有紧密联系和相关性,可将ESG评分作为衡量体系。因此,监管部门须对定量指标制定严格的披露要求,进一步完善ESG相关政策,加强监管引导,出台政策文件"自上而下"推动上市公司实现高质量发展,加快ESG指标评价体系与国际接轨。

2. 加强关于 ESG 方面的投资者教育

与海外成熟市场相比，我国资产管理整体规模占比较小，这其中既有起步较晚等历史原因，也有机构投资者专业度较低、投资者信任度低等因素，因此应鼓励投资者践行 ESG 投资理念，且不断丰富 ESG 主体产品，逐步提高投资者对 ESG 投资的理解和接受度，提升资本市场资源配置效率，纠正资本市场短视行为，助力上市公司可持续发展。

3. 加强上市公司"漂绿"行为审查

伴随着上市公司高质量发展的不断推进，上市公司 ESG 相关实践与 ESG 相关产品也不断丰富，由于缺乏统一的审查标准及严格的审查制度，部分上市公司对环境及社会方面的绩效进行夸大或造假，这也反映了上市公司内部治理存在一定问题。因此，应加强上市公司"漂绿"行为审查，避免上市公司为提高 ESG 的表现而急功近利、投机取巧，进而加重公司内部治理的腐败等问题。

我国证券行业场外衍生品市场发展的问题与思考

中证机构间报价系统股份有限公司*

一、我国证券行业场外衍生品市场发展情况

我国场外衍生品市场经过十几年的发展，不断创设合约品种，完善场外衍生品自律规则，丰富监控监测手段，已经具有一定的规模和影响力，与场内市场形成互补，在风险管理、财富管理、拓展市场宽度和深度方面发挥了重要作用。2012—2020年，证券行业场外衍生品交易历史合计新增名义本金规模10.25万亿元，其中收益互换4.32万亿元，场外期权5.92万亿元（见图1）。

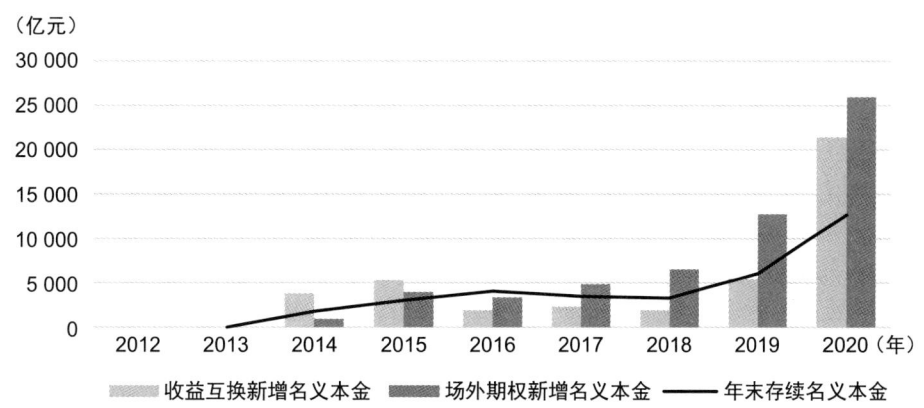

图1　场外衍生品业务年度数据趋势图（2012—2020年）

资料来源：场外证券业务报告系统统计数据。

---

* 本文为中国证券业协会2021年优秀课题。课题负责人：赵恒珩，中证机构间报价系统股份有限公司执行委员会委员。课题组成员包括：熊莉、刘颖出、梁景美，均供职于中证机构间报价系统股份有限公司。原载于《中国证券》2022年第4期。

与国外不同，国内场外衍生品市场的发展由监管机构自上而下进行主导。不同监管体系下的子市场相互独立发展且采用不同的主协议体系，形成了中国银行间市场交易商协会（NAFMII）体系下的银行间场外衍生品市场、中国证券业协会（SAC）体系下的证券期货场外衍生品市场以及国际掉期与衍生工具协会（ISDA）体系下的外资机构柜台市场三大市场体系，构建了三足鼎立的市场格局（见图2）。

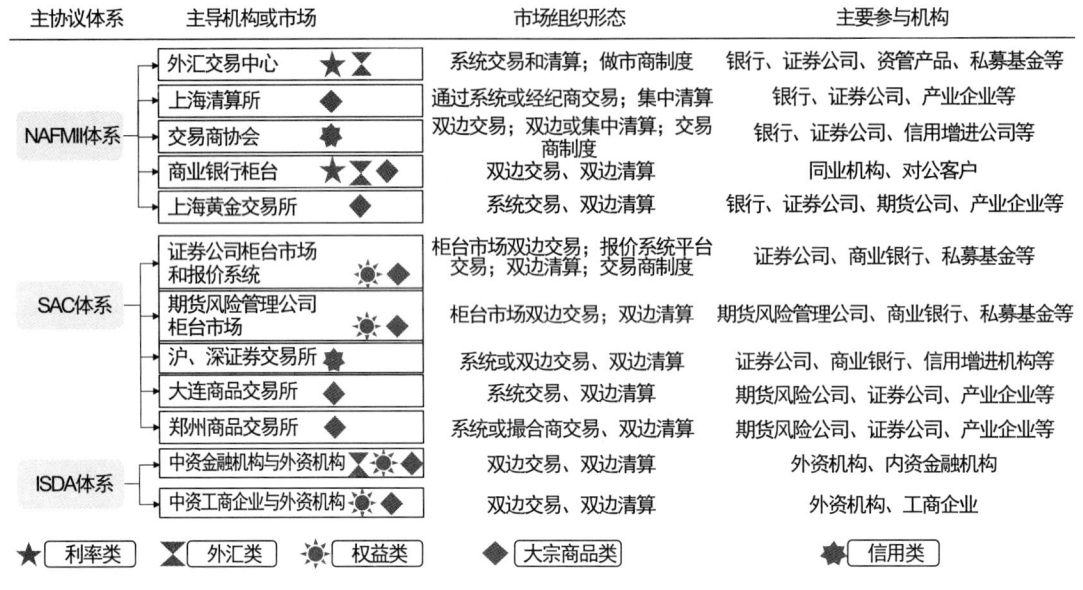

图 2　我国场外衍生品市场整体格局

二、我国证券行业场外衍生品市场存在的问题

（一）市场格局有待完善

1. 交易商核心功能有待明确，机构间市场功能缺失

目前，我国证券行业场外衍生品市场初步形成了以交易商为核心的市场组织形态，但该市场组织形态仍不够明朗。交易商在业务创新、提供市场流动性方面的功能未得到充分发挥，市场尚未建立成熟的机构间市场提供交易商间对冲等基础服务。

2. 参与者类型单一、业务同质化，市场单边特征明显

目前，市场参与者主要包括商业银行、证券公司、私募基金、期货公司，保险公司、社会保障基金等专业机构投资者，因没有明确的政策指导，无法大力开展场外衍生品业务。参与者类型单一，导致业务出现同质化现象，权益类场外衍生品市场呈现单边看涨特征，打破了多空平衡，不利于市场价格发现。

3. 参与者层次不够丰富，未形成市场分层格局

目前我国证券行业场外衍生品市场仅有交易商、投资者两类市场主体，参与者层次不够丰富，市场整体呈现扁平化格局。

（二）缺乏统一的顶层设计

1. 未形成统一的监管标准

当前我国场外衍生品业务采取分业监管，银行间市场和证券市场的场外衍生品业务相互割裂，市场准入门槛、投资者适当性标准等业务规则尚不统一，容易导致重复监管和监管真空等。

2. 功能监管存在缺失

当前，我国场外衍生品业务采取分业监管下的机构监管，容易引发监管空白、滋生监管套利行为的风险。场外衍生品的行业基础设施较为薄弱，可能导致功能监管手段缺失。

3. 尚未建立分层分类管理机制

对证券市场场外衍生品业务的监管主要基于挂钩品种进行粗线条的分类管理，对于结构、期限等尚无分层管理的制度安排，监管措施无法做到准确定位，出现问题容易采取"一刀切"方式处理。

4. 创新引导机制有待完善

我国场外衍生品市场一直以来都没有形成有效的自我完善和自律调节机制，在遇到问题或变化时，很难自我调节和快速反馈监管。建立一套与市场发展相适应的、满足监管要求的自我完善和创新机制是当下需要解决的突出问题。

（三）亟待完善行业基础设施，监管手段不足

我国场外衍生品业务的基础设施建设主要围绕交易报告库开展。当前报告库建设基本达到国际标准，但缺乏法律法规层面的授权，在数据标准化、数据共享等方面也有待进一步完善。场外衍生品电子交易确认平台、定价与估值机构、担保品管理平台、询价报价平台等行业基础设施尚未建立，难以实现对场外衍生品业务的全生命周期管理，功能监管手段有待进一步丰富。

三、场外衍生品市场监管的国际经验与启示

（一）美国

美国场外衍生品市场采取以功能监管为主、机构监管为辅的混合式监管模式。场外衍生品市场参与者根据其自身机构性质，接受各行业主管机构的监管，同时接受来自美国商品期货交易委员会（CFTC）和美国证券交易委员会（SEC）的行业监管。

美国金融市场监管思路始终在自由和管制两种不同理念下变化和演进。场外交易自其产生以来，一直处于较为宽松的监管环境，也因此得到了蓬勃的发展。1999年《金融服务现代化法案》推出，美国结束了60多年的金融分业经营格局，混业经营的出现使得场外衍生品市场的监管更加复杂化，机构监管带来的监管套利和监管真空问题愈加凸显，然而这一时期的主流观点仍是放松对场外交易的监管。这种场外市场"去监管化"的理念在鼓励创新、扩大市场规模的同时，也为2008年的金融危机埋下了伏笔。

2008年金融危机过后，美国调整了场外衍生品市场的监管思路，颁布了《多德-弗兰克法案》，其中明确对场外衍生品市场要加强监管，并提出了符合条件的场外衍生品集中清算和交易报告制度两项重大改革措施，确立了场外衍生品市场同时由CFTC和SEC"双头"

监管的架构。《多德－弗兰克法案》进一步明确了美国场外衍生品市场以功能监管为主、机构监管为辅的混合监管模式，规定了 CFTC 和 SEC 各自的管辖范围，强调了场外衍生品交易报告制度的重要性。

（二）英国

英国的金融市场早期以机构监管模式为主。为了应对金融混业带来的监管挑战，英国在 2000 年颁布了《金融服务和市场法》，实现了金融市场重大改革，以功能型的法律监管框架代替了原有的机构型监管。该部法案授予金融服务监管局（FSA）金融市场综合监管者的独立地位，对各类金融行为进行规范。

2008 年金融危机过后，建立宏观审慎政策框架来防范和应对系统性风险成为国际共识，英国政府也因此进行了监管改革，对金融服务监管局进行了拆分，建立了新的金融监管架构。新设金融政策委员会（FPC）统筹监管，负责识别和应对系统性风险；审慎监管局（PRA）和行为监管局（FCA）共同承担微观审慎监管职责。在此框架下，英国场外衍生品市场由 FCA 实行交易行为监管，由 PRA 和 FCA 共同对交易主体进行监管。

（三）欧盟

长期以来，欧盟一直缺乏统一的金融监管机构对欧元区的金融行为进行监管。2008 年金融危机后，欧盟进行了监管体制改革；2009 年 6 月，欧盟理事会通过《欧盟金融监管体系改革》，成立欧盟系统风险委员会（ESRB）和欧盟金融监管系统（ESFS），分别负责欧盟宏观审慎监管和微观审慎监管。在立法方面，欧盟于 2012 年颁布了《欧盟市场基础设施规则》，规定任何衍生品合约都应向交易报告库报告，将所有场内、场外衍生品交易均纳入登记范围，场外衍生品交易逐步场内化。2014 年欧盟修订发布了《金融工具市场指令 2》，建立起适用于欧盟的场外衍生品市场监管框架。

（四）启示与借鉴

1. 理解和把握分散化与集中化之间的关系

长期以来，海外市场过度强调场外衍生品业务的分散化和个性化特征。而在 2008 年金融危机后，国际社会凝聚共识，纷纷加强场外证券业务监管。这种对分散化正反两方面的理解变化，对于中国市场具有重要的战略启示：一方面，必须理解和尊重场外衍生品的分散化和个性化特征，现阶段应该继续把"看得清"作为监管的核心举措；另一方面，要发挥好中国市场的制度优势，有计划有体系地推动标准化建设，为各项监管制度的实施奠定基础。

2. 处理好监管与创新之间的关系

我国场外衍生品市场是在充分吸收国外经验教训的基础上"自上而下"发展而来的。这种发展模式在市场发展早期阶段的市场培育、防范风险方面发挥了积极作用，但同时市场也没有形成有效的自我完善和自律调节机制。遇到具体问题或变化时，既无法自我调节，也很难快速反馈监管。我国场外衍生品市场应警惕市场自我调节不足导致的功能发挥不充分带来的"后发劣势"。

3. 注重行业生态的发展和建设

海外市场的发展和改革实践经验表明，充分发展行业基础设施、建设行业生态体系、提升系统性风险防范水平是规范发展场外衍生品市场的重要手段。我国证券行业场外衍生品市场还处于发展的早期，市场参与人结构单一，行业基础设施培育不足，对此应当有更多包容性的机制安排，丰富市场参与者结构和行业基础设施类型。

4. 前瞻性地在场外衍生品领域布局新技术的应用

衍生品业务的核心是定价，这个过程需要进行大量复杂的数学运算。目前人工智能、区块链、大数据等新技术在海外衍生品市场的发展主要集中在"架构""数据"和"算法"三个核心领域，有效促进了交易效率提升。对此，我国场外衍生品市场对这些新技术的应用和实施应该有前瞻性的考虑布局。

5. 理解海内外场外衍生品市场的结构性差异

我国场外衍生品市场的发展要立足于中国国情，不能简单照搬国外经验，需要深刻理解国外和国内市场，尤其是证券市场发展场外衍生品的定位、竞争格局和发展路径等结构性差异。

四、关于我国证券行业场外衍生品市场的发展思考

（一）场外衍生品的定位：立足整个资本市场高质量发展的跨界工具

中国金融行业的一个重要矛盾就是金融的全局性和跨界性与改革的局部性和渐进性之间的矛盾，表现在资本市场就是存在定价的扭曲和市场的割裂，而解决这种扭曲和割裂最好的方法就是通过一定的跨界工具去联通和扭转。场外衍生品作为一种天然的跨界工具，其本质是实现交易双方时间、空间、看法、资质、禀赋的互换，打破时间、地域、行业等多种障碍，达到交易双方的平衡和共赢。这对整个资本市场进一步深化改革具有特别的意义和作用。

（二）场外衍生品的市场格局：坚持创新导向，优化市场组织形态

在国内外场外衍生品的发展中，坚持以交易商为主导的模式还是以平台为主导的模式是一个根本性的重要选择。我国银行间市场的场外衍生品发展基本是以外汇交易中心这一平台为主导的模式。证券行业场外衍生品的发展客观上形成了以证券公司柜台为主、机构间市场为补充的模式，但尚需进一步明确。如果站在资本市场全局的角度把证券行业场外衍生品定位为解决资本市场定价扭曲和市场割裂的跨界工具，那么整个市场组织形态就一定要支持和鼓励创新、实现跨界功能。具体来看，应充分发挥交易商的主导作用；适度发展机构间市场，实现多层次互联互通；丰富市场参与者类型，建立多层次市场格局。

（三）场外衍生品市场的监管框架：以信息统一基础上的分层分类为抓手，推动功能监管，优化创新机制

为推进我国场外衍生品市场健康有序发展，立足于长远发展和整体利益，应坚持问题导向与目标导向相一致原则，建立以"看得清"为目标，全流程、穿透式、立体化的监管体系。统一信息标准、标准化数据信息机制，对场外衍生品业务进行分层分类管理，实现对场外衍生品业务事前、事中、事后全生命周期的监管。依托行业自律组织和基础设施，弥补功能监管不足，优化创新机制。

五、政策建议

（一）统一监管标准，防止监管套利

一是建立统一的监管规范安排，对相同和相似业务的机构在准入门槛、销售适当性标准、风险计量标准等方面进行统一；二是建立统一的监管组织安排，确立功能监管的相关协调机制，实现监管信息共享。

（二）以统一编码为抓手，实现分类及标准化管理

一是要建立与金融稳定理事会正推进使用的法律实体识别码（LEI）和产品唯一识别码（UPI）接轨的统一编码体系，实现对场外衍生品市场参与者、产品、交易的信息集中统一管理；二是要加强业务分类和标准化管理。

（三）搭建多层次监管架构，发挥行业自律组织作用

一是行政监管要监督管理场外衍生品业务的总体发展；二是自律组织要充分发挥桥梁作用，规范场外衍生品市场参与者和业务活动；三是要发挥行业基础设施的一线监管职能。

（四）依托行业基础设施，夯实监管基础

应建立并完善行业基础设施，包括建设并完善第三方电子交易确认平台、建立统一的询价报价平台、建立第三方定价与估值平台等。

（五）建立信息共享机制，实现协同监管

一是要实现行业基础设施之间的数据共享，打通场内场外的场外衍生品交易与对冲数据；二是要向行业提供数据服务，包括定期向市场发布行业数据、完善负面客户管理等。

（六）规范资管产品参与业务，支持财富管理转型

应配套零售资金通过资管产品参与场外衍生品的制度规则，引导资产管理机构发挥积极作用，支持和推动金融机构财富管理转型，并探索将居民理财需求和实体经济发展相结合。

场外金融衍生品市场监管政策国际比较研究

国泰君安证券股份有限公司[*]

一、场外金融衍生品市场的发展概况

20世纪70年代，随着经济全球化的发展，布雷顿森林体系瓦解，浮动汇率制代替了固定汇率制，全球金融自由化导致利率、汇率波动加剧，市场参与者迫切需要进行合理有效的风险管理。在此背景下，场外金融衍生品应运而生并取得了长足发展。

境外场外金融衍生品市场起步较早。美国早在19世纪就已广泛存在挂钩利率、汇率和信用的场外金融衍生品，市场发展迅速、体量庞大，商业银行和储蓄机构是市场主要参与主体，行业集中度较高。英国一直以来都是全球重要的场外金融衍生品市场，市场高度集中，利率和汇率衍生品交易体量庞大，金融机构和交易商是主要参与主体。中国香港的场外金融衍生品市场规模较大，发展较为迅速，已是全球第四大外汇市场和第三大利率衍生品市场，投资者主要为境内外金融机构，行业集中度较高。而境内场外金融衍生品市场起步较晚，但后续发展迅速，银行间市场规模较大，场外市场规模较小，市场整体呈现产品结构丰富、参与主体多元化、交易集中度较高等特点。

场外金融衍生品具有风险管理、定价、资源配置、获得收益等功能，市场持续发展壮大，参与者众多，已成为金融市场不可或缺的一部分。但场外金融衍生品有别于其他证券，呈现出高杠杆、高风险等特征。如何合理引导场外金融衍生品市场规范发展，管控各类风险，让场外金融衍生品充分发挥其特有的功能，是监管机构和金融机构共同面临的问题。

---

[*] 本文为中国证券业协会2021年优秀课题。课题负责人：张志红，国泰君安证券股份有限公司合规总监。课题组成员包括：向泰，国泰君安证券股份有限公司法律合规部副总经理；李磊斌、蔡绪、赖震平、戚珂莹、曹晗，均供职于国泰君安证券股份有限公司法律合规部。原载于《中国证券》2022年第4期。

二、境内外场外金融衍生品市场监管政策研究

2009 年的 G20 匹兹堡峰会极大地推动了场外金融衍生品市场的改革，包括美国、英国、中国香港和我国境内等全球主要金融市场均各自稳步有序地推进场外金融衍生品市场的监管改革，开展了一系列立法建章工作。

（一）美国场外金融衍生品市场监管政策

美国推出了《多德－弗兰克法案》等一系列配套规则，对以下内容进行了规定：

1. 强制交易报告

要求对所有互换交易进行强制信息披露，授权商品期货交易委员会建立互换交易数据的保存和报告机制。

2. 强制场内交易

要求满足条件的场外金融衍生品交易通过互换执行设施进行交易执行，旨在促进互换交易的电子化。

3. 强制集中清算

要求任何开展互换交易的人必须将互换交易提交至衍生品清算机构进行清算，否则开展互换交易将被视为违法。监管机构审查决定互换品种是否需要纳入清算范围，对部分交易进行强制清算的豁免。

4. 保证金管理

对参与非集中清算互换交易的保证金管理提出要求，若互换参与机构上一年若干月份的非集中清算互换交易每日最大名义金额超过 80 亿美元，则下一年开始须符合初始保证金的要求，且需要与交易对手交换初始保证金。初始保证金的计算互换参与机构可选用风险模型或监管标准的初始保证金表格，监管机构对不同品种和不同久期的场外金融衍生品采用相对应的初始保证金比率，对不同品种的履约保障品采用 0 至 15% 的折扣率。

5. 沃克尔法则

《多德－弗兰克法案》中的"沃克尔法则"对大型金融机构的投机交易进行管制：一是禁止接受存款保险的机构、银行控股公司及其附属机构从事和任何证券、衍生品相关的短期（60 天内）自营交易；二是禁止上述机构拥有、投资对冲基金或私募股权基金，对包括做市交易在内的若干事项进行豁免。

（二）英国场外金融衍生品市场监管政策

欧盟及英国将场外金融衍生品改革纳入《欧洲市场基础设施监管条例》《金融工具市场指令Ⅱ》《资本要求指令》的规范范围，并对以下内容进行了规定：

1. 强制交易报告

要求参与场外金融衍生品业务的交易对手方应在衍生品合约达成、修改或终止的下一个工作日结束前向交易数据库进行数据报送。

2. 强制场内交易

规定所有符合结算要求并有足够流动性的衍生品必须在传统受监管的交易所、多边交易

场所或有组织的交易场所交易。

3. 强制集中清算

要求所有已达到规定标准的场外金融衍生品由经英国认证的中央对手方进行集中清算，所有拥有大量场外金融衍生品合约的金融及非金融机构需履行集中清算的义务。低于一定"清算门槛"的非金融企业免于通过中央对手方进行清算，任何被认为是套期保值的场外交易合约也都可豁免通过中央对手方进行清算。

4. 保证金管理

要求未通过中央对手方进行清算的场外金融衍生品合约缴纳初始保证金和变动保证金，基于交易对手方的分类和衍生品交易量分阶段实施，英国在"脱欧"后继续适用。交易对手方需使用规则规定的标准表格、保证金模型来计算初始保证金。若使用标准表格，则具体标的品种对应的初始保证金比率与美国相同。对场外金融衍生品的履约保障品根据品种进行折价，折扣率在 0.5% 至 15% 之间。

（三）中国香港场外金融衍生品市场监管政策

中国香港通过修订《证券及期货条例》并建立附属法例，分阶段在香港实施场外衍生工具制度。

1. 强制交易报告

中国香港金管局协同香港政府和香港证监会建立场外衍生工具交易资料储存库，引入强制汇报机制，并颁布了附属法例。2015 年 7 月开始第一阶段汇报，符合相关条件的利率掉期和不交收远期交易需进行强制性汇报，交易汇报时限为 T+2。2017 年 7 月起实施第二阶段汇报，挂钩利率、外汇、股票、信贷和商品的场外衍生工具均需纳入强制汇报机制。

2. 强制集中清算

香港交易所于 2012 年 5 月成立场外结算公司，选择利率互换和不交收远期外汇合约作为首批集中清算的场外金融衍生品。随后，香港金管局发布实施附属法例，对场外金融衍生品集中清算体系进行细化规定，设置了 200 亿美元的强制集中清算起点金额。当前，需要纳入强制集中清算的场外金融衍生品合约有利率掉期、不交收远期外汇合约、交叉货币掉期及外汇合约等。

3. 保证金管理

中国香港金管局制定了非中央结算场外金融衍生品交易的保证金及其他风险缓解标准应采纳的最低标准，分阶段规划实施保证金及其他风险缓释标准，适用于所有非中央结算场外金融衍生品交易，逐步降低非中央结算金融衍生品名义本金总额的门槛。

（四）我国境内场外金融衍生品市场监管政策

我国境内在分业、多头监管的框架下，由一行两会、各行业协会对场外金融衍生品业务开展不同层次维度的市场改革。2015 年以来，柜台市场场外金融衍生品监管规则体系持续完善，从业务资质、投资者管理、风险管理、备案管理、营销宣传等多方面对证券公司开展场外金融衍生品交易提出了要求。

1. 强制交易报告

对证券公司开展场外金融衍生品提出强制交易备案要求，报送范围为在中国证券业协会

（SAC）、中国银行间市场交易商协会（NAFMII）、国际掉期与衍生工具协会（ISDA）等主协议项下开展的场外金融衍生品交易，报送内容分持续报告、定期报告、重大事项报告三种类型，持续报告应于交易达成后的 T+1 日内报送，合约期限 30 天以下或行权价偏离标的资产市场价格超过 20% 的场外期权，还应附上合规意见。

2. 强制集中清算

2014 年，监管机构要求符合条件的人民币利率互换交易均需提交上海清算所进行集中清算，标志着我国场外金融衍生品交易强制集中清算机制正式建立。随后，上海清算所逐步将涉及外汇及汇率、利率及信用、大宗商品等品种的场外金融衍生品交易纳入集中清算范畴。

3. 保证金管理

2015 年后，监管机构对收益互换业务的保证金从严管理，规定不得通过场外金融衍生品提供融资或者变相融资服务，开展融资类收益互换业务的客户需要缴纳 100% 的保证金。2021 年的收益互换业务新规规定收益互换业务挂钩标的为股票、窄基股票指数及其产品、信用债的，保证金比例不得低于合约名义本金的 100%。

4. 交易商分级管理

监管层面针对场外金融衍生品引入了交易商分级管理机制，将交易商分为一级交易商和二级交易商。针对场外期权交易，一级交易商可直接开展场内个股对冲交易，二级交易商的场内个股对冲需通过一级交易商完成；针对收益互换交易，未获得交易商资质的证券公司不得与客户开展收益互换交易。

三、境内外场外金融衍生品市场监管比较分析

美国、英国、中国香港和我国境内场外金融衍生品市场在历史发展、市场规模、参与者机构等方面不尽相同，对场外金融衍生品市场的监管改革存在一定差异。

（一）监管体系比较

美国、英国、中国香港和我国境内均采用了自上而下多层级的监管框架，实行多头政府监管，辅以自律组织的自律监管。在法律制度上，美国金融衍生品业务发展历史悠久，法律法规体系较为完备；英国已开展相关立法活动，在"脱欧"后将相关适用的欧盟法律纳入英国国内的法律框架；中国香港在《证券及期货条例》的基础上陆续出台相关附属法例，法律制度框架日臻完善；境内尚未建立起完整的场外金融衍生品法律法规体系，在交易制度方面存在一定的法律缺位。

（二）数据报送比较

美国、英国和我国境内的交易数据报送时效性要求较为严格，而中国香港则相对宽松。在报送内容方面，欧盟（及英国）要求的报送表单最为详尽，且依据产品类型进行了详细分类；境内的报送表单要素相对适中；中国香港的报送要求为通过电子报送系统填写标准化表单进行报送，分类较为细致。

（三）履约保障品管理比较

美国、英国和中国香港对未纳入集中清算的场外金融衍生品交易实施较为严格的保证金要求，对不同类型的场外金融衍生品的初始保证金比例设定统一的监管标准，对不同品种的履约保障品采用一定的折扣率。而我国境内尚未出台行业统一的场外金融衍生品交易的保证金管理标准，也未出台明确的履约保障品品种及折扣率要求。

（四）强制集中清算比较

美国和英国纳入集中清算的品种较为全面，已涵盖挂钩大宗商品、信用、股票、汇率和利率的场外金融衍生品，集中清算比例较高，且建立了多家中央交易对手机构；中国香港的强制集中清算主要涵盖挂钩汇率和利率的场外金融衍生品；而我国境内强制集中清算机制建立较晚，已将除权益外的其他品种纳入集中清算，集中清算比例逐年提高。

四、境内场外金融衍生品市场监管的政策建议

（一）建立和完善法律制度体系

我国境内场外金融衍生品业务的法律制度体系建设相对薄弱，至今尚未将场外金融衍生品纳入立法层面。建议在立法层面将场外金融衍生品纳入法律法规体系，及早推出《期货和衍生品法》及其对应的管理细则。在建立场外金融衍生品业务专项法律法规的同时，兼顾相关法律的兼容性问题，避免出现场外金融衍生品交易在不同法律下的执行冲突问题。

（二）进一步优化保证金及履约保障品管理机制

一方面，要增加场外金融衍生品履约保障品种类，逐步推广和实施场外金融衍生品非现金类的履约保障机制，对不同种类的履约保障品设置不同水平的折算率；另一方面，目前我国境内商业银行和大型证券公司之间普遍采用授信的方式，监管层面对挂钩股票、窄基股票指数、信用债的收益互换提出100%保证金的要求，应共同协商制定全行业统一的非集中清算场外金融衍生品业务保证金标准。

（三）适度放宽场外金融衍生品资本计量计算标准

场外金融衍生品市场的不断扩大对证券公司风险控制监管指标带来一定影响。当前证券公司场外金融衍生品的风险控制指标按照双边合约规模来计算，业务资本损耗较高，流动性覆盖率和净稳定资金率等流动性风险指标承压。建议监管机构区分完全对冲和非完全对冲，且放松非完全对冲型价格相关系数的标准，针对不同对冲类型按照不同标准计提风险资本准备。

（四）明确跨境场外金融衍生品业务监管规则

当前证券公司主要依托监管机构的无异议函开展跨境场外金融衍生品业务。对于场外期权和收益互换相关规则是否适用于跨境业务，相关规则尚未明确规定，导致部分业务模式合规性较难把握，容易产生"灰色地带"，造成金融机构间的底线竞争。建议监管机构明确跨

境场外金融衍生品业务的监管规则，在相关管理办法或配套制度中说明挂钩标的的适用范围，明确跨境业务的投资者适当性管理、保证金管理等要求。

（五）明确场外金融衍生品权益披露规定

我国境内场外金融衍生品权益披露规则目前尚未明确。《证券法》对于境内证券市场股份权益披露的要求，侧重于强调"表决权"，并不包括通过场外金融衍生品合约享有的衍生权益。而中国香港的《证券及期货条例》及其附属法例明确将在衍生品交易中的权益纳入披露范围。建议监管机构建立相关规则，明确将场外金融衍生品交易中的权益纳入披露范围，并细化明确权益数量的计算方法和披露要求。

欧盟场外衍生品监管立法分析与经验借鉴研究

海通证券股份有限公司[*]

一、欧盟场外衍生品业务发展现状

（一）欧盟场外衍生品的定义

《欧盟市场基础设施条例》（简称"EMIR"）项下衍生品定义范围内的金融工具包括特定期权、期货、互换、远期和差价合约等。根据 EMIR，"场外衍生品"是指在欧盟受监管市场或被视为等同于受监管市场的第三国市场[①]以外交易的衍生品合约。

（二）欧盟场外衍生品业务发展现状

截至 2020 年底，欧盟衍生品市场未平仓交易的合约名义总金额达到 244 万亿欧元。从挂钩标的来看，利率衍生品仍然占据市场主导地位，占名义总金额的 79%；其次是货币衍生品，约占 13%；另外 8% 为股票、信贷和商品衍生品。从交易场所来看，场外衍生品占衍生品未平仓名义金额的 92%。即便在"脱欧"之后，英国仍然是欧洲和涉及第三国衍生品交易的中心。

（三）欧盟场外衍生品规则体系

EMIR 下的义务适用于衍生品合约的交易双方，包括金融机构对手方或者大型非金融机

---

[*] 本文为中国证券业协会 2021 年优秀课题。课题负责人：潘光韬，中国证券业协会场外市场委员会委员、海通证券股份有限公司总经理助理、自营决策委员会主任、权益投资交易部总经理、海通银行非执行董事。课题组成员包括：李旻超，海通证券股份有限公司权益投资交易部副总经理；王文飞（博士后）、林逸婧，均供职于海通证券股份有限公司权益投资交易部从事场外衍生产品设计工作。原载于《中国证券》2022 年第 4 期。

① 欧洲证券及市场管理局（ESMA）发布了被视为等同于欧盟受监管市场的非欧盟市场的清单，具体网址：https://www.esma.europa.eu/sites/default/files/library/equivalent_tc-markets_under_emir.pdf，最后访问日期：2022 年 3 月 29 日。

构对手方。EMIR 通常不直接适用于非欧盟实体，但如果与欧盟实体进行场外衍生品交易，其将间接受制于 EMIR 的规定。尽管 EMIR 规定的大多数义务仅适用于场外衍生品，如清算与风险管理的要求，但交易报告的义务适用于所有类型的衍生品，包括场外衍生品和场内衍生品。

二、欧盟场外衍生品的监管模式

（一）欧盟场外衍生品宏观监管模式

欧盟委员会于 2010 年发布了 EMIR，并于 2012 年 8 月 16 日正式生效。作为一部欧盟层面的条例，EMIR 无须转换成各欧盟成员国的国内法，而是可以自动、统一地适用于所有欧盟国家。欧盟层面制定了相当数量的授权法案与实施法案，其主要内容是明确成员国主管机构与市场参与者应如何遵守 EMIR 下的义务。这些规则也采用了"直接适用条例"的形式，对各成员国自动适用而无须转化为其国内法。

（二）欧盟场外衍生品微观行为监管模式

欧盟交易对手方进行衍生品交易时最常用的主协议是国际掉期与衍生工具协会（ISDA）主协议，相关条款规定 ISDA 主协议（包括其项下所有交易）构成单一协议，因此违约时仅会触发单一净额索赔。一般而言，这一条款在各欧盟成员国境内破产情形下都具有可执行性。

集中清算制度方面，欧洲证券及市场管理局（ESMA）公布了欧盟授权的中央对手方和受认可的非欧盟中央对手方名单以及需要进行清算的场外衍生品合约类别。市场主体可以选择成为合格中央对手方的清算成员，或作为合格中央对手方清算成员的客户。

净额结算制度方面，欧盟层面并未出台破产或净额结算方面的法律，可参考英国法有关规定：如果在英国启动了英国交易对手方相关破产程序，则 ISDA 主协议项下的终止净额结算条款对于大多数类型的英国交易对手方而言都是有效且可执行的。

三、欧盟场外衍生品监管立法与业务创新的激励相容性研究

（一）欧盟场外衍生品立法的演变历程

2008 年金融危机以来，各国监管机构认为场外市场是导致金融危机的一个主要原因。金融危机暴露了金融市场运作和透明度方面的薄弱环节，因此做好后危机时代金融衍生品监管与业务创新的平衡，逐步成为全球各国金融改革的重点。对此，美国实施了《多德－弗兰克法案》，欧盟也经历了一系列的立法改革，如 EMIR、ESMA 以及《金融工具市场指令》（MiFID）。其中，EMIR 主要通过制定监管要求，约束衍生品合约的交易双方履行集中清算和交易报告的义务；MiFID 则主要是通过强化证券市场规则，来规范衍生品交易和加强投资者保护。两者起到了相互补充的作用。

（二）立法与创新之间的对立统一

MiFID 的有效时间为 2007—2018 年，《金融工具市场指令Ⅱ》（MiFID Ⅱ）和《金融工

具市场条例》(MiFIR)作为 MiFID 的修订版于 2018 年 1 月开始实施。MiFID 实施的 2012—2018 年，全球场外衍生品的总市值急剧下降，主要原因在于利率衍生品合约的减少（见图1）。此外，作为场外衍生品的第一大类别——利率衍生品，它的交易对手方结构中，中央对手方的份额却在持续提升（见图2）。MiFID 实施后对金融机构产生了重大影响，包括交易成本上升、电子化交易增多以及场外衍生品交易减少。总体来看，MiFID 对于投资者保护具有重要意义。

图 1　2020 年 12 月底全球场外衍生品总市值和总信用风险敞口

资料来源：国际清算银行。

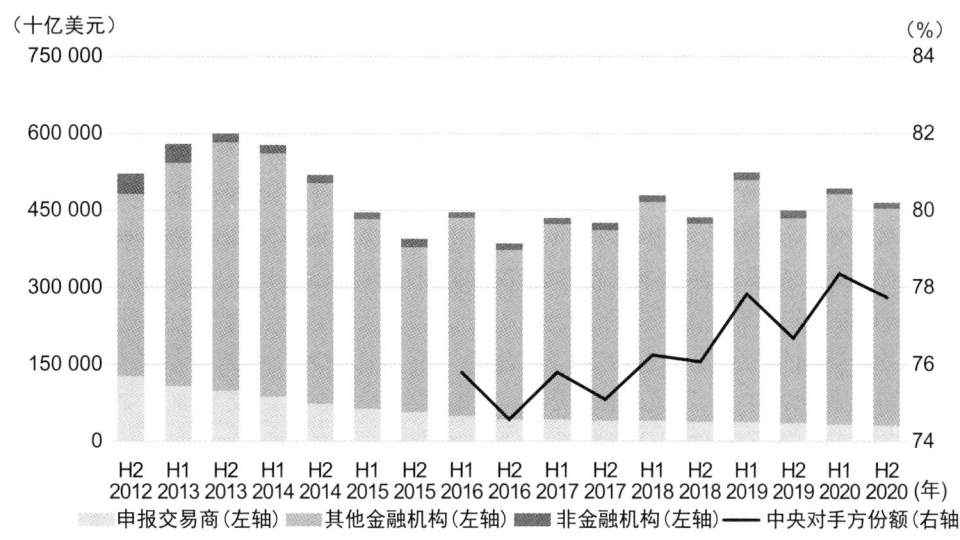

图 2　2020 年 12 月底全球利率衍生品未平仓名义金额按交易对手方的统计

资料来源：国际清算银行。

由于复杂性和透明度相关要求，MiFID 实施后通过中央对手方清算的交易不断增加。银行和其他金融机构的交易降低了复杂化程度，并且更趋向于标准化的衍生品。MiFID 引入电子化交易后，场外衍生品市场下一阶段的发展趋势是通过电子平台和其他交易设施进行电子通信交易，以确保交易的透明度和实时报告。该市场更趋于标准化且由监管机构进行控制，从而达到避免系统性风险、提高交易透明度、增加市场信息的效果。诚然，场外衍生品的标准化给市场带来了更多的透明度，但是监管和立法仅能保障金融行业的"生存"，很难激发金融行业的"创新"。因为一旦市场失去了定制化的产品，就可能失去金融创新的活力。

（三）欧盟场外衍生品立法问题及未来发展趋势

欧盟场外衍生品立法目前存在的问题是改革导致了利润率的压缩，对银行等金融机构的盈利能力造成了影响。大型交易商通常会选择更为保守的策略，以防止客户群的流失，并保护高利润率的产品线；小型交易商认为改革后的场外衍生品交易成本过高，从而转向价格更低、更标准化的集中清算产品。改革后，银行和交易商都需要采取行动以应对新的监管要求，同时创新产品以增加收入。在新规实施的大背景下，未来欧盟立法和监管改革也将致力于促进市场透明度以及投资者保护。因此，"回归本源"将成为未来的发展趋势，即进行复杂程度较低的衍生品交易，并且依靠数字化转型助力提升场外衍生品市场透明度。随着标准化和集中清算产品的增多，预计未来业务创新的速度会有所减缓。

四、中欧场外衍生品监管制度对比分析

（一）中欧场外衍生品监管制度比较

1. 集中清算制度

2009年上海清算所的成立，确立了上海清算所作为中国场外衍生品中央对手方清算机构的地位。目前上海清算所已涵盖债券、外汇、大宗商品、利率衍生品和信用衍生品五大类中央对手清算业务。但与欧美衍生品市场等成熟市场相比，我国场外衍生品市场参与中央对手方结算的产品数量和种类仍十分有限。

2. 信息报告制度

我国拟在法律层面确认建立交易报告库，但是与欧盟相比，我国目前尚未形成协调一致的金融信息共享体系。例如，在自律组织备案的衍生品交易信息之间缺乏统一标准，同时也还未确立统一收集、汇总和公开场外衍生品数据信息的交易报告库。

3. 投资者适当性制度

我国证券公司场外衍生品的投资者（交易者）适当性管理与欧盟市场的做法已经趋同。如我国场外期权业务中建立了分层管理机制，确立了交易商制度，交易商对交易对手的资格负有审查义务。只有满足条件的合格交易对手，才能参与场外期权业务。

4. 履约保障制度

在ISDA主协议项下，履约保障通常通过所有权转移的方式来实现，但这一方式目前在中国法下没有一个明确的对应概念。结合《期货与衍生品法（草案）（二次审议稿）》（以下简称"二审稿"），考虑跨境衍生品交易中常见的"转让式履约担保"模式，立法或监管机构可考虑在适当时候进一步澄清"转让式履约担保"，认为其属于一种主要履约保障提供方式或者属于单一协议涵盖范围内的一项交易。

5. 终止净额结算制度

金融衍生品交易面临着对手方的信用风险。交易双方之间可能同时存在多笔交易，而在

对手方破产并违约时，非违约方能否终止交易并按照净额进行结算则成为一个重要的法律问题。国际上的主要国家都已经通过成文法或司法先例承认了"终止净额结算"的有效性和强制执行力。此次"二审稿"继续认可了衍生品主协议的单一协议和终止净额结算的法律效力，从而避免与对手方的多笔交易被分别认定为单独合同，并通过终止净额结算避免破产管理人进行挑拣履行。同时，进一步明确了终止净额结算不因交易任何一方依法进入破产程序而中止、无效或撤销，为场外衍生品的净额结算确定性提供了有力支持。

（二）我国场外衍生品监管制度有待进一步完善

1. 现行场外衍生品立法效力位阶有待提高

发达国家普遍将衍生品交易纳入国家的法律框架之内，而我国目前尚无已生效的专门针对场外衍生品市场的立法层级较高的法律。现有的规定都是效力位阶较低的部门规章或规范性文件；此外，我国现有立法也尚未明确场外衍生品的主管机关。

2. 信息披露制度有待完善

我国场外衍生品市场的信息披露制度多为监管机构制定的部门规章或行业自律组织订立的规范性文件，立法层级较低，立法内容相对分散。同时，当前对场外衍生品交易信息报告电子化的要求较低，导致信息时效性偏低。

3. 中央对手方结算范围待拓宽

我国场外衍生品中央对手方结算存在着交易确认时间相对滞后的问题，抑制了交易对手方进行衍生品集中清算的动力。上海清算所目前共涵盖五大类中央对手清算业务，与欧美衍生品市场等成熟市场相比，我国场外衍生品市场参与中央对手方结算的产品数量和种类都十分有限。

五、完善我国证券公司场外衍生品监管立法的政策建议

（一）我国证券公司场外衍生品宏观监管立法建议

1. 健全场外衍生品市场监管制度立法和授权规定

在《期货和衍生品法》未来进行框架性规定的前提下，建议国家尽快出台规范和监督管理衍生品交易及相关活动的具体办法，助力衍生品市场法治进一步完善。同时，我们也期待未来的《期货和衍生品法》能够将跨境交易纳入考虑范围，若证券公司等衍生品交易商作为备案主体可以报送其使用的跨境衍生品交易的主协议文本（如 ISDA 主协议）进行备案，则跨境衍生品交易同样可以获得单一协议和终止净额结算制度的保护。此外，应在《期货和衍生品法》以及其他相关法律中对集中清算、净额结算和信息报告进行特别规定和衔接性规定。

2. 兼顾制度完整和业务创新

正如欧盟场外衍生品监管立法中遇到的问题，监管和创新总是存在对立统一性。对此，建议我国立法时参考 MiFIR 相关立法原则，以信息披露的要求替代监管机构对金融创新产品设置前置审批程序。考虑到我国备案机制发展成熟，可进一步完善金融创新产品的备案制度，帮助监管机构及时掌握市场动态和潜在风险。

(二) 我国证券公司场外衍生品微观监管立法建议

1. 推广中央对手方结算制度

中央对手方通过统一平台将信用风险进行集中管理，可以最大限度地利用多边净额结算优势，降低名义交易量。通过研究欧盟场外衍生品立法经验可以发现，进行多维度审慎监管和多层次风险控制，包括会员准入资格和产品适用范围限制、设定保证金和风险准备金要求以及合理的违约规则等，是防止中央对手方违约、系统性风险集聚和金融危机爆发的重要保障措施。

2. 建立信息报告与交易报告库制度

在新金融监管框架下，建议信息报告与交易报告库制度在未来出台的《期货和衍生品法》确认的基本原则基础上分阶段、分市场逐步完善统一。

3. 推动适当性规则在场外衍生品领域中应用

信息报告制度无法完全解决金融机构与投资者间的信息不对称问题，尤其是公众投资者始终处于信息劣势地位，因此有必要对金融机构施加更严格的风险披露义务。而不同类型的场外衍生品投资者（交易者）在认知水平和风险承受能力方面往往存在差异，这也为监管机构提供分层监管提出了必要性。适当性规则体现了以客户分类为根本前提、以风险揭示为核心义务、以法律责任为制度保障的精神，在场外衍生品领域中的应用具有十分重要的现实意义，因此应积极推动适当性规则在场外衍生品领域中的应用。

(三) 应对数字化转型挑战的监管立法建议

我国场外市场数字化的发展具备较大的应用空间，建议一是要循序渐进地把握场外市场的数字化发展节奏，逐步建立并完善场外交易的数字化系统建设；二是要有效利用监管大数据优势，建立参与主体的信用监控体系，针对信用风险较高的交易主体进行名单公示，以降低场外交易市场的信用风险；三是要建立健全数据权责分配体系及数据安全性体系；四是要通过发展数字化技术加大对违法违规交易的惩罚力度。

场外市场第三方估值体系研究

中证机构间报价系统股份有限公司　华泰证券股份有限公司

国泰君安证券股份有限公司　浙江工商大学*

近年来,我国场外市场发展迅速,参与主体和产品设计日趋多元化。但迄今为止,我国证券市场尚缺乏独立的场外衍生品估值体系,以满足投资者资产管理、发行人风险管理、会计、审计和决策者金融监管的需求。场外市场估值体系的缺失涉及两大学科基础理论:从会计角度看,摊余成本法难以满足复杂金融产品会计信息的相关性要求,而公允价值的界定相对原则性,缺少针对具体产品的操作细则和应用指南;从金融角度看,复杂金融产品的定价模型仍是相对前沿的研究与应用,不同机构在模型标准、参数选取、开发测试中存在一定差异。因此,有必要构建一套可操作的、独立的第三方场外金融衍生品估值体系。

一、场外市场第三方估值体系需求分析

(一) 场外市场第三方估值应用场景分析

从收益凭证等实践来看,场外市场第三方估值体系主要满足监管机构、产品发行方、产品投资者、会计主体与审计机构需要。

1. 监管机构

监管方需要第三方估值体系来监测规模日益壮大的场外产品和资产管理产品。场外金融工具的第三方估值可以直接服务于行业合规,还可为监管提供必需的参考信息。

---

* 本文为中国证券业协会2021年优秀课题。课题负责人:潘燕,中证机构间报价系统股份有限公司数据服务部助理总监,财政部全国会计领军人才;邓弋威,浙江工商大学金融学院副教授。课题组成员包括:王磊,华泰证券股份有限公司固收部总经理;张辉、产超平、吴晟、陈钟平,均供职于华泰证券股份有限公司;吴楠楠、杜超、贾颖,均供职于中证机构间报价系统股份有限公司;刘义伟,国泰君安证券股份有限公司固收外汇商品部总经理;王焕舟、林宁、张洁、李倩、董悠盈,均供职于国泰君安证券股份有限公司。原载于《中国证券》2022年第4期。

2. 产品发行方

应用场景主要有财务数据处理与业务风险管控两大类。财务数据处理上，收益凭证发行方往往会积累对冲头寸，以实现约定的收益水平；业务风险管控上，发行方在发行时定价与发行后估值时需要相对独立的估值信息作为参考。

3. 产品投资者

自营投资机构应按照会计准则要求确认、披露金融资产估值信息，资管产品管理人、托管人应按要求披露资管产品估值，第三方估值可提供场外品种估值。

4. 会计主体与审计机构

在收益凭证的会计核算与审计监督中，公允价值和金融工具准则实施出现了一些执行层面的问题，为验证复杂金融产品价值的工作带来一系列挑战。而第三方估值体系的建立有助于降低财务报表审计风险，提高会计信息质量。

（二）场外金融工具公允价值应用难点

1. 场外金融工具估值缺乏相应的市场参数

场外市场的不活跃或不公开特点，使发行人和投资者缺乏市场参数应用于公允价值估值。无论是金融机构投资者，还是非金融机构的实体企业投资者，都难以直接或间接获取已投资品种或拟投资品种的市场价格信息。

2. 场外金融工具估值模型复杂，高度依赖定价技术

公允价值的普遍应用受制于模型的复杂性。对于复杂金融工具，会计人员实际上无法有效地、独立地进行估值验证，实施会计判断，使金融工具公允价值相关的会计信息真实性、公允性存在较大的不确定性。

3. 场外金融工具缺乏协调统一的估值方法标准

由于场外金融工具缺乏统一的估值方法标准，其公允价值的质量和会计信息的可比性难以保障。

4. 缺乏统一的第三方估值机构管理要求

尽管目前国内第三方估值服务体系建设已经有了初步进展，但估值服务缺少明确的第三方估值机构准入标准、服务质量标准和数据源质量标准。目前第三方估值服务品种无法满足市场需求，服务供给不足，同时第三方估值服务机构的监督管理也有待明确。

二、场外市场第三方估值技术体系构建——以收益凭证为例

第三方估值技术体系包括模型标准、参数标准与评价标准[①]。

（一）含权类收益凭证估值的模型标准

以收益凭证为例。对含权类收益凭证，根据挂钩标的的种类、流动性及估值要素，可构建模块化的估值矩阵，对应选用相应的模型（见表1）。

---

① 受篇幅限制，固定收益型收益凭证估值的模型标准不在本文展示。

表1 含权类收益凭证估值方法矩阵

类型	挂钩标的	商品	权益指数	利率	多标的
不存在活跃发行商	香草类	BSM模型、历史波动率	BSM模型、历史波动率、基差参数模型	BSM模型、历史波动率	MC方法、历史波动率、历史相关系数
不存在活跃发行商	奇异类	PDE方法、MC方法、历史波动率	PDE方法、MC方法、历史波动率、基差参数模型	PDE方法、MC方法、历史波动率、基差参数模型	MC方法、历史波动率、历史相关系数
存在活跃发行商	香草类	BSM模型、局部波动率插值模型	BSM模型、局部波动率插值模型、基差参数插值模型	BSM模型、局部波动率插值模型	MC方法、历史波动率、历史相关系数
存在活跃发行商	奇异类	PDE方法、MC方法、历史波动率	PDE方法、MC方法、历史波动率、基差参数模型	PDE方法、MC方法、历史波动率	MC方法、历史波动率、历史相关系数

（二）含权类收益凭证的参数标准

1. 可观测参数计算标准

可观测参数是基于市场直接输入模型的行情数据，其标准包括：一是准确性。准确、真实地反映实际信息。二是完整性。数据完整，满足估值系统需求。三是时效性。及时获取，对当前市场情况作出及时的反应。四是一致性。不同数据源的同一数据实体应当对应一致。五是适当性。在合法、可控的范围内获取。

2. 不可观测参数计算标准

此类参数无法通过市场直接输入，需要通过估计或定价模型校准。例如，对于波动率参数，一类是基于历史波动率的计算方法，另一类则是通过活跃产品的市场报价数据得到波动率曲面的计算方法；与波动率参数不同，相关系数、基差参数等缺少校准工具等参数，在模型矩阵中都基于历史行情数据进行计算。

（三）估值体系的评价标准与测试场景设计

1. 估值体系的评价标准

场外市场估值体系应当具备以下标准：一是实时性评价标准。及时体现市场行情变化导致的产品价值波动。二是准确性评价标准。准确计算产品估值结果。三是丰富性评价标准。涵盖产品的丰富性，以及估值系统提供估值信息应用场景的丰富性。

2. 估值体系的测试场景设计

估值体系的准确性评价需要在日常运行偏差以及极端时间场景下的系统性偏差两个层面进行，相应地需要设计系统稳定性测试以及压力测试场景来对估值系统进行全方位评估。

三、国内外市场第三方估值监管模式

从国际市场现有估值监管模式的形成来看，估值规则的完善始于危机的推动。全球主要市场已逐步形成较为完善的第三方估值服务。第三方估值监管模式包括以韩国等国家为代表的行政准入模式，以欧盟、美国为主的市场化模式和我国以行政指定金融基础设施为第三方估值机构三种模式。

（一）韩国：行政准入模式

行政准入制下，政府监管部门立法建立第三方估值机构的准入标准、持续披露等估值行业监管框架，强制要求金融机构采纳第三方估值结果。

为了提高韩国金融机构的国际竞争力，韩国政府在设计估值评价体系时充分考虑了对估值机构的资质审查、商业模式评估、估值机构利益冲突等问题，鼓励成立私营专业债券估值公司，设立估值公司准入门槛（包括但不限于：在金融监督委员会注册、注册资本最低要求、企业集团和单一金融公司的所有权比例上限10%要求、防止业务利益冲突机制的防火墙、有经验的人员要求、IT系统要求等），并要求对所有的间接投资资产进行每日估值。目前，韩国已经有5家经政府批准的第三方估值公司。

（二）欧盟：市场化模式

市场化模式下，监管机构并不制定第三方估值制度。欧盟通过 EC Regulation 欧盟条例①，要求金融机构进行独立价格验证（Independent Price Verification，IPV）。

欧盟金融管理机构早在2013年就出台了IPV流程的相关说明，除逐日盯市或按模型定价外，机构应独立进行价格核定。市场价格和模型输入的验证应由无法从交易账簿中受益的个人或单位进行，其频率不应低于每月一次，甚至更高，这由市场或交易活动的性质决定。在没有独立定价来源或定价来源比较主观的情况下，应采取估值调整等审慎措施。

（三）中国：以行政指定金融基础设施为第三方估值机构

我国采取行政指定方式，由行业自律组织指定部分提供估值服务的金融基础设施作为提供基准估值服务的第三方估值机构（见表2）。

表2　我国提供估值服务的金融基础设施情况

主管单位	机构名称	金融基础设施类型	提供估值服务的主体	是否提供估值服务	备注
中国人民银行	中国外汇交易中心暨全国银行间同业拆借中心	金融子市场的基础设施	中国外汇交易中心暨全国银行间同业拆借中心	是	
中国人民银行	银行间市场清算所股份有限公司（上海清算所）	金融子市场的基础设施	上海清算所	是	

---

① Regulation (EU) No. 575/2013。

续表

主管单位	机构名称	金融基础设施类型	提供估值服务的主体	是否提供估值服务	备注
中国人民银行	中央国债登记结算有限责任公司	国家重要金融基础设施	中债金融估值中心有限公司	是	指定第三方估值机构
中国证监会	沪、深证券交易所	金融子市场的基础设施	中证指数有限公司	是	指定第三方估值机构
中国证监会	中证机构间报价系统股份有限公司	金融子市场的基础设施	中证机构间报价系统股份有限公司	是	

四、完善场外市场第三方估值技术支持体系方式探索

从技术层面而言，场外市场第三方估值体系构建需要配套技术体系支撑，形成可以满足估值信息披露要求的估值技术方案，安全、高效地获取、加工处理、发布估值信息，满足估值结果服务监管、服务市场的需要（见图1）。

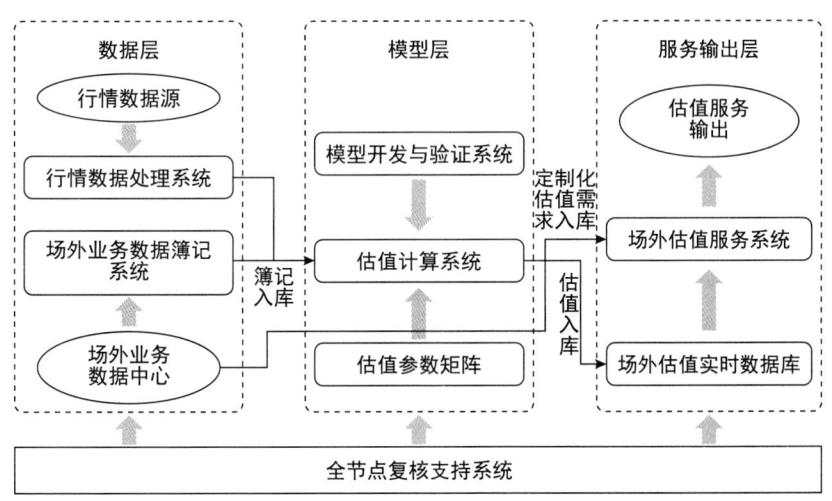

图1　第三方估值技术支持体系框架图

（一）全链条化数据支持体系

在估值计算相关的数据系统层面，行情数据处理系统应该满足估值体系中对于数据获取、处理层面的需求，提供时效性强、频率较高的估值计算结果。场外市场涉及业务类型范围广、参与机构多，因此需合理布局估值系统在并行、串行计算维度的资源分配，提升估值系统的计算效率。

估值系统还涉及对外的数据共享以及估值服务等内容，因此除了对行情数据、参数数据等影响估值计算的数据获取及处理有要求外，场外市场业务数据的数字化运营也将是第三方估值系统在数据层面进行技术搭建的重点。

（二）灵活可控的模型迭代体系

模型开发系统应该具备较好的抽象化能力，保证新增结构可在较短周期内完成模型开发验证。模型数据、参数的设置应该留有充足的灵活变更特性以及相应数据接口的可扩展性。

模型验证系统应独立于模型开发系统，建立标准化、多维度的验证计算流程，包括自动化的模型验证场景设置、模型验证结果检验与复核、模型验证后上线的流程化审批等功能。

（三）标准化的估值信息传输体系

估值体系应该建立从数据传输接入、参数传输、结构簿记、估值结果入库、系统内部复核校验到估值服务对外传输等信息传输过程的全节点化、标准化接口技术框架。同时，应打造可回溯化的信息入库功能，估值信息在每一节点完成标准化传输的同时可配套完成该节点的信息标准化入库。

（四）全节点自动化复核支持体系

在数据层，复核支持系统应对场外业务数据簿记进行异常状态监测，建立半人工抽检系统与自动化异常数据监测系统。在模型层，估值参数矩阵配套建立时间维度以及切面维度的异常数据检验机制，确保单一时点或单一维度上的异常数据能被及时发现与定位。在服务输出层，估值信息在完成最终的对外发布之前，复核支持系统还应完成对估值服务内容的最终复核确认。

五、政策建议

（一）推动监管之间的统筹与协调，构建制度化、市场化的场外市场第三方估值体系

建议形成金融基础设施间的数据资源共享，明确第三方估值机构的性质，将第三方估值体系建成统一、规范、多方认可的会计基础设施，为场外市场第三方估值服务提供基础制度保障。

（二）建立以行业自律监管为基础的第三方估值监管机制

建议由行业自律组织按所属行业和具体品种研究估值机制，将第三方估值服务纳入自律管理。鼓励行业基础设施提供公共估值服务，明确第三方估值服务标准，以提高第三方估值服务质量。

（三）整合行业公共资源，提高行业公共服务水平

建议由行业基础设施牵头归集各类场外金融产品，建设动态金融工具产品库，形成包括监管、监控监测、金融定价、会计等背景的行业估值专家库，依托专家库管理场外品种估值模型及参数库，制定估值规范，提高行业公共资源利用效率，提高各行业公共服务水平。

（四）加强会计监督

建议根据上市公司年报监管中发现的重点问题，加强对上市公司和金融机构管理层的培

训、督导。监管部门也可通过"会计监管风险提示"的形式，出台监管指引，完善金融资产公允价值计量和披露的流程，敦促其完善相关内部控制流程的设计和运行，提高上市公司会计信息质量。

（五）完善对金融工具会计准则的应用

建议促进会计准则制定部门和实施行业间的沟通、互动，关注广义金融基础设施概念中的公允价值会计规则问题及其影响，合理利用第三方估值公共服务解决金融工具公允价值应用难题，共同促进公允价值会计信息质量的提高。

美国金融业监管局（FINRA）报告卡制度对我国场外业务交易报告库数据质量管理与服务机制建设的启示

亢 力 王慧琳*

近年来，我国场外证券业务快速发展，规范场外证券业务、提高市场透明度、降低系统性风险日显重要。交易报告库作为 PFMI①所列五种重要金融基础设施之一，承载着收集数据并进行集中管理的基础性职能，在提高市场透明度、强化市场监测、保障金融稳定性等方面有着重要作用。《期货和衍生品法》对交易报告库的法律地位、基本职责及立法授权②等方面进行了明确和规定，为交易报告库发挥上述职能提供了法律依据。交易报告库除服务监管机构的风险管理需求外，也为参与者提供交易后相关服务。FINRA③建立的报告卡制度在数据质量评估与反馈、行业服务与信息共享等方面，为我国场外业务交易报告库数据质量管理与服务机制的建设与发展提供了有益参考。

一、FINRA 报告卡制度介绍——以 TRACE 系统为例

为提高市场透明化程度及督促报送义务人履职，FINRA 运营的交易报告与合规系统

---

* 作者简介：亢力，中证机构间报价系统股份有限公司监测业务三部总监；王慧琳，中证机构间报价系统股份有限公司监测业务三部高级经理。

① PFMI，《金融市场基础设施原则》（Principles for Financial Market Infrastures）的简称，2012 年 4 月，国际清算银行支付结算体系委员会（CPSS）和国际证监会组织（IOSCO）正式发表《金融市场基础设施原则》，为金融基础设施设置了更高的国际标准，旨在确保支持全球金融市场的基础设施能够稳健运行并经受金融冲击。

② 《期货和衍生品法》第三十六条规定："国务院授权的部门、国务院期货监督管理机构应当建立衍生品交易报告库，对衍生品交易标的、规模、对手方等信息进行集中收集、保存、分析和管理，并按照规定及时向市场披露有关信息。具体办法由国务院授权的部门、国务院期货监督管理机构规定。"

③ FINRA，美国金融业监管局（Financial Industry Regulatory Authority）的简称，成立于 2007 年，是由美国证券交易商协会（NASD 美国当时最有影响的证券业自律组织）和纽约证券交易所监管局（NYSE Regulation, Inc.），合并发起成立，是美国最大的独立非政府证券业自律监管机构。

(Trade Reporting and Compliance Engine, TRACE) 等系统①建立了报告卡制度,对报送义务人业务开展情况及数据报送质量等进行定期评估,对行业整体水平进行统计分析,并将评估结果及行业分布情况等反馈给报送义务人。以 TRACE② 系统报告卡为例,FINRA 会在不迟于当月的第 13 个工作日向报送义务人反馈报告卡,具体内容如下。

(一) 交易情况 (加价/减价) 分析卡

交易情况 (加价/减价) 分析卡③是根据报送义务人及交易对手情况进行的统计分析,旨在帮助报送义务人了解本机构在定价公平性和合规方面的情况。该报告卡主要包括报送义务人自身交易情况分析、行业情况统计分析以及交易明细情况三部分内容。

1. 报送义务人自身交易情况分析

该分析向报送义务人提供该月机构自身加价、减价和 FINRA 确认的客户间交易④的分析,包括交易金额、评估交易数量、定价均值水平及中位数水平等。通过该分析,报送义务人可以清晰直观地了解当期自身的交易情况及定价水平。

2. 行业情况统计分析

除向报送义务人反馈自身交易分析情况外,FINRA 还会对行业整体定价平均值、中位数以及一些重要点位水平 (包括 25%、50%、75%、80%、90%、95%、99%) 进行计算统计,并同步反馈给报送义务人。该统计分析目的是通过与交易情况分析一起为机构的公平定价、合规程序和评估披露提供支撑。

3. 交易明细情况

FINRA 会将其匹配后的交易明细提供给报送义务人,包括交易代码、CUSIP 码、发行债券到期日、发行人名称、交易对手方名称、交易 (包括买、卖) 日期及时间、交易价格及交易量、经计算的利润率 (包括买、卖) 等。

(二) 报送数据质量报告卡

报送数据质量报告卡⑤对 TRACE 系统国债、证券化产品、机构债、公司债四个债券品种报送数据质量进行评估,并向报送义务人反馈其合规程度及其行业排名情况,具体内容如下:

1. 整体报送情况

整体报送情况对报送义务人报告期内报送的交易报告总数 (包括取消、撤回等)、有效

---

① 根据 FINRA 官网显示,目前 FINRA 报告卡中心建立了 TRACE 系统报告卡、公司财务报告卡、信息披露报告卡、权益报告卡等 9 个方面的报告卡。

② TRACE 系统,是交易报告与合规系统 (Trade Reporting and Compliance Engine) 的简称,是全美证券交易商协会 (NASD) 于 1999 年推出的数据报送系统,服务于注册会员报送固定收益证券等交易报告信息。目前作为 FINRA 提升市场透明度的重要手段,由 FINRA 进行管理和运营。

③ FINRA 官网,https://www.finra.org/compliance-tools/report-center/trace,2021 年 12 月 10 日登录。

④ FINRA 通过业务逻辑明确同一笔交易的买卖双方并将所有交易分成三类:第一类是机构将从机构处买入的证券向客户卖出 (Markup 类,即加价类);第二类是机构将从客户处买入的证券向机构卖出 (Markdown 类,即减价类);第三类是机构从客户处买入的证券向客户卖出。

⑤ FINRA 官网:https://www.finra.org/compliance-tools/report-center/trace/quality-of-markets-corporate-bond-agency-debt,2021 年 12 月 10 日登录。

交易报告总数等进行统计，并同时列示上个月交易报告数据进行对比（见图1）。

ACTIVITY TOTALS	Total Trade Report Entries	Total Valid Trade Reports	Prior Month	
			Total Trade Report Entries	Total Valid Trade Reports
Customer Trades	972	962	957	951
Inter-Dealer Trades				
Report Side	524	516	594	583
Contra Side	518	514	592	586
Matched Trades	514	514	582	582
Locked-In Trades				
Report Side	0	0	0	0
Contra Side	0	0	0	0
Affiliate Trades	0	0	0	0
Total Reported Trades	1 496	1 478	1 551	1 534

图1 整体报送情况统计

2. 同类型机构报送排名

同类型机构报送排名表按照报送机构交易报告总数对机构进行分组①，并对同组报送义务人进行排名统计（见图2）。

TRACE REPORTING PEER GROUP (TOTAL TRADES)	
Number of Firms in Peer Group	Rank in Peer Group
111 Peer Group	26

图2 同组报送排名

3. 延迟报送情况

延迟报送情况表②对机构延迟报送的笔数、延迟报送率、行业平均的延迟报送率、同组的延迟报送率等进行统计，同时列示前一报告期的延迟报送率进行对比，对变化率进行计算（见图3）。

4. 差异（错误）报告统计分析

交易报告分析表对执行时间报告（未按规定格式、错误执行时间等）、修改交易报告、定价偏离、差异报告（包括内部交易未匹配、执行时间差异等）等报告进行统计分析，并对上月统计数量及比率进行对比列示（见图4）。

（三）报告卡制度的作用

美国的监管实践表明，FINRA建立的报告卡制度在以下方面发挥重要作用：

---

① TRACE按照报送义务人统计期报告总数对报送义务人进行分组，如公司债分组具体标准：组1（11 000例以上）、组2（2 700—10 999例）、组3（500—2 699例）、组4（1—499例）。

② FINRA6730规则要求报送义务人应当在交易执行时间（Time of Execution）后15分钟之内报送该笔交易，并对不同类型证券的报送时间有明确要求，未在规定时间内报送的交易将被认定为延迟报送。

LATE TRADES

	Trade Count	Firm %	Industry Average %	Peer Average %	Rank in Peer Group	Prior Month Trade Count	% Change
Customer Trades							
Total Valid Customer Trade Reports	962					951	1.16%
Late Same Day Customer Trade Reports	7	0.47%	0.30%	0.41%	73	6	16.67%
Late As-Of Customer Trade Reports	3	0.20%	0.36%	0.53%	62	6	-50.00%
Total Late Customer Trade Reports	10	0.68%	0.66%	0.94%	66	12	-16.67%
Inter-Dealer Trades							
Total Valid Inter-Dealer Trade Reports	516					583	-11.49%
Late Same Day Inter-Dealer Trade Reports	2	0.14%	0.27%	0.44%	34	5	-60.00%
Late As-Of Inter-Dealer Trade Reports	3	0.20%	0.19%	0.33%	66	0	0.00%
Total Late Inter-Dealer Trade Reports	5	0.34%	0.46%	0.77%	40	5	0.00%
Locked-In Trades							
Total Valid Locked-In Trade Reports	0					0	0.00%
Late Same Day Locked-In Trade Reports	0	0.00%	0.00%	0.00%	1	0	0.00%
Late As-Of Locked-In Trade Reports	0	0.00%	0.00%	0.00%	1	0	0.00%
Total Late Locked-In Trade Reports	0	0.00%	0.01%	0.00%	1	0	0.00%
Affiliate Trades							
Total Valid Affiliate Trade Reports	0					0	0.00%
Late Same Day Affiliate Trade Reports	0	0.00%	0.08%	0.04%	1	0	0.00%
Late As-Of Affiliate Trade Reports	0	0.00%	0.06%	0.03%	1	0	0.00%
Total Late Affiliate Trade Reports	0	0.00%	0.14%	0.07%	1	0	0.00%
All Trades							
Total Valid Trade Reports	1478					1534	-3.65%
Late Same Day Trade Reports	9	0.61%	0.65%	0.89%	49	11	-18.18%
Total Late As-Of Trade Reports	6	0.41%	0.62%	0.88%	49	6	0.00%
Total Late Trade Reports	15	1.01%	1.27%	1.78%	37	17	-11.76%

图 3　延迟报送情况统计

TRADE REPORTING ANALYSIS

	Trade Count	Firm %	Peer Average %	Rank in Peer Group	Prior Month Trade Count	% Change
Execution Time Reporting						
Non-Military Format	0	0.00%	0.12%	1	0	0.00%
'As-Of - Incorrect Execution Time	2	0.14%	0.05%	99	0	0.00%
Amended Trade Reports						
Same Day Cancels	14	0.94%	1.35%	50	11	27.27%
Prior Day Cancels	4	0.27%	0.34%	75	5	-20.00%
Reversals	0	0.00%	0.04%	1	0	0.00%
Same Day Corrections	28	1.87%	1.55%	73	35	-20.00%
Prior Day Corrections	0	0.00%	0.36%	1	4	-100.00%
Pricing						
Price Override	0	0.00%	0.03%	1	0	0.00%
Special Price Indicator	0	0.00%	0.02%	1	0	0.00%
No Remuneration Indicator	367	24.83%	5.21%	106	243	51.03%
Inter-Dealer Difference						
Report Side Unmatched	0	0.00%	1.12%	1	1	-100.00%
Contra Side Unmatched	0	0.00%	0.73%	1	2	-100.00%
Execution Time Difference						
Earlier Report	1	0.19%	0.92%	33	0	0.00%
Later Report	4	0.78%	0.48%	87	3	33.33%
Total Execution Time Difference	5	0.97%	1.41%	56	3	66.67%
Intra-Firm Trade Reports						
Count of All Intra-Firm (same CRD# Relationship)	0	0.00%	0.01%	1	0	0.00%

图 4　差异报告统计分析卡

一是通过数据质量评估与反馈机制，全面系统提升数据质量。TRACE系统通过建立报告卡制度，将债券市场业务报送数据信息进行了系统整合，对报送义务人报送行为的合规性、报送数据变化情况、市场排名变化情况进行统计分析，并以直观的形式呈现给报送机构。通过上述形式，可以使报送机构对自身的数据报送质量情况有清晰认知，并通过与行业其他机构数据质量水平进行对比，促进其提升注重数据质量的意识、主动改进报送行为，从而达到有效提高机构报送数据质量、增强数据的准确性和及时性的效果。

二是通过信息共享与行业服务，有效提高市场透明度并促进市场发展。TRACE系统在向报送义务人反馈自身业务开展情况的同时，还将行业重点点位的分布水平情况、行业均值、同类型机构均值等信息共享给报送义务人，作为其开展业务的重要参考。通过上述途径进行数据信息共享，一方面为市场机构在交易中把握市场方向、更好地开展交易活动提供了便利，另一方面作为提高市场透明度、维护市场稳定的重要手段，更好地促进了市场的发展。

二、我国场外业务报告库数据质量管理和信息服务现状

（一）我国场外业务报告库发展历程和运行情况

按照中国证监会有关工作部署，中证机构间报价系统股份有限公司（以下简称"中证报价"）在中国证券业协会指导下，于2014年开始建设与运营场外证券业务报告系统（以下简称"报告库"）。经过多年建设，报告库的数据收集、统计展示等功能基本成熟，已建立起全生命周期的数据管理平台，并逐步构建全面、立体、动态风险监测体系，形成了覆盖证券公司柜台市场，证券公司参与区域性股权市场、收益凭证、场外衍生品、非公开发行公司债券、场外债券投资交易等业务的场外业务报告与监测监控工作体系。以衍生品为例，报告库收集了证券公司开展场外衍生品业务以来的逐笔交易报告信息，约占资本市场场外衍生品交易规模的80%。报告库已发展成为场外证券市场的重要基础设施，是监管机构和自律组织对场外证券业务实施宏观审慎管理和强化风险防控的重要支撑。2021年12月，中证报价已被金融稳定理事会（FSB）正式认定为交易报告库，标志着其在法律基础、治理架构、信息披露、风险管理、运行透明度等方面已达到国际标准。

（二）与成熟交易报告库的差距

从报告库现状来看，其在数据质量管理及行业服务方面还处于初期探索阶段，与FINRA的TRACE系统等成熟交易报告库相比，在机制建设和服务功能等方面还存在提升完善的空间。

1. 场外业务数据报送尚未全面系统建立有效约束机制

目前，对于证券公司未按要求报送业务信息等不规范行为，情形严重时可按照《场外业务备案管理办法》等有关规定，由自律组织采取自律措施。除此之外，其他可采取的管理手段相对有限，尚未建立形成有效的数据质量管理约束机制，无法全面保障场外业务报送数据的及时性、准确性和完整性。对于证券公司长期存在的不规范备案和报送行为，如果不加以规范，容易引发其侥幸心理，数据质量将难以提升，从而影响交易报告库基础性功能的发挥，无法真正实现场外业务"看得清"及"管得住"。

2. 交易报告库行业服务的广度和深度需要进一步提高

目前，报告库按月定期发布《场外证券业务开展情况报告》，向行业公开披露证券公司开展场外业务的总体情况，为市场参与者及时准确地了解市场整体情况提供窗口；自2021年起，增加提供场外期权负面客户信息查询服务。上述服务提高了市场透明化程度，并初步实现信息共享。但是与PFMI对于交易报告库关于数据披露的特殊要求[1]，以及美国TRACE等交易报告库成熟的信息共享机制相比，其目前尚未完全实现场外各类业务的关键业务指标，包括业务集中度、特定类型业务规模、笔数、价格等行业分布水平及分类汇总数据，服务的广度和深度还有待进一步提高。从对行业的初步调研情况来看，证券公司目前普遍存在了解上述关键业务指标的需求，同时也希望得到数据报告质量反馈，以便对行业定位情况等有清晰认知，从而更好地开展业务，并按照监管要求对自身数据报送行为进行规范。

三、对我国场外业务报告库数据质量管理和服务机制建设的建议

结合FINRA报告卡制度的启示以及我国场外业务交易报告库的发展现状，提出以下建议：

（一）建立证券公司报告质量评估与反馈机制，丰富数据报送管理手段

参考FINRA报送质量报告卡的评估及反馈模式，对场外业务报送数据进行评估，对证券公司迟报、错报、漏报笔数及错误率、行业分布情况等进行统计，并向证券公司反馈。可结合系统、人员及制度流程等，开展场外业务数据报送质量的综合评价。通过上述机制的建立及实施，一方面使证券公司对自身报送数据质量情况能够清晰了解，提升其对数据质量的重视程度；另一方面通过自身与行业的评估比较和结果反馈，形成行业间有效的激励机制，促进行业整体数据报送质量水平的不断提升。

（二）推动评估结果纳入证券公司声誉管理及分类评价等监管体系，丰富证券公司综合风险评价体系

目前，中国证券业协会正在推动证券公司声誉风险管理评价体系的搭建。因此，可尝试将场外业务数据报送迟报、错报、漏报等具体数据质量问题定期录入证券公司声誉管理系统，并将数据质量评估结果作为证券公司声誉风险管理评价的一个重要评价指标。在评价指标及机制完善后，还可尝试将其作为场外业务的重要评价指标纳入证券公司分类评价体系。通过报送数据评估结果与证券公司声誉风险及分类评价结果相挂钩的形式，建立起对证券公司的有效约束机制，规范其报送行为。

（三）落实《期货和衍生品法》要求，推动行业信息共享，提升报告库服务的深度和广度

《期货和衍生品法》对交易报告库的职责进行了明确规定，要求其"及时向市场披露相

---

[1] 在适用并适当的情况下，交易报告库至少应向公众提供敞口头寸、交易笔数和交易金额的汇总数据和分类汇总数据（例如，按照交易对手、参照实体分类汇总，或产品货币分类汇总）。

关信息",因此后续按照法规要求,应进一步落实交易报告库的职责,提高对市场信息披露的及时性及全面性。同时,可参照 FINRA 报告卡制度将行业关键业务指标的分布水平情况共享给报送义务人的做法,在向报送义务人反馈数据报送质量的同时,同步提供相应的基础数据服务,将报送义务人本身业务开展情况及业务排名等统计分析结果,以及行业重点点位的分布水平情况、行业均值、同类型机构均值、分类汇总业务数据等信息定期向市场披露或共享给报送义务人,作为其开展业务的重要参考。在服务监管的同时,也服务好行业需求,参照国际标准,落实好《期货和衍生品法》及配套法规的信息披露要求,努力推动行业信息共享,发挥好交易报告库服务行业的另一核心功能,成为市场信赖以及行业依赖的机构。

资产证券化管理人的民事责任及风险防范研究

国元证券股份有限公司　北京市天同律师事务所[*]

一、资产证券化概念与业务属性

资产证券化是一种兼具"资产属性"与"风险隔离"特性的融资技术，将缺乏流动性但具有未来现金流的资产打包、建立资产池，并通过结构性重组方式，将其转变成可以在金融市场上销售和流通的证券，即资产支持证券。

随着2019年《证券法》的修订，资产支持证券被明确纳入我国法律下的"证券"范畴，资产证券化业务的性质再次激发业界讨论。有观点认为资产证券化业务属于投资银行业务，也有观点认为资产证券化业务属于资产管理业务。二者的本质区别在于：投资银行业务是基于融资端的中介业务，通过尽职调查、核查信息披露等手段对融资发挥鉴证增信作用；资产管理业务是基于投资端对投资人投入资产或资金进行管理的业务，通过管理人的管理实现投入资产或资金的增值。

本文认为资产证券化业务兼具投资银行属性与资产管理属性。专项计划设立阶段的证券发行工作具有投资银行业务属性，管理人确定实际融资方，落实尽职调查工作；而专项计划设立后的"募投管退"工作具备资产管理业务属性。因此，资产证券化在设立和存续这两

---

[*] 本文为中国证券业协会2021年优秀课题。课题负责人：范圣兵，国元证券股份有限公司党委委员、副总裁、总法律顾问；周卫青，北京市天同律师事务所合伙人。课题组成员包括：张斌，国泰君安证券股份有限公司法律合规部诉讼保全主管；李结实，华福证券有限责任公司风险管理部内核审核岗（高级业务总监）；刘雄涛，深圳市朗科科技股份有限公司董事会办公室副总监；杜奔，太平洋证券股份有限公司合规部副总经理；康隆泰，联储证券有限责任公司法律事务部法务经理；李馨，中信建投证券股份有限公司法律合规部高级副总裁；陈佩娜，五矿证券有限公司债权融资事业部质量控制岗；战大为，东兴证券股份有限公司合规法律部助总；徐斐斐，浙商基金管理有限公司质量控制总监；张会会、王融擎、游冕、田园，均为北京市天同律师事务所律师。原载于《中国证券》2022年第4期。

个不同阶段，应分别把握"证券法"①与"资管法"的不同法律适用；相应地，也应区分专项计划的不同阶段，分别研究、厘清管理人职责与民事责任。

二、资产证券化管理人的身份定位与履职要求

（一）资产证券化中的管理人与发行人

资产证券化"管理人"是本文探讨的主体，其身份定位是梳理其职责、分析民事责任的基础。此处重要的前提性问题在于明确"管理人是否为《证券法》意义上的发行人"。

现行法律法规中均没有关于资产支持证券发行人角色的明确表述和定义。本文认为，管理人并非《证券法》上的发行人：一是在法律概念上，发行人是为筹措资金而在证券市场发行证券的融资主体，而管理人仅为履行管理等其他法定及约定职责的中介机构，非融资主体②；二是在法律关系上，发行人一般与投资者之间成立证券认购关系，而资产支持证券（ABS）语境下认购关系实际发生在投资者与专项计划之间③，管理人只是作为专项计划的代表与实际投资者签订协议；三是在信息距离上，发行人应是提供、掌握信息的人，所以负有《证券法》上的信息披露义务，但管理人是基础资产等方面信息的外部人而非内部人。此外，其他主体亦难定义为《证券法》上的发行人。就原始权益人和实际受益人而言，其未有发行行为，理论界与实务界更多是将原始权益人定义为"发起人"而非"发行人"。就特殊目的载体而言，在我国法律实践中一般不采取特殊目的公司形式，并无法律主体资格。

综合来看，资产证券化业务中并无完全符合《证券法》意义上发行人的法律角色，这也正契合其强调资产信用而非主体信用的核心特征。如果从承担责任的角度考虑，法律需要拟制资产支持证券发行人的角色，具体可以参照我国台湾地区的做法，将特殊目的载体作为形式发行人④。如特殊目的载体为信托计划等，可由管理人代表特殊目的载体应诉，但责任财产以特殊目的载体之财产为限。

（二）专项计划设立、存续、清算阶段的管理人职责

在专项计划设立阶段，资产证券化管理人主要应落实尽职调查与募集销售的工作。在尽职调查方面，《证券公司及基金管理公司子公司资产证券化业务尽职调查工作指引》（以下简称《尽职调查工作指引》）是管理人最主要的履职规范。在募集销售方面，管理人应当根据《证券公司及基金管理公司子公司资产证券化业务管理规定》（以下简称《业务管理规定》）第29条的要求，将资产支持证券面向"合格投资者"发行。结合前文明确的双重属

---

① 在2019年新《证券法》颁布之前，对于资产支持证券的性质及其法律适用有所争议。本文认为，至少对于证监会主管的企业资产证券化产品，一直都是证券，可以适用《证券法》。参见郭锋等著，中国法学会证券法学研究会审定：《中华人民共和国证券法制度精义与条文评注》，中国法制出版社2020年版，第41页。
② 《证券公司及基金管理公司子公司资产证券化业务管理规定》第6条第2款："管理人是指为资产支持证券持有人之利益，对专项计划进行管理及履行其他法定及约定职责的证券公司、基金管理公司子公司。"
③ 《证券公司及基金管理公司子公司资产证券化业务管理规定》第28条："资产支持证券是投资者享有专项计划权益的证明，可以依法继承、交易或转让。资产支持证券投资者不得主张分割专项计划资产，不得要求专项计划回购资产支持证券。"
④ 参见王志诚：《资产证券化中的投资人保护机制》，载《金融法苑》2005年第11期，第104页。

性，管理人在销售专项计划环节还要同时承担投资银行和资产管理的投资者适当性管理责任。

在专项计划存续阶段，资产证券化管理人的职责以信息披露与监督管理为核心，保证投资者及时了解有关专项计划资产与收益等信息，督促原始权益人以及为专项计划提供服务的有关机构履行法定及约定的职责与义务。

在专项计划清算阶段，除信息披露、终止清算以及利益分配等义务之外，资产证券化管理人亦应妥善处置风险。如可能发生投资者无法获得全额兑付的风险时，管理人可以在取得持有人授权后依法代表专项计划采取法律手段，尽可能为投资者争取利益。

三、资产证券化管理人民事责任类型与构成要件

（一）责任类型：侵权责任与合同责任的厘清

资产证券化中管理人所承担的民事责任理论上可能包括违约责任与侵权责任。

就违约责任而言，在发行阶段，投资者与管理人之间基于"专项计划说明书""标准条款""认购协议""风险揭示书"等文件形成合同关系。在"庆汇租赁案"中，投资者诉请管理人承担违约损害赔偿责任（认购本金及收益损失）获法院支持①。在存续阶段，管理人可能作为受托人违反相关交易文件而承担违约责任。

就侵权责任而言，除一般侵权的追责模式外，此前争议较大的问题在于能否以《证券法》条文为请求权基础追究管理人等主体的特殊侵权责任。本文认为资产支持证券可以适用《证券法》。根据管理人的身份定位及履职特征，可将其类比"债券承销商"，投资者可依据《证券法》第85条追究其证券虚假陈述责任。此外，投资者适当性义务相关责任可以归入侵权责任的范畴②。

（二）行为：未妥善履职的认定

在行为层面，管理人若在个案中违反交易文件等协议条款的约定义务，则其行为构成违约。管理人若违反法律法规明确的义务（很大程度上会与约定义务重合），则其行为或构成侵权。除《证券法》对相关机构出具文件及披露信息确保真实、准确、完整的概括性要求之外，在资产证券化业务领域的监管规定主要由《业务管理规定》《尽职调查工作指引》《证券公司及基金管理公司子公司资产证券化业务信息披露指引》（以下简称《信息披露指引》）等文件构成。

对于如何妥善认识行政监管意见与诉讼程序中不当行为的关系，由于监管体系下的形式违法不等于司法纠纷中实质的虚假陈述等侵权行为，因此，个案中是否存在不当行为还是需要结合管理人具体的行为、义务的履行情况等方面进行综合考量。

---

① 参见（2020）京0102民初6362号民事判决书。
② 参见最高人民法院民事审判第二庭编著：《〈全国法院民商事审判工作会议纪要〉理解与适用》，人民法院出版社2019年版，第414页。

（三）过错：归责原则的殊途同归

在资产支持证券的发行阶段，根据《证券法》第85条以及《全国法院民商事审判工作会议纪要》第75条的规定与意旨，不论是证券虚假陈述责任抑或是违反适当性义务责任，均采取"过错推定"的原则。

在存续阶段，如认为专项计划的本质属性为有偿委托，则应采用"过错"责任的归责模式；若认为在该问题的法律适用上可以与营业信托纠纷相统一，那么应采用"过错推定"的归责模式。

在专项计划存续阶段的违约诉讼中采用"过错推定"原则（背后是将专项计划的本质定义为营业信托关系）对于裁判者及双方当事人相对更为合理。以发行阶段的虚假陈述为例，投资者基本仅掌握各交易文件。倘若要求其举证证明管理人存在未充分尽职调查的情形，这在其无法掌握管理人方面履职材料的情况下，客观上具有较大的障碍。因此，将主观过错的举证责任赋予管理人，很大程度上源于其进行举证的"便利"。

（四）损失和因果关系：一般原理与特殊问题

不论请求权路径为违约责任、侵权责任还是证券虚假陈述责任，损害赔偿的基本法理具有共通性：基础损失应按照"差额说"确定①。在此情况下，既然资产支持证券的预设是还本付息②，如资产支持证券发生违约，基础损失就可以根据"差额说"确定为资产支持证券未能偿付本息。

当前司法实践中争议较大的特殊问题是，专项计划在清算完毕前，投资者是否有权要求管理人及中介机构先就其损失承担赔偿责任。部分资产证券化所涉案例将损失未确定作为驳回起诉的理由之一③。而在"庆汇租赁案"中，一审判决管理人就投资者的本金和收益损失承担赔偿责任，同时以实际赔偿金额为限，取得投资者在专项计划清算中应受分配的相应金额资产的权利。由此可见，法院就损失未确定情况下投资者能否要求管理人承担赔偿责任的问题存在态度转变。该种处理模式可帮助投资者高效维权，也可避免其双重受偿。

在因果关系方面，在区分责任成立因果关系与责任范围因果关系的前提下，可根据"差额说"计算出来的基础损失，进一步通过因果关系机制予以合理限制，形成最终的可赔偿损失④。

四、资产证券化管理人与其他参与主体的责任承担及划分

在明确管理人可能承担的民事责任类型的基础上，探讨资产证券化管理人与其他参与主

---

① 参见李承亮：《损害赔偿与民事责任》，载《法学研究》2009年第3期，第137页；李昊：《损害概念的变迁及类型建构》，载《法学》2019年第2期，第72页。
② 《证券公司及基金管理公司子公司资产证券化业务信息披露指引》第9条、第19条等监管规定均明确出现"本金"等表述。
③ 参见（2019）粤0304民初11332号民事裁定书；（2018）京02民初162号民事裁定书；（2018）京02民初185号民事裁定书；（2018）京02民初163号民事裁定书。
④ 参见王泽鉴：《损害赔偿》，北京大学出版社2017年版，第68页。

体的责任划分，主要在于厘清其他各主体可能承担什么类型的民事责任，若作为证券侵权责任的被诉主体，如何在《证券法》条文中得以对应。

（一）原始权益人：作为信息披露义务人，承担无过错责任

管理人代表专项计划披露信息，原始权益人则是信息的直接提供方。管理人虽被《信息披露指引》称为"信息披露义务人"[①]，但其本身并非信息内部人与信息产生方，故并非《证券法》上的信息披露义务人。而《信息披露指引》提到作为"信息提供人"[②]的原始权益人，才更为契合《证券法》上的信息披露义务人概念。由此，原始权益人对于信息的真实、准确、完整应承担第一顺位的直接责任，应根据《证券法》第85条承担无过错责任。

（二）财务顾问：从实质理解其工作内容以及与管理人的职责划分，承担证券侵权责任或一般侵权责任

财务顾问的身份特征在于：一方面，其职责不一定为投资者明确知晓；另一方面，其不会直接向投资者出具文件，也可能是受原始权益人以外的其他当事人委托。在此前提下，应实质理解其工作内容。在财务顾问构成证券服务机构的情形下，投资者可追究其证券侵权责任，防止相关道德风险。此外，财务顾问的执业行为导致其对投资者产生注意义务，也可通过一般侵权的路径追究相关纯粹经济损失的赔偿责任。

实践中，财务顾问可能与管理人是同一主体，此时财务顾问直接承担管理人的民事赔偿责任；二者职责亦可能部分交错或管理人实为"通道"，在此情形下应从财务顾问的职责边界入手，根据其履行尽职调查工作的实际情况，合理认定其应当承担的侵权责任。

（三）其他中介机构：作为证券服务机构，根据过错程度及对投资者损失的原因力大小确定责任

监管规范和行业规则明确了律师事务所、评级机构、资产评估机构、会计师事务所等中介机构各自的职责范围。作为"资产信用"类证券，基础资产的真实与否对资产支持证券能否兑付至关重要，各机构都需要对基础资产的真实性负有特别注意义务。

以基础资产虚假引发的索赔诉讼为例，资产证券化管理人在尽职调查阶段对基础资产及各参与方负有全面的核查义务。对于管理人和财务顾问以外的其他中介机构，应进一步区分基础资产虚假是由于转让行为无效、底层合同无效（基础法律关系不存在）或是信用风险分析漏洞等原因造成，具体考察各中介机构的专业职责与基础资产虚假之间的关系，结合各机构在个案中的过错程度和对投资者损失的原因力大小，综合确定其在《证券法》第163条下的责任范围。

[①] 《证券公司及基金管理公司子公司资产证券化业务信息披露指引》第2条："管理人及其他信息披露义务人应当及时履行信息披露义务，所披露的信息必须真实、准确、完整，不得有虚假记载、误导性陈述或者重大遗漏。本指引所称其他信息披露义务人包括但不限于托管人、资信评级机构等。"

[②] 《证券公司及基金管理公司子公司资产证券化业务信息披露指引》第3条："原始权益人和除管理人以外的其他服务机构应当按照合同约定，及时向管理人提供有关信息，并保证所提供信息真实、准确、完整。本指引所称的其他服务机构包括但不限于资产服务机构、托管人、信用增级机构、律师事务所、会计师事务所、流动性支持机构、销售机构等。"

五、资产证券化管理人履职风险防范及监管、司法完善建议

结合上述分析，管理人应充分认识到各阶段的履职风险，落实相应的防范工作。同时，监管维度与司法维度匹配合理的制度与裁判思路，也是资产证券化业务良性发展的重中之重。

从管理人自身的风险防范角度而言，在专项计划设立阶段，应加强与完善独立的尽职调查、加强内控制度建设以及最新的案例学习；在存续阶段，加强风险监测、建立基础资产现金流闭环，确保基础资产产生的现金流直接进入专项计划账户或进入管理人可以管控的监管账户。

在监管维度上，建议监管部门可以就未勤勉尽责的具体情形进行"列举+兜底"式规定，鼓励、支持将科技手段应用于特定类型资产支持证券业务，进一步强化资产服务机构的角色。同时，监管部门应加强与司法机关的沟通，尽量与其统一认识，并在此前提下制定规则，避免行政监管规则体系与司法认识不同，防止出现按照规定落实但仍存在法律风险的可能。

在司法维度上，司法机关应结合资产证券化业务的性质与法律法规，明确资产支持证券适用《证券法》，受《证券法》特别是第 85 条、第 163 条等民事责任条文的约束。此外，司法机关应基于资产证券化业务性质对管理人的职责范围与相应的民事责任作出统一的、准确的认定。区分资产证券化管理人与其他参与主体之间的责任，尤其是对于同属于中介机构的管理人与其他参与主体，应根据各自的职责边界划分其责任范围。

债券虚假陈述中介机构民事法律责任研究

中国银河证券股份有限公司　西南政法大学民商法学院[*]

一、债券虚假陈述中介机构民事责任的现行立法检视

（一）相关规范之间的不协调之处

在现行《证券法》修订前，最高人民法院就在2019年发布的《全国法院民商事审判工作会议纪要》（以下简称《九民纪要》）中释放出想要改变证券虚假陈述案件中"一刀切"地认定中介机构承担连带责任的信号。新《证券法》实施后，最高人民法院又于2020年7月15日公布了《全国法院审理债券纠纷案件座谈会纪要》（以下简称《债券会议纪要》），再次强调中介机构的责任应与过错程度相结合。《债券会议纪要》和《九民纪要》（主要是《债券会议纪要》）与《证券法》的不协调之处就在于：后者坚持了连带责任的观点；前两者却认为不能一味地让中介机构承担连带责任，过错应与责任相适应。

（二）相关规范的不合理之处

1. 过错（勤勉尽责）的认定方面

普通注意义务和特别注意义务的边界不明晰是我国现行规范在过错认定方面存在的主要问题。《公司债券发行与交易管理办法》（2021年修订）和《债券会议纪要》并未给出区分普通注意义务和特别注意义务的具体方案。

2. 因果关系方面

关于证券虚假陈述因果关系的规定主要围绕股票展开，但是近年来，债券虚假陈述纠纷

---

[*] 本文为中国证券业协会2021年优秀课题。课题负责人：梁世鹏，中国银河证券股份有限公司执行委员会委员、合规总监。课题组成员包括：周晓明，中国证监会稽查总队复核处处长；潘多亮，中国银河证券股份有限公司法律合规总部总经理；赵吟，法学博士，西南政法大学民商法学院教授、硕士生导师；罗许，中国证监会处罚委员会综合处副处长；徐峰，中国银河证券股份有限公司法律合规部副总经理；郭青青，法学博士，中国银河证券股份有限公司法律合规总部投行与研究业务合规管理部负责人。原载于《中国证券》2022年第4期。

日益增多。现行立法未充分考虑股债的差异以及债券市场的特殊性，在因果关系方面仍然仿照股票进行规定，没有重视债券市场的特殊性。

3. 责任承担方面

检视我国现行立法在责任承担方面的规定，继续遵循《证券法》，让中介机构未充分合理地承担连带责任显然过于严苛，亟须重新构建中介机构责任承担制度。

二、以"注意义务"为核心的勤勉尽责判断

在现有案例中，法院认定中介机构过错的标准模糊，没有区分违反的是特别注意义务还是普通注意义务。法院在进行说理时，一般只笼统地表述中介机构未尽到"最基本的""必要的"或"适当的"注意义务，但没有明确说明违反的注意义务的具体类型。

本文将债券中介机构分为债券承销机构和债券服务机构，通过问卷调研的方式，了解债券承销机构和各类服务机构对于自身及其他中介机构承做债券融资项目时，尽职调查的广度及深度，以及中介机构间职责边界的认知与判断。通过对问卷①结果进行分析，得出各行业对120个核查事项②归属的注意义务类别及注意义务程度的大小③，并在此基础上尝试厘清不同中介机构的专业职责和注意义务的范围、边界和重合之处，以促进各中介机构归位尽责。

（一）承销机构的注意义务

1. 总体情况分析

将承销机构、会计师事务所、律师事务所、评级机构四类机构自评打分和其他机构对承销机构交叉打分的最终平均值进行对比，发现承销机构的自评打分高于其他机构的自评打分，说明承销机构相对于其他机构，在债券业务承做过程中整体的"责任意识"最高（见图1）。其他机构对承销机构的整体打分较为一致，与承销机构的自评平均分也较为接近，这在一定程度上反映出债券承销机构自身和债券服务机构对承销机构"班长职责"的认可，体现了承销机构在整个债券尽职调查阶段的重要性。

2. 普通注意义务

从本次调研的承销机构整体打分来看，在120个核查事项中，承销机构自评均认为低于5分的核查事项仅有5项（见表1）。这5项全部与评级相关，其中打分最低的是"核查跟踪评级安排"这一事项。根据注意义务系数平均值进行定性，可将承销机构行业的5个打分

---

① 课题组向30家证券公司、17家会计师事务所、22家律师事务所以及12家评级机构发放了调研问卷，最终回收了来自证券公司的150份、来自会计师事务所的26份、律师事务所的35份以及评级机构的18份有效问卷。此外，承销机构仅进行了自我评分，没有对其他机构进行评分。

② 课题组从"上海证券交易所公开发行公司债券募集说明书参考文本"、《公司债尽调指引》和"证券公司投行制度流程文件关于债券发行与承销项目重要事项尽职调查情况问核表"中提取了120项主要的核查要点，将其分为债券信息相关、债券增信机制相关、信息披露相关、中介机构资质、存续期管理、发行人信息核查六个类别。

③ 按照中介机构对于该核查事项注意义务的程度进行评分，满分为10分，打分越高，注意义务越高。如果判定对某一项承担特别注意义务，注意义务系数评分应在5—10分（不包含5分；以下区间皆不含下限）；如果判定对某一项承担普通注意义务，注意义务系数评分应在1—5分；如果判定对某一项无注意义务，注意义务系数评分为0分。

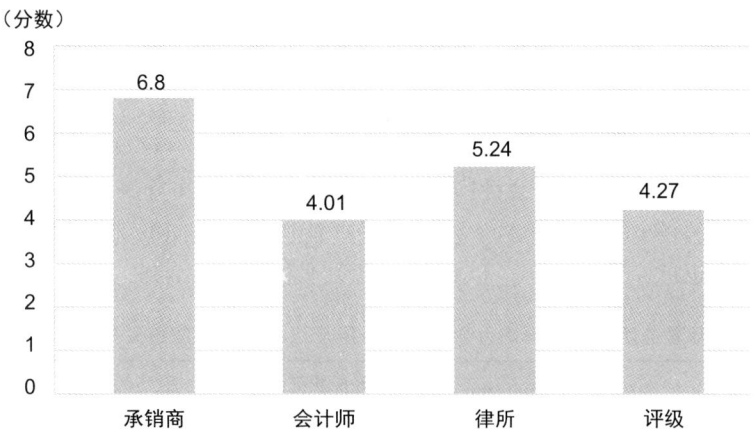

图 1　各机构对 120 项核查事项自评对比

事项定性为其普通注意义务。根据问卷，承销机构对于评级机构相关工作成果的关注、复核重视程度是最低的。

表 1　　　　　　　　　承销机构打分平均值低于 5 分的核查事项

序号	核查事项	注意义务平均值
19	核查评级机构出具的评级报告内容	4.37
20	核查本次债券信用等级高于发行人主体信用等级的原因及合理性	4.97
21	核查评级报告揭示的主要风险	4.62
22	核查报告期历次主体评级情况、变动原因及与本次评级结果的差异情况	4.81
23	核查跟踪评级安排	3.82

3. 特别注意义务

在承销机构自评认为属于特别注意义务的事项中，高于 8 分的核查事项仅有 4 项，其中 3 项打分最高的都属于与债券信息相关的类别，可以据此推断承销机构行业在尽职调查时对债券信息相关的核查事项关注度最高。7—8 分的核查事项有 53 个，大多属于与债券信息、债券增信机制、发行人信息相关的核查事项；6—7 分的有 47 个，大多属于与中介机构资质、存续期管理、发行人信息相关的核查事项。由此可见，6—8 分占到了承销机构注意义务打分平均值的绝大多数。这在一定程度上反映出承销机构对自身职责和注意义务的定位，即承销机构对大多数核查事项都应尽到特别注意义务，且注意义务程度较高。但也并非所有事项都属于高打分事项，因此达不到保荐人"全面核查验证"的程度。5—6 分的核查事项有 11 个，这一区间的数量占比较小，但是属于特别注意义务。这些核查义务大多属于会计师专业范围内的财务事项，能够影响发行人的偿债能力，因此较为重要。承销机构对这些事项也需尽到特别注意义务，但较之前的 7—8 分类型而言关注度相对较低。从其他机构对这 11 个核查事项给承销机构的打分来看，其他机构也认为属于承销机构的特别注意义务。

（二）会计师事务所的注意义务

首先，通过观察会计师事务所自评注意义务部分，发现其自评为特别注意义务的事项在各行业认知较为一致。其次,在会计师事务所自评为普通注意义务的事项上,各中介机构的意见有部分出入。对于会计师事务所自评为普通注意义务,但其他行业均认为属于特别注意义务的事项,应当尊重市场的多数观点,定性为特别注意义务较为妥当(见表2)。此外,针对仅有一方认为属于会计师事务所特别注意义务的事项,该方评议出的注意义务系数均分徘徊在 5—6 分。这意味着,对于会计师事务所而言此类事项究竟属于何种注意义务虽存在争议,但相互之间的评分差距并不大。这种结果可能源于行业间的认知差异,但是会计师事务所在执业过程中也应当审慎履职,以免日后遭受不利的法律后果。

表 2　　律师事务所、评级均认为会计师事务所应当履行特别注意义务的事项

序号	核查事项
38	核查税项:投资债券所需缴纳税种、税收政策、税收风险、所应缴纳税项是否与债券的各项支付构成抵扣
56	核查重大资产重组情况:发行人是否符合间隔期要求和模拟计算条件等;核查发行人财务管理制度的建立或运行情况
73	核查发行人财务管理制度的建立或运行情况;核查发行人获得主要贷款银行的授信情况及使用情况
113	核查发行人获得主要贷款银行的授信情况及使用情况
115	核查发行人及其主要子公司因拨改贷、债转股或其他国家政策等历史原因尚未偿付债务的情况

(三) 律师事务所的注意义务

通过对比各类机构的交叉评分,发现仅有 46 个事项应属律师事务所的何种注意义务类别各机构之间存在不同意见。在这 46 项中,有 22 项仅有一方打分高于 5 分。通过考察这 22 项的具体内容,其中涉及资产、负债等财务信息的 9 项,应属于与法律事项相关性较低的事项,即不属于律师事务所应负特别注意义务的事项,其注意义务系数应当低于 5 分。余下的 13 项,均需要律师事务所对相关法律规范文件等进行分析处理。46 项中的其余 24 项,均为律师事务所认为自己应当承担特别注意义务,而会计师事务所与评级机构却持不同意见。对于这 24 项,每一项均有占多数的机构认可其属于律师事务所的特别注意义务,因此对这类情形可以不作讨论,应尊重律师事务所的自评观点。

(四) 各机构对特殊评级事项的注意情况分析

通过观察 18 份评级机构填写的调查问卷结果,评级机构 120 个事项自评 7 分以上的仅有 7 项(见表3)。对于评级机构负高度注意义务的这些事项,会计师事务所均负普通注意义务,律师事务所对部分事项负特别注意义务,而承销机构仅能确定地对"核查评级报告内容"这一事项负普通注意义务。

表 3　　　　　　　　　　7 分以上的事项列举

序号	核查事项
16	核查是否有对已公开发行的公司债券或者其他债务有违约或者延迟支付本息的事实
19	核查评级机构出具的评级报告内容
20	核查本次债券信用等级高于发行人主体信用等级的原因及合理性
21	核查评级报告揭示的主要风险

续表

序号	核查事项
22	核查报告期历次主体评级情况、变动原因及与本次评级结果的差异情况
23	核查跟踪评级安排
25	核查本期债券的担保形式

三、中介机构担责的因果关系识别

根据现有规定，实践案例中对虚假陈述的因果关系认定皆采取推定方式，缺少对中介机构因果关系的单独识别和论述，且债券市场具有特殊性，理应对其因果关系认定作单独考量。

(一) 债券市场因果关系推定的反思

我国现行规定吸收了欺诈市场理论，对于证券虚假陈述纠纷同样采取对因果关系进行推定的方式。但从公司债券市场的特性出发，可以发现欺诈市场理论用于公司债券市场缺乏足够的合理性。

1. 有效市场基础缺失

欺诈市场理论能够成立的一个前提是有效市场假设，即公司债券市场至少要达到半强势有效状态，欺诈市场理论的适用才有其合理基础。然而，现有研究无法证明公司债券市场满足有效性要求。从考量市场有效性的 Cammer 因素来看：一是公司债券市场换手率低，市场活跃度低；二是债券市场证券分析师数量少、由于存在以还本付息为主的收益机制等因素，导致公司债券市场信息敏感度低。因此，债券市场不具备适用欺诈市场理论的前提。

2. 投资者保护目的弱化

欺诈市场理论诞生的一个重要原因在于减轻普通投资者的举证困难，保护其投资权益。然而公司债券市场中以专业机构投资者为主，这类投资者各方面的专业能力均强于普通投资者，且不弱于中介机构。因此，对于专业机构投资者采取与普通投资者同等的保护手段，将导致利益配置失衡。

基于上述原因，在公司债券市场不应当"一刀切"地适用推定因果关系，而应当进行个案衡量，仅对个别满足有效性要求的债券和普通投资者持有的债券适用推定因果关系。

(二) 债券虚假陈述中因果关系的认定路径

1. 交易因果关系

(1) 虚假陈述是否具有重大性。虚假陈述是否具有重大性，决定着虚假陈述信息是否会对投资者的决策产生影响。首先，债券虚假陈述内容应当是与发行人偿付能力相关的重要内容，相关事项可参考《公司信用类债券信息披露管理办法》第18条的规定，并在个案中结合相关信息具体判断；其次，还应当考虑该事项对于发行人偿债能力的影响程度是否达到了重大，可从是否导致交易价格或交易量显著变化、评级结论变化等角度，结合专家意见进行认定。此外，需要注意行政责任与民事责任的区别，明晰行政处罚在认定重大性的过程中仅起着合理参考的作用，而非决定性因素。

（2）投资行为是否实际受虚假陈述信息影响。满足重大性之后，法院需认定投资者是否实际受该虚假陈述的影响。首先，需要对投资者身份进行识别。机构投资者应当负有更重的举证责任，可以要求其提供相关原始记录文件；其次，针对投资者的主观心理，应当对其知道或者应当知道存在虚假陈述仍进行投资的行为予以规制，否定全部或部分因果关系；最后，应当关注投资者交易行为，将虚假陈述的性质与投资者做出交易行为的时间节点相结合，推断投资决策是否依据虚假陈述信息做出。

2. 损失因果关系

对于损失因果关系的认定，重点在于排除其他介入因素对损害后果的影响。参考股票市场做法，应当对系统风险和非系统风险进行定性和定量分析，以便合理排除介入因素。债券纠纷中，投资者损失通常与债券本息相关。系统风险和非系统风险都应当以影响发行人经营状况为原则。判断系统风险可参考债券市场中一系列针对不同券种、不同市场的债券指数，以及各种证券机构发布的行业研报等。判断非系统风险可参考债券发行募集说明书中发行人已经披露的财务风险、经营风险、管理风险等；债券发行方的年度报告、半年报告等文件中所披露的相关经营不利的信息等。根据以上判断，可对系统风险和非系统风险进行有步骤的剥离。

四、中介机构虚假陈述责任形态的场景化构建

当前现有实践中的很多案例并未遵循"过责相适应"的侵权法基本原则，即便在区分过错程度的案件中，法院对过错程度的表述也相对模糊，有失精准。因此亟须对中介机构于不同过错程度场景下的责任形态进行体系化构建。

（一）中介机构故意场景

故意场景下，主要考量中介机构与发行人是否存在意思联络、因果关系是否聚合等因素，进而匹配全额连带责任或者部分连带责任。

如果中介机构与发行人属于有意思联络的主观故意时，两者因形成一体性而应对全部损失承担全额连带责任。如果中介机构与发行人不存在意思联络，则应当考察中介机构的虚假陈述侵权在因果关系上是否聚合，即考察中介机构的单独行为是否能够造成全部损害，能造成的则构成因果关系聚合，中介机构承担全额连带责任；反之，则承担部分连带责任。

（二）中介机构过失场景

过失场景下，需要明确认定过失程度的规则。应从两个维度考虑中介机构的过失大小：一是中介机构所负注意义务的类别，是特别注意义务还是普通注意义务；二是中介机构的履职情况，是完全未履行还是未完全履行。结合以上两个维度的实际情况，综合判断中介机构的过失大小。

重大过失主要表现为中介机构严重违反特别注意义务，完全未履行相应的核查程序。一般过失分为两种情形，包括未完全履行特别注意义务的核查程序以及完全未履行普通注意义务的复核程序。轻微过失则是对于普通注意义务项下的核查事项未完全履行复核程序。根据

以上过失程度的划分，将所认定的过失程度与相应责任形态匹配。

重大过失时，应当承担部分连带责任。在确定部分连带责任的具体份额时，首先，应在明确司法独立判断的基础上，合理参考行政执法机构的意见；其次，可以参考环境侵权司法解释，明确或者细化各考量因素的种类和权重；最后，可发布一批债券市场虚假陈述的典型案例，统一裁判思路。

一般过失时，应当承担补充赔偿责任。如直接推行补充赔偿责任存在障碍，建议先行在私募债券领域适用补充赔偿责任。仅存在轻微过失时，可能因欠缺因果关系而不承担民事责任，仅由相应主管机关作出行政监管措施或者自律监管措施进行行政纠偏。

投资者适当性管理制度机制优化研究

胡婷婷[*]

2016年12月中国证监会发布《证券期货投资者适当性管理办法》，自2017年7月1日起施行。该办法是我国证券期货市场首部关于适当性管理和投资者保护相关的规章制度，对保护中小投资者权益、构建健康稳定的资本市场有着深远的意义。2019年12月全国人大常委会修订通过新版《证券法》，自2020年3月1日起施行。新《证券法》首次将适当性管理写入法律，将投资者保护的重要性提升到了一个新的高度，从此适当性管理实现了真正的有法可依，也对资本市场的各类参与者提出了更高的要求。

《证券期货投资者适当性管理办法》和新《证券法》的施行是适当性管理在资本市场发展中的两个重要节点，带领中国资本市场投资者保护进入了一个新的阶段。但相较于成熟市场，我国证券期货市场适当性管理发展相对较晚，规则体系仍有待完善的地方。本文在适当性管理规则体系国际比较基础上，提出我国适当性管理实践中发现的问题与优化建议。

一、适当性管理规则体系概述

（一）我国适当性管理规则体系

1. 法律体系层面

从法律体系上来说，从上至下包括法律、行政法规、部门规章和自律规则都对金融机构的适当性管理或多或少提出了要求，在不同的效力层面对资本市场参与者进行约束。

法律层面，全国人大常委会制定《证券法》，设立投资者保护专章，约定证券经营机构在适当性管理方面应履行的义务，证券经营机构应当向投资者销售、提供与其自身风险、资产等状况相匹配的证券、服务；《基金法》也提及基金销售机构应向投资者充分揭示产品风险，并根据投资者的风险承受能力销售相应风险等级的产品。

行政法规层面，国务院制定的《证券公司监督管理条例》要求证券公司应根据了解到

---

[*] 作者简介：胡婷婷，兴业证券股份有限公司财富管理部合规风控岗。原载于《中国证券》2022年第8期。

的客户情况推荐适当的产品或者服务，并向投资者讲解业务规则和合同内容。

规范性文件层面，中国证监会制定《证券期货投资者适当性管理办法》，该办法以评估投资者风险承受能力和产品风险等级、充分揭示风险、提出适当性匹配意见为核心内容，规范经营机构的适当性管理义务。此外，中国证监会在具体的产品销售、投资顾问等业务制度中，也有关于适当性管理的相关表述，包括《证券投资基金销售适用性指导意见》《私募投资基金监督管理暂行办法》《证券投资顾问业务暂行规定》以及《证券公司融资融券业务管理办法》等。

自律规则层面，各自律组织在法律法规的基础上，更进一步细化了各经营机构落实层面的要求，明确了各类业务不同的适当性管理措施。中国证券业协会制定的《证券经营机构投资者适当性管理实施指引（试行）》，中国证券投资基金业协会制定的《基金募集机构投资者适当性管理实施指引（试行）》，均是以上位法为依据，在投资者分类、服务或产品分级标准及适当性匹配原则等方面，进一步明确相关程序、方法和标准，并提供了风险测评问卷等适当性文件参考模板。沪深证券交易所、北京证券交易所（以下简称"北交所"）和全国股转公司作为全国性的证券交易场所，在制度层面明确了各类交易品种、交易方式的投资者准入标准、风险揭示要求等，并提供业务协议模板及风险揭示书必备条款供各证券公司参考使用。例如，北交所股票正式上市交易前，北交所发布了《北京证券交易所投资者适当性管理办法（试行）》，明确投资者参与北交所股票交易的相关准入要求和证券公司应履行的义务。

2. 经营机构落实层面

证券经营机构在适当性管理体系建设上，大多以《证券期货投资者适当性管理办法》和《证券经营机构投资者适当性管理实施指引（试行）》为蓝本，大的制度设计上以客户分级、产品分类和适当性匹配为主要内容，分别制定相应的规则，明确具体的方法、程序和流程。同时，为规范业务人员管理，会制定专门的培训和考核机制，将适当性管理和人员的日常管控有机结合。此外，各证券经营机构根据证券交易所和股转公司的业务安排，在具体的业务制度中明确各类业务品种、交易方式、产品类型各自的适当性管理细项要求，有的经营机构更细化地制定了各业务专门的适当性管理制度，流程安排上更为细致，方便业务人员快速找到各类业务的适当性要求并遵章执行。

（二）美国与日本适当性管理规则体系

投资者适当性起源于美国，早在1939年就第一次采用了适当性的原则。美国金融业监管局（FINRA）于2007年成立以来，制定了一整套的适当性管理规则制度，逐渐形成了多层次的适当性规则体系。2008年金融危机后，监管趋严，对投资者适当性管理的要求也不断强化。2011年5月，美国金融业监管局发布"2111规则"（Rule 2111）和"2090规则"（Rule 2090），这两个规则成为新的适当性自律规则。"2111规则"指客户适当性，包括2条基本规则和7条补充规则，经营机构在向客户销售产品或服务时，应当有合理依据认为其推介的产品或服务适合客户；"2090规则"指了解你的客户，经营机构在给客户开立账户和维持账户时，应当充分了解客户的基本信息和关键事实。2010年颁布的《多德－弗兰克法案》则进一步提高了投资者适当性管理义务的要求。证券经营机构在推荐具体的服务或产品时，相关适当性要求由证券交易所提出，交易所制定相关规则必须遵循美国金融业监管局发布的"2111规则"。美国金融业监管局、证券业自律监管机构和交易所的自律规则整合，形成了美国统一的适当性管理规则体系。

日本的适当性管理制度发展也相对完善。早在1974年，日本就引入了适当性管理的概念；此后，随着资本市场的不断发展，日本监管机构逐步制定更为细化的适当性管理规定，将适当性管理要求通过立法进行明确。1992年，日本修订《证券交易法》，增加了适当性管理专章，明确投资者适当性管理的基本原则：不得向投资者主动推介不符合其资产、经验和知识状况的产品或服务。2000年，日本颁布《金融商品销售法》，第一次对适当性管理制度进行了系统全面的阐述。2006年，日本修订《证券交易法》，并将其更名为《金融商品交易法》，规定了适当性制度的总体原则和对经营机构具体的适当性要求。至此，《金融商品销售法》和《金融商品交易法》两部法律构成了日本适当性管理制度的基石。随着市场的变化，日本监管机构也在优化监管理念，修订两部法律规则，以更好地适应市场的发展。

二、实践困境

顶层制度设计的初衷必然是为了推动资本市场又好又稳地发展，更好地维护资本市场各参与者的合法权益，然而制度落地往往受到各种现实因素的制约，或受限于制度自身的不完善，或受限于执行不到位等。我国适当性管理机制自2017年全面落实以来已5年，各经营机构不断探索制度落实路径，但在实践中仍有以下几点困境。

（一）部分制度规则现实落地难度大

制度规则的制定出于推进业务合规稳健发展的考虑，会提出一些较为严格的要求，证券经营机构在实际操作中会发现存在规则无法落地或落地难度很大情况，也有一些比较高的要求由于客户配合程度低、客户无法出具证明文件等因素，无法实际执行，市场参与者有可能因此放弃该项业务，这将会制约业务本身的发展。在合规和业务发展平衡中，制度规则的制定或许可以有进一步完善的空间。

以在适当性匹配意见告知环节为例，《证券期货投资者适当性管理办法》第二十一条规定，经营机构应当根据投资者和产品或者服务的信息变化情况，主动调整适当性匹配意见，并告知投资者。在落实层面，客户或服务、产品风险等级变更时，部分证券公司通过短信和系统终端提醒的方式告知客户适当性匹配情况，但客户回复确认的效率并不高，且业务量庞大，与客户一一回访确认也不现实，难以了解到客户是否实际了解。对于此类情形，由于实践中实现难度较大，在规则制定时，可以酌情考虑证券经营机构将适当性匹配变更结果以与客户约定的方式送达给客户，即可认为履行了相关义务。

再如交易所在债券适当性管理制度中要求，证券经营机构评估投资者风险识别和承受能力并告知不适合购买相关债券后，投资者仍要求购买的，应进一步了解其投资的资金来源、投资损失后的损失计提、核销等承担损失方式。对于了解投资损失后的损失计提、核销等承担损失方式，实际操作难度较大，尤其是个人投资者难以明确计提、核销方式。对于合格投资者准入环节，应考虑落实的可行性，了解客户投资交易情况、资金来源、资产状况或收入情况即可。

(二) 缺乏统一的行业认定标准

法律、行政法规层面的制度多为原则性要求，行政规章、自律规则相对细化，但也往往难以对具体的业务标准进行认定，导致实际落地时，各家证券期货经营机构标准不一，客户也往往有"为什么不同证券公司的要求相差很大"的疑问。虽然各证券经营机构由于自身风险管控能力和承受能力不一，会有不一样的要求，监管机构也给予了经营机构充分自由裁量权，但缺乏标准的自由裁量可能导致一定程度的管理失控。行业应该有一个相对的标准，政策制定部门可以画一条标准线，各证券经营机构在平行线相对范围内浮动，推动市场朝着理想的中轴驱动。

仍以合格投资者的适当性管理来说，投资者准入方面，以私募和资管合格投资者准入为例，《关于规范金融机构资产管理业务的指导意见》中明确的资管合格投资者标准与《私募投资基金监督管理暂行办法》中明确的私募合格投资者标准并不一致，各自的适用范围在制度界定上并不明确。对于类似证券公司子公司发行的私募股权投资基金，适用何种合格投资者标准没有清晰的界定。对于类似情形，应当明确私募合格投资者和资管合格投资者的适用范围，便于证券经营机构操作执行。

持续管理方面，交易所要求证券经营机构开展债券、债券质押式回购和期权业务的，应当动态跟踪和持续了解合格投资者条件，至少每两年进行一次后续资格评估。证券公司依据合规要求定期组织分支机构，综合客户资产、过往交易经验、信用状况、风险承受能力等对客户是否满足合格投资者标准进行评估，各分支机构基于对客户的全面了解进行综合评估。但实际操作中由于缺乏明确的标准，一定程度上较为依赖人为定性判断。此外，没有明确的依据终止客户权限，容易引发客户不满和投诉。规则制定中如能明确合格投资者持续评估的标准或者有效期，界定可量化的标准或者退出情形，同时明确不满足持续评估要求时证券经营机构应当采取的措施，将便于持续评估工作的推进。

(三) 制度规则之间存在矛盾或不清晰的地带

由于制度规则制定的时间有先后、政策出台背景不一致，导致不同制度在解读上会存在差异，实践中会出现两难的境地。制度的原则性要求需要有更细化的落实规则或官方进一步的解读，方便各市场参与者更好地去理解制度、落实政策。

以新《证券法》适当性管理要求为例，第八十八条规定，证券公司向投资者销售证券、提供服务时……销售、提供与投资者上述状况相匹配的证券、服务。而《证券期货投资者适当性管理办法》第十九条则规定："经营机构告知投资者不适合购买相关产品后，投资者主动要求购买风险等级高于其风险承受能力的产品的……可以向其销售相关产品。"新《证券法》明确应向投资者提供匹配的证券或服务，而《证券期货投资者适当性管理办法》则明确经营机构可以对投资者风险承受能力进行适当性匹配，两者要求在理解上存在一定的差异。在制度制定上可以出台细化的解读办法，明确投资者适当性匹配环节对于弱匹配和强匹配的要求。

三、建议及优化方向

（一）明晰标准，给予经营机构适度的自由裁量权

现有的适当性规则体系有较多的原则性要求，给予了证券经营机构较大程度的自由裁量权，证券经营机构可以依据自身对业务的理解和自身的风险经营状况，对适当性管理要求进行具体的安排。但目前市场上证券经营机构的风险管控能力和系统建设水平参差不齐，制度要求到每家机构的落实层面往往差异很大。给予自由裁量权是必要的，可以充分调动各机构的主观能动性，但自由裁量应适度，如果适当性管理无法得到有效的外部监管，管理原则就成了一纸空谈，管理要求也容易流于形式。经营机构可能更多地是为了完成监管的规定要求、满足外部检查要求进行管理，无法实质上从投资者利益保护的角度出发进行适当性管理。如能在一些管理要求上明确行业标准，给予经营机构恰当的自由裁量权，可能会更好地推动行业进步。

（二）优化政策解读机制，充分发挥监管机构的监督和指导作用

监管机构和自律组织作为制度规则的制定者，对政策规则制定的本意和要求比市场经营机构理解得更为透彻。监管机构不仅应承担监管职责，还应给予经营机构更多的指导，将政策规则具化为可落地执行的要求，引导经营机构采取适当的管理措施。通过政策解读和指导，可以在一定程度上避免经营机构过度解读或解读不到位，解决制度中义务性要求过于笼统的问题，让经营机构在实践中有章可循，真正理解制度制定者的初衷。此外，随着市场形势的变化、科技手段的进步或法律体系的完善，以往的制度要求会存在落后、不全面或无法落地等问题，而制度修订又往往需要较长的时间，通过政策解读或条文解释，可以较为快速地响应外部变化，给予经营机构更精准的指导，为经营机构指明管理方向。

（三）完善政策制定协同机制，实现规则要求的统一

政策规则一般在上位法的原则框架内进行制定，但在同一层级不同组织和监管机构制定的政策规则之间，会存在一定的不一致，给证券经营机构在落实层面造成了困难。不同监督管理机构、不同证券交易场所之间可以建立更为有效的协同机制，从投资者保护和推动市场平稳发展的角度出发，对相同性质的业务或产品建立相对统一的监督管理要求。

（四）建立完善的适当性人员管理规则体系

适当性管理落实的关键还是人员，无论是客户识别还是适当性匹配环节，一线业务人员都承担着最直接的责任，因此，做好业务人员的管理对于制度落实至关重要。目前证券经营机构落实人员管控的主要手段包括事前培训、事中监测和事后检查等，但仍然有一些疏漏和制度要求上无法全面覆盖之处。人员管控的重点是培训、考核与奖惩，培训的目的在于增强人员的合规意识、提升适当性管理认知，考核与奖惩在于通过活动量考核、结果考核等方式对人员起到正向激励和负向威慑作用。《证券法》已从法律层面对适当性禁止行为的法律责任进行了明确，在实践中可以建立更细化的自律规则，从适当性管理的多个维度制定行业考核培训要求，一方面给予经营机构相关指导，另一方面对一线业务人员建立行为准则。

我国证券仲裁试点的若干问题探究
——以投资者保护为中心

李元双　葛欣荣　樊一璞*

近年来，随着我国资本市场的壮大，证券纠纷日益增多，呈现出专业性强、主体众多、解决难度大等特征，而行政监管和司法资源有限，因此各方一直呼吁加大运用协商、调解、仲裁、诉讼等多元化方式解决证券纠纷。仲裁作为解决证券纠纷的重要方式之一，虽然实践已经较为丰富，但相关机制尚不成熟，对投资者保护力度尚显不足，专门化的证券仲裁制度及机制建设显得更为迫切与重要。

一、证券纠纷与证券仲裁

证券纠纷，是指在证券发行、交易、服务及对证券市场进行监督管理等环节发生的争议。广义的证券纠纷涉及复杂的主体，如证券投资者、证券发行人、中介机构、自律组织以及监管机构等，本文所述证券纠纷指平等主体之间发生的基于证券有关民商事法律关系产生的纠纷，不包括不平等主体之间（如投资者和监管机构之间）发生的基于行政管理关系产生的纠纷。

证券仲裁即证券纠纷仲裁，是证券纠纷和仲裁两个概念的复合，是指平等主体之间就证券纠纷依据合同中的仲裁条款或事后达成的仲裁协议，将证券纠纷交付仲裁裁决的一种准司法制度。证券仲裁具有一般仲裁的特点，如自愿性、专业性、保密性、灵活性、高效性以及国际性等，但在某些特点上证券仲裁可能更为突出，尤其是专业性。

---

* 作者简介：李元双，开源证券股份有限公司合规法律部副总经理；葛欣荣、樊一璞，均供职于开源证券股份有限公司合规法律部。原载于《中国证券》2022年第8期。

二、证券仲裁的历史沿革与现状

(一) 历史沿革

我国的证券仲裁制度伴随证券市场的建立而诞生,随着其发展而不断发展,并在证券纠纷解决中不断深化,共经历了三个历史阶段:

第一阶段:中国证券市场设立之初至《证券法》颁行,这一时期我国尝试建立证券仲裁制度,但实践效果并不理想。

我国《仲裁法》和《证券法》颁行前,上海证券交易所于1990年制定《交易市场业务试行规则》、1991年制定《仲裁实施细则》,对证券仲裁制度进行了规定。1993年4月,国务院颁布了《股票发行与交易管理条例》,首次用行政法规的形式明确了证券仲裁制度。1993年8月提交第八届全国人大常委会第三次会议审议的《证券法(草案)》曾对证券争议仲裁制度作过规定。

1994年10月11日,中国证监会发布《关于证券争议仲裁协议问题的通知》,规定"证券经营机构之间以及证券经营机构与证券交易场所之间因股票的发行或者交易引起的争议必须采取仲裁方式解决",但实践的结果并未使仲裁成为适应社会主义市场经济发展需要的解决证券纠纷的重要方式。1998年《证券法》正式颁行时,草案中有关证券争议仲裁制度的几则条文被删除了。

第二阶段:《证券法》颁行后至2021年,中国证券市场发展了30年,证券纠纷数量爆发式增长,证券仲裁协议示范条款得到推广,为证券仲裁制度的建立奠定了实践基础。

2004年1月,中国证监会和国务院法制办印发了《关于依法做好证券、期货合同纠纷仲裁工作的通知》,规定证券发行人、证券公司、证券中介机构、登记结算机构等主体之间的证券、期货合同纠纷适用仲裁方式解决。此后,《中国证券期货市场衍生品交易主协议》《中国银行间市场债券回购交易主协议》《上海证券交易所债券质押式协议回购交易主协议》等证券市场标准化合同中,有关争议解决的约定均选用了仲裁。在此期间,证券纠纷的仲裁成为金融仲裁的一部分,全国多地设立了金融仲裁院。如2004年4月郑州仲裁委员会设立了金融仲裁中心;2007年12月18日,我国内地首家金融仲裁院在上海成立。

第三阶段:2021年以后,中国证券仲裁实践再起航,深入探索证券仲裁的中国模式。

2021年5月11日,中国国际经济贸易仲裁委员会上海证券期货金融国际仲裁中心设立。同年7月,中共中央办公厅、国务院办公厅印发《关于依法从严打击证券违法活动的意见》,明确提出"开展证券行业仲裁制度试点",对证券仲裁制度作出了"顶层设计"。2021年10月15日,中国证监会、司法部联合发布了《关于依法开展证券期货行业仲裁试点的意见》(以下简称《试点意见》),明确提出"完善证券期货纠纷多元化解机制、开展证券期货行业仲裁试点、适用专门的仲裁规则",扩大了证券仲裁的范围。《试点意见》出台半个月后,深圳证券交易所和深圳国际仲裁院联合设立全国首个证券仲裁中心——中国(深圳)证券仲裁中心[①],率先启动证券期货行业仲裁试点。

---

① 根据2021年11月22日《经济日报》第七版《全国首个证券仲裁中心在深圳揭牌——探索证券仲裁中国模式》:2020年,深圳国际仲裁院受理仲裁案件7 453宗,争议金额合计616.29亿元。其中,金融和资本市场类案件达4 126宗,占受案总量的55.36%。正是依托资本市场的迫切需求,中国(深圳)证券仲裁中心的发展空间巨大。

(二) 现状

我国证券仲裁的历史沿革充分反映出这一制度在证券纠纷解决过程中发挥了重要作用，但在投资者保护方面暴露出明显不足，这也进一步推动了证券仲裁试点改革。

一方面，现有仲裁制度无法满足投资者保护的需要。近年来，证券纠纷案件大量涌现。证券仲裁往往具有案涉金额巨大、交易结构复杂、专业性强、解决难度大等特征，部分典型的证券纠纷案件影响广泛。然而作为证券纠纷解决机构的仲裁机构不是专门为证券纠纷而设立的，他们在处理纠纷时的依据主要是更高位阶、更为原则化的法律和行政法规，仲裁员也可能缺乏证券行业的实践经验，面对复杂、专业、新型的证券纠纷，可能作出与市场实践脱节的裁定。

另一方面，投资者保护的社会效应对仲裁制度提出了更高要求。证券纠纷的特殊性决定了投资者保护不是简单的对个案投资者保护，任何个案都可能对市场上所有投资者保护形成示范效应。如果最终处理结果与市场主体的司法期待和通常认知存在较大偏差，则会导致行政监管、自律监管与司法案例在价值判断、社会效应等方面发生冲突，进而影响市场主体的行为预判，进一步削弱投资者保护力度。因此，建立健全证券仲裁制度显得尤为迫切和必要。

三、证券仲裁试点的若干问题探讨

为充分保护投资者权益，维护资本市场的有效秩序，公平、公正、高效地解决纠纷，应从多个方面着手，对证券仲裁进行尝试和探索，发挥证券仲裁试点对投资者保护、仲裁机制改革的引领作用。

(一) 构建兼顾效率、成本与公平、兼容国际仲裁规则的证券仲裁规则

笔者认为，可考虑由证券行业自律组织联合相关司法部门指定试点的仲裁机构主导制定证券仲裁规则，并由证券监管部门、司法部门监督和审定，保障行业自律和行政监管目标相吻合，制定的具体规则对今后各类证券仲裁机构具有参考甚至强制适用的效力。具体的规则设计建议如下：

1. 建立证券仲裁监管制度

虽然仲裁的优势在于保密性，但保密性和透明度之间应当取得平衡，因此，有必要由专业监管机构对行业仲裁进行适度监管，确保仲裁机构不因营利性而偏离"初心"，即公平、公正、高效地解决纠纷，保护投资者利益。笔者建议，除证券监管部门、司法部门事前监督审定仲裁规则之外，还可通过独立评估机构对证券仲裁机制的运作进行事后实证分析，如向用户进行问卷调查，定期检查现有程序存在的问题。

2. 引入强制仲裁机制

投资者担心仲裁受操控而出现不公正后果的现象长期存在，因此，建议将证券仲裁案件分为两类：一类是资本市场自律组织会员之间的仲裁，另一类是会员与投资者之间的仲裁。会员之间的仲裁适用强制仲裁，但在会员和投资者之间，如果投资者认为适用仲裁程序更合适，即使没有仲裁协议，也可以由投资者单边发起，在没有仲裁协议的情况下投资者享有仲裁和诉讼的选择权。

3. 明确宽泛法律适用

证券业作为强监管行业，经过数十年的发展已经构建了完备的行政监管和行业自律规则体系，该规则体系是各类证券市场主体行为的"说明书"，对各方权利义务的分配给予了较为详细的评价，得到了市场主体的普遍尊重和自觉遵守。这些规则和惯例对及时、妥善处理证券纠纷，突出仲裁灵活性、自愿性的特点，增加仲裁工作的活力具有重要意义。因此，证券仲裁可以鼓励适用部门规章、行业监管规则、自律规则以及证券市场的惯例解决纠纷。

4. 确立证券仲裁第三人制度

在普通的商事仲裁中，是否需要引入商事仲裁第三人制度的问题一直存在争议。但是，笔者认为探索和构建证券市场低成本、高效率解决纠纷的机制是我们所追求的目标，因此，建议证券仲裁试点确立第三人制度，该制度有利于节约社会资源、避免矛盾仲裁、有利于涉及多方当事人争议的快速解决。实务中已经有少数的仲裁机构的仲裁规则对商事仲裁第三人制度作了规定，如2015年1月1日起施行的《中国国际经济贸易仲裁委员会仲裁规则》第18条规定了追加当事人制度。

5. 合理设计收费规则

我国目前仲裁收费标准高于法院诉讼收费标准，特别是证券仲裁，涉及标的较大，给投资者特别是权益受损的投资者造成较大的经济负担。《试点意见》提出，"试点仲裁委员会可以制定符合证券期货类案件特点的专门收费办法"，笔者建议证券仲裁适当降低收费标准，以减少当事人尤其是中小投资者的负担。

6. 推动裁审标准统一

目前较为普遍的同案不同裁现象，严重损害了仲裁的公信力。建议可考虑借鉴东营市劳动人事争议裁审协同办公平台经验，建设证券纠纷裁审协同办公平台，平台具备裁审文书上传、法律法规、关联案件、参考案例自动推送等功能，并利用这些数据构建起证券争议案件标准资源库。仲裁员可以从中学习相应的裁审规范，进而统一裁审受理标准和法律适用标准，共同制定出台相关统一意见，为积极化解证券期货纠纷、及时有效提出司法建议提供数据支持。

7. 完善证券仲裁执行规则

证券仲裁裁决的执行标的比较特殊，诸多资产可豁免被强制执行，如证券公司不得被冻结及不得被整体冻结银行账户白名单所列的资产等，但是当前司法实践中，经常遭遇被错误冻结的情况。因此，建议整合散见于不同法律、法规的证券执行规则，制定专门的证券仲裁案执行规则，用专门制度保证仲裁裁决执行。

8. 兼容国际仲裁规则

证券仲裁制度的试点和完善应该考虑促进国际仲裁合作、提升我国仲裁竞争力以及维护国家金融秩序等方面的问题。特别是目前金融开放水平进一步提升，境外投资者涌入我国证券市场，对该类投资者在证券仲裁程序中的保护应当一视同仁，同时考虑涉及国际商事争端多发趋势，证券仲裁制度要兼容国际仲裁规则。

（二）创新证券专业仲裁员选聘及回避机制

"仲裁员的好坏决定了仲裁的好坏"，这句法律领域的俗语极具概括性地说明了仲裁员在整个仲裁法体系中的决定性地位和作用。因此，创新仲裁员选聘、回避机制，提升仲裁员的专业水平，能够提高证券纠纷和争议解决的专业性、公平性、高效性和权威性，也能够更有效地保护市场主体尤其是普通投资者的合法权益。

1. 建立专门的证券专业仲裁员名册

首先，《仲裁法》第十三条"仲裁委员会按照不同专业设仲裁员名册"的规定，已经为仲裁机构分专业制定仲裁员名册提供了法律依据。其次，可以对证券专业仲裁员在《仲裁法》[①]规定的选聘条件的基础上设立更严苛的准入标准，即对拟进入证券仲裁专业仲裁员名册的仲裁员，一是审查其是否符合我国《仲裁法》规定的仲裁员资格；二是制定和考察申请者的教育背景、专业背景、从业经历、过往裁决案件质量等条件是否满足进入证券专业仲裁员名册的标准；三是对申请者进行统一专业考试，考核其对证券纠纷相关法律法规、仲裁规则和程序、主持庭审、制作裁决书的能力，考试通过后，列入证券专业仲裁员名册并在相关渠道公示。

2. 完善名册外仲裁员推荐机制

目前我国《仲裁法》并未禁止当事人约定选择仲裁员名册外的仲裁员，只是对仲裁员的聘任条件作了明确规定。然而实际情况却是，无论是专业投资者抑或是普通投资者，均按照惯例从各仲裁机构仲裁员名册中选择仲裁员。随着证券纠纷愈发专业化和复杂化，以及各仲裁机构仲裁员名册更新不及时、地域涵盖面窄、不能掌握全部证券行业专家等弊端，当事人对仲裁员选择的需求将难以通过仲裁员名册得到满足，而开放仲裁员名册、完善仲裁员推荐机制则可以让当事人就特定证券纠纷案件选择更符合条件的专家担任仲裁员，从而更有利于纠纷案件仲裁化解的专业高效，增强证券仲裁的公信力。截至目前，包括中国国际经济贸易仲裁委员会[②]在内的多家仲裁机构已经在相关仲裁规则中开放了仲裁员名册，允许当事人推荐或者约定选任仲裁员，证券仲裁对此更应当鼓励和探索。

3. 强化仲裁员信息披露内容

目前各仲裁机构的仲裁员名册中公开披露的仲裁员信息仅包括姓名、专长和居住地，专长领域也按大类划分，并未具体明确，披露教育背景的仲裁机构不多。如果仲裁程序开启，在仲裁机构规定的各方当事人仲裁员选择时限内，普通投资者多数选择仲裁员极其盲目，完全不了解所选仲裁员专业领域、从业背景、过往裁决案件质量和学术成果等信息，证券仲裁相较于其他争议解决方式的优势也就无从显现。因此，为进一步保护当事人尤其是普通中小投资者的合法权益，笔者认为：首先，仲裁庭成员的组成应考虑公平因素，参考美国纽约证券交易所仲裁员的分类，将仲裁员分为专业仲裁员和非专业仲裁员，一方面强调证券行业专家的作用，另一方面在相关制度上对其有所约束。例如，会员和投资者之间的仲裁案件，在3人的合议仲裁庭中，其中2名仲裁员应是非专业仲裁员，1名为专业仲裁员，由此限制专家仲裁员的影响。其次，除在册仲裁员已公开的基础信息外，还应当披露仲裁员的学历水平、专业资格、从业背景、仲裁裁决情况、技术职称和专长、道德考核水平、信用记录等。

[①] 参见《仲裁法》第十三条，中国人大网，2017年9月12日，网址：http://www.npc.gov.cn/npc/c30834/201709/c8ca14070ead4c6d904610eea0f535fb.shtml，最后访问日期：2022年4月18日。

[②] 中国国际经济贸易仲裁委员会《仲裁规则》（2015版）第二十六条第二款规定："（二）当事人约定在仲裁委员会仲裁员名册之外选定仲裁员的，当事人选定的或根据当事人约定指定的人士经仲裁委员会主任确认后可以担任仲裁员。"网址：http://www.cietac.org/index.php?m=Page&a=index&id=65，最后访问日期：2022年4月18日。

此外，仲裁机构还可以在其官方网站中设置仲裁员信息公开平台，供当事人随时筛选查阅。

4. 完善仲裁员回避机制

一是利益冲突标准需进一步完善。目前我国《仲裁法》第三十四条并没有对当事人与仲裁员间的利益冲突程度制定具体标准。为细化、统一利益冲突和回避的认定及适用标准，建议参照国际律师协会《国际仲裁中的利益冲突指南》中的红、橙、绿三色清单①，按照对仲裁回避因素影响的大小进行非穷尽式列举，以便仲裁机构对仲裁员进行公正独立性判别。

二是证券仲裁回避的范围应当更大。根据《仲裁法》第三十四条，需要回避的人员仅包括仲裁员。为适应证券纠纷日趋复杂的仲裁实务，建议参照《民事诉讼法》及相关司法解释的规定，在立法和仲裁规则层面，将仲裁回避的范围扩大至办案秘书、翻译人、专家和鉴定人等仲裁案件相关参与人。

三是减轻普通投资者为主的当事人证明责任。《仲裁法》第三十五条规定，"当事人提出回避申请，应当说明理由"，当事人尤其是普通投资者受时间、能力和信息来源等多方面限制，应酌情减轻当事人尤其是普通投资者对其提出的回避申请的举证责任，即当事人仅需提供初步线索并引起合理怀疑即可，由仲裁机构依职权审查或者要求仲裁员说明是否存在应当回避事由，以维护当事人尤其是中小投资者的程序性权利。

四、结语

纵观中国证券仲裁的发展历程可知，证券纠纷案件随着我国资本市场的蓬勃发展而激增，证券仲裁的实践经验也随之不断积累，总结经验并创新发展出适合中国国情的证券仲裁模式呼之欲出，《试点意见》的出台正是这种需求的具体体现，重要意义不言而喻。但与此同时，《试点意见》能否落地形成有益经验、能否全面推广，需要更具体的制度和规则设计，本文集中探讨了符合证券行业特点的仲裁规则应当具备哪些品质、需要哪些配套制度支持、如何创新证券仲裁专业人才队伍建设等问题，希望能对中国证券仲裁的发展有所助益。

参考文献

[1] 江伟，肖建国. 仲裁法（第三版）[M]. 北京：中国人民大学出版社，2016，127.

[2] 吴伟央. 美国证券自律组织纠纷解决机制程序正当性研究——以证券调解与仲裁程序为中心 [J]. 证券市场导报，2013（3）.

[3] 叶泓瑜. 论我国仲裁员回避制度的完善 [J]. 知识经济，2015（4）：38—39.

[4] 姜宠，张亚同，徐阳. 反思与完善：证券纠纷多元化解决机制 [J]. 时代金融，2017（33）：121—122.

[5] 杨妍磊. 商事仲裁第三人制度证成 [D]. 重庆：西南政法大学，2017.

---

① 国际律师协会《国际仲裁中的利益冲突指南》列举了一些具体情形以供实务指引。一方面，按照不同事实和情形给仲裁员的公正性、独立性造成影响的程度，即是否构成利益冲突的程度，从必然构成到不构成分为红色清单、黄色清单和绿色清单；另一方面，将三个清单与仲裁员的披露范围、当事人弃权或异议联系起来，并在红色清单中区分可弃权和不可弃权，一定程度上对当事人与仲裁员之间的利益冲突问题提供了十分全面的实务指引。

上市公司并购重组中的投资者保护与教育研究

国信证券股份有限公司[*]

上市公司重大经营事项种类繁多，但都存在过程时间长、公告发布密集、关注度高且往往伴随停牌等特征，通常会彻底改变公司未来的盈利情况，所以也更加受到媒体和投资者的关注。本文以"并购重组事件"作为上市公司重大经营事项的代表，研究并购重组前后及过程中投资者在二级市场中的表现，并针对性地提出教育方案。

一、上市公司并购重组对市场的影响

（一）并购重组的短期市场影响

通常，当并购重组消息传出后，市场会对消息本身作出反应。从投资者的角度看，一方面，投资者对并购重组之后的公司效益有较高的预期，部分投资者围绕并购重组事件进行炒作，公司股价上涨；另一方面，部分投资者对该公司股票进行炒作，以抬高股价进而卖出股票兑现收益，从而导致企业并购重组公告发布前股票价格上涨，而在企业并购重组公告发布之后，股票价格上升态势逐渐趋缓，甚至反转下跌，形成短期股价波动。因此，并购重组对于市场的短期影响主要是股价波动带来的个体投资者机会。

（二）并购重组的中期市场影响

并购重组发生后，对股价的中期影响通常来源于公司的经营能力，并购重组企业的经营能力越强，业绩越好，并购重组事件就越容易引起中期股价上涨，反之则有可能引起股价下跌。这是因为企业的经营能力越强，投资者对该公司并购重组之后效益增长的预期就越高。

---

[*] 本文为中国证券业协会2021年优秀课题。课题负责人：钱海章，国信证券股份有限公司博士后工作站办公室主任。课题组成员包括：陈东胜，国信证券股份有限公司博士后工作站办公室主任助理；孟祥桐、李思成，国信证券股份有限公司博士后工作站研究员、白沙泉投资者教育基地研究员；薛方展、叶子、徐艺维、胡明柱、胡聪玲、姚睿，均供职于国信证券股份有限公司博士后工作站、白沙泉投资者教育基地。原载于《中国证券》2022年第3期。

(三) 并购重组的长期市场影响

并购重组对股价带来的长期影响主要来源于行业发展趋势。通常，具备一定产业逻辑的并购活动，可以使公司受益于上下游的多层贝塔叠加，股价持续走好。如横向扩张增加规模和市场占有率，上下游拓展延伸产业链增强抗风险能力，以及基于研发、客户等进行相关多元化资源整合。当公司进行混合并购时，股票价格波动的影响将更大，原因在于混合并购可以使企业参与新的、更具市场前景、更高增长的行业领域，随之产生的多行业贝塔叠加，将使市场情绪随行业发展持续性波动。

二、投资者在并购重组过程中表现的问题

(一) 投资者对并购重组事件存在盲目追涨的行为

并购重组在大多数情况下都是为了公司更好地发展而进行的，因此在投资者心中形成了一个简单的意识，认为只要是并购重组，股价就会上涨。投资者在面对并购重组的股票时往往不会去判断此次并购重组对公司的发展影响，而是直接买入股票，造成股价的大幅波动。

(二) 中小投资者不关心信息披露

并购重组预案往往有着很详尽的报告，其中对并购重组的对象、目的、手段、未来展望等进行详细阐述。然而中小投资者无论在信息处理能力方面，还是在信息获取意识方面都处于弱势，很少能从长篇的披露报告中提取关键信息。因此，中小投资者容易与其他机构投资者产生信息差，从而蒙受损失。

(三) 中小投资者存在"短视"效应

中小投资者常常有关注短期获利而忽略长期趋势的倾向。某些上市企业大股东利用中小投资者这一特点，溢价并购知名度高的公司，以获得大量关注，推动股票价格上涨后套现离场，严重损害中小投资者的利益。

三、问卷调查分析

课题组以问卷调查的形式，分析投资者对上市公司并购重组的认知情况。本次问卷调查历时2个月，以国信证券浙江分公司下属18个分公司/营业部的客户取样范围，按照性别、投资年限等客户特征进行分层抽样，共发放问卷200份，回收193份，其中有效问卷187份，有效率为93.5%。其中，投资经验少于2年（不含）、2—5年（不含）、5—10年（不含）、10年以上的投资者人数分别为49人、43人、60人和35人，投资者中男性占比55%，样本分布较为均匀。本文将每一个选项作为一个判断题对投资者的正确率进行打分，并将总分进行处理后作为研究的主要变量[①]。

---

① 由于不同题目的难度不同，我们将每道题得分进行标准化，从而得到一个可比较的总分。

(一) 投资者关于并购重组认知情况

1. 投资者对并购重组的了解情况

我们按照投资经验将投资者划分为少于 2 年（不含）、2—5 年（不含）、5—10 年（不含）和 10 年以上，分别分析其并购重组知识得分和自我评价得分。结果显示，随着投资年限的增长，并购重组知识得分反而出现下降的趋势，这是因为过去的投资经验使得投资者存在的思想误区得到了固化。行为金融学的"确认偏误"指出，个体偏向对于符合自身预期的现象给予更多的关注，这使得投资者不愿去学习新的投资知识和理论，从而得分相较于低投资经验的人群较低（见图 1）。

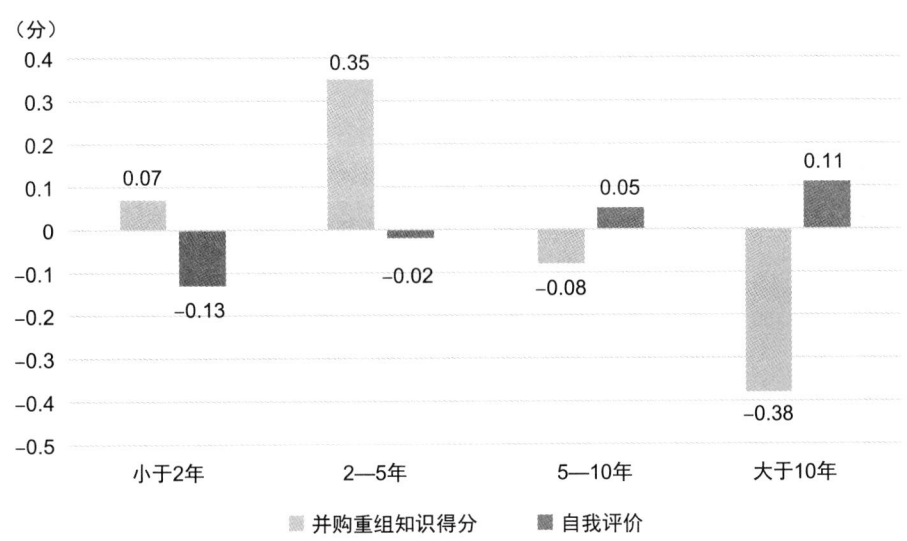

图 1 投资经验与并购重组知识得分分析

2. 投资者教育活动对提升投资者并购重组知识的作用

国信证券白沙泉投资者教育基地是并购重组主题教育的国家级基地，本次以参加该基地的投资者教育活动的投资者为对象。在问卷调查中，参与过投资者教育活动的投资者占比为 51.87%，同时其并购重组知识得分显著高于未参与投资者教育活动的投资者，说明投资者教育活动对投资者提升并购重组知识有显著作用（见图 2）。

3. 投资者偏好的投教模式

从调查结果来看，短视频的形式得到了最多的支持，说明在网络信息时代，简捷的信息传播方式深入人心。其次是线下的公益课程和网络直播，这两种方式虽然时间较久，但由于专业性较强，能够最大限度地传播投资者教育内容。而发放纸质资料的方式往往传播效果不佳（见图 3）。

(二) 中小投资者在参与并购重组过程中的表现分析

1. 中小投资者在上市公司并购重组事件中的"羊群现象"及收益率表现

"羊群效应"通常是指一种盲目跟随性和从众心理，"羊群效应"在投资股票与基金方面体现得尤为明显。

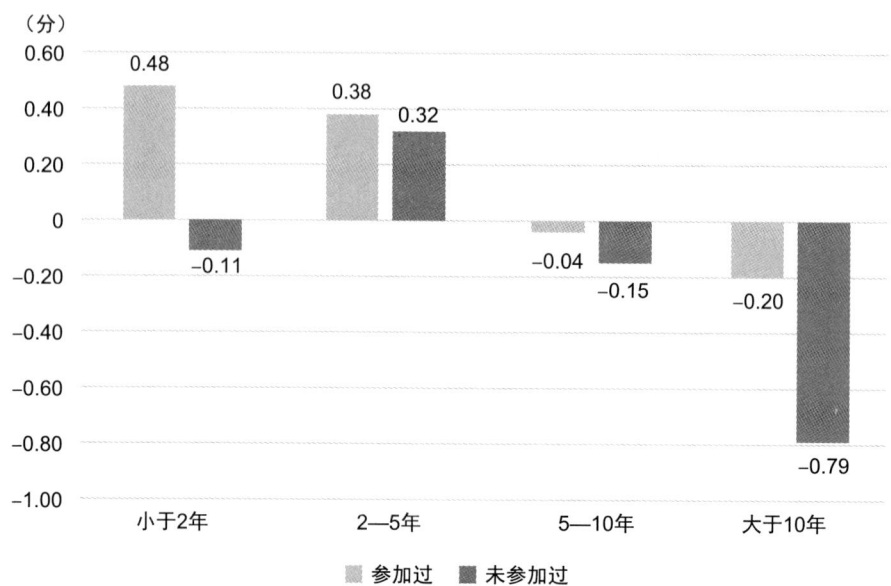

图 2　投资者教育活动与并购重组知识得分分析

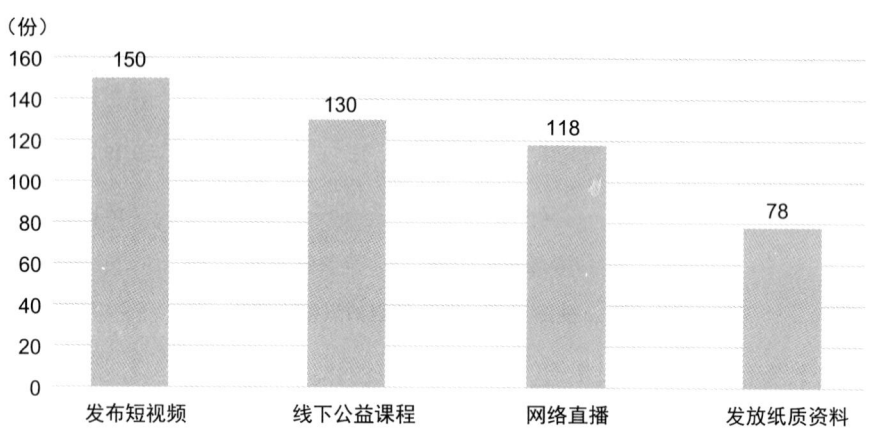

图 3　投资者教育活动形式投票分析

（1）中小型投资者对于并购重组事件呈现追逐热点现象。按照并购重组公告发布当日为中点，分别计算前后十个交易日买入股票的中小投资者人数。图 4 说明公告后买入股票的投资者比公告前人数多 78.7%。这一结果无疑是"羊群行为"的重要表现之一，因此也说明了加强投资者教育的意义和必要性。

（2）中小型投资者并购重组"羊群行为"的总体收益率表现。按照并购重组公告发布当日为中点，分别计算前后十个交易日的平均收益率。图 5 说明"羊群行为"买入的个体收益较差，以公告后 60 个交易日作为观察窗口，公告后买入的投资者的平均收益率为 −2.55%，比公告前买入的投资者的平均收益率低 1.8%。这一结果进一步说明了中小投资者缺乏信息挖掘和解读能力。该结果从引导中小投资者合理投资、提高投资收益的角度说明了加强投资者教育的重要性。

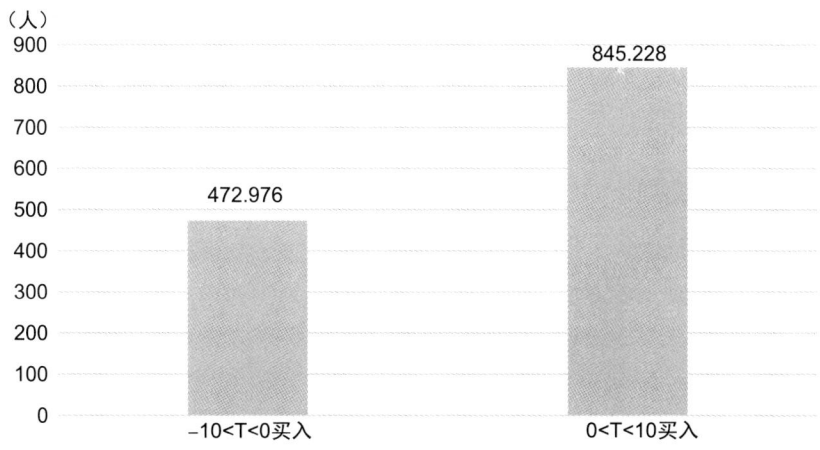

图 4　中小投资者在并购重组公告前后买入股票的人数

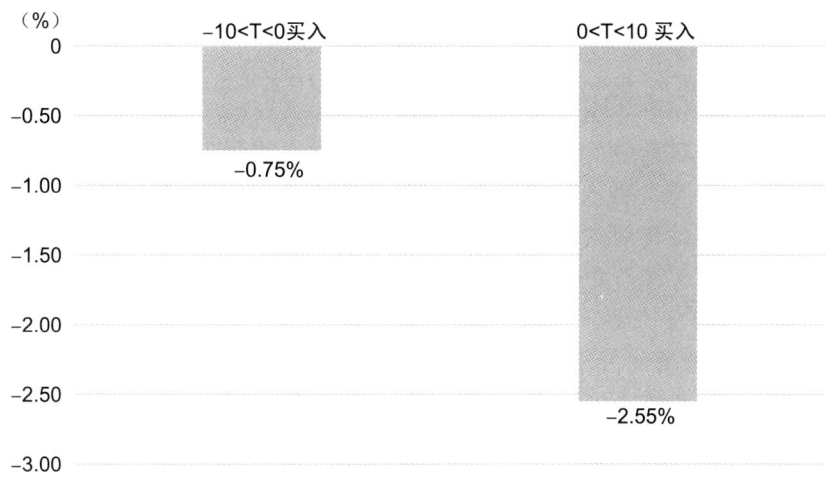

图 5　中小投资者在并购重组公告前后买入的平均收益率

（3）中小投资者在并购重组不同阶段中的收益率表现。将并购重组分为开始、过程中和完成阶段，并分别检验中小投资者在并购重组不同阶段中的收益率表现。研究发现，随着阶段的推进，每个阶段事前、事后买入的中小投资者收益率之差逐渐收窄，这可能说明上市公司并购重组这一信息对市场的冲击强度随着时间和进程的推进而逐渐减弱，从而也减小了各种类型投资者的盈利空间。上述现象表明，不确定性越强，收益差越大，事前买入承担的风险越高，收益越高。从中还可以看出，并购重组进行中的收益率显著高于重组成功后的收益率，这可能反映了我国中小投资者"炒预期"的特点。当重组事件进行中时，投资者通常会对上市公司抱有明显高于实际情况的预期，因此会表现出比重组成功后更加明显的"羊群行为"，因此这种"羊群行为"引发的买入行为进一步推高了股价（见图 6）。

2. 围绕并购重组过程对中小投资者的用户画像

中小投资者由于缺乏信息获取能力和分析能力，其交易行为中可能包含了更多的非理性成分，因此有必要从其交易行为中归纳交易特征和生理特征，从而对中小投资者进行用户画像，更有针对性地开展投资者教育工作。通过对中小投资者的账户数据进行描述性统计，本

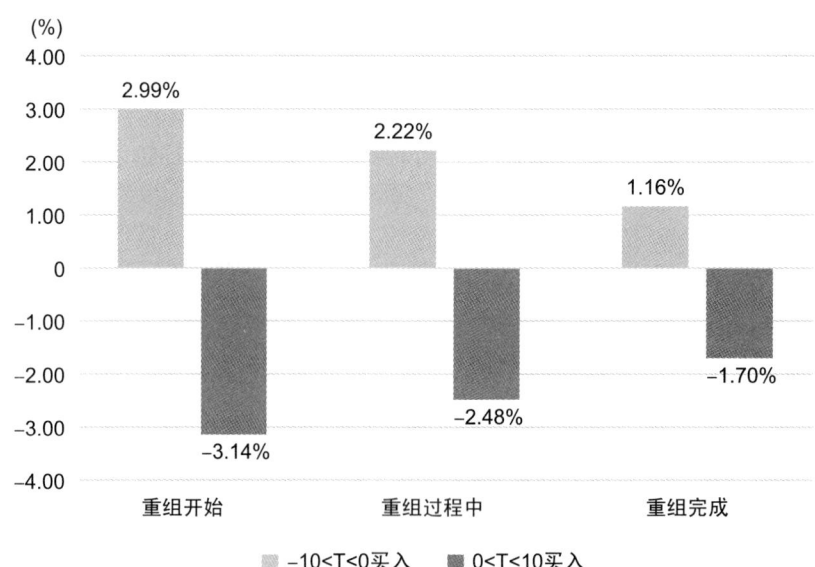

图 6 中小投资者在并购重组不同阶段中的平均收益率

文发现在并购重组事件过程中,我国 A 股的中小投资者通常存在以下特征:

一是体现"羊群效应"的人群以男性居多,在公告后买入的投资者男性占比 61.06%,比公告前买入投资者男性比例多 6.03%。

二是无论公告前后,参与并购重组公司二级市场交易的投资者,投资经验均位于投资者的前列。公告前买入的投资者,有 10 年以上投资经验的占比 52.9%;公告后买入的投资者,有 10 年以上投资经验的占比 47.5%,均高于所有样本 45.5% 的平均值。

三是公告前买入的投资者年龄更大。公告前买入投资者中,40 岁以上投资者占比 69%,比公告后买入投资者高 5%。

四是公告前买入的投资者受教育程度更高。

五是公告后买入的投资者交易频率低于平均。样本观察期内,公告后买入投资者平均参与相关交易 3.9 次,即每名参与者平均参加 3.9 次的并购重组标的股票的交易,而公告前买入投资者平均参与标的股票交易为 5.62 次。

六是公告前后买入投资者交易活跃度无显著差异。样本观察期内,公告后买入投资者平均交易笔数为 72.97 笔,公告前买入的投资者平均交易笔数为 73.71 笔。其中高、低交易频率投资者占比无明显差异。

从以上特征来看,投资经验较长但参与并购重组较少的男性投资者更容易表现出"羊群行为"。在针对性开展投资者教育活动中,要对有该类特点的人群给予更多的关注。

3. 中小型投资者在并购重组过程中的收益不均衡现象

围绕投资者用户画像,研究发现投资经验与收益情况存在相关关系。在公告前买入的投资者投资经验与收益率正相关,而具有 3 年以上投资经验的在公告后买入收益率无显著差别。这意味着即便对于具有信息优势的投资者,金融知识和经验的积累也是必要的。而对于公告后买入的交易者,也就是"羊群行为"显著的中小型交易者来说,投资经验尤为重要,尤其是初入资本市场的投资者有更大的可提升空间。投资经验为 3—5 年的投资者在公告后买入的收益率相比于经验仅 1—2 年的投资者在公告后买入的收益率高出近 4%，为全样本中最大增长幅度，因此这一现象有力地证明了证券交易的知识和经验能够帮助中小投资者降低损失，同时也说明投资者教育对于各个水平资本市场参与者都具有重要意义（见图 7）。

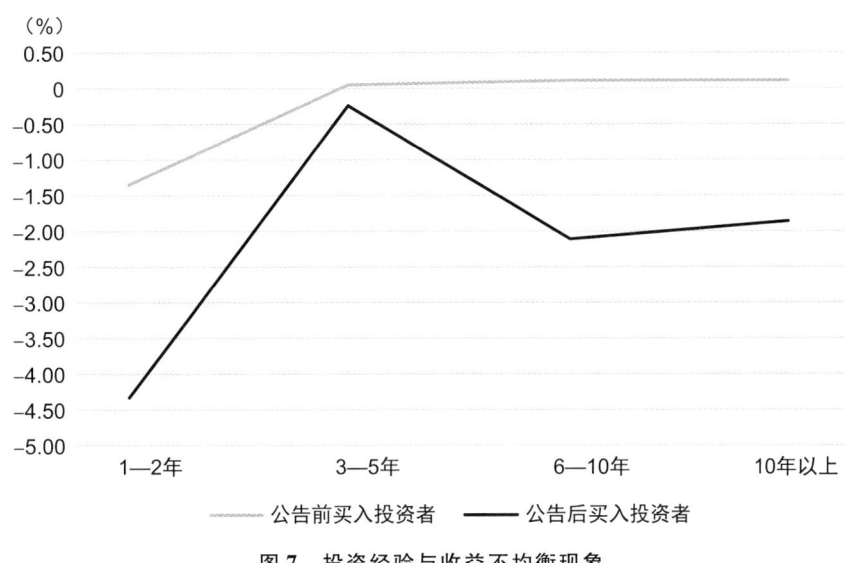

图 7　投资经验与收益不均衡现象

四、政策建议

（一）划分受教育群体，分层次进行针对性的投资者教育活动

年轻的投资者具有较强的学习能力但缺乏投资经验，因此加强对此类投资者的教育工作具有最大的边际效应，应进行免费的科普讲座，传递基本的金融知识；同时鼓励此类投资者以少量资金作为学习成本，在交易当中学习，完善自身金融素养。年纪较大、投资经验较多的投资者，学习新知识能力较差，往往表现出过度自信的现象，此时不宜开展说教类投资者教育活动，而是以案例教育，辅以加强金融从业人员与客户的沟通以达到最好的投资者教育效果。

（二）创新投教方案形式，开拓新媒体、企业讲座等新型活动

随着信息时代的发展，客户更喜欢以碎片化的时间学习投资知识。进行投资者教育工作时应更加关注信息传播的方式，将短视频、网络电台、网红经济、直播课程和企业实地走访等活动结合起来。面向大众的金融机构应当承担起相应的社会责任，加强投资者教育工作的投入，将投资者教育活动当作重点工作和亮点工作。

（三）金融公司应建立投资者教育方案的评估和考核机制

建议金融公司相关部门加强投资者教育工作有关的考核，将投资者教育活动作为公司的一项亮点业务。这一方面有助于公司建立良好的社会形象，另一方面也有助于提升公司在长期内的客户黏性以及收益性，从而达成双赢的局面。

证券投资咨询机构投资者权益保护调研报告

中国证券业协会证券投资咨询机构专业委员会专题研究小组*

为了解证券投资咨询机构投资者权益保护情况,中国证券业协会证券投资咨询机构专业委员会向证券投资咨询投资者和证券投资咨询机构进行调研,共收到930份个人投资者有效问卷及15家证券投资咨询机构访谈回复,现将调研情况报告如下。

一、证券投资咨询机构投资者基本情况

(一)投资者整体受教育程度中等偏上

投资者样本年龄分布较为平均,45岁以上投资者占比47%,25—45岁的投资者占比44%,18—25岁的年轻投资者仅占比9%。整体受教育程度中等偏上,本科以上学历占比55%,有超四成投资者未接受过本科教育。样本内投资者具备一定的投资经验,投资经验2—5年的为主要群体,占比30%;其次为0—2年,占比27%。24%的投资者投资经验在10年以上。中小型投资者居多,年收入30万元以下的投资者占比80%,证券投资金额30万元以内占比73%。投资资金占总资产30%以下的占比70%,有30%的投资者投资资金占总资产30%以上,风险偏好较高。

(二)大部分投资者能了解自己的权利

86%的受访者了解自己拥有维权的权利。在了解投资者相关权益内容的来源渠道方面,主动学习相关知识占比64%;参加各类投教活动及仔细阅读产品合同分别占比44%;过往工作及学习经历分别占比22%、18%。在学习内容方面,投资者比较看重投资者教育、实时资讯、股票推荐等,分别占比36%、35%、24%。在投资决策方面,79%的投资者依靠

---

* 研究小组成员:才子,上海九方云智能科技有限公司总经理;张福明,上海九方云智能科技有限公司产品技术中心总监;姜剑梅,上海九方云智能科技有限公司大数据产品经理;李畅,上海九方云智能科技有限公司大数据高级研发经理。

自己的分析进行决策；39%的投资者依据上市公司公告披露或证券公司研报；35%的投资者依靠朋友推荐作出投资决策；24%的投资者将媒体的推荐作为投资决策的依据。投资者具有金融知识储备较少、主要依靠自己进行分析决策、具有较强学习需求的特点。

（三）超一半的投资者不会主动向投资顾问提出服务需求

53%的投资者不会主动向咨询顾问提出服务需求，26%的投资者不会主动学习软件提供的投教资料，21%的投资者在使用软件过程中并不会阅读相关的服务信息和风险提示。

（四）六成的投资者比较关注证券投资咨询服务是否存在误导和违规的情况

60%的投资者认为在服务存在误导和违规时，会感到权利被侵犯。47%的投资者认为服务的专业水平不够，损害了自己的权利。45%的投资者认为咨询顾问、机构未兑现服务承诺时感受到权利的侵害。

（五）投资者维权的主要原因是亏损并认为存在误导

在投资出现亏损的情况下，63%的投资者认为个人能力不足为主因，14%的投资者归结于运气，7%的投资者会考虑自身权益是否存在侵害。58%的投资者认为因机构误导而导致亏损时会进行维权。另外，33%的投资者认为即便没有发生亏损但是服务不好也会进行维权；34%的投资者表示不清楚谁的责任，但亏损了就要维权；25%的投资者因需要得到亏损赔偿而维权。

（六）维权的途径以协商与咨询律师为主，认为自我专业知识缺乏、耗时过长是维权失败与放弃维权的主要原因

投资者样本中仅有18%的投资者有过维权经历。维权的情况下，64%的投资者通过协商和解的方式；52%的投资者考虑向有关部门投诉的方式；49%的投资者会考虑寻求专业律师的协助。18%的维权经历中，68%的投资者维权成功，其中53%的投资者认为主要是因是自己积极维权，15%的投资者认为维权成功的主因是监管或法律体系的健全及专业外部人士的帮助。13%的投资者曾参与了维权行为，但最终选择了放弃。11%的投资者维权失败。投资者认为失败的原因主要集中在自我专业知识的缺乏、监管不健全、缺乏专业人士帮助、维权成本过高等方面，这些因素的回应比例分别为45%、22%、13%和10%。而放弃的原因则相对比较集中，耗时过长、成本过高为投资者放弃维权的主要原因，分别占比57%、47%，可见提升维权效率、保证维权渠道通畅的重要性。

（七）投资者认为完善相关法律法规可提升维权效率

70%的投资者认为完善投资者保护机构的布局有助于个人投资者维权，而健全和完善维权相关法规、加大监管机构对维权的支持位列第二、第三，分别占比68%和63%。上述数据说明投资者在寻求维权帮助中仍需要外部的协助。

二、证券投资咨询机构关于投资者权益保护的认识

调研报告同时对15家证券咨询机构进行了投资者权利和维权相关的访谈调研。访谈的问题主要涉及机构服务与客户权利、客户维权两个主要部分。在机构服务与客户权利方面,客户享受的基本权利为与机构业务相关的服务,同时也享有投资者教育等增值服务的权利。参与调研的机构均会对客户提供定期的权利教育,帮助客户认识到自己享有何种权利,以及如何正确行使权利。在客户维权方面,一般机构的流程是售后或者客服部受理客户投诉,并报相关部门一同协商解决。当事态较为严重或者客户始终无法满意时,则会提交合规风控部进行进一步的处理。

三、证券投资咨询机构投资者保护存在的问题

(一) 投资者缺乏正确投资理念及金融知识

参与调研的部分投资者投资资金占总资产比例达50%以上,收入较高的投资者因偏好高风险配置,未树立正确的投资理念。收入较低的投资者因缺乏投资能力及风险认知能力,导致资产配置失衡。通过学习经历、工作经历了解自身权利的投资者占比低于25%,大多数投资者自身缺乏专业的投资能力及金融知识。

(二) 投资者不能理智判断亏损责任,容易受人误导产生恶意或虚假维权

近半数参与调研的投资者在享受服务时,不主动提出要求、不仔细阅读风险提示。有34%的投资者表示不清楚责任的划分和认定,但亏损了就要维权。此类投资者在未充分了解自身权益、未理性判断投资亏损责任的情况下,发生亏损时不愿意通过协商、调解、司法申诉等正当途径维护权益。在缺乏专业金融知识的背景下,投资者容易受人误导,在维权过程中发生偏差,倾向通过闹访等不正当方式盲目维权,导致产生恶意或虚假维权,不仅无法有效解决纠纷问题,更易进一步扩大对机构、投资者双方的损失。

(三) 证券投资咨询机构服务水平有待提升

调查结果显示,"误导""服务不专业""未兑现服务承诺"是证券投资咨询客户最为关心的三种侵权行为。超过30%参与调研的投资者在未发生投资亏损的情况下,因机构服务不专业进行维权,说明投资者对于部分证券投资咨询机构的服务水平不满意。部分证券投资咨询机构经营压力大,不积极进行投资者教育宣传,未能充分且全面地告知投资者合同赋予的权利。双方权利信息不对等,导致投资者权益受到侵害,投资者未能及时维权。

(四) 缺乏自上而下的指标性管理,未能切实落实投资者保护工作

证券监管部门对于证券投资咨询机构关于投资者教育方面的要求无硬性指标。监管部门对于证券投资咨询机构的现场检查中,并无投资者教育效果考核一栏。调查结果显示70%的投资者认为完善投资者保护机构的布局有助于个人投资者维权。

四、证券投资咨询机构投资者保护建议

(一) 建议证券投资咨询机构建立投资者保护体系

建议证券投资咨询机构切实落实投资者适当性要求,了解投资者的财务状况、投资知识、投资经验、投资目标和风险目标等必要信息,建立评估分值与风险承受能力等级的对应关系。在初次对客户的风险承受能力进行评估后,证券投资咨询机构应当动态跟踪客户提供的信息是否发生重大变化,及时更新客户发生重大变化的信息,并重新评估其风险承受能力,必要时调整其风险承受能力等级。完善内部服务流程,向投资者完整展示证券投资咨询机构所能提供的服务,让投资者清晰地了解所享有的权利。加强投资者教育,在证券投资咨询机构官网或官方App设立投资者教育专栏,涵盖金融基础知识讲解、金融市场风险介绍、投资者心态建设、投资者权利保护等内容,帮助广大投资者树立正确的金融消费理念。同时,证券投资咨询机构也应设立相关预算、组建专职团队,利用线上线下多种形式进行投资者教育宣传。

(二) 建议证券投资咨询机构建立合规管理体系

建议证券投资咨询机构建立合规管理体系,构建覆盖全业务的合规管理系统与流程,严格管控各环节展业行为。配置基于全数据库信息化构建风险监控指标,对指标异常进行及时预警,实现全面合规精准风控的合规管理。

(三) 建议证券投资咨询机构建立客户投诉反馈制度及流程

证券投资咨询机构应制定完善的客户投诉反馈制度及流程,安排专门部门、专门人员对接处理。可通过证券投资咨询机构官网、官方App、电话及短信等形式向投资者展示投诉及意见反馈渠道,清晰明了地展示客户投诉处理流程、投诉处理原则、投诉处理时效性。当内部无法处理客户反馈问题时,应有应急处理渠道,包括第三方调解、法律建议渠道等。重视客户诉求,从制度上予以保证、落地,对于瞒报、迟报、拖延不报等行为予以重罚,并追究直接责任人直属领导责任。不定期地进行投资者满意度回访,及时发现负面反馈,提升客户服务质量。

(四) 完善投资者保护的指引体系

建议出台针对证券投资咨询机构投资者保护的工作规范。中国证券业协会连续两年发布《证券公司投资者服务与保护报告》,2021年发布《证券公司投资者权益保护工作规范》,指导证券公司完善投资者保护的工作,但对于证券投资咨询机构的规范文件较少,不利于投资者保护工作的推进。建议借鉴已发布的证券公司投资者保护报告和工作规范,尽早出台针对证券投资咨询机构的制度指引,展示优秀的案例和成果。举办投资者保护培训和交流会,增加证券投资咨询机构在投资者教育与权益保护方面的交流沟通,推动证券投资咨询行业提升投资者保护和服务水平。

（五）建立证券投资咨询行业良好的竞争环境

建议监管机构对非持牌机构的证券咨询、投资顾问业务进行规范、整顿，维护正规持牌证券咨询机构的正当利益，保持良好的行业生态和从业环境，引导持牌投资咨询机构更加关注提升服务质量和专业竞争力。加快《证券基金投资咨询业务管理办法（征求意见稿）》的正式出台，明确咨询机构进入、退出标准，理顺咨询机构进入、退出渠道，促进行业良性循环。参照证券公司的分级标准，建立证券投资咨询机构评级体系，允许合规管理和风险防范等方面较好、重视投资者教育工作并取得成效的证券投资咨询机构适当拓宽咨询机构业务范围，允许其开展基金投资顾问、基金销售、私募基金管理等业务，并支持咨询机构探索由传统证券投资咨询业务向为客户提供综合理财服务的财富管理转型。

区域一体化战略下融资结构与融资效率研究

东兴证券股份有限公司[*]

一、金融供给侧结构性改革助力区域一体化发展

2020年7月30日，中共中央政治局召开会议明确指出，"牢牢把握扩大内需这个战略基点，加快形成以国内大循环为主体、国内国际双循环相互促进的新发展格局"，这是面对世界发展环境变化的一次战略调整，表明中国将进入新发展阶段。在新的外部环境与内部条件双重作用下，推动区域协调发展成为我国经济增长的重要动能，而进一步"深化金融供给侧结构性改革，增强金融服务实体经济能力"，将在区域协调发展过程中起到重要作用。

深化金融供给侧结构性改革的重点任务之一是调整优化金融体系结构。金融结构不仅对经济增长具有直接影响，还作用于资源配置这一经济增长的中间过程，是金融体系完成资源配置的重要载体。合理的金融结构不仅能够优化产业资源配置，促进产业结构升级，而且有益于改善地区收入不均，帮助经济实现均衡发展。

从区域经济发展角度来看，由于历史环境等因素，中国各区域的发展模式并不相同，不同城市区域经济对中国金融结构也将产生差异性影响。在区域一体化发展与金融深化并进的过程中，探索如何做到融资结构在宏观上协调的同时，又在区域资源配置中发挥其效率，从而优化经济结构、促进经济转型，具有重要的理论意义和现实意义。

本文在总结和分析国内外关于区域经济发展研究的基础上，通过实证分析，从区域一体化战略下不同城市群层面的融资结构对经济增长的效率和资源配置的效率两个方面分别加以比较，研究各区域融资结构与城市群经济发展特点的关系。本文的实证研究是基于表1的城市群划分。

---

[*] 本文为中国证券业协会2021年优秀课题。课题负责人：张军，东兴证券股份有限公司董事、副总经理。课题组成员包括：程若阳、韩笑，均供职于东兴证券股份有限公司。原载于《中国证券》2022年第3期。

表1	我国十大城市群所包含的城市
城市群	所含中心城市
京津冀城市群	北京、天津、石家庄、唐山、秦皇岛、保定、张家口、承德、沧州、廊坊
辽中南城市群	沈阳、大连、鞍山、抚顺、本溪、丹东、辽阳、营口、盘锦、铁岭
长三角城市群	上海、南京、无锡、常州、苏州、南通、扬州、镇江、泰州、杭州、宁波、嘉兴、湖州、绍兴、舟山、台州
海峡西岸城市群	福州、厦门、漳州、泉州、莆田、宁德
山东半岛城市群	济南、青岛、烟台、潍坊、淄博、东营、威海、日照
中原城市群	郑州、洛阳、开封、新乡、焦作、许昌、平顶山、漯河、济源
长江中游城市群	武汉、黄石、鄂州、黄冈、仙桃、潜江、孝感、咸宁、天门、随州、荆门、荆州、信阳、九江、岳阳
珠三角城市群	广州、深圳、珠海、佛山、江门、肇庆、惠州、东莞、中山
川渝城市群	重庆、成都、自贡、泸州、德阳、绵阳、遂宁、内江、乐山、南充、眉山、宜宾、广安、雅安、资阳
关中城市群	西安、咸阳、宝鸡、渭南、铜川、商州

二、融资结构区域产出效率的比较分析

（一）模型构建

根据生产函数 $Y = AK^{\alpha}L^{\beta}$ 的经济意义，参考李敬（2008）、罗文波（2010）、曹海军（2013）的实证模型，建立如下面板模型作为本文实证分析的基础：

$$\ln RGDP_{it} = c_{it} + \alpha_1 \ln L_{it} + \alpha_2 \ln K_{it} + \alpha_3 Z_{it} + \alpha_4 \ln Loan_{it} + \alpha_5 \ln Equity_{it} + \alpha_6 \ln Bond_{it} + u_i + \varepsilon_{it}$$

其中，各变量下标 i 代表每个区域，t 表示时间。c_{it} 为常数项，u_i 为不可观测地区的固定效应，ε_{it} 为随机误差。被解释变量为各城市群实际 GDP 的对数形式 lnRGDP。解释变量中，lnLoan、lnEquity 和 lnBond 为各城市群融资规模总量（银行信贷、股票市场融资、债券市场融资）的对数形式，是本文核心考察的三个变量。控制变量中，lnL 和 lnK 分别为区域经济增长中人口和资本的因素并取其对数形式。模型中的 Z_{it} 为其他重要的控制变量，包括各区域的贸易开放度、外商直接投资和市场效率三个指标。

（二）实证检验

1. 模型修正

基于十个城市群 2012—2019 年的面板数据，对各个变量的原始数据、滞后一阶数据以及高阶数据进行单位根检验。根据单位根检验结果，对模型进行了变量调整，用资本存量的一阶差分代替资本存量，一阶差分项的经济意义表示当年新增资本。

2. 城市群整体融资方式的产出效率比较

在面板数据协整的基础上，在控制住主要的变量后，逐步带入融资变量，运用固定效应模型和随机效应模型对模型进行估计，得出估计及检验结果①。

---

① 因篇幅所限，此处省略各融资方式回归结果表格。

从估计结果来看，如果不考虑其他融资渠道的影响，在固定效应模型下，股票市场融资对实际GDP的弹性大约为0.029%，债券市场融资对实际GDP的弹性大约为0.237%，银行信贷对实际GDP的弹性大约为0.073%；在随机效应模型下，股票市场融资对实际GDP的弹性大约为0.121%，债券市场融资对实际GDP的弹性大约为0.250%，银行信贷对实际GDP的弹性大约为0.126%；三种融资方式的规模增长整体对实际GDP产生正向作用，且债券市场融资的经济弹性最大，银行信贷的经济弹性居中，股权市场融资的经济弹性略小于银行信贷。在考虑多种融资方式的情况下，模型的估计结果与单一融资方式的估计结果基本一致。

3. 各城市群不同融资方式的产出效率比较

为进一步对各城市群不同融资方式的产出效率进行比较，采用变系数模型估计不同融资结构的区域效应，结果如表2所示。

表2　　　　　　　　　　　　不同融资方式的区域效应回归结果

区域	股票市场融资区域效应	债券市场融资区域效应	银行信贷融资区域效应
1. 长三角	0.075	0.157**	0.197*
2. 珠三角	-0.319	-0.106**	-0.104*
3. 京津冀	-0.07***	-0.005***	0.01**
4. 辽中南	-0.026	0.098***	0.153**
5. 山东半岛	-0.029**	0.072***	0.046***
6. 海峡两岸	0.008	0.125***	0.033***
7. 长江中游	0.093**	0.423***	0.344***
8. 中原	0.029	0.376	0.314
9. 关中	0.074	0.282***	0.141***
10. 川渝	0.363***	0.289*	0.351

注：*** 为 $P<0.01$，** 为 $P<0.05$，* 为 $P<0.1$；各城市群按照地理位置从东到西排列。

首先，对相同区域的不同融资方式进行产出效率的比较。实证结果表明，在各城市群内，大多呈现"债券市场融资对实际GDP的产出效率 > 银行信贷对实际GDP的产出效率 > 股票市场融资对实际GDP的产出效率"，且弹性系数的显著程度依次降低，这与前述城市群整体作为研究对象的实证结论相一致。

其次，对不同区域的相同融资方式进行产出效率的比较。通过不同融资方式区域效应回归结果比较分析可以看出：一是不同城市群股票市场融资的产出效率从东到西整体呈现递增趋势，川渝城市群、长江中游城市群显著高于其他东部城市群；二是不同城市群债券市场融资的产出效率相比较，呈现"中部城市群 > 西部城市群 > 东部城市群"的态势，且结果显著；三是不同城市群银行信贷融资的产出效率相比较，中西部地区的产出效率显著高于东部地区。

三、融资方式对区域资本配置效率的影响分析

（一）模型构建

根据张国富（2011）、郭炜等（2014）、王欣（2015）的研究成果，我国区域资本配置效率受到市场化程度、对外开放水平、地方政府财政支出、金融资源分布等因素的影响，因此构建如下回归模型，比较各城市群不同融资方式直接融资的资本配置效率：

$$\text{EFF}_{it} = c_{it} + \alpha_1 \left(\frac{\text{FDI}_{it}}{\text{GDP}_{it}}\right) + \alpha_2 \left(\frac{\text{Trade}_{it}}{\text{GDP}_{it}}\right) + \alpha_3 \left(\frac{\text{Fiscal}_{it}}{\text{GDP}_{it}}\right) + \alpha_4 \left(\frac{\text{Equity}_{it}}{\text{GDP}_{it}}\right) + \alpha_5 \left(\frac{\text{Bond}_{it}}{\text{GDP}_{it}}\right) + \alpha_6 \left(\frac{\text{Loan}_{it}}{\text{GDP}_{it}}\right) + u_i + \varepsilon_{it}$$

其中，各变量下标 i 代表每个区域，t 则表示时间。c_{it} 为常数项，u_i 为不可观测地区的固定效应，ε_{it} 为随机误差。Equity、Bond 和 Loan 为各城市群实际融资总量（银行信贷、股票市场融资、债券市场融资）。控制变量中，FDI、Trade 和 Fiscal 分别为各区域的外商直接投资、贸易开放度和政府财政支出三个指标。

被解释变量 EFF 代表十大城市群 2012—2019 年每一年的资本配置效率。为了减小模型中由于取对数出现负值后带来的变量符号变化，在保持变量关系不变的情况下，对变量进行相应的单调变换处理，即：

$$\text{eff}_{it} = \ln(1 + \text{EFF}_{it})$$

同样对解释变量进行单调变换处理后，最终模型形式如下：

$$\text{eff}_{it} = c_{it} + \alpha_1 \text{fdi}_{it} + \alpha_2 \text{trade}_{it} + \alpha_3 \text{fiscal}_{it} + \alpha_4 \text{equity}_{it} + \alpha_5 \text{bond}_{it} + \alpha_6 \text{loan}_{it} + u_i + \varepsilon_{it}$$

（二）实证检验

1. 城市群整体融资方式的资本配置效率比较

在面板数据协整基础上，运用固定效应模型和随机效应模型对模型进行估计，并对模型有效性进行豪斯曼（Hausman）检验[①]。

根据模型回归结果，股票市场融资、债券市场融资和银行信贷三种融资方式所对应的融资规模占 GDP 的比重对资本配置效率的影响均不显著，但是回归结果一致显示出"股票市场融资的资本配置效率＞银行信贷的资本配置效率＞债券市场融资的资本配置效率"，且股票市场和信贷市场融资对资本配置效率存在正向影响，而债券市场融资对资本配置效率存在负向影响。

长期以来，我国企业在外部融资方式的选择上偏好顺序首先是股权融资，其次是银行贷款，最后才是债券融资，模型回归结果与我国企业一直以来的融资偏好顺序保持一致。

2. 各城市群不同融资方式的资本配置效率比较分析

为了进一步对各个城市群不同融资方式的资本配置效率进行比较分析，我们采用变系数模型估计不同融资结构的资本配置效率。该部分仍然选择前述面板数据模型，对十大城市群分别以股票市场融资、债券市场融资和银行信贷作为主要被解释变量，建立变系数模型，回归结果如表 3 所示。

---

① 因篇幅所限，此处省略检验结果表格。

表3 不同融资方式的资本配置效率回归结果

区域	股票市场融资效率	债券市场融资效率	银行信贷融资效率
1. 长三角	-1.074	-1.203*	-0.635***
2. 珠三角	-3.008	-1.527*	-0.399***
3. 京津冀	0.556	-0.166	0.039
4. 辽中南	-0.249	0.047	-0.084*
5. 山东半岛	4.952***	0.022	0.899***
6. 海峡两岸	10.501***	-0.486	1.300***
7. 长江中游	0.230	0.787	0.780***
8. 中原	0.564	2.416***	0.601
9. 关中	0.152	0.989	0.238**
10. 川渝	-13.531**	-1.029	0.183***

注：*** 为 $P<0.01$，** 为 $P<0.05$，* 为 $P<0.1$；各城市群按照地理位置从东到西排列。

对不同区域相同融资方式资本配置效率回归结果进行比较，可以看出：不同城市群股票市场融资的资本配置效率从东到西大致呈现递减趋势，银行信贷融资的资本配置效率从东到西大致呈现递增趋势，而债券市场融资的资本配置效率整体呈现中部城市群高、东西部城市群低的态势。

四、政策建议

（一）深化股权融资的注册制改革，加大资本市场支持中西部城市群发展

应多渠道推动股权融资制度不断优化。一是平稳推进主板市场的注册制改革，充分发挥股票市场在信息披露方面的优势，通过合理的退市制度促进上市公司优胜劣汰，同时明确相关参与主体的法律责任，以有效保护投资者合法权益，这将充分发挥股权融资在资本配置方面的优势。二是对资本市场服务于实体经济进行战略方向的强化，服务于城市群发展、推动新型制度性开放，引导资本流向产出效率更高的中西部城市群，将更有利于提升区域经济的发展。

（二）着力构建多层次的债券市场，进一步发挥债券市场的资本配置功能

债券市场融资对产出效率较其他融资方式具有更高的正向影响，但是由于我国债券市场在发展过程中存在的问题尚未得到有效解决，债券市场的资本配置功能未能得到有效发挥。相比股权市场，多层次债券市场构建更加任重道远。未来，应着力构建多层次债券市场，这将对我国金融体制完善、优化资本配置起到重要作用。

（三）坚持银行业防范风险与服务实体经济并重，助力国家战略实施

我国银行业历经40年改革与发展，取得了丰硕的成果，在提升风险防范能力的同时助

推国民经济发展，在金融创新之中服务广大居民。从本文的实证结果我们看到，在我国，银行信贷融资在产出效率和资本配置效率两方面都具有稳定的正向值，说明信贷融资在我国金融体制下的运行机制较为成熟稳定。2020年开始，央行通过定向降准、再贷款等政策，强化了银行信贷的定向支持力度，并取得了良好的政策效果。在新发展格局下，银行信贷应在继续支持科技创新、绿色金融等国家战略领域发展的同时，重点把握风险和收益的平衡。

浅析自律措施的创设和实施边界

中国证券业协会自律管理部[*]

一、问题的提出

目前,法律法规层面对自律措施的创设和实施缺乏具体规定,相关自律组织实践和司法案例对自律措施性质的认识不统一,自律措施与行政措施[①]之间交叉重叠,自律措施的创设和实施边界有待厘清。

(一) 自律措施创设和实施困境

1. 自律措施的创设缺乏明确的法律指引

一方面,现行法律规定了自律组织有权实施自律措施,但未明确具体种类和内容[②],自律组织在创设自律措施时缺乏正面指引,难以确定创设范围;另一方面,《行政处罚法》具体规定了行政处罚种类,并明确除法律、法规、规章外,其他规范性文件不得设定行政处罚。部分自律措施可能因与行政处罚名称或效果相似(如认定不适合从事相关业务的自律措施与限制从业的行政处罚)而受到合法性质疑。

2. 司法对自律措施实施行为的性质认定不统一

对现有案例检索发现,法院在自律措施实施行为的性质认定上存在三种观点:一是认为行业协会属于法律、法规、规章授权行使行政管理职能的组织,其实施自律措施的行为属于行政行为[③];二是认为行业协会属于自律组织,不属于授权组织,其实施自律措施的行为属

---

[*] 作者简介:陈超,中国证券业协会自律管理部副总监;王淋淋、叶玉颜,中国证券业协会自律管理部中级主办。

[①] 为行文方便,本文将境内外自律组织的自律管理措施与纪律处分措施统称为"自律措施",将行政处罚和行政监管措施统称为"行政措施"。

[②] 《证券法》第166条、《期货和衍生品法》第104条、《证券投资基金法》第111条、《律师法》第46条分别确定了证券业协会、期货业协会、基金业协会、中华律师协会的法律地位和自律惩戒权,但没有规定措施种类。

[③] 见广东省珠海市中级人民法院 (2020) 粤04行终131号行政裁定书。

于自律管理行为[1];三是认为行业协会虽然属于授权组织,但实施的自律措施属于内部管理措施,不具有行政处罚的外部性[2]。司法认定的不统一让自律组织面临诉讼预期的不确定性,将自律措施实施行为认定为行政行为的司法观点又会给自律组织带来较重的公开义务与行政责任,从而增加顾虑,压缩了自律措施的实施空间。

(二) 自律措施与行政措施边界模糊

1. 自律措施与行政处罚在构成要件上有交叉重合

《行政处罚法》将行政处罚定义为"行政机关依法对违反行政管理秩序的公民、法人或者其他组织,以减损权益或者增加义务的方式予以惩戒的行为"。从主体性质看,实践中部分自律组织被认定为行政主体[3]。从客体看,自律措施的实施对象包括违反法律、法规、规章、自律规则的会员及相关人员,与行政处罚对象存在交叉重合。从内容看,自律措施同样会减损相关主体的权益或增加其义务。

2. 自律措施与行政监管措施在目的上趋同

《关于进一步加强中国证券业协会自律管理职责的意见(证监发〔2020〕77号)》中明确自律管理要突出前瞻性引导、预防性规范作用;《证券期货市场监督管理措施实施办法》中规定实施监管措施要"坚持及时矫正、防范或者控制风险与教育相结合"。目的趋同决定了两者在措施创设时存在重合可能,实践中也的确存在部分重合。

二、境内外自律措施的实践特征

为厘清自律措施的边界,寻求有效的解决方案,本文对比研究境内16家金融相关协会和美国、英国、日本、中国香港地区证券相关自律组织的自律措施,总结出以下特征。

(一) 在法定范围内自主创设自律措施

实体上,境外普遍对自律措施采取"法定+自主"的创设模式,即法律明确规定自律组织可以实施自律措施并列举具体种类,同时赋予其一定的自主创设权。例如,美国金融业监管局(FINRA)在《1934年证券交易法》基础上,对会员及其相关人员增设了多种自律措施,增设的措施惩戒程度相较法律中列举的更轻。可以说,法定列举的做法既保障了自律措施本身的合法性,也界定了自主创设自律措施的底线。

程序上,自律措施主要通过章程或自律规则予以规定,且境内外相关法律多数要求经行政备案或批准。例如,美国《1934年证券交易法》第19(c)条规定证券交易委员会(SEC)可以废除、增加和删改自律组织的规则。行政备案或批准既为自律组织创设自律措施划定了程序上的红线,也给自律规则提供了合法性背书。

---

[1] 见苏州市姑苏区人民法院(2019)苏0508行初70号行政裁定书;其他持相同观点的案例:广州铁路运输中级法院(2019)粤71行终4859号行政裁定书。

[2] 见北京市第二中级人民法院(2020)京02行终1357号行政裁定书。河北省石家庄市中级人民法院(2019)冀01行终148号行政裁定书。

[3] 见黑龙江省高级人民法院(2017)黑行申485号行政裁定书。

(二) 自律措施与行政措施在形式上有所重合

境内外都存在自律措施与行政措施种类重合情况。例如，境内自律组织普遍设定了警告、谴责等申诫类措施，与行政监管措施中的警示、公开谴责以及行政处罚中的警告、通告批评有重合之处。自律措施与行政措施种类重合在境外更加常见。例如，英国金融行为监管局（FCA）的措施包括"谴责、严重谴责、警告、罚金、暂停业务"等，与伦敦交易所的自律措施大同小异。美国 SEC 与 FINRA 都有权采取"发布禁止令、禁止或暂停就业、罚款支付令、追缴违法所得"等措施；并且，境外多数自律组织都规定了罚款等财产类措施，虽然与部分行政处罚一致，但没有影响其适用频率。

(三) 自律措施与行政措施在实质上有所区分

1. 在适用对象上区分

通常，自律措施的对象限定在会员及其相关人员，而行政相对人的范围更加广泛。

2. 在适用行为上区分

一般而言，行政措施适用于违法违规行为，而自律措施的适用范围则以违反章程和自律规则的行为为基础，扩大到违反法律法规、职业道德或特定义务的行为，二者的适用范围有重叠。对此，境内外自律组织尝试进行划分。例如，我国银行间市场交易商协会明确规定自律措施仅适用于违反章程和自律规则的行为。伦敦交易所与香港交易所也将适用范围限定于违反组织规则的行为。但也仍存在交叉情况，如日本金融厅可以对严重违反自律规则的行为实施行政处罚，而日本证券业协会也会对已经受过行政处罚的对象实施相应的自律措施。

3. 在限制或者剥夺权利上区分

基于内在的社团关系，部分自律措施围绕会员资格或权利设定。例如，限制内部会员资格、开除会员等资格类措施，限制会员在组织内部的权利，包括取消评优资格、降低会员级别、暂停或禁止会员与其他会员建立联系、取消内部任职资格等行为类措施。

(四) 境外自律措施纠纷的司法介入有限

在普通法系国家中，自律措施相关争议面临两种诉讼程序：一是普通法上的一般诉讼（类似于我国的民事诉讼）。有境外法律明确规定交易所与会员之间是合同关系[1]，并且在审判实践中倾向支持善意监管民事责任豁免。美国法院赋予了自律组织正当惩戒的民事责任豁免权[2]，"缓解自律组织的诉讼压力，使其在自律管理中，不至于因畏惧承担赔偿责任而裹足不前"[3]。二是请求司法审查（类似于我国的行政诉讼与合宪性审查）。但是当存在内部救济渠道时，司法审查将受到限制。例如，FINRA 规则 9200—9900 规定，内部救济程序主要包括听证程序、向裁决委员会上诉、董事会审查裁决委员会决定等，其中穿插着聆讯、和

---

[1] 例如，澳大利亚《Corporations Act 2001》第 772A 条规定，交易所业务规则是合同效力；新加坡《证券及期货法 2001》第 24 条规定，经批准的交易所的业务规则作为合同生效。

[2] In Re NYSE Specialists Securities Litigation, 503 F. 3d 89 (2d Cir. 2007); Weissman v. NASD, 500 F. 3d 1293 (11th Cir. Fla., 2007).

[3] 徐明、卢文道：《证券交易所自律管理侵权诉讼司法政策——以中美判例为中心的分析》，载《证券法苑》2009 年第 1 卷，第 40 页。

解、申辩等多项制度。穷尽内部程序仍无法解决争议时，会员及其相关人员才能根据《1934年证券交易法》第19（d）条和第25（a）条的规定，向SEC申请复议，再向法院诉请审查。由此，形成以正当惩戒的民事责任豁免原则、自律组织内部的正当程序原则、穷尽内部救济原则为基础的内外部救济完整环路。

三、协会自律措施创设与实施边界探究

结合境内外自律组织实践经验及我国立法司法现状，本文为协会自律措施的创设和实施工作提供如下参考建议。

（一）自律措施的创设边界

1. 遵守法律保留原则，对于宪法、法律明确规定的权利，在没有上位法授权的情况下，自律措施无权限制或剥夺

《宪法》赋予了公民人身自由、社会经济权利等基本权利。相应地，《行政处罚法》《行政强制法》等法律对限制或剥夺这些权利进行了严格限定。例如，《行政处罚法》规定，限制人身自由的行政处罚只能由法律设定，行政法规、地方性法规只能设定部分行政处罚，部门规章仅可作出细化规定。因此，协会的自律措施不能超越权限限制或剥夺相关权利[①]。英美等国行业自律组织常用的罚款等"财产罚"在我国缺乏规范基础，难以直接移植。

2. 对于宪法、法律没有明确规定的权利，尤其是协会赋予会员的权利，自律措施可以设置限制或剥夺措施

参考行政法领域的同位保留原则，剥夺某种权益的规范制定主体应与形成该权益的规范制定主体相同。会员及其从业人员在自律组织内享有会员资格与权利、基于组织建立的关系享受相关便利，自律组织有权设定剥夺或限制这部分权利的自律措施：如暂停限制或取消会员资格、限制使用组织提供的便利条件、限制会员之间的联系等。

3. 坚持自律管理与行政监管的差异化定位，自律措施和行政措施各有侧重、相互补位

建议协会设定自律措施时，尽量在名称、适用对象、效果等方面与行政措施保持差异，探索个性化、补充性的自律措施。另外，参考境外经验，条件成熟时，协会可向有关部门建议在相关法律中进一步明确自律措施的概念和种类，明确最高程度的自律措施，为创设自律措施划定底线和标准，避免协会自律措施与行政措施在形式上重合引发的合法性问题。

（二）自律措施的实施边界

1. 坚持过惩相当原则，推动自律措施实施的合理性、有效性

由于历史原因，协会自律规则尚缺乏对各违规情形的具体罚则规定，且自律案件涉及的违规情形分散多样，未能形成体系性的类案对比机制，案件处理缺乏明确的裁量标准。就此

[①] 需要强调的是，对上述限制或剥夺权利的解释不宜泛化，否则自律组织所有的自律措施都可能面临合法性危机。可以是否触及相关权利核心部分为标准，核心部分意味着权利主体在实质上无法再享有这种权利。而对违规会员或其从业人员进行告诫和谴责、认定一定时间内不适合从事相关业务等措施，只是对行为的负面评价及权利的一定削减，未侵犯相关权利的核心处于合理限度中。

情形，中国证券业协会正在依托专业委员会，借鉴 FINRA、支付清算协会经验，就协会自律案件多发领域，先行探索建立违规情形与处理措施一一对应、分层分级的裁量标准，以期强化过惩相当原则。

2. 明确自律措施实施效果，完善与行政措施的衔接机制

有必要在整体上厘清自律措施与行政措施的规制逻辑，明确各自的职责分工。根据境内外实践，两者的实质区别在于基础法律关系、作出的依据、减损的权利性质和程度、适用对象和范围的不同。协会在修订相关自律规则时，可以对措施加以定义，明确实施效果，在提高透明度的同时，从规则层面与行政措施方面加以区分。另外，完善相应的衔接和配合机制。相较法律法规，自律规则在效力上处于较低的层级，主要起到细化规则、建立行业标准与查漏补缺的作用。因此，自律措施与行政措施应各有侧重，在适用时以"上位处罚吸收下位处罚、重罚吸收轻罚、避免不必要的重复处罚"为原则，完善我国证券市场的多元共治体系。

3. 完善救济渠道，强化对自律措施实施的监督，保障自律管理对象的正当权利

程序正义是自律措施得以实施、惩戒目的得以实现的重要保障，也是外部救济有限介入的前提。从境外自律措施穷尽内部救济原则反推，协会有必要更加重视和完善自律措施实施程序，建立健全适用标准与内部救济机制。此外，借鉴境外自律措施民事责任豁免机制，建议主管机关加强对自律措施实施的监督，并共同推动在立法、司法层面明晰自律管理权的性质和边界，提高协会实施自律措施的可预期性。

附表：

表 1   **境内金融领域相关协会自律措施**

类别	具体内容
研究对象	境内金融领域相关协会自律措施：其他 3 家受中国证监会监管的协会（期货业协会、基金业协会、上市公司协会），8 家受银保监会监督的协会（银行业协会、保险业协会、信托业协会、融资担保业协会等），3 家接受人民银行监督的协会（银行间交易商协会、互联网金融协会、支付清算协会），注册会计师协会与中华律师协会等自律组织的自律措施
创设	由法律规定协会实施自律措施的权力：《期货和衍生品法》第 104 条、《证券投资基金法》第 111 条、《律师法》第 46 条分别规定了期货业协会、基金业协会、中华律师协会可以实施自律措施
	由部门规章规定协会实施自律措施的权力：受人民银行监督的协会依据部门规章实施自律措施，如《银行间债券市场非金融企业债务融资工具管理办法》中明确银行间交易商协会可以采取警告、诫勉谈话、公开谴责等措施
	由部门规范性文件规定协会实施自律措施的权力：绝大多数受银保监会监督的协会依据相应规范性文件实施自律措施。如《关于进一步促进信用卡业务规范健康发展的通知》中明确，中国银行业协会、中国支付清算协会应当加强自律惩戒和通报

续表

类别		具体内容
种类		申诫类：约见谈话［诫勉谈话、约谈高级管理人员］①、书面关注（银行间交易商协会）、书面警示［发警示函］、训诫［告诫］、警告或严重警告、行业内谴责［行业内部通报批评］、公开谴责［通报批评］
		资格类： 1. 协会内部资格的限制：暂停会员资格、取消会员资格［除名］、暂停或者解除在协会担任的职务（上市公司协会） 2. 会员及相关人员业务资格限制：（1）银行间交易商协会：暂停或者取消会员业务资格，暂停交易或者经纪人员业务权限；（2）期货协会：暂停期货从业资格6—12个月、撤销期货从业资格并在1—3年内拒绝受理从业资格申请、撤销期货从业资格并永久性拒绝受理期货从业资格申请；（3）基金业协会：撤销基金管理人登记、暂停或取消基金从业登记
		行为类： 1. 行为要求类：限期整改［责令整改］、要求参加强制培训［责令参加培训］、责令致歉（银行间交易商协会）、责令会员内部问责（注册会计师协会）、责令原会员或者所在接受会员单位开除处理（信托业协会）、要求其他会员暂停与其的业务（基金业协会） 2. 行为限制类：（1）限制会员业务：暂缓开展相关业务、暂停相关业务、取消业务资格（银行间交易商协会）、撤销已披露信息、暂停投资管理能力信息披露（保险业协会）；（2）限制会员权利：暂停会员权利；（3）限制相关人员：① 暂停交易或经纪人员业务权限（银行间交易商协会）、从业禁止（保险业协会）。② 认定为不适当人选：期货业协会规定的期限为1—3年；银行间交易商协会规定了1年以下、2年以下和2年以上3档。③ 灰名单或者黑名单：基金业协会对会员和从业人员可以实施加入黑名单的措施。银行业协会规定了违法违规违纪人员"黑名单"和"灰名单"制度。纳入"黑名单"的，予以通报同业，实行行业禁入；纳入"灰名单"的，限制其任职于银行业金融机构重点部门或关键岗位
		财产类：缴纳违约金（基金业协会）
		其他类：加入行业诚信档案（信托业协会）、报送监管机构查处
适用	对象范围	仅适用于会员：互联网金融协会、支付清算协会、财务公司协会、注册会计师协会、中华律师协会
		适用于会员及相关人员：期货业协会、银行业协会、上市公司协会、信托业协会、保险业协会
		除会员及相关人员外，还适用于其他接受自律管理的机构：银行间交易商协会可对自愿接受自律管理的机构及相关人员实施自律措施；基金业协会可对协会登记的机构、产品备案机构及其从业人员实施自律措施
	行为范围	适用于违反协会章程和自律管理规则、公约的行为：银行间交易商协会、期货业协会、信托业协会、财务公司协会
		还适用于违反法律法规、监管部门规章以及其他有关规定的违法违规行为：基金业协会、支付清算协会、上市公司协会、银行业协会、保险业协会、互联网金融协会、注册会计师协会、中华律师协会
	适用方式	单独与合并适用相结合
		分级适用：支付清算协会将行为分为5级并规定对应级别的自律措施
		累计积分处置：支付清算协会按照违法违规行为级别对违规机构进行记分。会员单位当年度累计记分达到规定分值区间的，将相应采取扣减评价分值、取消评优资格、降低会员级别、开展现场检查、建议监管机构现场检查等措施

---

① ［］表示其他相似措施，（）表示该措施为该协会特有。

表2　　境外金融领域相关自律组织自律措施

类别	分类及其内容
研究对象	美国金融监管局（以下简称"FINRA"）、中国香港证券交易所、英国伦敦证券交易所、特许证券与投资协会、日本证券行业协会等境外证券市场主要自律组织的自律措施
创设	**依据法律规定采取自律措施**： 法律仅规定了自律组织有权制定罚则，未说明自律措施的种类和范围：香港《证券及期货条例》第23条：香港交易所可以基于就违反交易所规章而施加的罚则或制裁订立规章 法律对自律措施进行穷尽列举，未规定自律组织的创设权：日本《金融商品交易法》第68条明确列举协会可以实施的自律措施，且未说明协会可否创设新措施。但协会《章程》及其规则新设了自律措施 法律规定了自律措施种类，但允许自律组织另行创设：美国《1934年证券交易法》第15条列举了自律措施的种类，但FINRA有权创设新措施，FINRA裁决员也可以在个案中创设并采取其他措施 依据章程约定采取自律措施：英国《金融与市场服务法案》只明确了交易所等自律组织的法律地位和监督程序。实践中，自律组织在章程中创设自律措施
种类	申诫类：谈话、警告、谴责［私下指责、公开谴责、严厉谴责］、公开声明［香港交易所：公开声明人员可能会损害投资者的权益、公开声明认定为不适当人选］ 资格类： 1. 自律组织内部资格的限制：暂停或取消会员资格、对继续保留会员资格施加条件（英国）、以书面要求放弃资格（香港）、（永久）开除会员资格 2. 业务资格限制：暂停、撤销或注销相关人员的注册、暂停个人特许资格（英国） 财产类： 罚款［罚金、罚交过怠金］、没收违法所得、作出支付令［支付调查、听证相关的费用以及与监督合规性相关的费用］、要求成员公司向他人进行赔偿（英国） 行为类： 1. 行为要求类：（1）合规要求：对会员以及与会员相关个人要求披露违规历史等信息、要求在向公众传播信息前获得认可并声明符合标准、对会员要求聘请顾问设计和实施合规程序、要求强化监督、要求录音录像等（FINRA）；对会员提出进行员工培训、内部控制等为维持会员适当性相关的要求（英国）、在规定期限内完成额外专业进修时数和诚信测试（英国）。（2）补救要求：要求恢复原状或撤销行为、指令修正（香港）。（3）交易要求：指示开立新合约、指示平仓或过户（中国香港） 2. 行为限制类：（1）限制会员业务：限制经营活动、暂停或禁止会员从事某项业务、限制会员可以做市的证券数量（FINRA）。限制或暂停会员交易，包括限制交易数量或种类、禁止使用市场设施、暂停参与交易结算等（中国香港、英国）。（2）限制会员权利：限制会员权利（日本）、暂停或禁止会员与其他会员建立联系（FINRA）、暂停会员与系统的联通、暂停会员使用系统设施、禁止或限制有关人员参与组织的运作或活动（中国香港）。（3）对相关人员的限制：认定相关人员为一级或二级不当行为者、从业行为禁止措施，管理人员职务禁止措施（日本）、暂停或禁止与所有会员建立联系（FINRA） 其他类：向监管机关汇报违规行为、在自律监管中有权创设其他措施（FINRA）

续表

类别		分类及其内容
适用	对象范围	仅适用于会员：英国伦敦交易所、特许证券与投资协会
		适用于会员及相关人员：FINRA、中国香港交易所、日本证券业协会的惩戒对象扩大到实施从业行为但是没有进行注册登记的人员
	行为范围	适用于违反组织规则的行为：伦敦交易所、香港交易所
		还适用于违反法律法规、自律组织命令或者特定义务的行为： 1. FINRA 有权惩戒违反证券法律规则、FINRA 命令、指示或决定的行为；有权惩戒违反监管合作计划中其他自律组织的自律规则的行为 2. 日本证券业协会有权惩戒违反法令、基于法令的行政处置、协会章程、交易信义原则的行为 3. 英国特许证券与投资协会要求成员及时申报违反法律、会员条例或行为准则的行为，否则可能导致纪律处分
	适用方式	单独与合并适用相结合
		分层级适用： 1. FINRA 制裁手册将措施层级与适用行为一一对应；对一些典型行为的罚款分为了三档，额度各有不同 2. 伦敦交易所的罚款档次分为 5 万英镑、10 万英镑和无限制

证券行业增值税制度完善研究

张信军 马 中 曲立群 顾晨蓉 高连华[*]

一、证券行业增值税制度基本情况

税收是现代化经济体系建设中的无形之手,在推动证券行业健康发展的过程中起到关键纽带作用,证券业税制是财政链接金融体系和实体部门的天然纽带,通过有效税负体系的构建,引导和激发金融机构回归服务实体的本源。2016年5月1日,建筑业、房地产业、金融业、生活服务业4个行业纳入了营改增试点范围。证券业实施营改增后,增值税"逐环节征税,逐环节扣税"从制度上解决了营业税重复征税问题,使得增值税链条在国民经济这一重要环节顺畅通行,税制结构更加科学合理,更有助于证券业与实体经济融合发展。但证券行业目前依然存在若干增值税问题,制约着行业发展,行业税制有待进一步优化完善。

二、证券行业增值税制度相关问题

(一)证券行业增值税征税范围问题

根据《关于全面推开营业税改征增值税试点的通知》(财税〔2016〕36号)(以下简称"36号文"),金融服务是指经营金融保险的业务活动,其征税范围包括金融商品转让、贷款服务、直接收费金融服务和保险服务。金融商品转让,是指转让外汇、有价证券、非货物期货和其他金融商品所有权的业务活动。目前,对金融商品转让征税存在以下问题:

1. 对金融商品转让征收增值税与增值税原理存在偏差

增值税本质上是对最终消费者征收的税种,它一方面对销售方征税,另一方面允许购买

---

[*] 作者简介:张信军,海通证券股份有限公司财务总监;马中,海通证券股份有限公司计划财务部总经理;曲立群,海通证券股份有限公司计划财务部副总经理;顾晨蓉,海通证券股份有限公司计划财务部经理;高连华,供职于海通证券股份有限公司计划财务部。原载于《中国证券》2022年第7期。

方抵扣进项税，实际承担税负的是最终消费者。由于金融商品转让属于投资行为，是对资金进行调剂和配置，没有发生实际消费行为，对金融商品转让征收增值税与增值税原理不符。

2. 金融商品转让的界限较难界清

金融商品的范围非常广，许多种类的金融商品都有广义和狭义的解释，准确界定的难度较大。金融商品在实际交易过程中，除了转让所有权，在某些业务情形下，还会分离出收益权，当仅发生收益权转让，让渡未来部分或全部现金流时，是否属于"金融商品转让"存在争议。

3. 金融商品转让负差不能跨年结转影响证券行业投资经营决策

金融商品转让负差不得跨年结转会影响投资者的投资决策。由于证券投资受市场波动影响，负差不得结转下一会计年度将导致在一个会计年度"前盈后亏"的情况下，投资者为规避上述税收政策对证券投资收益的影响，消化当年尚未抵减完的负差，会采取年末售出浮盈产品、次年初再购回的操作策略，增加了市场的额外波动。

（二）证券行业增值税纳税人制度问题

财税〔2016〕140号文件明确资管产品运营过程中发生的增值税应税行为，以资管产品管理人为增值税纳税人。以管理人作为资管产品纳税人主要存在以下问题：

1. 容易引发税务纠纷，不利于资管产品的持续经营

资管产品业务的经营具有连续性，若管理人发生变更，纳税义务人也变更为新的管理人。变更之前已经发生但尚未履行的纳税义务由谁承担，并没有具体规定，容易引发税务纠纷，不利于资管产品的持续经营。

2. 汇总纳税方式下，容易产生归属不明的留存税金，可能引发争议

根据税法规定，管理人可选择分别或汇总缴纳资管产品增值税。例如，某基金管理人管理基金产品A、B，某一纳税期基金A亏损20万元，基金B盈利30万元。管理人对基金B按30万元计算并提取税金，对于亏损产品A不计算缴纳税款。汇总纳税方式下，管理人按基金A、B盈亏相抵后的10万元计算并缴纳增值税。此时，提取的税金与实际缴纳税金存在的差额，便成为归属不明的留存税金，可能引发争议。

（三）证券行业增值税进项税"以票控税"相关问题

1994年税制改革，我国确立增值税进项税实行凭票抵扣制度（即"以票控税"），2012年实施营改增以来，增值税"以票控税"制度正逐步改进并持续完善。目前，"以票控税"导致证券行业还存在以下增值税问题：

1. "以票控税"导致证券行业进项税无法应抵尽抵

"以票控税"使税务机关更加注重对发票形式的管控，而忽略了应税交易本身的实质内容。证券行业部分业务由于客观上不能取得发票而导致进项税无法应抵尽抵。比如，目前证券公司代收代付的证管费，由于无法取得交易所或中国证监会开具的票据而不能抵扣进项税；此外，随着增值税改革的推进，若利息支出纳入增值税抵扣范围，由于证券公司发行债券、回购交易、发行收益凭证等各种融资方式都无法取得增值税发票，导致进项税不能应抵尽抵。

2. "以票控税"制约企业数字化转型

近年来，在数字中国战略引领下，各行各业都在积极实施数字化转型升级。在财务领

域，智能财务建设发展迅速，体现了数字化转型的成效。平台经济凭借其强大的资源整合能力有效助力智能财务建设，但"以票控税"一定程度上影响了转型进程。

例如，企业通过平台订机票、火车票，向平台支付运输费，本可以取得由平台统一开具的发票，为员工节约大量烦琐的粘贴发票、报销费用的时间，提高财务管理数字化水平。但税务机关不认可平台转售运输服务、不允许开具运输服务发票，在现行"以票控税"制度下，企业仍需向服务提供商（航空公司、铁路公司）索取票据抵扣进项税，从而影响数字化转型成效。

（四）证券行业跨境服务增值税制度问题

根据36号文，向境外单位提供的完全在境外消费的鉴证咨询服务以及为境外单位之间的货币资金融通及其他金融业务提供的直接收费金融服务，且该服务与境内的货物、无形资产和不动产无关，均适用增值税免税政策。为境外单位之间的货币资金融通及其他金融业务提供的直接收费金融服务，具体包括为境外单位之间、境外单位和个人之间的外币、人民币资金往来提供的资金清算、资金结算、金融支付、账户管理服务。

证券服务是无形的，不可触摸、存储、运输，并且证券行业创新性强，导致证券服务具有多样性和多变性。证券服务的提供和接受是同时发生的，这在一定程度上给认定服务消费地带来困难。以上特点在客观上导致认定跨境证券服务比较困难，现行政策未界定证券行业跨境服务类型，给证券行业适用政策带来困难。

三、证券行业增值税制度优化建议

（一）优化金融商品转让业务增值税制度

多数国家将金融业征收范围划分为核心金融业务、直接收费金融业务。核心金融业务主要包括融资中介业务（即融资类业务）和间接收费金融业务（即投资业务），大部分国家对此类业务采取免征增值税的做法。直接收费金融业务主要指金融机构提供的非融资中介服务，即经纪、投行、资管等业务，大部分国家对此类直接收费金融业务按标准税率征收增值税[①]。

可借鉴大部分国家的做法，对金融商品转让业务收入采取免征增值税的政策。如果基于财税收入考量需对金融商品转让征收增值税，建议允许金融商品转让负差跨年结转。

（二）完善资管产品纳税人制度

欧盟在2006年更新《增值税指令》时，注重纳税人能否独立实施经济活动，而不是强调纳税人本身必须是法人实体，提出实施经济活动的主体为增值税纳税人，因此欧盟将投资基金本身而不是基金管理人作为增值税纳税人[②]。

随着我国税务监管信息化水平的不断提高，利用大数据技术将资管产品进行税务登记变为可能，建议借鉴国际经验，将资管产品本身作为增值税纳税人；在技术条件完备前，可以

---

① 刘亚干：《营改增理论研究与实践：基于商业银行视角的热点、难点及案例分析》，中国金融出版社2016年版。
② 邓怀女：《资管产品增值税征税主体重构》，载《湖南税务高等专科学校学报》2019年第2期。

将资管产品管理人作为代扣代缴义务人。

（三）试行证券行业"以数控税"

绝大部分经济合作与发展组织（OECD）成员国采用"以票控税"制度，国际主流的"以票控税"制度对发票形式要求比较宽松，但对票载信息的真实性高度关注，税务机关交叉比对不作为抵扣的前提条件[①]。而我国实行严格的"以票控税"制度，由税务机关对发票的样式进行统一监制，不符合规定的发票不能作为进项抵扣的凭据。

可考虑在证券行业试行"以数控税"，针对客观上无法取得扣税凭证的业务，凭借真实有效的业务数据抵扣进项税。比如，旅客运输服务进项税由凭火车票抵扣改为以铁路总公司提供的交易数据抵扣。铁路总公司是国家大型央企，具有较高的信誉度，其提供的交易数据能保证真实可靠，不会因"以数控税"产生虚抵进项税的风险。

（四）建议完善证券行业跨境服务增值税制度

OECD《国际增值税/货物劳务税指南》提出了目的地征税原则，即"消费者经常居住地"所在的国家或地区拥有征税权，对另一方则实施零税率，使得出口的金融服务以不含税的价格进入国际金融市场，最终达到提升出口金融服务和产品竞争力的目的。

1. 建议对证券公司为境外机构承销熊猫债取得的承销收入，按照跨境服务免征增值税

境外主体在中国境内发行并以人民币计价的外国债券称为熊猫债。36号文规定，向境外单位提供的完全在境外消费的鉴证咨询服务以及为境外单位之间的货币资金融通、其他金融业务提供的直接收费金融服务（该服务与境内的货物、无形资产和不动产无关）免征增值税，证券公司熊猫债承销业务是否符合免税条件，实践中难以把握和执行。为提升证券公司国际业务的服务能力，促进税收优惠政策落地，建议对证券公司承销熊猫债取得的承销费收入，按照跨境服务免征增值税。

2. 建议对证券公司为QFII、RQFII提供服务取得的收入免征增值税

QFII（合格境外机构投资者）为经中国证监会批准，可以投资于我国证券市场的境外基金管理机构、保险公司、证券公司以及其他资产管理机构。RQFII（人民币合格境外机构投资者）为经中国证监会批准，可运用在香港募集的人民币资金投资境内证券市场的境内基金管理公司、证券公司的香港子公司。证券公司为QFII、RQFII代理买卖境内证券取得的佣金收入、提供投资咨询服务取得的收入符合36号文规定，属于完全在境外消费的跨境服务免税业务，实务中证券公司出于谨慎性考虑，并未将上述收入进行免征增值税处理。为提升证券公司业务拓展积极性，有利于扩大外资引进，促进国内金融市场的繁荣，进一步提升我国金融市场国际地位、提升我国综合实力，建议对证券公司为QFII、RQFII提供服务取得的收入免征增值税。

---

① 安永（全球）公司编著：《全球增值税和销售税指引》，国家税务总局货物和劳务税司翻译，中国税务出版社2019年版。

证券行业监管沙盒机制构建和应用场景实践研究

天风证券股份有限公司*

一、监管沙盒机制的产生与主要特征

（一）监管沙盒机制背景介绍

沙盒（Sandbox）原本是计算机用语，英国最早将"沙盒"概念引入金融科技创新的监管，是指为金融科技企业测试创新产品、服务、商业模式和发行机制提供安全空间，在这个安全空间内，通过监管特别授权，测试活动遇到问题时不会立即受到全部监管规则的约束，以达到在风险可控的前提下促进金融创新的目的[①]。

我国最早从2016年开始有学者对监管沙盒机制开展专业研究，在我国香港和台湾地区率先推行尝试。2018年12月，中国人民银行等6部门联合发布通知，决定在北京市、上海市等10省市开展金融科技应用试点工作，本次试点是我国对监管沙盒机制进行的大胆尝试和探索。

（二）监管沙盒机制的主要特征

1. 沙盒监管是试验性监管，构建了一种双向试错机制

沙盒监管构建了一个有限的真实环境，在这一有限的测试环境内，监管者与监管对象之间建立起双向交流机制，监管者可以及时了解创新的内容，识别创新内容的潜在风险，以便对创新者给予指导和管控，同时与之配套的监管规则也可以验证监管的有效性，以便及时调

---

* 本文为中国证券业协会2021年优秀课题。课题负责人：洪琳，天风证券股份有限公司副总裁。课题组成员包括：付春明，天风证券股份有限公司合规总监；张彬，天风证券股份有限公司合规法律部副总经理（主持工作）；黄萍，天风证券股份有限公司合规法律部副总经理；谭佳妮，天风证券股份有限公司合规法律部总经理助理；赵潇光、周贵强、江娜，均供职于天风证券股份有限公司合规法律部。原载于《中国证券》2022年第7期。

① 杨宇焰，谭明鹏：《英国监管沙箱对我国完善金融创新监管的启示及应用研究》，载《西南金融》2017年第7期，第9页。

整和采取适当的监管行动或策略,在防范大规模运行造成风险的前提下鼓励创新。

2. 沙盒监管是包容性监管,是对传统监管理念的突破

传统的监管者与被监管者之间是一种管理与被管的对立关系。而沙盒监管明显区别于传统的监管,在监管沙盒内,监管者与监管对象均是沙盒的参与者,给予监管对象参与对话的权利,避免了传统监管中的利益对抗,为监管对象提供了较为宽松和灵活的监管环境,对监管对象的试错行为的包容性更强。

3. 沙盒监管仍属于法律监管的范畴,是一种提前性监管

沙盒监管是为避免与现有监管规则体系相冲突而设置的临时规则,是对现有规则的一种灵活变通适用,其本质仍是属于法律监管的范畴,而不是对法律的违背或突破。通过沙盒监管机制,监管者可以提前介入创新产品或服务的研发环节,如果创新产品或服务能够达到监管要求,则在测试结束后可以顺利推向市场,这既节约了创新内容的试错成本,也提高了创新内容推向市场的效率。

二、监管沙盒机制的国际实践和境外经验借鉴

(一) 监管沙盒机制的国际实践

自 2015 年英国首次提出了"监管沙盒"的概念后,境外国家陆续根据自身特质及金融市场发展情况建立起了符合自身特点的监管沙盒体系或制度,沙盒形态多样(见表1)。

表1 三种主要类型的监管沙盒及优劣势对比

类型	优势	劣势
以英国、新加坡为代表的综合型监管沙盒	1. 统筹性强。由国家统一管理,统筹性强,便于政策的实施,便于监管机构内部协同,外部协作 2. 业务易推广。测试的业务范围广、地域广,便于业务在通过测试退出后的推广和发展	1. 成本高。由于业务涉及广泛,需要花费大量人力、物力,对于部分业务的掌握不够专业 2. 有限人力下,定制沙盒耗时长。由于目前大多数监管沙盒都实行的是定制监管沙盒,当申请者众多时,基于监管机构有限的人力难以在短时间内审核完毕或者做出正确的审核 3. 地域差异引起的区域性风险。对于国土面积广阔的国家,地区经济、文化差异性较大,审核标准难以统一,可能出现区域性风险
以加拿大和中国香港地区为代表的分业型监管沙盒	1. 专业机构专业管理。由各业的监管机构分业管理的,对于自身领域的业务具有较高专业能力,能够更好地帮助业务监管沙盒的建立及监管协助 2. 业务易推广。有利于业务在通过测试退出后推广和发展	1. 业务涉及多个领域时的协同配合难以调节。由于部分业务涉及多个领域,不能简单地用行业标准去划分,当涉及多个监管机构时,往往存在主导权的分歧,在协同配合上也会存在配合不及时的情况 2. 与上述第三点相同
以美国为代表的区域型监管沙盒	1. 因地制宜优势。由地方政府或机构进行主导的,对于本地经济生态环境,以及申请创新业务的机构的实际情况都更为了解,对机构能够做出更为合理的判断 2. 有利于当地金融科技创新发展	1. 不利于申请者开展全国性业务。即使通过了监管沙盒的测试,在面向全国推广时,各地对于测试结果的认可度、接纳程度较低 2. 专业性可能存在不足。由于主要是由地方政府机构主导,缺乏一定的专业性,可能导致审核、监控的尺度有偏差

(二) 监管沙盒的境外经验借鉴

1. 共性表现

一是赋予监管沙盒参与主体适度豁免。监管沙盒本身是为了鼓励金融科技创新所建立的"安全空间",尽管方式不尽相同,但是各国的监管沙盒在实行的过程中都对法律适用、注册资金等方面赋予了参与者一定的豁免。

二是事先确定监管沙盒测试期限、限定边界、退出等相关事项。为切实保障测试效率,多数国家和地区均对金融机构或金融科技企业参与监管沙盒测试的时间、范围等提了明确规定。

三是注重消费者权益保护。境外监管机构建立监管沙盒的初衷之一是为了维护那些参与到创新产品中的消费者的合法权益。

2. 局限和不足

在沙盒本身方面,规模限制可能导致结果不达预期,人力物力成本高。境外国家、地区采取的监管沙盒主要模式是根据申请者的业务性质定制监管沙盒。定制沙盒的优势在于针对性强,易于管控,但相对规模较小。而部分风险点的暴露需要依托于一定规模,小规模试点不能很好地展示产品的全部,从而存在可能无法达到预期创新效果的情况。

在申请者(初创公司)方面,存在资金难寻、客户难寻等问题。部分境外监管沙盒主要针对的是新兴技术的金融初创公司,但由于创新产品初期机制的不健全,容易滋生洗钱和恐怖融资风险,银行对这些机构的贷款发放设置了严格的评估标准,金融初创公司较难获得银行资金。

在监管主体方面,存在部分国家测试期限较长的问题。由于部分监管沙盒未设定明确的沙盒退出时间、退出标准,对沙盒的判断主要依靠的是监管机构、专家们多年的工作经验,导致部分沙盒的进出标准不统一,测试时间过长。

三、境内证券行业监管沙盒机制的构建探讨

(一) 境内证券行业监管沙盒的整体治理机制

1. 境内证券业监管沙盒生态体系

监管沙盒生态体系至少包括五方面主体,分别是监管主体、以金融机构为核心的沙盒测试主体、金融消费者、地方政府及其金融管理部门、相关协调机构(如行业协会、中介机构等)。其中前三个主体是监管沙盒的核心参与方,如何处理监管主体、测试主体与金融消费者三者之间的关系是保障沙盒能否稳健运行的基础。上述五个主体共同构成证券业监管沙盒的生态体系。

2. 境内证券业监管沙盒机制治理框架探讨

(1) 境内证券业监管沙盒治理框架的三个层次。

第一层:国家金融稳定委员会统筹整个金融行业的监管沙盒工作,在金融稳定委员会的统一管理下,中国人民银行独立于中国银保监会、中国证监会等沙盒监管主体,专司与货币政策等相关的金融创新活动的宏观审慎监管等工作。

第二层:银行、保险、证券业及境外监管合作组织分工负责。

第三层:主要是两类机构,即行业协会、交易所等自律监管机构以及地方政府及其金融

管理部门。

（2）治理框架。

横向治理框架：一方面，加强各监管主体间的跨部门合作，着手构建"两会"协调机制，在金稳会下设"监管沙盒办公室"，统一行使监管协调和顶层设计等工作。另一方面，加强境外国际合作。强化中国内地与香港地区跨行业、跨地区的交叉性监管合作，并在此基础上尝试建立国际监管交流办公室[①]。

纵向治理框架：一方面创新监管方式，在一定范围内赋予自律组织等机构一定的监管权能，参与沙盒监管；另一方面统筹协调与地方政府金融监管部门的合作关系，完善相关工作机制。

（二）境内证券业监管沙盒基础设施建设的关键点

1. 运行原则

包括包容性监管原则、部分豁免原则和自我合规原则。

2. 制度基础

一是通过授权形式提升立法的效率，解决当前证券业监管沙盒"无法可依"的尴尬局面；二是当前出台的规范内容宜以指导性规范为主，发挥"监管软法"的作用。

3. 技术基础

一是推动证券行业监管科技体系建设，进一步提升监管科技的实战水平；二是通过多种手段丰富和壮大监管人才队伍，解决监管人才储备中的难点。

4. 消费者保护基础

一是构建相对清晰的投资者适当性制度，为每类沙盒测试的产品匹配风险承受能力适当的投资者；二是在申请项目时制订适用于个体项目的消费者损失补偿方案；三是建立高效消费者投诉和求偿机制，厘清消费者和参测企业责任边界。

（三）境内证券业监管沙盒机制的规则设计

在证券业监管沙盒机制的具体规则上，应首先明确制定准入标准，并划分安全边际，做好盒内和盒外的风险隔离，让测试项目在相对封闭安全的空间内运行。在实施阶段，各方主体应有效沟通并反馈中期运行中遇到的各种问题，形成中期评估报告，以测评是否须继续推进。在测试期结束时，须评估是否满足出盒条件，并根据个体项目的情况决定退出路径（见图1）。

四、监管沙盒在境内证券业的场景应用

（一）监管沙盒在传统证券业务领域的应用——以场外期权为例

1. 应用范式

（1）治理框架：横向领域由证券监管部门与其他主体进行跨部门、跨境的合作与协调；纵向方面由证券监管部门及其派出机构作为直管雷达，实施直接管理。

---

① 韩江波，李新宁，吴林：《"监管沙盒"中国化高质量发展的路径研究——基于英国"监管沙盒"的经验启示》，载《创新科技》2020年2月（第20卷第2期），第58页。

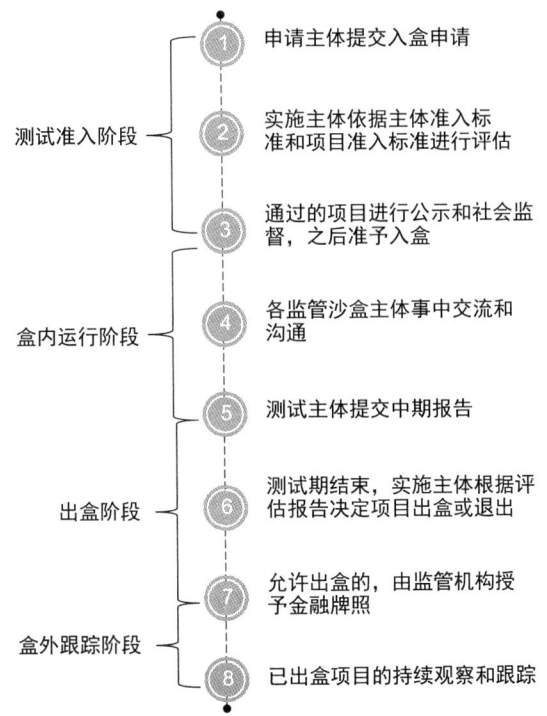

图 1　境内证券业监管沙盒流程

（2）实施主体：证券监管部门主导、专业咨询委员会予以专业支持。可在证券监管部门内部设立专业咨询委员会，委员可从行业专家、投保机构专业人员、学者等中选聘。

（3）投资者保护措施：一是明确配套的法律责任。入盒项目突破现行法规的，必须同步明确所涉及业务管理、机构管理的法律责任要求，以避免对入盒后违规行为无法可依的问题。二是增设业务保证金、风险准备金、投资者保护基金、履约保险等措施。通过设立预防性的补偿（赔偿）机制，一方面督促运营机构合规、稳健开展入盒项目，另一方面从事后角度保障投资者利益。

（4）安全边际：一是投资者入盒测试。委托专业机构或投保机构对拟入盒投资者的专业知识、风险知识等进行测试，通过测试的投资者方可入盒。二是限制入盒投资者数量。在单个沙盒项目中限定入盒投资者的数量，缩小风险波及范围。

2. 具体应用

一是入盒阶段。业务模式方面，从境外相似业务的成熟度、拟入盒的必要性，风险识别与控制可行性等角度考虑；运营机构方面，限定为持牌机构，从机构的规模、专业表现度、风险控制能力并结合白名单、分类评价情况等因素，最终得分则按权重和各项得分情况进行计算；投资者（或有）方面：从适当性、历史投资经验和表现等方面考虑。

二是运行阶段。包括定期或不定期地进行现场检查、访谈投资者、委托专业咨询委员会予以事中评估等，以了解入盒项目的运行情况、风险暴露情况。如触发风险警戒或中止条件的，需督促运营机构立刻中止入盒项目，并委托专业咨询委员会对于入盒项目能否继续运行予以评估。如经评估可继续运行的，运行机构可视情况申请恢复运行，但应当同步做好投资者补偿安排（如需）。

三是出盒阶段。项目正常终止的，证券监管部门可以组织专业咨询委员会对入盒项目盒内运营情况进行复评。复评认为运营效果良好的，可据此调整监管要求或提出立法建议。项目非正常终止的，证券监管部门应当组织专业咨询委员会对终止事由进行复盘。复盘认为入盒项目存在重大缺陷的，可视情况同步终止其他同类沙盒。

（二）监管沙盒在新型证券业务领域的应用——以区块链应用为例

1. 应用范式

新型证券领域在治理框架、投资者保护措施等方面与传统证券领域类似。

2. 具体应用

以区块链应用于信用业务中的交易自我管理为具体应用场景。在运营机构入盒标准方面，鉴于拟入盒项目主要与业务风险控制和技术风险有关，可直接以目前具有信用业务资格的证券公司作为基础范围，同时要求未被要求停止开展或停止新增信用业务规模，最近三年内不存在因信用业务受到行政处罚、行政监管措施的情形。技术和技术提供方标准：就所依赖的区块链技术方面，我们建议由技术咨询委员会对其进行评分评定，技术方面可从服务器布局情况、目前已投入使用情况和具体表现、数据传输稳定性情况等方面进行评定。

在投资者保护方面，此类业务除传统的信用风险以外，最重要的就是技术操作风险，可主要从两个防范技术风险角度来提高投资者保护：一是缴纳业务风险保证金。技术提供方（不论是证券公司本身还是第三方机构）应当同时明确因技术问题导致风险的相关赔偿方案，并缴纳一定比例的入盒保证金。二是购买技术保险。技术提供方可购买技术履约险，保险受益人应为信用交易的主体，对于因操作风险、技术自身缺陷等导致的风险事件，通过保险予以赔付。

在退出和应用方面，如测试过程良好，证券监管部门和技术咨询委员会认为该类业务可推广应用的，则可在行业中组织推广，逐步形成证券业联盟链，推动在整个行业中的应用。

证券投资咨询行业不当维权调查研究报告

中国证券业协会证券投资咨询机构专业委员会专题研究小组*

为了解证券投资咨询机构不当维权的情况,中国证券业协会证券投资咨询机构专业委员会近期向证券投资咨询投资者和证券投资咨询机构进行调研,共收到930份个人投资者有效问卷及15家证券投资咨询机构访谈回复,现将调研情况报告如下。

一、投资者不当维权行为的基本情况

(一)不当维权的定义与危害

1. 不当维权的定义

证券投资咨询行业中的不当维权行为主要指非法代理维权团队怀有不正当目的,教唆投资者利用投诉、威胁、散播谣言等手段谋取非法利益,损害证券投资咨询机构和其他投资者利益的行为。判断投资者投诉行为是否为不当维权,主要从动机、目的和诉求三个方面进行甄别:一是其维权动机是否背离解决金融消费纠纷的初衷;二是是否具有侵害对方合法权益的不正当目的;三是其诉求是否具有充足的法律和事实依据。

2. 不当维权的危害

非法代理维权团队一方面通过发布虚假信息,对投资咨询机构、证券公司、期货公司等金融机构进行诋毁和诽谤,以达到恶意退费的目的;另一方面对投资者信息进行窃取和倒卖,通过诱导投资者对咨询机构进行恶意投诉以骗取代维费用。其行为影响了咨询机构的正常经营,侵害了证券投资咨询机构和投资者的合法权益,阻碍了投资者树立健康的投资和维权理念,损害了金融市场的投资环境,威胁了投资者的信息安全。不当维权投诉案件的处理难度高、法律隐患多,给识别和打击不当维权带来了较大压力和挑战。

---

* 研究小组成员:才子,上海九方云智能科技有限公司总经理;张福明,上海九方云智能科技有限公司产品技术中心总监;姜剑梅,上海九方云智能科技有限公司大数据产品经理;李畅,上海九方云智能科技有限公司大数据高级研发经理。

（二）个人投资者不当维权特征分析

调研结果显示，投资者样本总量930个，参与维权的投资者约167人，占比18%，维权成功率68%。在维权的原因中，因机构原因损失的占比59%，发生损失但不清楚责任方的占比34%，无亏损但服务不好的占比33%，未得到亏损赔偿而维权的占比25%。投资者认为成功维权的主要因素依次为自主积极维权、外部团队帮助、法律监管体系健全，分别占比53%、15%、15%。上述数据表明投资亏损并受到误导是投资者认为权益受到侵害、需要维权的主要原因。在已维权的投资者中，高中及以下学历的投资者认为自身积极参与维权、获得专业人士的帮助是维权成功的主要原因，分别占比72%、20%，高于其他学历的投资者。调研问卷表明，具有高中及以下学历、缺乏专业金融知识、投资发生损失且不清楚责任归属等特征的投资者更容易依赖外部渠道进行维权，同时因缺乏专业判断能力，较容易被非法代理维权团队误导，往往成为非法代理维权人员诱骗的目标。

（三）证券投资咨询机构对于不当维权的认识

根据15家证券投资咨询机构的访谈答复，机构对于不当维权具有统一认知，均认为不当维权对机构、投资者、社会面等多方造成损害。受访机构均表示在业务流程完善、尊重客户权利的情况下遭遇过不当维权的情况，受访机构内除2家未统计数据外，13家机构均面临客户服务期到期后要求全额退款的行为。在过去一年某证券投资咨询机构面临的要求全额退款的投资者甚至占投诉总数的40%，正常经营活动受到严重干扰。

二、不当维权的特征与案例

（一）不当维权投资者以及非法代理维权团队的特征

通过总结调研问卷与咨询机构访谈，不当维权案件投资者以及非法代理维权团队具有以下特征：客户在服务期内正常接受服务，但在服务期到期或即将到期时，突然提出全额退款，甚至要求赔偿合同外的不合理费用，给机构设定时间窗口并威胁向监管部门投诉；投资者态度强硬、不愿沟通、不提供相关的材料凭证，进行闹访缠访；多数投资者存在代理人支持其进行维权。非法代理维权团队一般使用以下手段：在网络上发布虚假宣传内容以获取客户信息，在维权过程中全程幕后指导客户如何作答，伪造维权材料，恶意诋毁证券投资咨询机构声誉，收取高额的代维费用，甚至将客户介绍至其他平台进行非法荐股等活动。

（二）投资者不当维权案例

刘女士于2020年12月20日购买某证券投资咨询机构产品，在服务期内感受良好，但到期后8个月突然反馈对前期服务不满，要求办理退款。工作人员核实情况时，客户拒绝沟通并表示已委托给代理人进行交涉，其代理人不断威胁且无任何依据地要求机构全额退费，并于2022年2月16日致电"12386"热线投诉。为化解矛盾纠纷，机构多次联系客户本人沟通，并提示网络非法代理维权的风险，但均被客户拒绝。因客户受非法代理维权团队教唆，不愿与机构正常沟通处理问题，截至目前双方仍未达成一致处理意见。

（三）非法代理维权案例

某代理维权团队发布大量虚假代维文章，主要内容基本雷同，仅更换投资咨询机构名称，并标明联系方式诱导投资者进行不当维权。在了解投资者所在机构名称、投资金额等信息后，恶意诽谤机构，欺骗消费者称可全程指导成功追回亏损，并提供虚假维权材料，教唆投资者威胁机构向监管部门投诉。与投资者签订委托合同，以追回金额的30%作为劳务费。同时，将投资者拉入微信群，在群内进行股票推荐、指导买卖操作并声称保证收益。

三、不当维权的识别技术方法与应用场景

（一）不当维权的识别方法

不当维权的识别技术主要建立在爬虫技术、大数据分析、NLP（自然语言处理）技术的基础上，针对出现在网络上的维权信息进行建模和挖掘分析，包括不当维权信息的媒介、标题、内容、模版、发布者、联系方式等。识别方法的研究流程包含三步：第一步——通过情感分析识别负面信息文本；第二步——通过相似度计算挖掘不当维权的模板库；第三步——搭建非法代理维权黑名单库以实现业务系统的闭环防御。

（二）不当维权的研究结果

本次研究共采集81家投资咨询机构、140家证券公司、150家期货公司作为研究对象。累计采集到网络信息近260万条，识别出负面信息近119万条。从覆盖机构看，负面维权信息共涉及371家金融机构，覆盖机构样本的100%。从负面信息的媒介分布看，排名前20位的网站覆盖了87.5%的负面信息，其中"万业邦"最高，达22万条，占总样本的18.5%；其次为胖窝网、起点8、老客网、分类168等。从负面信息的发布者看，模型解析出存在文本类联系方式的文章近88万篇，比例高达74%（剩余26%的联系方式为图片或者站内消息）。手机号联系方式去重后达到20 417个，其中最高的单一号码达到24 644次曝光。从负面信息的文章内容看，共挖掘出1.4万个模版，涵盖近49万篇文章，占样本比例41%。其中，能关联100篇以上的模版有956个，总覆盖率占比60%。负面文章存在通用模板，文章结构和内容相似度达到90%以上，更有不少文章仅对金融机构的名称进行替换。以上情况说明对投资咨询机构、证券机构、期货机构的攻击存在窝点网站与实体机构，这些网点和机构批量伪造虚假维权文章，再利用同一个联系方式进行高频次、多媒介的散发，以达到吸引投资者的目的。基于大数据与NLP技术方法可大幅提高人工核验效率，辅助净化网络虚假维权信息，维护金融市场秩序。

（三）不当维权识别技术的应用场景

不当维权的技术识别可应用在具体业务场景中，在有效识别不当维权信息的同时，构建非法代理维权黑名单库，实时对接业务风险系统，协助咨询机构在推广、营销、售后服务阶段实现对不当维权的智能化识别，实现全流程闭环防御。在推广阶段，可定向屏蔽非法代理维权人员和团队，降低投放渠道进线概率。在营销阶段，可完善进线资源风险状态标签，提醒业务人员谨慎开发，提高客户服务效率。在售后服务阶段，如处理异常退款以及客诉案件

时，合规售后人员可将用户信息上传至风控平台，如用户在非法代理维权黑名单库中，则进一步进行人工审核。对于确认为不当维权人员或受非法代理维权团队影响的客户，可启动专项方案进行处理。这有助于机构优先处理正当维权的投诉案件，提高投诉处理效率，维护真正合理维权的投资者权益。

四、处理不当维权的建议

（一）建议证券投资咨询机构通过金融科技建立不当维权识别与处理体系

证券投资咨询机构应提高不当维权识别能力，完善投诉处理流程。利用大数据技术建立非法代理维权数据库，识别非法代理维权团队及人员信息。在投诉处理环节中严格审查代理人员身份信息、企业信息等，若识别为非法经营的代理维权团队，收集证据并向相关部门举报。加强自身合规管理，建立完善的合规风控体系。确保经营流程合法合规，严禁虚假宣传、承诺收益等侵害投资者权益的违规行为，严格落实投资者适当性管理要求并留痕，不给非法代理维权团队可乘之机。切实落实信息保护要求，防止非法代理维权团队盗取投资者信息。严格监督员工遵守信息保密规范，同时在系统内设置严格的权限隔离措施，防止不法分子盗取投资者信息开展不当维权等活动。

（二）加强对不当维权的科普，为打击不当维权提供信息支持

建议加强对投资者关于不当维权的科普，让投资者正确认识不当维权的危害，引导投资者通过合法合规的途径反馈正当维权需求。定期对非法代理维权个人及团队信息进行收集整理，建立数据库，为打击不当维权行为做好信息支持。

（三）加强识别和打击不当维权行为

中国银保监会于 2021 年 7 月印发《关于严厉打击保险领域恶意代理投诉行为净化金融生态环境的通告》，明确遏制并严厉打击保险领域以牟利为目的的恶意代理投诉行为。2021 年 12 月，中央网信办召开全国网信系统视频会议，在全国范围内进行为期 2 个月的"清朗·打击黑公关、网络水军"专项行动，聚焦黑公关等问题乱象，重点开展整治任务，维护网络安全。不当维权已严重影响金融机构的日常经营，建议监管部门利用大数据技术对不当维权行为进行精准识别和打击，联合网信办、公安部门对非法代理维权产业链、网络广告及盗取客户信息的违法行为进行严厉打击。建议证券投资咨询机构可提供有效证据证明投诉为不当维权的，监管部门在机构考核中予以区分。

提升信用评级质量　推动评级行业高质量发展研究

中诚信国际信用评级有限责任公司*

随着中国债券市场规模快速扩张、刚性兑付打破、违约风险逐步释放、金融市场开放进程加快和防范金融风险要求提高，信用评级越来越成为金融市场平稳发展的重要基础。而评级质量不仅决定着评级行业的可持续发展，更是助力构建高质量债券市场、提升金融开放水平的重要抓手。近期监管机构相继出台相关政策，要求评级机构"2022年底前建立并使用能够实现合理区分度的评级方法体系"，提升评级质量。在此背景下，本文在探究我国评级质量现存问题的基础上，剖析制约我国评级质量提升的根源，并借鉴国际经验，为提升我国评级质量提供可操作的方案和路径。

一、中国信用评级行业发展环境

（一）信用评级日益成为债券市场的重要组成部分

我国债券市场跨越式发展推动评级行业快速扩容。信用债[①]发行规模逐年攀升，由2005年的2 230亿元攀升至2021年的16.15万亿元，带动评级机构数量、业务收入显著增加。目前，我国评级机构增长至15家，评级行业收入由2004年的不足亿元增长至2020年的27.93亿元[②]。在债市扩容过程中，监管部门设置了许多与信用等级挂钩的监管政策，有效防范信用风险。尽管近年来监管部门已经开始逐步放宽债券发行的级别门槛，取消部分券种强制评

---

* 本文为中国证券业协会2021年优秀课题。课题负责人：闫衍，中诚信国际信用评级有限责任公司董事长、总裁。课题组成员包括：吕寒，中诚信国际信用评级有限责任公司副总裁、信评委主席；王娟，中诚信国际信用评级有限责任公司评级技术总监、评级技术与标准部董事总经理；袁海霞，中诚信国际信用评级有限责任公司研究院副院长；余璐、尹玉洁、谭畅、张堃、卢菱歌、齐晨、孙晓曼、王璇、余茜，均供职于中诚信国际信用评级有限责任公司。原载于《中国证券》2022年第3期。

① 信用债统计债券种类涵盖Wind统计口径下超短期融资券、短期融资券、中期票据（包括集合票据）、企业债（包括集合债券）、公司债（包括非公开发行公司债）、PPN、资产支持证券、可转债、可交换债、政府支持机构债。

② 数据来源于《中国债券市场信用评级年度报告（2021）》。

级要求，但从投资及风险管理端来看，在信用风险逐步加深背景下，相关环节对信用等级的要求反而更加严格。

刚性兑付打破及对外开放进程加快对评级行业高质量发展提出更高要求。据统计①，2012—2021 年，累计已有约 233 家企业、715 只债券发生违约，涉及金额 6 144 亿元左右。随着债券违约常态化，投资者更加注重评级结果的准确性和一致性。此外，信用评级对内对外开放进程加快也对国内评级质量提出了更高要求。

（二）评级行业监管制度改革持续推进

近年来，监管部门对评级行业的监管力度不断加强。一方面，推动评级行业统一监管格局不断完善，对评级机构规范化运营、独立性、合规性提出更高要求；另一方面，多措并举促进信用评级质量提升。2021 年 8 月 6 日，中国人民银行等五部委联合发布《关于促进债券市场信用评级行业健康发展的通知》，明确要求评级机构应当长期构建以违约率为核心的评级质量验证机制，并于 2022 年底前建立并使用能够实现合理区分度的评级方法体系。8 月 18 日，中国人民银行等六部委发布《关于推动公司信用类债券市场改革开放高质量发展的指导意见》，再次强调构建有区分度的评级标准体系。政策推动下，评级行业有望逐步形成外部激励机制，促进评级机构提升评级质量。

（三）评级机构权利义务边界有待进一步明晰

与信用评级在债券市场中发挥重要作用形成对比的是，国内信用评级机构在整个债券市场中的地位相对偏弱，展业易受到证券公司、地方政府、监管机构等多方干预，独立性相对较低。此外，近期关于评级机构法律责任边界的讨论引发广泛关注。评级机构处于弱势的地位以及法律责任边界不清可能会降低评级质量，影响其准确揭示信用风险。

二、我国债券市场评级质量不足的表现

（一）评级质量检验的国际比较

评级质量检验主要包括稳定性检验和准确性检验。稳定性检验的重要工具为信用等级迁移矩阵，从检验结果来看，国内外评级机构所评高级别主体评级稳定性均优于低级别，同时随着期限延长，等级维持率逐渐降低。但评级调整方向有所区别，以往国内信用级别上调情况要多于下调，但 2021 年下调情形更多，而国外信用级别则整体呈调降趋势。

准确性检验方面，国内外检验机制均以违约率为核心，由于违约数据积累有限，国内还辅以利差检验等方法。国外违约率统计周期长、检验指标更加多元，评级质量验证机制相对更完善。数据显示，国内外均表现出随着级别降低，平均累积违约率普遍升高的特征。相对于国外，国内高级别平均累积违约率偏高，这可能是受到二者评级序列不同的影响。同时因我国低等级债券样本较少，违约率区间范围较大，等级违约率受单个样本影响较大，低评级区域易出现违约率倒挂情况。总体来看，我国违约数据尚待继续积累，现阶段评级质量检验

---

① 数据来源于中诚信国际债券违约数据库。

机制完善程度较国外仍有差距。

(二) 我国评级质量所反映的问题

我国评级质量反映的问题主要涉及三方面：一是评级中枢偏高。我国发行人信用级别集中在 AA 级以上，呈左偏分布，评级中枢较高，而美国债券市场主体等级呈以 A 级和 BBB 级为主的正态分布，两侧尾部较长（见图 1 和图 2）。不过由于境内外评级符号代表意义不完全相同，二者的可比性也受到限制。二是评级区分度不足。我国债市信用层次相对单调，难以对市场发行和交易提供充分的定价指导，同等级主体发行利差区间范围较大且存在交叠情形，通过外部评级对企业信用状况进行比较面临一定难度。三是事前预警能力不足。对于部分发生违约的债券，评级行动滞后于信用风险变化，跟踪预警功能发挥不足。

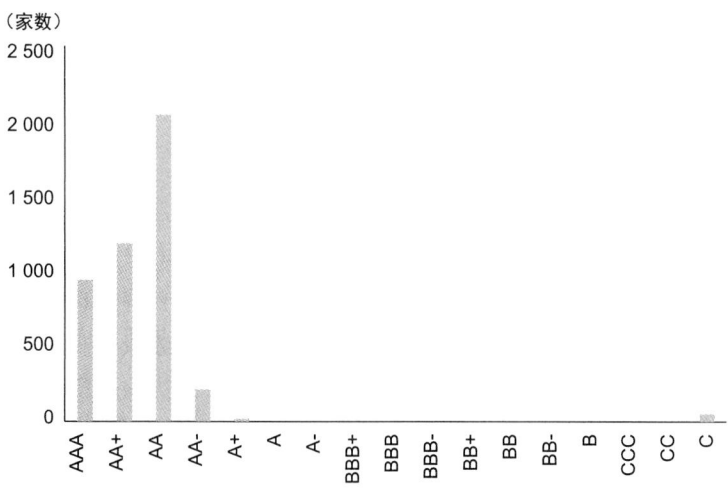

图 1　我国债券市场主体信用等级分布

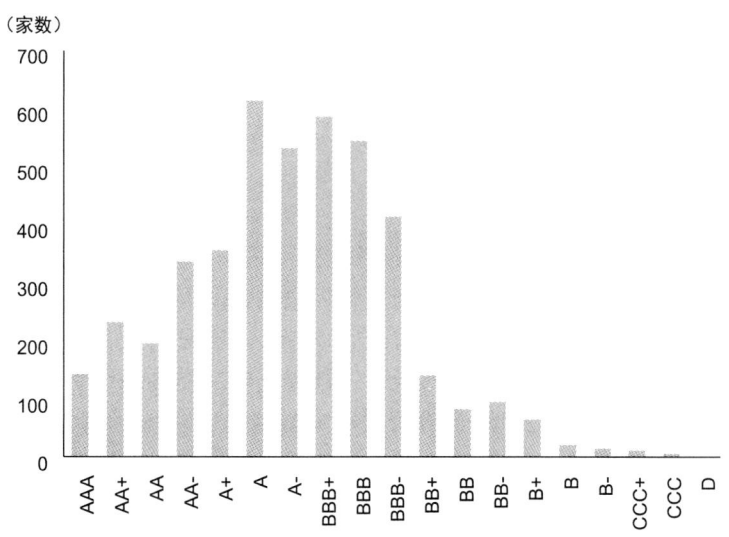

图 2　美国债券市场主体信用等级分布

注：信用评级采用彭博综合评级，若不同机构给出的级别不一致，彭博综合评级会选择较低的级别。

三、制约我国信用评级质量的影响因素分析

本文将影响评级质量的因素归纳为评级机构外部因素和内部因素两方面。外部因素主要涵盖信用生态环境和评级行业制度两个层面，内部因素则以评级技术、评级质量检验体系及利益冲突管理等评级机构行为为主。

（一）信用生态环境因素

目前我国信用生态环境建设尚不完善，债券市场对信用评级的认知存在误区。发行市场存在级别攀比现象，发行人会追求与自身信用风险水平不相匹配的更高级别。市场也存在过度解读负面评级行动内涵的情形，对负面评级行动较为敏感，使得评级机构在下调评级时极为谨慎，制约了风险预警的及时性。另外，现阶段市场声誉机制不完备，评级行业内部存在"级别竞争"，外部环境中评级话语权较低、缺乏独立性也影响信用评级风险揭示作用的有效性。

（二）评级行业制度因素

评级行业快速发展过程中，监管政策、竞争格局及收费模式等行业制度带来的弊端也逐渐显现。一方面，我国债市的多头监管使得行业内监管要求的统一性和规范性有所欠缺，再加上此前评级机构的利益冲突管理、信息披露、价格竞争等方面的监管存在不足，评级机构违法违规成本较低，滋生了部分行业乱象；另一方面，在国内展业的评级机构已有十余家，在激烈的业务竞争格局下，部分评级机构存在违规竞争行为，同时发行人付费模式缺少与之配套的"声誉机制"和完善的监管制度，未对评级机构形成有效约束，一定程度上影响了评级结果的客观与公正，干扰了信用评级的公信力。

（三）评级机构行为因素

评级行业内部也存在一些影响评级质量的因素，主要涉及以下三方面：一是随着债券市场环境的变化，评级机构的评级技术与方法存在局限性；二是受违约率数据积累相对不足的制约，国内尚未建立起完善的评级质量检验体系，评级机构对评级结果的检验方法体系仍需进一步优化；三是评级机构本身利益冲突管理不到位，独立性无法得到保证。

四、国际评级行业评级质量控制的经验

（一）信用生态环境对评级质量的影响

信用环境变化、市场声誉机制及适度竞争环境是构成评级行业信用生态的重要依托。

1. 信用环境变化是检验评级质量的实验室

第一次世界性经济危机中，高评级企业违约率较低，提高了信用评级的市场认可度，使评级需求大增。但历经几次经济危机尤其是2008年次贷危机爆发后，高评级债券的违约引发市场质疑，促使全球主要国家及地区展开评级行业监管的改革，以提高评级质量。

2. 声誉积累在一定程度上代表了评级质量

国际三大评级机构（标普、穆迪、惠誉）凭借声誉积累陆续在美国、欧洲市场形成垄

断局面，占据有利竞争地位。

3. 适度的评级竞争环境有助于促进提升评级质量

美国、日本及韩国评级市场上，监管部门扶持中小机构以适度增强行业竞争度，同时设置较高的准入门槛，对提升评级质量起到了推动作用。

（二）评级行业制度分析

美国评级制度发展相对成熟，通过国家认可的证券评级机构（Nationally Recognized Statistical Rating Organization，NRSRO）制度建立行业标准，并坚持市场导向，推动双评级制度实现了良好的激励效果。

欧洲市场上，次贷危机促使欧洲评级监管制度的改变，目前形成了以注册制为主、以背书制和认证制为辅的准入机制；同时，扶持本土中小评级机构，强化双评级制度的运用，但尚未改变三大评级机构在欧洲的垄断地位。

日本对评级行业采取渐进式的政府干预政策，在评级市场发展初期便启动"本土＋国际"双评级制度，推动评级市场逐步呈现本土与国际评级机构平分秋色的市场形态。

韩国监管部门则在行业发展初期就设置较高的准入门槛：一方面限制外资机构进入国内市场占据先发优势，并由政府直接、强制性推动双评级制度，目前三大评级机构均以合资方式进入韩国评级市场；另一方面形成有限竞争的市场结构，对韩国评级行业的稳定有序发展起到促进作用。

（三）评级机构评级质量控制措施

各国的监管实践中，主要是通过"外部监管＋内部控制"以保障评级质量。

1. 强化评级行业监管，提高信息透明度

美国对评级质量的有效控制得益于完善的监管系统，美国证券交易委员会（SEC）是美国评级行业的监管机构，《信用评级机构改革法案》与《多德－弗兰克法案》奠定了监管基础。

欧洲市场上，欧洲证券和市场管理局（ESMA）是信用评级的直接监管机构，各国监管机构配合ESMA形成共同监管的格局，主要从推行双评级、轮换制与中小机构信息共享角度提高评级质量，约束三大垄断带来的负面影响。

日本、韩国在金融危机后也进行全面监管改革，相继出台评级机构监管指引或法规，在评级机构的注册、监督与处罚等方面作出规定。

2. 优化评级机构内部治理结构，保持评级机构的独立性

从美国、欧洲、日本及韩国监管部门举措来看，完善评级机构内部治理是强化评级监管的核心之一，相关制度主要包括：在评级活动和非评级活动中建立防火墙制度；建立评级人员收入和评级机构收入相分离制度；建立对评级程序和方法的全程监督机制等制度；设立配套惩罚机制等。

从以上相关国家及地区的评级实践经验来看，改善信用生态、完善评级制度及规范评级机构监管是提高评级质量、促进评级行业健康发展的必经之路。在宏观层面，要加快完善评级制度改革，维持市场公平竞争秩序；在微观层面，要强化对评级行业的规范监管，保障评级行业的独立性和公正性。

五、推动我国评级质量提升、促进行业健康发展的建议

(一) 推动信用生态建设，营造评级行业发展的良好环境

为营造良好的信用生态环境，建议加强市场宣传与教育，纠正市场对信用评级认知的误区；在监管规则上，继续推动降低对外部评级结果的依赖，引导投资者正确使用信用评级；对妨碍评级独立、客观、公正的机构及行为，应该严格处理，为评级机构的良性发展营造空间。

(二) 构建开放环境下有限竞争市场，推动评级行业发展

在开放环境下，随着外资评级机构相继在国内债券市场展业，对外资机构和国内机构应一视同仁，着力构建声誉约束下的有限竞争市场结构，激发评级行业和评级机构自身的活力。对本土评级机构而言，应借评级市场开放的机会学习国际三大评级机构在业务开拓过程中积累的先进技术经验；同时监管机构应出台配套政策鼓励本土评级机构参与离岸人民币债券市场业务，扶持和助力本土机构在国际市场逐步积累声誉与认可度。

(三) "控增量、降存量"解决评级虚高问题

为了解决评级虚高问题，评级机构应该从增量、存量两方面着手。一方面，严格控制新增发行人的信用等级，通过提升评级技术水平从源头上提升增量项目的评级质量，解决新增发行人初始级别虚高的问题；另一方面，有计划地逐步调整已有发行人的级别，解决存量项目中虚高评级问题，同时避免信用等级大规模调整对市场的冲击。

(四) 创新国内评级技术体系，提高评级区分度

评级机构应在评级理念上重塑违约率与级别的标尺，实现跨时间、跨行业、跨区域风险可比，合理设置定量指标阈值权重并结合分析师经验判断，优化评级方法与模型，得到具有合理区分度的级别序列。在国内违约样本不足的情况下，评级机构也可结合债券利差对新评级体系进行验证。另外，评级体系的优化仍依赖于监管机构组织与协调相关各方，共同研究制订推动新序列建立的方案、监管框架、运作机制与制度体系等。

(五) 增强监测手段，充分发挥评级预警功能

评级机构应通过数字化科技的应用，从多种途径获取企业信息，实现高效采集、有效整合、快速分析和深度挖掘，提升信息反馈效率。同时，通过运用大数据、人工智能和区块链等技术实现信用体系建设、企业风险事件传导、业务机会挖掘以及企业风险实时预警等。另外，评级机构应将评级业务部门人工监控和评级技术部门工具监控相结合，改进风险监测和预警工具的有效性，以及配套简便高效的汇报、决策流程和监督机制，制衡评级业务部门的风险评估、处置权利，建立多层级风险预警体系。

信托视角下基础设施 REITs 治理机制的完善研究

上海对外经贸大学*

一、我国基础设施 REITs 的架构与特征

2020 年 8 月 6 日，中国证监会发布《公开募集基础设施证券投资基金指引（试行）》（以下简称《指引》）后，基础设施 REITs 在我国的试点正式启动。基础设施 REITs 以"公募基金＋资产支持证券"为架构，其中公募基金是以公开方式向社会公众投资者募集资金的证券投资基金，资产支持证券（ABS）主要是指企业资产支持证券中的资产支持专项计划（以下简称"专项计划"）。从试点政策看，我国基础设施 REITs 属于标准型 REITs，同时结合了我国国情，主要有以下三个特征：一是明确了"公募基金＋ABS"的法律结构；二是将我国基础设施 REITs 设定为以基础设施为信用基础的权益型公募 REITs；三是在管理模式上，采用外部管理模式，并以基金管理公司、资产方为主导（见图 1）。

二、我国基础设施 REITs 治理机制存在的问题

我国基础设施 REITs 架构符合现有的制度框架，具有可操作性，但其治理机制仍然存在一定的问题。

（一）基础设施 REITs 产品结构复杂

我国基础设施 REITs 需嵌套 ABS 产品，其结构包括"公募基金＋ABS＋项目公司"等多个部分，这种设计增加了 REITs 结构的复杂性，不仅增加了 REITs 的管理成本，还存在契

---

* 本文为中国证券业协会 2021 年优秀课题。课题负责人：杨宏芹，上海对外经贸大学法学院副教授。课题组成员包括：王菲萍，申万菱信基金管理有限公司督察长；叶志港、王玥璞，上海对外经贸大学法学院硕士研究生；张灿，江苏交控云杉投资基金管理有限公司合规风控负责人。原载于《中国证券》2022 年第 3 期。

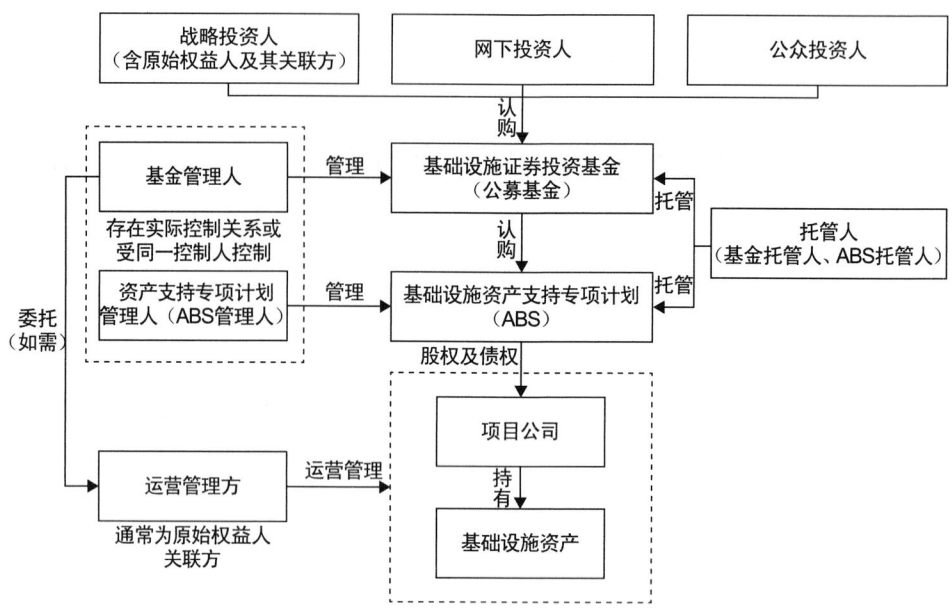

图 1　我国基础设施 REITs 的基本架构

约型 ABS 可能带来的风险隔离问题①和违约违规风险。

（二）公募基金自身缺乏成熟的治理机制

基金管理人和持有人之间的利益不一致易引发基金管理人道德风险，由于基金财产的受益权和管理权分离，基金管理人及其内部员工作为"理性人"，很可能为自身需求谋求利益，从而与基金持有人处于利益不一致的状态②。而我国基金份额持有人利益代表尚处于缺位状态，不仅基金份额持有人大会召集困难，常设机构发挥作用有限，基金托管人作为法定的监督机构也难以履行其监督职责。

（三）基础设施 REITs 缺乏对资产方的权力制衡机制

目前来看，资产方主导 REITs 是潜在趋势，无论是资产 IPO 及其后续扩募阶段，还是底层资产的运营管理阶段，资产方都具备其他方目前难以拥有的优势。若资产方对 REITs 形成控制权，公募基金管理人将成为通道，资产方充当实质管理者，其与 REITs 之间可能产生损害公众投资者的关联交易，也会产生同业竞争等问题。我国 REITs 相关规则并没有重点规制这一内容，《指引》及其他规则主要围绕基金管理人这一核心主体，未对资产方权利的规制提供制度层面的解决方案。

---

① 陈岚，朱维，李烁：《证券公司客户管理责任若干问题的法律思考》，载《证券法苑》（第二十五册），法律出版社 2018 年版，第 201 页。

② 江翔宇：《公司型基金法律制度研究——以基金治理结构为核心》，华东政法大学博士学位论文，2010 年，第 43 页。

三、境外成熟 REITs 市场治理机制的经验与启示

根据法律载体来划分，REITs 有公司型和契约型。美国和日本以公司型为主，新加坡、中国香港则以集体投资计划的信托形式设立，以信托契约为载体①。

（一）契约型 REITs 的治理机制

契约型 REITs 主要采取"受托—管理"分离的信托结构，该模式盛行于新加坡与中国香港。发行人作为受托人代表投资者利益，一般由银行或信托机构担任，与 REITs 管理人的行业背景存在较大差异。因此，受托人不干预 REITs 管理人的正常运营管理活动，也不对 REITs 管理人的决策行为进行商业层面的价值判断②，管理人则负责主动管理日常的资产重组、资金安排、战略制定、物业管理计划等（见图 2）。

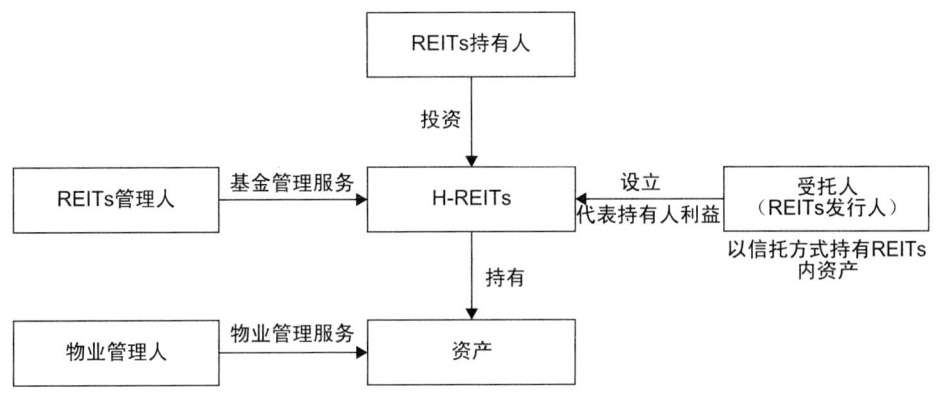

图 2　中国香港 REITs 架构

境外契约型 REITs 的制衡监督机制主要体现在受托人对管理人的监督③。受托人与管理人是对立统一的关系，既实现了受托人对信托财产的持有和对信托管理的监督，又充分发挥了管理人对底层资产的管理经验优势。

（二）公司型 REITs 的治理机制

在境外公司型 REITs 的治理机制中，美国采取内部管理模式。早期美国 REITs 主要采用信托组织形式，REITs 一直被视为一种被动投资管理工具④。1986 年美国发布《1986 税收改革法案》，借助税收改革对 REITs 有关的制度作出了较大的修改，如 REITs 自身可以投资与管理不动产，以及雇用管理团队直接对投资标的进行选择，从而使 REITs 管理内部化（见图 3）。

---

① 北大光华 REITs 课题组：《中国公募 REITs 发展白皮书 2021 试点阶段性总结与下一步发展的关键点》，2021 年 9 月。
②③ 韩志峰，张峥著：《REITs：中国道路》，人民出版社 2021 年版，第 343 页。
④ 北大光华 REITs 课题组：《中国公募 REITs 管理模式研究》，2018 年 7 月，第 8 页。

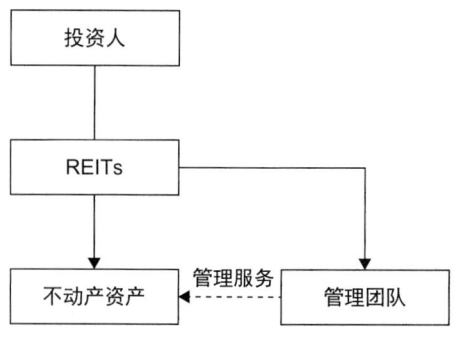

图 3　1986 年后美国 REITs 的治理结构

日本 REITs 采用外部管理模式，通过与资产管理公司达成合约的方式，来管理 REITs 旗下不动产①。日本 REITs 设有董事会，但是法律禁止董事会从事资产运营等行为。投资公司仅需持有不动产，并将资产管理事务、资产保管事务分别委托给资产运营公司、资产托管公司进行。

（三）境外 REITs 治理机制对我国的启示

基于前述研究与分析，境外 REITs 治理机制对我国的启示主要有以下几点：一是管理模式的形式本身并无优劣之分，只能根据市场大环境以及发展阶段，适用一个最合适的模式；二是管理模式选定后不是不可更改的，随着 REITs 市场的发展，也应进行相应改进，结合各市场外部治理机制的有效性，并考虑代理成本的高低，选出最优的内部治理机制；三是无论 REITs 采取何种法律载体或管理模式，核心点在于提高资产管理能力以及降低代理成本，使投资人的利益能够被保障。

四、我国基础设施 REITs 产品架构的发展路径分析

（一）现有体系下基础设施 REITs 架构的简化路径分析

在中国现有的法律法规和金融市场体系下，简化 REITs 架构主要有公募基金、企业 ABS 公募化、新券三种模式。

1. 公募基金模式

公募基金模式是指 REITs 以公募基金为载体，公募基金直接持有不动产项目公司股权，公募基金向广大投资者公开募集资金并上市交易。但此种模式由于需要对相关规范进行修订，立法成本较高，能否统筹兼容于《基金法》下也存在不确定性。另外，现有公募基金是以高流动性证券为投向的资产管理，这与 REITs 的资产管理特性不适配②。

2. 企业 ABS 公募模式

企业 ABS 公募模式是以专项计划为 REITs 的主要载体，其在 ABS 的产品发行阶段就实

---

① 北大光华 REITs 课题组：《中国公募 REITs 管理模式研究》，2018 年 7 月，第 12 页。
② 北大光华 REITs 课题组：《中国公募 REITs 发展白皮书 2021 试点阶段性总结与下一步发展的关键点》，2021 年 9 月。

现公募，可以向公众投资者募集资金。该模式不仅要考虑和现有 ABS 相关管理办法的兼容性，以及明确专项计划载体的免税政策，还要考虑现有企业 ABS 产品均为有限存续期，债权属性强。即使是权益属性，也是来源于结构化后的劣后级，而劣后级目的是内部增信。

3. 新券模式

新券模式是指将 REITs 作为一种新设券种，与股票、债券、基金、可转债等传统证券相并列。该模式下 REITs 直接持有不动产资产并实现风险隔离，通过持牌机构发行 REITs 份额募集资金并上市交易。新券模式需要重新进行 REITs 的专项立法，时间成本较高，也会面临其他问题。

（二）以信托架构为发展路径

公募基金模式、企业 ABS 公募化模式、新券模式在我国现有体系下兼容性不高，也较难与国际契约型 REITs 对接。实际上，无论是公募基金、企业 ABS、"新券"还是我国现有 REITs 模式，都在回避信托这一载体。信托作为 REITs 载体在新加坡及中国香港地区已有充分的实践，考虑到我国采用的"公募基金 + ABS"架构，我国仍应采取信托作为载体的架构。

基础设施 REITs 若要发展信托架构，则信托机构可作为专项计划管理人加入基础设施 REITs，同时公募基金管理人与信托公司存在同一控制关系。未来若简化架构，可考虑由信托公司担任 REITs 受托人并履行发行产品之责，再通过委托 REITs 管理人来管理。信托公司以服务信托理念构建资金信托法律关系，不仅享有信托受托人的"名分"，也能代表投资人利益履行对 REITs 管理人的监督职责。

（三）发展专业化管理模式

专业的 REITs 管理人需要具备金融资本管理能力、资产管理及运营能力、产业化能力等。现阶段资产方在 REITs 中具备多重身份，也有专业化发展的趋势，为了资产方能够发挥自身所长以促进 REITs 的持续稳定发展，需要鼓励和合理维护资产方对助力基础设施 REITs 平台持续健康发展的主动性与积极性。因此，产融结合是 REITs 专业化管理的有效路径，可以发展以资产方为主导的一体化管理模式。

五、完善我国基础设施 REITs 治理机制的建议

（一）构建我国基础设施 REITs 的信托架构

1. 确认 REITs 管理人的共同受托关系

建议将受托提供运营管理服务的外部管理机构认定为信托关系的受托人，赋予外部管理机构一定的权力，可以激发运营管理人的积极性和发挥其专业能力，为 REITs 提供更多的商业动力。同时，外部管理机构受信托法律规范的约束，使可能产生的利益冲突尽可能地化解到最低，有效地保护投资者的利益。

2. 以发行人为核心构建 REITs 受托人的架构

未来若简化交易结构，则建议由信托公司作为发行人公开发行 REITs 产品，同时委托基金管理人负责资产管理，委托运营管理人负责不动产管理，采取"受托—管理"分离模式，

可将作为发行人的信托公司认定为REITs受托人,再委托基金管理人和运营管理人作为REITs管理人进行管理,从而明晰REITs架构中的法律关系,强化受托人的监督职责。

(二) 完善我国基础设施REITs受托人的义务和责任

1. 明确REITs托管人的信义义务

当前《基金法》欠缺托管人负有信义义务的明文规定,这将导致托管人的保管和监督职责难以在法律层面有效落实。因此在基础设施REITs的治理机制中,建议依据《基金法》第2条的规定,适用《信托法》的相关规则。当《基金法》无法解释REITs托管人应当负有的信义义务时,可依据《信托法》规定进行判断。在具体的认定过程中,应以受益人利益最大化原则为判断依据。

2. 确立REITs受托人之间的各自责任原则

在《基金法》的规制下,REITs管理人与REITs托管人可能均属于REITs受托人。但《基金法》和《指引》明确规定了两个REITs受托人不同的权责,即REITs管理人负基金的管理责任,REITs托管人负有基金的保管和监督责任,各自的职责并不相同。因此,不能简单认定REITs管理人与REITs托管人之间应当承担连带责任。建议按照《基金法》第145条①认定REITs受托人之间的责任承担方式。

(三) 强化基金持有人利益保障制度

基金份额持有人作为信托关系中的委托人和受益人,可以通过以下几个方面保护其利益:

1. 发挥持有人大会的治理作用

基础设施REITs的重要特征是引入公众资金,其中包括多数的公众投资者,因此有必要在持有人大会表决机制中建立保护少数基金份额持有人合法权益的措施,例如对于关系到少数基金持有人权益的重大事项单独计票、定期召开年会、增加上会表决的重大事项内容等。

2. 常设持有人大会的日常机构

在基础设施REITs的试点改革中,可以要求基金合同中应该包含设置持有人大会日常机构等条款,并在条款中明确日常机构成员构成与运行规则,确保其召开持有人大会,请求变更管理人、托管人,监督管理人的投资运作,确定管理人与托管人激励方案等职能得以实现。

3. 设置"基金持有人委员会"

不同于持有人大会日常机构,委员会的成员可由基金持有人、具有独立性的相关领域专家、托管人、管理人(需占绝对少数)组成,负责基金管理人和基金托管人的聘用、报酬支付、变更及监督等事项,并对基金持有人大会负责。

---

① 《基金法》第145条明确规定:"基金管理人、基金托管人在履行各自职责的过程中,违反本法规定或者基金合同约定,给基金财产或者基金份额持有人造成损害的,应当分别对各自的行为依法承担赔偿责任;因共同行为给基金财产或者基金份额持有人造成损害的,应当承担连带赔偿责任。"

强化金融科技赋能　打造证券公司高质量发展新引擎

张纳沙*

伴随大数据、云计算、人工智能等信息技术的发展成熟与深入应用,证券行业进入了金融科技时代。金融科技在证券行业的应用,带来的不仅是技术层面的改变,更是整个生态系统的改变,商业模式、服务模式、管理机制、企业文化、风险控制等方面都将发生巨变。"十四五"期间,证券行业发展空间进一步扩大,客户需求进一步综合化,而金融科技的赋能给证券行业带来巨大转变和发展机遇的同时,也将成为影响未来证券公司高质量发展的核心要素。

一、金融科技与证券行业高质量发展的融合与逻辑

国际权威机构金融稳定理事会认为,所谓金融科技是指技术在金融领域带来的创新,包括在前端产业和后台技术等方面的创新及其创造的新模式、业务、流程或产品等。当前科技与产业高度融合、深度叠加,金融科技加速渗透金融行业并重塑行业生态。科技赋能、服务实体、稳健发展已成为新发展阶段证券行业的应有之义。

(一) 金融科技与证券行业的融合

当前,证券行业正在与金融科技加速融合,2017—2021年,中国证券业整体信息技术投入从160亿元增至338亿元,年均增速21%。2021年,15家头部证券公司的科技投入189亿元,在全行业占比达到了55.9%。金融科技在证券行业的深度应用,为证券行业高质量发展提供了驱动力。

一方面,证券行业与金融科技的融合提升了证券行业服务实体经济能力。金融科技为证券行业的产品设计、客户服务、风险定价,管理运营等提供了创新可能,推动了证券行业传

---

* 作者简介:张纳沙,现任国信证券股份有限公司党委书记、董事长。曾任深圳市人民政府国有资产监督管理委员会副主任、党委委员,深圳市龙华区委常委、区政府党组副书记、副区长等职务。原载于《中国证券》2022年第7期。

统业务转型,从而全面提升了证券业服务实体经济能力。首先,财富管理业务智能化提升了证券公司服务投资者水平。金融科技加速推动经纪业务智能客服、智能投顾、智能投研等发展,这不仅扩大了客户服务半径,也提升了客户服务体验,同时投资者多样化、个性化的投资需求也能够更好地获得满足。其次,金融科技的应用创新了投行、固收、资产证券化等业务服务形式,提高了证券公司赋能实体企业融资的能力。大数据、云计算等推动了投行业务数字化转型,提升了投行业务服务效率。区块链的信息不可篡改、可追溯等特性,可重构证券化产品的设计、发行、交易与结算等环节,增强企业直接融资能力。最后,证券行业运营和风险管理智能化能够支持实体经济稳定发展。金融科技在大数据基础上,结合使用人工智能技术,优化了证券公司运营管理与风险控制模式,有利于进一步提升证券行业合规经营和风险管理能力,支持实体经济稳定发展。

另一方面,金融科技与证券行业的融合推动了证券行业商业模式转型。近年来随着证券公司业务的互联网化,传统的依靠经纪业务收入模式正在逐步朝多元化方向发展,证券公司平均佣金水平已从千分整体进入万分水平,国外投行还推出了"零佣金"服务。不仅如此,原来以人际关系维系为特点的渠道和商业模式在金融科技发展背景下也正在向资金本身属性转变,这对资产配置、产品设计、风控等提出了新要求。金融科技与业务的结合也改变了客户与产品结构,比如金融科技在财富管理领域的应用为高效率、低成本服务长尾客户提供了可能,在智能投顾领域的应用推动了投顾与资产管理业务模式变革等。这些技术的广泛应用,推动了证券公司从以牌照为中心转向以客户为中心,商业模式、盈利模式也随之改变。

(二) 金融科技服务证券行业高质量发展的逻辑

金融科技是证券行业发展的重要生产力,也是证券行业创新驱动的核心动力,在持续推动证券行业高质量发展中发挥着重要的支撑作用。围绕金融科技服务证券行业高质量发展,金融科技要遵循四大逻辑:

一是回归金融服务实体经济的本源逻辑。随着金融领域应用大数据、云计算、人工智能等新技术逐步深入,金融科技已成为支撑传统金融服务转型的新动力,为证券公司服务资本市场提供了高效率的解决方案,使更多不同类型的企业获得融资和成长机会。金融科技与传统金融的结合能够有效降低市场信息不对称和机构服务成本,大力提升实体经济获得的金融资源能力,促进实体经济转型升级。依托金融科技,传统证券行业的服务痛点更容易缓解,金融服务效率更容易提升,资本流动更容易"脱虚向实"。

二是坚持以客户为中心的服务逻辑。金融服务的提供是从客户需求出发,以"客户为中心"为基本原则,满足客户需求。金融科技的本质是运用科技手段为金融提供服务,将客户服务做到极致。通过大数据技术进行客户画像,深入了解客户需求,为客户提供精准化的满意服务,并强化零售客户、机构客户、内部员工等全渠道体系建设,提升外部客户体验与内部用户的协同,全面塑造以客户为中心的服务理念。

三是构建以创新为宗旨的战略逻辑。金融科技推动资本市场和证券服务的蜕变式发展,加速了证券行业转型升级。通过科技赋能金融,以信息技术驱动的金融科技力量与证券行业整合,重构金融创新生态系统。加快金融科技驱动,利用信息技术将金融产品、服务、收益、风险等关键要素进行整合,实现数据全量全要素的连接和实时反馈,提高证券公司市场服务效率和决策精准性,使金融科技成为证券公司创新服务方式、提升竞争力和促进高质量发展的重要手段。

四是打造以数据为核心的风险管理逻辑。在数字化背景下，传统的风险管理逻辑发生较大的转变：一是从定性管理转向定量管理。传统的风险控制依靠人工的流程化审核，依靠个人的主观判断。金融科技则强调运用数据、模型和算法辅助人工决策，从"人说了算"转变为"数据说了算"，降低决策失误的概率。二是从局部思维转向整体思维。传统的风险控制囿于业务条线、风险类型的条块限制，较难实现数据的穿透、统计、挖掘、共享。金融科技则通过底层的风险数据集市建设和顶层的风险信息系统设计，打破"数据烟囱"和"应用孤岛"，降低整体的大额风险暴露和多维度的风险集中度，遏制风险的外溢传导和交叉影响。三是从风险控制向风险管理转变。传统的风险控制思维以"不出事"为目标，对风险"零容忍"。金融科技条件下，用风险概率、风险限额代替零风险、零容忍，通过海量数据、模型迭代在时空维度上平衡各项业务的收益与风险，以较低的波动率和稳定的复利推动业务长远发展。

二、证券行业金融科技的应用趋势与存在的问题

（一）证券行业金融科技发展现状与趋势

从近年来证券行业金融科技应用来看，2013 年中国证券行业开启了互联网时代，随后证券行业经历了 2015 年互联网导流、2016 年移动端打造等阶段。2018 年起，国内多家证券公司明确将发展金融科技作为公司重要战略之一，证券行业金融科技应用进入快速发展期，线上化、数字化、智能化以及个性化正成为证券行业金融科技发展趋势。

一是线上化。金融科技加速了证券行业业务线上运营，在基础设施方面，目前大部分证券公司部署了云计算平台、大数据系统等，运营、风控等已经实现线上化；在业务方面，目前各大证券公司绝大部分业务已经可以线上办理，打破了服务客户的时间和地域限制，极大拓宽了客户服务半径。这些建设加快了证券行业业务线上化进程，带来的规模效应大大降低了运营成本。

二是数字化。在信息技术的广泛应用下，业务越来越多靠数据驱动，数据产品、数据挖掘模型也将推动企业产品和运营的智能化。另外，海量数据也将成为一种重要的资产，证券行业的商业模式被颠覆。目前很多证券公司已将数据上升到战略层面并进行了布局。中国证券业协会调查统计数据显示，目前有超 50% 的证券公司从公司层面制订了数据治理战略规划，有约 80% 的证券公司建立了数据治理组织架构。这都表明大数据将成为证券行业最重要的基础设施资产。

三是智能化。在运营方面，证券公司在流程、运维、清算以及营运等方面已经广泛使用金融科技，比如智能运维系统实现了一站式整合员工、产品与客户管理，可以极大程度减少人力、物力成本，提高服务效率，提高证券公司服务水平和质量。在业务方面，AI 技术、大数据等与证券公司业务场景结合，催生了智能客服、智能交易、智能投顾、智慧投行等，提高了用户体验，也带来了增量业务。

四是个性化。目前国内头部证券公司大多已经通过 App 等客户软件实现了智能投顾，可以帮助客户智能选股与分线预警，以及诊断与筛选基金等，为客户搭建了开放、共享的财富管理平台，用人工智能技术深度分析客户账户及客户个性化需求，为客户提供个性化投顾

服务。金融科技还帮助证券公司实现了精准营销,通过机器学习算法,可以精准定位潜在客户,通过智能调度、大数据、智能识别等可以找出客户与产品之间的内在联系,挖掘客户潜在需求,向客户精准推荐适合的产品。

(二) 证券行业金融科技应用存在的问题

一是融合模式不一。金融科技并不是简单地通过线上展开业务,更多在于通过这些技术重构传统业务。尽管近年来证券公司金融科技建设成效显著,但金融科技涉及的技术种类多,结合各个业务场景及应用方式也各异,金融科技赋能业务作用的发挥,需要整体规划,将业务发展与技术创新逐步融合。

二是资金投入不足。相比于商业银行和海外同行,我国证券行业对金融科技的投入仍有待提升。2020 年银行业年报数据显示,2020 年银行信息科技资金总投入达 2 078 亿元,2021 年前五大银行投入总额就已经达到 1 020 亿元,同比增长 10%,其中多家银行对金融科技的资金投入已超百亿元。国外顶尖投行摩根士丹利、高盛 2020 年 IT 投入更是分别达到24.65 亿美元和 13.47 亿美元。而国内证券行业,根据 2021 年中国证券业协会数据显示,信息技术投入最高的证券公司也只有 23.38 亿元。

三是风险认识不够。金融科技改变着证券业务的同时也改变着风险特征,除了原有的风险,还在数据、技术、运营、监管等方面衍生出一系列新的风险。比如金融科技广泛链接形成的"网络效应"会增加金融体系的复杂性,相互影响与传染则可能会放大风险;又比如现有金融相关法律法规还没有充分考虑人工智能、区块链等新技术对证券业的影响,相关技术监管还处于灰色或真空状态等。而且,原有金融风险在金融与科技融合后会还将更加内化且不易察觉,很容易导致不同种类风险相互交叉、层层累积,进一步放大原始风险,这对证券公司充分全面地认识、管控潜在风险提出了更高要求。

四是缺乏复合人才。证券行业本身就是智力密集型行业,而证券公司发展金融科技需要既懂科技又懂金融的复合型人才。有报告指出,目前国内金融科技人才总缺口达 150 万,复合型金融科技人才已成为制约证券行业发展的瓶颈。为打造适合自身需要的金融科技人才队伍,证券公司在人才招聘、人才发展、人才梯队培养等方面都面临更大挑战。

三、实现证券公司高质量发展的金融科技路径

从微观层面来看,每个证券公司实现高质量发展的路径各有不同,需要结合证券公司的实际情况进行个性化思考。国信证券的高质量发展路径是一直高度重视金融科技建设与创新,不断加大金融科技方面的投入,金融科技一直保持行业领先地位。一是将"金融科技驱动发展"列入公司的六大业务主线之一;二是加大金融科技投入,根据中国证券业协会统计口径,国信证券信息技术投入从 2017 年的 5.7 亿元持续增长至 2021 年的 9.7 亿元,排名行业前列,并已拥有一支超过 700 人的高素质、专业化的金融科技人才队伍;三是依托上交所金桥金融基地、深交所东莞南方中心及国信深圳总部所在地,国信证券实现了"两地三中心"的云计算数据中心布局;四是加大科技研发力度,在智能交易、财富管理、投行业务、业务运营、全面风险管理等方面取得了一系列行业领先的金融科技成果。

从宏观层面来看,未来证券公司的高质量发展本质上具有一个显著的共同特征,即必须

通过强化金融科技赋能,打造证券公司高质量发展新引擎。具体来看,可以从五个方面入手,全面提升证券公司金融科技水平。

一是全面布局业务条线,赋能业务运营。充分应用金融科技手段,践行"金融科技驱动发展",开展经纪、资管、投行、投资以及国际化业务等业务条线的数字化和智能化建设,引领证券公司业务发展实现全面智慧化。此外,在开展证券公司各重要业务条线建设的同时,持续应用金融科技在资产运营、业务运营、内控管理、内部管理四大领域开展智慧化管理建设,利用科技手段赋能风险防范能力不断加强、运营效率不断提升。

二是建设智慧化大中台,实现组织进化。证券公司打造中台服务能力,已成为形成高度共识的战略举措之一。证券公司的中台是能力共享的会集点,高效率的中台可以减少重复投入,提升资源的使用效率,为业务变革提供技术支撑。充分运用平台化进行信息系统转型,设计结合自身业务情况的大中台架构,采用人工智能、大数据等技术手段加强中台共享平台建设。通过对业务能力的抽取与模式沉淀,实现跨业务领域、跨场景、跨用户的协同发展,支撑业务的快速拓展与产品服务创新,减少重复建设,最终建立中台赋能前台、前台反馈推动中台持续迭代进步的智慧化大中台,实现组织的自我进化。

三是提升数据治理能力,打造智能平台。数据是数字经济最核心的生产要素,确保数据的可信任是数据治理的首要目标。数据治理是证券公司实现数字化转型的重要基石。在证券行业加速推进数字化转型的背景下,夯实数据基础、提升数字能力是数字化转型成功的必备条件。数据与分析将成为未来证券公司竞争的关键领域,各公司要丰富数据服务内容,持续优化数据管控平台、数据治理体系,开展数据分类分级的数据安全专项工作,以提升数据能力和人工智能应用水平。

四是加强信息安全管理,保障安全底线。证券业是高度技术化和信息化的行业,信息安全是维护证券公司运营和证券市场稳定的基础与前提。证券公司作为证券市场的重要参与者,要加强网络安全和数据安全管理,建立跨领域、跨组织、端到端的安全度量指标体系,全面推动运维工作的数字化转型,建设全面数字化运维管理保障体系,以用户为中心,提供稳定、高效、安全、优秀用户体验的数据中心运营服务,加强应急演练,防范运行风险。

五是加大金融科技投入,强化人才建设。金融科技的发展及其与证券公司的融合离不开资金投入和人才支撑。一方面,确定与战略发展和业务发展相匹配的金融科技投入水平,建立IT投入的有效分类和优先级评估管理体系,实现IT投入的弹性化;加大对金融科技及其在证券领域应用的研究,建立创新与数字化工作机制,确保金融科技系统的安全。另一方面,深入实施人才优先发展战略,优化科技人才结构,制定金融科技人才规划,建立多层次、差异化的金融科技人才引进和培养机制;针对既懂技术又懂业务的金融科技人才的特殊性,制定具有显著市场竞争力的金融科技人才专项政策和激励机制,吸引、留住行业发展所需要的复合型金融科技创新人才。

围绕服务实体经济和客户需求，打造全链条能力的高质量证券公司

黄朝晖[*]

当前，在百年未有之大变局背景下，外部环境错综复杂、国际格局面临深刻调整、新冠疫情在全球反复延宕，我国正处于经济发展转型的重要阶段，构建"以国内大循环为主"的"双循环"格局将是促进我国实体经济保持活力的关键。"双循环"新格局下，确保产业链供应链自主可控、内需体系完整、推进科技创新将是核心发展主线；与此同时，居民财富积累及"共同富裕"政策导向下，营造健康的资本市场环境、推动资源的有效再分配、实现财富保值增值的需求将不断提升。

习近平总书记指出，金融要为实体经济服务，满足经济社会发展和人民群众需要。证券公司作为重要的金融力量，是连接资本市场和实体经济的重要桥梁，也是推动居民储蓄向投资转换、促进产业创新升级、实现居民财富保值增值的排头兵，在新形势下面临更高的发展要求。为"卡脖子"技术攻关提供强力支持，为"专精特新"企业雪中送炭，为"双碳"目标和绿色发展优化资源配置，为"一带一路"沿线国家和地区讲好中国故事，为债务风险化解设计更多市场化、法治化方案，为乡村振兴和共同富裕撬动更多资本……证券公司必须以自身的高质量发展，更好地服务于中国经济的高质量发展。

当前形势下，稳健经营是证券公司高质量发展的前提。中央经济工作会议及2022年《政府工作报告》均指出，我国经济发展面临需求收缩、供给冲击、预期转弱三重压力，2022年经济工作要坚持稳字当头、稳中求进，全面贯彻新发展理念，加快构建新发展格局，推动高质量发展。中国证监会2022年系统工作会议在部署全年资本市场改革发展目标及重点工作时也强调，要统筹好"稳"与"进"，突出市场稳、政策稳、预期稳，努力在改革、开放和服务实体经济高质量发展上体现"进"。因此，"稳"是主基调，是当前国家聚焦高质量发展的关键词。

---

[*] 作者简介：黄朝晖，中国国际金融股份有限公司党委书记、首席执行官。原载于《中国证券》2022年第4期。

资本市场在国家金融体系运行中具有牵一发而动全身的作用，对维护国家经济和金融稳定至关重要。证券公司作为资本市场的重要参与主体，发挥着"看门人"的作用，必须以自身的稳健发展助力资本市场的稳健发展。要立足主责主业，明确自身的职责定位和责任边界，聚焦实体经济发展和居民财富增长需求，提供更高质量、更有效率的金融服务。

一、证券公司的高质量发展要以服务国家战略、服务实体经济为根本出发点

高质量发展的证券公司必须始终牢牢树立服务实体经济、服务国家战略的发展定位和原则，业务的开展和创新必须紧紧围绕实体经济的发展需求，坚决避免"脱实向虚"。必须具备强烈的使命感和责任感，勇于担当服务国家战略的"领头羊"，将自身利益融入国家利益、将自身战略融入国家战略，充分发挥作为资本市场核心中介的专业优势，在守正合规的前提下，持续完善和创新金融服务工具和模式。

2021年，中金公司通过自上而下的全方位体制机制设计，强化服务国家战略的使命担当。一是加强顶层设计，提升工作系统性。公司专门设立服务国家战略委员会，负责统筹协调和调动全公司资源，建立起服务国家战略的决策、考核、监督等机制保障。同时将服务国家战略作为专章写入中长期战略规划，结合公司业务优势确定重点发力领域和战略举措；并在年度经营计划中就服务国家战略提出细化落实措施，引导各业务条线加大资源倾斜力度。二是不断强化意识，充分调动全员积极性、能动性。公司鼓励员工在业务开展中结合客户需求大力创新服务手段和方式，不断提高服务国家战略的主观能动性和基层首创性。在人力资源、资本分配等方面持续加大对国家战略重点领域的资源倾斜，并将服务国家战略纳入公司荣誉体系评选指标，充分发挥榜样引领作用。三是通过机制创新推动业务创新，强化服务国家战略成效。成立专门的债务重组团队，专注于利用市场化、法治化措施妥善化解风险、稳定就业、振兴产业，探索出一条金融服务实体经济、助力风险化解的新路。运用优质资产连接资本，探索联合基金、Pre – REITs等投资新模式，为"专精特新"等高成长性企业提供全生命周期资本市场服务。

2021年，中金公司在科技创新、绿色发展、区域协调、债务重组、公募REITs等方面积极开拓，引领创新，探索出服务实体经济的新模式。其中，完成科技类股本项目规模约4 100亿元，支持科创板、创业板IPO融资规模约600亿元。协助发行绿色债券规模超800亿元，并前瞻性开展碳中和相关研究，形成《碳中和经济学》等重要研究成果。增资控股北京科创公司，专注于"投早投长投硬科技"，为北京创新发展培育新动能；联合上海市和长三角区域主要金融机构，共同发起设立中金上海长三角科创发展大基金，同时成立了若干长三角平行基金，全面支持长三角一体化发展。2018年以来，服务数十家困境企业的风险化解工作，通过市场化方式引入社会资金逾3 000亿元，涉及员工120多万名。作为第一家组建专职基础设施REITs团队的证券公司，中金公司投入自有资金做市与投资，助力市场平稳起步，在首批公募REITs项目中完成中金普洛斯仓储公募REIT及浙商沪杭甬高速公路公募REIT项目。

二、证券公司的高质量发展要围绕以客户为中心，提升全链条业务能力

证券公司以其综合金融中介服务商的功能，既是涉足财富管理渠道端和资产管理产品端的重要财富管理机构，也是承担着资本市场资产创设和交易服务基础功能的重要投资银行。高质量的证券公司应以客户为中心构建业务能力，一站式地满足不同类别客户日益多元化、复杂化的需求。

一是持续推进财富管理和主动资管转型。相较于跟随市场周期波动的交易量和趋势性下行的佣金率，可持续提升的客户资产规模和通过增值服务获得的稳定费率水平是财富管理业务的转型关键。对标成熟市场的发展经验，高质量财富管理机构可积极通过产品创设、人才建设、科技赋能、业务线协同等方式，推动经纪业务向轻资本消耗、盈利更稳定的财富管理模式转型。同时，资管新规实施以来，对券商主动管理能力也提出了更高要求。券商资管方面，证券公司应通过集团内部与投行、经纪、资本中介、直投、研究等部门的协同作战，充分把握客户资源、实现资产创设上的差异化竞争优势，加深对标的资产的理解，提升资产定价能力，持续推动主动管理转型。私募股权方面，证券公司应通过投资深度参与企业全生命周期服务，提升综合服务能力、增厚业务链收益，并把握注册制改革下退出渠道拓宽的机遇，推动业务规模及收益增长。此外，证券公司还可通过持股优质基金公司，强化资管业务成长属性。财富管理方面，证券公司应积极寻求从产品销售模式向以客户需求驱动的买方投顾模式进行转型，通过"投顾团队＋数字化"的力量构建获客大生态，努力拓展全光谱客群，以更专业的投顾能力为客户提供稳定预期收益，提升客户投资体验。

二是持续推进注册制下的大投行业务发展。头部券商应积极把握注册制改革及多层次资本市场完善红利，推动投资银行业务快速发展。IPO业务方面，高质量投资银行需建立健全合规、风控能力，严把信息披露质量关，打造投行品牌效应、提升业务体量，并为内部资产创设、企业获客和集团综合金融服务打好战略基础。财务顾问业务方面，当前我国券商投行业务仍以股权、债券承销收入为主，财务顾问业务空间广阔（2020年，我国证券公司财务顾问业务占投行收入比重仅10%，而国际一流投行通常占比在30%—40%）；应积极把握国企改革背景下的国有企业兼并收购及债务重组需求、"双循环"和"产业升级"背景下的"新经济"行业并购交易需求，以及对外开放背景下的中国资本走出去需求，推动以并购重组、债务重组为代表的财务顾问业务快速发展。资本化业务方面，高质量投资银行应全面强化项目筛选、研究定价、风控和资本实力，把握注册制带来的增量投资收益。

三是持续推进自营业务向客需驱动的机构业务转型。当前我国证券行业的资本类业务仍以债券和股票自营为主，整体收益率随市有所波动，资本利用效率亦有所不足。近年来已有部分头部券商在场外衍生品业务方面获取了先发优势，实现了高质量扩表。高质量的证券公司应积极把握需求侧市场成熟度提升带来的风险管理和资产配置需求，及供给侧场内衍生品扩容、场外衍生品规范化发展、离岸衍生品上市带来的提振机遇，推动股票、固定收益等复杂创新业务的发展，以风险中性的产品类业务平滑收益波动的同时，也以客户需求驱动提高价值回报。

四是对内打造全业务链协同、对外构造金融生态圈。加强业务条线之间的协同、深化跨部门合作，日益成为国内证券公司的重要发展策略。在当前证券行业竞争同质化的背景下，

除了保持各业务条线自身的竞争优势、加强信息技术等中后台基础建设外，科学的公司治理和人才培育体系也是证券公司脱颖而出的重要因素。证券公司可通过调整组织架构、进行矩阵式管理提升各部门之间的协同作战能力，并基于前瞻性的战略指引，充分发挥各部门优势，构建各业务线间的有效协同，打造内部业务的良性循环，提高运营效率，优化商业模式，打造竞争壁垒。

为进一步满足客户全生命周期需求，拓展业务半径与收益来源，证券公司可在合规前提下，与优质科技平台、银行、保险等外部企业开展深入合作，共同搭建金融服务生态圈，提供包含股权融资、债权融资、信贷、保险、资产管理、财富管理的一站式金融服务，提升证券公司业务线竞争优势与展业规模，实现互利共赢。

近几年，在中长期发展战略引领下，中金公司逐步形成了以研究和信息技术为基础，投资银行、股票业务、固定收益、资产管理、私募股权和财富管理六大业务为支柱的"双基六柱"均衡业务结构，成为能够覆盖客户全方位需求、为客户提供全链条金融产品服务的综合性投资银行。公司围绕客户体验和价值提升，提出了"中金一家"的战略举措。从整体层面统筹资源，实现从以项目为中心向以客户为中心转变。加强跨部门协同和信息共享，推动各业务条线打破"各自为战"的局面，通过联合服务的模式，以创新方式形成针对客户需求的"中金方案"。

三、证券公司的高质量发展应面向全球市场，形成跨境业务能力并逐步提升国际影响力

随着互联互通机制持续推进及扩容、QFII/RQFII 投资额度限制取消、外资持股比放开、MSCI A50 互联互通期货推出、跨境理财通及债券"南向通"启动等，我国资本市场互联互通有序推进。在此背景下，证券公司发展跨境业务，对于支持中国实体经济转型升级、促进"中资企业走出去"和"境外资本引进来"、提升行业核心竞争力、拓展盈利和业务空间均具有重要意义。

近年来，大券商纷纷加大海外业务布局，以中国香港为桥头堡，逐步向东南亚、欧美等地区扩张。但整体而言，我国券商国际化程度较海外顶级投行仍有较大差距。国内券商需进一步拓展国际业务，服务于国家战略和国内产业资本、金融资本的跨境需求，以提升业务竞争力和国际影响力。

中金公司自成立以来，26 年来持续打造跨境业务能力，通过自建网点、自主人才培养分步走，形成了以中国香港为桥头堡，覆盖全球主要金融中心的国际化网络。秉承国际最佳执业标准，在境外融资、跨境并购、高端复杂机构服务等领域逐步形成比肩国际投行的业务能力和客户基础。2022 年，中金公司将继续稳步推进国际化布局，提升在国际金融中心和"一带一路"等新兴市场的影响力，努力在全球资本市场赢得更多话语权和定价权。

四、证券公司的高质量发展要着眼未来，以科技赋能业务转型、引领业务模式创新

从国际同业经验看，科技是证券公司业务发展的强大助推器，能够全面提升业务效率、

拓展业务边界、降低业务成本并提升风险管理水平。在推进高质量发展过程中，证券公司应以科技为核心，重塑前中后台模式，全方位赋能业务、引领业务创新。

具体而言，证券公司的数字化转型应由当前"重视前端应用"向"全面重塑前中后台业务模式"发展，重视打造底层架构，为数字化转型提供技术和组织支撑。

前台方面，可通过业务数字化、智能化、自动化，实现精准营销、批量获客，并通过前端移动平台的丰富产品和优质功能，优化客户体验、增强黏性，还可通过强化前台人员业务能力（如投研、投顾服务等），提升客户服务效率。中台方面，可以客户和业务为导向，搭建技术中台、数据中台，全面梳理和重构流程，实现内部资源、数据、技术组件的统一归集、资源共享和高效利用，为前台业务的数字化、智能化、自动化提供落脚点。后台方面，可通过业务全面上云等提升运营效率；通过强化交易/清算等核心底层系统，塑造前台业务核心竞争力；通过打造一体化风控系统、实现全公司全流程风险管理。底层架构方面，可通过完善IT团队建设、构建内部协同和敏捷小组机制，从组织架构上提升数字化转型的灵活性、可行性，还可搭建底层大数据、人工智能、云服务等技术架构，为证券公司的数字化转型提供底层基础设施支持。

中金公司2021年开始推动数字化转型，经过一年的努力，公司业务系统化程度、组织运营效率大大提升，业务与科技的融合显著增强，信息科技团队不再是单纯负责后台支持，而是将位置前移、直面客户主动寻求解决方案。2022年中金公司将继续深化落实以客户为中心、数据驱动的商业模式，推动前中后台不断进行自我革新，打造敏捷组织；同时努力建设国际一流的科技平台，构建开放化前沿金融科技生态，着眼未来打造长期竞争力。

五、证券公司的高质量发展要建立在完善的内部控制和风险管理体系上，牢牢守住不发生重大风险的底线

防范金融风险是金融机构永恒的主题。证券公司要实现高质量发展，必须严守风险底线，以高质量风控为业务发展保驾护航。在当前外部国际局势错综复杂、内部经济三种压力、资本市场短期波动加剧的环境中，证券公司更需坚持底线思维，切实把风险防控摆在首要位置，持续完善内部控制和风险管理架构。

一方面，应坚持从各板块业务发展的实际需要出发，扎实推进内部管理规章制度建设，通过推进内控体系建设、数据标准化、信息化建设，加快构建系统完备、科学规范、运行有效的内部制度体系；另一方面，应通过构建全方位风险管控体系，加强各业务线全流程的风险识别、度量、防范和监控，切实防范各类市场风险、信用风险和操作风险。此外，还需通过文化宣导、培训考试、警示教育等方式，不断强化全员的合规风控意识，谨防大风险产生于小细节。

六、证券公司的高质量发展要以文化作为基础，夯实文化核心竞争力

文化是企业的灵魂，是推动企业发展的不竭动力，也是企业最底层的核心竞争力，是竞争力中最不可复制的部分。近年来，面对服务实体经济高质量发展的要求，证券行业越来越提倡和注重文化建设，全行业就"合规、诚信、专业、稳健"的文化理念形成共识并积极

付诸实践，2021年中国证券业协会发布的《证券行业文化建设十要素》得到了全行业的积极响应，各证券公司纷纷从文化建设上为行业高质量发展注入新动能。

在20多年的发展历程中，中金公司始终将文化作为公司核心竞争力的重要组成部分，坚持文化建设久久为功，着力打造"文化名片"。向前看，立足迈入高质量发展新阶段的新要求，将继续以做好文化传承和发展为根基，加快打造文化优势，提升文化核心竞争力，为公司高质量发展行稳致远保驾护航，打造资本市场的"百年老店"。

努力推动党建与业务双融互促。作为国有控股金融机构，中金公司坚持将党建文化作为企业文化的基础和底色，以高质量党建培根铸魂，筑牢高质量发展的文化根基。持续加强党的全面领导，坚持以党建促业务、以业务强党建，切实把握政治大局，不断提高政治判断力、政治领悟力、政治执行力，坚决把党中央重大决策部署贯彻落实到自身业务中，确保党中央重大决策部署在公司落地生根。

坚持专业精神，倡导以专业和服务取胜。中金公司自诞生之日起，坚持采用国际最佳实践开展业务，对标国际顶尖投行的专业水准，形成了中国资本市场的一张"金字招牌"。倡导"以专业和服务取胜"的价值观，定期组织各类专业技能培训和主题广泛的各类讲座，充分利用公司平台与业务优势强化员工专业技能。公司员工在工作中始终秉承"专业精神"传统，不因短期利益而牺牲专业性。

注重学习、强调进取，最大限度发挥人的创造性。自创立以来，中金公司不断学习和引进国际成熟市场的制度标准和有效做法，持续在资本市场制度建设、金融产品和服务创新等方面发挥积极作用。注重传承学习精神，强调积极进取，持续打造学习型组织。围绕发挥人的主动性、创造性，对内开展各种形式的沟通交流、读书活动等，营造激扬智慧、碰撞思想的良好学习氛围；对外以业务为桥梁，主动了解和学习优秀企业的先进管理理念和做法，包括互联网企业的创新组织管理模式，取长补短，推动自身优化管理、提高组织能力。

面对资本市场所处的长期发展机遇期和迈向更加规范成熟的发展新阶段，证券公司只有立足自身主责主业，紧紧围绕实体经济和客户需求，持续夯实提升全链条的专业能力，通过自身的高质量发展，才能更有效把握行业重大机遇，在长期竞争中取胜。中金公司将与众多同行一道，共同推动整个行业高质量发展，为资本市场和中国经济作出更大贡献。

服务人民美好生活，建设高质量财富管理机构

章宏韬[*]

习近平总书记指出："人民对美好生活的向往就是我们的奋斗目标。"在新发展格局下，我国社会、经济面临深刻变革，随着居民财富增长和大众理财意识提升，人民群众的"大财富管理"需求日益高涨，华安证券秉持守护大众财富、服务人民美好生活的理念，响应时代要求，以更高的战略定位主动融入新时代发展格局，建设贯穿居民投资全生命周期的高质量财富管理机构。

一、思考：助力共同富裕是财富管理转型应有之义

金融是经济发展的血脉，也是互联互通治理之重器。证券公司作为重要的金融力量，是营造健康的资本市场环境、助力资源有效配置和再分配、推动储蓄向投资转换、实现财富保值增值的开路先锋。在促进共同富裕的大背景下，证券公司发挥专业优势，全面开展财富管理转型，构建以客户为中心的综合金融服务体系，一方面有利于突破同质化的竞争、提升自身发展质量，另一方面也是回归金融本源，全方位服务实体经济、服务居民财富管理、服务资本市场改革的应有之义。

资本市场发展早期，投资者直接在金融机构买卖单一的金融产品。随着资产管理机构的出现，基金、理财等标准化的投资组合层出不穷，投资者无须直接持有底层金融资产。发展到现在，投资者个性化、定制化需求越来越高，要求在更广泛的领域内，根据个体资产特征，由专业机构从全市场各类机构投资组合中，提供定制化的资产配置方案。回顾财富管理服务的发展逻辑，发展具有普惠性、人民性和适配性的财富管理服务，是证券公司回归服务本源的必由之路。

---

[*] 作者简介：章宏韬，华安证券股份有限公司党委书记、董事长、总经理，中国证券业协会理事、投资者服务与保护专业委员会副主任委员，上海证券交易所市场交易管理委员会副主任委员，安徽省证券期货业协会会长。原载于《中国证券》2022年第12期。

二、探索：服务人民生活是金融行业初心本源

如何在促进共同富裕的大背景下守护好大众财富，服务人民美好生活？从华安证券的实践来看，财富管理机构首先要以服务来正心立行，为客户创造价值，做好客户的财富管家，更要让广大投资者共享资本市场改革发展红利。在此过程中，证券行业必须始终站稳人民立场，把满足人民财富管理需求作为根本价值追求。因此华安证券在推进财富管理转型工作中，从以下四个方面重点发力。

一是坚持"红"的文化。坚守服务党的金融事业，坚守业务本源逻辑，主动融入共同富裕发展大局，大力发展"红色华安"，形成统一的文化理念，是华安证券栉风沐雨三十余载宝贵的财富，是支撑华安证券行稳致远的立身之本，也是凝心聚力、推动发展的力量源泉。华安证券在成立伊始，就秉承"服务实体经济、服务人民生活"初心使命，作为安徽省第一家证券专营机构、全国首批综合类证券公司，华安证券一头连着千家万户，一头连着实体百业，红色是华安证券流淌的血脉，也是最亮的底色。立足新发展阶段，华安证券更加认识到要从落实国家战略的高度、从优化行业生态的广度、从自身长期持续发展的角度重新审视发展定位、经营理念、价值取向，以"敬业、担当、协同、进取"的核心价值观及"诚信、稳健、专业、和谐"的经营理念，将服务党的金融事业、服务实体经济发展、服务客户价值增长、促进廉洁从业、促进员工成长等内容纳入公司发展共识，更好地落实"以人民为中心"发展思想，更好地发挥金融力量充分满足人民的美好生活需要，在共享发展中让改革创新成果更多、更公平惠及大众，不断提升金融服务的适应性、普惠性和竞争力。

二是坚持"新"的要求。我们认为，当下财富管理转型新的要求在于，从传统的经纪通道服务转向对客户的价值增值服务，不再局限于从供应端满足客户的交易和产品需求，而是从需求端实现对投资者的财富规划、资金配置和风险分散，实际上是对投资者服务、教育和保护的一揽子综合金融服务。但是从券商传统业务来看，通道类服务缺乏价值，资管类业务服务贴身不足，咨询类服务跟随度不够，因此华安证券从机制上不断革新，经营上不断创新，管理上不断求新，人才队伍不断更新，打出"正理念、调结构、理客群、重宣导、选产品"一套组合拳，从而创造新的业务价值和服务体系。"正理念"即在开展金融产品销售业务过程中时刻围绕客户的需求和目标，以专业、真心、结果换取客户的长期信任。"调结构"即推动分支机构组建财富中心，优化分支机构的组织架构，通过内部遴选、外部引入等方式优化人员结构，组建专业的理财团队，提升公司整体专业服务能力。"理客群"即重视了解不同类型群体的真实理财需求，采取有针对性的服务策略，让财富管理机构与大众财富形成需求共振。"重宣导"即从服务人员和客户两端改进对财富管理服务理念的认知，坚持"长期投资、价值投资、资产配置"理念，引导投资者做时间的朋友，培养长期投资习惯。"选产品"即对投资者的资产性质、风险偏好、生命理财周期进行深度发掘，通过严选产品，服务客户保值、增值的理财需求，同时适配投资策略，配合委托授权机制和持续跟踪服务，为投资者提供多元化和个性化的财富管理服务。

三是坚持"活"的战术。面对瞬息万变的资本市场，华安证券坚持内生发展与外延发展并重，紧跟发展大势、学习行业先进、围绕公司战略，重点实施规模、特色、区域、能力"四大"行动，把做大规模作为高质量发展的重要前提、做专特色作为高质量发展的重要路

径、做深区域作为高质量发展的重要支点、做强服务作为高质量发展的重要抓手。深入拓展零售、产业、机构"三大"客群，加快夯实零售客群基础，抓住产品化机遇，重构业务架构和业务流程，构建以公募基金、资管产品为主，自有产品为支撑的财富管理新优势。同时推进产业客户开发和维护的体系化、标准化、流程化，增强对产业客户的整体能力输出。聚焦专业金融机构，以研究为引擎、以销售为支撑，整合资源，构建面向专业机构的系统化金融服务平台。突出打造"服务大众的专业财富管理机构""服务新兴产业的创新型投行"的"两大"品牌，以公司体系内控和影响的资产规模（AUM）增长为主要目标，聚焦提升服务体验，改善客户口碑，线上线下联动，完善全生命周期服务体系，确保大众资产愿意来、留得住、能增值。最终从发展规模、个性特色、细分领域、服务水平四个方面提升综合服务平台质量，以三大客群为"纬"、以四大行动为"经"，着力推进产品、渠道、服务、系统、团队的体系化、标准化建设，线上线下联动服务零售客户不断调整组织架构，调整业务结构，调整竞争策略，适应市场、适应客户。

四是坚持"稳"的步伐。从资产管理到财富管理，体现的是客户对机构的极大信任，稳健经营至关重要。华安证券以打造百年老店为目标，坚守战略发展方向，严守合规底线，强化风险管理，坚持理性中正、诚信稳健的理念守护大众财富，汇聚最优专业能力、打造金融科技特色、夯实合规风控基础、重塑投顾服务模式，通过更专业、更个性化的服务，满足客户多层次财富管理需求，与客户建立深度信任关系，真正做到行稳致远。基于买方视角，开展长周期的金融产品评价，从严构建丰富而优质的产品线。加快推进服务产品化，重点面向理财型客户、投资依赖型客户，以买方视角打造针对性的体系化、标准化咨询产品库，优化从客需收集、产品创设到销售、售后全流程。增强财富管理团队力量，以结构优化为导向，打造专业投资研究体系，搭建明星投资顾问团队，促进增量资源向公司战略重点领域倾斜。以客户利益的最大化促进客户价值的最大化。强化金融科技赋能，着重强化客户中心、产品中心、资产配置、运营平台四大客户服务技术能力建设，通过数字化手段积极完善客户全生命周期服务场景，提供合规、高效、便捷的用户体验，稳定、快速、周到的交易体验。夯实合规风控根基，搭建"六规范一支撑"内控体系，构建"大监督"工作格局，推进党内监督和内控监督有机结合，构建经纪、资管等业务条线全过程管理机制，实现合规、内控、监督的闭环运行。

在"红、新、活、稳"四字理念的基础上，华安证券结合财富管理市场发展形势、券商行业优势和高质量发展实际，逐步构建起与资产交易相结合、以客户为中心、以资产配置为核心的具有自身特色的财富管理转型模式，逐步实现零售业务由单一通道向"通道+财富管理"转型，经营理念由"以业务为中心""以产品为中心"向"以客户为中心"转变、产品供给由"自上而下产品供给部门主导"向"自下而上客户需求主导"转变、客户结构由单一股票投资者向跨市场多元产品投资者转变、客户服务由单一股票投资服务向综合金融服务转变、盈利模式由通道收费向服务收费转变、获客方式由传统营销向品牌宣传转变、考核方式由业绩导向向客户资产保值增值导向转变，一套组合拳打牢财富管理转型高质量发展根基。

三、实践：守护大众财富是高质量发展的立身之本

深耕普惠金融，努力提升金融服务的覆盖率、可得性、满意度，满足人民群众日益增长

的金融需求,把人民对美好生活的向往作为建设全生命周期的高质量财富管理机构的奋斗目标,这是华安证券对守护大众财富、服务人民美好生活的准确把握,是用实际行动助力共同富裕的生动诠释。

客户端助力人民美好生活。作为高质量、可持续发展的基础,零售客群是各类金融产品主要服务对象。为做好每一位投资者全生命周期的陪伴式服务,华安证券坚持"需求导向",线上线下联动,多途径调研不同客户需求,细化梳理、归纳分类,建立健全 CRM 系统(Customer Relationship Management,客户关系管理系统)与客户标签体系,实现对客户需求的精准预判,努力做到客户"千人千面",服务"千方百样"。坚持"问题导向",对比第三方理财、券商同业、银行、保险、信托等金融机构,梳理全集团架构下客户服务优势与不足,扎实推动"线上平台 + 线下团队"服务模式,持续做好理财需求的专家式引导、投资过程的管家型陪伴、客户体验的共情化管理。坚持"客户满意度导向",定期通过客户回访、微信公众号征集客户对公司金融产品销售、资产配置服务、投资顾问服务的满意度,将客户满意度纳入金融产品供给、资产配置及投资顾问服务供给部门考核评价,实现营销与服务双轮驱动,以此不断提升专业化服务能力,以优化客户体验、增强客户黏性作为核心任务,打造服务大众的专业财富管理机构。

产品端着力服务共同富裕。构建丰富的金融产品矩阵。坚持标准化覆盖与个性化定制相结合,长周期产品与短周期产品相统一,打造公司集团架构下现金管理类、混合类、权益投资类等主动管理产品体系以及 FoF/MoM 类产品,以产品业绩市场排名为评判标准,积极构建明星产品群。密切关注行业产品创新动态,将产品投资领域逐步向黄金、外汇、大宗商品等领域扩展。把私募股权基金作为服务高净值客户的重要手段之一,持续开展场外金融衍生产品创新,增加收益凭证、资管计划、基金专户等结构化产品供给。利用场外衍生品非标准化特性,满足客户套期保值、套利、对冲等交易需求。加强金融产品评价能力建设,强化与客户需求有效衔接,提高产品评价与研究的精细化程度。严选全市场金融产品,优化第三方机构、产品准入体系,建立完善机构准入制度,不定期对机构白名单进行更新和管理,完善产品筛选的多层次风控评审机制。按照先求精、后求全的原则,严把金融产品准入关,完善产品跟踪评价机制,构建"代销池""精品池"和"明星池",不定期对产品池进行更新和管理。运用客户满意度评价、"精品池"和"明星池"加权组合收益率、全矩阵产品覆盖率等指标,建立金融产品准入工作小组成员的履职评价机制和金融产品引入责任部门、责任岗位的跟踪考评机制。

平台端着力优化大众体验。搭建全景化用户服务体系,基于客户全生命周期、全市场资产配置的 360 全景视图,以金融科技驱动,通过大数据挖掘和华安证券 App 捕捉市场动态及客户行为。根据客户基本信息、财务状况、投资经验、风险偏好、诚信记录及贡献度、忠诚度等对其分类,精准分析用户画像、用户行为、用户生命周期特征,建立 500 多个基础标签,形成标准化的"人群—策略—触达—反馈—优化"闭环,推动运营资源高效化,实现激活、提客、黏客。加强线上服务渠道建设,根据用户画像赋能客户服务,丰富线上 App 各项功能与服务模块,着力提升 App 的自动化服务能力,以线上标准化服务扩大大众客户的覆盖度,以资产配置咨询能力为核心,以基金投顾为抓手,构建"咨询—交易销售—资产配置"闭环。同时构建客户参与优化的产品服务开发模式,建立实时衡量指标体系辅助产品开发决策,利用数字媒体和人工智能(AI)技术收集意见、反馈交流,用于改善产品服务体验优化。全面实现业务办理"云端化",打造智能诊股、智能盯盘、智能选股、智能预警四大智能服务为主的华安证券 App,同时以视频直播、视频录播、图文等为矩阵的流媒体创作方式,协同打造沉浸体验、实时互动、标签匹配、精准推荐、创作生态等多维度、立体化客户接触渠道和服务机制,推进金融服务"线上化",提升拓客、留客、锁客、升客等互联网精细化运营效能。

风控端着力熨平市场波动。立足财富管理业务高质量发展,华安证券以诚信、稳健、专业、和谐作为安身立命之本,以诚兴业、履约践诺、不负所托,追求共生性发展,给予客户极大安全感、信任感。加强产品筛选与客户投后风险控制,加强金融产品的投后管理,跟踪产品投向标的,分析产品净值风险,及时调整产品评级,加强智能投顾产品的收益跟踪与评价,更好地满足客户多样化理财需求,锻造科学专业的资产配置、用心用情的客户服务、持久恒定的客户陪伴能力,更好地在资产配置的择券和择时中作出正确选择,灵活应对市场、穿越周期、熨平波动,持续为居民创造正向财产性收入。健全固定收益类交易策略研究,发展"固收+"产品,发挥定增、可转债投资优势,把握以稳健收益为目标的理财需求,增厚收益。多维度提升权益类投研水准,发展私募 FoF 产品,在风险可控的前提下,适当开发衍生品相关的产品,努力提升权益类投研能力,稳步推进权益类产品扩大规模。把严守合规、严控风险作为生命线,推进全面风险管理体系建设,坚持量力而行、稳中求进,处理好发展、创新与稳定的关系,追求可持续发展;严格坚持适当性、反洗钱、产品规范公示、投资者保护、客户信息安全等合规管理,做到有规可依、有章可循;建立客户纠纷处置应急机制,规范展业服务流程关键环节,树立稳健经营的品牌形象。

立于时代大潮之巅,华安证券使命在肩、任重道远,加快财富管理转型步伐,积极打造特色化精品券商,实现守护大众财富、服务人民生活的奋斗目标,在实现自身差异化高质量发展的同时,努力为服务人民生活、促进经济发展、助力共同富裕贡献金融力量。

服务实体经济 践行另类投行 促进高质量发展

艾久超*

习近平总书记指出，金融是实体经济的血脉，为实体经济服务是金融的天职。作为促进资本、科技和实体经济高水平循环的重要枢纽，资本市场在服务国家战略、促进经济社会发展中发挥着重要作用。证券公司是资本市场的核心组成部分，一定要胸怀金融报国、服务社会的理想，坚持党建引领、稳健经营、守正创新，走中国特色投资银行发展之路，为资本市场和实体经济高质量发展作出更大贡献。

一、证券行业高质量发展的现实要求

党的十九届六中全会强调"实现高质量发展是我国经济社会发展历史、实践和理论的统一，是开启全面建设社会主义现代化国家新征程、实现第二个百年奋斗目标的根本路径"。2021年7月，国务院副总理刘鹤在全国"专精特新"中小企业高峰论坛中提出"企业要从国家整体利益出发，承担应有的社会责任，坚持专业深化，战胜各种挑战，努力开拓创新，真正实现高质量发展"。

新的发展阶段对资本市场和证券行业提出了新的更高要求。证券行业贯彻新的发展理念，构建新的发展格局，以自身的高质量发展助力资本市场高质量发展，为经济社会发展及服务实体经济积极贡献力量，是证券行业所必须担负的光荣职责与使命。我们认为，证券行业要实现高质量发展，首先需要在以下几个方面交出满意答卷。

（一）聚焦服务实体经济本源

提升直接融资比重是"十四五"时期我国资本市场高质量发展的重要标志之一。目前

---

* 作者简介：艾久超，现任信达证券股份有限公司董事长，中国信达董事会秘书；自2000年9月加入中国信达，曾任总裁办公室副主任、总裁办公室副主任（主任级）兼合规管理部总经理、董事会办公室主任，自2016年4月至今担任中国信达董事会秘书，自2020年11月起担任信达证券董事长。原载于《中国证券》2022年第5期。

我国金融体系仍以间接融资为主,传统信贷类业务居多,从依靠创新驱动的高质量发展理念来看,权益类直接融资的比重有待进一步提升。这是由于相对于间接融资,直接融资对企业的成长性、创新性及投资回报等运营质量指标考察得更为深入、更为关切,能够更好地支持实体经济转型以及向高质量创新发展。证券行业是资本市场直接投融资服务的提供者,作为资本市场最重要的中介机构之一,为实体经济发行人和投资者提供专业化的中介服务,不断解决实体经济发展中遇到的瓶颈问题,是证券行业的天职和宗旨。同时,证券行业自身的高质量发展也必须依靠于对实体经济的服务,离开了服务实体经济的本源,证券行业就成了空中楼阁。

(二) 以投资银行为突破口提升服务实体经济能力

中国证监会主席易会满指出,"没有高质量发展的投资银行就没有高度发达的资本市场"。"十四五"时期证券市场全面注册制改革是大势所趋,资本市场将逐渐成为资源配置的前沿阵地。全面注册制下对实体经济的服务,需要证券行业更加专业、更加精准的投融资服务,需要证券公司不断提升自身专业素质及专业能力,认真履行中介把关责任,严守证券市场入口端,为资本市场平稳运行保驾护航。

对于券商而言,注册制改革既是挑战又是机遇,要以注册制改革为契机,重塑投资银行业务逻辑,通过提升投资银行的尽职调查、增值服务、研究分析、质量控制等业务能力和执业质量,构建有效的发行人质量约束机制;推动投资银行业务从通道化、被动管理化,向项目筛选、资产定价、项目承销、风险控制等专业化主动管理职能转变,并以此为突破口,全面提升服务实体经济的能力。

(三) 形成差异化的行业竞争格局

当前,我国多层次资本市场体系已完成整体布局,形成了包括主板、创业板、科创板、新三板以及区域性股权中心在内的综合市场体系,为不同规模、不同行业、不同发展阶段及不同业务诉求的企业提供高质量、多元化、差异化的投融资服务。与此相对应,证券行业未来行业发展的格局已然成形——头部大型综合性券商领跑,中小型、区域型券商特色化发展,并通过同业兼并、混业融合不断提升行业整体服务质量。

一方面,头部券商的业务竞争力不断提升,依靠专业牌照优势、资本实力优势、人才储备优势、客户积累优势等一系列优势持续夯实竞争壁垒,满足主流实体经济综合业务需求;另一方面,中小券商突出自身特色,在特定行业、特定业务、特定区域、特定客户群体精耕细作,打造局部竞争优势。例如有些券商不断巩固财富管理生态,线上经纪业务市占率持续提升;有些券商坚持发展投顾业务,努力实现弯道超车;还有一些券商持续加大信息技术投入,进行金融科技转型,融合互联网发展。证券行业通过探索差异化发展打造相对竞争优势,推动证券行业高质量发展,从而实现全方位助力资本市场完善枢纽功能。

二、信达证券高质量特色发展的战略选择

(一) 信达证券的成长历程

信达证券成立于 2007 年 9 月,是中国信达控股的金融子公司,是中国信达对接资本市

场的重要平台,也是金融资产管理公司系统首家设立的证券公司。信达证券起源于两个部分:一是2004年中国信达受中国证监会委托,在托管清算汉唐证券和辽宁证券两家风险券商基础上收购的证券类资产;二是国家当时批准了信达集团投行牌照,信达集团的证券部门业务团队整体并入。

15年来,信达证券从风险券商起步,发展成为拥有遍布全国87家营业部、16家分公司、5家控股子公司的专业、规范、有特色的全国性综合类证券公司。2007—2020年,公司注册资本从15.11亿元增至29.19亿元;总资产从106.72亿元增长至473.19亿元,净资产从19.38亿元增长至116.34亿元;累计实现营业收入287.29亿元,净利润72.58亿元。目前,信达证券正积极筹备主板上市工作,公司上市后将进一步增强资本实力和服务实体经济的能力。

(二) 信达证券的独特背景及所面临的挑战

信达证券的大股东为中国信达资产管理股份有限公司,前身为中国信达资产管理公司,成立于1999年4月19日,是经国务院批准,为化解金融风险,支持国企改革,由财政部独家出资100亿元注册成立的第一家金融资产管理公司。当前,中国信达的经营目标是立足不良资产经营主业,围绕问题资产投资和问题机构救助,着力化解金融机构和实体企业不良资产风险。信达证券作为肩负特殊使命的中央企业子公司,天然成为服务问题实体企业、促进国家经济转型优化升级、重大战略推进落实的参与者和推动者。

在中国资本市场上,信达证券属于成立较晚的中小券商,同时本身也脱胎于风险券商,自成立之初,便面临着较大的压力和挑战,包括业务布局不合理、资本实力较弱、创新能力不足、传统业务饱和度提升、经营同质化严重等一系列不利局面;同时,随着资本市场改革的不断深化及证券业务转型升级,各类业务向头部证券公司集中化的趋势将更加明显。激烈的行业竞争以及独特的股东背景,决定了信达证券只能根据自己的资源禀赋实施差异化发展的战略,走打造特色精品券商之路。

(三) 信达证券的高质量特色发展战略

多年来,信达证券牢记中国信达"化解金融风险、服务实体经济、助力国企改革"使命,践行中国信达"专业经营,效率至上,创造价值"的高质量发展理念和"做精专业、协同主业"的协同宗旨,协助集团履行好化解金融风险的"国家队"作用,在协同主业、服务实体经济、提升服务客户能力的同时推动自身专业化、特色化及高质量发展。

在中国经济向高质量发展阶段转变的历史背景下,信达证券坚持以另类投行作为主要发展方向,努力塑造自身在不良资产经营和特殊机遇投资领域的差异化特色;同时,公司充分利用中国信达雄厚的资源和网络优势,深度挖掘中国信达整体范围内综合金融服务的机会,为集团提供资本市场支持服务,提高客户开发、产品销售和全方位金融服务的能力。

作为中国信达履行职责使命的重要业务平台,信达证券坚持党对金融工作的集中统一领导,强化思想理论武装,牢记"国之大者",增强"四个意识",坚定"四个自信",做到"两个维护",落实全面从严治党要求,推进党建工作与经营发展深度融合,为公司高质量特色发展提供思想保障、组织保障和纪律保障。

三、另类投行是信达证券高质量特色发展的有效途径

（一）另类投行对于促进高质量发展的重要意义

另类投行是指围绕特殊资产业务，以资产价值恢复与提升为核心目标，以资本市场为重要依托，以重组、重整、重构、投融资及资源整合为基本手段，提供资本运作综合金融服务的专业化、特色化、差异化金融服务。特殊资产是指在经济的特殊周期、宏观环境的特殊阶段，或发生特殊事件（如各种信用风险、市场风险、流动性风险事件）时，交易价值低于账面价值或实际价值的资产。

当前，在我国经济处于由高速增长阶段转向高质量发展的阶段，实体经济将出现大量的去产能、去库存、去杠杆运作，导致资产质量管控压力持续上升，从而出现大量特殊资产需要重塑和提升；同时，实体企业在转型发展过程中，也存在主辅分离、低效资产剥离、降杠杆、应收账款回收等业务诉求，将创造出很多特殊资产投资和服务机会。

另类投行作为投资银行的一种特殊类型，除了具备一般投资银行投融资中介的核心功能外，对于实体经济高质量发展还有不可或缺的独特作用。另类投行能够促进特殊资产实现价值重塑和提升，进而有效盘活存量资产，优化增量，解决资源错配等问题，推动特殊资产高效、有序流动，协调各利益相关方共同提升企业长远价值，促进实体经济健康持续发展，并从宏观上起到经济与金融发展稳定器的功能作用。

（二）信达证券另类投行服务中小企业的实践探索

中小企业是推动国民经济健康稳定发展的生力军，发挥资本市场资源要素聚集和配置功能，支持中小企业发展壮大，是金融供给侧改革的重要方面之一。近年来，信达证券充分发挥自身在企业并购重组、产业整合、债转股等方面的丰富经验，持续提升对困境中的中小民营企业的综合处置及帮扶力度，在业内形成若干有影响力的成功案例，在化解金融风险的同时，打造出信达证券在另类投行的品牌特色。民营企业*ST毅达实质性重组、恢复上市是其中最具有代表性的案例之一。

上海中毅达股份有限公司（以下简称"*ST毅达"）前身是中国纺织机械厂，2014年公司启动股权分置改革，大申集团成为上市公司控股股东，持有上市公司26.64%的股份，公司注册资本为10亿元左右，属中型民营企业。自2016年第三季度起，上市公司*ST毅达原控股股东大申集团出现股票质押违约，最终信达兴融4号接受以2.6亿股*ST毅达股票抵偿5.05亿元债务，成为上市公司第一大股东。当时此上市公司本身治理混乱，已经严重资不抵债，丧失持续经营能力，且面临多起诉讼案件和监管处罚，连续两年年报被出具了无法表示意见的审计报告，自2019年7月19日起，*ST毅达股票被暂停上市，且面临退市风险。

经过深入调查及论证分析，信达证券联合信达集团，设计了一套综合化解决方案，在消除*ST毅达退市风险的同时，助力中小企业赤峰瑞阳与资本市场的顺利对接。总体来说，该方案包括三个同时进行的关键环节：一是携手某公司对*ST毅达债权进行收购，经债务重组后进行债务剥离，从而改善了上市公司资产状况，也解决了上市公司重大债务和诉讼问题；二是对处于失控及非正常经营状态的上市公司子公司股权进行公开挂牌拍卖，实施上市

公司不良股权资产剥离,从而结束了上市公司的失信被执行人状态,公司银行账户陆续解除冻结;三是协助寻找优秀资产注入,将赤峰瑞阳优质资产注入＊ST 毅达,扭转了上市公司亏损局面,满足了＊ST 毅达恢复上市条件,最终在 2020 年 8 月 17 日成功回归证券市场。

在此案例中,信达证券综合运用低效剥离、重整置换、多级重组等一系列另类投行手段,将濒临退市的＊ST 毅达有效盘活,化解了公司内生风险,维护了社会稳定,促进了资产优胜劣汰的流动。该案例是信达证券助力中小民营问题企业、支持实体经济高质量发展的有力实践,树立了信达证券在资本市场及特殊资产处置市场的品牌形象。

(三)信达证券另类投行业务积累的初步经验

1. 深度挖掘客户需求,开展另类投行综合服务

信达证券立足于中国经济向高质量发展阶段转变的基本面,坚持以另类投行作为主要发展方向,深度挖掘和精准识别企业客户需求,大力拓展并购重组、夹层投资、流动性支持、阶段性持股等另类投资银行业务,通过多渠道、多层面、多维度的综合金融服务,打造信达证券在不良资产经营和特殊机遇投资领域的差异化特色。

2. 积极通过研究驱动获取项目,积累市场化客户

信达证券加大研究投入,绘制行业脉络图,加深对重点行业以及行业内主要公司的比较分析和跟踪考察,牢牢把握实体经济部门对金融服务的需求,筛选其中最可能存在业务机会的行业和公司,并根据企业所处的发展阶段,提供适合的另类投行产品和覆盖客户全生命周期的一揽子金融服务方案。

3. 以另类投行带动业务协同推进

信达证券以另类投行业务为核心,带动全业务链服务体系的发展。统筹推进研发业务、资产管理业务、经纪业务、私募股权投资等业务条线,为客户提供全方位的综合性金融服务,为公司服务能力及服务质量的全面提升夯实基础。

四、为打造高质量特色券商提供有效保障

(一)建设一流研发团队,走专业化之路

深耕行业是有效实现高质量发展的重要手段。另类投行业务不仅要具备对企业价值、发展趋势的专业研判能力,也需要对行业发展、国内外经济形势等宏观面进行科学研判,更需要充分运用基于多年实践所形成的对企业走出困境判断的专业敏感性。因而,要着重做好相关重点产业研究,特别是产业周期分析和研究。投研一体化是另类投行组织设计的关键,对研究团队的专业能力要求高,需要建立专业、稳定、规范的研究团队,依靠专业能力培育核心竞争优势。

信达证券着力打造一流的专业研发队伍,总体思路是:通过市场化的卖方服务竞争,全面提升研究的专业能力优势;通过一、二级市场的联动,实现买方视角下的精品化、差异化研究服务。目前信达证券已在 20 多个行业领域逐步形成了较强的市场影响力,如在与信达集团存量资产高度相关的新兴行业,包括新型煤化工技术、有色新材料技术、新能源技术及与不动产高度相关的新兴消费领域等,信达证券的研究水平处于行业上游。

（二）强化合规风控能力建设，走稳健经营之路

合规是证券公司生存的基础。近年来，一系列监管新政陆续出台，在注册制下，监管对证券公司的专业能力和执业质量提出新的更高要求，合规经营、守住不发生系统性风险是证券公司发展的基本底线。

另类投资银行围绕特殊资产进行收购、经营和处置。由于特殊资产一般为风险较高的问题资产，对于合规性及风险性的识别、评估及管理要求较普通业务更高，合规及风控能力是另类投行业务的核心经营能力；同时，由于脱胎于风险券商，信达证券更加重视并始终坚持诚信经营，规范运作，从组织架构、决策机制、稽核检查等各个环节不断强化管理，确保公司各项业务的稳定、健康发展。

在实践中，信达证券践行"合规、诚信、专业、稳健"的行业文化理念，充分发挥党建在企业文化建设中的引领作用，将党建工作与合规文化建设齐抓共管，使"依法合规、稳健经营"思想内化到公司战略发展体系，固化到经营管理的各个环节，转化为每一个员工的意识和行为。

（三）拓展特殊资产业务，走协同发展之路

信达证券恪守中国信达集团"做精专业、协同主业"的协同宗旨，紧密围绕为集团特殊资产经营主业服务及为集团核心客户服务两条主线，以资本市场专业化另类投行服务能力为基础，着力打造高质量特色化、差异化的证券专业协同服务体系，通过以下四个方面开展对集团主业的服务支持。

一是提高协同效率，充分共享和整合中国信达范围内的客户、品牌、渠道、产品、信息等资源，有效吸收和转化中国信达在风险定价方面的能力优势，对内对外提供高水平的资本市场专业服务，高效化解金融和实体经济领域风险，支持供给侧结构性改革和服务实体经济。

二是持续打造信达证券的专业化研发团队，为信达集团的各类股权、债权投资项目提供行业、企业分析报告，涉及标的行业的竞争格局、发展趋势、商业模式和标的企业的竞争壁垒、经营质量、盈利及现金流预测、估值等内容，为集团的投资决策提供参考。同时，信达证券研发团队凭借多年的行业产业经验，通过研究调查、估值判断和方案设计论证等方式参与集团主业开展，提供专业、客观的决策意见，协助集团不断提升防范化解金融风险和实体经济风险能力。

三是充分发挥另类投行的专业优势，协助信达集团帮助行业龙头企业在行业低谷期完成价值链整合，盘活社会存量资产，推动行业多余产能的价值提升与整合，为信达集团找到了服务实体经济、服务供给侧结构性改革和经济效益的最大公约数。信达证券在信达集团推进市场化债转股、支持企业并购重组、参与国企改革等方面引入另类投行手段，注重信达集团在供给侧结构性改革业务中的存量重组、增量优化和动能转换，通过处置方式的创新实现价值提升，帮助信达集团更加有效地服务实体经济。

四是在合规的前提下深入挖掘另类投行客户多元化的业务需求，依托另类投行业务为其他业务带来发展机会，通过其他业务的开展"反哺"另类投行业务，推动公司业务多元化发展。

信达证券作为具有独特股东背景及成长历程的中小券商,在我国资本市场及证券行业高质量发展的浪潮中,充分利用自身在另类投行领域的实践优势及行业研究领域的专业优势,坚守稳健合规经营底线,找准定位、主动作为、协同发展,积极打造特色化精品券商,在实现自身差异化高质量发展的同时,为实体经济高质量发展做出应有的贡献。

参考文献

[1] 吴晓璐. 重磅!易会满定调证券行业高质量发展的新责任新使命 [N]. 证券日报, 2021-5-22.

[2] 昝秀丽. 提高直接融资比重纲举目张 [N]. 中国证券报, 2020-12-18.

[3] 马婧妤. 中国证券业协会成立30周年座谈会召开 证券业高质量发展要有"五个坚持" [N]. 上海证券报, 2021-8-30.

[4] 徐克非. 另类投行——特殊资产经营的投行理念与实务 [M]. 北京:中国金融出版社, 2021.

发挥比较优势　打造一流北交所特色券商

李　刚[*]

改革开放四十余载，中国经济实现飞速增长。资本市场经过三十余年的发展，也取得了有目共睹的成就，如今正在推进的注册制改革、北京证券交易所建设和新三板深化改革等举措都将对我国资本市场发展产生深远影响。在"双循环"新发展格局的大背景下，我国证券行业也将迎来实现高质量发展的历史新机遇。中国证监会主席易会满在2021年5月中国证券业协会第七次会员大会上的讲话指出："证券行业实现高质量发展，必须坚持专业化发展道路，在'特色、强项、专长、精品'方面多下功夫。证券公司要根据自己的比较优势，提升细分领域的专业能力，走出一条精品化、专业化的发展道路，形成差异化、特色化发展的行业格局。"证券公司作为资本市场重要的参与者，扮演着贯通投融两端的角色，在深化金融供给侧结构性改革、促进实体经济高质量发展方面发挥着重要作用。中小型证券公司要把握新阶段的发展机遇，必然会选择特色化发展路径，构筑差异化比较优势，提升服务资本市场的竞争力，为高质量发展拓展更广阔的空间。

一、立足新发展形势，把握证券行业竞争格局与发展趋势

（一）国外证券行业发展历程和竞争格局

国外发达国家成熟资本市场发展的历史，先后经历了业务多元化探索时代、机构业务大发展时代及去杠杆时代，发展至今，形成了大型投行与精品投行并存的竞争格局。大型投行凭借其雄厚的资本实力，实现全面综合发展，而中小型投行则选择专业化的精品路线，针对某一细分领域提供特色化服务，在规模庞大的资本市场占有同样重要的位置。诸如深耕并购重组业务的美国精品投行拉扎德，主要从事财务顾问和资产管理业务，其净资产收益率远超摩根士丹利和高盛等大型投行水平；北美最大零售证券经纪商爱德华·琼斯，其服务核心则

---

[*] 作者简介：李刚，现任开源证券股份有限公司党委书记、董事长、总经理，兼任上海证券交易所风险管理委员会委员、深圳证券交易所薪酬财务委员会委员、中国证券业协会发展战略专业委员会委员。原载于《中国证券》2022年第10期。

是专注于个人客户,坚持全面服务;美国财富管理的标杆公司嘉信理财,依靠其优秀的财富管理能力占据了大部分市场份额。

国外发达国家资本市场发展历程及形成的竞争格局可以给中国资本市场发展提供某种启示和思考。中小型证券公司由于自身条件限制,应该在诸多领域中选择最为契合自身资源禀赋的业务,在持续创新的过程中,走出一条差异化、特色化发展道路。

(二)国内证券行业发展现状

我国证券行业经过近年来的快速发展,逐渐形成了大型证券公司与中小型证券公司并存发展的竞争格局。国内目前存在一批全能型头部证券公司,例如中信证券、中金公司、中信建投证券等,其资本实力雄厚、业务条线完整、人才储备充足、专业服务水平高,具有较高的知名度和品牌影响力,在业内综合实力靠前,发展势头表现强劲。从2021年公布的财务数据来看,头部证券公司呈现以下特点(见图1):一是头部证券公司在资本优势方面表现亮眼。例如,2021年总资产排名前10位的证券公司占全体证券公司总资产的52.87%,净资产排名前10位的证券公司占全体证券公司净资产的46.85%。二是头部证券公司营利能力突出。2021年营业收入排名前10位的证券公司占全行业证券公司营业收入的48.26%,前10位证券公司2021年合计营业收入较上一年增长17.34%;2021年净利润排名前10位的证券公司占全行业证券公司净利润的58.56%,前10位证券公司2021年合计净利润较上一年增长31.20%。头部证券公司市场份额集中趋势显著。

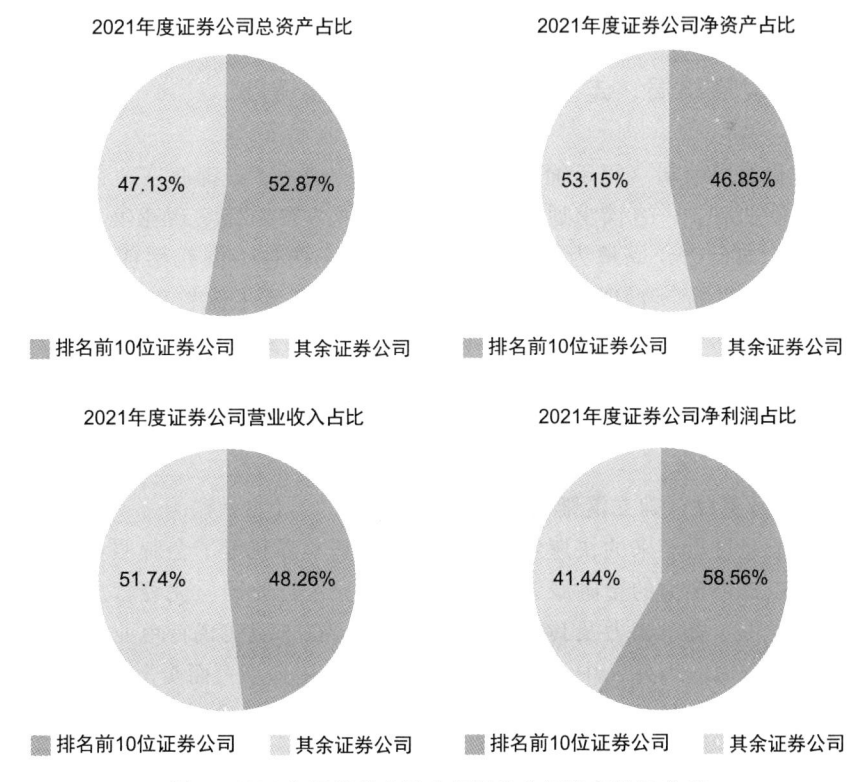

图1 2021年证券行业及头部证券公司财务数据分析

资料来源:中国证券业协会:《证券公司2021年经营业绩指标排名情况》,中国证券业协会网站,2022年6月17日。

在发展过程中面临头部证券公司带来竞争压力的情形下，中小证券公司开始寻求结合自身资源禀赋，突出自身优势和特色，聚焦细分领域，塑造精品投行、发展特色经纪业务等，实行差异化竞争，走特色发展道路。

（三）金融业加速开放，内外资证券公司同台竞争

近几年我国金融业开放步伐明显加快，力度空前，包括正式取消银行、证券、基金、期货、人身险等领域外资股比例限制，不再对外资证券公司业务范围单独设限，实现内外资一致，允许外资银行分行及子行获得基金托管资质等。金融业开放在引入机构、业务、产品，增加金融要素供给的同时，还促进了行业制度规则的变革和完善。不仅有利于提升金融服务实体经济的效率和能力，助力经济高质量发展，也有利于国内金融业竞争发展和效率提升。目前，部分外资金融机构正积极扩大在华布局。以证券公司为例，截至2022年8月末，在华外资控股证券公司数量已达9家，外资证券公司的进入将促使我国证券市场竞争更加激烈，其在业务、技术、管理、人才培育、风险控制等多方面的发展更为成熟，相较于国内证券公司具备明显的优势。

面对金融市场加速开放引发的竞争加剧的局面，国内大型证券公司在与外资投行同台竞争中，可以学习借鉴其先进的管理方式和经验，以市场化、国际化、规范化为导向，成为综合型、全能型投资银行，打造国际顶级证券公司；对于中小证券公司而言，则需要以其特色化、差异化、专业化、精品化的服务，在新发展格局中找准定位和发展方向，积极参与国家多层次资本市场建设。

二、构建新发展格局，走差异化、特色化发展道路

开源证券股份有限公司（以下简称"开源证券"）创始于古都西安，创立之初业务辐射范围主要分布于陕西省，一直谋求通过差异化、特色化发展道路实现竞争力的提升。开源证券不断拼搏进取，如今已经成长为具有全业务牌照的全国性、创新型证券公司，在债券承销、新三板推荐挂牌、资产管理、卖方研究等细分领域形成了比较优势。北京证券交易所（以下简称"北交所"）设立后，开源证券深入剖析时代大势，把握发展机遇，凝聚奋进共识，厘清发展路径，更加坚定不移地走特色化发展道路，全力打造一流北交所特色证券公司，实现高质量发展。

（一）立足自身禀赋，确立清晰的发展定位

我国证券行业经过近年来的快速发展，证券公司基本都获得了全牌照业务资格，一方面表明证券公司可以提供全面的金融服务，另一方面也导致行业同质化经营加剧。中小证券公司在发展过程中，由于资本实力及其他资源相对薄弱，在未能实现特色业务突破的情况下将会面临较大的竞争压力。因此，中小证券公司不应盲目追求"大而全"，而是要立足客观实际，明确自身定位和发展目标，打造"精而美"的特色品牌。制定发展目标时，首先应当打开思路，找好突破口以及未来发展的方向，将有限的资源和精力投入重点区域、重点业务和重点行业中，锻造特色化、差异化优势，实现快速布局和发展。

中小企业在我国经济结构中占有非常重要的地位，在科技创新、保障就业、推动经济发

展方面发挥着不可取代的作用，中小型证券公司服务好广大中小企业将大有可为。2021年9月2日，国家主席习近平在2021年中国国际服务贸易交易会全球服务贸易峰会上宣布："继续支持中小企业创新发展，深化新三板改革，设立北京证券交易所，打造服务创新型中小企业主阵地。"北交所的设立为中小企业发展带来了重大历史机遇，也为证券公司服务中小企业提供了广阔的平台。开源证券前期一直在战略布局新三板业务，坚持服务中小企业，积累了机制、人才、专业、服务、理念等多方位的先发优势，这和我国经济的变革、北交所的设立、创新型中小企业的发展不谋而合、不期而遇。持之以恒做好中小企业服务，做强北交所和新三板业务，既是开源证券长远发展最为重要的动力和基础所在，也是顺势而为、拥抱变革的必然选择。因此，开源证券将全面服务中小企业确立为公司发展的重要战略方向。

（二）坚定初心不移，长期陪伴中小企业

证券行业竞争激烈，面对复杂多变的市场竞争环境，中小证券公司一旦找准定位，就应当保持足够的战略定力，不应被市场的短期变化所干扰，坚持长期主义，保持初心不动摇。开源证券在服务中小企业时，始终秉持着长远布局、潜心深耕的理念，坚持陪伴中小企业共同成长。在开拓和服务中小企业的过程中，开源证券实实在在感受到中小企业由于受限于规模小、回报周期长、回报不确定性大等，为其资本市场服务领域一直存在较大缺口，对应的服务或产品也不尽完善。"心之所向，素履以往"，开源证券深入了解和分析中小企业的需求和痛点，坚持以客户需求为中心，不断丰富和完善服务体系，对中小企业所处不同阶段的金融需求提供针对性服务，坚持陪伴中小企业，努力践行金融服务实体经济的使命。回顾开源证券新三板业务发展历程，并非一帆风顺，新三板市场也曾经历过相当长的低迷期，但开源证券坚持长期布局新三板领域，坚信资本市场服务实体经济的功能必然会充分考虑中小企业的实际需求，新三板市场必将迎来改革"春风"。正是通过长期以来对新三板市场的观察和理解，开源证券能够在市场遇冷的情况下仍然坚持既定发展方向不动摇。"失之东隅，收之桑榆"，市场的短期低迷却给予坚定者以先机，在长期陪伴和服务中小企业的过程中，开源证券逐渐积累了稳定且深厚的中小企业客户基础。开源证券与中小企业客户相识于微，互相成就，携手共赢；开源证券也在服务中小企业的过程中逐渐形成了特色优势。

（三）特色驱动发展，打造核心竞争力

以坚持服务好中小企业的初心为引领，在设立北交所，打造服务创新型中小企业主阵地的历史机遇下，开源证券乘势而上、协同奋进，矢志打造具有鲜明北交所特色的一流券商。截至2022年8月底，开源证券已累计推荐344家企业在新三板挂牌，连续多年推荐挂牌数量居于行业第一位；正在提供持续督导服务的新三板挂牌企业672家，其中创新层企业170家，均居行业第一位；成功保荐7家新三板挂牌公司在北交所上市；在2021年度北交所、全国股转公司对主办券商执业质量评价中，排名行业第一位。开源证券在北交所、新三板领域的特色和竞争优势已初步形成，下一步将坚定以北交所业务为特色化发展的切入点，整合公司资源，培育法人客户生态，确保北交所、新三板业务全面领先，并以此为引领，带动各项业务综合实力或核心指标跨入行业前20位。通过特色驱动发展，开源证券将更加坚定地向品牌特色鲜明、核心竞争力突出、综合实力强劲的一流券商迈进。

三、贯彻新发展理念,践行特色化高质量发展道路

《中华人民共和国国民经济和社会发展第十四个五年规划和2035年远景目标纲要》第二十一章第三节指出:"健全具有高度适应性、竞争力、普惠性的现代金融体系,构建金融有效支持实体经济的体制机制。"证券公司应当在"十四五"发展新阶段肩负起服务实体经济的重要使命,全面贯彻新发展理念,把为实体经济服务作为出发点和落脚点,通过提升服务效率和服务水平实现高质量发展,更好地满足实体经济多样化的金融需求。为此,开源证券坚决贯彻新发展理念,以党建引领、合规风控、人才领先及研究支持、业务协同、综合服务、数字赋能等方面为着力点,全面实施特色化高质量发展道路。

(一)坚持党建引领,推动党建与业务同频共振

开源证券党委深入学习贯彻习近平新时代中国特色社会主义思想,以"国之大者"扭住"为企之要",以高质量党建引领高质量发展,为一流北交所特色券商建设提供坚强政治保证、思想保证、组织保证。作为国有控股金融机构,开源证券始终坚持党建引领,落实"三重一大"党委研究前置程序,充分发挥党委会把方向、管大局、促落实的领导作用。贯彻国企改革三年行动部署,落实任期制契约化改革,完善市场化激励约束机制。不断完善健全法人治理结构,荣膺国务院国资委"国有企业公司治理示范企业",是全国40家地方国有基层企业之一。厚植干事创业文化,把"能上能下"落到实处,培育"能者上、平者让、庸者下"的人才生态。下一步,开源证券将不断加强党建工作,把党建工作与特色化高质量发展深度融合,推动党建与业务同频共振。

(二)加强合规风控建设,护航业务高质量发展

证券公司高质量发展,必须建立在严守合规底线的基础上。开源证券以高质量发展为根本,构筑底线、严守红线,持续加强业务合规风控体系建设,提升执业质量,为北交所、新三板业务长远发展奠定扎实基础。一方面,把业务高质量发展与合规风控建设紧密结合,构建权责明确、有效监督的内部控制体系,保障独立性,持续推进合规风控体系建设,健全与公司发展战略相适应的全面风险管理体系;加强合规文化建设,建立合规文化与价值观,杜绝因短视观念逐利而行。另一方面,伴随业务发展,将质控、内核、合规、风控管理提前扩容,增加承载量,为北交所业务未来发展提前做好准备。北交所设立后,开源证券在质控和内核部门增配北交所业务审核专员、"大投行"专职内部控制人员近百人。未来,开源证券将不断扩充北交所业务合规风控和质控内核体系队伍规模,通过合规风控体系的搭建与运行,减少业务开展中的障碍和小概率事件发生,间接实现价值创造。

(三)实施人才领先战略,充实持续发展"源动力"

人才是证券公司的核心要素,科学合理的人才队伍建设机制是证券公司保持长期健康发展的源泉所在,是开源证券打造一流北交所特色券商的根本支撑。

在人才队伍建设方面,开源证券以专业化为核心,加大北交所、新三板成熟业务团队与内控人员的引进力度,促进公司整体业务队伍的迭代进化、能力提升;同时,继续扩大

"源动力计划"应届毕业生招聘，形成稳定的人才梯队，2022年引入百余名"源动力计划"应届毕业生。通过持续引入、定向培养相结合的方式，开源证券建了一支深谙中小企业创新发展规律、专业能力强、服务品质好、市场认可度高的高素质人才队伍。开源证券目前从事投行业务相关人员达到750余人，其中保荐代表人76人，未来将持续加大优秀人才引进力度，实现北交所、新三板业务人员数量整体扩充至"千人"以上，为公司北交所和新三板业务发展储备充足的人力资源，也为北交所和新三板市场发展培养更多的专业人才。

在薪酬体系建设方面，开源证券在持续健全稳健薪酬制度的基础上，以市场化的职级薪酬和法治化的绩效考核体系为抓手，建立合法合规、精准评估、科学激励的内部分配机制，坚决摒弃"大水漫灌""平均主义"的分配方式，充分激发优秀人才干事创业的主动性和积极性。与此同时，通过富有活力的用人机制和薪酬体系，从市场中吸引人才，在公司内培育人才，为特色化、专业化发展注入源源不断的增长动力。

（四）做强做深研究业务，为高质量发展提供智力支持

服务中小企业创新发展，需要站在全球看中国、站在全局看资本市场，以更广阔的视野瞄准产业趋势、挖掘行业价值。开源证券坚定向卖方研究转型，充分发挥研究业务的乘数效应和串联作用，实现了快速突破。北交所设立后，开源证券着力搭建北交所和新三板研究队伍，设立了业内首家北交所研究中心，引进行业内顶尖研究人才，以"专精特新"和"隐形冠军"为抓手，加大北交所及新三板挂牌公司的研究覆盖力度。目前，公司研究业务已构架起包括北交所研究中心在内的"六大四中"研究体系，覆盖近30个方向、500余家境内外上市企业。下一步，开源证券将持续优化研究团队人才结构，加强北交所专职研究团队建设，整体规模达到200人以上。在投融资两端都注入研究内核，独立、客观地为北交所市场高质量发展提供更好的宣传带动效应和智力支持。

（五）扩大投资规模，加强业务协同

开源证券坚定地看好北交所市场未来发展和投资价值，不断加大对北交所和新三板直接投资的资金投入。目前自有资金投入达到30亿元，引入社会资本后，有望撬动投资100多亿元。通过旗下两家投资子公司分别开展直接投资和股权基金业务，同时围绕北交所、硬科技、新能源、高端装备等领域进行投资。2021年11月15日，开源证券投资子公司参与投资的"同心传动"成功登陆北交所。

截至2022年8月底，开源证券旗下私募基金子公司开源思创共成立可投资于北交所储备项目的基金9只，累计规模超过23亿元，其中雏鹰基金等5只基金为北交所主题基金，专注投资于以北交所上市为目标的优质中小企业。重点投向创新型中小企业和北交所储备项目的雏鹰基金总规模10亿元，已投项目5个，2021年设立以来已投资规模近亿元。公司旗下另类投资子公司深圳开源投资目前股权投资存续项目28个，存续项目实际出资金额超过11亿元。

当前，开源证券正在不断扩大投资规模，持续通过直投、做市、自营等各个渠道，积极发挥证券公司对于市场的乘数和带动作用，引导长期资金入市，为创新型中小企业提供直接的资金支持，为市场提供流动性支持。

（六）提高综合服务能力，建立全产业链金融服务体系

证券公司的业务模式由牌照业务转变为以客户需求为中心，而客户的需求也由单纯的投融资和财务顾问转变为对投融研全产业链一体化综合金融服务的需求。证券公司的高质量发展应当是顺应市场发展大势，满足客户不断提升的服务需求。在业务发展方面，开源证券不局限于传统投行思维，力争打通北交所和新三板市场综合金融服务的产业链，聚全力服务好中小企业。未来新三板和北交所业务的市场需求将超越单纯投行保荐挂牌上市的范畴，随着市场的深入改革与发展，北交所和新三板投行的服务模式将发生深远的变化。为实现特色化、差异化的高质量发展，开源证券将围绕新三板挂牌及北交所保荐上市两个发力点，以法人客户为中心，以客户综合服务为落脚点，提高资产定价和价值发现能力，建立覆盖企业全生命周期的投融研综合金融服务体系。同时，开源证券以分支机构和财富中心为支点，发挥属地化与贴身化服务优势，协同业务部门，满足机构客户和高净值客户一站式综合金融服务需求。

（七）构建"数字开源"，金融科技赋能数字化管理

金融科技是证券行业未来的发展趋势，是证券公司业务布局的重点领域。金融科技与证券行业的深度融合，能够在客户服务、产品设计、风险管理、数据管理、运营支撑等方面创造更多价值，进一步助推证券公司更好地服务实体经济发展，从而实现企业自身的高质量、特色化发展。为打造更加高效便捷的综合金融服务体系，提升协同水平，提高服务质量，开源证券近年来全面规划金融科技的发展，持续加大信息技术投入，围绕北交所、新三板业务，重点加强在内部协同、风险管理、运营支撑等方面的保障力度。借助各种前沿科技、效率工具、数据系统，深挖金融科技价值，对数据资源及组织要素实现全面数字化管理，建立高效科学的运营体系，降低运营协同成本，强化风险管理能力，促进科技、业务深度融合，在提升客户服务体验的同时，实现以北交所、新三板为引领的业务管理和风险管理的平衡发展。

开源证券将与时代偕行，紧跟中国新经济发展方向，紧扣特色化、差异化的高质量发展路径，紧抓国家加强资本市场核心枢纽功能、提升直接融资比例及北交所建设的战略机遇期，在构建以国内大循环为主体、国内国际双循环相互促进的新发展格局下，积极践行企业责任使命，服务国家发展战略，增强服务实体经济的能力，积极参与北交所建设，助力中小企业创新发展，真正做到与实体经济同频共振，为多层次资本市场的高质量发展贡献开源力量。

弘扬新风　激荡活力
走具有财信证券特色的精品券商之路

刘宛晨[*]

"求木之长者，必固其根本；欲流之远者，必浚其泉源。"文化，是企业的立身之本，更是持续高质量发展的内在驱动力。

作为湖南唯一省属国有控股证券公司，财信证券始终坚持党建引领，高举红色旗帜，深刻践行社会主义核心价值观，坚持证券行业"合规、诚信、专业、稳健"的文化主旋律，积极探索具有财信特色的精品券商发展之路，确立了"秉要执本、常勤精进"的企业精神，激发了全体员工勤勉务实、躬身力行、信诺如一的奋斗精神，公司文化、经济效益实现同频共进，谱出新时代、新起点的澎湃乐章。

一、奏响党建强音，引领改革发展

"十四五"的宏伟蓝图徐徐展开，在全面建设社会主义现代化国家新征程中，财信证券也迎来了战略转型、动能转换、效能变革的关键节点。公司坚持以政治建设引领文化建设和意识形态建设、以精神文明建设促进诚信建设和职业道德建设、以党风廉政建设强化廉洁从业建设，成立了以党委书记任组长、党委副书记任副组长、其他高管任组员的企业文化建设工作领导小组，打造了企业文化建设的"1+N"工作体系，为公司持续健康发展锚定正确的政治航向、思想航向、组织航向、队伍航向、纪律航向。

（一）推进党的领导与公司治理有机融合

公司党委始终坚持两个"一以贯之"，始终将政治建设作为根本性建设，深入学习宣传

---

[*] 作者简介：刘宛晨，经济学博士，教授，现任财信证券股份有限公司党委书记、董事长。原载于《中国证券》2022年第3期。

贯彻习近平新时代中国特色社会主义思想，夯实信念基石，锤炼党性修养，不断加强领导班子政治建设，教育引导领导干部牢固树立"四个意识"，着力培育"忠、专、实"职工队伍，切实增强忠诚担当的思想自觉、政治自觉和行动自觉。公司始终坚持两个"一以贯之"要求，广泛吸取现代国有企业党建的先进经验，持续推动健全公司坚持党的领导、加强党的建设的体制机制，充分发挥党组织在国有企业的"把方向、管大局、保落实"作用，完善"一委三会一层"治理体系，以高质量党建促进公司治理、提升文化建设。公司党委进一步理清党委会与董事会、经理层的权责边界和决策程序，制订《党委会议事规则》，推动公司各类治理主体之间形成权责分明、相互制衡、决策高效的治理结构。

（二）落实文化建设与精神文明和意识形态建设创新融合

公司党委充分发挥党对文化建设的引领作用，建立文化建设与意识形态"一岗双责"、党史教育与文化课"一课双讲"的创新机制，进一步推动证券行业"忠、专、实"价值导向与财信"创新、协同、稳健、担当"的企业价值观入脑入心。公司党委班子紧跟大趋势，着力学习习近平总书记关于完善金融服务、防范金融风险的重要论述和对湖南工作的重要指示精神，确保每月开展理论学习中心组学习不少于1次，以好干部"二十字"标准为目标，加强领导班子建设，以更高标准更严要求，锻造坚强领导集体。充分发挥基层党组织和党员在文化建设中的战斗堡垒与先锋模范作用，要求各级党组织种好文化建设"责任田"，支部书记履行辖区文化建设"指挥员"职责，党员职工认真当好文化建设"宣导员"，在支部"五化"建设、"红旗"支部创建、优秀党员评选等活动中，不断巩固文化建设成果。

（三）推动党风廉政建设与廉洁从业建设持续融合

财信证券扎实开展廉洁从业常态化教育，引导干部职工懂法纪、明规矩，知敬畏、存戒惧，增强广大职工的诚信、廉洁自律意识，构筑牢固的思想道德防线，为公司改革发展营造健康和谐、风清气正的良好氛围。落实监管机构和行业自律要求，推动将廉洁从业管理写入公司章程，明确公司董事会、监事会廉洁从业管理职责，健全公司纪委工作机制，上线公司廉洁从业管理平台，进一步理顺公司党风廉政建设与行业廉洁从业监管要求所配套的工作机制。

二、激扬股债协奏，服务实体经济

习近平总书记指出，经济兴，金融兴；经济强，金融强。经济是肌体，金融是血脉，两者共生共荣。随着新冠疫情在全球蔓延，世界经济不确定性进一步加剧，实体经济尤其是中小微企业受到了较为明显的冲击。作为国有券商，财信证券始终贯彻财信金控"服务大局、服务客户"的企业使命，坚持"精干主业、精运实业"的发展方略，立足湖南，面向全国，明确精品券商的自身定位，为实体经济转型升级和高质量发展贡献金融力量。

（一）坚定深化改革，发挥文化指引作用

财信证券根植于湖湘热土、浸润红色基因，秉承了湖南人"吃得苦、霸得蛮、耐得烦"的独特性格，勇于改革创新，敢于先行先试。几年前，财信证券的发展面临困局，在集团党委的坚强领导下，公司上下万众一心，直面传统体制沉疴，从组织架构、薪酬绩效、人员结构入手，进行了大刀阔斧的三位一体改革，一举减并了近半部门，重塑薪酬绩效体系，顺利撕下了"吃大锅饭"的国企"标签"，以客户为中心，以业绩为衡量，以结果为导向，让"更低成本、更高效率、更可获得"的经营理念深入人心。为进一步凝聚价值共识、统一思想认识、规范行为要求，公司又开展全员文化现状诊断，总结公司文化发展情况，完善文化理念体系，拟定公司员工行为准则，举办职工企业文化节，积极教育引导广大员工树立正确的价值观、利益观、业绩观，在和风沐浴、潜移默化的过程中，切实发挥文化促发展的指引作用。

（二）力争股债双优，打造精品券商品牌

2020年，财信证券相继完成更名、增资两大动作，踏上高质量发展新征程。焕新的"财信"文化也不断激发全体职工干事创业的激情与斗志，从新的起点不断迈向新的高峰。近年来，经纪、投行、资管、自营各项业务增长动能强劲，更擦亮了债券承销业务的金字招牌。近年来，债券承销业务保持稳步增长，在湖南省内承销份额排名近年均位居行业之首，凭借优良的承销业绩和展业能力，公司连续多年跻身国家发改委企业债券主承销商信用评价行业前20位，成为企业债、公司债"双A类"主承销商。在深耕湖南的基础上，持续加大省外市场拓展，开拓投行创新业务，积极开展绿色债券、优质主体企业债、资产证券化和债权融资计划业务，IPO、新三板等股权项目也加快落地、持续推进。下一阶段，公司将立足"股债双优"，以打造"精品券商"为目标不懈努力。

（三）发力"专精特新"，架起中小微企业融资桥梁

中小微企业是社会主义市场经济的重要组成部分，是最具活力的企业群体，却往往被"遗忘"在资本市场的角落，融资难、融资贵成为遏制其发展的重要因素。多年来，财信证券坚持服务中小微企业发展的业务导向，立志成为中小微企业的"伯乐"，支持和引导一批中小微企业通过新三板、区域性股权市场挂牌融资，助推企业规范发展、做大做强，在既挖掘"千里马"、也培育"独角兽"的过程中，储备了丰富的优质企业资源。随着2021年11月15日北京证券交易所鸣锣开市，"专精特新"企业站上风口，财信证券推荐的五新隧装成为首批登陆北交所的企业之一。为进一步服务中小微企业，财信证券专门打造助力"专精特新"企业专家团队，挂牌成立"成长企业融资部"与"成长企业投资交易部"两个部门，加大人才引进、培育力度。未来，财信证券将牢牢把握注册制、北交所等资本市场发展机遇，依托集团14张金融牌照和综合金融服务优势，将服务"专精特新"企业作为战略性投入业务，努力树立服务"专精特新"企业的投行品牌标杆。

三、吹响公益号角，展现国企担当

文化的核心是价值观，社会责任则是价值观的生动实践，为企业文化建设注入灵魂。一直以来，财信证券扎实推进精神文明建设，积极投身公益事业，主动履行社会责任，弘扬向上向善正能量，彰显了国有券商的使命担当。

（一）结对帮扶，为脱贫攻坚献力量

"产业＋金融"，探索"造血式"扶贫新样板。财信证券是最早响应中国证券业协会"一司一县"号召的证券公司之一，公司广泛动员，大力开展精准扶贫与金融帮扶，与湖南省安化、沅陵、安仁、邵阳和汝城5个国家级贫困县进行结对帮扶，遵循因地制宜发展基础、产业引进、资本运作、人才支撑、定向兜底"五个一批"的扶贫发展思路，提出"券商扶贫三步走"方案，创新"党建＋扶贫"实践活动，累计安排扶贫等公益性支出近2 000万元。在2018年中国证券期货业扶贫交流大会上，财信证券荣获"优秀融资扶贫奖""优秀定点扶贫奖"和"最佳产业扶贫项目奖"；2021年，在湖南省全省脱贫攻坚总结表彰大会上，荣获"湖南省脱贫攻坚先进集体"荣誉称号，为湖南省唯一上榜证券公司。

（二）逆行支援，为疫情防控作保障

保障金融服务，共筑疫情防线。面对突如其来的疫情考验，财信证券狠抓疫情防控与复工复产，加大金融支持力度，对冲疫情影响，将支持实体经济恢复发展置于突出位置。2020年3月，公司助力湖南省首单疫情防控公司债券成功发行，发挥金融湘军示范表率作用。全年累计为12家企业发行疫情防控债券14只，融资金额124.7亿元。在疫情暴发初期，财信证券就在集团党委的号召下，迅速参与发起设立湖南省财信公益基金会，并向基金会捐赠1 000余万元用于驰援疫情防控与公益事业；同时，响应湖南省"微光大义 致敬白衣天使"慰问援鄂医生家属公益活动号召，组织职工利用业余时间开展志愿服务，为抗疫一线医护人员家属送去关怀。2020年，财信证券志愿服务队入围"湖南省疫情防控学雷锋志愿服务先进典型"名单，被评选为"最佳志愿服务组织"。

（三）志愿服务，为金融普惠守初心

落实金融为民，深化金融普惠。财信证券大力弘扬志愿服务精神，打造金融普法、投资者教育、反洗钱宣传、金融打非等特色金融志愿服务品牌，在实践中提升干部职工思想认识，强化责任担当，有效增强团队凝聚力和执行力，让公益之火生生不息。在党史学习教育中，公司24个党支部、89家营业部，通过线上、线下多种形式开展"学党史 践初心——金融知识宣传公益行"进企业、进校园、进社区、进农村、进网络的"五进"活动，影响群众6万人次，发放宣传资料6 000余份，线上投放宣传作品962件，月均访问量及点击量超过8万人次，一系列面向群众、走近群众的投资者教育作品广受好评。

站在"十四五"开端，财信证券将继续深入贯彻新时代党的建设总要求，筑就企业精神新高地，为高质量发展蓄力，为服务实体经济赋能，为民生福祉加码，进一步发展并增强证券行业、证券公司的文化特色与文化自信，提升金融竞争软实力。

新时期下证券经营机构高质量发展的路径选择

丁 可*

一、证券经营机构高质量发展的背景

(一) 中国经济转型是证券经营机构高质量发展的重大机遇

"十四五"期间,高质量发展不仅是我国经济社会发展的长期主题,更是资本市场与证券经营机构探索发展的目标。习近平总书记在中共中央政治局第十三次集体学习时指出,"经济是肌体,金融是血脉,两者共生共荣";党的十九大报告中也进一步提出要"增强金融服务实体经济的能力"。这些都昭示着在我国发展进入新时期、新阶段的背景下,金融业需要以崭新的面貌担负起时代赋予的重任。

我国金融市场伴随着中国特色社会主义经济的市场化需求诞生并茁壮成长,资本市场蓬勃发展,构成了我国完整的金融体系,日益成为我国实体经济增长的重要支撑。然而,面对因经济发展速度的加快而纷沓而至、日益丰富的需求,证券经营机构现有的业务种类和服务能力仍有提升空间。传统的金融运作模式渐渐无法适应新时代环境的要求,这对行业来说是巨大的挑战,但同时也意味着巨大的机遇。

(二) 证券经营机构高质量发展仍有较大空间

证券经营机构作为实现资本高效配置的主体,有必要担当起建设多层次资本市场、不断优化融资结构、提高直接融资比重的任务。这就有必要严于律己,不断发展,增强社会对资本市场的信心,为我国建设健全的信用制度提供主体基础,不断完善社会互信体系。

从业务种类来看,一方面,证券公司需要深耕现有股权融资业务,帮助更多优质公司实

---

* 作者简介:丁可,硕士,现任联储证券有限责任公司董事、总经理。曾任山东济南化工厂财务处副处长;天同证券有限责任公司投资银行部副总经理;国联证券股份有限公司投行部总经理、公司副总裁;华英证券有限责任公司总裁、监事会主席、工会主席。原载于《中国证券》2022年第3期。

现在主板的上市融资；另一方面，紧跟国家金融改革的步伐，对新出台的政策方针进行学习和研读，为创业板、新三板、科创板等多元化资本市场提供相应定制化服务。从风险控制来看，随着新业务和新产品的不断诞生，合规风控也需要随之进行框架性完善。证券经营机构应把控实体公司资本杠杆率，要严防在资本扩张的过程中步子迈得太大带来的系统性风险，提高对新业务条线的风险认识度，守好法律和道德底线，实现资本架构健康化发展。从业务重点来看，资本存在逐利避险的天然属性，对于前期回报率较低、风险较大而又急需资金的战略新兴产业而言，证券机构需要进行全生命周期的金融支持。

二、探索特色化道路是证券经营机构高质量发展的方向

随着新经济发展模式的变化，实体经济的商业模式不断变革，证券经营机构作为多层次资本市场建设的参与主体之一亟须重新审视自己的行业定位，围绕新需求、新业态进一步创新改善对接实体企业的服务能力。助力多层次资本市场建设的核心在于拓宽社会资金流向实体经济的渠道，为资金方和企业方提供全程多元化、差异化、特色化的产品和服务。

（一）经纪业务更加聚焦于全口径的财富管理服务

在科技创新不断冲击的大背景下，券商传统经纪业务因佣金率下降、行业竞争同质化严重以及交易量萎缩等原因，面临着巨大的转型压力。随着居民收入的日益增长，财富管理的多元化需求日渐成熟，聚焦于全口径财富管理业务是券商经纪业务转型的重要方向之一。

未来十年，财富管理将会发生巨大变革，将会朝着更加净值化、产品化、机构化、头部化的方向发展。相对头部券商，中小券商的品牌、客户基础薄弱，想要突出重围，转型是大势所趋。中小券商的转型，一是看战略，企业要制定长远的财富管理战略，清楚定位目标与价值主张，并不断对照修正执行中的误差；二是看能力，相对于销售，扎实的优质资产获取能力是基础，货架上的产品符号变得越来越重要，打造不断满足社会需求的多层次、大市场产品才能顺利转型；三是看人才，提供专业的服务需要大量的专业人才，执行是企业的生命力，培养专业的投资顾问并提高团队的协作能力和效率是未来继续扩大财富管理规模、创造企业价值的硬件基础。

（二）投行业务更加聚焦于资本投行的综合发展

资本市场改革开放的持续深化推进将重塑中国资本市场的生态，打破原有的商业模式，倒逼证券经营机构投行业务的创新和突破。未来投行有望成为券商转型升级的突破口，通过综合竞争能力和业务模式两大方面，统筹规划券商内部资源，发挥创新升级的引擎作用，打造基于全产业链、全生命周期的投行业务，聚焦于资本投行的综合性发展。一方面深耕股权投资、兼并收购、保荐承销等投行传统型业务，为企业提供从初创到发展中期再到上市的覆盖全生命周期的服务，为企业提供资金和战略资源的支持；另一方面，通过投行业务增强与客户的服务黏性，提高个性化、差异化的竞争壁垒，为券商财富管理、研究咨询、投资交易等其他服务牵线搭桥，实现资本投行生态圈的综合发展。

从投行的业务本质来看，资本实力是业务上升的重要因素，资本金充足且自有资金灵活能力较强的券商，更有望在激烈的市场竞争中胜出，行业的马太效应或将加剧。然而中小券

商的资本和业务较行业龙头公司有一定的差距，因此探索投行业务特色化、差异化是中小券商的生存之道。以美国相对较为成熟的资本市场为镜，可以看到经济产业转型升级需要资本市场制度的发展和匹配，需要更加充分、高效且多元化的融资。美国的投行市场充分市场化竞争，诞生出各自不同的业务经营模式。我国中小型券商可从区域、行业、渠道等方面入手，专注于子领域的业务开展，实现业务的分化，进而分割市场份额。未来是投行业务质量为先的时代，见微知著，创新先行，聚焦于资本投行的综合发展，才能在变革的浪潮中把握先机。

三、创新发展是证券经营机构高质量发展的新增长极

服务于实体经济是金融的天职，证券业实现高质量发展需以造福社会、回馈实体为宗旨和目标开展业务。在需求端产生巨变的情况下，证券业要时刻保持开放、创新的态度，推陈出新、革故鼎新，以全新的面貌迎接来自实体经济的要求和挑战。

（一）金融科技引领证券经营机构对外高质量服务

随着外部诸如资本市场多层次化发展的不断演进、中小微企业投融资的大力支持、新兴产业转型升级等需求端环境的变化，证券经营机构的创新也被带动起来。同时，证券行业激烈的同业竞争导致券商传统业务已经不足以支撑扩张和营收上升的需求，机构迫切通过创新寻求新业务、新出路。以追逐新的利润增长点为出发点，证券经营机构会更好地匹配市场上实体经济的需求，以此来达到收益最大化的目的。

在证券经营机构的创新过程中，以金融科技为主的方式不仅从基层业务方面升级现有产品、创造新产品、优化现有服务质量、创造新服务方式，更为公司经营战略带来长远的影响。行业内头部券商大力布局，中小券商紧随其后跃跃欲试，行业对金融科技的投入力度日渐增强。中国金融科技的建设亟待传统金融机构的加入，通过金融科技创新重塑行业格局。在金融创新应用的场景、可解决的痛点以及对风控合规的理解方面，证券经营机构有着大量数据和案例的经验积累，具有得天独厚的发展优势。未来金融机构将传统业务与先进的互联网技术结合，通过大数据、云计算、人工智能等技术实现数字化转型，构建和谐、开放、高效、协同共赢的金融创新生态圈，为业务的持续推动发展、客户量与质的升级提高和公司综合服务能力赋能。

（二）信息系统化管理提升证券经营机构对内高质量管理

金融科技不仅可以对外助力券商的业务拓展，通过手机移动端等新渠道增加覆盖的客户范围，对内通过信息化管理也可以对运营、合规、风控等条线业务赋予新生能量，从而提高效率，降低成本。证券经营机构应通过信息建设将公司内部各条线任务线上化、数据化、可视化，并引入人工智能对业务进行补充评估，可大大提高各部门之间的协同效率。近年来，联储证券对信息系统的投入力度和重视力度明显加强，公司战略层面对信息系统建设的重要性和必要性进行了深入的研究讨论，搭建了联储内部完善的 OA 系统平台。运用数字化、自动化、平台化的流程方式推进合规、风控、人力、财务、行政等办公系统的建设，将公司整体架构透明化、可视化、实现目标明确、追责清晰的工作发布系统，大幅提高了业务审批速

度，降低了公司运营风险和管理成本。从国内外成功的证券经营机构发展经验来看，信息系统化和业务的深度结合，是券商信息化建设的必经之路。未来随着证券经营机构对治理和监管合规管理方面的要求不断上升，信息化建设将会进一步深化至全业务各层次的全覆盖，有效提高公司数据化和智能化水平，提高核心竞争力，降低潜在风险。

（三）产学研一体化实现证券经营机构持续高质量发展

随着证券经营机构的稳步发展，行业对于金融专业性人才的需求产生了量变与质变。金融业务的不断深化与细分，对于人才的要求也不断提高，因此需要通过产学研一体等路径培养更多的专业人才，这对证券经营机构的人才培养显得尤为重要。产学研一体化本质上可以使证券经营机构与高等院校、科研机构等基于项目、业务、课题等方式进行长期的合作，达到科技资源与优势的互换互利。

四、厚植公司文化是证券经营机构高质量发展的精神支撑

（一）党建引领文化建设，营造和谐企业氛围

证券公司在厚植企业文化的过程中应进一步强化党的领导与公司治理有机结合，激发工会、社团等组织的活力。充分发挥党组织在文化建设中的重要作用，把文化建设各项工作与公司战略、各部门职能结合起来，进一步夯实"合规、诚信、专业、稳健"的证券行业文化理念。联储证券在文化长效建设的过程中，逐渐摸索出了一条以党组织为领导、社团等其他组织为补充，通过团体性活动拓宽员工之间交流、提升内部向心力的方式。

联储证券党支部严格落实公司党委各项工作部署，围绕党建和业务工作组织了各类有意义的活动。一是抓好学习教育。组织支部全体党员学习《习近平论中国共产党历史》等文件精神，强化理论武装，筑牢思想根基。二是组织参观红色教育基地。支部组织党员、积极分子参观了香山革命纪念馆、中国人民革命军事博物馆，回忆百年征程，坚定入党初心，弘扬红色传统，传承红色基因。通过党性学习培养并加强员工对企业的忠诚度，通过文化教育提高员工在业务开展方面的道德底线；此外共学会、体育社团等组织在各类活动开展的过程中，拉近了员工之间的距离，提高了公司凝聚力，为公司文化建设添光加彩。

（二）融合公司发展战略，推动公司行稳致远

证券行业长期存在着工作节奏较快、公司之间竞争激烈、业绩压力较大等特点。机构在追求业务营收的过程中，易在发展模式和价值取向方面出现偏差性认知，有必要通过文化建设整体进行约束。摒弃"重业绩、轻文化"的老旧思想，强化文化作为业务开展的重要保障地位，重回机构业务的本源初衷。为落实行业文化建设的各项要求，联储证券定期召开文化建设领导小组会议进行工作部署以及重点事项的解读，推动公司文化建设工作有序开展。在不断发展完善的过程中，总结出了在实践中可以扎实有效实施的具体推行方式。

一是要进一步完善制度体系。公司内相关部门要按照《证券行业文化建设十要素》要求进一步完善相关机制制度，并实现宣传、教育、惩戒等文化建设工作的常态化开展，使行业的价值追求、经营理念、行为规范变为一种习惯，促进文化建设向全面、纵深方向发展。二是要发挥先进典型的示范引领作用。相关部门要及时发现并记录身边涌现出的符合行业文

化和公司价值观的正能量案例，以公司 OA、职场、公众号、内刊等平台为载体进行广泛宣传，形成人人争当先进、荣誉创造价值的氛围。三是将文化建设工作与绩效考核紧密衔接。注重有效激励与问责监督相统一，更鲜明地传导行业文化和价值追求，使考核结果具有引导性、示范性。四是做好文化建设各项工作计划的落实。定期总结文化建设开展情况，形成报送机制，促进文化建设工作有序开展。助力提升公司"软实力"和核心竞争力，不断提升员工的获得感和幸福感，进一步助力公司战略落地。

参考文献

[1] 戈俊楠. 金融服务实体经济的路径探究 [J]. 财政与金融，2020（13）：43—44.

[2] 陈云良，孙杨俊. 新《证券法》实施后"看门人"独立性解析 [J]. 江淮论坛，2021（03）：27—32.

[3] 巴曙松. 疫情冲击下中国小微经营者融资困境的形成及其化解 [J]. 人民论坛·学术前沿，2020（05）：2—10.

[4] 王国刚. 金融脱实向虚的内在机理和供给侧结构性改革的深化 [J]. 中国工业经济，2018（07）：7—25.

[5] 邹新阳. 金融人才产学研一体化培养探析 [J]. 金融教育研究，2018（31）：75—80.

回归金融本源，服务实体经济，促进证券公司高质量发展

刘加海*

经过30多年的发展，我国证券行业从无到有，不断繁荣壮大；证券公司从小到大，始终把握资本市场"看门人"、直接融资"服务商"、社会财富"管理者"、资本市场"稳定器"的重要作用。2019年中央经济工作会议提出，资本市场在金融运行中具有牵一发而动全身的作用，要通过深化改革，打造一个规范、透明、开放、有活力、有韧性的资本市场。作为资本市场重要的参与主体，证券公司回归金融本源，服务实体经济，做到高质量发展，不仅是践行党中央和监管部门的要求，更是证券公司稳健发展的初心与使命。

一、新发展格局下，证券公司服务实体经济大有可为

（一）供给侧结构性改革推进，证券公司服务实体经济担当更大使命

推进供给侧结构性改革，是我国综合研判世界经济形势和我国经济发展新常态作出的重大决策，是推动我国经济高质量发展的重要抓手。经济是肌体，金融是血脉，要推动实体经济的供给侧结构性改革，就必须将金融市场投融资结构与实体经济发展结构相匹配，形成良性互动高效的金融与实体经济融通格局，与实体经济共生共荣。

证券公司作为资本市场的重要中介机构，服务实体经济是其与生俱来的功能定位所决定的，其高质量发展又对资金、资产及资本市场的提质增效，对打造金融与经济的共生格局意义深远。资金方面，2018年以来针对整个资管行业的规范化管理，带动了净值化转型背景下财富管理行业的专业化、标准化发展，推动了社会无风险利率的健康下行，并共同激发出居民更加广泛而丰富的财富管理服务需求，为社会资金向实体经济的优化配置奠定基础。资

---

* 作者简介：刘加海，华宝证券股份有限公司党委书记、董事长，"上海领军金才"，拥有二十多年证券从业经验。2007年加入华宝证券，先后担任总经理助理、副总经理、总经理/总裁、董事、首席信息官等职务。原载于《中国证券》2022年第1期。

产方面，围绕实体经济展开的各项资产业务对我国实体经济转型升级起到了关键推动作用；与此同时，投资银行、资产管理等业务的优化发展也进一步促进了直接融资比例的提升以及上市公司的提质增优。资本市场方面，证券公司的高质量发展，有助于多层次资本市场的完善和发展；而多层次资本市场的建设完善也会衍生出投行、融券、做市等各类券商业务。

（二）北京证券交易所成立，拓宽证券公司服务实体经济的渠道

为加大对"专精特新"中小企业的融资支持力度，打造创新型中小企业发展主阵地，2021年9月，第三家全国性证券交易所——北京证券交易所（以下简称"北交所"）宣告成立。北交所定位于服务创新型中小企业，与上海证券交易所、深圳证券交易所错位发展，层层递进，旨在匹配各类企业在各个发展阶段的融资需求，是我国完善多层次资本市场建设的重要举措。对标美国纳斯达克市场，北交所将大大丰富中小企业融资发展的成长路径。

证券公司作为直接连接资本市场的金融机构，经纪业务、投行业务及直投业务将直接受益，尤其是许多中小券商持续耕耘新三板市场，形成差异化竞争优势。北交所的成立，恰为中小券商的弯道超车带来重要契机，努力打造资本市场、资本中介多层次对接服务实体经济的繁荣生态，促进直接融资的占比提升，优化资本市场的融资结构，使服务实体经济的功能属性得以更大发挥。

（三）碳达峰碳中和，酝酿证券公司服务实体经济的新机遇

2020年9月，中国"碳达峰碳中和"的"双碳"目标正式提出，并写入"十四五"规划。"双碳"目标的实现，是一场广泛而深刻的中国经济社会发展系统性变革，经济发展方式转变和经济组织结构、产业结构、能源供给结构的调整都需要资本市场的支持。根据中国金融学会绿色金融专业委员会发布的《碳中和愿景下的绿色金融路线图研究》，碳中和背景下，中国未来30年的绿色低碳投资累计需求将达487万亿元。

现代金融体系作为服务实体经济和市场化配置资源的中枢，是绿色发展低碳转型过程的有力推手，面对百万亿级的资金需求，"双碳"目标的提出为证券公司转型发展、服务实体经济带来了新机遇。证券公司不仅可以通过充分运用金融科技和新型金融工具提升产品创新能力，为我国低碳经济发展"赋能"，还可以在全力服务我国绿色经济发展过程中，提升应对气候相关风险的识别、管理与适应能力，整个金融体系也将更具经济韧性、安全性与可持续性。

（四）净值化转型推进，投资端拓展证券公司服务实体经济的途径

资管新规发布以来，我国资产管理行业的净值化转型在持续推进，监管套利的消失以及刚性兑付的打破，结束了过去资管业务的无序增长模式。近年来，净值化产品的接受度在显著提高，投资者的风险偏好与所投资资产的风险匹配度也在逐步提升。净值化时代，泛资管机构在同一监管框架下同台竞技，财富管理行业的市场化竞争程度显著提升，尤其是产品净值的波动让产品风险识别以及产品的评价与筛选难度提升。在此背景下，财富管理需求不再局限于简单的产品销售，而是不断拓展到资讯、产品评价、组合管理以及财税管理等多元领域，且其专业度和深度要求也有所提升，越来越多的投资者倾向于通过聘用专业的投资顾问或购买专业投资者管理的金融产品来实现保值增值，并同时带动资本市场参与主体的专业化程度提高。

证券公司的投资研究业务相比其他金融机构而言，起步早且经验丰富，助力证券公司成为财富管理行业转型的中坚力量。财富管理的专业化、标准化发展，将引领更充足的长期资金、价值投资资金、需求匹配的资金进入资本市场，在支撑资本市场长远健康发展的同时，为实体经济贡献有效的资本力量。

二、证券公司服务实体经济的思路探讨

（一）产融结合，从战略定位上突出服务实体经济

证券公司要加大服务实体经济力度，需要从战略上突出这一功能定位。因为战略是全局性的，是公司的愿景所在，唯有战略上明确，才能保证在战术上的顺利推进。

以华宝证券为例，华宝证券隶属于中国宝武集团，强大的股东背景与集团资源，成为华宝证券服务实体经济的天然优势。中国宝武作为国有资本投资公司试点企业，是国内产能规模、市场份额、技术创新、盈利能力领先的大型国有钢铁企业，具有丰富优质的上下游企业资源。中国宝武以"一基五元"为战略布局方向，致力于打造以绿色精品智慧的钢铁制造业为基础，新材料产业、智慧服务业、资源环境业、产业园区业、产业金融业等相关产业协同发展的格局。围绕着宝武集团这一发展战略，华宝证券确定了"成为聚焦钢铁生态圈证券服务的特色券商"的愿景，"成为集团资本运作的参谋者，成为行业产融结合业务的引领者"的使命，以及"作为专注于钢铁生态圈的证券服务机构，充分发挥投行、资管、研究咨询等牌照资源，助推中国宝武做强做优做大国有资本"的战略定位。

券商服务实体经济的战略实现，需要依托于一流的金融产品创设与金融服务能力。在供给侧结构性改革驱动下，实体经济的需求呈现多元化、差异化特征，唯有具备一流的产品创设能力，通过优质的金融产品供给，才能满足实体经济的需求，在推动实体经济转型升级过程中发挥更大的作用。此外，产品与服务是紧密联系、相互渗透的，尤其是对于实体企业这类机构客户，其需求往往是个性化、全流程的。这就需要券商打破业务条线分割，具备强大的产品整合、业务整合、资源整合能力，输出一揽子综合化金融服务解决方案。

聚焦钢铁生态圈，华宝证券拟定了四大业务条线，并通过业务间的整合与协同，来实现服务实体经济的战略愿景。即深度参与产融结合工作，打造全过程、一站式的贴身专业化特色投行；立足产业研究及金融产品研究，打造一流的特色研究咨询；以绝对收益产品组合定制为导向，积极布局以资产证券化为主的产融结合业务，以量化基金中的基金（FOF）为特色的公募、私募和特色固收业务，打造集投研、投资、融资于一体的特色资产管理；发挥智能交易优势、探索新型服务模式，打造一账式的特色财富管理。

（二）投行先行，畅通实体经济的投融资渠道

投资银行业务可通过为实体企业提供股权融资、债权融资等各种融资服务以及并购重组等一系列财务顾问服务，畅通实体企业投融资渠道，助推经济转型升级，这是券商服务实体经济的核心业务载体。

除了头部券商打造的全能型投行业务模式外，走产融结合的特色投行路线，将投行业务全面融入实体经济的发展过程之中，为实体企业打造全生命周期服务，是中小券商谋求变局、加大实体经济服务力度的差异化模式。华宝证券在投行业务发展上，就明确了要充分利

用股东资源优势,服务钢铁生态圈内企业的投融资、兼并、收购、混改等资本运作需求,深度参与中国宝武产融结合工作,打造全过程、一站式的贴身专业化特色投行。在债券融资业务方面,致力于服务钢铁生态圈内各企业,提供企业债券、公司债券、可交换债券等多种债权类融资服务,全力推进债转股、创新型资产证券化等融资业务;在股权融资业务方面,利用优势股东资源,公司将持续推动钢铁生态圈内各企业的重大资产重组、IPO、再融资等业务。在财务顾问业务方面,充分利用立足钢铁生态圈的特色资源禀赋,全面提供产融结合相关的财务顾问服务,包括兼并、收购、重组、改制、混合所有制改革、员工持股与股权激励、管理咨询、战略规划等服务,通过全方位的产融结合与投行服务,推动各类金融工具实现企业的全生命周期可持续性发展。

(三)资管业务发力资产证券化盘活存量资产

2018年资管新规落地,针对通道业务、资金池等行业乱象进行治理,但对资产证券化业务在多个方面进行了豁免,体现了对该业务的呵护与鼓励。目前我国地方债务及企业融资高杠杆问题仍未解决,资产证券化有利于盘活"有稳定现金流但缺乏流动性的资产",为中小企业提供更加高效、低成本的融资渠道,同时也是降低实体经济杠杆、化解金融风险的有力工具。对于证券公司来说,资产证券化则是在去通道背景下转型主动管理,发挥券商"全业务链"优势的重要推手。2020年末,券商资管资产支持证券规模达到2.27万亿元,较2019年上升了27.76%。

作为宝武集团旗下唯一的证券公司,华宝证券积极布局以资产证券化为主的产融结合业务,服务集团产业发展。2019年12月27日,由华宝证券作为管理人的中国宝武首单区块链ABS——"华宝证券—欧冶区块链通宝1号资产支持专项计划"成功设立。这是中国宝武及旗下的证券公司和金融科技平台,应用区块链技术,通过上交所将产业链的优质资产数字化、标准化、证券化,首次面向公开市场输出产品和服务模式。这一业务模式对宝武集团节省授信资源、降低资金依存度具有重要意义,同时也使成员单位可结合各类资金的成本和偏好,以市场化手段更为灵活有效地提升供应链管控能力。

当下全球进入低碳发展时代,全球能源正向高效、清洁方向发展。中国"双碳"目标的提出,也成为向全世界做出的一项庄严承诺,彰显了中国绿色发展的决心与信心,而推动"双碳"目标的达成,为券商后续资产证券化业务的发展提供了新的方向,证券公司可以充分发挥专业特色优势,发行各类绿色金融资产证券化产品,用于具有碳减排效益的绿色项目,助力我国碳达峰碳中和目标实现。

(四)研究业务走产融结合的特色行业研究之路

研究业务的价值在于充分挖掘产业价值,帮助企业整合资源,布局行业前沿技术,制订战略发展方案,推动企业转型发展,同时通过打造产业研究专家智库等路径实现产业端与资本端的连接,整合资源让实体经济在发展中找准方向,实现金融助推行业与公司转型升级、价值增长的目标。

近年来,华宝证券依托中国宝武上下游资源优势和多元金融平台优势,极力推动研究业务的转型。有别于传统卖方行业研究以二级市场股票研究为核心的模式,华宝证券研究服务从二级市场延伸至一级市场,围绕国有资本的"融投管退"中的"投—管"提供产业研究支撑，大力发展产融结合的新型投资咨询服务。针对企业投资需求，提供投资前期策划服务、产业投资前景分析、项目并购寻源策划、可行性研究及投资价值分析等。针对公司管理需求，提供战略规划、对标找差等咨询服务，推动企业的提质转型。此外，对于上市公司，围绕"价值创造—价值经营—价值实现"等方面，华宝证券还建立了钢铁生态圈智库平台，旨在加大资本市场与产业、公司间的深度交流，促进上市公司的价值发现。

（五）财富管理业务用科技打造智能交易与普惠金融体系

2021年8月，中央提出了扎实促进共同富裕的战略目标。共同富裕是社会主义的本质要求，是中国式现代化的重要特征。实现共同富裕，需要处理好效率和公平的关系，不仅需要分好蛋糕，还需要做大蛋糕，而财富管理业务的价值正是在于增加居民的财产性收入，实现居民财富的保值增值，是做大蛋糕的重要环节。

华宝证券在发展财富管理业务上，十分突出金融科技的导向，用科技赋能财富管理转型，打造智能交易系统与普惠金融体系。财富管理的拳头产品——"华宝智投"App，秉持"智能交易、简单理财"的理念，重点打造了基于实时行情、实时流式计算引擎的智能条件单交易系统，并不断提升客户体验，升级交互模式。华宝证券还构建了大数据和人工智能（AI）技术体系，打造数智化、场景化的智投机器人产品矩阵，已开发出针对场内外基金定投的定投机器人、策略组合的打债机器人、智能打新机器人、智能套利机器人等。智投机器人从用户开始启动即呈现出智能、便捷的交易场景，有效降低了用户使用门槛和难度，用金融科技推动财富管理转型，赋能长尾客户，打造智能交易与普惠金融体系。

三、提升证券公司服务实体经济能力的配套体系建设

证券公司除了需要在战略上明确产融结合、服务实体经济的导向，战术上厘清服务实体经济主要业务条线的发展思路外，还需要从治理体系、合规风控、金融科技、人才建设等多方面加强配套体系建设，以此形成合力，守正创新，从而更好地践行金融服务实体经济的使命，推动证券公司高质量发展。

（一）强化制度建设，优化治理体系

强化制度建设与制度执行，着力健全公司治理体系，证券公司才能为实体经济提供高质量高效率的服务。一是要夯实制度基础。证券公司应结合自身发展战略，加强内控制度、文化制度、合规制度等基础制度建设，紧跟公司发展脚步不断更新调整，形成规范有效的制度机制。二是要立足于端正经营行为，有效防范风险的出发点。坚持党的全面领导，充分发挥现代公司治理优势，持续优化组织结构，明确公司内部各层级、各业务条线的职责分工，加快建立专业规范的公司治理机制，提升经营管理和内部控制水平，实现公司的健康稳定发展。

（二）坚守合规底线，提升风控能力

坚守合规风控是保证证券业高质量发展的生命线，证券公司应将合规风控放在更加突出的位置。证券公司服务实体经济，发挥证券公司在投行、资管、自营与研究等方面的价值与作用，为实体企业提供合规、合法、稳健的金融服务与工具手段，并将多样化的合规风控手

段用于实体企业与证券公司的风险监控,做到事前、事中和事后的全面管理,主动出击,以此应对内外部多变的环境与局势。

具体来看,在合规管理方面,证券公司应严守合规要求,规范经营行为,构建完善的合规制度和系统,通过开展合规培训、合规检查等方式强化全员合规意识,使合规理念贯穿各业务环节,逐步实现合规管理全覆盖,为证券业持续、规范、健康发展保驾护航。在风险管理方面,应持续提升驾驭风险的能力,构建全方位的风控管理体系,强化风险预防、应对、处置制度体系建设,有效防范化解金融风险,特别是防止系统性金融风险发生,坚决打好防范化解包括金融风险在内的重大风险攻坚战。

(三) 金融科技赋能,提升服务效率与专业水平

积极拥抱金融科技,借助科技手段提高服务实体经济的效率和能力。当前数字经济快速发展,金融科技凭借其巨大数据体量沉淀和先进技术优势,已向证券公司各业务线全线渗透,深入日常经营管理的各个方面,重塑证券业竞争格局。证券公司应深化金融科技赋能,依托大数据、人工智能、区块链、云计算等先进技术,促进科技与业务的融合,推动业务线上化、数据化、智能化,提升证券公司经纪、财富管理、投资银行等业务的运营及管理效率,完善合规管理、风险控制,为实体经济发展持续提供优质高效的金融服务。

(四) 聚焦服务实体经济,加强人才队伍建设

更好地服务实体经济,走高质量发展之路,必须重视人才培养。证券公司应以专业化、高素质化、国际化为目标,培养人才、重用人才、留住人才,建设专业人才队伍。一是要不断优化完善人才培养模式。聚焦服务实体经济,有针对性地进行深度培训,培养具有较强创新能力和适应金融新形势的中高端复合型人才。二是要面向国际。随着我国证券市场的国际化进程加快,必须培养和引进一批专业的国际化人才,学习和研究国外金融市场,发展我国证券市场。三是要完善激励约束机制。设计合理、有吸引力的薪酬体系,持续打造高质量人才队伍,以优秀的人才梯队提升证券公司服务实体经济的能力。

总之,在中国经济转型全面推进、多层次资本市场体系建设不断完善的新发展格局下,证券公司要主动承担起责任与使命,准确把握高质量发展的本质与内涵,牢牢把握新的发展机遇,以为实体经济服务、满足经济社会发展和人民群众需要为宗旨。华宝证券也将不断探索与实践服务实体经济、回报实体产业、实现高质量发展的自身道路,与中国资本市场、中国经济共成长!

参考文献

[1] 厦门证券研究所课题组. 五大功能的重构与再造:证券市场服务实体经济论 [J]. 福建金融,2014 (06):17—22.

[2] 辜胜阻,庄芹芹,曹誉波. 构建服务实体经济多层次资本市场的路径选择 [J]. 管理世界,2016 (04):1—9.

[3] 孙榕. 与中国经济比翼齐飞——中国人民大学财政金融学院副院长赵锡军谈资本市场构建与发展 [J]. 中国金融家,2019 (10):59—60.

提升细分领域专业能力
构建公司差异化、特色化发展新格局

董　祥*

党的十八大以来，以习近平同志为核心的党中央高度重视资本市场发展，并多次针对资本市场发展作出重要批示，为其发展指明方向，资本市场也在系列改革中迎来最好的发展时期。置身于资本市场改革浪潮中的证券公司，也是竭尽所能，努力实现服务实体经济与自身发展的共赢。在此过程中，监管机构鼓励引导行业差异化、特色化发展，旨在形成综合实力强劲的大型证券公司与在区域市场、细分市场具有竞争优势的中小型证券公司共存的良性生态。

一、中小券商特色化、差异化发展的契机已经到来

（一）经营承压，倒逼差异化

根据中国证券业协会统计，2021 年全行业 140 家证券公司实现营业收入 4 967.95 亿元，同比增长 12.96%；实现净利润 2 218.77 亿元，同比增长 29.92%。截至 2021 年末，证券行业总资产为 10.53 万亿元，净资产为 2.51 万亿元，较上年末分别增加 20.0% 和 12.5%；行业平均净资产收益率为 9.23%，同比提升 1.4 个百分点。与此同时，头部券商的市场地位继续巩固，2021 年，营收前 10 位的上市券商集中度由 2020 年同期的 45.56% 升至 48.26%，净利润出现一定程度下降，由 2020 年同期的 62.88% 降至 57.85%，但头部券商仍占据较大市场份额。龙头券商凭借强大的综合实力继续发挥"挤占效应"，倒逼中小券商寻求特色化发展路径。

---

* 作者简介：董祥，企业管理专业硕士，高级经济师。现任大同证券有限责任公司党委书记、董事长，大证保险经纪股份有限公司董事长，山西省工商联（总商会）副会长，山西省投资基金业协会会长，中国证券业协会证券经纪与财富管理专业委员会副主任委员，山西大学管理学院教授、硕士生导师，大同市人大代表。原载于《中国证券》2022 年第 8 期。

(二）政策发力，引导差异化

1. 监管鼓励行业差异化发展

中国证监会优化证券公司分类监管制度，促进证券公司增强风险管理能力，引导证券行业差异化、特色化发展，主席易会满明确提出："各证券公司要根据自己的比较优势，提升细分领域的专业能力，走出一条精品化、专业化的发展道路，形成差异化、特色化发展的行业格局。"相关监管机构也在推动行业高质量发展中提出推动中小券商差异化、专业化、特色化发展，结合自身专业优势服务所在区域的特色化需求，在特定行业、一定区域内精耕细作，在"特色、强项、专长、精品"方面多下功夫。

2. 监管"零容忍"推动行业差异化竞争

2019年初，中国证监会在机构监管工作会议上明确，未来要进一步加大监管执法力度，促进形成主动合规、自我约束的行业生态。强化风险管控趋势渐严，合规运营将成为各家券商关注的重点。2020年以来，违法与违规查处更加细化，风险管控范围不断扩大，其中既有对投行项目信息披露不力、资管产品内控失效、从业人员代客操作等老风险问题的强势问责，也有对科创板打新弃购、研报审慎性不足等新风险事件的全面查处。

2022年，监管"零容忍"的手段更加丰富，监管机构协同多单位共同建立健全工作机制，形成行政、民事、刑事的多维度、立体式追责体系，把防止资本野蛮无序扩张、严格落实投资者保护、规范完善上市公司治理等落到实处，促进证券行业的专业化、差异化、精品化竞争见到实效。监管"零容忍"的措施也更加细化。《刑法修正案（十一）》与新修订《证券法》的出台，《关于依法从严打击证券违法活动的意见》的发布上升至中办、国办联合印发的高度，监管规则密集高频出台，一系列监管细则落地，标志着资本市场法律与制度体系"四梁八柱"基本建成。从欺诈发行到伪市值管理，从投资者保护到上市公司治理，无论是监管的范围还是监管的方式，监管趋严、容忍度降低，必然会推动行业不断向专业化领域深耕，尤其是中小券商更加注重锻造细分领域的核心竞争力，在符合自身资源禀赋的领域走出专业化、特色化之路，这也是证券行业高质量发展的内在要义。

3. 监管更重视市场化作用，为行业差异化打开空间

在全面深化改革的关键推进年，在"建制度、不干预、零容忍"的监管态势下，资本市场闯出了一条更精准、更具体、更透明的监管新路子。资本市场监管在简政放权中更尊重市场各方诉求，清理不适应改革发展需要的法律规章和规范性文件；在注册制改革中更强调中介机构是否勤勉尽责；在向投资者提供服务和产品销售中提出"卖者尽责、买者自负"的核心原则，这也是金融市场市场化改革的关键。监管的思路更加重视厘清各参与方的职责及责任边界，以完善的制度保障行业始终运行在健康的轨道上，还市场以活力，让市场在资源配置中发挥决定性作用。这为证券公司各尽所能、各从其志，为实现专业化、差异化发展提供了更广阔的空间。

二、特色化发展基因助力企业高质量发展

大同证券成立于1988年，是中国证券史上最早成立的证券公司之一。大同证券的发展是中国中小券商的缩影，见证了中国证券行业的发展史，也映射了券商的差异化发展之路。

(一) 特色化基因之文化基因

大同证券的文化是发展型文化。大同证券在行业的不同发展阶段，不断确立和优化适合自身实际的特色化发展战略，并稳步推进。公司文化是在不同时代背景下，经过全公司自上而下和自下而上的结合，在实践中提炼总结，形成了全员认同并执行的价值观和行为规范，且不断迭代升级。

在早期，大同证券就提出了"诚信立业、稳健经营、规范发展、求实创新"的企业宗旨及"有所为，有所不为，一切与资源相匹配"的经营理念等，成为引导公司发展的企业文化基石；在2010年，对30多年发展历程中形成的企业文化精髓进行了系统性的提炼和总结，并形成了涵盖企业愿景、企业使命、企业宗旨、企业定位、企业核心价值观、企业经营价值观（生存理念、经营理念、服务理念、人才理念、管理理念等）、企业精神、企业作风等的企业文化体系；2015年根据行业发展环境和自身业务链条的延伸，对企业定位进行了及时调整；2020年对企业文化内容进行了重新梳理、审视和优化，并重新定义了新形势下公司的企业使命、企业愿景和企业价值观等，使其更具引导性和指导性。在几次对企业文化内涵不断丰富、完善、优化的过程中，始终围绕公司"差异化、特色化"的发展方向。

(二) 特色化基因之战略基因

在公司成立以来所经历的几个重要发展时期，大同证券均确立了与之相匹配的发展战略，并稳步实施。在扭转危局的创业期（1995—1999年），大同证券结合早期全牌照发展中的优劣势，在第一部《证券法》发布时，主动定位于经纪类券商，作出"做精做好经纪业务"的战略选择；在苦其心志的磨炼期（2000—2005年），公司聚焦经纪业务，确立了"大力推广场外交易，走低成本集约化发展之路，缩减营业机构面积，实现营业机构非现场转型"的战略方向，确保企业顺利渡过了证券行业综合治理阶段，并在连续熊市下仍然实现持续盈利，奠定了后期发展基础；在厚积薄发的成长期（2006—2011年），公司进一步明确"立足经纪业务，走特色化发展之路"的战略定位，实施了包括营销战略、服务战略、新业务发展战略、人力资源战略和企业文化战略在内的五大细分战略，抢占先机，合理进行了网点扩张，企业步入了快速增长的黄金时期；在艰辛探索的转型期（2012年至今），公司主动进行传统经纪业务向财富管理转型，2013年公司成立财富管理中心，提出了打造超强销售能力和发力互联网金融业务，经过多年深耕，目前，公司代销金融产品收入和公募基金保有量均取得佳绩。2020年，提出了"特色化财富管理券商"与"精品型金融服务平台"的双轮驱动业务战略，并揭开了企业二次创业的新篇章。

(三) 特色化基因之生存基因

在33年的发展历程中，大同证券之所以能够成功规避证券行业的多次重大危机、平稳度过证券市场的历次转折时期，与公司一直秉承的"不比别人活得好 要比别人活得长""生存第一 坚守底线 不触红线 拥抱市场"的生存理念是密不可分的。其中在行业三年综合治理前后，公司坚守诚信经营的企业宗旨，筑牢底线、稳扎稳打，坚决杜绝代客理财、委托理财，主动摒弃当时看似盈利模式不错、实则隐藏巨大风险的违规理财业务，避免风险事件发生；2008年，公司根据自身资源禀赋决定进驻大券商不看好的二、三线城市，取得了新设网点一年内实现盈利的成绩；2012 年以来，公司逐步取得金融业务全牌照，围绕"资源共享化、公司平台化、客户价值最大化"的"新三化"经营思路，实现了整体营销和服务模式的转变，深化了条线化管理模式的改革，推动了超强销售能力的打造，使公司收入结构得以优化。

（四）特色化基因之风控基因

作为探索成功发展模式的中小券商和混合所有制券商的代表，大同证券历经行业由弱竞争到高度竞争、再到竞合博弈加剧的全过程而顽强地走到今天，主要得益于日臻完善的风险管理体系。其中在组织架构上，依据监管要求，在股东会、董事会、经营管理层等各层级，以及业务条线、职能部门、内控条线等各条线建立健全了对应的合规与风险管理体系，并将投行、投资等部分重点业务的质量控制、信用风险管理职能部门与业务条线分离设置，提升了合规与风险管理的独立性与有效性。在制度体系上，建立了以合规管理制度与全面风险管理制度为主体，囊括各项业务、各类风险、业务各主要环节、事前识别防范、事中监测报告、事后应对处置的合规与风险管理制度体系。在信息系统建设方面，搭建了全面风险管理、反洗钱管理、信息隔离等合规与风险管理系统。

三、探索差异化发展打造相对竞争优势

大同证券作为一家混合所有制券商，与大券商相比在资本实力方面存在天然短板，所以聚焦轻资本业务，以轻资本业务为导向探索差异化、特色化的发展路径仍然是公司主要发展方向。轻资本业务的转型方向也适合中小券商。根据中国证券业协会数据统计：2021 年，分别有 2 家、4 家、1 家、2 家中小证券公司位列代销金融产品业务、投资咨询业务、资管业务及投行业务净收入排名前 10 位。如何实现自身业务破局？2020 年初，大同证券就结合市场及公司情况，对企业文化及公司战略进行了系统性思考，最终围绕轻资本业务发展提出"特色化财富管理券商与精品型金融服务平台"的双轮驱动业务战略。

（一）特色财富管理券商

大同证券提出"线上渠道化、线下高净值化"为特色化财富管理业务发展方向。即以客户为中心，构建交易与产品的双支柱根基，创新线上获客及服务模式，构建多维产品供给和服务体系，协同综合金融服务平台，实现全公司业务的互通互联，为客户提供真正的全金融产品线服务和全周期的财富管理。

1. 线上渠道化

重视客户资产，一直是券商开拓零售业务的重点，而拓展有效户、扩大客户资产规模，最重要的是进行渠道建设。随着移动互联网技术在行业中的普遍运用，行业出现的新变化非常值得我们关注，并去思考背后隐含的深义。过去两年公司新开证券账户的客户基本来自线上，且新增客户多集中在 40 岁以下，有效户率占比逐年上升。传统渠道和获客方式已经不能适应市场发展，客户流量已大规模向互联网渠道迁移，而这一点不以我们的认知、意愿和喜好为转移。公司通过不断优化完善自身的开户系统、应用软件、与互联网公司合作等措施，探索构建以高度专业化的线上服务能力为核心的运营平台，将公司营销和服务渠道战略

性地向线上转移。

2. 线下高净值化

随着线下获客成本不断提升及佣金费率不断下滑，证券公司的普通客户拓展和服务进入了瓶颈期。在这种情况下，公司线下业务转向以高净值客户为主要发展目标，利用线下可以进行个性化、定制化的一对一交流服务的特点，力争"以质取胜"，实现"线下高净值化"。

具体而言，围绕高净值客户群体，通过数字券商服务维度、产品维度以及综合金融平台服务维度打造三维服务体系，实现"1+N"的服务模式（1个理财经理+N个全公司范围内的专业人员）。为确保切实解决客户真实投资需求，设计了三级管理服务架构（见表1），确保公司既能够主动通过对市场的研究了解市场风向变化，又能够通过一线理财经理了解到客户的真实需求并反馈，保证公司能够及时、准确地制定并调整战略、战术，确保公司始终在为客户提供专业化服务方面专精勤思、不断精进。

表1 大同证券线下高净值化三级管理服务架构

营业机构	公司财富管理中心	财富管理业务委员会
业务一线，直接对接客户，根据公司制定的战略战术服务客户，了解客户需求、反馈客户需求、满足客户需求	业务中台，服务和赋能一线营业机构和理财经理，是总体策划、文案、美工、业绩追踪、考核的直接管理机构，并根据公司战略制定大的战术	综合行业发展变化和公司的实际情况，在充分的数据分析下明确大业务的发展方向，制定战略

（二）精品型金融服务平台

随着证券市场的发展，证券公司原有的业务模式与产品已经难以满足投资者日益多元化的需求，需围绕客户需求，构建综合金融服务方案供应商体系。通过深入思考和总结，公司明确了以"大投行体系"为核心的业务架构，研究、财富管理、资产管理、自营等全业务线互为支持、全面协同共进的精品型金融服务平台发展战略，真正将证券公司全牌照业务体系化、平台化，最终实现客户服务价值的最大化。

四、完善配套机制形成高质量发展新格局

（一）有效发挥党建引领作用

大同证券始终把加强党建作为公司固根铸魂、长远发展的起始点和总抓手，以党建统领发展大局，近些年来，公司党委不断加强自身建设和基层党组织建设，党建质量不断提升。在新的发展阶段，公司党委将继续坚持以习近平新时代中国特色社会主义思想为指引，紧紧围绕公司双轮驱动业务战略发展推进；以高质量党建引领公司高质量发展，进一步有效发挥党建工作在贯通战略协同方面的重要作用；以强化协同机制和管理能力建设为主线，坚持突出重点，统筹推进，自上而下构建全公司的战略协同机制。同时不断加强和改进公司党委对群团工作的领导，发挥党领导下的工会等组织的桥梁和纽带作用，密切党群、干群关系，不断提升党组织的号召力和凝聚力，形成推动公司高质量发展的重要力量。

（二）围绕业务战略调整组织架构

在打造特色化财富管理券商方面，围绕"线上渠道化"的战略定位，公司设立互联网

金融业务委员会,对互联网金融业务发展方向进行明确并细分,调整工作机制,聚焦杭州等互联网前沿阵地;围绕"线下高净值化"的战略定位,公司设立财富管理业务委员会,构建公司财富管理中心、金融产品中心为战略践行主体的组织架构,按照"散户产品化、客户机构化、机构杠杆化"的方针部署工作。在打造精品型综合金融业务平台方面,将资管业务管理部门落地上海市,投行业务自营业务主管部门落地北京市,并强化内部协同,确保综合金融业务平台始终处在市场前沿。

(三) 围绕业务战略制定人才战略

在队伍建设上,主要采用"招、找、派"相结合的方式搭建队伍。普通员工以校招研究生为主要方式;业务领军人物以市场化遴选为主要方式;管理干部以公司内外结合选拔为主要方式。在干部选拔上,坚持"数字说话 结果证明 业绩导向"的经营理念,以德为先,具备追求卓越的基因;以能为要,能者上、庸者下,赛马不相马。在人才培养上,坚持以"轮岗历练"为主要培养方式,加强横向、纵向交流,通过基础运营部门向专业运营部门递进、专业研究部门向业务实践部门递进、职能部门与业务部门之间(总部和机构)互动等多种方式强化组织力量。在绩效管理上,将在业务战略重点部署领域给予政策性倾斜,采用差别化的薪酬机制,充分发挥公司的灵活性。

(四) 围绕业务战略重构考核激励

在考核激励方面,秉承"以客户为中心"理念,更加重视客户资产的保值、增值,并将其作为KPI(关键业绩指标)的重要考核指标。在考核策略方面,一是固本培元,传统经纪业务是财富管理转型的基础,通过考核激励的引导作用确保该业务稳定发展;二是先立后破、资源聚焦,在确保经纪业务稳步发展的前提下,聚焦资源全力实现客户财富保值、增值,获取增值服务收益,形成公司第二增长曲线。

(五) 围绕业务战略强化合规风控

大同证券在制定双轮驱动的业务战略时,首先考虑的就是合规与风控体系的建设,并将其贯穿于业务发展的各个环节中。具体来说,在组织架构上,为了匹配双轮驱动战略,着重做好重点发展业务的合规风控工作,公司除依据监管要求搭建了上至董事会下至业务部门的合规风控组织架构外,明确各自合规风控职责,还结合自身业务特征与管理需要,形成了具有特色的合规风控管理模式。在工作组织形式上,针对某项业务的合规风控工作,灵活采取新业务风险评估、项目集中攻关等方式,快速识别风险、快速搭建有效的合规风控管理体系。例如,为了进一步提升投资顾问业务的合规性,公司针对性地成立了专门的合规管理小组,更加注重合规管理对业务的前置管控,同时不断完善事中的各项管控举措,加强事后的监管和督导,不断提升风险管控的针对性和有效性。

现阶段,大同证券"特色化财富管理券商与精品型金融服务平台"双轮驱动的业务战略通过政策保障、组织安排、资源协调保障工作落实,构建了全方位管理的新机制。未来将坚持合规经营理念,注重各类风险管控,实现业务发展与风险防控的动态平衡,在细分领域更加专业化、特色化,实现公司高质量发展。

立足新起点，瑞信助力中国资本市场高质量发展新征程

胡知鸷*

中国正进入以高质量增长和宏观经济持续转型为特征的崭新发展阶段，与之配套的金融体系应运而生。从经济总量看，中国已成为仅次于美国的全球第二大经济体。从财富规模看，根据瑞信发布的《2021年全球财富报告》，中国居民部门2020年底持有的财富总量已达约75万亿美元。巨大的中国市场，对瑞信的重要性不言而喻。

一、后疫情时代，中国经济逆势迎来强劲复苏，金融改革助力高质量发展

2020年以来，新冠疫情肆虐全球，给全球经济带来了巨大冲击。受卫生、防疫等客观条件制约，诸多新兴市场国家更是面对疫情持续承压的严峻局面。面对错综复杂的国内外环境，中国顶住了各方面的压力。中国经济强劲复苏，经济增长、就业、物价、国际收支四大宏观经济指标表现均好于预期。2021年，中国GDP同比增长8.1%，GDP总量达114.4万亿元人民币，人均GDP达12 551美元。

中国经济的强劲复苏，为加快推进国内金融改革、提升国内资本市场质量、推动资源向优质企业集中、让投资者充分享受改革红利等创造了理想条件。上交所面向硬科技企业推出科创板；深交所面向成长型创新创业企业推出创业板注册制；北交所设立，从而更好地服务创新型中小企业；港交所在上市规则中新增三个章节，以吸引采用不同投票权架构的公司、生物技术公司以及二次上市公司赴港上市。

上市流程的简化有效激发了一、二级市场活力，长期资金持续进入中国资本市场。居民资金及外资资金构成了中国资本市场重要的资金来源。

---

* 作者简介：胡知鸷，现任瑞信证券（中国）有限公司董事长，瑞信中国区首席执行官。原载于《中国证券》2022年第2期。

在居民资金方面，随着中国居民财富的增长，中国家庭越来越多地直接或者通过公募基金等形式间接参与到资本市场投资中。根据中国人民银行发布的《2019年中国城镇居民家庭资产负债情况调查》，中国家庭财富仍主要以房地产形式存在。在接受调查的家庭中，房地产投资占家庭财富的比例为59.1%，金融资产投资占家庭财富的比例仅为20.4%。未来，随着房地产宏观调控政策的有效落地，预期房地产投资占中国家庭财富的比重将逐渐降低，金融资产投资占中国家庭财富的比重有很大的提升空间。

在外资资金方面，随着中国经济的强劲复苏、资本市场的扩大开放及投资环境的不断优化，外资资金持续进入中国市场。外资是扩大中国资本市场规模、促进中国资本市场健康发展的重要驱动力。沪深港通机制为投资者在离岸市场与在岸市场之间提供了便利的交易通道。北向交易量占A股总成交量的比重，从2015年的不到0.6%扩大到2021年的约10%；南向交易量占港股总成交量的比重，从2015年的约3%扩大到2021年的约13.7%。互联互通机制建立后，两岸股票市场交易活跃度明显提升。随着MSCI和FTSE等国际指数进一步提高中国市场所占权重，预期外资在A股市场中的占比还将继续增长。

值得注意的是，无论是在居民资金领域，还是在外资资金领域，中国资本市场由散户化向机构化转变的大趋势已经完全确立。虽然散户仍占A股市场的很大份额，但自2017年以来，散户占比已在稳步下降。目前，机构投资者的成交占比已超过30%，这是10年前所难以想象的。这一切都显示出中国资本市场向机构化方向发展的大趋势。这也就要求包括瑞信在内的各市场参与主体在软硬件方面应做好充分的准备。无论是居民资金，还是外资资金，均需要金融机构提供成熟的产品组合及专业化的服务，从而有效地满足投资者的投资需求。

二、瑞信历程：在华六十余年峥嵘岁月，助力中国企业发展

瑞信是全球历史最悠久、业务最领先的综合性银行之一，融合了瑞士信贷在银行业务领域超过160年的悠久传统和第一波士顿在投行业务领域超过70年的历史传承。1955年，瑞信在新中国建立之初，即开始与中国合作机构和客户开展直接业务往来。1985年，瑞信在华正式成立代表处。随着改革开放的持续深入，瑞信在中国的业务发展迅速，产品业务线逐渐完善，协助中国政府首次落地以美元发行全球债券，并参与了诸多可转换债券和股票发行，还成为较早参与中国人寿保险业务的外国金融机构之一。2008年，瑞信在北京成立了中外合资证券公司，从事境内投资银行业务。2020年，在境内资本市场深化对外开放的大背景下，瑞信通过增资形式，进一步取得合资证券公司的控股权，并更名为瑞信证券（中国）有限公司。2021年，瑞信证券在原有投资银行业务的基础上，新增证券经纪、自营、投资咨询三项境内业务牌照。中国是瑞信在亚太区乃至全球战略的重中之重，瑞信将继续潜心构筑中国平台，为境内客户提供更全面的产品和服务，全面提升公司的市场竞争力。

一直以来，瑞信致力于在中国深化改革开放的进程中发挥积极作用，与政府部门和监管机构密切合作，大力发展在华业务，紧贴中国市场需求，打造安全可靠的创新业务平台。瑞信积极协助众多中国企业通过不同产品形式登陆境内外资本市场，从金融角度助力中国企业发展。

三、瑞信优势：聚焦客户需求，提供全方位金融解决方案

瑞信在亚太区建立了强大的综合业务平台，依托全球领先的投资银行、私人银行和资产管理业务，聚焦客户需求，根据客户所处的不同发展阶段，提供包括融资、并购、战略咨询、投资、财富传承等横跨多业务部门的全方位金融解决方案。在服务客户的过程中，瑞信不仅持续提升了自身的服务能力，而且通过积累众多成功的服务案例，在企业家群体中夯实了瑞信品牌的口碑。

瑞信的综合银行业务模式是重要的竞争优势。瑞信将投资银行、私人银行和资产管理等业务专长集合起来，本着以客为本的精神，为企业客户、企业家客户和机构投资者客户等多类型客户群体，提供整体全面的金融方案及量身定制的顾问服务。展望未来，瑞信将更充分地利用全球领先的财富管理业务优势和强大的投资银行业务实力，更好地为中国客户提供支持，协助客户把握市场机遇。

四、瑞信财富管理及研究业务：整合内外部资源，把握新时代财富机遇

财富管理及研究业务是瑞信的传统优势业务领域。瑞信卓越的品牌形象和深厚的专业能力，成功吸引了众多目标客户。随着中国成为全球财富增长的主要来源，财富管理及研究业务将在中国获得蓬勃发展。

国际财富管理中心建设计划是北京及其副中心金融建设的重要组成部分。瑞信将凭借自身业务优势，积极参与相关财富管理业务的建设与推动，为客户提供更全面的金融解决方案和投资建议。同时，瑞信也将与相关机构共同聚焦全球和中国财富管理行业的最新趋势，探讨在当前充满不确定性的全球经济大环境下，如何抓住金融开放的新机遇，形成差异化竞争优势。

瑞信与中国工商银行共同设立了工银瑞信基金，其已成为中国最大的资产管理公司之一。这让瑞信得以更深入地了解中国投资者的需求，并进而提供更切合需求的服务。叠加瑞信一贯具有优势的市场研究能力，瑞信得以整合众多内外部资源，通过综合性的金融服务平台，为境内外广大投资者提供更高效便利的投资渠道。

在研究服务方面，瑞信有着诸多自主品牌和见解，Cai、QSS、HOLTESG等都是瑞信的研究品牌。瑞信希望把这些产品和理念引入中国金融市场，服务境内广大的投资者群体。

瑞信亦是行业内推行数字化创新的先驱者之一。行业领先的数字化技术，让客户可以通过数字化方式，随时随地与瑞信取得联系，从而为客户提供个性化的建议，更好地衡量投资组合的绩效并规管风险。在新冠肺炎疫情期间，瑞信为客户提供的数字化解决方案发挥了突出的重要作用。

五、瑞信投资银行业务：发挥海内外资源优势，挖掘助力优质企业

投资银行业务是瑞信的另一传统优势业务领域。近年来，瑞信不断夯实投资银行业务实力。根据Dealogic统计，瑞信在2020年度位居全球IPO承销排行榜第一名。随着上交所科

创板设立、深交所创业板注册制推行及北交所设立等改革措施落地，瑞信将积极为企业客户提供上市融资服务，并借助海外资源，引入海外优质标的，提供并购业务机会。瑞信聚焦新经济业务，充分利用在科技、消费、医药等行业领域的优势及服务创新型企业的经验，挖掘优质企业，特别是具有全球化策略的中小企业，将其发展成为瑞信的客户，通过全方位的金融服务，助力企业不断成长。

六、进一步发展亚太区市场，巩固瑞信作为企业家银行的定位

为进一步推动亚太区业务的快速发展，瑞信将持续加大对亚太区业务的资本投入，在中国市场发展具有领先优势的客户业务，强化综合客户服务模式。

瑞信在中国的工作重心会放在如何更好地参与中国金融改革，加强瑞信在中国本地业务水平的不断提升，为瑞信培训本地人才，鼓励本地人才内部晋升，使他们成为扎根中国且具有国际视野的新一代国际金融专家。可持续金融是中国乃至全球最关注的问题之一，瑞信在其中能扮演什么样的角色，也是需要持续深入思考的重要话题。瑞信作为世界性的金融机构，在社会发展中有着不可推卸的责任。瑞信希望与监管机构、企业家客户、大型机构投资者及海外基金一起，打造一个各行各业参与、具有可持续性发展战略的金融生态系统。

瑞信始终坚持以客户为本，"创新"是这一价值观的最佳体现。随着宏观政策、技术革新、经济与人口结构、企业与个人发展的不断变化，客户需求和偏好也在相应发生持续的变化。创新的意义，在于满足客户过去未被充分满足的需求以及不断涌现的新需求。瑞信充分认识境内市场所处的发展阶段，完全尊重本土市场长期以来形成的客户偏好和行业实践，并着力找准当前尚未被充分满足的客户需求，从而根据瑞信自身的战略和目标客户群定位，选择合适的经营方式。

与此同时，瑞信将会匹配相应的资源投入，建立合适的组织架构、制度流程和信息系统，招聘优秀的本土人才，打造有竞争力的产品服务体系。在推进各项工作的过程中，可能会遇到各种各样的挑战，但不会害怕或者回避问题，而是会拿出韧性，逐一解决问题。

从事在岸业务时，外资金融机构应该摒弃离岸思想，不能以离岸的心态上岸，而应该适应当地的价值主张。因此，这需要研究如何使自己与众不同。只有以在岸的心态融入中国这个极具特色的市场中，因地制宜地发展各项在华业务，才能取得突破。瑞信已经做好了这样的准备。

展望更广阔的业务前景，瑞信将继续以提供强而有力的在岸策略为首要任务，通过扩大服务范围及专业团队等方式，开发崭新技术和多元产品，持续推动业绩增长，巩固瑞信作为企业家银行的定位及在金融行业的领导地位。

七、女企业家精神，凸显瑞信多元包容的价值观

作为瑞信中国区首位女性首席执行官（CEO），笔者很荣幸可以带领一支优秀的团队推进瑞信的中国区业务发展和战略布局，并紧密把握中国市场的诸多机遇。作为首都女金融家协会的副会长，笔者也深深感受到：在金融业，女性领导者历来都是少数群体，唯有以更扎实努力的工作和靓丽的业绩，才能为实现女性在金融市场的地位突破作出贡献。同时，也希

望金融行业涌现出越来越多的女性精英，更多有理想、有抱负、有能力的女性能加入瑞信，参与并见证瑞信在中国的成长。

瑞信坚持多元包容的价值观，让每个独立个体的潜力能够得到充分发挥。多元化的员工队伍增强了瑞信的创新能力，拓宽了瑞信的专业知识，提升了瑞信的网络影响力。包容和开放的企业文化让瑞信能为客户提供最前沿的理念、产品和服务，是企业发展的重要动力。

八、把握时代机遇，瑞信对未来发展充满信心

瑞信对未来的成功充满信心。近年来，中国金融系统在防范化解金融风险方面做出了坚持不懈的努力，高风险金融机构和重点领域风险得到有序处置，监管规制逐步完善，监管环境更加友好，对外开放持续深化。对于像瑞信这样的国际性金融机构来说，竞争环境变得越来越好。这些都是有信心实现"十四五"规划金融大发展的重要基石。务实地认识问题、解决问题，从而创造良好的发展条件，是实现中国未来金融发展的信心基础。

在资本市场层面，"十四五"规划对金融领域的发展作出深入部署，发展多层次资本市场，更好地发挥直接融资的作用，多渠道为企业解决融资需求。瑞信作为一家以服务企业家客户为核心的国际性金融机构，一直致力于向全球企业客户、机构客户及私人客户提供综合性金融服务，为各类客户提供切合自身实际的解决方案。未来，瑞信会继续在满足区域差异化的条件下，将这些经验移植到中国。

"十四五"规划中，着重强调了关于畅通国内大循环和促进国内国际双循环的重要思想。这不仅是对中国国内职能部门和经营单位的要求，也是像瑞信这样致力于借助强大且不断成长的中国市场实现互利共赢的外资金融机构的共同目标。瑞信有信心、有能力在"双循环"的大背景下，为中国资本市场深化对外开放服务，深入扎根建设中国资本市场。

瑞信未来的发展将和中国的强大紧紧联系在一起，瑞信将响应北京建设国家金融管理中心的号召，继续拓展瑞信在华业务的宽度，做大做强在中国各项业务的深度，充分把握时代所赋予我们的前所未有的机遇，以正确的姿态和方式，一如既往地融入更加自信的中国当中来，与中国资本市场一起扬帆起航，在新的起点上，步履坚实地迈向高质量发展的新征程。

中小券商"特色、强项、专长、精品"差异化发展研究

刘宛晨　袁闯　刘敏[*]

一、我国中小券商差异化发展基本情况

我国证券行业竞争形势日益严峻，在牌照价值逐渐淡化、专业化价值进一步凸显、监管政策向大型券商倾斜的背景下，大型券商凭借创新业务试点先发、资本实力及资源条件等优势仍在扩大竞争优势，营业收入和净利润集中度提升，中小券商的生存空间进一步被挤压。中小券商如何从实际出发，找准自身定位，围绕"特色、强项、专长、精品"培育竞争优势，创建特色化商业模式，打造强项业务，构建专业化核心竞争力，在细分领域或细分市场塑造精品，是广大中小券商亟待解决的问题。

当前，国内有数家证券公司通过差异化发展脱颖而出，如以投行业务为特色的中信建投证券、互联网金融服务商东方财富、打造领先资管品牌的东方证券等。但总体来看，特色鲜明的专业化券商寥寥无几，绝大多数证券公司发展过程中仍不能摆脱同质化发展的困境，没有形成自身特色或差异化的核心优势。部分证券公司获取长板优势后，急于在业务上全面铺开，误入"求大求全"的荆棘之路，导致曾经获取的竞争优势被弱化、不能有效带动新业务成长，盈利能力也被拉低。

从目前整体情况来看，中小券商差异化发展进程缓慢，除了差异化发展意识薄弱、不能持续坚持等因素外，中小券商在继续推进差异化发展、培育竞争优势方面，仍面临以下关键问题：

一是如何通过差异化发展路径提升盈利能力。如何通过差异化发展路径提升公司的盈利能力是中小券商面临的首要问题。目前中小券商的盈利能力整体低于行业平均水平，2021

---

[*] 作者简介：刘宛晨，财信证券股份有限公司党委书记、董事长；袁闯，财信证券股份有限公司研究发展中心总经理；刘敏，财信证券股份有限公司非银金融行业研究员。原载于《中国证券》2022年第12期。

年中小券商净资产收益率（ROE）均值 4.52%[①]，远低于 7.84% 的行业平均水平。扩充资本金成为业绩增长的普遍驱动力，不少中小券商通过增资扩股、首发和再融资等手段提升资本实力，而增量资金主要投入重资产业务，这类业务受市场波动影响大，难以持续、稳定地提升公司的盈利能力。

二是信息技术投入不足、后台运营效率低制约了中小券商差异化发展。从行业发展趋势来看，金融科技手段的重要性日益凸显，金融科技赋能差异化发展非常重要。在金融科技领域，中小券商与大型券商仍存在较大差距，受制于其业务发展水平与盈利规模，中小券商信息技术投入少、覆盖面窄，仅能支持其以业务驱动或用例驱动的金融科技发展，难以系统性、前瞻性布局形成金融数字化壁垒。比如，大型券商通过金融科技赋能，后台运营能力、人均效能不断提升，而中小券商在差异化发展过程中，难以大规模、成体系地投入信息技术，也难以通过运营能力的提升实现效能的优化。

三是中小券商通过并购强化核心竞争力鲜有案例。在我国证券业并购的历史上，大券商扮演着主要角色，并购往往呈现大吃小、强强联合的特征，而鲜有中小券商通过并购做大做强。并购作为中小券商实现跳跃式增长、迅速提升各业务市场占有率的有效途径，在我国中小券商实现差异化发展中的作用与地位还有待提升。

二、国内外证券经营机构差异化发展经验及教训

（一）互联网商业模式变革，打造独特核心竞争力

在证券经营机构商业模式变革中，佣金自由化后出现的互联网商业模式变革尤其具有代表性。美国的嘉信理财（Charles Schwab）、亿创（E*Trade）、史考特（Scottsdale）、盈透（Interactive）和亚美利交易（TD Ameritrade）等一批经营机构互联网商业模式变革较为成功。如同其他互联网企业，互联网券商针对的客户群体为价格敏感性相对较高的散户群体，其竞争策略是以低价策略扩大市场份额。1996 年，美国嘉信理财推出网上交易系统 eSchwab，并且为避免价格双轨制，后期将嘉信旗下全部电子服务并入 eSchwab，基于自身资产管理业务及"一账通"下基金销售业务积累的客户资源及资产规模，客户数量和资产规模迅速扩张，嘉信理财成为互联网转型的成功典范。国内东方财富也凭借东方财富网的客户流量，在基金销售和证券交易业务方面进行引流变现，成为国内市场上领先的独具互联网特色的券商。

随着互联网对证券行业的快速渗透，开展互联网交易业务的券商竞争愈发激烈，价格战不可避免，再加上互联网模式的便捷性，客户转换交易商成本低，如何留住客户，提高客户黏性是互联网模式证券经营机构面临的重要问题。从国内外成功经验来看，关键在于完善线上产品、交易、服务平台，完成产品和服务模式创新，打造卓越的客户体验，从而有效抢占客户资源，提高客户黏性。从嘉信经验来看，2002 年，嘉信推出"嘉信股票评级"服务、私人客户服务、嘉信理财顾问网络系统，搭建外部投顾服务平台"嘉信投顾网络中心"，打造"现代"财富管理服务体系，为多层次客户提供定制化服务组合。

[①] 此处计算中小券商 ROE 均值采用剔除净资产排名前 10 位的大型券商的样本，非上市券商包括在内，为合并口径数据，数据取自 Wind 资讯。

客户体验是提升客户黏性的关键，然而对于纯折扣经纪商，客户体验难以再提升。证券交易投资者并不属于完全的佣金敏感型，客户更加关注其理财需求、保值增值的目的能否达到。最终互联网转型成功的券商都不会是纯折扣经纪商，一般来说均是结合财富管理业务来展开的。如仅是纯折扣经纪商，不管是从盈利能力来说，还是从抗风险能力来看，其竞争力都远不如综合财富管理业务的互联网券商。虽然美国折扣经纪商在20世纪90年代收益颇丰，但相较于嘉信理财，美国纯折扣经纪商，如盈透和亿创，后期均经历了转型后的阵痛，2012—2017年平均ROE水平分别为6.86%和4.74%，而财富管理模式下嘉信理财期间平均ROE水平约为11.83%。纯经纪业务模式与市场表现密切相关，相较于综合财富管理券商，其抗周期能力一般也较弱。

（二）集中化策略提高效率，先人一步特色化竞争

在国内外差异化发展成功案例中，无论是专注于一项或几项业务的精品投行，还是只专注于某一类客户的特色券商，或是国内深耕某一地区的区域性投行，其本质都是集中有限的资源于一项业务、一个区域性市场或一类客户，即采取业务集中化、地域集中化或客户集中化策略，在差异化竞争中取得突破。如何选择大投行或行业所忽视且大投行不具有比较优势的业务、客户群或细分市场，先人一步、特色化竞争是取得成功的关键。

美国很多精品投行只专注于做投融资、并购重组、资产管理、做市业务、财务顾问业务中的一项或几项业务，由明星经理率领团队实现业务突围。以聚焦做市业务的城堡证券（Citadel Securities）为例，其以"实现效率和流动性最大化"为目标，参与全球各大市场FICC（固定收益、外汇和大宗商品业务）领域做市交易，凭借更高效快捷的交易支持服务，做市规模和交易额全球领先。又如华尔街精品投行的代表拉扎德（Lazard），起步阶段它主要服务于家族企业，长期以来专注于财务顾问和资产管理领域，坚持轻资产运营。再如美国领先的独立财富管理公司Aspiriant，聚焦于资产组合管理和理财规划业务，采用后端收费模式，强大的资产配置能力及业绩稳定性构成了其核心竞争力。国内券商如江苏的东吴证券、浙江的财通证券，选择深耕所在地的策略，在区域竞争中都获得了较好的成绩。东方证券自2002年获得首批资管业务资格后，一直坚持主动管理资管业务，以价值投资为核心，以封闭产品为工具，以专业服务为宗旨，打造出高品牌影响力的"东方红"资管品牌，2017—2021年其资管业务收入连续5年保持行业第一位。

（三）机制灵活的人才战略，奠定差异化发展基石

作为资本与人才高度集中、紧密结合的行业，证券公司在差异化发展过程中配置好相应的人力资源显得尤为重要。只有配置好相应的人力资源，才能使差异化发展落在实处，创造出应有的发展效率和成果。

券商在差异化发展过程中，具备其所耕耘的细分市场上的专业人才，对业务发展成果起到决定性作用。聚焦于区域市场的券商，需配备具有区域市场优势的专业人才或业务人才；聚焦于特定细分业务领域的券商，需配备对应业务专业人才或业务人才；聚焦于金融科技创新领域的券商，需配备具有计算机技术、熟悉业务的专业人才等。以美国杰富瑞（Jefferies）为例，20世纪90年代初，公司在高收益债业务方面拥有大量专业人才，从而使业务线扩展到高收益债业务领域。区域型精品投行斯迪富金融（Stifel Financial）则凭借小企业方面研究人才的专业能力,在小股票和科技股研究方面具有领先优势,从而以研究为突破口,将其业务拓展到机构客户销售交易和中小企业发行承销业务。

当然,为聚集人才而在薪酬方面短期激励、过度激励,不仅可能埋藏下不可忽视的潜在合规风险,短期化、短视化的过度激励和"业绩为王"的导向,易助长急功近利的风气,将有损于企业的文化,同时也会增加企业管理费用,有损于企业的盈利能力,给企业的长期发展带来不良后果。参考美国券商的薪酬特点,除了工资奖金等物质方面的薪酬和福利待遇,其还给予员工未来发展前景相关的渠道畅通优势,或注重股票激励等长期激励机制。长效的薪酬激励更有利于提升员工的忠诚度及企业的健康发展,也将有效避免员工频繁跳槽给企业带来的损失。

(四)并购策略实现"1+1>2",创造核心竞争优势

在差异化发展的道路上,企业除了可以通过自我发展、自我培育构建核心竞争力,还可通过外部并购具有某些专长或资源的企业,通过重组来构建新的、更高层次的核心竞争力。国内外有不少并购成功案例,通过并购策略、整合业务高效率构建了核心竞争力,相比渐进式的自我发展,通过并购能更快、更有针对性、更低成本地获取核心竞争优势,从而实现跳跃式发展。

艾维克(Evercore)是美国深耕并购交易财务顾问业务的精品投行,纵观其发展历程,并购与重组始终贯穿其中并扮演了极其重要的角色,2010—2017年8年内公司进行了6次并购。公司在坚持自身特色的原则下,通过战略联盟合作、成立合资公司、控股权及参股权的收购等举措实现行业及地域覆盖范围的不断扩大,核心竞争力不断增强。在财富管理领域,嘉信理财和亚美利交易快速发展时期均通过多次并购整合奠定业界领先地位。嘉信理财主要利用纵向整合快速拓展其业务版图,1995年,嘉信官网schwab.com上线,同年收购了英国的折扣经纪商ShareLink,以及当时最大的401(k)计划服务商Hampton Company,从而成功向互联网理财服务商变革。亚美利交易则通过横向并购快速扩大用户规模及市场份额,正是并购史考特公司才得以摆脱传统单一的收入结构和纯折扣券商的定位,成功向综合金融服务集团转型。最终,嘉信理财于2019年成功收购亚美利交易,二者强强联合提升综合金融服务能力,扩大高净值用户规模,缔造出管理资产规模高达5万亿美元的财富管理机构,打造出财富管理业的新旗舰。

参考过往海内外著名并购案例,交易完成后的管理与业务整合是并购成功与否的关键。若整合得好,并购的积极效应能够显现,达到"1+1>2"的效果,企业的效率、盈利和资产质量得以提升;若整合不好,并购效应不明显,反而给企业带来经济、经营效率上的损失。如国内证券业曾出现并购不利的案例,导致人员持续流失、经纪份额连年下滑、整合阵痛期持续拉长等现象。从失败的并购案例来看,往往会发现并购前期构想的协同多,而真正实现的协同很少,其实很大程度上是由于并购前期对双方文化理念冲突、经营环境差异估计不足所导致。而值得借鉴的是艾维克经验,在艾维克的并购历程中,多家标的均是在被并购前已与公司有数年战略联盟式合作经历,通过股权收购加深和巩固了这种合作。所以,并购前期有沟通合作经历做铺垫,双方有较深入的了解,将减少后续整合难度、提升并购成功的概率。

三、我国中小券商"特色、强项、专长、精品"差异化发展路径探讨

证券经营机构差异化发展过程中,因金融体系的差异造成券商市场环境和经营环境不同,进而直接影响证券经营机构发展模式及发展路径的决策。为此,我国中小券商在差异化发展抉择上,应该避免盲目照搬海外投行的发展经验,结合我国金融体系和证券行业的基本特征,把国内外证券经营机构差异化发展成功经验变成适合自身的经验,吸取历史上差异化发展失败案例的教训,脚踏实地、循序渐进推进公司"特色、强项、专长、精品"差异化发展。

(一)基于行业发展趋势、自身禀赋找准定位

成功的差异化发展源于对目标客户和业务模式的精准定位,通过建立具有自身特色的业务模式在行业竞争中脱颖而出。中小券商应深度梳理自身资源禀赋,顺应行业发展趋势,基于公司在特定行业、区域、业务、客户群体等方面的竞争优势,充分挖掘可发展的潜在核心竞争力,确立差异化战略定位。在业务方向选择上可选择相关业务的细分领域,选择大投行或市场所忽视,且大投行不具有比较优势的业务、客户群或细分市场。具体突围的方向包括但不限于:

1. 证券经纪业务

由折扣券商向财富管理机构转型升级。

2. 投行业务

在并购重组与财务顾问类业务、新三板等中小企业业务细分领域寻找突破口。

3. 资产管理业务

提升主动管理和打造特定领域优势,着重于某个方向或领域的能力建设,如产品开发聚焦某类资产或特定策略的特色产品,客户定位重点挖掘特定类型需求的客户群体,以投研驱动加强大类资产配置能力建设等。

4. 区域型券商

地方型券商在区域内深耕发展,结合当地经济金融特色以及背景资源优势,利用根基深与业务竞争优势强,差异化发展其所在地区的特定业务。

确定定位后,中小券商应从自身特色出发,明确业务模式、定位目标客户群,甚至舍弃一些已有业务板块、集中力量办大事,以建立优势业务为突破口进行弯道超车。

(二)构建匹配的管理机制、组织架构与人力资源体系

券商在差异化转型、打造核心竞争优势过程中,如缺乏适应的管理机制、组织架构及人力资源作为保障,转型难度、混乱度会随着转型进程逐步增加,最终导致陷入僵局。所以,确定定位后,券商需对组织架构、业务模式以及管理模式进行全方位的优化与调整。与大型券商相比,中小券商的管理半径更短、决策更迅速,可通过更加扁平化的管理机制和组织架构,及时应对客户的服务需求,提升客户服务满意度。如目前华林证券、中金财富借鉴互联

网公司试水"部落制"改革①，相对于传统的流水线、瀑布流管理模式，"部落制"能使沟通线路变短，优先级排序流程简化，推动金融科技与业务运营相互促进、加速融合。

同时，人才始终是券商业务的第一生产力和业务驱动力，在差异化转型过程中也不例外，且证券行业的强周期属性为激励考核制度设定提出了更高的要求。中小券商在推进激励机制市场化、增强人才吸引力的同时，需重视激励机制的长效化，为长期战略转型留足空间。部分领先券商已经开展股权激励或进行合伙人机制的探索，中小券商也可把握机遇，在条件允许的情况下积极探索长期激励机制，激发员工与公司共同创业、利益共享的热情。

（三）重视战略并购、金融科技赋能等途径，加快构建自身业务优势

在差异化转型过程中，中小券商完全依靠自身的资源禀赋，很难实现对大券商的追赶甚至超越，所以应重视战略并购、金融科技赋能、研究业务等途径，提高自身业务优势构建效率。

战略并购是中小券商实现市场占有率增长的最快途径，能帮助中小券商快速强化竞争优势，对整合优质资源、提升资源配置效率均具有重要意义。比如通过投资银行业务方面的战略并购，能够扩大区域与业务覆盖范围，提升业务市场份额，充实投行业务人才，从而提升投行业务核心竞争力；通过经纪业务方面的战略收购，不仅能够迅速增厚经纪业务市场份额，还可以通过业务整合，提升效率与效益，从而强化竞争优势。

加大对金融科技的重视和投入已成为近些年行业的共识，基于移动互联和人工智能的金融科技，在证券行业客户服务、交易模式、中后台运营等领域赋能业务转型或业务升级。中小券商在金融科技方面的投入规模较为落后，应仔细分析市场环境、找准市场定位，充分发挥自身的核心业务优势，有针对性地与科技龙头强强联合提升业务能力。例如，可以采取引入金融科技企业作为战略投资的方式，或者与大型金融科技企业进行合作，利用金融科技打造核心竞争力实现逆袭。

研究业务在整个券商的业务中占有重要的战略地位，对于其他业务有带动与协同作用，是券商的品牌形象与综合实力的体现，对塑造公司品牌效应，尤其在异地市场打开知名度有重要意义。差异化转型过程中，中小券商可充分利用研究业务带动核心业务。相比财富管理、投行、销售交易等业务，研究业务对于客户资源、业务资源或资本实力依赖程度较低，可通过研发人才引进在较短时间内做大做强。中小券商在发展研究业务时，一方面需加大人才团队的招募力度，通过良好的激励机制为其保驾护航；另一方面需在治理架构与机制层面解决研究业务和核心业务的协同机制。此外，中小券商可强化特定行业或品种的研究实力，提升自身在特定行业圈中的知名度，打造特色品牌。

（四）坚持发展理念，结合行业发展趋势动态调整实施路径

对于走向差异化发展道路的中小券商而言，坚持差异化发展理念，跨越重重艰难险阻，坚持在个别业务或细分市场的深耕与突破，积极关注政策、行业趋势的变化，动态调整实施路径，差异化发展才能结出累累硕果。在实施差异化发展路径过程中，中小券商需不断加强

---

① "部落制"的组织架构有别于传统金字塔、树状式的厚重组织架构，这种敏捷组织形态通过设置以客群、产品为导向的跨职能部落，能够以更扁平、高效的方式，实现团队运作的高效、敏捷。

实施保障、调整突破路径和经营模式，形成与同行的差异化竞争，推进实现核心业务目标。中小券商只有静下心来精耕细作，坚持自身定位及发展战略，在人才、管理机制、共同理念上给予充分保障，以打造"特色、强项、专长、精品"为目的，围绕定位不断增强核心竞争力，才能取得良好的成绩。

四、政策建议

（一）对监管思路的建议

近年来，分类评级标准的调整、"白名单"制度的推出等监管政策为治理规范、合规风控有效的中小券商差异化发展提供了重要的通道。结合行业发展基本情况及中小券商差异化发展的相关分析，建议监管机构在扩大证券行业市场空间、支持行业并购等方面给予更多的支持，以促进中小券商差异化发展。

目前，在以间接融资为主的社会融资结构下，国内证券公司在整个金融体系的地位和影响力较为薄弱，再加上国内场外衍生品市场、资产证券化等业务仍处于发展初级阶段，市场交易机制也有待完善，证券公司所能提供金融服务的深度和广度有限，市场规模及体量难以进一步扩张，中小券商的差异化发展方向选择及空间受限。建议进一步多渠道推动股权融资，加大力度建设直接融资市场，进一步丰富场内外衍生工具，推动衍生品市场发展，积极推进做市商交易机制，提高市场效率，完善市场功能。

参照海外差异化发展经验，在行业竞争加剧、寻求差异化竞争过程中，行业内并购重组表现活跃。在我国，由于证券公司"一参一控"等牌照限制、控股股东为国资背景等方面的因素，行业内并购重组实现难度较大。建议适时放开证券公司"一参一控"的限制，鼓励市场化竞争，引导和支持证券公司通过兼并与重组提升核心竞争力，进一步优化行业资源配置。

（二）对中小券商的建议

建议中小券商实事求是，制定符合自身禀赋资源的差异化发展战略，避免盲目扩张。中小券商应以实事求是为基本原则，基于自身规模、业务优势和区域特征三大维度，与同行多方位、多角度进行比较，深入分析自身的优势与劣势，结合国内证券行业发展趋势及国内外证券经营机构差异化发展经验，量身定制切实可行的战略规划。建议中小券商差异化发展过程中，不要盲目追求过快、过大，在做精做深核心业务取得一定成效后，对业务扩张要保持审慎态度，若扩张时机成熟，建议向与核心业务相关度高的业务辐射，且总体业务布局建议不超过3种。

参考文献

[1] 海通证券股份有限公司课题组，路颖. 证券公司差异化发展与特色化经营研究[A]. 中国证券业协会. 创新与发展：中国证券业2018年论文集（上册）[C]. 中国财政经济出版社，2019：887—907.

[2] 刘明亮，沈知，漆皓丞. 证券经营机构的差异化发展路径与特色化经营战略研究

[A]．中国证券业协会．创新与发展：中国证券业2014年论文集［C］．中国财政经济出版社，2014：271—287．

［3］何诚颖．中国证券业改革发展回顾与新时代发展方向［J］．特区经济，2020（11）：9—11．

［4］徐晓云．中小券商差异化发展研究［J］．改革与开放，2021（21）：1—7．

［5］王叶玲．我国证券公司业务差异化运营策略研究［D］．昆明：云南财经大学，2021．

［6］毕马威企业咨询（中国）有限公司．2022中国证券业调查报告系列——证券行业趋势及战略洞察［R］．北京：2022．

［7］麦肯锡（中国）咨询有限公司．展望2020中国证券业［R］．上海：2020．

提升证券公司财富管理买方中介能力建设研究

广发证券股份有限公司[*]

当前中国经济高质量发展孕育了巨大的财富管理需求,证券行业正迎来财富管理业务发展的重要机遇。证券公司应充分发挥相比于银行、第三方等机构的独特优势,积极探索买方中介核心能力构建的有效路径与突破口,以期打开我国证券公司财富管理转型新格局。

一、证券公司财富管理业务的竞争优势

(一)证券公司具有资本市场投资经验优势

证券公司在资本市场积累了丰富的投资经验、聚集了一大批优秀的投资人员。无论是证券公司自身的自营业务、资产管理业务,还是旗下的股权投资业务、期货资管业务,都对投资能力有非常高的要求。投资业务是证券公司的主营业务,而投资能力则已经成为证券公司的核心能力之一。

(二)证券公司具有不同业务线之间的资源整合优势

全牌照证券公司拥有广泛的业务范围,不同业务之间的协同与共振成为业务相互促进发展的驱动因素。例如,证券公司的投行业务可以为财富管理业务提供诸多投资机会,而财富管理业务也是投行线重要的分销渠道,形成一级市场和二级市场互惠共赢的局面。证券公司旗下的资产管理公司、期货公司、基金公司、股权投资公司都是财富管理业务重要的产品供给端,而财富管理业务则是各公司重要的产品出口,业务之间相互补充,良性互动。

---

[*] 本文为中国证券业协会2021年优秀课题。课题负责人:方强,广发证券股份有限公司财富管理部总经理。课题组成员包括:郑峰、郭琪华,均为广发证券股份有限公司财富管理部主管;孟醒,广发证券股份有限公司财富管理部家族办公室负责人;张儒曈、黄琛怡,均为广发证券股份有限公司财富管理部资深经理。原载于《中国证券》2022年第4期。

（三）证券公司具有支持定制化财富管理服务的研究优势

证券公司，尤其是大型证券公司，都拥有庞大的研究团队，覆盖宏观、行业和上市公司等方向的研究，从而可以为零售系统的高端客户提供相应的类机构的研究服务，实现定制化的财富管理服务，而这恰是银行等其他机构所欠缺的。

二、证券公司财富管理买方中介核心能力和提升路径探索

借鉴国外发达国家财富管理发展的关键要素经验，证券公司可通过提升财富管理研究能力、产品能力、平台能力与投行能力来加速财富管理业务发展。

（一）财富管理研究能力

1. 境外财富管理研究能力发展经验

一是业务支撑型的研究体系。以摩根士丹利为例，其研究分散在各个业务部门，同时以财富管理为主导推动整体发展，同时构建了较为细致的财富管理研究团队。财富管理研究分为两大功能体系：投资研究服务体系主要围绕内部产品形成完整的研究，包括宏观、行业、股票以及衍生产品等；投资咨询服务体系完成的服务包括投资研究、外部产品采选、产品创设以及销售支持等。

二是资源聚集型研究体系。以高盛为例，全球投资研究部为公司所有业务线提供专业研究支持，服务覆盖全球40多个国家。

2. 我国证券公司研究能力提升方向

一是以配置化为业务核心发展理念，构建财富管理新型业态机制。可构建财富管理部投研体系能力建设的全景图，包括投资委员会、宏观研究、大类资产配置、管理人与产品研究以及投资管理5个团队，这5个团队分别向零售客户以及引进团队输出相应研究成果，助力客户服务与产品的引进销售（见图1）。

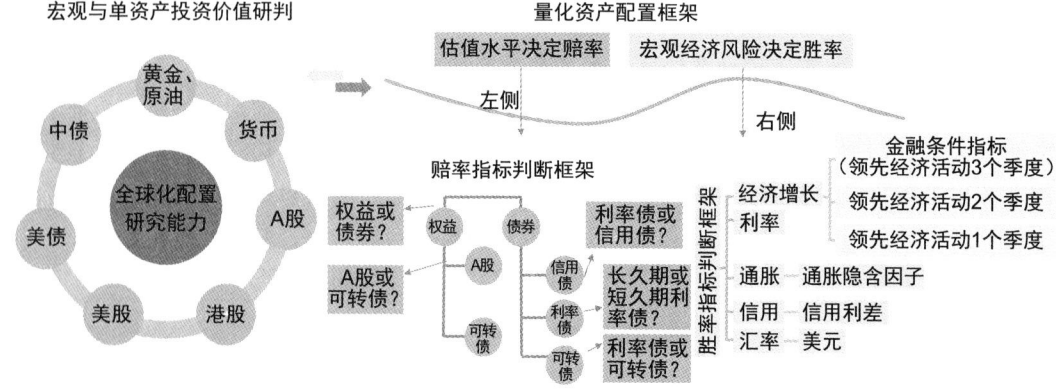

图1 资产配置体系构建的全景图

二是以总部投研为基础，发挥研究的服务支撑功能。可搭建全品类的研究体系，为投资顾问服务提供专业研究支持。聚焦资产市场与大类资产配置研究，研究领域覆盖海内外主流

大类资产，包括宏观与大类资产研究、各类资产配置策略研究、债券研究、金融产品研究、行业与产业以及公司股票研究、量化交易工具与策略研究、企业投融资与并购重组研究、财务税收与规划研究等。

（二）产品管理能力的构建

全球顶级的财富管理机构一般都具有产品品类丰富的特点。丰富的产品货架是专业服务的源泉，也是财富管理研究能力的体现，更是投资能力发挥的基础。

1. 境外产品管理能力发展经验

一是独具竞争力的产品端优势。以高盛为例，其提供多样化的金融产品及服务，除了现金储蓄、固定收益、股票等传统资产类别外，还覆盖全球范围内的私募股权、房地产、对冲基金、大宗商品等业务，为高端客户提供了更广泛的投资渠道（见图2）。

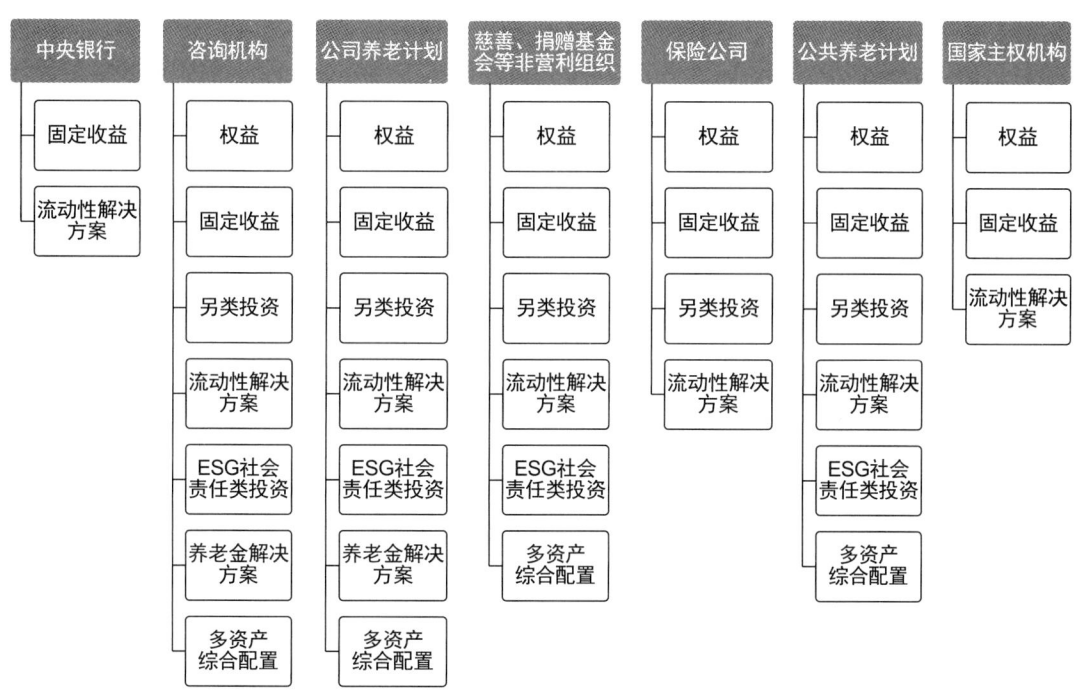

图2　高盛集团财富管理产品框架

资料来源：高盛公司官网。

二是各具特色的账户管理服务。自20世纪80年代起，为适应高端个人投资者的需求，美国证券商和投资顾问机构均向其提供管理证券账户的服务，在一个账户中整合了证券交易、管理资产、购买投资理财产品以及其他资金支付功能等各类服务。账户管理以投资者需求为中心，为投资者提供涵盖投资、税务、教育、养老等个性化的投资方案，并按约定方案提供投资组合管理、交易执行、清算交收等一揽子金融服务（见表1）。据美国ICI协会与MMI协会数据，账户管理资产规模由2009年的1.8万亿美元提升至2018年的6.1万亿美元，占美国投资公司资产管理规模的比重由2009年的14.82%提升至2018年的28.51%。

表 1　　　　　　　　　　　　美国账户管理业务的收费方式

序号	收费方式	适用情况
1	按资产规模的一定比例收费	费率根据资产规模、服务范围、个性化程度、投资标的和投资策略的复杂程度确定。一般，资产规模越小、服务个性化程度越高、投资标的和投资策略越复杂，费率越高。瑞银一般不高于 2.5%，美林收费在 2.2% 以内，以低成本为导向的先锋基金费率不高于 0.3%
2	按固定金额收费	多适用于规模较小或非全权委托账户管理模式
3	按小时收费	多适用于非全权委托账户管理模式
4	基于业绩表现收取浮动管理费	SEC 规定，只有当资产规模达到一定要求时，才允许按业绩收费（2011 年 SEC 新规则规定总资产在 1 000 万美元以上，净资产在 200 万美元以上）

三是先进的产品管理体系。以摩根士丹利为例，其产品平台分为两大功能体系：一是投资研究服务体系，由 1 200 人左右构成，主要围绕内部产品形成完整的研究、采购以及销售服务链条；二是投资咨询服务体系，由 1 000 人左右构成。两大体系均向 MS 的财富管理总部进行汇报。

2. 我国证券公司产品管理能力提升方向

一是以优质产品为核心，构建产品全流程管理体系。财富管理转型时期，优质的产品既是吸引客户的重要抓手，又是资产配置能力建设的有效基础。在流程上，首先可基于全市场筛选优质管理人及产品，持续优化管理人、产品、基金经理量化评价体系，构建管理人和产品的分级库；然后进行产品引入，开展产品尽职调查、产品引入洽谈以及产品立项；接着开展产品发行人准入及产品评审工作，在这一过程中由研究人员出具相关意见；最后进行产品的展示、宣传与销售。图 3 是高盛公司的产品全流程管理体系，我国证券公司可予借鉴。

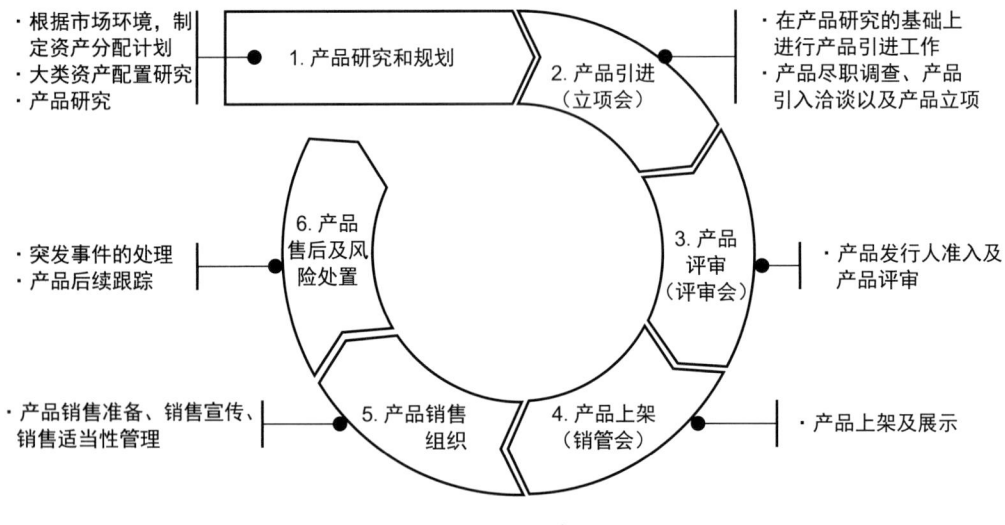

图 3　产品全流程管理体系

二是依托财富管理能力，丰富优质产品来源。一方面，要丰富单一产品来源，利用对各类金融产品具有专业分析能力的优势，加强与各类金融机构的理财服务合作；另一方面，要利用多资产多策略配置方法，提供更具性价比的专属投资组合，形成证券公司特有的优势。

（三）投行协同能力的建设

1. 境外投行协同能力发展经验

以摩根士丹利为例，其财富管理、机构证券和投资管理业务三大业务联动带来大量交叉销售业务机会。新增资产方面，2014—2018年每年机构证券部门推荐约110亿美元的新增客户资产，占财富管理部门年平均净流入客户资产的14%。相应的，机构证券部门从财富管理部门获得额外分销渠道；投资管理部门也得益于财富管理部门和机构证券部门的赋能，2018年共有超750亿美元和70亿美元的资产管理规模（AUM）来自财富管理和机构证券部门，占投资管理AUM的比例超过10%。同时，摩根士丹利在早期投行转财富管理时，通过业务协同将内部大客户自身的财富管理需求进行整合，并提供最优质的服务，收获了大量高净值客户，从而做大做强了财富管理业务。

2. 我国证券公司投行协同能力提升方向

一是以摩根士丹利的经验为转型依据，证券公司可建立私行—投行联动的优势体系，并组建家族信托业务，建立证券公司私人财富的"护城河"。

二是充分发挥牌照优势，整合内外部资源提供综合服务。部分客户不仅需要个人的资产管理，还会延伸出公司服务的需求，如融资、IPO、并购等。证券公司具有牌照优势，可为客户提供相关服务，尤其投行、债券、直投、另类投资、期货、资管、基金、融资租赁等综合业务平台，更有专业的研究所支持，服务覆盖广度较高。若能将业务与客户资源整合，将形成巨大合力。

（四）平台增值能力

1. 境外平台增值能力发展经验

一流投行积极探索数字技术，驱动行业发展。以摩根士丹利、摩根大通等为代表的国际一流投行，由于具备雄厚的资本实力和强大的技术能力等优势，积极探索数字技术在财富管理、支付与结算、数据分析、合规监管、数字货币等领域的应用并取得积极成效。摩根士丹利依托其早期布局全球建立的庞大客户网络，通过并购嫁接业务资源，并长期坚持赋能金融科技、发展数字金融平台，成功打造了全球顶尖的财富管理业务平台（见图4）。

2. 证券公司平台增值能力提升方向

一是要持续做大做强客户基础。证券公司应发挥全平台客户资源的优势进行协同转介，开发投行渠道的高净值客户，发掘企业客群和机构客群的财富管理需求。同时，积极结合联动营销、场景营销、社交营销、活动营销等多种手段，提升高资产净值客户比例，优化客户结构，夯实客户基础。

二是要构建数字化财富管理业务价值链。证券公司可通过构建多层次的数字化平台改造业务流程，深化业务价值创造。前台侧重优化客户线上线下一体化体验，深化一线人员服务的客户价值；中台聚焦提高投资顾问的服务效能，提升流程处理的自动化和智能化水平，丰富投资顾问标准化服务的手段，提供财富规划及投资组合管理支持；后台强调加快基础设施建设，从底层架构、服务流程、产品体系等维度赋能投顾、客服、投研、营销、运营、风控等业务模块（见图5）。

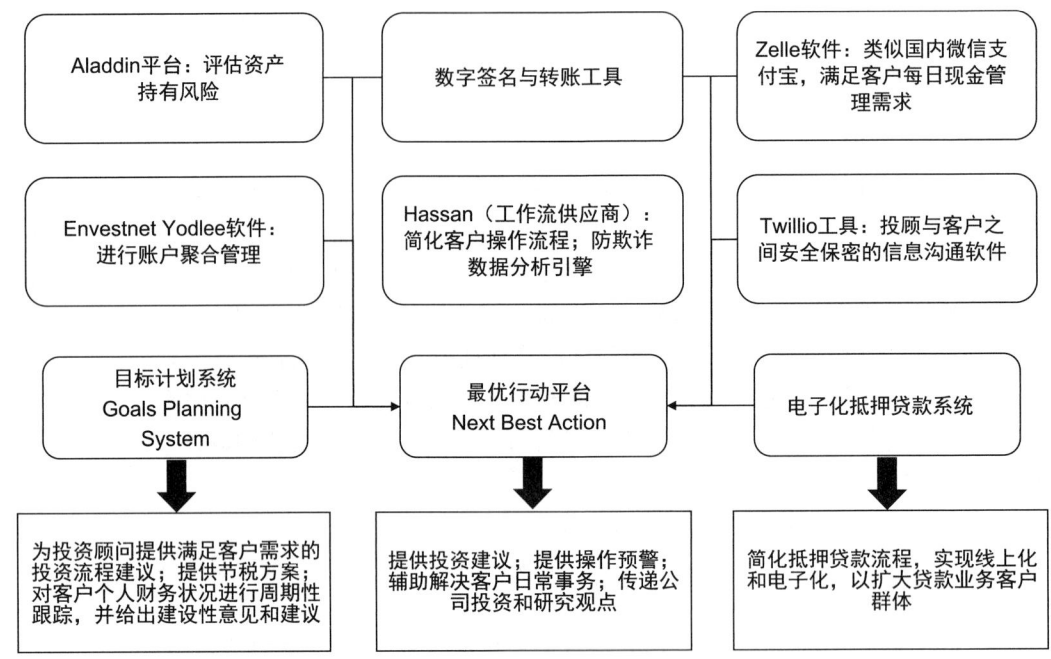

图 4　摩根士丹利的金融科技平台架构

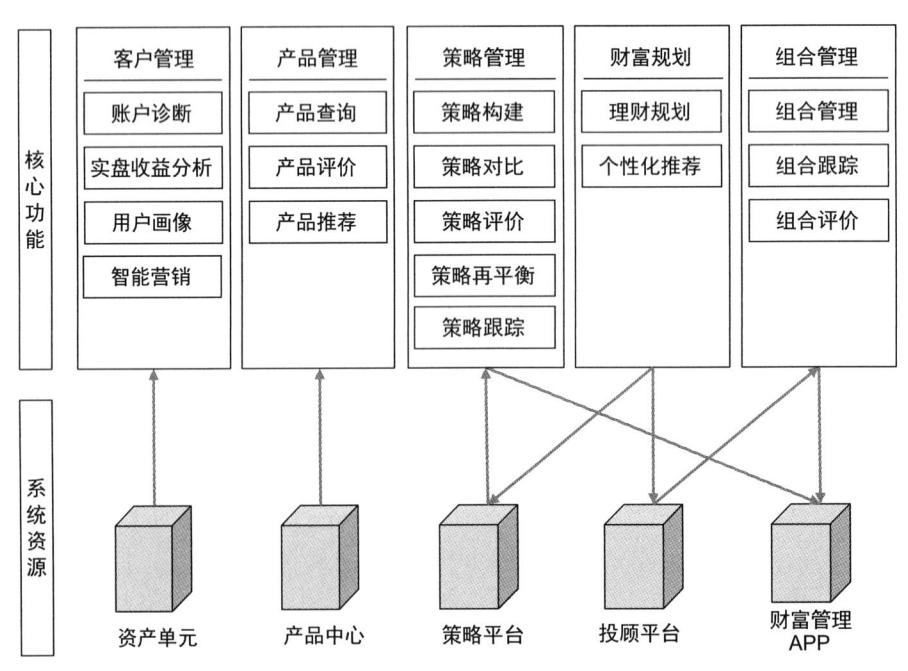

图 5　平台功能框架以及核心功能模块

三是要利用数据驱动业务发展。证券公司可通过提高全端数据采集能力、打通行为数据和业务数据、加强高质量的数据管理、强化数据分析可视化、结合业务场景进行落地应用这五方面提高数据建设能力。

三、提升证券公司财富管理买方中介能力的政策建议

（一）完善投资顾问利益冲突的防范措施

建议参照境外做法，制定投资顾问的利益冲突防范守则：一是要求投资顾问全面、公正地向客户披露与顾问关系有关的所有重大事实；二是消除或通过充分、公平披露，揭示所有可能导致其有意无意提供不公正建议的利益冲突；三是客户可以选择同意或者拒绝投资顾问存在的利益冲突，但其前提是投资顾问对重大事实与利益冲突的披露必须足够明确、详细，使客户能够做出知情决定。此外，相应的合规检查、评价和问责机制也是有效的补充手段。对于投资顾问的展业行为，所在机构应当设立必要的检查、监督和考核机制，在职业操守、敬业精神和执业纪律三个方面确保其合规执业。

（二）扩展账户功能，探索账户管理业务

建议允许证券公司设立可纳入一码通账户管理体系的独立财富管理账户，从基金账户开始，逐步整合股票、债券、融资融券、期权乃至期货等各类账户，充分发挥证券公司多领域的财富聚合能力，积极拓展账户的交易、理财、融资、支付等基础功能，提升账户使用的便捷度和客户体验。

证券公司场外衍生品业务发展研究

马 中　钱宇清　范世龙　孙琪旻[*]

为促进证券行业场外衍生品业务稳健发展，支持证券公司做优、做大、做强，维护资本市场健康稳定，适逢《期货和衍生品法》颁布之际，中国证券业协会财务会计专业委员会于2022年5月23日组织国泰君安、广发、华泰、海通、中信建投、申万宏源、中金、招商、中信九家证券公司进行了场外衍生品专题研讨，具体情况如下。

一、发展证券公司场外衍生品业务具有现实意义

在当前宏观经济环境下，场外衍生品业务的健康发展对于我国资本市场、投资者、证券公司都具有重要意义。

一是场外衍生品业务是多层次资本市场的重要组成部分，有助于支持实体经济和对外开放，促进经济稳定和金融安全。场外衍生品作为金融创新工具，具有结构灵活、功能多样的特点，是对标准化场内产品的有效补充，能够覆盖场内产品无法满足的定制化需求，带来丰富的非线性投资策略，发展场外衍生品市场有助于丰富金融市场产品类型、拓展金融市场的宽度和深度。同时，场外衍生品兼具风险管理属性和投资品属性，对管理市场风险，提升市场韧性，激发市场活力，维护资本市场平稳运行发挥着积极作用。

二是场外衍生品业务有助于改善投资者结构，强化长期投资、价值投资、责任投资理念。场外衍生品业务较为灵活，允许参与方一对一协商，充分沟通需求并进行定制，能够满足券商、银行、保险、信托、私募基金等机构投资者的个性化需求。这些机构均为专业机构代表，也是资本市场最为重要的长期资金来源，因此，场外衍生品业务对于实现投资者从规模扩张到质量提升的结构性转变，促进形成长期投资、价值投资、责任投资理念具有重要作

---

[*] 作者简介：马中，海通证券股份有限公司计划财务部总经理；钱宇清，海通证券股份有限公司计划财务部总经理助理；范世龙，海通证券股份有限公司计划财务部子公司会计部副经理；孙琪旻，海通证券股份有限公司计划财务部子公司会计部经理。原载于《中国证券》2022年第12期。

用。此外，我国资本市场正处于居民财富管理需求旺盛的战略机遇期，场外衍生品能够解决财富管理配置中的堵点、痛点问题，丰富财富管理产品种类，有助于满足居民多样化的财富管理需求。

三是场外衍生品业务有助于证券公司拓展盈利模式，推动行业做优做大做强。从证券行业发展的国际实践来看，场外衍生品业务是证券公司营业收入的重要增长点。证券公司可通过发展场外衍生品业务拓展盈利模式，优化资本中介功能，发挥产品设计、对冲交易、跨境交易等专业优势，提升交易型收入占比，摆脱传统通道业务和权益类投资业务对行情的依赖，实现资产负债表的做优做大做强。目前，场外衍生品业务已成为证券公司服务客户，提升公司核心竞争力的重要手段。

二、证券公司场外衍生品业务相关情况

（一）场外衍生品业务基本情况

场外衍生品业务与证券公司传统的自营业务有着本质区别，其主要是由客户发起的客需业务，强调风险对冲，风险敞口较小，主要类型包括场外期权、收益互换和收益凭证等。截至 2021 年末，证券公司场外衍生品存续名义本金超 2 万亿元，近 3 年年化复合增长率为 80%。其中，场外期权、收益互换期末存量分别为 21 426 笔、39 338 笔；未了结名义本金（或存续本金）规模分别为 9 906.50 亿元、10 260.67 亿元。

证券公司场外衍生品业务通常包含权益类和非权益类两个业务条线，头部证券公司平均每家人员数量 200 人以上，业务规模过千亿元。各家公司前、中、后台在职责范围内开展业务，形成前、中、后台相互分离、职能分工明确的组织架构体系。

（二）场外衍生品估值管理

参会公司均制定了估值和模型管理办法，明确不同部门的职责分工：衍生品业务部门负责估值方法、技术模型参数的选取。风险管理部门、财务部门参与估值原则、估值模型的讨论与制定，并对模型进行审验；由于市场情况或资产属性发生变化，需要调整估值模型及相关参数的，由衍生品业务部门提交调整方案，经风险管理部门、财务部门确认后执行。内审部门负责模型风险管理情况的内审稽查，并视情况提出整改意见。信息技术部门为模型风险管理的实施提供技术支持与保障。

（三）场外衍生品估值模型

合适的估值模型有助于场外衍生品的准确定价、提升投资决策合理性、降低市场波动。场外衍生品业务包括线性与非线性两大类。总体上，非线性场外衍生品估值模型大致可分为三类：解析解、蒙特卡洛、有限差分。由于一般结构具有解析解，且计算速度、估值精确度等方面优势明显，因而业界普遍采用该模型进行定价估值。雪球产品由于结构较为复杂，目前尚未发现较为精确的解析解。因此，理论模型较为常用的有蒙特卡洛、有限差分等，前者精准度高，但耗时长；后者速度快，但较难处理高阶希腊字母计算问题。两种算法在合约数量较多、行情波动较大时，较难进行实时风险对冲。在面对极端行情时，精准且高效的估值定价算法才能满足更加合理的风险对冲需求，维护金融市场稳定。

(四) 场外衍生品交易风险管理

证券公司根据相关法律法规和监管部门要求,针对场外衍生品对冲交易面临的各种类型风险,建立一整套风险管理制度,将风险控制贯穿于对冲交易的事前、事中和事后。

从风险控制的链条看,对冲交易是第一道防线,交易员在实际操作中按照事先确定的对冲方案进行对冲,确保标的资产价格变动对场外衍生品业务的市场风险可控,相应风险敞口控制在规定的风险限额之内。场外衍生品业务部门的风险管理岗是第二道防线,负责场外衍生品业务相关的一线风控事宜,包括敞口监控、合同审核、业务系统要素审核等;同时作为业务部门和风险管理部门的桥梁,负责协调整体风险管理框架下场外衍生品业务相关管理措施的落实。风险管理部门是第三道防线,负责建立业务的风险控制流程和指标体系,拟定具体风险限额,审核交易对手的授信,评估相关产品定价风险和新开发对冲策略的模型风险,回测检验定价模型和对冲策略,监控业务规模限额、风险限额、风险指标等的执行情况,出具风险控制报告,协助与监督业务部门对风险的处置情况等。证券公司前、中、后三道防线分工明确,协同配合,衔接密切。

(五) 场外衍生品业务 IT 系统支持情况

场外衍生品业务(尤其是复杂的非线性类)的核心是定价,这个过程需要进行大量复杂的数学运算,并持续性地增加算力投入。目前,各公司均有自研或联合开发的场外衍生品相关系统,用于交易簿记、清算运营、模型开发、参数簿记、报表配置、统计分析、监管报送、日常监控等,实现场外衍生品业务全流程、一体化管理,整体管控定价参数和风险指标,保障场外衍生品业务的稳定开展。随着场外衍生品业务的发展,各公司都在持续优化系统,将人工智能、区块链、大数据等新技术应用到架构、数据、算法三个核心领域,促进交易效率的提升。

三、证券公司场外衍生品业务面临的挑战

场外衍生品业务快速发展的同时也面临一些挑战,以雪球类产品为例。对证券公司而言,虽然面对的趋势类风险敞口较小,但受制于对冲工具的限制,仍面对一定的高阶风险敞口;对投资者而言,这类产品收益有封顶,但最大亏损是全部本金,这就要求投资者具有较高的专业水平和较强的风险承受能力。目前,我国场外衍生品业务发展面临如下挑战:

(一) 市场规模增长给监管带来一定压力

我国衍生品业务规模近两年来平均增速超 200%,增长较快,但不管是总规模,还是相对市场占比,在全球范围内还处于欠发展、较落后的状态。绝对规模上,我国大概是美国的 1/30[①];相对占比上,我国衍生品业务规模占 A 股市值的比重,约是美国市场的 1/4。基于我国场外衍生品业务发展的整体态势,市场要进一步发展,需要不断完善现有监管制度和业

---

① 全市场累计规模。

务规则，确保证券公司场外衍生品业务的健康发展。

（二）对冲工具相对单一，难以对冲复杂风险敞口

对冲工具的选择主要由挂钩标的来决定，挂钩个股的衍生品由于个股具有较大的异质性风险，一般使用正股来进行对冲；挂钩指数的衍生品一般选择股指期货来进行对冲，因为股指期货具有贴水收益及保证金交易等优势；若挂钩标的没有对应的期货品种，一般选择流动性较好的 ETF 进行对冲。

境内目前已有上证 50 与沪深 300 等 ETF 与指数期权，证券公司可通过场内期权进行波动率敞口对冲，但考虑到场内期权的行权价格和到期日不能完全满足场外的需求，各家公司还会通过与同业开展场外期权交易，更加灵活地进行波动率敞口对冲。但总体来说，上述交易主要对冲了场外衍生品业务的方向性风险，针对基差率等其他高阶风险，由于目前场内对冲工具相对不够丰富，导致存在一定的复杂风险敞口。

（三）估值模型优化专业度有待提升

对于非线性类场外衍生品，目前各家公司都在从经典模型出发，研究在障碍价格附近对其进行一定的平移，或者以一定的结构来置换。如用价差来替换一个障碍价格对冲的运算，使对冲的 Delta 更加平滑，以减少市场下跌对证券公司的影响。但从实际情况来看，模型优化专业度要求较高，公司需要根据市场变化对模型进行动态调整，这就要有专业人才结合市场情况持之以恒地进行探索。

（四）合规展业水平有待提升，"看门人"责任需进一步压实

近年来，个别公司在开展场外衍生品业务时出现了个股标的范围超出融资融券标的当期名单、公司相关部门未对期限 30 天以下的合约出具合规意见书等现象，需要引起警惕。在场外衍生品业务规模快速扩张的背景下，证券公司须严格遵守监管要求，回归本源，以服务实体经济为宗旨开展场外衍生品业务，压实"看门人"责任。

（五）IT 系统需要不断优化

以雪球为代表的场外衍生品，对证券公司 IT 系统算力的要求非常高，尤其在极端行情下，计算效率直接影响交易对冲进而对盈亏产生决定性作用。为满足交易对冲需求，提供流畅的询报价体验、实时的持仓风险敞口监控和及时的对冲风险管控，证券公司可通过不断优化定价算法、并行计算等方式提高系统计算效率，确保业务顺利开展。

（六）投资者教育有待加强

非保本雪球类场外衍生品是高风险高收益产品，具有收益上有封顶、最大亏损为全部本金的特点，要求投资者具有较高的专业水平和较强的风险承受能力。2020—2021 年的市场环境有利于非保本雪球类业务的发展，投资者获得较好收益，赚钱效应使得投资者大量涌入。但随着 2022 年以来的行情下跌，雪球类场外衍生品的高风险性逐渐显现，投资者亏损概率增加。这种市场环境更需要证券公司严格落实投资者准入，不断加大业务尽调的深度，降低合规风险，同时提高投资者教育力度，引导投资者理性投资。

四、促进我国场外衍生品业务发展的建议

近年来,证券公司纷纷提出向"交易型投行"转变,发挥资本中介功能,稳定行业杠杆水平,降低经营风险。而场外衍生品业务是证券公司运用其研究、定价、交易、风险管理等专业能力,向交易型投行转变的重要方面,也是证券公司避免传统业务同质化竞争,体现差异化竞争的业务蓝海。在当前我国新一轮金融行业对外开放、防范金融风险、维护资本市场健康稳定发展的背景下,发展场外衍生品业务显得尤为必要和紧迫。为促进场外衍生品业务发展,建议如下:

(一) 立足我国场外衍生品业务实际情况与业务性质,扩大场内品种,优化监管指标

1. 扩大场内期权品种、丰富场内对冲工具

目前,证券公司同业间通过开展风险敞口相反的场外衍生品交易来对冲高阶风险,但仍不能满足业务需求,急需交易成本低、流动性好、关联性强的场内工具进行风险对冲。因此,建议监管部门进一步扩大场内期权品种,提供更加丰富的风险管理工具,促进证券公司有效地进行风险对冲及市场定价。

2. 优化风险控制指标及计算标准

证券公司风险控制指标及其相关规定主要针对的是自营业务,而场外衍生品主要为客需业务,由客户发起,强调风险对冲,风险敞口较小。建议对有效风险对冲的交易适当降低风险控制指标标准,适当放宽流动性风险相关指标的计算标准,如可考虑优化 LCR 和 NSFR 计算方法,对场内期权考虑买入和卖出期权,按照同品种轧差后的 delta 金额计入;对期货品种,按照同品种多空轧差后的名义本金计入等。

(二) 完善场外衍生品信息提示,为证券公司错峰发行提供参考

雪球类场外衍生品在障碍价附近,对冲会出现追涨杀跌的情况,此种情况对市场和证券公司会产生较大冲击。由于证券公司只掌握各自的头寸信息,无法根据市场总体情况合理安排滚动发行,并分散敲入点来规避追涨杀跌的负面影响,因此,建议交易报告库提供更多的市场总规模、总集中度数据,以指导证券公司错开发行的集中期,同时设置发行集中期相关监控指标,发挥警示作用。

(三) 提升模型适用性,加大 IT 系统投入,加强投资者教育

1. 持续优化估值模型,提升模型适用性,保持发行节奏

对于有障碍价的非线性场外衍生品,一是可采用障碍价平移等技术,以应对市场的大幅波动,使对冲管理保持相对稳定。二是可考虑逐步引入波动率参数曲面,并将长、短期波动率赋予相应权重,动态调整;综合考虑股指期货的长期和短期基差情况,持续监控,以确保相关假设、参数、数据来源和计量程序的合理性与可靠性。三是证券公司可保持发行节奏,通过在不同点位和不同观察日周期分散发行,达到平滑障碍价和观察日分布的目标,提升对冲的稳定性。

2. 严格遵守监管制度，加强内部控制规范

证券公司应持续健全覆盖场外衍生品业务各环节的内部管理制度，完善相关内部控制流程，确保管理制度的有效执行；主动加强合规性审查，有效防范业务风险，切实履行"看门人"职责。在开展场外衍生品业务时，须严格遵守相关法律法规，对于明确的监管红线坚决不碰，恪守服务实体经济的初心，为场外衍生品业务发展营造良好环境。

3. 加大 IT 系统投入

证券公司需持续加大 IT 系统的投入，不断提高计算力，以减小风险敞口计算的滞延，使对冲保持较高的精确性，并辅以情景分析和压力测试等，降低极端行情的不利影响。

4. 加强场外衍生品业务风险敞口限额管理

证券公司应对风险敞口设置限额，关注各类风险因子（如 Vega 等）敏感度敞口限额，同时为交易总敞口和单一标的敞口分别设置限额，并遵循风险管理政策逐日进行监控，必要时搭建日间敞口的监控平台，及时指导对冲交易。

5. 持续加强投资者教育

以雪球为代表的场外衍生产品相对复杂，对投资者的专业水平和风险承受度要求较高，证券公司需严格落实投资者准入，持续做好投资者教育管理。通过对合格投资者进行详尽的衍生品专业知识普及，定期开展线上、线下讲座与答疑，与投资者进行充分沟通等方式，确保投资者熟悉所投资产品的风险特性。

（四）统一场外衍生品相关税务处理

场外衍生品属于金融工具，收益包含期权费和对冲盈亏，目前部分地方税务部门将期权费和对冲盈亏分开计算缴纳增值税，这种处理方式未考虑场外衍生品的金融工具属性。因此，为推动该业务的发展，建议国家税务部门将场外衍生品作为金融工具按照差价收益计算缴纳增值税。

证券公司场外业务风险监测的国际经验比较研究

中证机构间报价系统股份有限公司　华泰证券股份有限公司
北京市京悦律师事务所*

一、境外主要国家证券公司场外业务风险监测实践

（一）美国场外业务风险监测实践

1. 主要法规

美国场外市场主要交易品种包括权益类产品、固收类产品、金融衍生品及结构化产品。美国《1934年证券交易法》明确了场外市场的合法地位，同时提出具体监管制度和举措。而2008年金融危机后颁布的《多德－弗兰克法案》加强了对场外衍生品市场的监管，弥补了功能性监管对金融创新的监管空白。

2. 监管体系

美国场外市场监管是政府统一指导下的行业自律监管，由美国证券交易委员会（SEC）、美国金融管理局（FINRA）以及美国商品期货交易委员会（CFTC）分别管理。其中，FINRA是场外市场的直接监督管理者，负责对参与证券活动的主体和证券交易行为进行日常监管；SEC负责对FINRA等自律组织进行再监管；CFTC则专注于制度创新及商品期货市场法律法规的完善，授权委托国家期货业协会（NFA）代为行使部分监督管理职能。

3. 风险监测

美国场外市场监管呈现出从严监管、注重金融稳定、协调监管、注重交易报告等特征。

---

* 本文为中国证券业协会2021年优秀课题。课题负责人：亢力，法学博士，金融风险管理师（FRM），中证机构间报价系统股份有限公司监测业务三部部门总监。课题组成员包括：张橙艳、王倩、王慧琳、井维维、于子豪、王晓兰，均供职于中证机构间报价系统股份有限公司；胡锡莎、孙祥霄、徐培智、李京书、吴昭翼、郑仲民、苏晓、温晶、陶潜、张晓强，均供职于华泰证券股份有限公司；谢国旺、赵俊玉，均供职于北京市京悦律师事务所。原载于《中国证券》2022年第4期。

政府机构与自律组织各司其职，凭借对风险监测工具的运用，构建了体系完善、功能丰富的场外市场风险监测机制。

监管机构在监测方面，一是根据美国《证券法》第 613 条，SEC 建立了全国统一的看穿式系统——综合审计跟踪系统（CAT），该系统能准确收集、识别在全国性证券市场（场内及场外）的每笔股权及期权产品订单的下单、取消、修改、执行情况及相关投资者信息。二是 CFTC 通过市场监控计划（CFTC Market Surveillance Program）、大型交易者报告计划及系统（CFTC's Large Trader Reporting System）等市场监测预警系统以及分析工具，对收集的市场公开信息、交易所、大型交易商及中介机构的报送信息进行不同层次分析和处理，对发现的异常情况移送有关部门进行后续调查。

自律组织在监测方面，一是根据 FINRA RULE 6730 规定的注册会员强制报告义务，FINRA 的交易报告与合规系统（TRACE）要求市场参与者在交易达成后的 15 分钟之内上报给 TRACE；为督促报送义务人履职，TRACE 还建立了报告卡制度，对报送质量进行统计反馈；TRACE 会向市场披露交易数据、市场活跃度指标、各报送义务人的报送合规程度、其行业排名情况及年度手册等信息，并向付费订阅用户提供增强的历史数据。二是纳斯达克市场（NASDAQ）依托交易报告系统（TRF）以及市场异常交易监测系统（SMARTS）对市场进行监测，收取权益类证券场外交易报告，并进行跨市场、跨资产监控。三是依托 OTCM LINKS 电子报价系统对柜台市场进行分层交易监测，对交易过程中的做市商进行监管，并要求该平台将每只证券最优报价报送给 FINRA。

此外，美国不断加强跨市场、跨国家风险监测，风险监测工具主要包括跨市场监控小组（ISG）[①]、市场间监测信息系统（ISIS）以及跨市场财务监控小组（IFSG）等。通过加强跨市场的场外业务监测监控，可以全局性把握单一机构参与多个市场的交易活动、金融机构跨行业经营活动等情况，及时发现问题并进行风险预警。

（二）欧盟场外业务风险监测实践——以德国为例

1. 监管体系

欧盟场外证券市场监管具有区域内市场及标准求同、不同市场间存异以及各市场衔接畅通的特点，其中以德国最为典型。德国证券市场的立法与监管涵盖在统一立法与监管框架之下，不因其为场内、场外市场而有太大区别。德国证券市场的法律体系由欧盟、德国国家以及交易所三个层面构成，其场外业务监管机构主要包括联邦金融管理局（BaFin）以及交易监察办公室（TSO）。此外，德国还成立了"德意志衍生品协会"及"德国衍生品论坛"等自律组织，以实现对场外创设产品和交易的自律监管。

2. 风险监测

德国场外风险监测主要包括交易监测和结算监测。在交易监测端，风险监测不仅局限于证券交易所，德国对《证券交易法》进行修改后将各种场外电子交易系统也纳入监管范畴，执行统一的监管标准，要求这些交易系统需要获得准入授权并接受 BaFin 的持续监管，从而

[①] ISG 成立于 1981 年，成立之初仅有美国的证券交易所和相关组织，1990 年 ISG 添加了附属类别，以进一步吸纳期货交易所和非美国组织加入。2008 年 ISG 取消了正式成员和附属成员之间的差别，对成员进行了进一步扩容，截止到 2021 年 7 月已经有 60 个成员，涵盖的交易所覆盖了北美、澳洲、亚洲、中东和欧洲的多个国家和地区。

使场外和场内的风险监测日渐趋同。如法兰克福证券交易所的主要交易平台 XETRA 电子交易平台作为其主要风险监测工具，通过对竞价过程中的申报和成交行为进行连续监控、对市场流动性以及异常交易进行监测等方式，在中央对手方结算、市场流动性监测等方面具有优势。

在结算监测端，根据《德国银行法》的规定，从事清算、结算活动的机构都需要在 BaFin 和德意志联邦银行进行注册，并定期提交清算与结算活动情况、参与者情况以及清算与结算系统的管理规则。此外，德国场外市场还建立了非常完善的信息报告制度，根据《证券和衍生工具交易规则报告》，从事投资服务活动的机构必须每日向 BaFin 电子报告系统报告所有证券和衍生品的交易情况，报告内容涵盖交易价格、时间、交易对手、方式及目的等。BaFin 对收到的报告数据进行统计、分析和监测，根据分析结果判断是否存在内幕交易或市场操纵行为。

（三）英国场外业务风险监测实践

1. 监管体系

英国场外市场交易品种包括权益类、商品类、汇率类和利率类产品及其衍生品，整体与德国类似。英国金融行为监管局（FCA）对场外市场交易行为进行功能监管；英国审慎监管局（PRA）和 FCA 按照分类对银行、证券投资机构及保险人等进行审慎监管；英格兰银行对场外交易集中结算的中央对手方进行监管，主要法律依据包括《2000 年金融服务及市场法》和 FCA《自律手册》等。

2. 风险监测

英国场外市场风险监测依托于行业自律，伦敦证券交易所（LSE）与 FCA 在产品和主体准入监测、清算和结算监测方面密切合作。在交易市场的监控上，LSE 通过制定详细的业务规则和采用新的监控技术完善一线监管职能，如通过整合监控系统（IMAS）在交易事件内对证券交易进行实时监测；使用智能监督系统（IAS）监测异常交易活动；通过证券交易新闻服务（RNS）帮助公司及其中介机构以最有效的方式履行英国及其他地区的监管披露义务，传达监控与财务讯息。此外，英国场外业务跨市场、跨国家监测主要由 FCA 主导，包括证券与衍生品之间的跨市场监测，以及作为 ISG 成员与其他成员建立跨市场监测信息分享合作关系等。

（四）境外市场场外业务风险监测经验借鉴

1. 形成健全的场外业务监管规则体系

2008 年金融危机之后，各国家或地区认识到迫切需要建立清晰的框架来有效管理金融市场。由于以往过于宽松的监管，场外衍生品交易对手方信用风险和不透明性没有得到很好的控制，对金融危机带来了直接影响。因此，各国家或地区纷纷通过完善场外衍生品监管法律法规加强场外衍生品监管，提高市场透明度。

2. 功能监管与机构监管相结合

金融监管部门不再单一适用机构监管或功能监管，往往是二者并重，以宏观审慎监管为原则加强系统重要性机构的监管，同时建立起针对交易行为的微观审慎监管机制。既要对金融市场主体进行主体层面的监管，又要结合金融主体开展的金融业务性质进行功能性监管。

机构监管和功能监管之间相辅相成、交错发展。

3. 自律组织发挥一线监管和监测的重要作用

英美等国家及地区的场外业务风险监测机制呈现出自律组织发挥了一线监管[①]、监测重要作用的特征。强化自律组织前端监管、监测职能体现在金融监管部门对产品注册、发行以及监测等实质性监管权力的下放，而其自身仅专注于形式审查、宏观政策的制定以及事后行政追责等。

4. 监管科技在场外市场监管中得到普遍应用

2008年金融危机之后，英美等国家或地区均已基本完成监管体制改革，对于风险数据、信息建模分析处理、评估预测、交易监控等方面的需求越来越高，在强化功能监管、穿透式监管、一致监管的同时，也在对金融科技领域补充立法。

5. 跨市场、跨国家间的市场监测合作不断加强

英美等国家或地区不断加强跨市场风险监测，积极推进实现跨国家或地区间的市场监测合作。通过加强跨市场场外业务监测监控，可以为监管机构提供展现市场全貌的视图，全局性把握单一机构参与多个市场的交易活动、多个机构参与单一市场的交易活动以及金融机构跨行业经营活动等，及时预警并防范风险蔓延。

二、我国证券公司场外业务风险监测现状及存在的不足

（一）场外业务的规则体系亟须完善

与英美等国家相比，我国场外业务存在法律地位未明确、制度不足的短板。从场外业务的制度规则体系梳理情况来看，2020年新修订的《证券法》中未明确"场外业务"以及"柜台业务"的定义及范畴；同时，现行法律、行政法规和部门规章中缺少关于证券公司柜台业务的专门规范，目前主要为行业自律组织发布的《证券公司柜台市场管理办法》，法律层级较低。此外，具体场外业务或产品规则也不完备。

（二）场外业务自律管理作用需进一步加强

从境外监管经验来看，行业自律组织在场外业务管理中发挥了重要作用。相比之下，我国场外业务的自律管理目前主要依靠交易报告和统计分析，配合监管要求进行指导，在以下方面仍存在短板：一是对场外业务的日常主动跟踪和业务模式分析、评估、指导、检查等持续动态管理机制尚未成型；二是报告系统收集业务信息的及时性、完整性和准确性有待进一步提高；三是行业自律组织对场外业务的一线监控作用有待进一步发挥。

（三）场外交易信息归集、报告机制及行业信息集中、共享机制需进一步建立

数据归集与处理是证券市场风险监测的核心机制之一。目前，场外交易报告库尚未实现

[①] 有学者认为，"从西方主要交易所一线监管的实践来看，按照监管和运营分离的程度可分为由低到高三个层次：其一，交易所内部保持监管和经营的相对独立性；其二，监管和经营运作完全分离；其三，交易所把部分监管权限转移给国家证券监管机构"。也有学者认为，"一线监管"并不是我国证券法上的概念，而是借鉴了香港交易所之法定地位的表述，是其对市场参与者，尤其是对发行人的自律管理与法定监管。

能够覆盖全业务流程的数据收集和集中；各报送主体在要素定义等方面存在不规范、数据字段标准化程度不高等问题，导致交易报告数据质量不高，影响监测监控的质效；此外，针对证券公司场外业务的监测监控尚未完全实现数据共享，难以实现对各类业务风险的全局性、联动性监测。

（四）场外业务电子化平台需进一步发展

电子化平台具有实时记录业务数据和交易流水的功能，在数据报送和一线风险监测方面能发挥一定作用。目前，我国场外业务电子化平台交易的普及度不高，影响场外业务透明度，为监管机构、自律组织及时提供业务数据及配合处置的效率也大打折扣。

（五）跨市场的监测监控体系及机制尚未建立

场外业务跨市场、跨机构的特征，对监测监控提出了更高的要求，需要建立适合场外业务的风险监控与量化模型、优化场外业务监测指标体系等，并在各监管机构之间建立起数据共享机制。目前场外债券交易已初步建立了跨市场的监测监控，对证券公司在银行间市场、交易所市场等开展债券交易进行全局性监测，但其他场外业务的跨市场监测监控机制有待进一步完善，场内场外的信息共享及联动监测有待进一步加强。

三、完善我国证券公司场外业务风险监测的政策建议

（一）健全场外业务规则体系，为场外业务发展及监测监控工作提供制度保障

一是推动监管机构出台《证券公司柜台业务管理办法》，对证券公司场外业务开展的基本原则和框架进行顶层设计，并进一步明确场外业务监测监控机制，为场外审慎监管和自律管理提供更充足的制度依据。二是完善配套规则体系的支持。研究并推动收益凭证业务规则的制定及出台，明确业务开展流程、内部控制、信息披露、数据报送义务等要求，完善场外业务规则体系。

（二）进一步发挥自律管理作用，规范场外业务健康发展

一是进一步落实行业自律组织场外业务自律管理职责。在制度层面规划制定场外各类业务的专项自律规则，组织研究制订场外业务发展规划方案，完善场外业务创新评价机制，为证券公司提供良好的生态环境；加强场外报告库建设，拓展业务应用场景和数据范围；对证券公司等主体违规行为及时采取管理措施并规范引导。二是发挥证券交易场所、清算机构的自律管理职责。做好场外交易、登记结算业务监测监控，及时预警、评估、发现以及报告风险。

（三）优化场外业务风险监测机制，提高监测监控质效

一是以"穿透式"监测为目标，分业务条线建立场外业务监测监控体系。以证券经营机构主体、合约及账户等为主要关注点，建立能够覆盖产品业务全生命周期的穿透式监测监控体系，实现同一挂钩标的在场内外以及同一交易主体在不同市场、不同品种间的立体联动式监测。二是推动场外交易数据标准化建设工作，优化场外交易数据治理。制定覆盖交易对

手方、交易行为等场外基础信息标准,研究建立场外行业统一的主体识别码、产品识别码与交易识别码,提高数据的可用性和报送效率。三是进一步提升场外业务数据接口化报送的覆盖率。通过扩大电子化报送接口的适用场景,助力实现向上的产品穿透和向下的账户穿透,从产品基本信息、交易明细数据、投资者账户数据等方面实现全面汇集和整合,实现"看得清、管得住"。四是建立数据共享机制。推动建立场外监测机构与沪深证券交易所、中金所、基金业协会等机构信息共享机制,加强对冲情况、异常交易情况等信息双向共享。

(四) 规范场外业务金融基础设施建设,防范系统性风险

一是进一步夯实场外交易报告库职能。建议在相关制度中明确交易报告库的金融基础设施地位,持续优化报告库功能。二是遵循适度集中原则,完善场外金融资产登记托管体系。对于标准化程度较高的产品可以集中登记,夯实监测监控数据基础。三是探索集中清算制度,防范场外衍生品市场风险。借鉴国际监管经验,从场外衍生品入手完善场外清算金融基础设施,将标准化程度较高、流动性较强的场外衍生品纳入集中清算,防范系统性风险。四是推进场外市场金融基础设施互联互通。推进场外交易报告库与证券交易所、中国结算等金融基础设施数据联通,打通场内外数据联通链路,高效汇集投资者场内外账户及交易信息。

发挥柜台市场功能 规范证券公司金融产品代销业务研究

赵恒珩 刘辉 孙涛 钟振东[*]

一、证券公司金融产品代销业务存在的问题

近年来,我国证券公司金融产品代销业务快速发展,在推动证券公司财富管理转型中的积极作用愈发显现。但与此同时,证券公司金融产品代销业务逐渐暴露出业务功能发挥不足、行业信息管理不足、基础设施投入不足等问题,不利于业务发展和市场监管。

(一)业务功能发挥不足

证券公司代销业务目前还基本停留在单纯的产品销售,与之相延伸的交易、财富管理相关业务功能发挥不足。一是代销封闭期金融产品的流动性不足,如部分私募产品锁定期较长,存在客户想选择退出但缺少退出渠道的问题,金融产品代销相关转让、做市的交易功能欠缺。二是金融产品代销相关资产配置、投资顾问等财富管理功能发挥不足。尽管部分证券公司已取得公募基金投资顾问业务试点资格,但所提供的管理型基金投资顾问服务目前限于场外的公募基金,资产配置工具不全,与代销金融产品缺乏有效衔接,尚不能满足客户多元化财富管理需求。

(二)行业信息管理不足

证券公司代销活动目前尚未实行集中的业务信息登记,且不同产品归属于不同信息报送通道,监管备案信息归集不统一,业务监测监控短板明显,与之相对应的行业信息管理不

---

[*] 作者简介:赵恒珩,中证机构间报价系统股份有限公司执行委员会委员;刘辉,中证机构间报价系统股份有限公司数据治理部总监;孙涛,中证机构间报价系统股份有限公司数据治理部副总监;钟振东,中证机构间报价系统股份有限公司数据治理部高级经理。

足。一是在证券公司代销活动中，证券公司不仅被要求向销售网点属地的证监会各派出机构进行业务报备，还要向证监会机构监管综合信息系统、证券市场交易结算资金监控系统等备案，而不同产品委托人又要向不同监管主体报送监管信息，容易出现数据多头重复报送、数据质量参差不齐、数据标准不同、数据共享不畅等问题，尚未实现集中统一的业务信息管理，监管备案信息归集不全。二是证券公司代销的账户监管尚未完全关联监管备案信息，难以实现跨账户信息的穿透式管理，如部分私募产品净值跌破预警线后难以及时穿透掌握账户持仓情况等。三是证券公司代销业务违规时有发生，如个别证券公司放松产品准入审查标准，不同代销渠道销售相同产品风险等级不一致，甚至向投资者销售不适当的复杂产品；个别营销人员弱化产品风险收益特征，对投资者进行误导性陈述，预测或夸大产品投资收益等。从监管通报来看，证券公司代销业务存在合规风险和销售乱象，从业人员的营销管理较为薄弱，而市场监管资源较为短缺，业务监测监控存在短板。

（三）基础设施投入不足

证券公司代销渠道目前须逐一对接金融产品委托方，销售组织网络错综复杂，营销过程透明度不高，与之相配套的互联互通、投资者保护相关基础设施投入不足。一是证券公司代销端与金融产品端的业务对接存在数据交换不标准、系统接口不规范、账户体系不统一、资金划转不便捷等问题，产品转换等业务周期较长，业务系统交互成本较高，行业运作效率较低，互联互通的基础设施投入不够。二是证券公司代销活动缺少行业权威的信息查询与核实渠道，投资者难以识别销售"伪冒"产品、销售人员"飞单"等欺诈行为，投资者保护的基础设施存在空白。

二、依托证券公司柜台规范金融产品代销、发挥柜台市场功能的业务设计

（一）可行性

为推进柜台市场业务发展，2012年12月，中国证券业协会启动柜台市场试点工作，并先后发布《证券公司柜台交易业务规范》《证券公司柜台市场管理办法（试行）》等相关业务规则，明确证券公司开展柜台市场业务的要求，可以通过柜台市场销售或转让《证券公司代销金融产品管理规定》允许代销的产品，所以证券公司依托柜台开展金融产品代销不存在制度障碍。多年来，证券公司围绕柜台市场业务开展了很多探索与实践，从而为进一步丰富和完善证券公司金融产品代销、推动财富管理转型提供了新的视角。为此，依托证券公司柜台规范金融产品代销、发挥柜台市场功能已具备现实基础。

1. 柜台市场的业务功能可行

自柜台市场试点以来，证券公司柜台组成的柜台市场在产品发行、销售、交易、账户、登记、托管、结算等方面进行一系列功能探索与业务实践，可以满足产品代销的基本功能需求。据不完全统计，2021年，证券公司柜台市场已开立投资者账户3 214.32万个，销售产品43 263只，累计销售1.36万亿元。证券公司柜台已为客户提供相关产品的转让、做市、质押等试点服务，丰富了投资退出机制，可以满足产品代销的业务功能拓展。

2. 柜台市场的信息管理可行

目前，证券公司的柜台市场在信息披露、业务报备、产品备案等方面已建立集中的信息

管理体系，中证机构间报价系统股份有限公司（以下简称"中证报价"）建设运营场外证券业务报告系统，实现数据报送、数据归集、数据存储、数据共享等数据管理的集中统一。据不完全统计，自 2013 年以来，场外证券业务报告系统已持续接受 130 家证券公司场外证券业务备案，并对 42 家柜台试点证券公司开展柜台市场业务进行监测监控，实现柜台市场统一管理，可以满足产品代销的监管信息服务。

3. 柜台市场的基础设施可行

中证报价于 2014 年开始建设运营机构间私募产品报价与服务系统，已持续为 89 家证券公司开展收益凭证等柜台市场业务提供互联互通、发行转让、登记结算等基础设施服务，实现柜台市场功能线上化联通。中证报价在柜台市场基础设施服务方面已拥有多年的成熟经验，积累了相关专业人员和技术储备，可以满足产品代销的基础设施需求。

（二）基本思路

金融产品代销已成为证券公司财富管理转型的重要发力点，而证券公司柜台销售本身包含公募基金、私募基金、资管计划、收益凭证、基金专户、信托计划等金融产品，金融产品代销与柜台销售基本重合。所以，金融产品代销实质上应属于柜台业务的范畴，可以依托证券公司柜台延伸金融产品销售的内涵，以此来规范金融产品代销、发挥柜台市场功能、释放出证券行业财富管理的潜能（见图 1）。

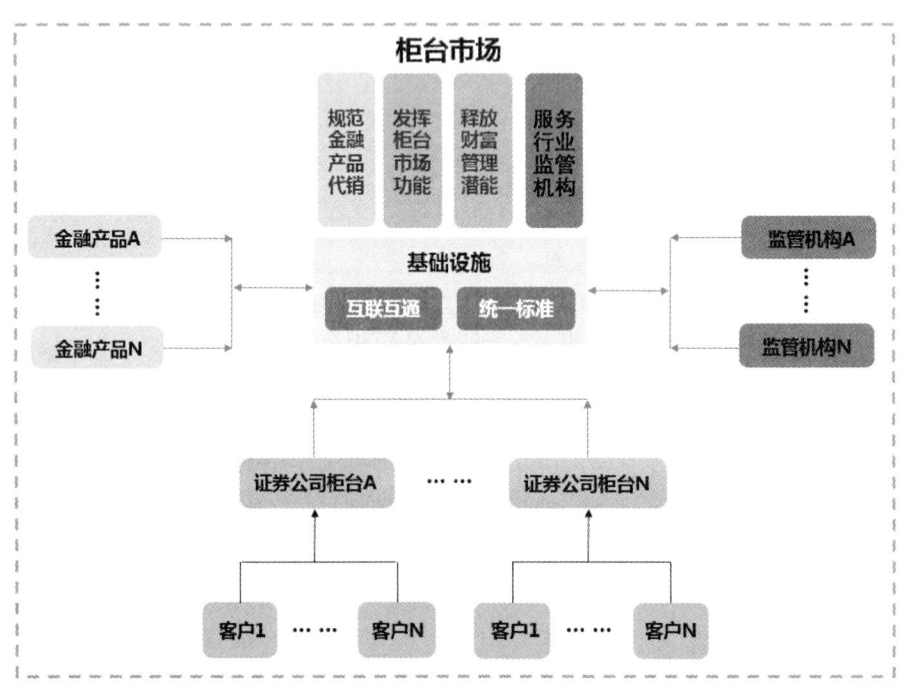

图 1 柜台业务设计思路

1. 依托柜台基本功能，通过柜台开展金融产品代销

证券公司柜台本身具备产品销售相关账户开立、资金结算、份额登记等基本功能，证券公司通过柜台能够开展金融产品代销。

2. 发挥柜台市场功能，满足柜台代销业务功能拓展

证券公司依托柜台能够满足代销业务功能拓展，为客户提供转让、做市相关柜台交易服务，完善投资退出方式，解决部分封闭期产品的柜台流动性问题，充分发挥柜台市场功能。

3. 加强行业信息管理，促进柜台代销业务规范发展

证券公司代销活动在信息集中登记、监管信息归集、业务监测监控等方面存在不足，应加强行业信息管理，促进柜台代销业务规范发展。一是依托场外证券业务报告系统将柜台代销业务全流程关键信息纳入监管备案视野，通过柜台自动化采集、校验、报送业务数据，实现监管信息集中登记，为开展监管工作提供数据支持。二是通过场外证券业务报告系统先完成柜台代销的业务备案、信息登记、数据治理等基础工作，再根据监管要求内网分发共享给证监会机构监管综合信息系统等监管系统，提升监管数据服务质量，解决数据多头重复报送等问题，减轻报送义务人负担，实现监管信息归集管理。三是结合证券公司账户管理功能优化试点工作，统一账户体系，将基于客户统一身份识别的综合客户账户纳入柜台代销，对同一客户名下的资金账户、产品账户进行跨柜台关联管理，归集持仓信息并同步监管备案，以便精确识别哪个产品在哪些柜台渠道卖给哪些投资者、哪个投资者通过哪些柜台渠道买了哪些产品，实现跨柜台、跨账户、跨产品等多维度穿透式管理。四是加强场外证券业务报告系统对证券公司柜台代销业务的合规透视，将发行人准入、产品准入、客户准入、销售宣传、投资者适当性、服务收费、营销激励、投诉处理、声誉风险等重点环节纳入监测监控范围，构建完善的业务监测和风险防控体系，实现动态监管、主体监管和行为监管。同时，加强客户经理、投资顾问等销售人员的备案管理，通过行业通报、负面清单、黑白名单等监管方式，对售前、售中、售后服务进行规范。

4. 增加基础设施投入，实现柜台代销多层次互联互通

证券公司代销业务在互联互通方面有待完善，应增加基础设施投入，实现柜台代销多层次互联互通。一是为金融产品在证券公司渠道代销构建互联互通的"高速公路"，打造代销业务数据标准化、保密化、自动化流转的枢纽平台，支持金融产品批量拓展柜台代销渠道，建立数据交换、系统接口、账户体系、资金划付等统一标准规范，能够"一点接入、多点联通"全市场的销售、TA、支付、交易等业务系统，消除产品委托人与证券公司柜台代销渠道需要逐一对接的行业痛点，提升行业运作效率。二是基于场外证券业务报告系统建立备案信息互联互通的投资者保护平台，对柜台代销的金融产品、销售网点、营销人员等关键要素进行编码管理，对非法代销活动进行公告提示，为投资者提供统一权威的信息查询与核实渠道，防范虚假产品和业务"飞单"，有效提高行业透明度，切实保护投资者利益。三是探索柜台代销与场内交易所市场、银行理财等行业外市场等更高层次的互联互通，支持产品"超级转换"、充抵保证金等业务升级，提高账户资金使用效率，实现基础设施功能扩展，促进行业高质量高水平发展。

5. 延伸财富管理内涵，释放柜台代销财富管理潜能

证券公司依托柜台代销能够延伸财富管理内涵，应推动其从提供单一金融产品销售向全权委托的财富管理服务发展。证券公司可将投研能力、专业人才、金融科技等赋能到柜台代销上，并结合柜台市场名义持有账户模式，打通代理客户持有交易所交易产品（ETP）等场内产品的壁垒，完善柜台代销的财富管理功能。根据客户需求，证券公司在柜台代销产品范围内主动为客户筛选优质投资标的，随着市场变化不断寻找合适的替代产品，及时调整产品

组合投资策略,提供高质量可持续的资产配置、投资顾问、代理交易一站式服务,为客户实现资产保值增值,逐步把"短钱、热钱、快钱"变成长期投资资金,释放柜台代销财富管理潜能。

(三) 现实意义

依托证券公司柜台规范金融产品代销、发挥柜台市场功能具有重要的现实意义。一是有助于加强投资者权益保护,将合适的产品销售给适当的投资者,有效降低纠纷投诉,防范各类欺诈风险,提升行业合规水平,为解决当前私募产品的投资者共识机制不足带来的系列问题提供了新的解决思路。二是有助于扩展财富管理的内涵,提升证券行业服务客户财富管理需求的能力,为行业高质量发展提供新动能。三是有助于行业标准与信息管理的统一,减少数据多头报送,弥补监管数据空白;同时将不透明的业务流转换成可监管的信息流,实施全口径穿透式管理,有效防范业务风险,提升监管效能。四是有助于避免系统重复性建设与碎片化发展,降低市场对接成本,提高行业运行效率,为建立在高水平互联互通基础上财富管理的新业态、新场景创造新条件。

三、政策建议

(一) 明确证券公司代销金融产品归属于柜台业务

中国证监会印发了 2022 年度立法工作计划,提出要抓紧研究、择机出台《证券公司柜台业务管理办法》。建议监管部门及行业自律管理组织在制定证券公司柜台业务相关规则中,明确证券公司代销金融产品业务属于柜台业务,证券公司代销金融产品应当通过柜台开展,证券公司柜台代销的金融产品支持交易、财富管理的柜台市场功能,委托有关单位为证券公司代销金融产品提供柜台市场功能的基础设施服务。同时,要求证券公司代销金融产品应当履行柜台业务备案报送义务,委托有关单位对证券公司代销金融产品的柜台业务承担备案管理、登记核查、互联互通、监测监控、统计分析、交易报告等相关职能,并为投资者提供统一权威的信息查询与核实渠道。

(二) 发挥好证券公司代销金融产品的柜台市场功能

建议监管部门及行业自律管理组织将证券公司代销金融产品的交易、财富管理的柜台市场功能纳入监管政策规划中,加大政策支持力度,成立专项工作组,指导有关单位及证券公司、金融产品发行机构、托管机构、登记结算机构等相关参与主体加大对柜台市场功能的技术支持和人才投入,扎实做好系统开发、功能上线等相关工作,并以监管沙盒方式试点相关柜台市场功能。对于柜台交易,可以借鉴沪、深证券交易所"基金通"平台做法,选取封闭期长、有流动性需求的部分代销金融产品在证券公司柜台开展转让、做市的试点。对于柜台财富管理,可以借鉴公募基金投资顾问业务试点经验,选取资产管理能力突出的部分证券公司依托柜台向客户提供全权委托型财富管理服务,并结合柜台市场名义持有账户模式,打通代理客户持有交易所交易产品(ETP)等场内产品的壁垒,在代销金融产品范围内开展资产配置、投资顾问、代理交易的试点。而柜台市场功能整体试点过程同步纳入监测监控范围,之后根据试点情况再评估决定是否向全行业推广。

(三) 加强证券公司代销金融产品的基础设施建设

建议由监管部门及行业自律管理组织牵头,指导有关单位具体落实证券公司柜台代销金融产品的基础设施建设、运营、管理等工作,配套发布有关技术、接口、编码、要素、格式、指标等行业标准规范,推动证券公司柜台市场互通、数据资源管理和共识机制的建立,有效发挥互联互通、投资者保护、功能拓展的基础设施作用。

权益类场外衍生品风险画像及管控机制研究

国泰君安证券股份有限公司风险管理部课题组[*]

权益类场外衍生品业务是当前证券公司的新兴增长点，它既代表了交易投资业务未来的发展方向，也因其业务复杂度极高，给证券公司风险管理带来了新挑战。

证券公司权益类场外衍生品业务主要包含场外期权与收益互换两类。2020年以来监管部门先后出台《证券公司场外期权业务管理办法》（以下简称《场外期权办法》）与《证券公司收益互换业务管理办法》（以下简称《收益互换办法》），标志着场外期权与收益互换业务进入规范发展阶段。有鉴于此，本文从产品结构、业务模式、客户需求、潜在风险以及管理薄弱环节等维度，对场外期权与收益互换业务进行风险画像，并提出完善内部风险管理与外部监管的一些建议。

一、产品类型及应用场景

作为典型的非方向性客需业务，场外期权与收益互换业务主要通过风险对冲获取盈利。在这一过程中，证券公司实际充当了"做市商"角色。一方面，权益类场外衍生品业务凭借灵活多变的产品结构，为商业银行、证券公司、信托公司、私募机构、资管公司、上市公司等各类客户提供定制化服务；另一方面，通过场外与场内联动、背对背交易撮合、结构化产品设计等多种方式，动态对冲市场波动风险，赚取对冲收益。

从业务发展趋势来看，伴随着中证1000股指期权等场内对冲工具的推出，场外期权与收益互换业务可能继续扩张。同时，自营投资业务与场外期权、收益互换业务的联动性可能逐步增强，自有资金的运用不再单纯以方向性投资为目的，而更多应用于客需衍生品对冲。

---

[*] 课题组简介：课题负责人：胡旭鹏，法学博士，国泰君安证券股份有限公司风险管理部总经理，中国证券业协会风险管理委员会委员。课题组成员包括：张起，国泰君安证券股份有限公司风险管理部副总经理；陈敏，国泰君安证券股份有限公司风险管理部副总经理；蒋瑛琨，国泰君安证券股份有限公司风险管理部总经理助理；程天笑、朱晟豪、林旭、谈悦、焦达、翁恺云、卢瀚，均供职于国泰君安证券股份有限公司风险管理部。原载于《中国证券》2022年第9期。

（一）场外期权

虽然场外期权业务创新层出不穷，但梳理市场主流产品可以发现，障碍期权是主要创新方向。本文据此将当前产品分为简单期权与障碍期权两大类（见表1）。

表1　场外期权创新品种

期权名称	代表性产品
简单期权	欧式（美式）看涨、欧式（美式）看跌、欧式（美式）二元看涨、欧式（美式）二元看跌、欧式看涨价差、欧式看跌价差、参与式看涨、参与式看跌价差、跨式期权、区间保护、鹰式组合、算术平均亚式期权、三层阶梯、区间增强、区间累积
障碍期权（雪球类）	逐步调整看涨自动敲入赎回、看涨自动敲出赎回、看跌自动敲出赎回、可变票息雪球看涨自动敲出赎回、降落伞雪球看涨自动敲出赎回、逐步调整雪球看涨自动敲出赎回、雪球看涨自动敲出赎回、增强型雪球看涨自动敲出赎回、折价建仓雪球看涨自动敲出赎回、收益凭证雪球、凤凰看涨自动敲出赎回、增压型雪球看涨自动敲出赎回
障碍期权（其他类）	安全气囊、单向鲨鱼鳍看涨、单向鲨鱼鳍看跌、双向鲨鱼鳍、向下敲入看涨、向下敲入看跌、向下敲出看涨、二元凸式、二元向上不触碰、二元向下不触碰

1. 简单期权

简单期权产品主要包括香草期权、二元期权、Risky期权等。

（1）香草期权。香草期权是最基础的期权结构，按履约时间规定可分为欧式期权和美式期权两种：前者只能在到期日执行，后者可以在期满前的任意时间执行。在实际业务中，香草期权可以满足客户个性化的投资与风险管理需求。

（2）二元期权。与香草期权相比，二元期权的到期回报并不连续。对于看涨二元期权，如果到期日标的价格高于执行价格，则投资者获得固定的收益，否则不获得任何收益；对于看跌二元期权，如果到期日标的价格低于执行价格，则投资者获得固定的收益，否则不获得任何收益。二元期权主要服务于银行结构化理财产品设计，被用于提高产品收益，目前二元期权市场需求总体较小。

（3）Risky期权。在Risky期权结构下，客户支付一定的预付金以及固定的年化期权费率，在约定的价格区间以约定比率获得挂钩标的部分收益，在约定期限满后可申请提前终止。

2. 障碍期权

从市场主流情况来看，较为成熟的障碍期权主要包含Airbag期权、鲨鱼鳍期权与雪球类期权等类型。

（1）Airbag期权。Airbag期权将障碍设置为标的价格的上涨与下跌区间。若标的价格下跌，且跌幅在约定区间内，期权买方不必承担损失；若标的价格下跌，且超过约定区间，则期权买方收益等同于标的涨跌幅。因此，其具有有限的下跌保护功能。相反，若标的价格上涨，且涨幅未超过约定区间，期权买方获得标的价格上涨收益；但是，若标的价格涨幅超过约定区间，期权买方仅能获得约定区间上限的收益，无法获得后续超额收益（见图1）。

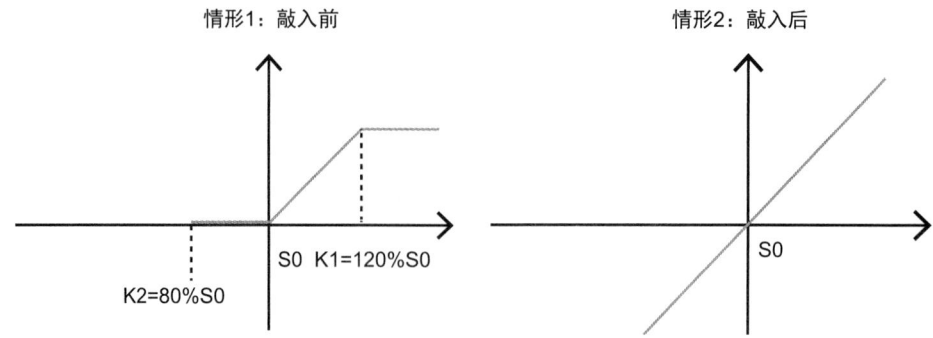

图 1　封顶型 Airbag 期权收益结构

购买 Airbag 期权的客户通常对于标的有明显的中长期看多倾向，但对于短期走势判断存在不确定。Airbag 期权可以降低投资者择时难度，在难以判断是否会有一定幅度下跌风险的情况时，选用该结构有助于提升投资者的交易容错率。鉴于个股波动较指数更为剧烈，所以该类产品往往挂钩个股标的以对抗相对剧烈的下行风险。

（2）鲨鱼鳍期权。鲨鱼鳍期权会事先限定一个标的资产的价格范围，如果标的资产价格在该范围内波动，则期权等同于一个普通香草期权；如果标的资产价格超出了该范围，则该期权自动敲出，敲出后投资者将获得一个较低的固定收益。因此，鲨鱼鳍主要适用于低波动资产。

鲨鱼鳍期权可设置一个或两个价格范围，以满足投资者的特定需求。如果投资者认为标的价格上涨但涨幅不会超过某个特定的范围，那么其可以使用单鲨鱼鳍结构（即约定一个价格范围）来获取收益。相比于香草看涨期权，单鲨鱼鳍结构由于在约定价格以外只能获得较低的固定收益，因此成本较低。如果投资者认为标的价格未来会在某个特定的范围内波动，那么他可以使用双鲨鱼鳍结构（即约定两个价格范围）降低期权费从而提高收益（见图 2）。

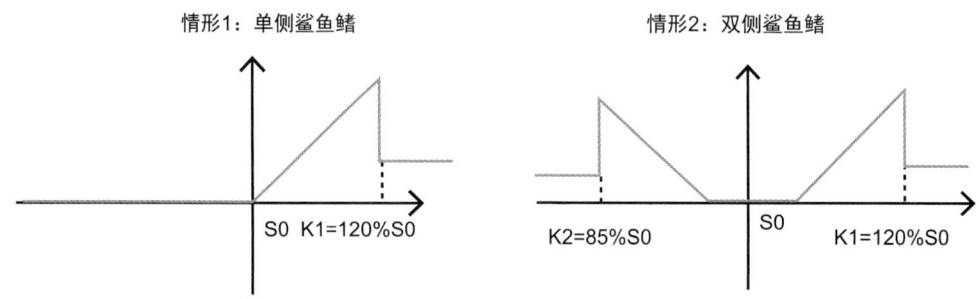

图 2　鲨鱼鳍期权收益结构示例

鲨鱼鳍期权针对低波动资产的特性，使其风险也相对较低。银行理财是鲨鱼鳍期权的主要需求方。随着银行理财规模的增大，鲨鱼鳍期权存在一定的市场需求。

（3）雪球类期权。雪球类期权市场热度最高，创新品种也最多。目前，全市场相关业务模式主要分为两类：一是单纯雪球期权交易；二是嵌套雪球期权的收益凭证。

雪球类期权同时设置了敲入和敲出机制，其买方收益主要涉及标的涨跌幅以及波动率，以最简单的情形为例，可归纳为以下四个场景：①持续上涨，标的价格触碰到敲出线：合约提前结束，投资者获得按照年化收益计算的短期收益。②持续下跌，标的价格触碰敲入线：投资者承担下跌亏损。③持续震荡，标的价格未触碰敲出敲入线：投资者持有至到期，持续获得固定收益。④下跌后大幅反弹，标的价格先触碰敲入线后触碰敲出线：合约提前结束，投资者取得按照年化收益计算的短期收益（见图3）。

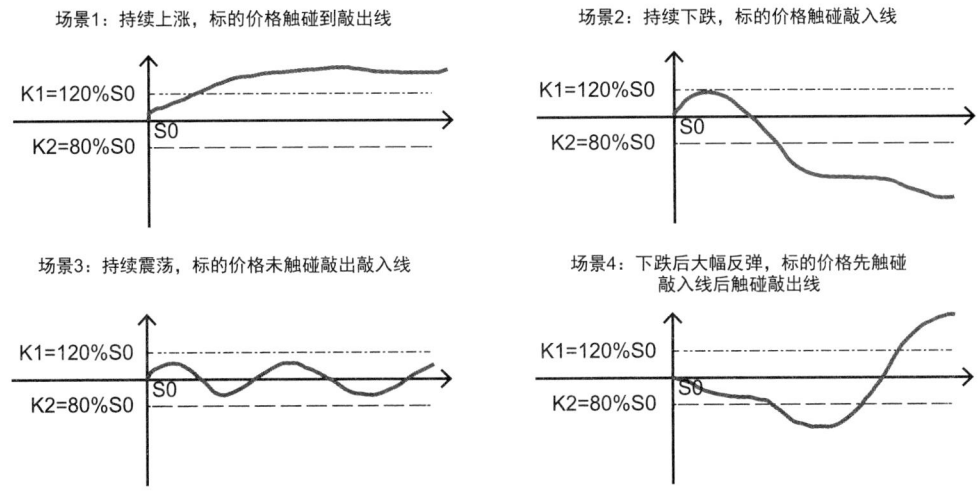

图3 雪球期权收益结构示例

若标的价格没有出现大幅下跌，投资者作为买方将会获得稳定的投资收益，像"滚雪球"一样越滚越大。因此，雪球产品适合投资者在震荡市中获取相对稳定的投资收益。相反，对于卖方而言，则需要支付更多票息，因此，波动率越小，单个产品的亏损风险越大。

（二）收益互换

在收益互换业务中，客户可以通过做多挂钩标的以获得收益，或做空标的实现风险对冲。目前，该业务主要存在以下需求。

一是看多型收益互换。客户向证券公司缴纳一定比例的保证金，得到挂钩标的收益权。在互换协议到期后，客户得到标的实际收益，收回保证金，并付出以固定利率计算的利息。在收益互换业务发展的最初阶段，挂钩股票的"看多型收益互换"一度成为业务发展重点。但面对潜在风险，监管部门于2015年起逐步规范该类业务，目前要求挂钩个股与窄基指数的"看多型收益互换"必须以全保证金形式开展。此外，客户也可通过这一业务形式参与定增或跨境投资。

二是融券对冲型收益互换。当客户对某些证券有卖空需求，但限于券源稀少时，客户可与证券公司达成收益互换交易，客户付出一定保证金以获得证券公司融出的券源，同时付出利息以及底仓多头收益。该类业务一般用于日内量化策略、ETF高频套利或打新基金的底仓对冲。

在融资融券业务模式下，证券公司通过自行买券或转融通的形式获取券源。若自行买券，证券公司或者承担较高的对冲成本，或者承担股票下跌风险。若采用转融通的方式，则可获取的息差较薄。相比之下，融券对冲型收益互换既可以为证券公司提供更厚的息差，也能够为客户提供更多的融券标的。

三是多空型收益互换。其源自 AB 款收益互换。2020—2021 年，AB 款收益互换发展迅猛。但《收益互换办法》第 17 条明确规定"收益互换业务不得挂钩私募基金及资管计划等私募产品、场外衍生品"。受此影响，AB 款收益互换后续无法展业。目前，证券公司已将此类业务转变为多空型收益互换。相较原有交易结构，多空型收益互换不再成立资管计划，而是以直接挂钩股票或股指的形式开展。由此，该类业务的对冲头寸将受到《证券公司风险控制指标管理办法》相关要求的限制。

二、关键风险特征

场外期权与收益互换业务涉及市场风险、信用风险、流动性风险、操纵风险、模型风险等各种风险类型，并具体地体现在以下方面。

（一）交易对手风险难以穿透识别

场外期权与收益互换业务的交易对手主要包括：持牌金融机构、私募机构、金融产品等。相较持牌金融机构，因为私募机构与金融产品财务报表波动较大、产品信息难以获取等原因，证券公司识别其交易对手风险面临实际困难。进一步地，当交易对手为产品时，产品本身存在突出的嵌套现象，产品资金来源难以核查，导致对交易对手风险的穿透识别更为困难。

（二）估值复杂程度高、存在操纵空间

场外期权与收益互换业务估值模型技术难度极高，且相比于场内业务，其缺乏第三方估值支持。目前，主要估值方法分为解析法与数值法。估值结果的准确性依赖于估值方法与参数的选择，存在较高的模型风险与操作风险。同时，面对市场竞争、业绩考核等多重压力，业务部门对估值的态度较为激进；若无法保证估值的公允性，则容易导致财务业绩出现大幅波动。

（三）对冲难度大、对冲失效的潜在风险突出

场外期权与收益互换业务盈利高度依赖风险对冲。但客观上，风险对冲存在诸多难点。一是场内对冲工具相对匮乏。二是在技术上，雪球期权、二元期权在行权价附近难以对冲。三是部分衍生品业务挂钩标的面临流动性不足，极端情形下，可能无法及时处置，导致无法对冲。四是当业务规模增长到一定水平后，场内对冲工具的市场容量制约了对冲有效性。

（四）集中度风险隐患不容忽视

场外期权与收益互换业务集中度风险分别体现在行业与业务多个层面。在行业层面，主要证券公司的业务模式与产品策略基本一致，容易出现恶性竞争，引发业务亏损。在业务层面，私募机构与金融产品作为交易对手的集中度过高，部分证券公司还存在较高标的集中度，容易受到股票特质风险的冲击。

尤其须注意的是，在极端情形下，若雪球期权对冲收益不足且无新合约展期，则存在发生集中兑付事件的可能性，从而对证券公司总体流动性造成冲击。

（五）业务操作复杂，容易引发操作风险事件

场外期权与收益互换业务技术难度较高，协议条款繁杂，非标准化程度较高，出现操作风险的可能性较高。目前，在《收益互换办法》驱动下，多空型收益互换业务已成为主要发展方向，需逐笔对冲挂钩标的，因此，将面临急剧上升的交易量，极易出现操作风险事件。

三、风险管理重点及薄弱环节

场外期权与收益互换业务的外部监管与内部管理是同一枚硬币的正反两面。内部管理主要以外部监管为指引。自2013年证券公司试点场外衍生品业务以来，外部监管规范不断完善，自上而下地形成了包括交易规范、风险管理指引以及各类主协议文件在内的制度体系。2020年9月与2021年12月，中国证券业协会先后发布《场外期权办法》与《收益互换办法》，正式建立场外期权与收益互换业务管理的基本框架。在这一框架下，场外期权与收益互换业务风险管理重点在于交易对手风险管理、授信与保证金管理、估值管理、风险集中度管理等方面。但总体而言，相较场外期权与收益互换业务的高速发展，业务风险管理存在一定程度的滞后。

（一）交易对手与保证金管理要求模糊

严控客户准入是交易对手风险管理的首要任务。但是实际上，面对私募机构、金融产品风险穿透难这一客观事实，部分证券公司对交易对手风险识别的要求相对较低，往往仅满足于最基础的客户适当性管理要求。同时，在这种情况下，保证金管理对于防范交易对手风险的作用就尤为突出。但目前，保证金管理也存在以下不足：一是保证金比例设定存在一定的主观性；二是保证金比例很可能作为议价条件之一，为迎合激烈的市场竞争，而被迫降低管理要求。

（二）授信管理框架有待完善

授信管理是信用风险管理的核心工具。总体而言，场外期权与收益互换业务的授信管理尚处于初级阶段。一是授信概念模糊。证券公司授信管理往往用于设定业务规模上限维度，即所谓"综合授信"，而并未区分出"交易授信"的概念，即允许交易对手少缴或者不缴的保证金或权利金。二是授信期限灵活性不够。授信期限往往被固化为1年左右。但实际上，场外期权与收益互换交易期限非常灵活；授信期限与交易期限不匹配导致授信额度存在长期闲置与过度紧张共存的情况。三是授信额度核定简单化。例如，授信额度核定对交易对手财务因素权重过大，与场外期权与收益互换业务风险实质存在一定的脱节。

（三）估值管理机制亟待健全、能力有待提升

场外期权与收益互换业务的信用风险敞口由当期暴露与潜在暴露构成，其中，当期暴露

计量以估值为基础。因此，从风险计量的角度来看，估值是场外期权与收益互换业务风险管理的基础，在合理估值的前提下，证券公司才能计量监控风险敞口、损益以及其他相关风控指标。

同时，业务部门对于估值模型与参数的选择较为激进；相比之下，为了防范估值大幅波动以及由此产生的风险，风险管理部门与财务部门则相对保守。这一矛盾使得不同部门对于估值方法、参数的选择与设置难以取得一致意见，甚至陷入"各自为战"的状态。伴随着业务创新的深入与产品结构的日益复杂，若不能明确估值管理的职责边界，业务发展必然受到不利影响。

此外，专业性较高的客户与证券公司可能使用不同的估值模型，在实际业务过程中对于估值结果存在意见分歧；专业性较低的客户则缺乏估值能力，依赖证券公司提供估值结果。这对证券公司估值能力提出了较高的要求。

（四）集中度风险管理维度需要拓展丰富

场外期权与收益互换业务的集中度管理体现在业务品种、交易对手、标的券与对冲持仓等不同层次。《场外期权办法》与《收益互换办法》也明确提出，证券公司应当完善业务规模与对冲交易持仓集中度。

目前，为降低集中度风险，部分证券公司已探索建立集中度风险管理要求，但总体框架较侧重于交易对手集中度风险管理，标的券与对冲持仓集中度风险管理仅限于满足《证券公司风险控制指标管理办法》中关于"持有一种证券的市值与其总市值的比例""持有一种证券的成本与净资本的比例"等方面的要求，集中度风险管理半径局限于母公司范围内，管理维度需要进一步拓展与丰富。

（五）风控数字化建设跟不上业务发展速度

系统与数字化建设已成为制约场外期权与收益互换业务风险管理的瓶颈。目前，主流软件开发商没有成熟的系统可供采购，因此，相应的风险管理系统开发以自建为主。尽管如此，因为场外期权与收益互换业务复杂性强、个性化程度高，且产品结构创新快，所以，风险管理系统开发的敏捷性往往跟不上业务创新的速度，处于相对滞后的状态。

四、完善内部管理与外部监管的建议

针对场外期权与收益互换业务所暴露出的风险特征，本文从业务实际出发，并借鉴境外经验，提出以下建议。

（一）内部风险管理建议

一是穿透业务本质，严控风险集中度。目前，客户参与场外期权与收益互换交易涉及投资、投机与风险管理等多重目的。风险管理工作须穿透交易形式，牢牢把握客户的真实意图，杜绝监管套利。在此基础上，证券公司一要不断丰富集中度风险管控维度，在同一业务、同一客户管控框架下，形成涵盖业务类型、业务部位、交易对手、风险标的等多元管控维度的矩阵式管理框架；二要将集中度风险管理半径从母公司拓展至并表管理范围内，防止同一交易对手在集团范围内出现风险套利。

二是完善交易对手风险评估、保证金与授信管理。事实上，除了强化尽调之外，交易对手风险穿透难这一问题并没有较好的解决方法。因此，建议证券公司风险管理工作前移，与业务部门建立联合尽调机制，并借助数字化手段形成客户风险画像与档案体系，制订统一的负面客户清单。同时，对于保证金与授信管理，建议证券公司一要区分综合授信与交易授信，将交易授信作为综合授信的一个子类进行评估，通过综合授信实现业务规模层面的风险控制，将交易授信与保证金管理相结合实现交易对手层面的风险控制；二要优化保证金比例计算规则，原则上，保证金比例应能在极端情景下覆盖场外期权与收益互换业务的当期风险暴露与潜在风险暴露，可探索压力测试在保证金比例设定方面的应用；三要严格保证金与平仓管理纪律，明确保证金比例的底线要求，面对重大风险冲击，坚决做到"应平尽平"。

三是优化估值及风险计量方法。估值及风险计量是场外期权与收益互换业务风险管理的核心技术。为保证公允性，建议证券公司一要建立专门管理团队，开展独立估值，在集团范围内提供统一的估值及风险计量服务；二要将境内外先进金融机构的模型经验与证券公司业务本质相结合，不断提升估值合理性，建立与业务环境相适应的估值及风险计量模型体系；三要强化模型的全生命周期管理，提高模型验证频率，高度警惕模型的适用性与参数设定的合理性，避免对于历史数据的过度依赖。

四是强化系统建设、防范操作风险。在数据底层，应加强场外期权与收益互换业务数据治理，提高风险数据库的灵活取用能力，以适应产品结构的快速创新。在系统应用层，风险管理工作不仅要关注风险管理系统建设，也要紧盯业务系统建设，通过业务系统降低交易操作风险，并建立风险管理系统功能的敏捷开发机制，实现全集团业务风险监控、估值与计量的全覆盖，为风险分析决策提供数字化支持。

（二）外部监管建议

一是搭建机构间报价平台，完善交易报告库。当前场外期权与收益互换业务报价以客户主动询价为主，可能导致市场出现恶性竞争。参考境外市场，具有较高公信力的机构间报价平台可以为包括场外期权与收益互换业务在内的场外衍生品提供公开报价服务；同时，在《多德-弗兰克法案》等监管要求下，所有未经中央交易所清算的合约需向交易数据储存库报告，并向公众开放，极大提高了市场的价格发现能力，避免机构间的恶性竞争行为。

二是对估值与保证金管理提供更为明确的规范要求。对于估值管理，证券公司主要遵循《证券公司金融工具估值指引》，但是场外期权与收益互换业务的估值管理要求较为模糊，在内部控制与估值方法论等方面均有较大的优化空间。同时，在保证金管理方面，场外期权与收益互换业务则主要依据《场外期权办法》与《收益互换办法》的要求，但总体来看，相关要求呈现碎片化特征，建议监管部门进行体系化规范。

三是丰富风险对冲工具。虽然中证指数1000股指期货已经推出，为Delta风险对冲提供了更多的工具，但是在Vega、Gamma风险对冲方面，相关工具依然匮乏，建议监管逐步推出波动率风险对冲工具，增强交易商风险对冲手段。

参考文献

[1] 中国证券业协会. 场外业务开展情况报告 [R]. 北京：2021.

[2] 国际掉期与衍生工具协会. 发展安全、稳健、高效的中国衍生品市场 [R]. 北京：2021.

[3] 中证机构间报价系统股份有限公司. 我国证券行业场外衍生品市场发展的问题与思考 [J]. 中国证券，2022（04）：31—35.

[4] 国泰君安证券股份有限公司. 场外金融衍生品市场监管政策国际比较研究 [J]. 中国证券，2022（04）：36—40.

[5] 海通证券股份有限公司. 欧盟场外衍生品监管立法分析与经验借鉴研究 [J]. 中国证券，2022（04）：41—45.

[6] 中证机构间报价系统股份有限公司，华泰证券股份有限公司，国泰君安证券股份有限公司等. 场外市场第三方估值体系研究 [J]. 中国证券，2022（04）：46—50.

[7] 申万宏源证券有限公司. 证券公司场外衍生品杠杆效用研究 [J]. 中国证券，2022（04）：51—55.

[8] 中证机构间报价系统股份有限公司，华泰证券股份有限公司，北京市京悦律师事务所. 证券公司场外业务风险监测的国际经验比较研究 [J]. 中国证券，2022（04）：56—60.

[9] 上海证券交易所—上海交通大学联合课题组. 境外期权法律制度比较研究 [R]. 上海：2014.

[10] 华泰证券课题组，王翀. 场外衍生品业务风险管理难点及对策 [J]. 金融纵横，2020（05）：11—19.

提升证券公司风险管理水平，推动跨境业务高质量发展

中国证券业协会国际合作专业委员会专题研究小组

一、国际投行跨境业务风险管理实践

国际投行跨境业务分为中介型、资本中介型和资本型，三类业务的主要差异在于其是否使用自有资本承担风险以及风险的等级程度（见表1）。美国一流投行普遍采用以资本中介型业务为核心、中介型和资本型业务为两翼的业务框架。

表1　　国际投行跨境业务分类

业务类型	收入类型	业务内容
中介型	承销收入	证券承销、财务顾问
	佣金收入	证券交易、金融衍生品交易
资本中介型	做市商收入	以自有资金为金融市场提供流动性
	投资管理收入	资产管理服务
	利息收入	投行性质贷款、借入拆出资金
资本型	其他投资收益	以自有资金投资证券、金融衍生品

在管理架构方面，国际投行的组织架构有三方面特点：一是组织架构清晰，最大化提高资本使用效率；二是交易授权明确，单一产品交易台均具有清晰的交易授权；三是专业化的人员分工，销售和交易等前台部门各司其职，按资产类别划分，充分发挥专业能力。实践中，国际投行不会对国际业务单独设置管理架构，而是将其纳入业务整体管理架构中。

国际投行通常会建立三道清晰的防线风险架构：强化第一道防线的责任感，为第二道防线提供有效的监督和调整机制，确保第三道防线可以完成独立审核。三道防线相互配合开展风险治理（见表2）。

表 2　　　　　　　　　　　　国际投行三道防线风险架构

风险防线	管理主体	职能
第一道防线	风险承担者（业务线）	直接管理风险
第二道防线	风险管理部门和合规部门	构建公司的风控体系，对业务风险管理进行监督
第三道防线	独立审计	对风控体系的有效性提供独立判断和内部审计

实践中，国际投行还会在业务部门内部设置风险管理岗位，即 1.5 道防线，为第一道防线在提高风险管理效率和有效性上提供专业支持，发挥设计、实施、强化控制过程的作用。主要风险管理措施包括以下四方面：

一是市场风险管理措施。国际投行通常采用自行对冲交易或第三方平盘交易的方式对冲市场风险，并将对冲后的风险暴露净额控制在风险限额范围内。风险管理部会根据业务和挂钩标的特点，设定各类风险限额指标。此外，国际投行普遍配套风险控制模型和风险管理技术软件，使用自研发信息技术系统，根据预设模型对业务的风险暴露进行计量、监测及预警。

二是信用风险管理措施。国际投行普遍具备较强的交易对手风险建模与计量能力，能够对业务各环节进行监控，包括前期的客户筛选、中期的交易审批和后期的监控；对保证金比例、交易对手集中度等设置指标，实时监控交易对手及标的资产的市场信息，当出现市场负面舆论时能够及时采取应变措施；通过交易台、交易对手和投资组合对 CVA①进行对冲与管理，以实现更准确的交易对手信用风险定价和更稳健的对冲。

三是流动性风险管理措施。国际投行会定期进行压力测试，保证在极端情况下维持充足的流动性。如在开展流动性外流的情景假设时，会充分考虑市场和非抗力因素的压力，从时间范围与货币维度设立模型，压力测试的结果会被考虑进流动性敞口的评估。

四是外汇风险管理措施。国际投行主要通过两个方面管理外汇风险：一方面是在地区层面建立一个集中外汇交易台，统一管理当地子公司各业务线产生的外汇风险敞口，交易台向其他业务台收取外汇对冲成本；另一方面是在母公司层面建立一个集中的外汇管理交易台，用来处理母公司外汇风险敞口，母公司向海外各子公司收取对冲成本。

二、我国证券公司跨境业务风险管理实践

我国证券公司通常会建立一体化的风险管理机制，由母公司对子公司跨境业务进行统一管理，母、子公司分别执行各自的风控要求，提高风险管理效率。与开展本土业务类似，证券公司开展跨境业务面临市场风险、交易对手信用风险、操作风险等风险，同时由于跨境业务的特殊性，还面临资金流动性风险、外汇敞口风险。证券公司在业务开展前必须充分评估可能涉及的各类风险，制订严格的业务操作流程和业务管理方案，并通过系统对各类风险指标进行监控，具体风险管理措施如下。

---

① 全称是"Credit Valuation Adjustment"，指信用价值调整，旨在估计因交易对手信用恶化而引起的预期损失，为投资组合价值与无风险投资组合价值之间的差额及各期预期损失之和。

（一）市场风险管理措施

市场风险管理措施包括标的池管理、对冲端管理和市场风险计量。标的池管理是对标的流动性、基本面、合规性等方面设置标的准入要求，建立严格的标的池白名单制度，进行日常维护和管理；通过流动性准入规则剔除流动性过小的标的；执行交易对手持仓标的单票和行业集中度管理，避免压力情形下重大流动性风险事件的产生。对冲端管理是通过场内对冲或背靠背对冲的方式进行跨境业务风险对冲，每日对风险对冲行为进行记录和管理，确保在多个层面上的风险对冲达到预期的效果。市场风险计量是通过计量跨境业务的市场风险敞口、敏感度等指标，设置市场风险限额、将跨境业务 VaR[①] 纳入公司整体市场风险限额体系内，对市场风险进行计量与监控。

（二）信用风险管理措施

信用风险主要来自境内外交易对手违约的风险。信用风险管理措施包括交易对手审批和授信管理、交易协议安排、交易对手信用风险敞口管理、压力测试机制以及违约事件处理机制。证券公司通过建立涵盖事前、事中、事后全流程、多方位的评估机制，对信用风险进行计量和评估，定期和不定期进行压力测试，将信用风险敞口控制在风险限额范围内。

（三）外汇风险管理措施

在开展跨境业务中，证券公司通常在母公司和子公司层面同时对外汇风险进行管理：一是全面计量外汇风险敞口，综合考虑所有非基础货币的资产与负债。需特别注意计算方法，不同金融产品计量外汇风险敞口的方法不同。二是将外汇风险敞口纳入限额管理。业务部门通过套期保值工具管理外汇风险敞口，风险管理部门设置与业务相匹配的外汇风险敞口及相关风险限额，对限额进行逐日监控、提示及处置。三是将外汇风险纳入压力测试管理体系，风控部门定期、不定期进行压力测试与风险测算，制订相应的风险应急预案。

（四）流动性风险管理措施

目前开展跨境业务的证券公司普遍已建立流动性风险管理机制，实行集团内垂直管理，集中管理境内外各分支机构的流动性风险，具体措施包括：监控集团及其分支机构的资产负债表，管理资产与负债的匹配情况；设定流动性风险限额，进行动态管理；开展现金流预测，通过流动性风险压力测试，分析评估流动性风险水平；完善融资策略，制订流动性风险应急计划；将集团长期持有充足的未被抵押的、高流动性的优质资产作为流动性储备以抵御流动性风险，满足集团短期流动性需求；加强资本管理，建立风险控制指标动态监控、资本补足机制等。

（五）跨境资金不平衡风险管理措施

针对跨境资金不平衡风险的管理措施包括：充分评估客户的交易结构，避免市场波动时

[①] 在险价值，是指在一定的置信水平下，某一金融工具在未来特定的一段时间内的最大可能损失。

所有交易对手的亏损方向性一致而产生的美元资金流动性危机的风险；了解境内交易对手（客户）的交易计划、交易目的，关注交易合理性，避免异化应用；在交易过程中监控客户交易行为，对交易行为异常的客户采取提示、限制交易等措施；开展北向跨境互换交易，平衡南北双向交易规模。

三、我国证券公司与国际投行开展跨境业务的比较分析

（一）风险管理比较分析

1. 风险管理权责划分方面的差异

国际投行在开展跨境业务时主要采用"分行子行化"的发展模式，以子行化（即法人化）的管理方式履行出资者的职能，既确保在出资额范围内自身风险不会影响至母国，同时实现商业化运作模式的责权统一。而中资证券公司境外子公司在业务上既要和母公司的业务主管部门对应，风险管理上还要和母公司的风险管理部门对口，具体问题还可能涉及母公司法律合规部门，这种多头管控的管理架构在一定程度上使中资证券公司在跨境风险管理上的责权划分方面不够明晰。

2. 风险管理手段方面的差异

国际投行通常采用数学模型量化风险，建立适应性的风险监控系统，将量化风险与信息系统结合，对业务的合规性、风险容忍度和日常业务交易数据进行监测，利用系统的统计分析功能将各类风险管理需求进行多维度风险量化和信息处理。中资证券公司风控手段相对简单：一方面，对量化风险技术手段的运用相对单一，面对更加复杂的跨境业务，现有风险管理可能很难充分识别、分析风险特征；另一方面，风险监控信息系统功能有待完善，虽然我国证券公司均已建立风险控制指标，但在更加多样化的跨境业务领域，应对境外复杂交易的风险管理还需进一步细化有关跨境业务的风险控制指标计算标准、业务风险的监测范围。

3. 各类风险管理方面的差异

（1）信用风险管理。国际投行相较中资证券公司在信用风险管理上有三方面优势：一是客户信息分析能力更强。国际投行依托全球经营网络，能够有效覆盖全球客户的各类信息，对客户进行全生命周期的长效管理。而中资证券公司由于客观条件限制，对境外客户的信息覆盖能力还在逐步完善，欠缺全球化网络能力来对境外客户的信用风险进行充分的识别和评估。二是客户信用风险分析能力更强。商业银行业务是国际投行的支柱业务，对信用风险的分析、研究能力高于中资证券公司，信用风险模型的管理效果较好，具备成熟的估值调整定价体系，交易对手方信用风险评估更专业。三是商务谈判地位更高。国际投行较中资证券公司及香港子公司有较大的谈判优势和议价能力。中资证券公司境外机构签署国际掉期与衍生工具协会（ISDA）协议需要通过香港子公司，往往在对交易对手信用风险把控的关键条款上面临较大挑战。

（2）市场风险管理。国际投行通常具备独立的市场数据源和衍生品定价系统，拥有更准确的市场数据和更强大的算力，实践中还会将公司其他业务线的影响考虑在内，使用集团统一的市场风险管理模型，整体管理公司市场风险。

（3）外汇风险管理。国际投行设置"当地分支机构—公司总部"两层交易台集中对外汇风险进行管理。中资证券公司普遍通过调整业务结构、平衡南北向业务情况、对南北向业

务的资产进行净额结算、用内部轧差方式平衡应收应付账款等方式降低整体的外汇敞口。

（4）操作风险管理。国际投行通过设置双人复核机制，成立操作风险管理团队减少非系统步骤，减少手工操作，全天候为跨时区市场提供运营支持等，严格把控操作风险。

（5）流动性风险管理。境外成熟市场普遍建立了对金融机构的流动性支持机制，国际投行集团内不同实体间的业务资金可在不同资本市场之间自由流动，集团流动性实现统一管控，集团内拥有多种方式可对各实体按其资金使用需求提供流动性支持。相比中资证券公司，国际投行的资金使用效率更高，流动性支持机制更完善。

（二）法律环境及监管机制比较分析

国际投行开展跨境业务与其他自营和销售交易类业务在监管机制上基本保持一致，鲜有特别针对跨境业务的监管要求。而中资证券公司除属地管辖及监管以外，还在资金跨境、监管指标等方面受到更严格的限制，具体包括以下几方面。

1. 中资证券公司受外汇政策管制更严格

美国、欧洲等世界一流投资银行母公司所属国家或地区外汇管理政策相对宽松，而中资证券公司因存在外汇管制导致跨境类业务使用外币资金存在较大约束。

2. 中资证券公司的监管指标计算要求更严格

国际投行可以混业经营，受基于巴塞尔协议下的风险管理体系监管。而中资证券公司只能开展证券业务，并受《证券公司风险控制指标管理办法》等规则约束。从具体指标要求看，与国际投行和国内商业银行相比，中资证券公司的监管指标更加严格。

3. 跨境资本中介业务监管机制的差异

以美国投行为例，对比美国与中国境内跨境衍生品监管机制，最大的差别在于集中结算制度，即美国设立了需采用集中清算的场外衍生品判断标准，而我国暂未明确集中清算相关要求。其他关于开展跨境资本中介业务（如跨境衍生品）的监管机制类似，都对业务资质、数据报送、留痕制度、保证金等方面作出规定，仅在执行标准方面有所不同。

四、我国证券公司跨境业务面临的主要困难

目前我国证券公司的跨境业务模式相对单一、同质，存在区域、客群相对集中的情况，未能有效联动形成有机、统一的多元业务链条。跨境业务风险管理方案在借鉴国际前沿风控模型以及建立完备的风控信息系统等方面，仍需不断适应市场变化，持续完善。除需要进一步加强自身能力建设外，证券公司跨境业务发展还面临以下三方面困难。

（一）境内监管理念与证券公司跨国经营发展需求不匹配

我国监管机构在管理金融机构境外分支机构的思路上，基本是根据境内操作实践制定监管政策，但与境外监管要求不尽协调。由于境内母公司与海外子公司所受市场监管制度的不同，使得证券公司的海外经营面临诸多问题，无法享有跨境资源调配带来的自由度和业务深度。从头部证券公司国际化发展的经验来看，证券公司在跨国经营过程中，需要平衡境内外多个国家在监管架构、法律、合规、税务安排等多方面的差异与协同，母国监管制度是否具有国际化视野、是否与被监管对象在境外其他主要市场的监管制度相匹配，将成为影响我国

证券公司跨境业务发展水平的重要因素。

（二）业务监管指标要求严格，业务开展范围较窄

相较商业银行与国际投行，我国证券公司的监管指标计算要求更严格，很大程度上限制了为客户提供跨境金融服务的效能。

首先，基于巴塞尔协议Ⅲ的资本监管框架，国际投行与境内商业银行建立了包括资本充足率、杠杆率和流动性在内的监管制度标准。国际投行的杠杆率监管标准为3%，我国商业银行的杠杆率标准为4%，在此基础上，G-SIBs[①]要求额外补充杠杆率。相比之下，我国证券公司的资本杠杆率监管标准为8%，预警标准为9.6%，与其他金融同业机构相比，杠杆率监管标准差异较大。此外，根据巴塞尔协议Ⅲ和中国银保监会的监管指标计算框架，我国商业银行和国际投行开展衍生品业务是根据其潜在风险暴露计算相应监管指标，而证券公司是基于合约名义本金计算资本杠杆率和净稳定资金率，未能反映"控风险而非控规模"的监管实质。

其次，由于跨境业务涉及境内外多个主体交易，在对我国证券公司监管指标单体合规、跨境资金流动受限的双重约束下，跨境业务客户资金存在无法结算的可能性，导致包括集团内应收款项等大额资产纳入证券公司风险控制指标计算范围，使境内母公司在风险资本准备、流动性覆盖率、净稳定资金率等多项监管指标产生较大占用，限制了证券公司在金融领域做大做强的发展空间，制约了其服务客户的能力。

最后，不同于境内股票，境外股票可以用于做回购融资，无须全本金持有，因此在并表监管层面，境外股票按境内股票一样的折算率计算NSFR[②]过严，不符合实际业务开展情况。此外，在并表监管LCR[③]计算中，股票回购均计入其他现金流出，折扣系数100%，放大了其对LCR的影响。

此外，我国证券公司业务开展范围较窄。根据国家外汇管理局规定，中资证券公司可开展两方面业务：一是在境内开展外汇自营业务；二是为从事跨境投融资交易的客户办理代客结售汇业务。其中代客业务又受限于现有的账户体系，业务落地困难。中国证监会对批准开展跨境业务试点的证券公司要求："公司开展跨境业务应严格控制业务规模，不得超过公司净资本的20%。"同时，《证券公司和证券投资基金管理公司境外设立、收购、参股经营机构管理办法》（中国证监会令第150号）规定，证券公司境外子公司投资单一标的超过其净资产的10%需经境外子公司股东会审议。由于股东会审议程序较长，对买入单一标的用于完全对冲风险的对客类跨境衍生品业务限制较大。综上，上述规定一定程度上使证券公司跨境业务开发展范围狭窄，限制了证券公司跨境业务规模。

（三）受外汇管制，跨境资金往来能力受限

1. 支持跨境业务开展的监管配套政策尚不明确

一方面，有关设立境外外币资金账户及跨境结算额度等政策尚不明确。与境外主体进行

---

① 即 Global Systemically Important Bank，全球系统重要性银行。
② 即 Net Stable Funding Ratio，净稳定资金比率。
③ 即 Liquidity Coverage Ratio，流动性覆盖率。

外币结算是证券公司开展跨境类业务的必要条件。以南向收益互换交易为例，证券公司在境内与投资者用人民币进行交易和结算，需要使用自有外币资金在境外市场进行风险对冲。但是由于设立境外外币资金账户及跨境结算额度等政策尚不明确，证券公司跨境交易存在资金清算方面的障碍，一定程度上限制了业务发展。另一方面，在现行外汇管理制度中，金融机构中仅商业银行允许使用本外币汇兑机制，证券公司在外汇管理制度中被认定为非金融机构，无法如臂使指地进行本外币资金兑换，增加了业务管理风险，限制了业务场景及发展潜力，不利于提升中资证券公司市场竞争力。

2. 证券公司跨境资金往来能力受限

一方面，由于跨境配置资金能力有限，难以协调内外需求，如跨境调拨资金时效性不足，无法满足突发需求，以及境内外投资损益无法合理再分配等；另一方面，由于证券公司资金跨境结算受限，无法直接开展境外金融产品交易，跨境业务模式较为单一、客群集中，单一的区域布局和客户构成导致证券公司跨境业务的发展受境内外市场波动影响较大，使得集团整体业务的互补和协同作用受到限制。

五、支持我国证券公司跨境业务发展的政策建议

（一）支持证券公司境内外一体化管理，提升金融跨境服务能力

一是优化集团内资金流通机制。建议针对提供跨境业务服务中实力较强的中资证券公司设立"集团内资金流动额度"，允许集团内部各实体之间进行快速资金调拨划转，提高资金和流动性管理效率，确保头部证券公司在复杂国际形势下能够稳定跨境资本流动，增强内地与香港金融市场的韧性，提高我国资本市场的稳定性。

二是支持符合条件的头部证券公司申请跨境结算额度、开立境外外币试点账户。建议监管机构支持证券公司向监管机构申请跨境结算额度，同时国家外汇管理局允许部分实力较强的中资证券公司在指定的国有银行开立跨境业务专项结算账户（包括在岸、离岸人民币和外币账户），通过专项账户进行跨境业务项下的结算、支付、换汇等业务，促进境外中资银行同证券公司的业务合作，提升流动性来源的安全性。

三是优化监管指标计算方式。具体包括：第一，在计算所需稳定资金时体现衍生品业务资产负债期限匹配的实质，减少100%保证金的衍生品业务所需稳定资金的占用，对于衍生品业务形成的衍生金融负债不再计入LCR指标。第二，对获批开展并表监管试点的证券公司，仅在集团并表监管指标层面进行相关监管要求，对证券公司母公司及其下属证券类子公司不再进行单体层面的风险控制指标监管。同时，在并表监管指标的计算层面，优化境外股票、股票回购在NSFR与LCR指标中的折算比率。第三，以业务实质风险为导向，在证券公司集团内资金流通未完全打通前，优化跨境业务相关资产的监管指标计算规则。如将跨境应收款项按普通应收款进行监管指标计算，而非"应收关联公司款项"，适当放宽资本约束，为头部证券公司服务跨境客户提供过渡方案。第四，考虑证券公司取得跨境结算额度的时间不确定性，建议将证券公司开展跨境业务中所产生的监管指标占用乘以50%折算率，改善跨境业务业务场景较为单一的问题。

（二）加强监管支持，为证券公司跨境业务提供政策保障

一是推动相关法规尽快落地生效。建议明确相关法规下对中资证券公司跨境业务相关的各项要求和流程，尽快实现终止净额结算和相关履约保障安排的可执行性。

二是明确跨境业务资格申请要求。建议明确跨境业务申请资格要求，对跨境业务试点证券公司进行跨境业务资质分类管理，从证券公司管理制度、业务系统、风险管理系统、人才储备、净资本规模等方面审慎准入跨境资质及可开展的业务类型。

三是完善跨境业务配套规章制度。建议进一步完善衍生品文件版本和定义文件，促进境内外法律文件的兼容性，如 ISDA、NAFMII[①]、SAC[②] 主协议。

四是统一数据报送机制和标准。建议统一场外衍生品和跨境业务的数据报送机制、报送口径和报送要求，提高数据报送质量。

五是进一步提升监测监控效能。建议加强对证券公司跨境业务重大风险事件的监管措施，定期要求证券公司提供相关敞口披露及压力测试数据，对于存在大型跨境风险的事件进行深度复盘和针对性监管。

---

① 全称为《中国银行间市场金融衍生产品交易主协议》。
② 指证券公司金融衍生品交易双方使用的标准合同文本。

美国量化宽松退出对我国证券公司跨境业务的影响分析研究

中证机构间报价系统股份有限公司监测业务四部[*]

一、美国量化宽松退出对全球市场及大类资产的影响

美联储货币政策走向对国际金融市场格局和新兴经济体跨境资本流动有重要影响。量化宽松退出将直接影响资产供给、货币供应及市场预期，使居民和企业成本与收益发生变化，影响投资者对消费与投资的权衡，进而传导至金融机构与金融市场。具体来看，美联储开启紧缩周期使美元强势将影响全球资本流动，美债收益率上升，权益市场情绪波动弱化，全球能源结构调整，大宗商品价格中长期上行（见图1和图2）。

（一）外汇市场美元走强，国际资本回流美国

美联储加息使美国资产相对收益率提高，短期内国际资本将持续涌入美国市场，外汇市场美元供给减少，美元走强。目前美国通胀走势高位运行，预计本轮加息次数和幅度均会增加，美元指数中期将维持强势。美元回流会对新兴市场，尤其是外债规模较大、金融杠杆较高的经济体引发金融领域震荡的风险。

中国香港市场是连接境内外资本的桥梁和枢纽，挂钩香港股票、债券的跨境业务规模较大。为维持联系汇率制[①]的有效运作，香港金融管理局跟随美联储同步调整其基本利率。目

---

[*] 作者简介：研究负责人：赵恒珩，中证机构间报价系统股份有限公司执行委员会委员。执笔人：吴楠楠，中证机构间报价系统股份有限公司监测业务四部总监；王霞丽，中证机构间报价系统股份有限公司监测业务四部助理总监；张哲，中证机构间报价系统股份有限公司监测业务四部高级经理。原载于《中国证券》2022年第9期。

[①] 联系汇率（Pegged Exchange Rate）泛指一国货币的汇率与某一基准挂钩的制度，将本币与某特定外币的汇率固定下来，并严格按照既定兑换比例，使货币发行量随外汇存储量联动的货币制度。中国香港将港元与美元的汇率定为1美元兑7.8港元。

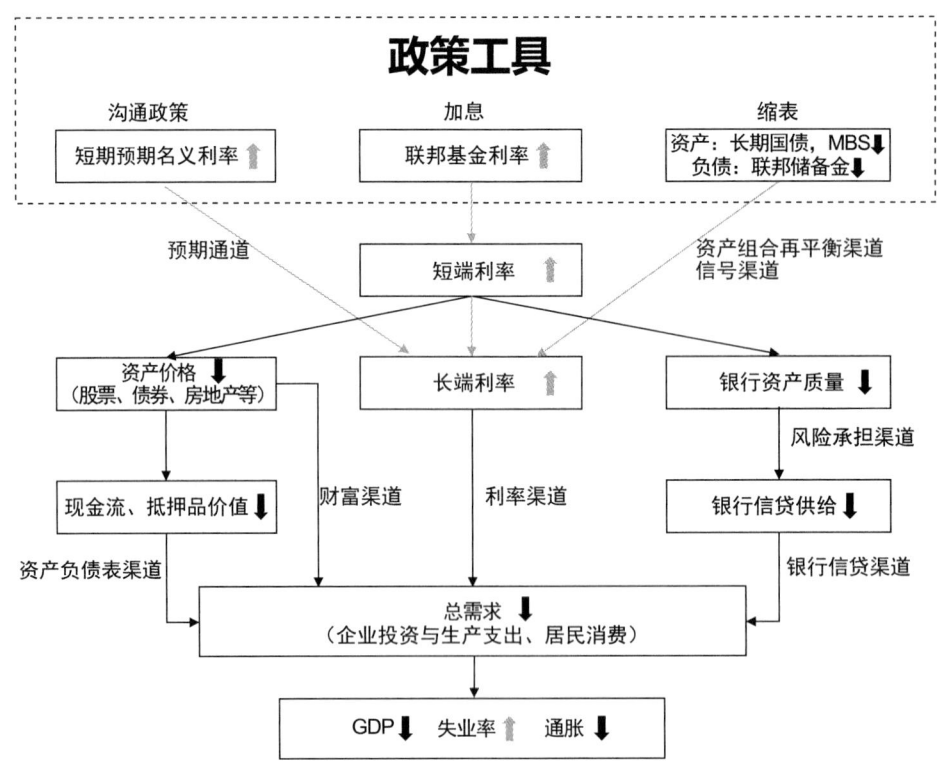

图 1 美联储货币政策及其传导路径

资料来源：纽约联储，中金公司研究部。

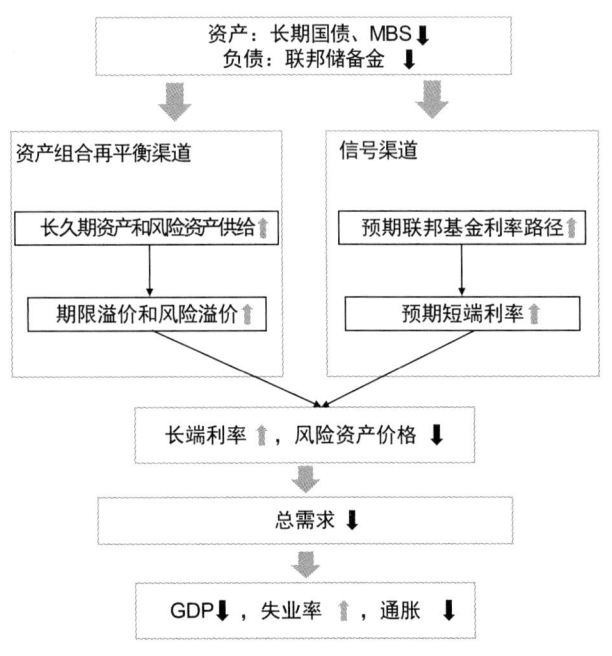

图 2 缩表政策的传导路径

资料来源：纽约联储，中金公司研究部。

前来看，香港金融市场及货币系统仍在有序顺畅运行。

（二）美债收益率仍有上行空间

因市场预期充分，本轮加息落地后，美债长短利率不升反降，从中期看，短期利率将带动长期利率上行。当前高通胀环境下，名义收益率曲线出现倒挂。通过缩表收紧流动性，带动预期效应将提升期限溢价，有利于推动长期利率上行，缓解收益率曲线倒挂趋势。

中资美元债同时受国内信用环境及美债利率走势的影响。分行业来看，城投板块在市场波动期间有相对优势，整体信用风险可控；金融板块收益率整体上行，但银行债波动较大；受违约风险影响，地产债表现显著弱于其他板块，政策利好的发布并未明显缓解行业压力，销售下行导致流动性压力不减，信用事件频发带来的悲观市场预期或将继续存在。此外，中资美元债发行主体面临发行成本上升、人民币汇率波动加大、市场风险偏好下滑等多重挑战，信用风险或将继续暴露。

（三）权益类市场整体向好，中概股仍面临不确定性

从历史经验看，美国股市出现大幅回撤的可能性不高，市场持续看好美股盈利，而对经济压力更大的部分新兴市场偏好将下降。加息预期发酵期间，美股特别是高估值板块一定程度上已回调，加息预期落地后，美股三大指数震荡下行后已逐渐企稳。

自2021年12月3日美国证券交易委员会（SEC）公布《外国公司问责法案》实施规则后，中概股大幅回撤，"预摘牌清单"亦加剧了投资者负面情绪。2022年3月16日，国务院金融稳定发展委员会召开会议，对中概股、中国香港金融市场稳定等问题积极回应，有效缓解了市场悲观预期。2022年4月2日，中国证监会公布《关于加强境内企业境外发行证券和上市相关保密和档案管理工作的规定（征求意见稿）》，从制度层面进一步规范境外上市行为，有助于解决中概股审计监管问题，降低目前在美中概股的退市风险。同时，中国香港发行制度逐渐优化，意在推动中概股回港上市，中概股回归或将带动交易体量转移至中国香港。

（四）流动性紧缩对大宗商品价格压制有限

供给冲击下的大宗商品价格很难因美元升值被压制，俄乌局势持续紧张引发的全球能源供需不平衡将支撑原油、天然气等能源价格在高位震荡，进一步推高欧美经济体通胀水平。同时，欧美推动能源转型或将对全球能源供需格局产生重大影响。

黄金方面，新冠疫情以来全球央行增持黄金，金价上行。由于美元走强，将美元兑换为黄金的成本上升，各国央行大幅增持行为或将减弱，产生短期利空影响。但疫情反复冲击、俄乌局势外溢、全球高位通胀等政治经济环境的不确定性，为黄金价格提供了长期支撑。

有色金属走势偏强，产业链上游利润偏高且内外盘严重分化，可能导致后期净进口不足。黑色系价格中枢将继续回落。农产品主要受供给端影响，再平衡尚需时日。

二、美国量化宽松退出对我国证券公司跨境业务的影响

近年来，我国资本市场持续推进高水平对外开放，跨境交易日益成为推动双向开放的重

要组成部分。随着资本市场对外开放程度的不断加深，顺应国内资产管理、财富管理业务长期发展趋势，跨境业务作为促进"走出去"和"引进来"双向流动的重要渠道有着长期发展机会，为境内外投资者开展跨境资产配置和风险管理提供了有效渠道。在全球经济增速下降时流动性退出，投资者将追求能够获得安全增长的高性价比资产。在推动"引进来"业务中，境外投资者对固定收益类资产的回报率会有更高要求；在服务"走出去"需求时，境内投资者对海外标的配置会更加多元复杂，对美债或商品类资产的投资需求或将不断涌现。同时，随着业务监管机制不断完善、证券公司跨境经营管理能力不断提高，投资者对跨境衍生品工具逐步熟悉，利用跨境业务进行资产配置和风险管理会更为普遍。但短期内，在美元流动性紧缺情况下，标的市场波动、投资者风险偏好变化等因素，仍会对跨境业务规模增速、跨境交易方向等短期发展趋势产生不同层面的影响，也对境外资产流动性管理提出了更高的要求。

（一）对中国经济影响较小，跨境北向业务仍有发展空间

目前我国宏观经济持续向稳、外汇储备充足、资本账户开放程度偏低，美联储退出量化宽松对国内市场影响较小，且国内稳增长政策预期较足，货币政策坚持"以我为主"，有利于恢复经济基本面，提高国内资本市场吸引力，维持跨境资本流动总体稳定。

从债券市场来看，中美货币政策分化，短期内利差收窄，可能对境外投资者配置中国债券产生负面影响，但目前我国债券外资持有占比相对较小，影响有限。国内与海外债市协同性较低，境外机构配置人民币债券有助于分散投资组合风险。从中长期来看，我国金融市场高水平开放稳步推进，有利于吸引国际资本，预计跨境资金流入国内债券市场的长期趋势不变。

从历次加息轮动中国股票市场情况来看，A股市场受此影响有限。但考虑到美联储加息节奏可能超市场预期或力度阶段性偏强，以及海外科技股估值下跌的影响会传导至国内等潜在不确定因素，国内股票市场受到阶段性冲击的风险依然存在。

国内大宗商品因输入性通胀导致价格普遍上涨，跨境北向交易规模持续上升。能源板块和工业金属供应缺口较大，预计资产价格短期内将居高不下。

（二）投资者风险偏好有所降低

影响投资者风险偏好和投资需求的主要焦点在于通胀压力和国际局势扰动以及加息进程带来的资产价格重估风险。在全球经济增速下降时，流动性的退出会降低投资者风险偏好，资金更多流向能提供稳定增长的市场。

投资者跨境配置类需求可能降低，风险对冲类需求增加，在降低风险资产回报预期的同时，更加关注风险本身，投资策略则可能从多头策略切换为以多头为主、空头对冲为辅的多空策略。资产类别上，固定收益类相对权益类或更受投资者青睐。

因此，资本中介类业务权益类资产和大宗商品类资产中能对冲下行风险、平抑资产价格波动的跨境衍生品交易需求预计进一步扩大，利用空头收益互换和看跌期权为专业投资者提供跨地区跨市场宏观对冲。以黄金期货为标的的跨境衍生品北向交易规模持续扩大，也反映出境外资本加速配置避险资产。

（三）我国证券公司跨境业务面临潜在风险

在美国基准利率上升和美元资产流动性下降的情况下，开展跨境业务时面临的境外融资成本和对冲成本增加。整体来看，我国证券公司跨境业务规模和业务增速可能下降，业务需求结构也将有所调整。

1. 美元走强带来汇率风险

当前中美货币政策走势不同，中国稳增长、宽信用，而美联储或采取更加激进的加息和缩表，推动中美利差收窄，驱动出现阶段性资本外流，人民币汇率双向波动，可能对证券公司自营外汇投资、结售汇等业务带来一定的汇率风险。此外，证券公司与客户以人民币结算，通过境外子公司对冲使用的交易货币和对冲盈亏为外币，客户平仓的实际盈亏将以外币形式留存在子公司境外账户，境内证券公司将同时存在人民币计价应付款和外币计价应收款，对外汇敞口风险管理要求更高。

2. 标的价格波动引发市场风险

资产价值的变动会引起标的证券价值大幅变化，若发生停牌、退市等风险事件，会进一步造成跨境衍生品合约无法对冲或合约价值剧烈波动，进而可能发生信用风险事件。

3. 跨境资金结算成本上升导致流动性风险增加

目前，我国证券公司跨境业务缺乏跨境资金结算路径，证券公司形成应收应付款无法实际结算，境外子公司开展风险对冲时通常需要举债满足对冲资金需求。美联储加息背景下，美元的资金成本上升，融资利率变高，想要维持流动性储备池以应对客户提取损益带来的流动性损耗的难度进一步加大，流动性风险增加。

4. 美债收益上行对中资美元债造成扰动

美元债基准收益率快速上行，中美利差倒挂以及预期美元升值导致中资美元债市场持续承压，发行融资持续净流出，融资难度增大。2021年中资美元债市场因地产主体信用事件频发，导致投资者对地产类债券风险偏好进一步下降。2022年以来稳增长、宽信用的主线较为明确，央企、国企以及优质民营地产企业逐渐稳定修复，但"房住不炒"原则下的行业监管趋势未变，仍需关注后续对地产行业逻辑带来的新变化及不确定性。

三、推动我国证券公司跨境业务高质量发展的相关建议

面对美国量化宽松政策退出对证券公司跨境业务可能带来的冲击和影响，为进一步支持证券公司有序开展跨境综合服务，推动创新业务持续健康发展，有效防范资本市场双向开放环境下的潜在风险，结合监管和自律管理要求，提出以下建议：

（一）建立健全规则体系，明确证券公司跨境业务相关规则

目前，证券公司跨境业务的制度体系建设相对薄弱，证券公司主要依托中国证监会出具的无异议函开展跨境业务，具体业务开展规则和要求尚未明确。同时由于无异议函下发时间跨度较久，各家证券公司函件中对于业务范围的描述亦存在一定差异，导致部分业务模式及合规性较难把握。建议从制度层面建立证券公司开展跨境业务的基本原则和框架，在相关业务管理办法或配套制度中进一步明确跨境业务的准入门槛、投资者适当性管理、保证金管

理、内部控制、业务监测监控机制安排等要求，为证券公司跨境业务的长效发展和试点范围扩大提供充足的制度依据。

（二）提高交易报告要求，提升跨境业务信息规范化管理和市场透明度

依托行业自律组织，进一步夯实场外业务交易报告库职能，提高信息质量和交易报告要求。推动实现跨境业务数据标准化建设，通过统一化的数据信息标准及全球法人识别编码（LEI）等特殊识别码，对证券公司跨境业务的交易对手方、挂钩标的、交易行为等进行集中化管理和精细化分析，加强系统风险识别、预警和揭示。同时，可探索建立公共数据服务，适当向市场披露业务整体情况和潜在风险隐患，帮助市场参与主体了解业务全貌，为其投资决策提供有益参考，避免整体性、系统性风险溢出。

（三）加强跨境业务监管，建立健全监管协同机制

目前监管体制方面缺乏对证券公司跨境业务（尤其是境外业务）的全方位监测和预警功能，事前事中监管不足，事后监管难以及时防范业务风险；受不同国家（地区）业务规则限制的影响，跨境业务相关数据信息共享尚不充分。建议加强境内外监管机构之间的协同合作和响应，推动实现证券公司跨境业务在境内境外、场内场外的信息共享和联动监测。

此外，现有外汇管理制度对证券公司跨境类业务的支持和兼容性不足，使用外币资金存在较大约束。建议协调外汇管理部门出台配套支持政策，允许取得跨境业务批复的证券公司使用合法取得的外汇资金开展跨境业务，并适当简化业务所需外汇资金的报审程序，或允许通过专项账户等形式在特定额度范围内实现境内资金和境外外汇资金的闭环划转。

（四）完善证券公司跨境业务风险管理体系

当前证券公司跨境业务缺乏资金跨境结算途径，境外子公司作为主要对冲主体无法快速获得流动性补充。建议继续督促证券公司切实履行管理责任，加强对境外子公司的管控，通过严格执行跨境业务多层级限额管理机制、逐日监控并及时处理预警情况、开展境外流动性压力测试等措施，进一步防范境外对冲主体流动性风险，在加强自身风控体系建设的同时，将境外子公司在客户适当性管理、产品合约设计、风险管理等方面的要求纳入其整体风控体系。

（五）鼓励业务模式创新，促进南北向业务平衡发展

建议证券公司不断拓展业务布局，丰富交易标的和客户群体，优化业务模式和业务流程。通过丰富跨境产品种类，创新跨境交易业务模式，助力投资者参与全球优质资产配置。同时，深化客户结构，积极拓展现有相对单一的客户群体，向多市场、多策略的多元化客户类型发展，充分利用不同市场的资源优势和区位差异，分散交易风险，立足中国向全球市场客户提供全球市场交易及资产管理的综合性服务。

建议证券公司逐渐优化跨境业务结构，引导多空结构平衡发展，积极拓展北向业务，促进南北向业务双向均衡发展，一方面通过均衡业务结构实现潜在外汇流入和流出压力的平衡，以降低单向跨境交易带来的业务风险，另一方面有助于在服务实体经济"走出去"的同时进一步提高服务国家"引进来"战略的能力。

助力"双碳"目标下证券业绿色金融发展战略思考

湘财证券股份有限公司研究所绿色金融课题组 [*]

实现"30·60碳达峰碳中和"是我国贯彻新发展理念、构建新发展格局、推动高质量发展的内在要求，绿色金融在实现"双碳"目标中扮演了重要的角色。为了探索证券业如何更好助力"双碳"工作，本文基于当前证券业在绿色金融领域支持"双碳"的现状，简单归纳了欧美绿色金融在支持碳中和方面的经验，并从政策、行业和公司等维度探寻我国证券业在约束条件下对接"双碳"工作的最优解。

一、证券业助力"双碳"的现状研究

据气候债券倡议组织（Climate Bond Initiative，CBI）统计发现，全球绿色债券在2022年第一季度末已累计发行1.7万亿美元，且预计2022年全年发行量将达到1万亿美元，2023年超过1.6万亿美元。从趋势上看，全球绿色债券市场发展迅猛（见图1）。中国截至2021年累计发行绿色债券1992亿美元，其中在2021年发行规模为682亿美元，仅次于美国，跻身国际第二大绿色债券市场。在2021年，中国以186%的同比增速、444亿美元的同比涨幅成为年度绿色债券发行速度最快的国家[①]（见图2）。

目前我国证券业助力"双碳"工作主要围绕在债券市场帮助企业发行绿色债券，以及在权益市场帮助相关企业上市融资。

---

[*] 课题组简介：课题组成员包括：李康，博士，正高级经济师，湘财证券股份有限公司首席经济学家、副总裁兼研究所所长，中国证券业协会首席经济学家委员会主任委员；何超，特许金融分析师（CFA），湘财证券股份有限公司研究所宏观策略部主管；周可、赵建武，湘财证券股份有限公司研究所宏观分析师；李正威，湘财证券股份有限公司研究所金融工程部副经理；仇华，湘财证券股份有限公司研究所宏观策略部经理；李育文，湘财证券股份有限公司研究所宏观分析师。原载于《中国证券》2022年第12期。

[①] Climate Bond Initiative，网址：https://cn.climatebonds.net/resources，最后访问日期：2022年11月25日。

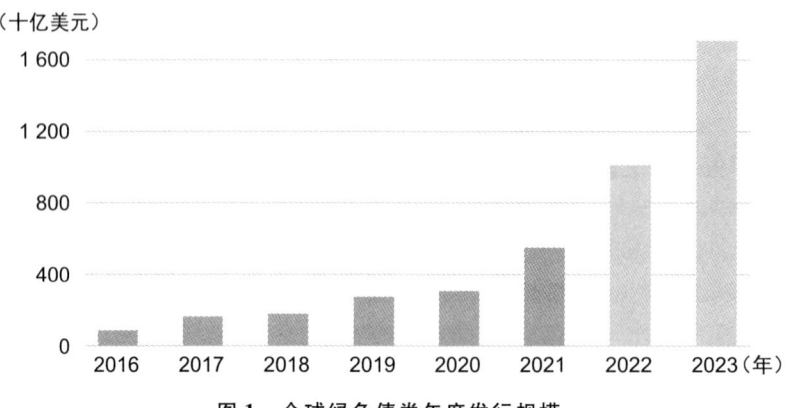

图 1　全球绿色债券年度发行规模

资料来源：CBI，湘财证券研究所。

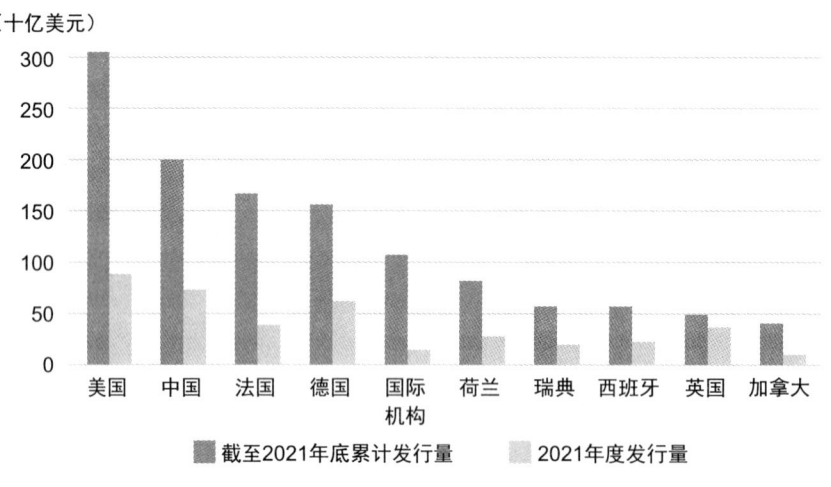

图 2　各国（机构）绿色债券发行规模

资料来源：CBI，湘财证券研究所。

（一）证券业助力绿色债券发行

证券业在近年来的绿色债券发行趋势上呈现数量和规模齐增的特征。据统计，自 2022 年初至 2022 年前 3 个季度，国内证券公司作为主承销商共为企业发行绿色债券 583 只，规模达到 11 537.91 亿元，发行数量和发行规模占同期所有绿色债券的比重分别为 69.08% 和 83.81%。2022 年累计前 9 个月的债券发行规模已经较 2021 年全年水平增长了 22.57%（见图 3）。

证券公司作为主承销商又可进一步细分为独立主承销商和联合主承销商。截至 2022 年前 3 个季度，证券公司作为独立主承销商共发行绿色债 265 只，发行总额为 2 615.09 亿元，占同期所有绿色债券发行比重分别达到 31.40% 和 19.00%，发行数量和发行规模均超过银行作为独立主承销商时的情形（见图 4）。

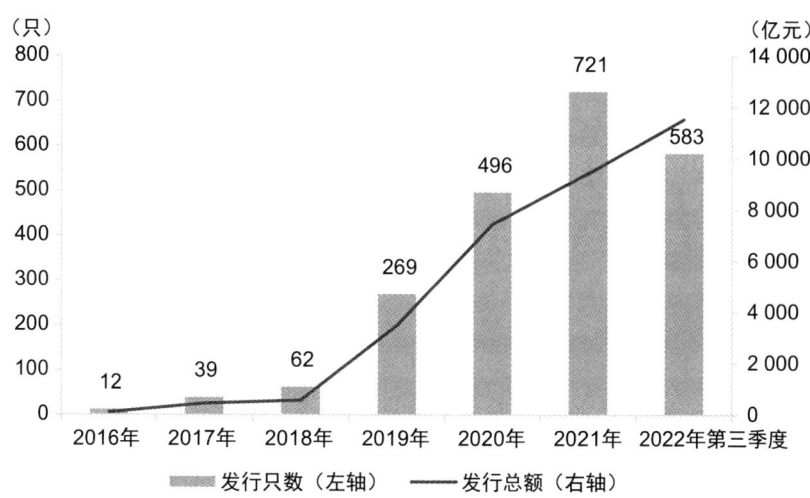

图3 证券公司作为主承销商助力发行绿色债

资料来源：Wind，湘财证券研究所。

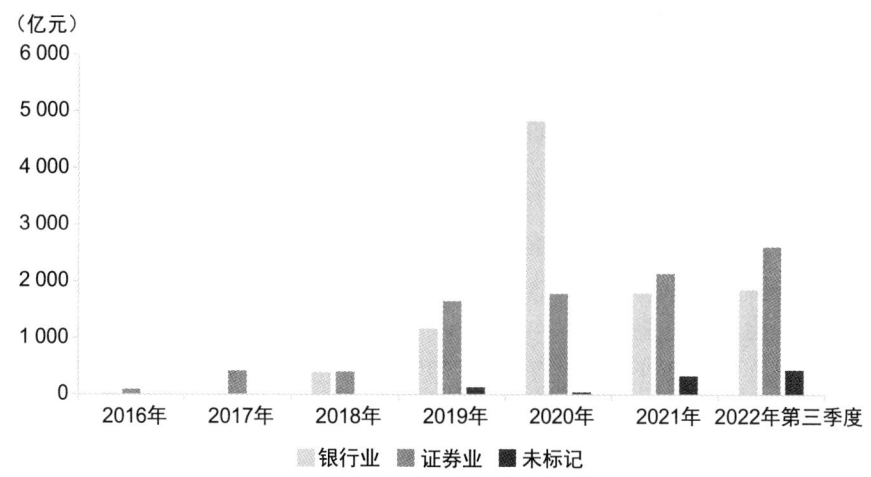

图4 证券公司和银行单独作为独立主承销商发行绿色债规模统计

资料来源：Wind，湘财证券研究所。

证券公司与商业银行作为联合承销商是当前更常见的发债方式，截至2022年前3个季度，证券公司与商业银行共发行绿色债318只，规模合计达到8 922.82亿元，占同期绿色债券发行的比重分别为37.68%与64.82%。国内头部券商的联合承销量靠前，呈现出一定的头部效应。

（二）证券业助力"双碳"相关企业上市

近年来监管政策对于绿色产业上市融资持鼓励态度，A股市场绿色产业上市公司数量以及资金募集规模逐年增加。证券公司主要助力新能源、环保、新基建等"双碳"相关行业的上市，其中以新证监会二级行业下的生态保护和环境治理业为主。据统计，A股目前有74家生态保护和环境治理业上市公司，其合计首发募资规模达到451.63亿元。而在2020

年，生态环保行业迎来"史上最大 IPO 潮"，有 14 家生态环保企业成功上市，共募得资金 118.74 亿元；2022 年虽然生态环保企业登陆 A 股的数量减少（截至第三季度末共 4 家企业上市），但 IPO 募集资金的规模达到 56.38 亿元，几乎与 2021 年全年水平（58.81 亿元）持平（见图 5）。

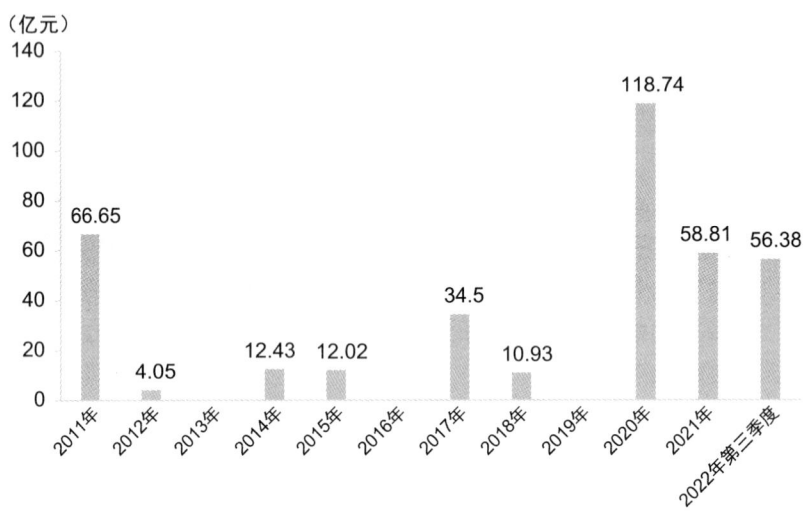

图 5　生态环保企业 IPO 募集资金规模统计

资料来源：Wind，湘财证券研究所。

总体看，证券公司作为独立主承销商的参与度正在逐步提高，绿色债券的发行数量和发行规模已经赶超银行作为独立主承销商时的情形。此外，伴随注册制的全面推进、投资者对绿色低碳理念的深化以及企业对 ESG（环境、社会和公司治理）的日益重视，证券业未来在绿色金融的投融资端也将进一步发挥枢纽作用，为绿色产业的转型升级提供多方面的金融支持。

二、海外绿色金融发展的经验启示

碳中和的概念起源于欧洲，欧美在绿色金融领域的探索较早，成熟度较高。作为一个较好的研究样本，欧美的绿色金融实践或许能为"后来者"的中国证券业如何更好发展"双碳"目标下的绿色金融带来一定的启示意义。

（一）立足现状，循序渐进发展绿色金融

以成熟度较高的欧盟碳排放交易体系 EU–ETS 为例，其自 2005 年运行至今共经历了四个发展阶段，每一阶段都会结合实际情况制定针对性的工作计划和发展目标。

在第一个发展周期（2005—2007 年），欧盟碳排放体系的可交易品种较少、覆盖范围较窄。仅二氧化碳排放权参与交易，覆盖的行业范围也仅限于 20MW 以上的电厂、炼油厂等十个行业。这一阶段免费分配的额度达到 95%。

在第二个发展周期（2008—2012 年），更多的国家和地区（挪威、冰岛和列支敦士登）

加入了欧盟排放交易体系，其覆盖范围也增加了"碳排大户"航空业，免费配额由95%降至90%。

在第三个发展周期（2013—2020年），行业的覆盖范围进一步扩大，电力公司需要参与拍卖或在二级市场购买碳排放权，而不再是免费获得配额。在这个周期中，排放总量被要求以每年1.74%的速度下降；同时，市场稳定储备机制（MSR）也被引入用于提高市场抵御冲击的能力。

在第四个发展周期（2021—2030年），碳排放总量限速要求进一步提高，年度总量折减因子由1.74%提高至2.2%。同时，欧盟也在积极探索碳边界调整机制，计划从2026年开始针对不符合二氧化碳排放要求的进口商品征税，并最终在2022年6月表决通过了《关于建立碳边境调节机制的立法提案》的修正案。

从整个碳排放体系的发展历程看，欧盟始终秉持着循序渐进的原则，并伴随企业和社会对环保意识的日趋重视，逐步对顶层设计进行修正和完善。

（二）自上而下，搭建绿色金融整体框架

绿色金融发展的成熟离不开一整套完备的绿色政策的支撑。以欧盟为例，其在2018年通过的《可持续发展融资行动计划》为绿色金融的发展提供了系统性的政策框架。内容涵盖三大目标和十项行动（见表1）。

表1　　　　　　　　《可持续发展融资行动计划》三大目标和十项行动

三大目标	十项行动
一、将资本导向更具可持续性的经济活动	1. 建立欧盟的可持续活动分类体系
	2. 建立绿色金融产品的标准和标识
	3. 培育可持续投资项目
	4. 将可持续性纳入投融资建议中
	5. 开发可持续性的指标体系
二、将可持续性纳入常规的风险管理	6. 将可持续性与评级和市场研究更好地结合
	7. 进一步澄清机构投资人和资产经理的职责
	8. 将可持续性纳入审慎要求中
三、鼓励长期行为及市场透明度的提升	9. 加强可持续性信息披露和会计准则制定
	10. 提升企业可持续治理能力并削弱资本市场的短期行为

资料来源：Action Plan：Financing Sustainable Development，湘财证券研究所整理。

可持续金融的概念相比绿色金融外延更广，绿色金融主要聚焦于高碳排放对环境的影响，而可持续金融除了考虑环境因素外，还兼顾相关企业的社会责任和公司治理，与ESG标准相呼应。

此外，欧盟委员会技术专家组在2019年制定颁布了《欧盟可持续金融分类目录》，内容涵盖了"向循环经济过渡"等六个战略目标，并针对每个目标下的经济活动提供了具体的技术筛选标准，帮助投资者规避"洗绿"行为。理论上，根据《欧盟可持续金融分类目录》就能够判别哪些公司和行业可以获得绿色金融的政策倾斜，大幅降低了交易费用。

纵观欧盟绿色金融相关的一系列政策法规（见表2），不难发现，大部分绿色政策都是由欧盟委员会、欧洲银行管理局和欧盟委员会技术专家组等超国家概念的组织牵头制定，并最终在超国家的层面形成一个系统性的政策框架，打破了欧洲各国之间的政策屏障，便于欧盟在绿色金融领域的统筹管理。

表2　　　　　　　　　　　　　欧盟绿色金融相关政策梳理

相关政策法规	机构	日期
可持续发展融资行动计划	欧盟委员会	2018年3月
新版非财务报告指南	欧盟委员会	2019年2月
欧盟可持续金融分类目录	欧盟委员会技术专家组	2019年6月
欧盟绿色债券标准	欧盟委员会技术专家组	2019年6月
自愿性低碳基准	欧盟委员会技术专家组	2019年6月
欧盟绿色新政	欧盟委员会	2019年12月
可持续金融行动计划	欧洲银行管理局	2019年12月
欧盟分类法条例	欧盟委员会	2020年3月
气候对标条例	欧盟委员会	2020年12月
可持续金融披露条例	欧盟委员会	2021年3月
强制性供应链尽职调查倡议	欧盟委员会	2021年3月
企业可持续发展报告指令	欧盟委员会	2021年4月
"减碳"13项立法提案	欧盟委员会	2021年7月

资料来源：湘财证券研究所整理。

（三）内外协同，金融机构积极投身绿色金融发展

作为重要的参与者，欧美金融机构在绿色金融领域的积极性和自主性普遍较高。伴随绿色理念的深入人心，欧美金融机构积极投身于绿色金融的内外部协同发展。

内部发展方面，以美国高盛集团为例，其在2005年11月便制定了环境政策框架（EPF）①，并对公司业务运营、风险管理等方面制定了相应的要求和目标，内容涵盖绿色债券、商品做市、资产管理、研究支持、不同行业间的风险识别和管控等。同时，为了更好地践行绿色发展理念，高盛集团在各业务条线中成立了可持续发展理事会，并由公司高级合伙人领衔。

外部发展方面，2003年包括巴克莱银行在内的十家大型银行宣布自愿采用"赤道原则（the Equator Principles）"，该原则要求金融机构对潜在投资项目的环境因素和社会影响因素进行综合评估，鼓励金融机构对产生正外部性的项目给予资金支持。目前全球已有40余家大型跨国银行宣布采用"赤道原则"，其中大部分是欧美金融机构，如花旗、渣打、汇丰等，国内商业银行如兴业银行、重庆农商行等也已实行"赤道原则"。

不可否认，欧美绿色金融的发展在全球先行一步。反观我国绿色金融虽然起步较晚，但

---

① Environmental Policy Framework，网址：https://www.goldmansachs.com/s/environmental-policy-framework/index.html，最后访问日期：2022年10月25日。

市场体量、发展速度和发展潜能不容小觑。就现状而言，我国证券业在绿色金融发展方面尚存以下几个方面亟待完善：第一，虽然我国绿色债券的发展较为迅猛，但目前绿色债券发行仍然以证券公司和商业银行联合承销为主，而联合承销又以商业银行为主导，证券公司在其中的影响力和话语权较弱。第二，直接融资占比有待提升，产品创新能力不足。我国当前仍以绿色信贷等间接融资方式为主，IPO、并购重组等直接融资工具占比偏低，且在绿色金融相关衍生工具方面的发展较慢。第三，相关绿色金融政策和法规的针对性、操作性和落地性需要进一步加强。第四，绿色金融的繁荣离不开供需两端的共同发力，低碳转型理念和绿色投资理念需要持续深化。第五，"运动式减排"，行业和部门间各自为政导致的"分解谬误"现象时有发生。

三、证券业助力"双碳"目标的三维度考虑

（一）政策面：完善政策支持力度，加强绿色金融监管

1. 建立绿色产业快速通道，提高直接融资效率

近年来监管机构通过出台支持符合条件的企业发行绿色债券、优化绿色股权融资环境、引导证券基金机构参与绿色投融资、推进绿色金融国际交流合作等措施，引导更多金融资源流向绿色低碳领域，有效推动了国家绿色低碳转型。在各项政策支持下，证券公司绿色金融业务发展成绩斐然，尤其是绿色公司债券承销规模呈逐年上升趋势。但从海外资本市场的发展实践看，我国证券业未来在债券市场、权益市场和衍生品市场上仍有较大的提升空间，相关监管制度和投资者保护都需要逐步建立健全。

此外，目前我国绿色金融主要表现形式是以绿色信贷为代表的间接融资方式为主，IPO、并购重组等直接融资金融产品占比重偏少。建议监管机构可以在未来给予绿色金融更多的政策倾斜。例如，对绿色债券的利息部分适当降低税率，甚至给予免税处理，以此增加绿债的吸引力；再如，可以鼓励一些满足条件的企业通过发行绿色债券、并购重组或者上市等方式满足资金需求。监管部门也可以在未来时机成熟之际，将绿色产业相关上市和融资业务纳入快速审核通道，进一步提升直接融资的效率。

2. 加强绿色金融监管，有效防范"洗绿""伪ESG"等投机行为

随着绿色债券各项利好政策频繁颁布，越来越多的公司和金融机构参与其中，但早期由于监管要求不严，导致筹集的资金难以真正落实到相关的绿色项目中去。依据此前发布的《绿色债券发行指引》，仅要求筹集总资金的50%—70%用于绿色项目即可，与海外绿色债券用于绿色项目占总金额95%的要求相比有一定差距。随后，2022年7月发布的《中国绿色债券原则》将这一标准提高至100%，但如何识别和监管绿色债券的实际用途又是一个难点。建议有关部门可以进一步加强对第三方评估认证机构专业能力的认定和监管，督促其做好绿色债券的监督角色，切实履行职责，有效防范"洗绿贴标"的行为，促进绿色债券市场健康发展。

ESG方面也存在类似的问题。当前国内ESG的发展整体仍处于起步阶段，企业和投资者对ESG理念认知不够全面，以致"伪ESG"的现象层出不穷，若不加以监管防范，最终将可能泛滥成灾。建议监管机构可以借鉴全球认可的ESG知识普及方案，加强ESG的普及，并从专业角度让投资者、金融机构和企业全面了解ESG投资的意义和价值。与此同时，建

议监管机构可以联合学术界和金融机构，从整体上优化 ESG 框架，建立以中国市场为核心、国际 ESG 评级体系为辅的统一的 ESG 信息体系和披露规则，不断强化 ESG 信息体系的建设，完善 ESG 的信息披露要求，减少投机主义者利用市场不对称实施对 ESG 的造假行为。

（二）行业面：搭建行业智库，多措并举提供金融支持

1. 构建绿色金融智库，聚焦重点行业减排痛点

证券业可以依托行业内外部人才和研究优势，组织构建绿色金融智库，在低碳发展的各个方面出谋划策。绿色金融智库的构建有助于聚焦重点行业的减排痛点，通过专业知识为企业和行业提供行之有效的解决方案，从而提升证券业对各行业低碳转型的贡献度和参与度。

目前已有证券公司与国内高校联合设立绿色金融研究院或智库，虽然其在绿色金融的各个领域研究成果颇丰，但多立足于理论层面，在指导企业转型实践方面略显不足。我们认为，智库不仅要聚焦碳排放重点行业，还要深入探究各行业全生产流程中存在的排放问题。通过实地调研参与绿色清洁技术、低碳产品、低碳模式的开发和应用过程，形成一系列有深度、有前瞻性、有商业价值的研究报告，并通过建立体系健全、科学有效的"产学研用"体系，指导绿色金融实践，助力资本市场激发创新企业的成长，解决企业启动资金不足、技术难以突破等难题，帮助重点碳排放企业解决实际问题。

2. 引导绿色债券向关键领域倾斜，丰富绿色金融产品体系

证券业作为我国资本市场重要的枢纽，应当充分发挥自身在资金引导上的核心职能，大力发展绿色债券、绿色企业 IPO、再融资、并购重组等直接融资业务，为绿色企业在战略布局、业务扩张、产业升级等领域提供全方位的金融服务。

首先，建议引导绿色债券向关键领域倾斜。目前绿色债券作为我国绿色金融的主要载体，其自身也存在供需不匹配、交通类占比过高（约占绿债总量的30%）、投资期限较短（普遍在 5 年期以下）等问题，这也导致清洁技术和清洁能源的研发、植树造林等长期项目面临融资困难。建议证券业可以给予这方面更多的关注和扶持。

其次，证券业在绿色金融产品开发和创新方面应当充分发挥主观能动性，利用行业积淀和相关金融产品的研发经验，完备绿色金融产品体系。一是借助强大的投研能力和融资层面的优势，优化进产品设计、改良服务模式，为绿色产业搭建优质的服务平台，以此满足相关企业在诸如节能减排、低碳生产、可再生能源等领域的绿色金融需求；二是积极参与碳交易市场，丰富碳金融衍生产品，提高碳资产的流动性和价格公允性，使资源配置得到进一步优化。

最后，可以围绕碳排放权、碳汇等碳金融资产，通过碳领域的风险管理、信用等服务，创设相关的抵质押融资工具，进一步拓宽企业融资渠道。

（三）公司面：践行绿色战略，完善产品体系

1. 将绿色发展纳入公司发展战略

在全行业绿色转型的当口，证券公司也应当将绿色金融提升到公司核心战略的高度，并可酌情调整组织架构，成立绿色金融业务部门，将绿色金融作为一项长期产业进行发展。

一般而言，这类部门将主要负责针对绿色企业或项目的金融服务，并独立承担绿色金融相关责任。从行业实践来看，部分证券公司已经明确提出绿色金融业务发展目标，将绿色金

融整合进核心发展战略，并设立绿色证券金融部门、绿色金融专门小组和绿色金融事业部等。此外，作为全公司的发展战略，绿色金融需要协调不同部门间的配合，因此，也需要建立相应的配套制度来调动各个部门的积极性，既要鼓励各部门参与绿色金融的标准建设和方案落地，又要注重部门间的沟通与协调，最大化协同效应。

2. 建立多元化绿色基金，发挥资金引导作用

现阶段我国在绿色基金方面相较于绿色债券仍发展缓慢，证券公司可以通过已成立或正在成立的基金子公司，在绿色产品的研发和销售方面取得进一步突破。

绿色基金的资金来源广泛，能够有效优化金融结构。现阶段部分绿色转型行业面临低回报、高风险的问题，同时产业投资周期较长，这就需要绿色产业基金的介入和助力，而基金子公司可以通过与地方政府、城投公司、金融机构以及绿色企业等主体进行合作，并根据区域、行业，或者个性化的需求设立与此对应的绿色产业基金，将资金投向一些具有长远发展意义，但短期内可能风险较大、投资回报率较低的领域。据估算，我国在2060年要实现碳中和需要的投资可能会超过百万亿元规模，而绿色技术创新往往具有周期长、投入大、风险高的特征，绿色产业基金能较好地匹配这类技术创新所需的资金特征，与间接融资追求贷款安全性和确定性收益的风格形成互补，帮助绿色转型企业渡过融资难关。

综合而言，我国"双碳"目标时间紧、任务重，而绿色金融是实现"双碳"的重要抓手，中国证券业有能力在优化资源配置、强化价格发现、提升风控水平等方面进一步发挥作用。伴随"双碳"工作的持续推进和相关顶层设计的逐步完善，证券业也将立足于新发展阶段，深化绿色金融供给侧改革，助力"双碳"目标早日实现。

参考文献

[1] 杨毅. 证券业持续发力绿色发展与创新创业 [N]. 金融时报, 2021-11-23 (7).

[2] 刘仲能. "双碳"目标下证券机构发力绿色金融的实践探索 [J]. 福建金融, 2022 (1)：33—39.

[3] 苏菲. 证券业如何助力碳中和——国际投行经验借鉴 [J]. 金融市场研究, 2022 (1)：90—94.

[4] 中国上市公司"双碳"排放排行榜 (2022) [J]. 财经, 2022 (9).

[5] 唐昕, 方华. "碳达峰碳中和"视角下我国绿色债券发展现状与问题研究 [J/OL]. 经营与管理：1—10 [2022-10-12]. DOI：10.16517/j.cnki.cn12-1034/f.20220817.002.

[6] 薛璇. 资本市场推动高碳行业"低碳化"进程 [J]. 中国有色金属, 2022 (11)：52—53.

[7] 薛宏立. 参与绿色债券市场建设服务碳达峰碳中和目标 [J]. 债券, 2021 (3).

[8] 王汉峰等. 完善绿色金融体系助力实现"双碳"目标研究 [J]. 传导, 2022 (10).

[9] 贺丰果, 雷鑫. "双碳"目标下绿色金融发展的国外经验及国内建议 [J]. 国际金融, 2022 (4)：8.

ESG 推动上市证券公司高质量发展研究

东方证券股份有限公司*

一、上市证券公司高质量发展与 ESG 概述①

(一) 上市证券公司高质量发展的内涵

我国"创新、协调、绿色、开放、共享"的新发展理念与联合国可持续发展目标（SDGs）② 具有一致性，均致力于社会的可持续发展。在新发展理念及"双碳"战略目标指导下，结合 2021 年 5 月中国证监会主席易会满《坚持稳中求进 优化发展生态 推动证券行业高质量发展新进步》的讲话，本文认为上市证券公司高质量发展的内涵可以概括为两个层次：一是贯彻落实新发展理念，服务实体经济转型升级；二是持续提升企业价值，提升行业的国际市场竞争力与综合金融服务能力。

(二) ESG 理念与境内外发展概况

ESG 是关于环境（Environmental）、社会（Social）和治理（Governance）如何协调发展的理念，也是一种基于这三个因素对企业非财务绩效的评估和对公司长期发展的评价标准。ESG 投资起源于社会责任投资，在欧美有近 100 年的历史，ESG 与联合国 SDGs 理念高度相

---

* 本文为中国证券业协会 2021 年优秀课题。课题负责人：张芊，申能（集团）有限公司党委副书记，东方证券股份有限公司监事会主席。课题组成员包括：夏立军，上海交通大学安泰经济与管理学院教授；阮斐、陈刚、薛俊、黄佳妮、袁金华、安思凡，均供职于东方证券股份有限公司。原载于《中国证券》2022 年第 3 期。

① 因境内外企业 ESG 信息在上市公司年报中披露较为规范和充分，且课题专注于 ESG 推动证券行业高质量发展，故本文选取上市证券公司作为研究对象。

② 2015 年 9 月，联合国大会一致通过了《联合国 2030 年可持续发展议程》，即可持续发展目标（Sustainable Development Goals，SDGs），SDGs 是国际社会到 2030 年的全球发展目标，由 17 个目标和 169 个具体目标组成。中国是联合国安理会常任理事国，外交部每年都会发布中国 SDGs 的情况。

符，SDGs 也为考虑 ESG 因素的可持续投资的社会目标提供了明确方向与全球框架。目前，ESG 投资在世界范围内不断走向成熟，并逐渐成为可持续金融的核心。

我国自提出"双碳"目标以来，绿色金融体系进一步完善。ESG 与我国绿色金融体系和新发展理念是一致的，国家从监管政策、资金引导和投资者认知三个角度加速推动 ESG 投资的发展。2018 年 6 月起，A 股正式纳入 MSCI 新兴市场指数和 MSCI 全球指数，强化了国际投资者对中国资本市场的认知。据《中国责任投资年度报告 2020》显示，中国可统计绿色信贷余额 11.55 万亿元，泛 ESG 公募证券基金规模达 1 209.72 亿元。

二、ESG 是推动上市证券公司高质量发展的有效方式

（一）ESG 推动上市证券公司贯彻落实新发展理念

将 ESG 纳入上市证券公司的管理，能够实现自身低碳绿色运营，为各利益相关方创造可持续的综合价值。作为资本市场中介机构，证券公司可以开展 ESG 理念的绿色投融资、绿色研究等业务，引导资源和资金进入低碳转型的企业以及符合可持续发展的行业，实现资本、科技和实体经济的高水平循环，更好地践行服务实体经济的初心使命。

（二）ESG 推动上市证券公司持续提升企业价值

一方面，实施 ESG 能够助力上市证券公司把握全球 ESG 投资趋势与"双碳"目标机遇。全球可持续投资联盟（GSIA）《2020 年全球可持续投资回顾》报告中指出，自 2016 年以来，欧洲、美国、加拿大等全球主要市场的 ESG 总投资规模持续增长。Wind 数据显示，截至 2021 年 9 月，中国市场 ESG 基金总规模已超过 1 957 亿元，"十三五"期间的规模年复合增速达 21%，预计到 2030 年我国 ESG 基金规模有望突破 1.2 万亿元（见图 1）。

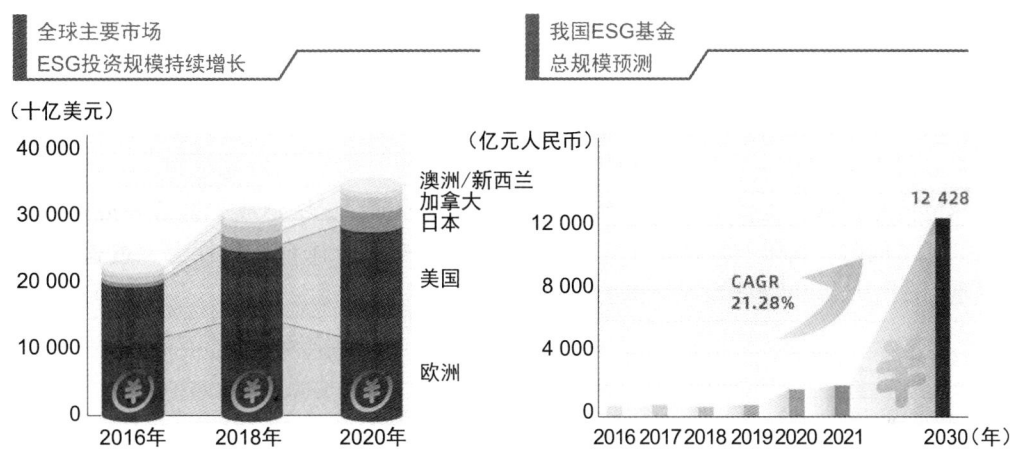

图 1　全球主要市场 ESG 投资规模及我国 ESG 基金总规模预测

资料来源：GSIA，Wind，课题组整理。

在境外市场，ESG 相关指数短期效果不明显，但中长期收益率普遍高于基准指数的收益率。据中国国家气候战略中心测算，为实现碳达峰碳中和目标，到 2060 年，我国新增气候领域投资需求规模将达 139 万亿元，将为国内 ESG 投资发展提供重要机遇。因此，ESG 投

资将为证券公司提供助推高质量发展的"新蓝海"。

另一方面,国内外的理论研究表明,ESG 有助于提升财务绩效水平和公司价值①。通过 ESG 能够持续优化证券公司管理,虽然在短期内会增加工作的复杂性及一定的企业成本,但从中长期来说能够提升企业价值和净资产收益率,降低企业长期经营风险。而且在长期投资过程当中,与 ESG 相关的因素将会逐步成为企业的竞争优势②。中金公司研究表明,ESG 重视程度对公司的市值成长性有较长(1—3 年)的正向影响。商道融绿发布的《A 股 ESG 评级分析报告 2021》认为,A 股上市公司 ESG 绩效和股价具有正相关性。境内上市证券公司可以战略性眼光前瞻布局 ESG,从而在资本市场双向开放中建立自己的竞争优势。

三、ESG 信息披露监管政策的境外借鉴与境内检视

(一)境外 ESG 信息披露监管政策的特点

在 ESG 监管政策方面,欧盟设立统一机构,辅之以全民配合进行政策制定。日本是在各监管部门下设 ESG 委员会,定期进行沟通讨论,形成统一的理念和制度。目前,各主要国家和地区均制定了标准化的信息披露制度,趋向于"不遵守就解释"的强制性披露演进,其中气候变化成为 ESG 信息披露的重中之重。

(二)国际组织 ESG 信息披露的要求和特征

ESG 信息披露不仅和各国政府监管政策相关,国际组织③也在制定标准推动企业信息披露和全球 ESG 投资。虽然披露要求各有侧重,但仍有共性:一是都要求进行高效的 ESG 信息披露;二是披露对象主要以投资者为主;三是要求企业披露企业治理、对 ESG 风险机会的认识、特定领域的重要性、气候变化、长期战略和关键绩效指标(KPI)五个共同项;四是要求各机构朝着标准统一的协调方向进行整合。

(三)境内 ESG 信息披露监管现状及存在的问题

相比欧美国家,我国正处于 ESG 发展的初级阶段,采用"半强制+自愿"的信息披露模式,多部门规定 ESG 披露指标和内容,尚未有统一的 ESG 信息披露规则,导致上市证券公司选择性信息披露,也使得 ESG 评级难以抓取有效数据,无法形成"监管—披露—评级"的正向循环。同时,尚未有权威的 ESG 评级体系,现有评价体系差异性大、覆盖面小、时效性不足,ESG 的评价标准和评级机构也有待构建和培育。

---

① See Nollet, J., Filis, G., & Mitrokostas, E. (2016). Corporate social responsibility and financial performance: A non-linear and disaggregated approach. Economic Modelling, 52, 400 – 407. doi: 10.1016/j. econmod. 2015.09.019. Crifo, P., Forget, V. D., & Teyssier, S. (2015). The price of environmental, social and governance practice disclosure: An experiment with professional private equity investors. Journal of Corporate Finance, 30, 168 – 194. doi: 10.1016/j. jcorpfin. 2014.12.006.

② 新浪财经:《东方证券薛俊:ESG 能给长期投资带来竞争力》,网址:https://finance.sina.com.cn/china/2021 – 05 – 01/doc – ikmyaawc2978105.shtml,2022 年 1 月 10 日访问。

③ 国际组织主要包括 GRI(全球报告倡议组织)、SASB(可持续性会计准则委员会)、IIRC(国际综合报告委员会)、TCFD(气候相关财务信息披露工作组)等。

四、金融机构践行 ESG 的境外借鉴与境内检视

(一) 境外主要金融机构践行 ESG 的经验总结

在全球 ESG 投资和资产规模增长的背景下,国际主要金融机构的公司理念、内部治理和投资模式都在快速向 ESG 转变。美国金融机构的影响力最大,其证券公司和投资公司相互融合,与我国证券公司发展趋势相似。例如,贝莱德集团把可持续发展作为投资的新标准,明确把 ESG 纳入投资过程中,为客户提供 ESG 相关的解决方案;高盛集团在公司管理、主动投资和研究方面积极贯彻 ESG 可持续金融。日本 ESG 相比欧美起步较晚,但可持续金融从无到有发展迅速。其中日本政府养老投资基金(GPIF)通过委托的基金公司进行投资,要求受托基金公司充分考虑 ESG 条件进行投资;野村控股申明其经营愿景是通过解决社会问题实现可持续增长,并在最高执行决策机构内成立可持续发展委员会。

(二) 境内上市证券公司 ESG 理念及实践有待加强

本文选取 43 家 A 股上市证券公司,并分析其企业社会责任报告,结果发现:境内上市证券公司践行 ESG 较为缓慢,仅 15 家公司提出将 ESG 融入公司治理或管理运作中。ESG 投资方面还处于初级阶段,部分证券公司将 ESG 纳入投资考虑因素,但尚未形成实质性的 ESG 投研体系。同时,ESG 信息披露质量也存在可提升的空间。14 家 A + H 上市证券公司发布 ESG 报告,因遵循香港交易所《环境、社会及管治报告指引》编制,内容具有规范性。其他上市证券公司虽然也披露了社会责任报告,但信息准确性、实质性和完整性不足,欠缺数据追踪更新。

五、ESG 推动上市证券公司高质量发展的路径探讨

(一) ESG 推动上市证券公司高质量发展的总体考虑

作为上市证券公司,首先,要理念先行,引导公司重视 ESG 并自上而下形成 ESG 理念。其次,构建制度,制定 ESG 战略长期规划并有序推进,构建 ESG 绩效考核机制形成闭环管理。此外,培养公司 ESG 研究和执行人才,研究公司 ESG 管理与投资最优方案并不断反馈改进,同时推进各职能部门、业务条线及子公司做好 ESG 落地执行。

(二) 将 ESG 纳入公司管理推动上市证券公司高质量发展

将 ESG 纳入公司管理主要包括:一是自身践行 ESG 关键议题。根据国情及公司实际情况,践行"治理""环境"和"社会"标准,提升公司治理有效性、减少对环境的影响、关注利益相关者利益并积极履行社会责任。二是将 ESG 因素纳入上市证券公司全面风险管理体系。为实现"双碳"目标,企业需要经历绿色低碳转型期,理论和实证研究证明企业 ESG 因素风险会传递到金融机构的资产价值,对此须实施 ESG 相关风险尽职调查程序,识别、分析和解决可能影响公司或客户的潜在 ESG 问题并积极应对。三是提高上市证券公司 ESG 信息披露的范围与质量。通过对国际 15 家主要证券公司 ESG 信息披露情况的分析发现,国际证券公司主要加入了 UN - PRI(联合国"负责任投资原则"组织)和 TCFD(气

候相关财务信息披露工作组）等国际可持续发展组织，并根据自身对 ESG 的践行，披露 ESG 理念、ESG 关键议题内容以及 ESG 投资方法等（见表1）。

表1　国际 15 家证券公司 ESG 信息披露内容

ESG 相关		主要内容
ESG 披露的标准		参考的国内外机构和监管的标准
ESG 理念		公司可持续发展理念、核心价值观等
企业相关的 ESG	环境（E）	碳中和、可再生能源、节能降耗等
	社会（S）	多元化、文化、健康、安全、慈善公益等
	治理（G）	董事会结构、薪酬、商业道德、信息保护等
	重要课题	确定的流程、评估、解决方案等
ESG 投资		说明 ESG 投资的理念、过程、方法等；介绍擅长的 ESG 投资方法；涵盖主动投资、指数构建、固收等方面
加入国际机构		以 PRI 和 TCFD 为主

资料来源：各公司网站、ESG 报告，课题组整理。

境内证券公司应积极构建 ESG 信息系统平台，明确披露内容重点关注"投资者角度"和"重要性信息"方面，可逐步参照 UN – PRI、TCFD 等国际权威标准，自愿性多角度充分披露 ESG 信息，并建议参照 TCFD 要求进行气候变化信息披露。

（三）将 ESG 纳入上市证券公司业务，更好地服务实体经济

一是考虑以 ESG 优化证券公司业务模式。具体包括积极开拓绿色债券发行和承销业务，通过正面筛选和负面剔除的 ESG 责任投资策略建立量化选股模型的黑白名单优化证券投资业务，推出 ESG 资产管理产品以及证券公司研究逐渐纳入 ESG 因素等。二是重点关注转型金融，以绿色融资助力企业客户低碳转型，可借鉴国际资本市场协会（ICMA）发布的《气候转型融资手册》四大要素，为有需求的高碳排放公司转型提供必要的资金支持。三是私募股权投资应践行 UN – PRI 六大投资原则，构建系统化、流程化的方式进行投资企业的 ESG 尽职调查，降低投资风险。在与被投资企业互动和沟通时，可借鉴 GPIF 要求资产管理公司设定的 ESG 问题和目标，对 ESG 需求量身定制方案并对实际效果进行查验，帮助被投资企业提高 ESG 及自身综合价值，达到投资人与被投资者协同双赢的结果。

六、ESG 推动上市证券公司高质量发展的政策建议

（一）制定符合国情的 ESG 政策法规及信息披露框架

结合我国发展阶段和实际国情，政府可以从构建 ESG 监管协调机制入手，达成高层 ESG 监管理念共识，协同各监管部门进行 ESG 规则制定的全面探讨，形成"产业—金融—专家—政府"的联动体系，经过讨论制定合理标准和规则且能代表中国推荐给国际社会，推进中国构建全球绿色金融枢纽。监管机构作为信息披露监管机构制定 ESG 强制信息披露制度；交易所作为执行机构制定 ESG 信息统一披露框架；行业自律组织可以制定证券行业

ESG 自律规则，引导上市证券公司提高 ESG 信息披露质量并践行 ESG。

（二）完善 ESG 生态系统，推动上市证券公司践行 ESG

ESG 作为发展绿色金融的有效方式，由 ESG 投资推进，逐步形成国际组织、各国政府、各国信息披露监管机构、ESG 投研机构、ESG 评级机构及上市公司等相互影响的生态系统（见图 2）。

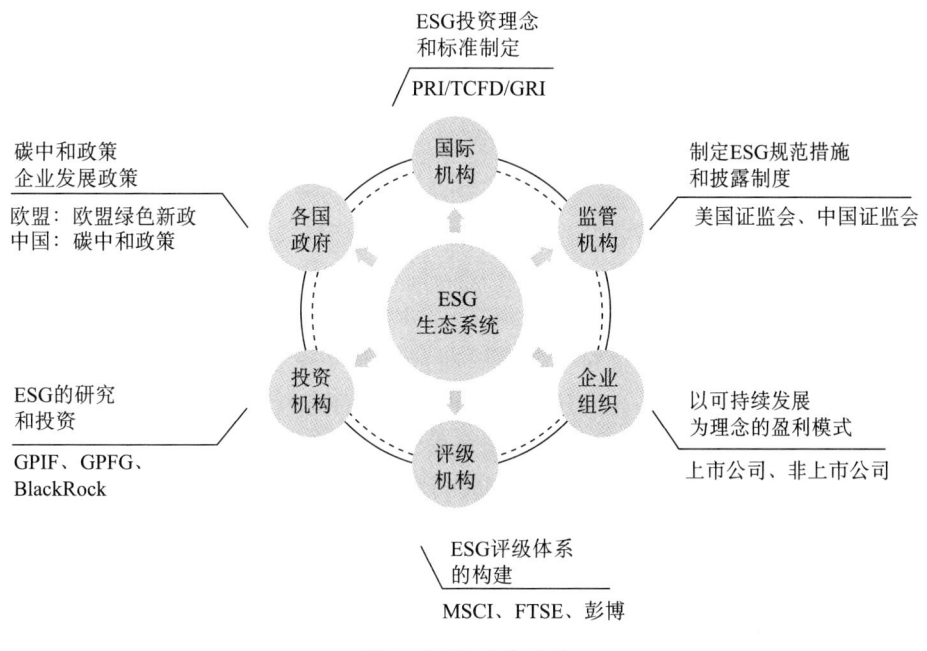

图 2 ESG 生态系统

资料来源：课题组整理。

若在我国形成自洽的体系，需要政策引导资本市场进行关注并实践，给予 ESG 表现优秀的证券公司激励措施或业务优惠，平衡践行 ESG 初期需要投入的成本。同时，培育对标国际、符合国情的 ESG 评价标准和评级体系，持续推进 ESG 生态系统基础设施的完善。

证券经营机构风险监测、预警与处置机制初探

郭晓晖　汪世奎　王　斌　袁思佳　周　越[*]

党的十八大以来，国家高度重视金融风险防范，中央经济工作会议多次强调"加强金融风险监测预警和化解处置，提高发现问题和处置风险的能力""提高金融机构规范运作水平"，为逐步夯实金融风险防范化解长效机制提供了方向引领。

当前，在新冠疫情反弹和国际环境变化超出预期的背景下，需求收缩、供给冲击、预期转弱三重压力逐步显现，金融工作面临新的挑战和更高要求。而证券经营机构作为资本市场的重要一环，应以更加主动的态度应对各类风险隐患，落实风险防控责任，优化实时监测、分级预警、快速处置机制，以考核问责为闭环，压降存量风险，严控增量风险。在此背景下，本文结合证券经营机构全面风险管理体系建设，选取证券经营机构风险监测、预警与处置机制建设为研究对象，以期为提高证券经营机构风险管理质效提供思路。

一、证券经营机构风险管理现状分析

中国证券行业历经30余年发展，随着监管制度的持续完善以及对国际先进风险管理方法、理念的借鉴，其由最初的粗放式发展到以全面风险管理体系建设为前提的精细化发展模式，表现为我国风险管理制度不断完善，风险管理组织架构逐步搭建，全面风险管理体系初步建立。但和国外先进经验和成熟模式相比，国内证券经营机构在全面风险管理的具体落实等方面仍有差距，特别是风险监测、预警和处置等机制尚待优化，风险防控整体机制尚未成熟。

（一）证券经营机构进入全面风险管理体系建设阶段

1. 监管法规体系逐步完善

2001年中国证监会发布《证券公司内部控制指引》，在证券经营机构的内控治理中提出

---

[*] 作者简介：郭晓晖，华金证券股份有限公司首席风险官；汪世奎，华金证券股份有限公司风险管理一部副总经理（主持工作）；王斌，华金证券股份有限公司风险管理一部副总经理；袁思佳、周越，均供职于华金证券股份有限公司风险管理一部。原载于《中国证券》2022年第9期。

了风险监测、风险应对处理的基础要求。2006年《证券公司风险控制指标管理办法》的施行，明确了以净资本为核心的风控指标体系，构建了监管意义上的风险容忍度。

中国证券业协会于2016年修订发布的《证券公司全面风险管理规范》指出："全面风险管理，是指证券公司董事会、经理层以及全体员工共同参与，对公司经营中的流动性风险、市场风险、信用风险、操作风险、声誉风险等各类风险，进行准确识别、审慎评估、动态监控、及时应对及全程管理。"根据定义，全员参与、覆盖各类风险的风险监测、预警与处置机制是建立全面管理体系的重要内涵要求。该规范的发布也标志着证券经营机构进入全面风险管理体系建设阶段。

2016年修订的《证券公司风险控制指标管理办法》及配套风控指标计算标准，则进一步完善了以净资本和流动性为核心的风险控制指标体系，为证券业风险监测及防范提供了基础指标体系和监控机制。

2. 风险管理组织架构逐步形成

2006年开始，证券经营机构风险管理部门与业务部门逐步实现独立，如今证券经营机构纷纷构建了以董事会及监事会为核心的董事会、经理层、风险管理职能部门和业务条线组成的四级风险管理体系，形成业务、风险及审计"三道防线"，覆盖风险的事前、事中和事后全流程管理的较为完整的风险管理组织架构，并明确了职责分工，为风险的全流程处置机制提供了基础的组织保障。

3. 风险管理体系初步建立

在我国证券经营机构风险管理体系逐步建立完善的过程中，可操作的管理制度、健全的组织架构、可靠的信息技术系统、量化的风险指标体系、专业的人才队伍、有效的风险应对机制六方面风险管理基础建设已逐步渗透进证券经营机构的实践中。在此过程中，英国、美国、日本等国家金融机构风险管理的实践经验对我国金融机构发展风险管理体系有着重要的启示作用。具体包含以下几点：

（1）建立统一高效的财务信息申报审核机制。证券经营机构风险预警的工具指标建立在财务资料的基础上，因而，财务数据的质量保证了预警资料的准确性。

（2）定期重新评估各项使用中的风险预警方法与风险控制指标的真实效果，并进行及时的更新完善，以保证风险预警体系起到最大作用。

（3）加强对突发事件的预警与评估能力，对各种情况提前进行压力测试并准备处理预案，以此更好地应对除了特殊情况下的突发问题。

（二）证券经营机构风控机制具体执行中的问题

1. 机制建立依靠外部推动，主动风险控制意识有待提高

当前我国证券经营机构主动管理风险的意识不强，较多依赖监管导向和自律组织的指导。如追随监管部门最新规定的要求，或为应付相关监管检查等，其形成的主要原因有内外两方面：从外部因素来说，证券市场尚处于发展阶段，市场主体发展历史尚短，可供借鉴的固定模式和成熟经验积累不足；从内部因素来说，当前在资本市场，参与者理念、机制建设尚处于未完全成熟的阶段，风险管理与业务发展的矛盾容易激化，业务从考核角度出发更注重短期的市场份额提升，易忽略对风险可控的关注。

一方面，证券经营机构主动风控的意识不足难免会对管理手段创新、内控治理落实执行

带来不利影响；另一方面，证券经营机构基本围绕行业通行标准导致执业行为的一致性，容易对风险产生叠加效应，从而引发系统性风险。

行业进入创新发展阶段后，伴随着变事前为事后监管的监管理念转型、自身业务发展模式的转型，证券经营机构承担的风险也大幅增加，因而，证券经营机构的风控理念更需要由对监管部门负责转为对自身发展负责，落实全面风险管理的内涵，将风险管理的重点由分业务条线简单风险管理扩展为按照风险类型和业务种类矩阵式分布的风险管理模式。

风控标准的选择实质是公司战略发展的选择，证券经营机构应从自身出发，提高风险管理意识，在符合监管规范的前提下，根据自身业务特点和风险容忍度管控风险。

2. 对重要业务尚未形成有效的风险评价和监督机制

目前，我国大多数证券经营机构在资金、证券交易等易产生问题的环节，管理制度落后、缺乏事前控制和防治及事后的相应补救措施，或虽然有规章制度，但制度不够细化、可操作性不强，或执行和监督不够严格，从而导致"制度挂墙"，留下较大的风险隐患。同时，因分级分类信息报告机制不健全，导致信息传递传导不畅或延迟，管理层不能随时掌握业务的风险状况以及存在的风险隐患。

3. 风险管理前置有待进一步落实

风险管理前置可以有效提升全面风险管理效果，但目前行业风险管理的事后处理多、事前防范少，风险管理更多表现为合规性审查。政策制定、业务拓展中的风险识别、测量、评估、控制还有待提高。

业务引入、产品设计、销售、交易管理等各业务环节都应嵌入风险管理，从业务、产品和客户端开始即应充分考虑相关的各类风险，全面搜集信息，充分评估可行性，落实业务中的识别、评估、监测等风险管理流程，提升风险管理的有效性。

二、证券经营机构风险监测、预警与处置机制初探

（一）建立健全风险防控责任机制

从风险成因角度看，重大危机往往起始于一个寻常的微小漏洞，而风险管理初始漏洞形成通常源自风险责任机制的缺失。

从建设风险防控流程角度看，责任机制贯穿于机制建设的整个流程，决定了证券经营机构风险防控机制抵御风险能力的高低。风险监测、预警、研判、评估、处置等风险防控流程的各个环节，都需要组织化的各级主体进行应对处理。证券经营机构的管理组织、个人等风险主体依据制度性规定，在组织架构下，根据各自的风险职责推动风险管理体系的运作，以实现风险管理的组织目标。

因此，从风险防控的机制设计角度，应进一步贯彻落实风险管理三道防线的责任机制。首先，发挥业务一线在风险管控上的主观能动性。从大的风险管控机制上，切实压实业务一线的风险管控责任，明确业务一线直接风险管控责任、健全授权决策机制、加强文化宣导、达成风险共识、严肃考核问责等；从具体机制的落地执行上，在业务内部建立起风险管理屏障，主要通过在业务条线内设相对独立的风险管理部门或风险管理岗，独立履行风险识别、评估、监测与报告等风险管理职能，与业务一线人员形成一定的风险管理制衡。其次，风险条线应不断完善自身职能相关风险管理方法学和风险管理工具，独立履行风险管理评估、分

析、监测和报告等职责，强调对一线部门风险管理流程设计和执行的指导、监督和检查，确保各项风险政策和风险管理工作的有效落地，确保风险管理工具在具体业务条线的合理、有效运用。最后，审计监督条线在公司各业务环节开展有重点的专项审计，对公司全面风险管理的充分性和有效性进行独立、客观的审查，评价各部门履职尽责情况及全面风险管理体系的健全性，保证第一道和第二道防线的有效性。

三道防线机制形成风险管理流程的科学闭环、动态优化，保障整个风险管理体系设计科学、执行到位、运行有效。

（二）建立前瞻敏捷的风险监测机制

1. 发挥业务一线监测的重要作用

依照早发现、早预警的原则，证券经营机构应在苗头时期就能预见、预警和预防风险，尽最大可能将风险遏制在萌芽阶段。而业务单元作为一线展业部门，最熟悉市场、最贴近客户，在对业务具体风险识别、风险防范性控制方面具备先天的优势，也最具备管理风险的资源和能力，及时应对处置的效率和效果也最佳。

基于外部监管的视角与国外应用经验，从具体职责分工的机制设计来看，业务条线应将风险监测融入业务运营中，通过系统监测、数据分析、媒体报道等渠道，及时发现、充分披露部门在日常管理及业务开展过程中出现的风险及风险隐患信息，并针对可能发生的风险事件及时报告并督促部门采取应对措施。切实做到事前把关，做好源头控制，这将切实提高风险管控的效果和效率。

2. 完善量化风险管理工具

风险监测指标是金融风险管理的数据载体，通过监测和衡量各类信息指标的变化，可以及时了解、分析证券经营机构风险的主要情况。

（1）持续完善监测指标体系。在监管规定的证券公司风险控制指标及其他指标要求的基础框架上，证券经营机构应对业务按照不同组合维度及层级进行限额管理，并确定指标的预警标准，防止市场行情在特殊情况下直接击穿限额。具体指标设定可考虑集中度指标、最大损失限额、资金限额、持仓限额等，并定期使用历史模拟法、蒙特卡洛模拟法对各组合进行敏感性分析，评估各组合在未来一定时期内的风险暴露情况。

同时，在金融创新形势背景下，证券经营机构应持续丰富监测指标研究，利用数据模型筛选出与金融风险具有因果关系的监测指标，如CPI、M2、利率、汇率等，丰富监控指标的广度和宽度，充分描述各金融风险的特征和轻重程度，并进行定期采集、异常变动情况分析，以敏锐捕捉市场变化，及时推演风险演变路径，采取针对性的措施，未雨绸缪、防患未然，提高对风险决策的服务和建议能力，以减少宏观风险带来的冲击，努力提高对金融风险的防范和化解能力。

（2）完善风险限额逐级管理机制。机制设计方面，可按照分级授权、分解落实的原则，结合公司风险管理组织架构情况建立董事会—风险控制委员会—业务条线的三级分级限额指标体系。通过分层落实的机制设计可以创新、灵活运用风险限额工具，通过科学分析风险限额指标的预计触发情况，及时捕捉市场的变化，加快资源调配，在指标安全的范围内为及时抢占市场契机提供科学保障。

其中，董事会年度风险政策和风险限额指标是一级刚性指标，其设定以公司年度资金安排、年度预算为基础，经过压力情景下的测算，确保极端情况下公司各项监管指标不突破、经营亏损可承受。

各业务条线结合自身业务情况、风险特征及管理需要形成三级风控指标，在日常风险监测中要结合市场情况对三级限额指标进行及时分析、动态调整。

风险控制委员会指标是以上两者指标中间的缓冲带和资源调配器，以切实保障有限风险资本在公司不同业务上的合理、科学、动态分配，时刻保持指标对公司战略和业务的支持。同时，所有风控指标的设置均需经业务条线与风险管理部门充分讨论和研究，并经压力测试测算，确保指标设置的合理性和科学性。

（3）发挥信息系统高效监测、预判作用。证券业务发展和内控治理在大数据时代背景下发生着深刻变化，也面临着新的挑战，因此，我们需要借助金融科技的力量优化风险监测的方式，提升风险监测的前瞻效能。证券经营机构应建设强大、统一的信息技术平台和数据库，根据业务发展和风险管理需要，分步骤建设各业务、各机构全覆盖纳入的数据中心，实现风险管理人员对风险数据、管控流程的数字化高效监测，提升数据分析、挖掘、预判和危中寻机的能力，最终实现"科技赋能风控、风控赋能业务"的目标。

（三）建立分级风险预警和风险报告机制

证券经营机构应建立分级风险预警机制，按预警信号分析现实风险事件的可能性以及潜在损失规模等因素，有效区分风险预警的级别，并采取有区别的应对机制。

风险事件可按照风险限额触警（超标）情况、直接损失金额、标的金额、声誉风险影响程度等标准分为一般、较大、重大和特大风险等级别，针对不同级别的风险预警事件，证券经营机构应建立有针对性的风险管理分类分级报告机制，并按照直接损失金额、标的金额、声誉风险影响程度等方面进行分类管理，明确不同情形下风险责任部门报送路径、报送时效和报送内容要求，以保障对风险事件的及早处置和应对。

具体按风险预警的不同程度，可建立包括日常定期风险报告、突发风险报告、专项风险报告等的汇报机制，以强化风险信息管控。

1. 日常定期风险报告

定期风险报告包括日报、月报等，主要对一般风险事件、各业务条线风险管理情况、风险控制指标、风险限额指标等执行情况及不利变动情况进行全面、定期的回顾，偏重分析，使经营管理层及时掌握重要业务的持仓、盈亏及集中度水平。

2. 突发风险报告

应针对不同级别的突发风险预警事件建立分级报告机制，对于较大级别的风险预警事件应启动突发报告。突发报告要强调时效性，具体内容主要包括事件基本情况（发生时间、原因、经过、最新进展）、已经采取措施和拟采取措施等，为经营管理层决策提供翔实、专业的参考。

3. 专项风险报告

专项风险报告针对性强，主要以监管、股东单位等上级单位的专项问题为导向，进行相应排查、评估、调查、整改等，如风险排查专项报告、风险评估专项报告、风险事项调查和核查专项报告、风险管理工作落实和整改专项报告以及特殊事项的专题或专项汇报等。专项风险报告严格按照公司报告流程履行，各层级审核后报送。

（四）加强风险处置机制安排

证券经营机构当前环境下主要面临市场、信用、流动性等风险的处置。对于市场风险的处置，可通过及时止损或者采用对冲工具降低敞口，减少系统性风险冲击。对于信用风险的处置：一是要求违约主体寻求外部支持，多方筹集兑付资金；二是要求担保人代偿；三是迅速控制抵押物权属，后续处置抵押物来回收资金；四是启动违约追偿诉讼，通过法律手段降低信用风险损失。对于流动性风险的处置：一是通过变现处置资产、回购融资等交易方式自身缓解；二是获取银行授信、上级单位支持等外部资金导入缓解；三是对于产品，可以通过加强营销力度增加净申购来缓解。

从具体的机制设计出发，为进一步明确风险处置、清收的管理职责，提升风险处置的水平和效率，风险处置工作应有规范的风险事件分类、组织设置与分工、保障后续风险处置的资源调度、奖惩机制等。

分类管理方面，可参考前述风险监测、预警的分级设计思路，从风险敞口、管理方式等方面对风险事件进行等级分类设置，以保证风险管理工作的一贯性。

组织设置与分工方面，证券经营机构应明确相关部门和人员工作职责、处置措施和处置程序等。处置领导小组作为决策机构统筹压实各方责任，形成协同合力并负责决策、协调风险事件处置方案，涉及重大诉讼策略调整事项及重大清收处置事项。处置工作小组具体负责风险事件处置的方案制订、实施和管理，应充分发挥业务责任部门、合规法律、风控、人力、财务、审计等相关部门的协同效应。例如，风险管理部门可落实专人密切跟进并督办风险事件处置进展；合规法律部全程提供必要的司法救助专业指导；董事会办公室启动相应负面舆情应急预案；涉及或有重大经济损失或重大风险敞口的，计划财务部做好损失测算等工作，必要时启动资本补足、股东救助等流动性应对方案。涉及重大风险项目和特大风险项目可由公司专门的资产处置部门进行统一管理。

建议将风险金及奖惩措施作为处置手段。风险金方面，公司建立长效风险管理机制，从各个业务条线或部门收入中收取风险金，以应对风险项目的诉讼成本、处置成本等资源调度；奖惩方面，可通过业务激励、调岗调薪、追责处罚等方式，督促相关责任人员充分把握窗口时间，加快风险处置进度，保障风险处置的有效落地。

（五）建立风险考核与问责机制，形成风险防控流程的闭环

证券经营机构应持续提升考核问责的约束功能，健全风险考核与问责机制，强化风险防范意识，严肃失职责任主体从严问责，有效发挥风险考核"指挥棒"和风险问责"警示器"的作用，切实保障各部门将风控要求放在重要位置，从源头上提升应对风险的实际效果，形成风险管理长效机制。

1. 风险绩效考核与薪酬管理机制

严肃考核。首先，证券经营机构应将所有部门、个人的风险管理考核结果直接挂钩绩效表现。具体风险管理考核原则包括：以风险控制结果考核为主，综合考评风险事件造成的影响程度、风险处理情况和后续纠错措施等；以日常风险管理过程考核为辅，综合考虑各部门风险管理工作的执行落实以及合规风控部门出具的各类风险管理函件情况。其次，以定量客观为主、定性主观为辅，以直接或预期经济损失、标的规模等定量标准为主要依据。

考核和薪酬挂钩。考核联动薪酬，对于风险事件，公司应结合每一风险事件影响程度，按照发生事项的严重程度否决其当年度绩效、评比先进、选拔聘任资格或薪酬晋级晋档。

2. 风险管理问责机制

风险必查，有责必究。证券经营机构应对所有经认定存在问责情形的风险事件启动问责调查，原则上，经认定存在失责行为的均需由明确的责任人员承担职责。

具体机制设计上：一是要建立有效的问责组织，包括发生风险事件的单位、首席风险官及风险调查小组、问责决策组织、执行组织及问责监督组织，以凝聚包括风险管理部门、自查部门、合规及人力、财务及稽核审计等部门的合力，全盘梳理、调查核实项目事件的决策、处理过程，准确界定违规经营责任；二是要固定问责程序，明确部门自查、小组调查、首席风险官建议、决策机构决议、执行和反思回顾问责工作全流程的各方职责分工；三是建立根据经济损失对不同等级的风险事件对应分档问责标准，如对相关责任人员采取通报批评、考核等级降级、扣发奖金、降职、降级降薪处罚措施，直至开除，并考虑追究其相应损失赔偿责任。

三、结论

随着证券行业风险管理的工作重心逐步从风险的处置化解转向风险防控长效机制的构筑，证券经营机构应探索常态化风险防控的路径。在机制建设的过程中，应从顶层设计重点发力，发挥内部各部门的协同作用，完善相应的防控责任机制，运用多种手段，建立前瞻敏捷的风险监测体系，构建分级风险预警和汇报流程，加强风险处置的快速应对安排，并完善考核和问责机制。这些机制的闭环协同、相关管理工具的汇聚整合，将为证券经营机构有效防控风险，筑牢、扎实安全网，从而实现服务国家战略大局、助力实体经济发展、推动居民财富增长的愿景和目标。

参考文献

[1] 杨雪. 金融风险监测预警指标体系研究 [J]. 吉林金融研究, 2021 (03): 14—18, 26.

[2] 吴承根, 王青山, 盛建龙等. 当前证券经营机构风险管理面临的主要问题与对策研究 [A]. 中国证券业协会. 创新与发展：中国证券业2019年论文集 [C]. 2020：1007—1014. DOI：10.26914/c.cnkihy.2020.029302.

[3] 董腊发, 吴勇, 邹薇等. 我国证券机构风险监测指标体系与风险监控机制研究 [A]. 中国证券业协会. 创新与发展：中国证券业2014年论文集 [C]. 中国财政经济出版社, 2015：806—819.

[4] 马志全. 证券经营机构风险管理及防范 [D]. 西南财经大学, 2008.

[5] 武钢. 证券经营机构业务风险及防范 [J]. 经济研究参考, 2001 (30): 41—48. DOI: 10.16110/j.cnki.issn 2095—3151.2001.30.007.

[6] 景睿. 证券公司风险监测预警指标体系的量化探讨 [J]. 荆州师范学院学报, 2000 (05): 5—7.

[7] 经晓云. 试论我国证券经营机构的风险管理 [J]. 上海综合经济, 1999 (10): 45—46.

证券公司投资银行业务合规风险管理调研报告

中国证券业协会合规管理与廉洁从业专业委员会专题研究小组*

中国证券业协会合规管理与廉洁从业专业委员会成立证券公司投行业务合规风险管理课题组,对全行业 111 家证券公司(含子公司)投行业务合规管理情况进行了问卷调查,内容涵盖投行业务基本情况、投行业务内控流程管理情况、合规专项工作开展情况等。调查具体结果如下。

一、证券公司投行业务风险和内控、合规管理情况

(一) 投行业务风险情况

一是压实中介机构责任效果显著,投行业务面临合规处罚风险显著上升。股权类项目[①]作为注册制改革中"压实责任"的重点领域,项目的处罚绝对数量、处罚比例在近 3 年均有显著增长(见图 1)。在防范金融风险、市场信用风险下沉的大背景下,债券项目也维持了较高的处罚绝对数量。

二是投行项目数量、投行业务合规风险均呈现"马太效应"。一方面,投行项目向"头部机构"集中的特点较为明显;另一方面,合规风险也在一定程度上呈现出"马太效应",头部机构的合规风险相对较低。分类评价结果具备较高的可信赖度,合规风险暴露水平与分类评价结果呈现较高的一致性。

三是执业质量问题是引发合规风险的主要原因。执业质量问题包括未勤勉尽责、信息核查和披露质量问题、存续期管理工作不到位等。行业普遍认为第一道防线履职能力和意愿是影响执业质量的首要原因。

---

* 本文由中信证券(张国明、周俊、钱昱君、马文彬、钟鑫雅、邹予琪、张世俊)牵头,广发证券(吴顺虎、于晶)、国信证券(张纳沙、陈勇、张可)、财通证券(申建新、吴景霓)、瑞银证券(王红、包逸江)、东北证券(王爱宾、张晨晖)、西部证券(陈伟、张倩)、第一创业证券承销保荐(庄奇、佘昱辰)、国元证券(沈和付、李研科、杨天一)共同完成。

① 包括 IPO、再融资、新三板推荐挂牌、精选层公开发行等。

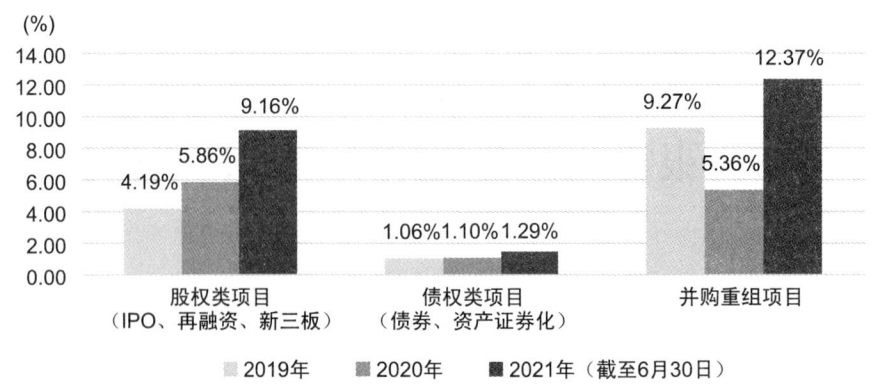

图 1 投行业务近 3 年处罚比例情况

注：图内各算式的分母均指申报单数，分子均指处罚数量。根据调研问卷填写要求，2021 年数据均为截至 2021 年 6 月 30 日的具体情况。

（二）投行业务内部控制保障情况

一是投行业务人员逐年增长，人员流动较大并逐步向头部机构集中。2021 年 6 月末投行业务人员数量较 2019 年末增长了 18.29%，但近 3 年入职人员和离职人员占比均超过 20%，人员流动性较大。

二是质控团队均能够独立于投行业务部门（团队）设置，但较多质控团队为投行业务条线的下设机构。全部证券公司质控团队均独立于投行业务部门设立，能够确保独立履职。多数证券公司将质控团队作为投行业务条线的下设机构，通过发挥贴近第一道防线的优势进行全流程风险防控，使质控和内核工作在内部控制流程中提供不同的审核视角。

三是内核部门人员相对质控人员较少，但独立性更强。相比质控团队，内核部门在设置上更侧重确保对项目出口风险的独立把控，在公司治理层面履行合规风控条线相应职能，具备更强的独立性。

四是内控部门对业务人员的全面考核机制有待建立健全。较少的内控部门能够对业务人员进行考核，内部制衡仍需完善。分层统计数据显示，75% 头部机构的合规部门和质控部门具备考核权限，比例高于行业平均水平。

五是内控执行有效性评估机制运行良好。对投行业务内部控制进行评估是确保内控效果的重要手段，82% 的证券公司由稽核审计部门进行评估，部分公司由合规部门牵头，稽核审计部门作为一般公司治理意义上的"第三道防线"，是投行业务内部控制的重要构成。

（三）投行业务内部控制流程情况

调研显示，投行业务内部控制流程主要呈现四方面特点：一是立项环节中，合规、销售部门参与比例较高，研究人员较少参与；二是合规部门较少参与底稿验收，部分公司合规部门能够参与项目现场核查；三是内核、质控、合规在内核环节的审核点重复度较高；四是合规专员在发行定价环节发挥较大作用。在发行配售环节，各公司较多依靠合规专员贴近业务一线的优势开展监督工作，其中项目数量较多的"头部机构"更加依赖合规专员在发行定价环节履行合规职责。

(四) 投行业务合规管理情况

制度执行方面：一是合规部门均能够参与新业务评估并履行合规审核，新业务风险的合规审核角度较为清晰明确，全行业审核要点基本一致；二是证券公司能够按照监管要求做好限制名单管理、内幕信息知情人管理等信息隔离墙管理工作，防范投行业务与其他业务之间的利益冲突；三是廉洁从业管理存在一定困难，存在违规行为过于隐蔽、出差频繁影响廉洁从业管理培训及日常监督效果等问题。

合规检查和问责方面：证券公司普遍重视合规考核与问责在投行业务管理中的重要作用，除按要求对监管行政处罚、行政监管措施和自律措施进行问责外，多数证券公司将被监管机构出具非扣分但载明执业问题的监管函件、内控部门检查、监测、审计发现重大合规问题等纳入合规问责范围。

培训及合规报告方面：所有证券公司均能够执行合规报告制度，部分证券公司同时向质量控制部门、内核部门进行报送，增强各部门对合规风险的了解程度。由于投行业务法律法规具备数量多、更新快的特点，证券公司投行业务合规培训开展频率较高。

(五) 证券公司境外子公司的投行业务开展情况

一是调研对象中境外子公司合规部门承担的合规管理职责与境内基本相同，但其中近半数境外子公司的合规部门并不承担适当性管理、合规问责与考核两项职能。此外，部分境外机构的合规部门还会承担审查潜在的声誉风险、跟踪监管动态并落实、牌照管理等工作。

二是多数机构合规部门参与项目准入（立项）环节，但仅就利益冲突等合规性问题发表意见。鉴于国际投行立项程序较早，项目组一般还未能对客户公司展开充分、完整的尽职调查，因此相关委员会或审核小组更多是从基本面角度关注客户公司或项目风险，合规介入的程度也相对有限。

三是境外投行业务团队的尽职调查责任较境内偏小，境外合规管理重点也与境内有所区别。国际投行的合规部门一般主要关注项目程序的合规性以及利益冲突核查、跨境执业的合规性、反洗钱、信息隔离墙等程序性问题，并不介入对于项目风险，尤其是尽职调查风险的实质审核过程，项目的实质性风险主要由第一道防线的业务部门承担。

二、证券公司投行业务内部控制和合规管理的主要难点

(一) 第一道防线内部控制方面

一是第一道防线的项目执业能力保障有待提高。一方面，具备较强专业水平和工作经验的核心人员参与具体工作不足；另一方面，执行具体工作的团队稳定性较低，这与投行业务对执业人员的较高要求存在矛盾，投行业务一线执业能力得不到足够保障。

二是内控部门对业务人员的考核不足，业务人员考核有待优化。质控、内核、合规等证券公司内控部门参与投行业务部门工作计划制订的比例较低，对投行业务人员考核的参与程度不够。

（二）投行业务内部控制体系方面

一是不同机构投行业务数量差异化明显，内部控制要求需要进一步细化。对于业务数量较多的"头部机构"而言，项目绝对数量、处罚绝对数量都相对较高，个别大型机构的内控失灵易引发系统性风险。对于业务数量相对较少的公司而言，一方面，可能因项目总量较小而导致重大处罚成为偶发现象，容易导致风险意识的缺失和内部控制的懈怠；另一方面，此类公司业务数量较少也不利于业务人员、内控人员项目经验和风险控制经验的积累。

二是投行业务合规管理无法覆盖全部合规风险，内控部门权责有待理清明确。业务执行质量问题导致的处罚风险是投行业务的主要风险，但实践中投行业务执行质量主要由质控部门、内核部门进行全流程和出口风险管理，合规部门在投行业务中通常不负责对项目执行质量进行直接把控，投行业务合规风险管理的控制责任归属与控制主体存在一定错位。此外，质控与内核的职责也存在重复工作和权责不清的问题，内控部门之间缺乏统一协调。

三是对稽核审计工作的重要性强调不足。内控有效性评估等多项投行业务内控工作由稽核审计部门参与并执行。稽核审计部门作为第三道防线，通过开展审计监督工作确保公司整体内部控制的有效性，是最重要的内部控制部门之一。但目前稽核审计部门的职责定位有待进一步明确。

四是内控节点行业专家、外部专家参与度有待提高。各公司的立项、内核环节缺少行业专家的参与，可能导致无法满足当前资本市场深化改革对证券公司"发现好公司"能力的新要求。此外，过多依赖公司内部人员可能导致公司审核要点和控制理念存在路径依赖和代表性偏差等问题。

（三）合规专项管理工作方面

一是合规部参与立项、内核流程的职责定位不清晰。合规部门虽然能够按照监管规则参与内核审核，部分公司的合规部门还参与立项等其他流程，但合规部门委员与内核部门委员的定位区别、合规委员在内核环节发挥何种作用尚不明确。

二是合规管理团队人员专业结构有待优化。当前全行业合规条线具备行业、财会等专业教育背景或工作经验的人员比例相对较低，需要根据投行业务的风险特点，合理设置法律背景与财经背景的人员比例，提高对投行业务的专职合规管理能力。

三是合规专员队伍建设和管理方式尚需提升。合规专员团队建设方式、履职内容等差异化较为明显，其身份定位、职责边界尚缺乏行业共识，履职保障和考核激励存在不足，限制了合规专员在投行业务合规管理中发挥更大的作用。

四是项目利益冲突管理存在客观困难。利益冲突审查是投行合规管理的重要工作，但各公司普遍缺乏有效的核查手段，部分关键风险点具有隐蔽性较强的特点。此外，证券公司内部协同逐渐加强也导致利益冲突管理复杂化，给证券公司利益冲突管理带来较大的挑战。

三、加强证券公司合规管理，提高投行业务执行质量的建议

（一）切实提高第一道防线风险防控能力

一是要提高投行项目组合规风险的管理能力和意愿。建议进一步加强对保荐代表人、项

目主办人或现场负责人等高职级员工的管理，压实高职级员工对项目执行承担的复核职责和对项目质量的第一责任，杜绝项目组高职级员工不参与项目执行的问题。

二是要建立内控部门对投行业务人员的考核机制，促使业务人员重视项目执业质量和内控要求。建议建立健全内控部门对投行业务人员的考核机制，对业务人员在执业中的勤勉尽责问题、程序合规性问题以及各项检查、评估中发现的问题等进行记录，并根据问题出现频率、严重程度等建立分层的考核打分体系，督促项目组提升执业质量。

（二）进一步完善投行内控体系

一是要明确内控部门职责分工，探索投行内控委员会制度。建议以《证券公司投资银行类业务内部控制指引》为基础，进一步细化、明确各部门的职责边界，确保各司其职，从而鼓励各部门能够有效承担其分内的审核职责；建立内控部门之间的信息共享和沟通机制，尝试联合制订投行业务内部控制目标和方案，以便形成合力防范重大风险。

二是要完善投行业务内控体系建设，强化稽核审计作用。建议强化稽核审计部门作为投行内控最后一道防线的作用，把对投行项目进行稽核审计、对投行业务内部控制有效性进行评估等明确为稽核审计部门的规定职责，充分发挥稽核审计作用，对业务部门执业和质控、合规、内核、风控等内控部门履职情况进行监督和评估，确保投行业务内控的有效性。

三是要引入行业专家提高内控水平。建议在立项、内核等重要节点中引入行业专家进行审议，提高公司内控条线对行业风险、科创属性等重大问题的判断和甄别能力。

（三）厘清合规定位，加强投行业务合规管理

一是要明确合规部门在重大合规风险识别和内部控制中的职责定位。针对合规部门与质控、内核部门等在立项、内核环节中的审核要点无法显著区分的问题，建议进一步细化内控制度，可以考虑在合规部门履行合规管理职责定位基础上，区分合规与质控、内核等委派委员在立项、内核等环节的审核职责，明确合规部门委派内核委员的职责边界，达到有效界定合规职责、合理利用合规资源的目的，充分发挥合规部门防范重大合规风险的作用。

二是要完善合规团队的人员配备结构。结合投行业务特点，建议进一步加强合规人员队伍建设，完善人员配备结构，补充适量具备会计师事务所等中介机构从业经验、财务背景、科技水平的专业人才，加强与第一道防线的人员交流，补足团队专业短板，同时加大对合规人员在考核、薪酬等方面的资源保障，提高合规管理工作的市场吸引力。

三是要加强合规专员队伍建设。建议进一步加强合规专员队伍建设，充分发挥合规专员贴近一线的优势，提高合规管理效果，包括通过内部管理制度或授权文件，清晰界定合规管理部门和业务部门合规专员岗位职责；健全合规管理工作沟通交流机制，解决一线合规管理人员的工作困难；加强对合规专员的管理和考核，保证其履职的独立性，督促其勤勉尽责。

（四）相应的政策、规则支持

一是进一步加强中介机构管理。实践中，除行政处罚、暂停资格等较为严厉的措施外，其他警示函等类型的行政监管措施和自律措施因影响分类评价对各证券公司也会造成重大影响，但对会计师事务所、律师事务所等其他中介机构的影响较小，导致行政监管措施对其他中介机构的管理效果存在一定弱化。为了加强对各中介机构的约束，建议充分考虑对各类中

介机构有针对性地采取管理措施，促进各"看门人"均能够尽职履责。

二是制定差异化的投行内控体制。建议根据投行业务规模确定差异化的内部控制机制，鼓励项目数量较多、项目种类齐全的证券公司针对不同业务类型确定差异化的内控流程，充分发挥规模效应，允许此类公司根据项目类型风险水平确定差异化的内控人数比例要求；鼓励项目较少的证券公司加强前、后台人员交流，加大社会招聘力度，保证内控人员具备较高的合规风险管理能力。

三是丰富证券公司合规管理手段，提升合规监测效果。建议组织相关行业培训，为证券公司通过"大数据"筛查异常交易等相关线索提供指导和支持，帮助证券公司利用金融科技、大数据等手段开展合规监测工作，对内幕交易等合规风险进行管理，提高合规监测的效率和有效性。

加强廉洁从业建设　营造风清气正执业环境

王仁渠　陈德强　黄　涛*

2022年2月，中央印发《关于加强新时代廉洁文化建设的意见》，把廉洁文化建设纳入党风廉政建设和反腐败工作布局进行谋划，为推进全面从严治党向纵深发展提供重要支撑。资本市场作为现代金融的重要组成部分，净化资本市场生态环境，加强廉洁从业建设势在必行。证券公司是资本市场最重要的专业机构，加强廉洁建设的重要性愈发凸显。

一、加强廉洁从业建设形势任务

回望党的十八大以来的"非凡十年"，以习近平同志为核心的党中央面对反腐败斗争严峻复杂的态势，采取有效措施坚决遏制腐败蔓延势头，反腐败斗争取得了重大的战略性成果，金融领域反腐亦是成效斐然。仅2021年，中央纪委国家监委立案审查调查中管干部63人；全国纪检监察机关共立案63.1万件，处分62.7万人，其中处分国有企业5.9万人、金融系统1.2万人[1]。2022年上半年，63名接受审查调查的中央一级党和国家机关、国企和金融单位干部中，29人来自金融系统[2]。

金融是国民经济命脉，是现代经济的核心。金融风险背后往往藏着金融腐败，金融腐败容易诱发并加剧金融风险，具有极大的危害性，可能危及社会稳定。党中央高度重视金融领域反腐败工作，习近平总书记自2019年以来，连续三年在中央纪委全会上强调金融反腐，

---

* 作者简介：王仁渠，兴业证券股份有限公司党委副书记、纪委书记、监事会主席；陈德强，兴业证券股份有限公司纪委副书记、党委办公室（集团办公室）主任、纪检监察室（纪委办公室）主任；黄涛，兴业证券股份有限公司纪检监察室纪检审理处副总监。原载于《中国证券》2022年第9期。

[1]　参见《在中国共产党第十九届中央纪律检查委员会第六次全体会议上的工作报告》，中华人民共和国中央人民政府网站，时间：2022-02-04，网址：http://www.gov.cn/xinwen/2022—02/24/content_5675490.htm，最后访问日期：2022年8月19日。

[2]　参见《中央纪委国家监委通报2022年上半年全国纪检监察机关监督检查审查调查情况》，中共中央纪律检查委员会网站，时间：2022-07-19，网址：https://www.ccdi.gov.cn/toutiaon/202207/t20220719_205865.html，最后访问日期：2022年8月19日。

从"加大金融领域反腐力度"到"深化金融领域反腐败工作,加大国有企业反腐力度",再到"做好金融反腐和处置金融风险统筹衔接,强化金融领域监管和内部治理",2022年初召开的十九届中央纪委六次全会工作报告提出"持续推进金融领域腐败治理、促进金融风险的防控化解"。这一系列表态深刻把握金融工作规律,对防范金融腐败化解金融风险具有很强的指导性和针对性。资本市场和证券行业发展的经验和教训也早已证明,只有重视廉洁风险防控,资本市场才能营造公平竞争的发展环境,证券经营机构才能健康发展,一旦忽视廉洁风险,资本市场就会乱象丛生,证券经营机构就会问题频出、风险频发,甚至被市场淘汰。

二、证券行业加强廉洁从业建设的意义

在中国资本市场迈向第四个十年的新发展时期,证券行业大力加强廉洁从业建设,是贯彻全面从严治党战略方针的重要举措,是加强行业统一认识的必然要求,是实现高质量、可持续发展的关键所在,具有重要的现实意义和深远的历史意义。

(一)加强廉洁从业建设是推进金融反腐斗争的迫切需要

从近年来查办的金融领域腐败案件来看,金融腐败呈现出涉案金额高、窝案串案多、危害性大、外溢性强等特点。金融风险背后往往有金融腐败,而金融腐败容易诱发和加剧金融风险,金融反腐与防范化解风险、维护国家安全息息相关。如不能通过廉洁从业建设织严织密金融腐败"防护网",聚焦重点领域、关键人员、重要环节扎牢制度笼子、规范权力运行,则易出现链条式、蔓延性金融腐败从而引发系统金融风险,中央有关一体推进惩治金融腐败和防控金融风险的决策部署则无法落地见效。

(二)加强廉洁从业建设是服务实体经济发展的必然要求

资本市场是实体经济的"晴雨表",实体经济的表现决定资本市场的基本面,资本市场的健康运行又对实体经济发展具有支撑作用,二者互为依存。证券公司是资本市场最重要的中介机构,承担着核查验证、专业把关的中介职责,发挥着资本"看门人"作用,如不能通过加强廉洁从业建设铲除寻租空间、斩断利益链条,任由从业人员违规输送或谋取不当利益,则会产生劣币驱逐良币效应,降低市场资源配置效率,损害资本市场发展根基,资本市场无法有效发挥资金的蓄水池作用,精准助力实体经济平稳发展可能沦为空谈。

(三)加强廉洁从业建设是促进行业健康发展的内生需求

近年来,随着金融体制改革不断深化,直接融资规模日益扩大,一些经营机构在各类业务快速发展中出现了内部管理失控、直接或间接进行利益输送、商业贿赂等廉洁问题,甚至频现违法犯罪行为,严重损害客户、机构利益。如不能通过加强廉洁从业建设遏制行业歪风、防控廉洁风险,则容易引发经营机构其他经营风险,无法保持良好的诚信和专业声誉,破坏行业生态环境,直接影响机构执业责任和能力建设成效,降低执业质量,无法实现行业健康良性发展。

(四) 加强廉洁从业建设是践行证券行业文化的重要保证

2022年2月，中共中央办公厅印发《关于加强新时代廉洁文化建设的意见》①，就推动新时代廉洁文化建设作出部署。为不断提升证券行业"软实力"和核心竞争力，监管部门大力倡导"合规、诚信、专业、稳健"行业文化理念，廉洁文化宣导教育是行业文化建设的重要内容，也是加强廉洁从业建设的基础工作。如不能通过廉洁从业建设厚植廉洁文化根基、形成崇廉尚德的良好氛围，则无法产生持久性稳定性道德约束力，使得侥幸、从众等错误心理扭曲从业人员的认知，侵蚀拒腐防变的思想堤坝，不能抵御种种诱惑，行业文化建设便难见成效。

三、证券机构廉洁从业风险防控存在的主要问题

(一) 防范廉洁风险的思想认识有待提高

廉洁从业风险防控是一项涉及人、财、物等各个环节的系统性工程，需要各级管理人员与全体员工共同参与。但在实践中，有的单位对廉洁从业风险防控仍然不够重视、认识不够到位，个别管理人员重业务、轻监督观念根深蒂固，对廉洁从业风险防控要求应付了事，没有把廉洁风险防控纳入日常工作要求中部署推进，部分员工认为廉洁从业风险防控是领导的事，与自己关系不大，未能认真学习和准确执行廉洁从业相关规定。

(二) 防范廉洁风险的穿透管理有待加强

证券行业作为高度竞争的行业，多数经营机构在全国各地均设有分支机构，部分经营机构在海外也设有分支机构，组织机构设置比较复杂，管理链条比较长，存在点多、线长、面广及条块管理的现状，且分支机构人员流动性较强，容易产生廉洁从业内部监管力度递减效应。同时，证券行业专业化程度较高，业务创新和发展速度快，这对于及时跟进监管、精准监督、有效防范廉洁风险也提出了更高的要求。

(三) 重点领域的廉洁风险防控有待深化

在投资银行等业务领域，内幕交易、突击入股和违规聘请第三方等违规违法问题仍长期存在，甚至在注册制下全面打击证券违法犯罪行为的背景下"围猎"监管工作人员的情况仍时有发生，中央第六巡视组向中国证监会党委反馈巡视情况时指出"重点领域和关键岗位存在廉洁风险，政商'旋转门'问题比较突出"②，廉洁从业内部管控的有效性和针对性还需进一步提升，科学合理的激励约束和问责机制要进一步建立健全，经营机构廉洁从业专责部门和行业监管纪检监察部门的沟通交流要进一步加强，共同筑牢行业廉洁监管、廉洁从业的"防火墙"。

---

① 参见《中共中央办公厅印发〈关于加强新时代廉洁文化建设的意见〉》，中华人民共和国中央人民政府网站，时间：2022-02-24，网址：http://www.gov.cn/zhengce/2022-02/24/content_5675468.htm，最后访问日期：2022年8月19日。

② 参见中央第六巡视组向中国证券监督管理委员会党委反馈巡视情况，中国证券监督管理委员会网站，时间：2018-02-24，网址：http://www.csrc.gov.cn/csrc/c106311/c1955407/content.shtml，最后访问日期：2022年8月19日。

(四) 防范廉洁风险的教育宣导有待优化

《证券期货经营机构及其工作人员廉洁从业规定》[①] 印发以来,各证券经营机构及子公司、分公司乃至更为基层的一线单位,都加大了廉洁从业教育宣导的力度,通过将廉洁教育与党风廉政学习、合规培训等结合的方式开展教育宣导,但从实践看,廉洁学习培训中一般性、笼统性的教育比较多,分类别、针对性的教育比较少,学习教育形式也不够丰富,从业人员参与度、认同度仍有提升空间。

四、兴业证券在加强廉洁从业建设方面的实践探索

(一) 以抓党建为引领,推动与公司治理深度融合

兴业证券坚定不移把坚持党的领导、加强党的建设作为"根"与"魂",以高质量党建引领保障各项事业高质量发展。一是坚持党对公司的全面领导。将坚持党的领导写入公司章程,健全完善"三重一大"集体决策机制,严格落实党委研究讨论前置程序,进一步推动党的领导融入决策流程,不断巩固深化"党委领导核心、董事会战略决策、纪委和监事会独立监督、高级管理层授权经营"的治理格局,从政治高度审视并合理平衡收益和风险。二是坚持全面从严管党治党。通过制订落实主体责任清单和任务清单、考评清单"三个清单",在全公司范围开展从严治党主体责任和廉洁从业检查,扎实开展基层党组织书记述职述责述廉、党建暨党风廉政建设年度考评、"五星支部"创建等工作,发挥好基层党组织战斗堡垒作用,推动党的建设融入廉洁从业风险防范全过程。三是坚持健全全面授权管理。坚持风险前置管理理念,以授权为管控核心、以限额为管控手段,健全业务授权和资金使用授权管理体系,完善分层分级授权审批机制,加强党对子公司、分支机构垂直穿透管理,强化岗位制衡与内部监督机制并确保运作有效。

(二) 以明责任为抓手,强化工作层级传导落实

兴业证券层层压实工作责任,形成环环相扣、齐抓共管的工作格局。一是聚焦履行主体责任。将董事会加强廉洁从业管理职责写入公司章程,董事会明确廉洁从业管理原则和目标,落实党委会有关廉洁从业工作部署,公司党委书记、董事长认真履行第一责任人责任,在党委会议、年度工作会议等重要场合对廉洁从业工作提出指示要求,听取专项工作汇报,把关对外报送材料,班子成员做到挂钩联系、工作到岗、责任可查,在职责范围内履行"一岗双责"。二是聚焦统一部署推进。公司成立并及时调整充实廉洁从业建设工作领导小组及办公室成员,召开党建暨党风廉政建设工作会议、纪检监察工作会议、党建与纪检工作会议等,总结近年来廉洁从业建设工作取得的成效,在完善责任体系、加强建章立制、强化日常监督、做实廉洁教育等方面提出具体要求,自上而下推进廉洁从业建设向纵深发展。三是聚焦责任下沉落地。公司纪委和监事会加强对公司高级管理干部廉洁从业监督,督导子公司、分支机构成立廉洁从业建设领导小组、工作小组,明确各层级管理干部和有关职能部门

[①] 参见《证券期货经营机构及其工作人员廉洁从业规定》,中国证券监督管理委员会网站,时间:2018-06-27,网址:http://www.csrc.gov.cn/csrc/c101838/c1021960/content.shtml,最后访问日期:2022年8月19日。

的职责任务，促进责任到岗到人。独立分设纪检监察室，牵头负责公司廉洁从业风险监督防控、执纪问责等工作，各层级纪检干部履职尽责，协助落实各项工作任务，确保廉洁从业工作部署落实到位。

（三）以建机制为基础，提高廉洁从业建设水平

兴业证券坚持问题导向、目标导向、效果导向相统一，不断完善从严约束、切实管用的廉洁从业机制，提高整体工作水平。一是持续立规明矩。从2018年起，公司结合监管政策和内控有效性评价，陆续制定《领导干部廉洁自律若干规定》《廉洁从业规定》《实施细则》《合规与廉洁从业承诺书》《员工与客户等外部机构人员交往负面清单》《工作人员廉洁从业手册》等，落实监管要求、结合工作实际、积极探索实践，不断完善廉洁从业制度体系，将依法依规执业要求嵌入各工作环节。二是抓好业务领域。公司层面制定并修订《成本费用管理办法》《信息隔离墙管理办法》《商业秘密管理办法》《利益冲突管理办法》等廉洁风险防范制度，健全覆盖业务各环节和岗位的内控制度，用制度管人管权管事。三是健全问责制度。制定《党组织及党的领导干部问责办法》《员工违规失职问责管理办法》等事后追责制度，明确问责情形，规范问责方式、工作流程，完善对证券违法违规行为的内部约束和责任追究机制，对违反廉洁从业规定行为进行严肃追责问责。

（四）以强监督为要点，从严从实防控廉洁风险

兴业证券积极推动监督体系与治理体系对接，构建横向到边、纵向到点的廉洁风险防控体系。一是强化监督联动。深化"1+X"监督机制，完善纪检、合规、风险、审计等部门协同制度，在排查风险、信息共享、联合检查、综合考评、问责追责等方面联通互动，促进强监督与强监管、强治理融合，形成科学有效的权责运行和监督体系。二是紧盯关键少数。制定《关于加强对"一把手"和领导班子监督的意见》，明确监督重点，细化监督措施，通过任前廉政谈话、出具廉洁意见、约谈提醒、审计稽核、述职述廉等强化对各级领导班子监督，促进规范履职用权。三是注重日常监督。每逢重要节点下发严纠"四风"通知，强调纪律要求，对各业务种类、环节及相关工作进行廉洁风险识别评估，针对性防范廉洁风险，对员工入职、提拔、晋级、调整、离职进行全流程廉洁情况考察，实施监督全覆盖。

（五）以勤摸排为手段，发现问题及时整改落实

兴业证券常态化组织开展廉洁从业建设情况检查和有关专项检查，以查促改，促进制度刚性执行，确保廉洁从业建设要求落到实处。一是开展公司层面自查。每年梳理汇总廉洁从业建设情况并向监管部门报送，总结经验，查找不足，提出新一年工作思路，组织19个部门开展2021年度证券公司廉洁从业专项自查，仔细摸排落实廉洁从业规定及其实施细则存在的不足之处，完善业务制度，规范工作流程，开展问卷调查，对廉洁从业的组织保障、诚信建设、投行业务、内部管理、廉洁共建等方面情况进行调研。二是开展下辖单位检查。在组织各单位开展廉洁从业自查的基础上，创新性地组织党内监督、内控监督等7个部门组成联合检查组，抽选一级单位及其有关下辖分支机构进行现场调研检查，通过座谈交流、班子谈话、个别访谈、查阅材料、问卷调查等方式，深入检查廉洁从业建设情况，向被检查单位逐一反馈检查情况。三是开展专项工作检查。纪检监察室、人力资源部等联合开展违规兼职等专项检查，组织有关监督部门、业务部门认真梳理境外企业廉洁风险防控情况，及时查缺补漏，改进加强工作，常态化抽查节假日公务用车、接待费用情况，提升廉洁风险防控水平。

（六）以管重点为关键，聚焦投行领域廉洁风险

兴业证券聚焦投资银行类业务，多措并举推动廉洁从业要求落实落细。一是完善体制机制。投资银行业务条线相关部门主要负责人是公司廉洁从业建设工作领导小组成员，建立健全经营班子履行"第一人"责任和"一岗双责"机制，公司层面制定并修订《投资银行类业务立项管理办法》《投资银行类业务利益冲突管理细则》等投行类业务规范 10 余项，投资银行业务条线部门结合职责形成系统化的实施规范，强化制度刚性执行。二是加强风险防控，确立三道防线。投行业务部门作为第一道防线，聚焦关键岗位、重要环节，规范业务从承揽到承做全流程运作；投行质量控制部作为第二道防线，对具体投行业务风险实施过程管控，及时发现、制止和纠正项目执行过程中的问题；合规管理部、风险管理部及下属投行内核部门作为第三道防线，通过介入主要业务环节、把控关键风险节点，实现公司层面对投行业务风险的整体管控。三是注重以查促改。定期或不定期组织有关职能部门对投行业务廉洁从业建设进行检查、问卷调查，在每年组织投行业务部门进行廉洁从业自查的基础上，对投行业务总部现场调研检查，反馈检查情况，督导通过加强建章立制、强化人员管理、落实审计整改、创新廉洁学习等方式，持续加强廉洁风险防控工作。

（七）以常教育为固本，厚植廉洁从业文化根基

兴业证券认真落实中央《关于加强新时代廉洁文化建设的意见》，将廉洁文化建设写入文化建设工作方案和五年规划，2018 年以来开展各类廉政教育 200 多次，推动廉政教育往深里走、往心里走、往实里走，连续两年获文化建设实践评估 A 类评价。一是优化教育实效。将廉洁从业教育与党风廉政教育、合规培训等深度融合，每年开展覆盖正式员工、派遣人员、经纪人等全体人员的廉洁从业教育培训，签署《合规与廉洁从业承诺书》，汇编违反廉洁从业规定典型案例，每两周编发工作导刊，播放廉政警句，通过企业微信推出"漫画说纪"和"正风肃纪在身边"栏目，组织参观警示教育基地，还专门拍摄反映近年公司廉政建设举措、成效的短视频，通过公司官微播放、上传智慧纪检、推送企业微信等，以喜闻乐见的形式引导员工涵养清正廉洁的价值理念。二是做好分类教育。逐步构建分级分类的廉洁从业教育体系，因企制宜开展"兴证新风、清廉企业"主题廉洁文化教育活动，制订新时代廉洁文化建设"五廉工程"行动方案，完善入职员工、预备党员廉洁教育内容，将廉洁教育纳入分公司综合管理部负责人、年轻干部培训，强化对经纪人、合规人员、重点区域分公司人员廉洁教育提醒，兴证全球基金、兴证期货针对性开展廉洁从业教育，兴证香港邀请香港廉政公署开展反贪培训等。三是加强对外宣导。与福建证券期货行业交流廉洁从业建设经验、为河北证券期货行业开展廉洁从业培训，在公司官网更新廉洁从业建设内容，在客户回访中强调廉洁从业禁止性行为，在有关合同中增加廉洁从业专项条款，在投教基地、分支机构张贴海报条幅、播放廉洁从业视频，营造良好执业环境。

当前，我国经济发展内外部环境面临深刻变化，资本市场注册制改革措施持续推进，证券行业进入高质量发展的新阶段，完善廉洁从业机制、严控廉洁从业风险、涵养廉洁从业文化，已成为证券经营机构提升核心竞争力和永续发展力的重要内容。"积土成山，风雨兴焉"，随着加强资本市场反腐败与处置风险统筹衔接工作的持续推进，相信在监管部门有效督导和行业券商共同努力下，廉洁从业建设与行业战略发展将愈发深度融合，证券行业必能更好地服务资本市场建设与经济结构转型。

参考文献

［1］张迅华．国有企业廉洁风险防控机制建设探讨［J］．办公室业务，2021（10）（下）：114—115.

［2］任俊平．对国有企业廉洁风险防控建设的思考［J］．中外企业文化，2022（2）：161—162.

［3］原中国证券业协会人力资源管理委员会专题研究小组．证券公司从业人员道德风险防控调研情况报告［A］．中国证券业协会．创新与发展：中国证券业2019年论文集［C］．北京：中国财政经济出版社，2020：390—400.

《证券经营机构及其工作人员廉洁从业实施细则》实施情况评估报告

中国证券业协会合规管理与廉洁从业专业委员会专题研究小组[*]

2022年4月，中国证券业协会面向所有证券公司开展了《证券经营机构及其工作人员廉洁从业实施细则》（以下简称《实施细则》）实施情况的问卷调查工作和部分证券公司的线上调研，共有138家证券公司反馈了问卷，有6家证券公司参加了线上调研活动，具体调研情况如下。

一、《实施细则》实施总体情况

从问卷反馈的情况来看，证券公司基本都根据自身的业务情况建立了相应的廉洁从业体制机制，强化对工作人员和业务活动的管理和监控。

（一）证券公司初步构建了廉洁从业风险防控制度体系

问卷反馈显示，证券公司普遍能够根据《实施细则》建立廉洁从业内部控制制度，明确董事、监事、高级管理人员及各层级管理人员的廉洁文化建设和廉洁从业管理责任。

为了达到防范贿赂、腐败和利益输送等各种不正当行为的目的，证券公司普遍能够在合规管理、财务管理、人力资源管理、营销制度及其他内控相关制度中明确廉洁从业的相关要求，初步构建公司廉洁从业内部控制管理体系。证券公司基本将廉洁自律要求覆盖到各项业务制度和操作规范中，针对易产生廉洁从业风险的主要业务板块，有针对性地梳理相关环节的廉洁从业风险点并制定相应的控制措施；很多证券公司还将廉洁文化建设融入公司文化建设中。

---

[*] 研究小组成员：胡宇，招商证券股份有限公司合规总监、首席风险官、纪委书记；李鑫，供职于招商证券股份有限公司监察部。

（二）证券公司能够认真落实廉洁从业有关的内部控制机制

1. 事前防范

证券公司通常通过及时制定完善廉洁从业有关制度、持续开展廉洁培训及教育、培育廉洁文化、签署廉洁从业承诺书和业务开展的事前审核、审批等，防范业务开展过程中的廉洁从业风险。

2. 事中管控

证券公司通过利益冲突审查、敏感信息流动管控、规范第三方聘用、实施合规检查和整改督导等措施，加强事中管理。一些证券公司通过信息系统对员工日常工作、办公系统及交易活动进行监测监控。有的证券公司还细化梳理了易产生廉洁从业风险的业务或管理条线相关环节的廉洁从业风险点，有针对性地制定相应的控制措施，明确具体管理要求并在合规检查中重点关注。

3. 事后管理

证券公司普遍通过合规检查、稽核审计、定期自查、常规检查、就廉洁风险易发的项目或领域开展不定期专项检查、内部追责等，对廉洁从业管理情况进行监督，对发现的问题进行整改。

（三）为提升廉洁从业管理成效，一些证券公司做了很多有益的尝试，积累了一些可供借鉴的经验

1. 提升廉洁从业承诺书签署的实际效果

廉洁从业承诺书是廉洁从业事前防范的一个常规环节，有的证券公司针对不同业务涉及的廉洁风险点不同，结合实际案例整理廉洁从业防控要点，细化廉洁承诺书内容，确定不同承诺书模板。为加深承诺签署人的理解和印象，通过手抄承诺内容及部门负责人面对面谈话、宣导，把廉洁从业承诺工作做实做细。

2. 建立完善反腐败及反商业贿赂管理机制

有的证券公司安排专门团队负责反贿赂及反腐败相关工作；一些证券公司在对外签署的协议中，添加反商业腐败条款，以防范和打击工作人员利用公司平台谋取不正当利益的行为。

3. 推动金融科技与合规风险管理融合，提高监控效率

一些证券公司加大了系统建设投入，探索把廉洁风险点的预警和控制嵌入信息技术系统；对重点业务及人员风险进行日常监测及动态管理，实现风险早识别、早预警、早处置。监测监控方式包括：对办公电脑MAC地址、手机号涉及的客户交易记录进行监控核查；对办公电话录音、公司邮箱进行抽查；对工作人员使用企业QQ、邮件内容等进行采集，通过关键词筛查、事后抽查；对债券投资交易人员的询价记录进行抽查；对交易场所的视频录像进行抽查；对分析师微信群内容进行抽查等。

4. 多角度开展廉洁从业培训和警示教育

大部分证券公司都很重视廉洁从业的宣传教育，全方位多层次开展各类培训及警示教育活动。很多证券公司对涉及行贿受贿、挪用资金、内幕信息交易、操纵市场、诈骗、职务侵占等方面的廉洁从业处罚案例进行搜集整理并整理成案例汇编。有的证券公司归纳了违规原

因及数量，分析了问题产生的原因并提出相应的防范措施。有的证券公司按照业务条线的廉洁从业案例专章列示，并对案例反映的合规风险点进行分析点评，增加了案例汇编的实用性。有的证券公司每年组织不同层级、不同范围的廉洁从业培训，培训完成后通过问答、在线考试等形式进行检测，确保培训效果。

5. 探索有效工作机制，优化工作方式，不断完善廉洁从业内部管控机制

有的证券公司在检查中采取背对背的访谈形式，及时发现相关廉洁不当行为线索，并通过客户回访或回函对工作人员执业过程的廉洁情况进行监督。有的证券公司建立业务经营廉洁风险体检机制，对存续风险项目进行风险打分，发现廉洁隐患及时上报；编制权力运行流程图，检视廉洁风险防控各环节工作是否扎实、到位，廉洁风险点是否查找齐全，防控措施是否全面彻底，不留死角。有的证券公司增加了重点领域的廉洁从业管理检查次数。

6. 调整业务模式和考核方式，降低廉洁从业风险

有的证券公司调整了分支机构的经营服务和考核模式，将多数营业部定位于服务型网点，不开展营销活动，不进行营销考核，同时加强总部管控，降低证券经纪业务条线展业的合规与廉洁风险。

二、证券公司在执行《实施细则》过程中遇到的困难和问题

（一）对《实施细则》理解层面

1. 对廉洁从业管理的适用范围存在困惑

部分证券公司对于一些情形是否适用"廉洁从业"管理要求存在疑惑。例如，与所从事的本职工作无关的在外兼职、对外投资是否属于廉洁从业问题（如经营小超市），这类行为未违反法律法规等其他规定，是否应纳入廉洁从业管理范围。

2. 希望能得到更为具体的操作性指导

《实施细则》主要为原则性规定。一些证券公司提出，廉洁从业典型案例主要靠自行收集，缺少系统性的宣传资料及来源。现有的案例中，公布的信息大多比较简略，没有描述具体的违规情形和检查手段，证券公司难以从现有的案例中进行学习，不利于指导廉洁从业相关工作。

3. 希望明确界定廉洁从业相关的违规行为和通常违规行为

目前《实施细则》中列举的禁止行为与违反证券行业监管规定或其他自律规则的行为存在交叉，而实践中真正以廉洁从业有关规定为依据作出处罚的比较少见。如何区分普通的违规行为和廉洁从业违规行为，是当前证券公司管理实践中的一个难题。

（二）具体执行层面

1. 从业人员廉洁从业意识和纪律观念有待加强

证券从业人员价值观多元，受利益驱动，部分从业人员仍然存在认识偏差，认为自身所处的金融行业"特殊""例外"，对廉洁从业、作风建设不重视，廉洁从业意识和纪律观念有待加强。

2. 廉洁从业管理效能有待提升

部分证券公司应对新变化、新趋势的监督手段和方法不足，存在从事廉洁从业管理专职

人员配备不足、检查手段和监督能力不足、专业能力有待提高等问题。一旦涉及业务领域的廉洁风险呈现出新特点、新动向时，对于更加多样化、复杂化的违反廉洁从业的行为，无法做到及时调整监督手段。

3. 廉洁从业管理的内部协同机制有待完善

廉洁从业监督通常需要证券公司多部门协调配合，在实际执行过程中牵头部门经常难以有效整合各部门的工作，跨部门协同效率低，无法形成合力。此外，廉洁从业违法违规行为往往利益链条复杂，廉洁从业管理部门在核查取证及问责处分等方面的途径和力度有限，一定程度上影响了监督和检查质量。参与的业务部门不同程度存在参与程度及意愿不高、工作缺少连续性等问题。

4. 廉洁从业处分问责普遍力度不够

从问卷反馈情况看，证券公司反馈的廉洁从业有关案例均为公开信息可查询的行政处罚或司法判例，未收到证券公司关于廉洁从业处分问责的案例。

5. 廉洁从业违规行为呈现隐蔽性特点，排查难度较大

大部分证券公司反映，廉洁从业相关风险点多、涉及面广，一些行为通过常规检查手段难以及时发现，如员工违规行为事实的核查，利益相关方的调查、取证等。虽然已经建立信息隔离墙、敏感信息管理及交易室制度，对工作人员的监控录像、电子邮箱、办公电话、即时通讯软件和投资申报情况等进行定期或不定期检查和监测，但仍然无法完全实现及时发现或事前防范。

三、对《实施细则》具体条款的修订建议

从问卷反馈来看，证券公司普遍认为廉洁从业违规行为在业务领域多见于与业务紧密关联且费率可操作空间较大的环节，如投资银行业务中的招揽行为和聘请第三方、为客户融资提供中间介绍、债券交易、私募股权投资、投资咨询业务中获取外部评选排名、客户佣金回扣等。在经营管理领域，多见于信息技术服务外包、物品和服务采购、项目招投标、费用管理、人员招聘等环节。因此，《实施细则》的部分条款应当更加具有针对性。

（一）进一步完善相关制度及机制的安排

建议：一是要求证券公司在公司制度层面建立健全廉洁从业制度（《实施细则》第四条），明确廉洁从业管理目标和总体要求等，鼓励证券公司发挥党建工作对廉洁从业管理的引领作用。二是要求证券公司重点对业务收入、成本费用支出、薪酬奖金、资金往来等项目中的异常情形加强审查核查（《实施细则》第十二条），严格财务管理。三是要求证券公司制定合理的定价机制，不得以明显低于行业定价水平、利益输送、商业贿赂、不当承诺等不正当竞争方式招揽业务。

（二）进一步细化相关条款的具体标准和操作要求

建议：一是补充完善第三方资质要求相关规定（《实施细则》第八条），如增加与第三方的关联关系核查等。二是将廉洁从业情况考察和评估的结果作为人员薪酬等事项的考量因素（《实施细则》第十条）。三是增加廉洁从业管理相关底稿保存期限。

(三) 补充完善相关违规情形

建议：一是在总体要求（《实施细则》第十三条）中补充禁止投行业务人员侵占证券公司利益相关行为；补充要求证券公司及从业人员遵循与监管人员的沟通交往规定。二是投行业务（《实施细则》第十五条）补充禁止收受发行人或其利害关系人财物，疏于履行中介机构职责，帮助发行人欺诈上市或发行债券等行为；补充要求重点关注申报前 12 个月内通过股权转让、增资入股发行人的新股东，对突击入股的新股东进行重点核查。三是融资类业务（《实施细则》第十六条）补充在对担保物的真实性及其价值进行调查评估时，弄虚作假或未勤勉尽责等情形。四是自营、资管、另类投资等其他业务（《实施细则》第十七条）补充禁止串通相关方进行明显偏离公允价值的估值核算，并从中输送或者谋取不正当利益的行为；补充禁止不公平对待同一受托产品的不同投资者，损害投资者合法权益的行为。五是经纪业务（《实施细则》第十八条）补充禁止诱导客户进行不必要的交易、代客理财、与客户约定收益分成等行为；补充禁止违规为客户之间的融资提供中介、担保或者其他便利，收取费用获利等行为。六是证券投资咨询业务（《实施细则》第十九条）补充投资顾问业务对应的不当行为。

总体来看，自《实施细则》发布以来，证券公司普遍重视廉洁从业工作，加强廉洁从业内部管理，机构和人员的廉洁从业意识有了明显提升。下一步，协会将根据调研反馈的意见建议，结合全面实施注册制的背景和证券公司业务发展变化，进一步完善相关条款，提高规则的适用性和可操作性。

拥抱新媒体变化　构建声誉风险主动管理"闭环"
——新媒体环境下证券经营机构声誉风险管理研究

王跃军　官勇华　张　伉　柴英丽[*]

党的十八大以来，习近平总书记先后提出"互联网已经成为舆论斗争的主战场""要尽快掌握这个舆论战场上的主动权""要为广大网民营造一个风清气正的网络空间"等重要论述，强调"必须科学认识网络传播规律，提高用网治网水平，使互联网这个最大变量变成事业发展的最大增量"。

数据显示，截至 2021 年 12 月，我国网民规模达 10.32 亿人次，较 2020 年 12 月增长 4 296 万人次，互联网普及率达 73.0%，其中网民使用手机上网的比例达 99.7%。互联网基础资源加速建设，数字应用基础服务日益丰富，推动新媒体产业飞速发展，从更广角度、更深程度、更大力度实现信息、价值的传播与共享，深刻改变了媒体格局、传播系统和受众思维，舆论生态愈加复杂多变，对声誉风险管理工作也提出了更高要求。

金融是经营风险的行业。作为受到严格监管的持牌经营机构，金融机构的声誉风险一直备受舆论关注和重视。当金融机构声誉风险遇上新媒体时代，从金融案件、监管处罚、经营压力、业务风险到员工不当言论，都有可能快速发酵、升级扩散，甚至从一家机构向整个行业乃至整个金融体系传染开去。显然，传统的"封""堵"负面舆情管控手段、方式已明显过时，如何科学高效地应对舆情成为证券经营机构声誉风险管理工作的新方向与新重点。

---

[*] 作者简介：王跃军，工商管理硕士，正高级会计师，注册会计师，现任财通证券股份有限公司财务总监兼首席风险官，兼任中国证券业协会风险管理专业委员会委员、浙江证券业协会合规风控委员会副主任委员、浙江省金融学会常务理事，为本次课题联席负责人；官勇华，财通证券股份有限公司董事会秘书，兼任中国证券业协会证券行业文化建设专业委员会委员、浙商总会金融服务委员会秘书长，曾任财通证券股份有限公司合规总监，为本次课题联席负责人；张伉，财通证券股份有限公司操作风险管理部经理；柴英丽，财通证券股份有限公司董事会办公室声誉风险管理岗。原载于《中国证券》2022 年第 9 期。

一、新媒体环境下，舆情传播特点

移动互联网凭借其强大的技术和功能，正全面融入我们的生活。新媒体是基于网络技术的、数字化的、实时互动式的媒体形态，兼具互联网多点性、即时性、开放性、互动性、便捷性的特性。随着新媒体的广泛使用，信息无处不在、无所不及、无人不用，传统的传播格局被打破，呈现出一系列明显的变化。

（一）从传播源来看，新媒体成社会舆论的主要策源地

在大众化、自由化的新媒体时代，新闻舆论场中出现了"人人都有麦克风"的现象；传播工具不再由特定人掌握，传播主体不再限于专业工作者。互联网赋予每个人无限的可能，也让碎片化阅读成为人们获取信息的主要方式。每天数以亿计的人通过网络和手机，在新媒体上发布信息、制造热点，人们可以随时随地参与到舆论场中，进行各种观点的交锋、碰撞、对峙。海量信息成为网络舆情爆炸增长的潜在危险。人民网舆情数据中心的统计显示，近年来，以"熟人社交"为特征的微信朋友圈、微信群、QQ群等平台成为"吐槽""质疑"信息集散地，易引发舆情发酵。而在许多不明来源的舆情事件中，热搜机制、转发机制直接影响事件的传播声量。

（二）从传播速度来看，舆论交互呈指数级加速

在传统舆论环境下，官方处置突发事件有"黄金24小时"之说，一般在事发24小时内发布权威消息，就可掌握舆论主导权，避免事态扩大和事实被曲解。

但不同于传统媒体时代由编辑"把关"、进行新闻的"选择性"生产和"垄断性"分发，新媒体时代只需轻轻点击键盘，或通过移动终端录像、剪辑上传到平台就能成为一则"新闻"。新闻传播不是以小时计，而是以分秒计。舆情一旦在网上引起关注，如果加上"意见领袖"的推波助澜，将以几何裂变式速度传播。

（三）从传播内容来看，网络热词成为舆论叙事新符号

在网民规模突破10亿人次的今天，网络热词不仅是对社会生活新事物新状况的描述，更是集中体现公众在心理、观念上所发生的变化，以及公众对当下生活的感悟，是网民们热议的焦点。

值得关注的是，热词已成为分析网络舆情和社会心态的一把新钥匙，像是舆情事件的征兆显现。例如"韭零后"词语的出现，相关部门不仅要反思如何帮助年轻人树立正确的理财观念，更应该思考对基金等相关金融话题的风险宣传是否规范、对金融诈骗的风险提示是否到位等舆情风险前瞻、舆论引导有效的关键问题。

（四）从传播体系来看，舆论传播"去中心化"现象日益凸显

网络传播具有先天的分权、去中心化特质。网络去中心化的交往实践所构建的是"不稳定的、多重的和分散的主体"。根据工信部消息，截至2022年6月末，我国国内市场上监测到的App数量已达232万款，几乎全面渗透到消费者现实生活中。

新媒体独立性强、参与方式灵活，在双向互动传播中，可更精准地掌握用户群体、用户喜好、用户反馈，影响舆论的能力日益突出。尤其是社会中发生的较为重大的事件，均能通过个人传播快速实现群体传播，从而形成突发性、中心多元化的、群体性网络事件。

（五）从传播影响来看，情绪成为舆论烈度升高的关键因素

文本信息时代，传播模式是基于信息的传播，文本本身决定了传播的广度。而在以视听为主要表现形式的社交媒体时代，信息传播的深度和广度不完全依赖于内容本身，起连接作用的是情绪表达与情感认同。

新媒体时代下，大多数所谓"爆款"与热点的舆情事件，与内容本身的品质、事件本身的真实情况关联度并不大，甚至完整看完全部内容、了解整个事件来龙去脉的受众占比也并不高。事实、意见和情绪交织之下，某个画面、某个用词或者某个说法，都可能引爆公众的情绪点，且由此引发的评论、观点、争议绝大部分都具有情绪化与非理性因素，受众的自发传播行为带有强烈的从众心理。近年来，多起社会影响巨大的负面舆情事件的极限反转，也印证了这一特点。

二、新媒体环境下，证券经营机构声誉风险管理面临的挑战

近年来，证券行业风险事件频发，由于其业务涉及各类不同的群体，且容易产生较大金额的纠纷，受到的舆论关注度一直较高。浙江在线舆情中心的统计数据表明，证券行业2021年全年网络信息量高达2 607万条，横向对比资本市场各行业的舆情关注度，其关注度在104个申万二级行业里名列前茅。

作为风险定价与风险管理的专业机构，证券经营机构自身很容易成为风险集聚地。而一家券商出了问题，如果不能快速处置或者处置不当，引发了公众担心，行业也可能会受到影响和波及，甚至可能影响到市场稳定和社会稳定。

也因此，近年来，行业监管对声誉风险管理日益重视。2021年10月，历时一年多的探讨后，《证券公司声誉风险管理指引》正式落地，从多个维度提出了明确的指导建议和具体的监管要求。

当前，在复杂的新媒体环境下，证券经营机构要做好声誉风险管理面临着不小的挑战。

（一）认识要"更全面"

声誉是证券经营机构最具价值的无形资产之一。证券经营机构扮演着资金需求者和资金供给者的双重角色，不同于其他主要依靠商品和服务质量而取胜的企业，交易的前提主要依赖于客户对其的信任，而声誉是信任产生的关键因素。

声誉风险是衍生性风险，并不是孤立存在的，任何内部经营管理问题或外部事件冲击都可能引发声誉风险，并直接或间接影响到企业形象、业务发展、市值稳定、员工信心等。新媒体时代，声誉风险一旦发生，更容易被扩散、放大。

这就要求证券经营机构对声誉风险管理的认识要"更全面"。应从高处着眼，对声誉风险管理工作有全局性、总体性、长期性的把握；从细处着手，面向全员提升"声誉风险无小事、声誉风险人人有责"的意识。

（二）管理要"更主动"

声誉风险产生的原因非常复杂，且非常隐蔽，无法像流动性风险、市场风险、信用风险、操作风险那样通过模型或计量方法进行测算、量化。这也导致长期以来，不少证券经营机构声誉风险管理观念上"重事后处置、轻事前预防"，实践中"经验不足、资源不够、遇事慌张"。

声誉风险管理，本质上是对组织、媒介和受众三者关系的管理。新媒体时代，信息更趋公开透明，人与人、信息与信息、人与信息以看似无规律但却强关联的形态，形成极为复杂的交集。

这就要求证券经营机构对声誉风险管理的认识要"更主动"。对内，完善制度体系，注重风险隐患排查和评估，提高对声誉风险的敏感度和预见性；强化科技支撑，提升舆情监测水平和负面舆情预警效率；对外，打造媒体朋友圈，畅通交流、增进互动，为舆论引导提前打好基础。

（三）响应要"更快速"

声誉风险不可怕，真正可怕的是不将声誉风险当一回事。事件危机发生之后，往往会对涉事的地域、机构或企业的公众形象产生一定的负面影响，这种影响将长期存在于网民的脑海之中，一旦再有类似事件发生，大家会快速进行关联，从而导致下次危机的程度更为严重。

对于声誉风险管理来说，我们不能确保媒体不刊发负面报道、不能让媒体对重大事件视而不报，尤其是在以新媒体为驱动的媒体融合时代，负面舆情一旦发生，系统也可以实时抓取、自动推送，如果响应不及时，小事拖大、大事拖炸，有可能造成难以挽回的损失。

这就要求证券经营机构声誉风险管理的响应机制要"更快速"。声誉风险发生后，事件处置和舆论引导同步进行。对内，规范化地开展分析研判，掌握事实真相，聚焦要点、畅通汇报、统一口径；对外，密切关注舆论发展，把握"黄金两小时"甚至"黄金一小时"原则，因势利导，抢抓舆论引导主动权，变结论式发布为滚动式发布。

（四）应对要"更走心"

一旦发生声誉风险事件，很多机构第一想法是"找组织"，希望通过监管部门、宣传部门、媒体单位压下热度、撤下热搜。但在新媒体时代，在多元的舆论场中，要瞒住负面舆情几乎是不现实的。我们无法改变事实，但或许可以改变公众对我们的态度。所以，在声誉风险事件发生后，处置和应对的方式及态度极为关键。

过去，很多机构一般只重视事实层面的真相还原，但在新媒体环境下，网民的价值偏好、情感模式不尽相同，要更重视价值层面的信任重建。

这就要求证券经营机构声誉风险管理中应对要"更走心"。既要看到事，更要关注人。洞察公众情绪，把每次声誉风险事件的处置和应对，都看成与社会、与客户沟通的"黄金机会"。要以受众为中心，认真思考绝大多数公众对事件有怎样的认识、怎样的期待，给出足够真诚的态度和切实可行的改进措施，通过寻求共识、情感共振，从而建立信任、提升价值认同。

三、适应新形势，打造声誉风险主动管理"闭环"

"更全面"要求证券经营机构自上而下全员参与、高度协同，"更主动""更快速"要求机构在声誉风险管理中发挥专业高效作用，"更走心"则要求机构善于把握"化危为机"的对策和路径。

新媒体环境对声誉风险管理提出了更高的要求。适应新形势、新变化，证券经营机构迫切需要借助科技赋能，以防控风险、有效处置、修复形象为最终标准，加强和改进声誉风险"闭环"管理。

（一）事前：构建"全覆盖"的声誉风险管理体系

将声誉风险预防放到突出位置，做到声誉风险关口前移，实现"制度管人、流程管事"，防患于未然。一是建立健全声誉风险管理制度体系。根据行业指引要求，明确组织架构，厘清管理职能，分级分类规范报告路径，严格落实一把手责任制，夯实声誉风险管理基石。二是切实做好声誉风险管理理念培育，全面加强员工意识形态工作，引导正确价值观，重视员工心理健康管理，将员工行为规范纳入声誉风险管理体系。三是加强事前评估和风险排查。定期开展全局性声誉风险评估、持续性业务风险评估工作。深入梳理、查找存在的风险点、薄弱点和遗漏点，及时作出风险预警，提出风险缓释措施和整改建议，及时改进相关问题。同时，依托合规有效性评估、内控自评、操作风险与控制自我评估等原有风险评估系统，重点加强新业务、新产品的风险评估，主动降低潜在声誉风险隐患。四是持续提升舆情监测能力。时刻保持对先进技术的敏感度，例如在 7×24 小时不间断的全网络舆情监测基础上，通过舆情自然语言处理技术（NLP）识别舆情的主体、事件类型、正负面等信息，提升舆情数据的处理效率，以更早发现声誉风险信息。五是前瞻制订应急处置预案。在每年的"两会""3·15""业绩说明会""8·18 理财节"等关键节点，以及监管处罚、高管变动、客户投诉等可能引发声誉风险的敏感时期，提前制订应急预案。六是组建覆盖各组织机构的声誉风险管理队伍。涵盖全业务链、触达集团各部门、分公司、子公司，深入一线，为开展声誉风险管理工作提供组织保障。同时，加强专题培训，与时俱进提升队伍的声誉风险意识和专业化能力。

（二）事中：形成高响应度的"全流程"管理闭环

当声誉风险发生时，可借鉴中央财经大学金融品牌研究所提出的"射手座5J模式"，通过"解析舆情、解决问题、解释回应、解围脱困、解除隐患"五个环节，迅速厘清思路，快速有序推进相关工作。其中，与事中处置相关的主要落在前四个环节（见图1）。

解析舆情是关键步骤，要内部协同，第一时间开展事件调查和舆情研判。不仅要逐末，更要知本，要了解公开情况，更要掌握真实情况；根据问题产生的主客观原因，明确主体责任；同时，按照制度要求以及舆情监测系统中事件发酵情况，对声誉风险事件进行分级；同时要考虑到舆情的蔓延方向与风险的转化可能，联合风控、合规、宣传等相关部门，制定舆情引导和回应策略，明确统一的对外沟通口径。

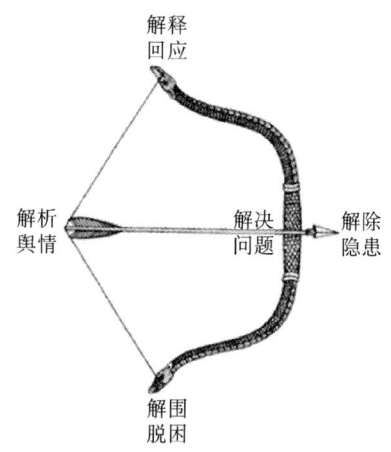

图 1　声誉风险事件处置的射手座 5J 模式

解决问题是关键环节，直面问题、努力从推动解决问题的角度来妥善处理、化解矛盾才可以釜底抽薪。也因此，不仅要解决触发舆情的具体问题，还要从大局出发，同步自查同类问题，避免声誉事件发生连锁反应。如因自身存在失误导致的问题，要尽快与客户协商沟通；如按照相关法律法规确实不能解决的，要说明理由及依据，并尽最大可能提供必要帮助，防止处置不当被聚众声讨、媒体曝光、发帖攻击。

解释回应和解围脱困均要注重"时、度、效"。突出"时"，一般来说，初期以表明立场为主，确保"首发"定调，快说经过、慎报原因；中期表明具体措施，边做边说，赢得理解；后期则要修复形象。突出"度"，把握好节奏、火候，不给虚假信息和谎言谣言留下传播空间。突出"效"，以促进事件处理、引导舆论走向为目的。新媒体时代，要充分发挥科技在该环节的积极作用。声誉风险事件发生后，应结合爬虫爬取舆情的评论、转发、点赞等数据，综合形成负面舆情热度报告，并实时更新数据，为进一步解释回应提供参考。

在实际工作中，财通证券自主开发建设了一套声誉风险管理系统，设置了"事件报告""处置下发""方案拟订""结果上报""持续关注"等阶段，打通从舆情监测到声誉风险应对、处置、跟踪等的全流程，并实现流程化审批及电子留痕，为声誉风险报告、处置争取宝贵时间。

（三）事后：开展"多方位"的声誉修复工作

当舆情处于平稳可控的状态时，即可解除隐患。但进入该环节并不意味着就可以掉以轻心了，新媒体时代，互联网情境增加了企业社会责任行为可见性，应尽力消除不良影响，加强声誉修复。一要持续监测后续舆论发展，警惕"回马枪"，谨防媒体关联炒作，尤其要注意通过微博、微信等方式进行的扩散传播。二要加强正向引导，择机积极通过关系良好的权威主流媒体及投资者关注度较高的互联网平台等，加大恰当的正面报道和正向的舆论引导，减少声誉事件的不利影响，营造积极稳定的舆论氛围。三要充分汲取事件经验，通过复盘对声誉事件进行回溯、剖析，进一步优化完善声誉风险管理机制、应对环节、处置方案，提升主动管理水平。四要将声誉风险事件信息纳入公司全面风险管理系统中风险事件库，并据此修正原有风险评估结果，优化风险管控措施，进一步提升公司全面风险管理能力。

经过近 3 年的建设、实践，2022 年，行业文化建设进入不断强化、巩固时期。声誉约束是文化建设的有力保障，面对形势复杂的新媒体时代，声誉风险管理只有把握新技术发展趋势，坚持"正能量是总要求，管得住是硬道理，用得好是真本事"的原则，用足数字化工具，用巧新媒体平台，畅通内外部沟通协调，才能为公司发展营造积极稳定的舆论环境。

参考文献

［1］中国互联网络信息中心（CNNIC）. 2022 年第 49 次《中国互联网络发展状况统计报告》［R］. https：//www. cnnic. net. cn，2022 – 02 – 25.

［2］甄言. 对传播现象深刻变化的思考：新闻理念创新要打破传统思维定式［N］. 北京日报，2019 – 02 – 11.

［3］刘鹏飞，曲晓程，辛安怡. 2021 年中国互联网舆论场研究报告［R］. https：//www. doc88. com.

［4］［美］马克·波斯特. 第二媒介时代［M］. 南京大学出版社，2000.

［5］单学刚. 声誉修复为何比危机应对更重要［EB］. 人民网舆情数据中心，2021 – 12 – 18.

［6］陈三三，孙卫东，朱进. 新媒体环境下如何做好银行声誉风险管理［J］. 中国银行业，2018：（2）.

证券行业数据应用合规问题研究

中证机构间报价系统股份有限公司　己任律师事务所
东吴证券股份有限公司　招商证券股份有限公司
毕马威企业咨询（中国）有限公司[*]

随着业务快速发展，证券公司积累了海量数据，尤其是大量金融市场敏感数据和客户敏感个人信息。证券公司建立、完善数据应用合规管理体系，对于提升证券公司在数字时代的合规管理水平和风险应对能力、实现数据资源真正向数据红利转化以及推动证券行业高质量发展均具有重要意义。

一、证券公司数据应用现状——以代销业务为例

金融产品代销业务致力于解决证券公司理财服务和投资者财富配置需求之间的矛盾，是证券公司财富管理转型的关键业务之一。业务流程涉及证券公司内外部多方主体，数据呈多元形态，智能投顾、大数据风控、客户画像、精准营销等技术广泛应用，对于分析证券公司数据应用具有典型意义。

（一）证券公司代销业务数据处理概述

虽然不同类型金融产品在结构、适当性门槛以及销售要求上有所不同，但整体业务环节

---

[*] 本文为中国证券业协会2021年优秀课题。课题负责人：张海平，中证机构间报价系统股份有限公司创新业务部总监，中国证券业协会资管专业委员会委员，北京市金融科技领军人才；薛颖，博士，北京己任律师事务所合伙人。课题组成员包括：华仁杰，东吴证券股份有限公司信息技术总部总经理，中国证券业协会证券科技专业委员会委员，中国证监会、上交所等核心机构的行业课题评审专家；吴曼，招商证券股份有限公司法律合规部总经理兼招商资管合规总监，曾任中国证监会深圳监管局副处长，北京市君合（深圳）律师事务所合伙人；晋康飞，供职于中证机构间报价系统股份有限公司；吕沛、陈扬、王玉璇、叶子祎，均供职于己任律师事务所；张之浩、唐淑艳，均供职于东吴证券股份有限公司；闫颖超、赖腾、张晓娇，均供职于招商证券股份有限公司；王国蓓、陈立节、郝长伟、陈琦、李振，均供职于毕马威企业咨询（中国）有限公司。原载于《中国证券》2022年第4期。

管控和数据处理要求、规范趋于一致。

从金融产品代销业务场景切入，由点及面，证券行业数据应用呈现以下四大主要特征：一是数据多元化、体量规模化。证券行业数据类型、结构、载体、主体呈现出多元化发展趋势，其中不乏重要的敏感信息，且数据规模总体呈爆发式增长。二是流通环节多、流动能力强。从数据收集、加工、处理、汇聚融合到使用、报备，涉及复杂的数据流转和产业链众多参与方，部分数据还面临跨境流转。三是数据应用和需求场景多样。大数据、云计算、人工智能等新兴技术在风控、研发、营销、监管等多场景得以广泛应用，盘活和丰富了证券公司数据资产。四是数据合规、数据安全形势严峻。当前数据治理各类配套设施、政策、法律法规、安全技术尚不健全。

（二）证券公司代销业务数据处理分析

从数据类型看，其包括企业信息和个人信息。企业信息包括企业基本信息、经营信息、信用信息；个人信息含有大量个人敏感信息，如财产、生物识别、身份、位置等信息。从数据处理目的看，其包括满足业务流程需要，使用销售渠道所需，监管和自律组织履行职责，数据的商业应用，以及满足数据安全要求。从数据处理行为看，其包括数据收集、使用、存储、传输、共享、删除等数据全生命周期活动，数据使用行为呈现多样化，如去标识化、匿名化、用户画像、数据融合等。从数据处理的合法基础看，证券公司代销业务数据处理有时是履行合同义务和法定义务的需要，有时以征得数据主体同意作为前提。

二、证券行业数据合规管理体系构建和实施要点

《数据安全法》和《个人信息保护法》的出台，标志着我国数据安全和个人信息保护进入更加制度化、规范化的新时代。证券行业数据应用合规管理体系构建需同时满足通用数据保护法律规定和金融行业监管特别要求。

（一）数据应用合规管理体系框架

证券公司数据应用合规管理体系的构建应当遵循以下基本原则：一是建立"一体化"管理机制，统一管理，统一设计和实施，纳入全面合规和风险管理体系。二是立足数据安全底线，充分尊重金融消费者个人信息权利。三是制定全生命周期和全业务流程的合规管理措施，并融入业务运营、数据治理、合规管理、全面风险管理的组织框架中予以落实。四是吸收先进数据安全技术和数据管理技术，用好技术工具。

（二）数据应用合规管理措施要点

结合国际通行的数据应用合规要求以及我国现行监管制度，证券行业数据合规管理可采取以下措施。

1. 数据收集

证券公司收集的数据几乎涵盖《个人金融信息保护技术规范》（JR/T0171—2020）划分的C1、C2、C3全部类别个人金融信息，并涉及《个人信息保护法》规定的敏感个人信息。

收集个人信息应当满足最小必要原则，即所收集个人信息的类型与实现产品或服务的业

务功能直接关联。除存在履行法定义务等其他合法性依据外，证券公司应确保个人信息收集和后续处理活动获得个人的知情同意。证券公司应重点关注《个人信息保护法》中明确规定需获得单独同意的特定情形（处理敏感个人信息、跨境传输个人信息等）和相关法律、行政法规规定应获得书面同意的特定情形。此外，App 成为数据安全执法部门和行业监管部门的执法重点。证券公司应重点关注 App 合规实践，将个人信息保护理念和措施落实到产品设计、上线、应用、运维、迭代、下线等生命周期各环节。

2. 数据使用

证券公司数据应用场景呈现多样化发展趋势，很多证券公司在早期大数据风控的基础上，又推出各类精准营销应用，并加速布局智能理财组合管理、智能投顾、过程智能跟踪诊断等领域。

证券公司应夯实数据使用环节的安全保护措施。如根据信息系统的等级保护定级和是否被认定为关键信息基础设施，落实相应的数据分类、容灾备份、加密、防危害技术措施、访问控制和审批机制、角色分离、展示限制、数据水印、安全事件应急预案、具有舆论属性或社会动员能力算法推荐服务安全评估和备案等。

此外，证券公司应重点关注数据主体权利保护，尤其关注自动化决策和数据融合。例如，通过自动化决策方式向个人进行信息推送、商业营销，应同时提供通用选项和便捷的拒绝方式；保证决策的透明度和结果公平、公正，不得实行不合理的差别待遇；对个人权益有重大影响的决定，确保个人有权要求予以说明，并有权拒绝仅通过自动化决策的方式作出决定。

3. 数据共享

证券公司一方面需向客户披露金融产品相关信息，另一方面需向委托人共享客户基本信息，向监管部门和自律组织履行数据报送义务。证券公司还会在线上业务场景中应用第三方服务来提升安全、优化体验、打造业务闭环，实名认证、人脸识别、活体检测几乎成为线上业务标配。

个人信息共享合规要求可归纳为取得个人的知情同意、与接收方划分责任义务、开展安全影响评估、留存共享记录、协助数据主体行使权利五个方面。证券公司应当区分共享数据的类型和数据共享对象，识别和落实不同的合规要求。

4. 数据委托处理

《个人信息保护法》对于数据处理的委托方和受委托方施以不同的责任要求，证券公司应根据其具体角色落实相应的合规义务，通过合同文本明确约定。作为委托方时，可通过技术手段监督受托方的个人信息处理活动。实践中由于业务数据高度敏感，证券公司对委托第三方处理数据持谨慎态度，数据处理基本由内部人员开展或在公司内部技术环境中落地。外包人员或外部系统接入和访问权限受到严格限制，且需经过法律、业务、合规部门审批。

5. 数据转让和公开披露

金融行业属于强监管行业，如证券公司发生收购、兼并、重组等情况并致数据转让，证券公司应当向个人履行告知义务，并将数据移交至主管部门指定机构。

证券行业数据高度敏感，通常不会公开披露。如有披露必要，证券公司应确保取得客户单独同意，且事先开展保护影响评估。

6. 数据传输、存储和删除

证券公司依法应当保存业务活动资料，期限一般不少于 20 年。期间证券公司有必要落实数据传输、存储和删除相关的数据合规要求。采用数据本地存储、去标识化、备份、加密传输、管理存储介质等安全技术措施;建立完整配套的数据销毁、删除机制,确保数据满足存储最小必要。法律、行政法规规定的保存期限未届满,或者删除个人信息从技术上难以实现的,证券公司亦应停止除存储和采取必要的安全保护措施之外的数据处理活动。

7. 数据安全管理

证券公司应从组织结构与人员管理、第三方机构管理、网络安全等级保护、数据分类分级、数据处理活动评估制度和安全检测与审计等方面,构建完善的数据安全管理制度。数据安全管理措施应与数据类型、重要性和敏感程度相匹配。证券公司应优先落实数据分级分类工作,同步构建其他合规机制,使各项制度互相勾稽、各为辅助。

8. 数据安全事件应急处置

当前证券公司多已制订网络安全、信息系统突发事件应急预案,为平衡精细化处置和节约合规成本,可将数据安全事件纳入已有合规制度体系。如有案例事件上报必要,证券公司应详尽确认上报具体部门以及是否存在执法联动机制。

9. 数据主体权利要求响应

证券公司应为数据主体行使权利设置响应机制,重点关注响应流程是否便捷、易操作。应重点关注和保障数据主体删除权,对法律法规要求必须存储的数据,停止除存储和必要安全保护措施之外的其他处理活动。

10. 数据跨境传输

外资证券公司存在数据跨境传输的切实需求,尽管有监管部门进行窗口指导,仍待出台适合行业特征的公开指引或细则作为规制证券业数据跨境传输的长效机制。实践中,外资证券公司多已采取严格内控流程。证券公司应积极跟踪监管动态,与行业和数据监管部门保持良好的沟通。

三、证券行业数据应用合规面临的困难

本文选取具有典型特征的七家证券公司(含两家外资证券公司)进行深度访谈,并向多家证券公司开展问卷调研,发现证券行业数据合规困难主要表现在监管数据报送、数据分类分级和数据跨境传输三方面。

(一)监管数据报送

一是数据报送合法性基础存在疑问。现行数据报送义务的法律层级较低,而法律层面的规定不明确。此外,报送范围是否符合最小必要原则、知情同意是否"有效"履行均存在不确定状态。二是存在实践操作困难。实践操作中存在多头重复报送、数据口径及计算逻辑不明、报送沟通程序待完善等问题。多数据报送系统报送成本高,且影响报送数据的及时性、准确性和数据质量,影响监管效率。

(二)数据分类分级

一是现有标准《证券期货业数据分类分级指引》等出台时间较早,不能完全体现法规最新要求,指导意义有限。二是数据分类分级要求根据人员权限和数据类型采取区别保护措

施，技术要求较高，后期管理与维护成本高、负担重。

（三）数据跨境传输

一是证券公司 IT 网络部署的国密化监管要求导致外资证券公司合规成本高、困难大。二是出境需要遵循的规则和程序等缺少具体透明的指引，依赖监管部门窗口指导，难以形成长效机制。

四、提升证券行业数据应用合规水平的政策建议

（一）配套并完善证券行业数据合规具体规则

《数据安全法》和《个人信息保护法》相继出台并提出新的数据合规管理要求，但许多内容仍是理念性、概念性、原则性的，需要监管机构和自律组织明确相关标准，指导实践落地。

一是应全面梳理正常开展证券业务、履行监管义务所必需的数据，形成清单，对数据的收集、使用、委托处理、共享、转让、公开披露、存储、删除与销毁等环节数据处理的目的、范围和方式予以明确规定并公开。考虑证券行业特点，如信义义务和信息隔离墙要求，设计对数据处理的合理限制。二是应基于行业模型的数据治理框架统筹证券业务与信息保护的要求，提供和谐、细化、可操作的数据分类分级标准。建立集中的监管大数据共享平台，实现"一套报表、一个入口"报送数据，由监管机构和自律组织内部按权限使用，监管机构之间建立数据共享通道，避免重复多头报送。三是应弥合现有法律法规之间缝隙。解决证券监管法规与信息保护法规间协调问题，厘清数据权属，明确个人信息定义中"已识别""可识别"在具体场景下的判定。推动上位法修订，明确监管机构和自律组织的数据采集职权，以及证券公司的数据报送义务。四是应出台数据跨境传输指引。监管部门在个案窗口指导之外，应尽快出台金融行业数据跨境传输指引，为企业合法合规开展数据跨境传输活动提供指导。监管部门积极参与相关国际规则和标准制定，与其他国家监管部门共同探索数据跨境自由流动路径。

（二）打造并完善行业数据管理生态体系

一是应建立行业内常态交流机制，发布行业最佳实践。证券公司对于数据治理的重视程度不同，治理能力和综合实力也存在一定差距。汇集行业数据合规的正反面案例，积累形成行业知识库，提高行业整体数据合规水平。二是应协调建立第三方服务商与证券公司在数据合规义务方面规范的权利义务分配规则，形成协议范本，明确第三方服务商应采取的技术保护措施，配合证券公司数据合规义务的底线，减少证券公司合规隐患和成本。三是应设置科学的培训课程、考核与认证体系、职业规范与保障制度等，培养具备金融市场、法律、信息技术等复合背景的综合性数据治理人才。四是银行业在大数据应用和数据治理方面起步早、投入高、发展快，其合规实践对证券公司参考价值大。为最大限度提高金融行业数字化程度，应统一管理标准，推动跨机构、跨领域的金融数据融合、共享和应用。

（三）行业机构规范落实数据合规要求，稳健经营

一是密切跟踪立法动态，完善数据应用规定。证券公司应当制定并完善数据合规管理制度体系，将数据应用流程融入日常经营，有效履行金融信息安全保护职责，履行好数据出境等合规要求。二是切实做好数据分类分级管理工作。实务中明确数据分类维度，对不同类别和级别的数据采取相应的保护措施，分类分级管理。三是加强数据应用技术的开发与运用。在部分领域探索报送脱敏数据的可行性，降低个人信息处理风险。

证券公司开展投资者教育的专业性、通俗性与针对性实践分析

胡利安　鲁新超　梁君璐*

一、投资者服务时代背景

近年来，我国证券市场逐渐扩大，同时由于我国金融市场环境的特殊性和以散户为主的投资者结构，为弥补证券市场投资主体信息披露不规范、不及时以及散户获取信息渠道有限的缺陷，投资者教育已成为我国金融市场基础设施建设的重要组成部分。投资者教育是一项系统而长期的工作，其最终目的是帮助投资者增强市场参与能力和自我保护能力。

按照国际证监会组织的定义，投资者教育是针对个人投资者进行的一种有目的、有计划、有组织的、系统的社会活动。它旨在通过传授投资知识、传播投资经验、培养投资技能、倡导理性投资观念、提示投资风险、告知投资者权利及保护途径，进而提高投资者素质①。投资者教育的重要性在于：第一，能逐步增强投资者的信心；第二，有助于投资者保护自身权益；第三，是弥补和改善金融市场信息不对称问题的重要方式；第四，是金融市场健康发展和维护社会稳定的重要保障。

目前开展投资者教育工作的主体主要包括：银行、保险、证券、基金、信托、期货等金融机构；中国证券业协会、中国证券投资基金业协会、沪深证券交易所、各地方证监局、中国人民银行等机构；小学、初中、高中、大学等教育单位；各新闻媒体平台以及其他第三方机构。证券公司及其分支机构是投资者教育工作的重要力量，因此，充分利用证券公司落实投资者教育工作，有利于扩大投教内容的传播外延和空间。

---

* 作者简介：胡利安，万联证券股份有限公司信息技术中心科技金融部经理；鲁新超，万联证券股份有限公司投教管理主管；梁君璐，万联证券股份有限公司投诉管理专员。原载于《中国证券》2022年第8期。

① 参见《国际证监会组织投资者教育基本原则》，中国证券业协会网站，时间：2008-04-30，网址：https://www.sac.net.cn/tzzyd/tjhd/jwdt/200804/t20080430_32753.html，最后访问日期：2022年7月15日。

二、证券公司投资者教育服务在当前背景下面临的新挑战

(一) 我国证券公司投资者教育现状

1. 证券公司投资者教育工作模式处于转型期

证券公司一贯重视投资者教育工作，在组织架构上通常会组建投资者教育工作小组统筹证券公司投资者教育工作，工作小组一般由财富管理、客户服务、合规法律、信息技术等前、后台部门共同组成；证券公司总部设置专职投资者教育工作的人员。证券公司辖下的各个分支机构配备1名或以上的投资者教育工作人员，以上人员共同构成证券公司投资者教育人员组织体系。

随着数字媒介时代的到来，传统的投资者教育工作模式不足以让投资者教育内容深入覆盖所有的证券投资者，证券公司正逐步探索投资者教育服务互联网数字化转型。

证券公司陆续推出大量视频、电子图文、音频等新型投教产品，借助互联网、大数据等信息技术手段开展投资者教育工作。如何利用互联网、大数据等信息技术手段进一步做好投资者教育工作、服务好广大投资者，对投资者教育工作人员的相关专业知识及专业技能提出了更高的要求。

2. 证券公司投资者教育形式逐渐多元化

证券公司传统的投资者教育形式多为挂横幅、贴海报、发短信消息、派发折页等静态展示，信息量非常有限，覆盖面不大。现在，证券公司投资者教育形式更加多元化，有视频讲解、图文解说、问答竞赛等，互动性更强，信息承载量大幅提高。

除证券公司外，社会上越来越多的非证券类金融机构或个人借助新媒体互联网平台积极参与投资者教育，其风格和形式更加新颖活泼。例如，大量IP化的"类投教"作品因其形式丰富、语言活泼、话题性较强的特点，短时间内吸引了大量投资者关注，两相对比更加突出证券公司投资者教育内容、产品仍然面临着专业性过强、易读性缺乏等方面的问题。证券公司应持续增强与学校、新闻媒体等社会机构的合作，提高投资者教育受众覆盖面和接受度。

3. 证券公司投资者教育覆盖能力不足，针对性不强

据统计，截至2020年，105家证券公司投资者教育服务岗位工作人员共有1.42万人、证券营业部投教岗位工作人员共有1.36万人，从事投资者教育工作岗位的人员合计为2.78万人[①]。与此相对的是，2020年末，沪、深两市共有证券投资者数1.78亿户，其中自然人投资者占比高达97.64%[②]。自然人投资者群体数量庞大，个体差异性强，其年龄、学习能力、受教育程度、社会背景等因素导致各投资者对金融市场的认知水平及态度等存在着较大差异。

证券公司从事投资者教育工作的人员数量与证券投资者数量的配比约为1∶6 400，加之

[①] 参见《中国证券业发展报告（2021）》，中国证券业协会网站，时间：2021 - 07，网址：https://www.sac.net.cn/yjcbw/zqhyfzbg/fzbg2021/ml/202109/P020210901498041403132.pdf，最后访问日期：2022年7月15日。

[②] 参见《中国证券登记结算统计年鉴2020》，中国证券登记结算有限公司网站，时间：2021 - 08 - 13，网址：http://www.chinaclear.cn/zdjs/editor_file/20210820191941632.pdf，最后访问时间：2022年7月15日。

投资者认知水平和投资经验参差不齐，需要根据具体情况对不同类型投资者因材施教，这进一步增加了投资者教育工作难度。受限于人力、物力等方面的投入，证券公司投资者教育工作人员难以设计、开发更多样化、专业化的投教产品，因此无法有效满足投资者对投资知识的多样化需求。

证券公司当前投资者教育过于笼统，缺乏针对不同年龄、不同层次、不同地区的投资者差异化的投教内容。比如，越来越多的"80后""90后"甚至"00后"的年轻投资者参与到资本市场中，并逐渐成为资本市场的重要主体，同时也是新媒体互联网平台的主要流量，他们更乐于通过新媒体平台接受投资资讯。

（二）面临的问题与原因分析

1. 证券公司及其投教工作人员缺少专业的教育属性

投资者教育工作的专业性指投资者教育内容、教育平台、教育活动开展等的专业程度以及从事投资者教育岗位工作人员的专业化程度。

证券公司是专门经营证券业务的金融机构，其商业属性与投资者教育的公益性存在一定的矛盾。投资者教育的公益性要求投资者教育工作需要普及化、常态化开展。证券公司的商业属性导致其开展投资者教育的初衷是为了营利、提高知名度的同时获取客户资源等。这种矛盾给证券公司开展投资者教育工作带来诸多困难。

一是商业性导致部分证券公司对开展投资者教育工作的积极性不足，难以提升投资者教育专业性。部分证券公司注重眼前利益，在监管要求下有限度的"机械式"进行投资者教育工作，缺乏主动提升投资者教育专业性的动力。证券公司往往把投资者教育与业务拓展工作相结合，内容常常跟随热点业务而变化，使得投资者教育工作缺乏系统的规划和实施。

二是证券公司投资者教育工作人员多为证券业务人员，缺少具备教育管理、媒体宣传等相关专业背景的人员。尽管证券业务人员在开展投资者教育工作时在市场分析、规则解读、投教内容的专业性等方面具备一定的专业优势，但对于教育心理学、大众传播学等方面的知识储备不足，导致普遍在教育平台、教育行为等方面的关注和能力不足，投资者教育工作成效大打折扣。

三是从事投资者教育工作的人员数量与证券投资者数量的配比极低，投资者教育工作人员的工作量相对饱和，难以投入精力开展专业性研究，不利于从内部破解证券公司投资者教育专业性不足的难题。

2. 证券投资的专业性和风险性对投资者教育的通俗性要求较高

投资者教育工作的通俗性是指投资者教育内容、形式浅显易懂，容易被广大投资者理解和接受。然而，证券投资专业性较强，风险性较高，投资者既要对市场上的各类信息进行全面综合判断，又要主动作出决策并贯彻执行，稍有不慎就会造成投资损失。这些因素都给投资者教育工作的通俗性提出了较高的要求。

一是证券市场的规则相对严谨且复杂，知识专业性强，内容通俗化的难度大；

二是证券公司多从证券行业的专业角度出发向投资者提供投资者教育内容，证券公司出于合规性、公司专业形象等因素的考量，使得其制作的投资者教育内容、产品常常缺乏通俗性。

3. 针对性投资者教育的覆盖场景有待扩展

投资者教育的针对性是指投资者教育内容、活动形式能根据不同类型的投资者进行开发、配置，对其应当知晓、掌握的知识技能进行针对性培训教育。

我国证券市场开放性较强，参与门槛相对较低，且投资者的行为具有高度自主性，极易受到各方面信息的干扰。

目前证券公司普遍已开展针对新客户的标准化投资者教育、针对各类交易品种的通识化教育以及针对市场热点的解读式教育，但对于进阶投资者和细分投资领域的针对性强化教育和指导性教育还难以覆盖。一方面，由于投资者普遍缺乏对于自身投资目标和风险承受能力的准确认识，其行为往往具有不可预测性，这也为投资者教育的针对性带来困难；另一方面，投资者可接收投资资讯、投资者教育的渠道多种多样，如区域范围的线下宣传（平面广告、宣传讲座等），电视节目或宣传广告，短视频平台及社交媒体等。不同渠道所能覆盖的投资者群体特征不尽相同。针对不同类型的渠道投放针对性的投资者教育产品有利于投资者教育覆盖面的提升以及投资者教育工作的深度开展。

此外，证券公司的投资者教育工作通常由总部负责统筹和实施，分支机构负责转发或展示，缺少针对分支机构本地投资者特征开展的区域性教育。

三、推进投资者教育改善的策略分析

（一）组建投资者教育团队，不断提升专业竞争力

投资者教育团队是确保投资者教育工作落地的核心力量，证券公司应结合日常工作进行内部挖掘，建立健全涵盖全部业务的专业化投资者教育团队，辅之以有效的激励手段，从而有效提升投资者教育工作的专业性、通俗性和针对性。证券公司可以投资者的需求为核心，组建多层次投资者教育服务团队：

一是团队具备制作专业性强、通俗易懂、差异化的投资者教育产品的能力。

二是证券公司总部各部门应凝聚共识、密切协调、整合资源，充分发挥自身优势，由证券公司总部统筹打造专业化的研究团队，团队既能对市场热点、新规章制度、风险事件等进行及时分析，又能做上述事件的"解读者"，帮助投资者准确理解上述重要事项。

三是证券经营分支机构组建"投教分队"，负责落实各项投资者教育与保护工作。

四是建立以证券公司客服中心为主的咨询解答团队，及时规整解答投资者日常交易过程中碰到的问题，并形成常用问题解答题库，以微信推文、知识竞答、视频解读等形式二次反馈给投资者。

（二）寓教于乐，探索创新，提升投教内容的通俗性

传统的投教模式主要依托营业部现场的投教园地，工作人员不定期地更新内容，张贴海报、通知、风险提示等，摆放各种纸质宣传单。投教内容偏"说教式"，不免被打上"虚""浅""软"的标签。如何使投教内容、投教产品生动有趣、"接地气"，尤其是如何让客户易于接受，一直是证券公司思考和改进的方向。

1. 注重形式创新，提高投资者接受度

从投资者认知模式出发，注重投资者教育材料的语言表达通俗易懂，更加"接地气"。

可把投资者觉得深奥又枯燥的规章制度、业务规则转变为易懂的语言、图表或是生动的图片示例、小视频等，或是从投资教育受众关注、关心、易懂的角度进行内容、产品制作，把晦涩难懂的投教知识深入浅出地向投资者展示并向社会大众传达。

2. 强化内容创新，提升投资者获得感

投教团队可尝试以当前政策趋向、市场焦点、舆论热点和个人生活习惯为切入点，在研发内容上紧跟当前政策趋向，精准贴合市场动向，贴合投资者生活习惯，不断丰富和完善投资者的教育内容。例如通过大数据平台对投资者的真实行为数据进行分析，挖掘投资者喜好，让投教知识从传统的"说教式"中跳脱出来，以有趣的形式直观、通俗地告诉投资者，从而提升投资者的认知水平。

（三）搭建差异化投教体系，"千人千面"化投资者教育

投资者教育如需扩大覆盖面，则受众应该不局限于资本市场的投资者，学生、职场人士、老年人、贫困人口等都应该是金融理财教育的对象。证券公司可根据受众的年龄、受教育程度、所处的社会环境等有针对性地开展投资者教育工作。

1. 针对学生群体

学生群体善于学习和接触新事物，能够主动学习投资知识，且目前投资理财课程已纳入多数高校必修课程，学生群体已成为投资知识和资讯传播的重要受众人群。但学生群体缺乏社会经验，常常陷入"校园贷""求职贷"等金融陷阱中，证券公司可发挥金融专业人才优势，努力推动证券分支机构与当地中小学校、高校等多方参与到投资者教育工作中，挑选专业知识强的业务骨干，对学生进行授课，通过知识详解并结合"校园贷"等案例分析，帮助学生充分认识资本市场、掌握识别市场风险的方法。

2. 针对职场人士

职场人士通常是进入资本市场的主要群体，他们在社会经验、金融受教育程度、理财技能等方面具有一定的优势，但职场人士通常受限于时间和空间、家庭负担、精力等问题无法专注于投资理财，投资行为往往是盲目跟风，缺乏系统性的研判，有可能导致资产受损。

证券公司针对此部分群体的投资者教育工作，可侧重于为其提供优质的投资知识教育服务。如利用内部资源帮助其获取市场信息，定期组织策略报告会；邀请行业专家向其授课，讲解投资策略和方法；通过投资顾问解读，帮助其更好地提升投资理财能力。

3. 针对老年人群体

近年来，以互联网为载体的电信网络诈骗、非法集资等新型非法证券期货活动不断涌现，且趋于团队化、专业化作案，犯罪传播速度快，手段层出不穷，资金转移迅速，事后追偿难度大，具有跨地域、隐蔽性、迷惑性和利诱性等特点，严重损害人民群众利益，老年人群体更是受害的重要群体。因此，为老年人群体提供专业的防范非法证券活动知识尤为重要。

但由于金融诈骗技术层出不穷，老年人投资者上当受骗的案例仍然屡见报端。证券公司可持续不断地对老年投资者进行调研与评估，开展金融知识、"防非"知识宣传讲座，或在线下开设专栏为他们提供全面的"防非"知识，通过针对性的教育，提高其金融素养，激发其自我权益保护意识。

参考文献

[1] 郭明翰. 中国投资者教育现状问题及对策 [J]. 中国高新科技, 2020 (11): 71—72.

[2] 张晓斌. 数字媒介背景下证券公司开展投资者教育服务的传播策略分析 [OL]. https://mp.weixin.qq.com/s/1Gyz7gs9xPPT6qVwANvyoQ, 投资者保护动态, 2021 (01). 17—19.

[3] 庄炜, 胡光华, 陈晴, 黄力, 王苏蓉. 以投资者为中心的投教服务体系研究 [A]. 创新与发展: 中国证券业2018年论文集 (下册) [C]. 中国财政经济出版社, 2019: 667—675.

[4] 余德曼. 境外投资者教育经验调研报告 [A]. 创新与发展: 中国证券业2018年论文集 (下册) [C]. 中国财政经济出版社, 2019: 676—684.

[5] 赵敏. 加强投资者教育夯实资本市场投资者保护基础 [J]. 清华金融评论, 2017 (06): 20—24.

2019—2021 年证券公司涉诉情况调研报告

中国证券业协会自律管理部*

为了解证券公司近年来涉诉情况及各业务领域主要诉讼风险点,中国证券业协会(以下简称"协会")自律管理部就 2019—2021 年证券公司涉诉情况、涉诉过程中的问题困难、相关诉求和意见建议等向全体证券公司进行了书面调研,相关调研情况如下。

一、2019—2021 年证券公司涉诉情况

(一)涉诉基本情况

1. 2019—2021 年行业整体涉诉案件较多,案件数量在 2021 年大幅上涨

从 2019—2021 年证券公司涉诉案件总数看,行业整体涉诉数量较多,2019 年、2020 年案件总数均达到 3 600 件以上;2021 年案件数量大幅上涨至 9 743 件,较 2020 年增长了 1.6 倍左右(见表 1),主要增长来源为虚假陈述案件。相较证券公司 2015—2018 年涉诉情况调研结果,近 3 年行业整体涉诉案件数量平均增长了 10 倍左右。

表 1   2019—2021 年证券公司涉诉案件数量①

2019 年		2020 年		2021 年	
案件数量(件)	增长率(%)	案件数量(件)	增长率(%)	案件数量(件)	增长率(%)
3 692	—	3 685	-0.19	9 743	164.40

2. 涉诉案件在各业务条线分布情况与市场环境和业务风险相关,在承销保荐领域呈现集中爆发趋势

---

* 本文作者:陈超,中国证券业协会自律管理部副总监;寇梦晨,中国证券业协会自律管理部高级主办。

① 本次调研统计案件仅限证券公司涉及与证券业务相关的诉讼、仲裁案件,同一案件涉及一审、二审等多个审判程序的,仅算作 1 个案件,统计时间范围为 2019 年 1 月 1 日至 2021 年 12 月 31 日,以案件首次起诉时间(起诉状落款时间)为准计入相应年份案件数量。

从 2019—2021 年证券公司涉诉案件的业务分布情况看，案件主要集中发生在承销保荐、资产管理、融资融券、股票质押等领域（见表 2）。一方面与市场环境有关，2018 年股市大幅下跌后，2019 年起相关风险逐渐暴露，因债券违约引发的资管业务纠纷、因股票价格下跌导致信用违约引起的融资融券及股票质押业务纠纷数量增多；另一方面与相关业务风险有关，尤其是承销保荐业务领域，随着注册制下相关法律法规、司法解释、监管规定的更新和出台，在压实中介机构责任、加大违法违规打击力度、形成多元立体化追责的大背景下，证券公司涉及的虚假陈述案件数量激增，占行业全部涉诉案件数量的 77% 左右。

表 2   2019—2021 年证券公司各业务领域涉诉案件数量①

业务领域	2019 年 数量（件）	2019 年 占比（%）	2020 年 数量（件）	2020 年 占比（%）	2021 年 数量（件）	2021 年 占比（%）	合计 数量（件）	合计 占比（%）
证券承销与保荐	2 409	65.25	2 360	64.04	8 463	86.86	13 232	77.29
融资融券（含股票质押式回购）	254	6.88	319	8.66	306	3.14	879	5.13
资产管理（含资产证券化）	263	7.12	324	8.79	222	2.28	809	4.73
受托管理	128	3.47	171	4.64	162	1.66	461	2.69
证券经纪业务	136	3.68	115	3.12	174	1.79	425	2.48
证券做市交易	66	1.79	49	1.33	45	0.46	160	0.93
财务顾问	25	0.68	15	0.41	86	0.88	126	0.74
证券自营	67	1.81	22	0.60	24	0.25	113	0.66
场外业务	15	0.41	9	0.24	8	0.08	32	0.19
投资咨询	2	0.05	4	0.11	3	0.03	9	0.05
其他证券业务	327	8.86	297	8.06	250	2.57	874	5.11
合计	3 692	100	3 685	100	9 743	100	17 120	100

3. 头部证券公司及涉及虚假陈述案件的公司涉诉数量明显较多

从涉诉案件数量在机构中的分布情况看，2019—2021 年涉诉案件数量总计 100 件以上的公司共 13 家，多数为头部证券公司，在一定程度上，案件数量与公司业务规模大小呈正比关系。此外，涉及虚假陈述案件的公司涉诉数量明显较多，个别公司 3 年涉诉总数达到 1 000 件以上，最高达到 5 000 余件。

4. 案件形式以诉讼为主，案件原告、被告情况根据不同业务类型呈现一定规律

从行业整体涉诉情况看，案件形式以诉讼为主，2019—2021 年诉讼数量约为仲裁数量的 14.5 倍（见图 1）；仲裁案件主要集中于证券公司的机构业务中，在相关业务协议中会事先约定仲裁条款。案件原告、被告情况根据不同业务纠纷类型呈现一定规律，如资产管理、融资融券、股票质押业务案件中，证券公司主要为原告，投行、证券经纪业务案件中，证券

---

① 因案件情况复杂多样，各公司理解和统计口径不完全统一，所以各业务条线统计的涉诉案件数量不完全准确，仅能大致反映行业整体案件数量的业务分布特征。

公司主要为被告。

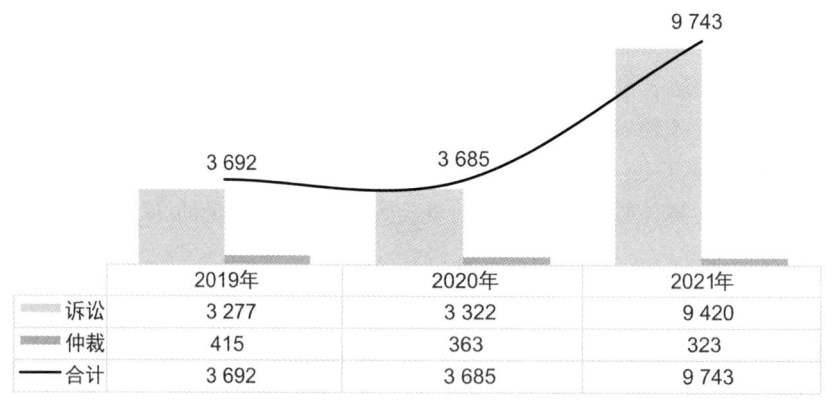

图1 2019—2021年证券公司诉讼、仲裁案件数量（单位：件）

（二）涉诉主要业务领域的诉讼风险点

按照2019—2021年各业务领域涉诉数量排序，以下撷取了证券公司反馈的涉诉主要业务领域的涉诉原因及诉讼风险点。

1. 证券承销与保荐业务

证券公司在证券承销与保荐领域的涉诉案件主要体现为证券虚假陈述纠纷，主要争议点包括：一是中介机构是否存在虚假陈述、是否勤勉尽责，尤其在取消行政前置程序后，这成为虚假陈述案件首要争议点；二是因果关系、损失数额的认定，尤其是对非系统风险因素的认定、相应损失金额的排除以及揭露日的认定等；三是中介机构责任承担形式及大小，包括是否可以按照过错程度等原因力大小承担比例责任。

2. 股票质押式回购业务

股票质押式回购业务纠纷的产生原因主要有以下几点：一是上市公司质押股票价格因市场环境及公司经营等问题大幅下跌，跌破平仓线；二是融资方，尤其是民营企业大股东，因缺乏融资渠道，资金流动性压力较大，自有资金难以按照约定追加担保或按期购回股票；三是质押股票因处于限售期或已被冻结等原因，证券公司无法通过二级市场直接平仓，只能通过诉讼方式实现债权。

该类案件的主要争议点包括：一是逾期利息、违约金的计算标准，是适用民间贷款市场报价利率（LPR）4倍规定，还是关于金融借款纠纷的24%利率上限规定；二是股票质押合同的违约条款是否有效、融资方是否构成违约、证券公司是否履行了违约通知义务等。此外，受限售股、减持比例限制等影响，该类案件在执行层面存在较大困难和不确定性。

3. 融资融券业务

融资融券业务纠纷主要包括两种情形：一是证券公司作为原告，因未足额收回融资本息而起诉投资人要求赔偿；二是投资人作为原告或在诉讼中抗辩，主张证券公司在业务开展过程中存在过错，要求证券公司予以赔偿。

该类案件的主要争议点包括：一是证券公司是否履行了适当性管理义务；二是证券公司提供的格式条款是否有效，在订立合同时是否向投资人进行了充分的解释说明；三是证券公司是否及时有效地履行了追加担保物通知的告知义务,强制平仓的时机、数量、价格、交易方式等操作是否适当;四是本息及违约金的计算标准问题。

4. 资产管理业务

资产管理业务的涉诉原因主要为投资标的违约,涉诉情形分为两种:一是证券公司作为资产管理计划管理人,代表资产管理计划起诉违约方;二是证券公司被诉,投资者主张证券公司作为管理人未尽到管理责任。

第一类涉诉情形的法律问题一般较为清晰,主要的诉讼风险点在于执行环节,尤其在债券违约情形下,债券发行人的偿付能力及偿付意愿较低,致使案件的执行周期较长。第二类涉诉情形的争议点主要在于认定管理人是否履约尽职,包括在产品成立时是否进行了客户适当性管理并向客户充分披露风险,在产品运作过程中是否存在违规操作以及是否尽到持续管理责任,在产品出现兑付风险后是否积极配合委托人处理相关事宜等。

5. 证券经纪业务

证券经纪业务纠纷的产生原因主要包括三点:一是因员工"飞单"、私刻公章等个人违法行为引发投资者纠纷;二是因员工未充分履行适当性义务等违规行为引发投资者纠纷;三是因客户未充分了解相关业务操作和风险而引发纠纷。

该类案件的主要争议点包括:一是员工违法违规行为是否属于职务行为,是否构成表见代表,公司是否存在管理过失从而需要承担责任;二是员工是否履行了客户适当性义务、是否充分提示了风险。

二、证券公司涉诉过程中存在的问题与困难

(一) 制度规定不清晰、司法实践不统一的问题

1. 虚假陈述案件中介机构连带责任的承担方式问题

《证券法》规定对虚假陈述有过错的中介机构应当承担连带责任,而各地法院对是否可以按照过错程度等原因力大小承担比例责任的理解及判决不一致。如果"一刀切"认定存在过错的中介机构均承担全额连带责任,不符合"过罚相当"原则,也不利于"追首恶"压实发行人第一责任。

2. 债券虚假陈述案件中介机构的责任边界问题

目前关于虚假陈述的法律规则主要以公开市场交易的股票为基本模型进行构建,侧重 IPO 保荐机构的责任认定标准,并不完全匹配债券发行与交易的特殊属性,导致债券虚假陈述案件中介机构的责任边界不清晰。

3. 股票质押等案件执行程序中处置上市公司股票的问题

在股票质押式回购等案件的执行阶段,上市公司股票往往受到限售期、减持规定等诸多限制不能直接处置,而股票司法拍卖又经常出现流拍的情况,导致质押股票处置困难且执行周期长。

4. 融资融券、股票质押案件中利息和违约金适用标准的问题

目前大部分法院将融资融券、股票质押等业务纠纷定性为普通合同纠纷或民间借贷纠纷,按照《最高人民法院关于审理民间借贷案件适用法律若干问题的规定》,将逾期利息、违约金的上限标准认定为 LPR 4 倍(约年化 13%),而非适用《关于进一步加强金融审判工

作的若干意见》关于金融借款纠纷的24%利率上限，不利于证券公司全面主张其违约损失。

5. 资管产品的诉讼主体地位和托管人的职责范围问题

目前《民法典》《民事诉讼法》未赋予资产管理产品独立的民事主体地位，相关纠纷只能由管理人代为起诉，可能引起对合同主体和责任主体是资产管理产品还是资产管理产品管理人的误解和争议，进而可能突破资产管理产品财产的独立性原则。此外，现行法律法规对私募基金托管人的职责范围规定不清晰，若过重追究托管人的责任，比如在管理人缺位时直接认定托管人的替代责任，容易变相导致托管人为管理人的失职买单。

6. 资产证券化业务性质及管理人等主体的职责边界问题

《证券法》《信托法》未明确资产证券化业务法律关系的性质，《证券公司及基金管理公司子公司资产证券化业务管理规定》等监管规定也未完全界定资产证券化（ABS）管理人及原始权益人的责任边界，导致部分法院在审理 ABS 业务虚假陈述案件时，简单地将资产证券化业务与普通证券发行相类比，把管理人当作发行人，忽视对原始权益人的责任追究。

7. 证券公司申请财产保全是否可以豁免提供担保的问题

部分法院认为证券公司不属于《最高人民法院关于人民法院办理财产保全案件若干问题的规定》中规定的申请财产保全可以不提供担保的"经金融监管部门批准设立的具有独立偿付债务能力的金融机构"，要求证券公司申请保全时提供担保，导致公司可能延误保全时机，增加保全和诉讼成本。

（二）市场环境及司法环境方面的问题与困难

1. 市场环境等原因导致债券违约风险增大

受市场环境、新冠疫情等因素影响，部分企业流动资金短缺，出现债券违约、无法按照约定履行证券回购义务等情况。在债券违约潮背景下，尤其是债券发行人"逃废债"或进入破产程序的情况下，证券公司作为债权人主张权利的执行周期长且实际受偿比例低；同时，为债券发行提供服务的中介机构也往往会被投资者一并起诉，要求承担连带赔偿责任。

2. 管辖、立案、担保等司法实践中的困难

一是部分法院在保全阶段不受理对被告财产的网络查控申请，导致证券公司因不能提供被告财产线索而无法保全。二是在股票质押回购等案件的执行程序中，相关财产常常已被其他主体首先查封，而实践中首封法院将财产向符合条件的优先权法院移送存在诸多阻力。三是部分公司反映，发行人所在地法院可能因地方保护等原因在立案、审判、执行等方面拖延程序、不接受公司担保申请等。此外，在疫情背景下，证券公司异地应诉的负担较重，法院线上立案等途径不畅通，一定程度上也导致诉讼程序的拖延。

3. 投资者、客户在维权方面的问题

尤其对于虚假陈述纠纷，取消行政前置程序、举证责任倒置、增设特别代表人诉讼方式，以及五洋债案、康美药业案等司法判决的示范效应，一定程度上激发了投资者起诉发行人和中介机构的意愿。还有专门的维权律师通过网络平台公开征集符合索赔条件的投资者，使得近年来证券公司的此类应诉负担显著加重。此外，在发生纠纷或投资遭受损失后，部分投资者还会选择通过外部舆情、向监管投诉等方式，给公司施加压力，以满足其可能超出合理范围的诉求目标。

（三）证券公司自身问题

一是思想认识方面，部分公司因涉诉数量较少，一定程度上存在对防范应对诉讼风险认识不到位、重视程度不高的问题。二是业务风险控制方面，部分公司存在对交易对手的尽职调查不充分、合同条款设计不完善、风险监测及压力测试等未严格把关落实的情况。三是应诉经验方面，部分公司在不良资产清收等方面的经验和资源不足，还有部分公司律师选聘制度不完善，律师选聘不及时。四是从业人员管理方面，部分公司未严格管理从业人员的执业行为，导致发生"飞单"、代客理财等违法违规情况，引发投资者投诉和诉讼。

三、证券公司相关诉求及意见建议

本次调研中，证券公司针对行业共性的诉讼风险提出了相关诉求和意见建议，归纳主要内容如下。

（一）对协会推动行业防范应对诉讼风险方面的建议

1. 发布示范条款、示范实践等指导性规则文件

目前证券公司涉诉案件中一部分是因为业务协议约定或操作不规范引发的争议，建议协会针对各业务条线的共性问题，出台更加完备的业务协议必备条款、示范文本、业务操作示范实践等，为证券公司开展相关业务提供指导和参考。

2. 发布诉讼风险管理指引或行业示范案例

鉴于各公司涉诉情况不一，防范应对诉讼风险的方法也各有特色，建议协会总结行业的优秀实践做法，出台诉讼风险管理指引，或汇总发布值得行业借鉴的示范案例，便于证券公司以此为指引和参考，更高效防范应对诉讼风险。

3. 推动完善证券纠纷调解机制

建议协会进一步推动纠纷多元调解机制的建立健全，与地方法院、仲裁机构等加强诉前调解方面的合作，充分发挥调解组织作用，提供类型更全面、地域更广泛的调解服务，妥善化解相关纠纷。

4. 组织开展行业交流培训

建议协会邀请司法机关、监管机关、法律专家等开展培训交流活动，向行业讲解和分享监管动态、最新制度规则、司法及监管实践中重点关注的问题及典型案例等，组织同业间分享风险处置和风险管理的经验，促进行业内的沟通交流。

5. 加强投资者教育

建议协会进一步加强投资者教育，引导投资者合理维权、理性投诉，减少无理投诉、诉讼，或采取恶意手段维权的情况，推动形成"卖者尽责、买者自负"的行业生态。

（二）建议司法部门、监管部门等协调解决的问题

1. 健全完善制度供给

一是关于虚假陈述案件，建议明确中介机构的比例连带责任及适用标准，明确债券欺诈发行和虚假陈述的损失计算标准，区分承销商在公募和私募债券中的职责边界。二是关于融

资融券、股票质押业务，建议明确在计算违约金标准时可以适用金融借款的利息规定。三是关于资管业务，建议明确和细化基金托管人的职责边界，完善托管人的执业规范，赋予其必要的实质性监督权利，以此保障托管人相关权责匹配。

2. 推动解决保全、执行方面的困难

一是建议将证券公司视为"经金融监管部门批准设立的具有独立偿付债务能力的金融机构"，明确其申请保全时不需要提供担保。二是对于证券公司处置质押股票等被动减持行为，建议适当豁免适用主动减持的部分限制性规定。三是建议明确冻结融资融券账户前证券公司先行平仓的操作程序，明确质押股票标记后进行变价处置的操作细则，加强监管部门与司法机关的协调合作。

证券公司涉刑案件防控实证研究

中国银河证券股份有限公司案件防控总部*

  防范化解重大风险是党中央确定的三大攻坚战之首，防范化解金融风险特别是防止发生系统性金融风险，是金融工作的根本性任务。2021年，《刑法修正案（十一）》以及中办、国办《关于依法从严打击证券违法活动的意见》的相继出台，加大了对证券违法犯罪的打击力度，强化了对中介机构及其从业人员监管。此外，证券公司涉刑案件不仅易引致民事、行政责任，亦为证券公司带来巨大财产损失和声誉风险。在此背景下，证券公司应加强从业人员金融违法犯罪预防，做好涉刑案件防控工作。

  中国银河证券股份有限公司始终将"坚持风险防控底线"作为基本职责定位之一，2019年9月设立案件防控总部，专职负责公司案件防控工作。作为行业首家案件防控专职部门，案件防控总部以存量风险化解和增量风险防范为目标，以分类施策提升案防质效为原则，将案件划分为诉讼仲裁案件和涉刑案件分类开展案防工作。本文以涉刑案件防控为重点，以2005—2021年证券公司涉刑案件为研究对象，在对涉刑案件特征进行分析的基础上，通过对行业内典型涉刑案件分析，归纳识别案件风险点，并提出案件防控工作建议，以期为提高行业案防质效提供方法和思路。

一、研究思路

（一）概念界定

  本文界定的"证券公司涉刑案件"是指证券公司及其从业人员独立或参与实施的，侵犯公司或客户合法权益，已由司法、监察等机关立案查处的刑事犯罪案件。

  本文界定的"涉刑案件"罪名范围包括：诈骗罪、合同诈骗罪、集资诈骗罪、非法吸

---

  * 作者简介：梁世鹏，中国银河证券股份有限公司执行委员会委员、合规总监、首席风险官；杨柳，中国银河证券股份有限公司案件防控总部副总经理；韩潇宇，中国银河证券股份有限公司案件防控总部骨干员工。原载于《中国证券》2022年第12期。

收公众存款罪、非法经营罪、内幕交易罪、泄露内幕信息罪、利用未公开信息交易罪、操纵证券市场罪、贪污罪、职务侵占罪、受贿罪、非国家工作人员受贿罪、行贿罪、对非国家工作人员行贿罪、单位行贿罪、介绍贿赂罪、国有公司人员失职罪、国有公司人员滥用职权罪、侵犯公民个人信息罪、伪造公司印章罪。

（二）样本来源

本文以 2022 年中国证监会公布的 140 家证券公司①为研究对象，依托中国裁判文书网、中国证监会行政监管措施、机构监管情况通报以及新闻报道，以证券公司名称、刑事案由为关键词交叉检索，对 2005—2021 年证券公司涉刑案件进行梳理，共检索到涉刑案件 134 件 164 人。由于受数据库文书收录遗漏、涉及国家秘密未公开、关键词匹配度以及案件识别口径设置等多重因素影响，不排除部分案件未被提取到。

二、证券公司涉刑案件特征分析

为加强案件防控形势分析研判，本部分以案件数量、案涉公司、罪名、人员、业务为维度，对证券公司涉刑案件特征进行分析。

（一）证券公司涉刑案件数量整体呈上升趋势

以法院审结时间为维度，2005—2021 年，全国各级人民法院累计审结证券公司涉刑案件 117 件（因部分案件未检索到判决书无法获知审结时间，审结案件量少于案件总量）。由于时间跨度较大，从以 5 年为区间的统计数据来看（见图 1），2005—2009 年审结 7 件；2010—2014 年审结 22 件，同比增长 214.3%；2015—2019 年审结 68 件，同比增长 209.1%；2020—2021 年审结 20 件，虽然统计区间不足 5 年，但从现有数据及执法趋势推断，案件量将继续增长。

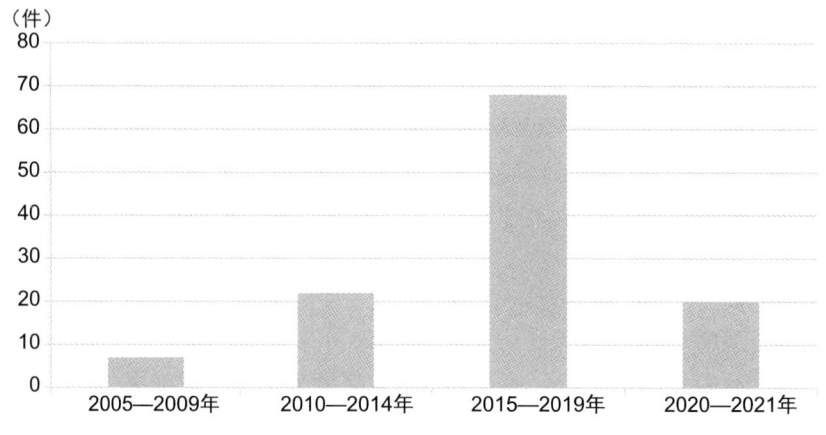

图 1　法院审结证券公司涉刑案件年度分布情况

---

① 参见《证券公司名录（2022 年 6 月）》，中国证监会网站，时间：2022—7—8，网址：www.csrc.gov.cn/csrc/c101969/zfxxgk_ zdgk.shtml，最后访问日期：2022 年 7 月 15 日。

(二)近一半证券公司发生过涉刑案件,头部券商案件量居多

2005—2021年,共有62家证券公司发生涉刑案件,在140家证券公司中占比44.29%;78家证券公司暂未检索到涉刑案件,占比55.71%(见图2)。从中国证券业协会公布的2021年证券公司经营业绩排名①看,涉刑案件量占比较高的前3名证券公司,均为总资产、净资产、营业收入、净利润等经营业绩指标排名前十位的头部券商。

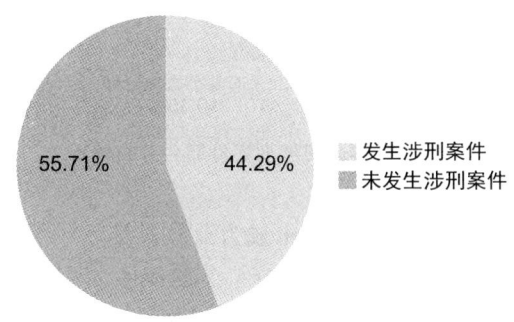

图2 140家证券公司涉刑案件情况

(三)职务侵占罪占比最高,诈骗罪、利用未公开信息交易罪等亦为业内多发案件

2005—2021年,证券公司涉刑案件共涉及7类犯罪24项罪名(见表1)。其中,职务侵占罪占比最高,共计24件,占比17.91%;其余排名靠前的罪名分别为:诈骗罪案件18件,占比13.43%;利用未公开信息交易罪案件15件,占比11.19%;非法吸收公众存款罪案件14件,占比10.45%;行贿罪案件13件,占比9.70%;合同诈骗罪案件8件,占比5.97%;内幕交易罪案件8件,占比5.97%;挪用资金罪案件8件,占比5.97%;非国家工作人员受贿罪案件6件,占比4.48%;其他犯罪案件20件,占比14.93%(见图3)。

表1 证券公司涉刑案件罪名分类

型号	犯罪类别		具体罪名
1	诈骗类犯罪		①诈骗罪 ②合同诈骗罪 ③集资诈骗罪
2	非法集资类犯罪		①集资诈骗罪 ②非法吸收公众存款罪 ③非法经营罪
3	证券类犯罪		①内幕交易罪 ②泄露内幕信息罪 ③利用未公开信息交易罪 ④操纵市场罪
4	贪污挪用类犯罪	贪污侵占类	①贪污罪 ②职务侵占罪
		挪用类	①挪用公款罪 ②挪用资金罪
5	商业贿赂类犯罪	受贿类	①贪污罪 ②非国家工作人员受贿罪
		行贿类	①行贿罪 ②对非国家工作人员行贿罪 ③单位行贿罪 ④介绍贿赂罪
6	渎职类犯罪		①国有公司人员失职罪 ②国有公司人员滥用职权罪
7	其他类犯罪		①侵犯公民个人信息罪 ②伪造公司印章罪

---

① 参见《证券公司2021年经营业绩指标排名情况》,中国证券业协会网站,时间:2022—6—17,网址:https://www.sac.net.cn//hysj/zqgsyjpm/202206/t20220617_168421.html,最后访问日期:2022年6月30日。

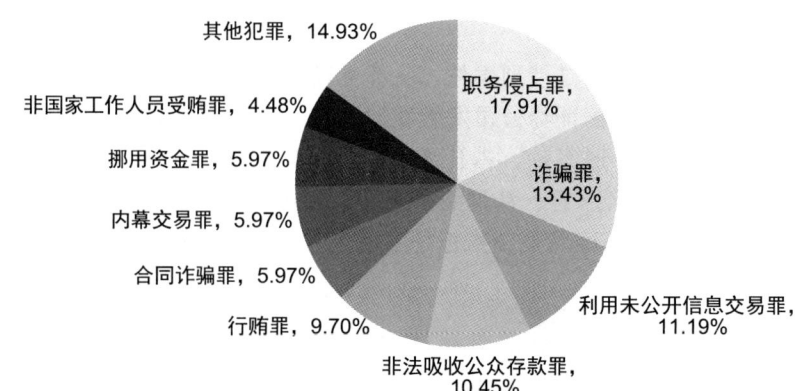

图3 证券公司涉刑案件罪名分布情况

（四）自然人犯罪占比超九成，其中近七成为业务人员

2005—2021年，在证券公司涉刑案件的164个案涉主体中，自然人犯罪159名，占比96.95%；5家单位犯罪，占比3.05%（见图4）。以案涉人员职务为维度，159名自然人犯罪中，管理人员48人，占比30.19%；业务人员105人，占比66.04%；证券经纪人6人，占比3.77%（见图5）。

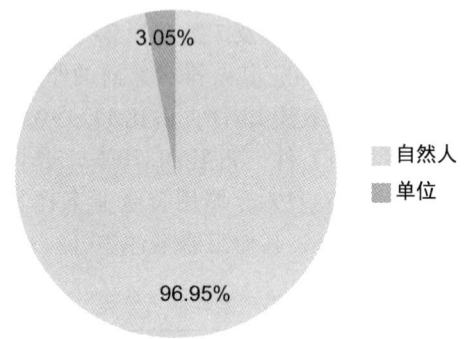

图4 证券公司涉刑案件犯罪主体性质分布情况

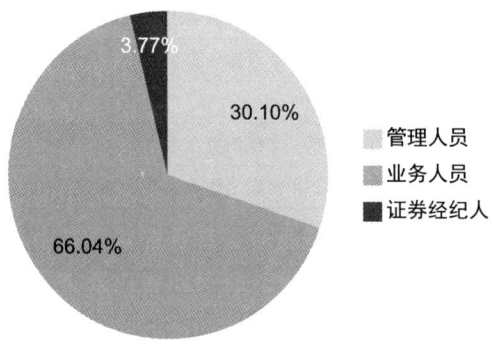

图5 证券公司涉刑案件人员职务分布情况

（五）总部和分支机构案发比例相当，经纪、投行、自营业务领域案件量较为集中

以公司组织架构为维度，2005—2021 年证券公司涉刑案件中，64 件案件发生于总部，占比 47.76%；70 件案件发生于分支机构，占比 52.24%（见图 6）。以案涉业务为维度，经纪业务案件 49 件，占比 36.57%；投行业务案件 26 件，占比 19.40%；自营业务案件 22 件，占比 16.42%；资产管理业务案件 5 件，占比 3.73%；投资咨询业务案件 3 件，占比 2.24%；其他案件 29 件，占比 21.64%（见图 7）。

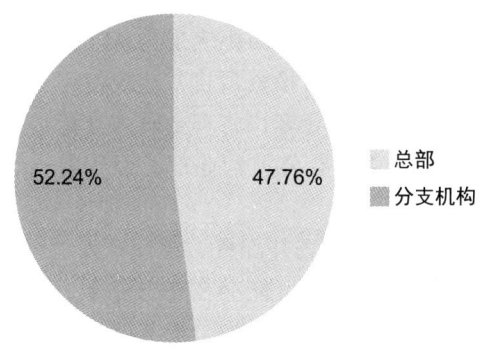

图 6　证券公司涉刑案件案涉部门分布情况

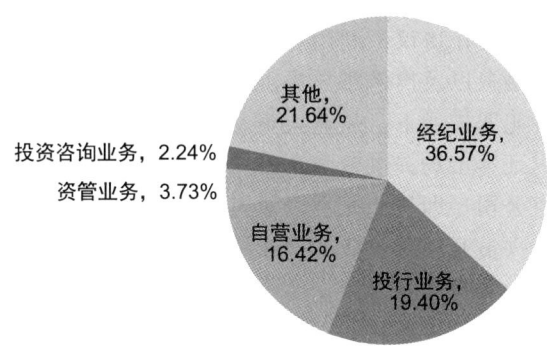

图 7　证券公司涉刑案件案涉业务分布情况

三、证券公司典型涉刑案件分析

为厘清证券公司从业人员刑事犯罪行为模式，识别归纳涉刑案件风险点，本部分重点分析经纪业务、投行业务、自营业务、投资咨询业务四个领域常见刑事犯罪问题。

（一）经纪业务领域典型涉刑案件分析

经纪业务涉刑案件多发于代销金融产品、客户开发维护、客户信息查询等领域，主要表现为"飞单"、场外配资、虚假开发关系、客户信息泄露引发的刑事犯罪。

1. 代销金融产品方面，主要表现为"飞单"引发的刑事犯罪

从业人员在销售金融产品过程中，可能存在私自销售非证券公司自主发行或代销金融产品的违规行为。若该金融产品是经有关部门许可发行的合法产品，则仅涉及监管处罚；若该

金融产品是未经有关部门许可发行的非法产品，甚至是编造的虚假产品，则可能构成非法吸收公众存款罪、诈骗罪、合同诈骗罪、集资诈骗罪。一是非法吸收公众存款罪。此类犯罪的行为模式集中表现为：从业人员违规利用其他公司销售渠道，利用名下客户资源，为其他公司非法集资提供中介或其他便利，向客户推荐未经有关部门许可发行的非法产品，诱导客户投资从而谋取私利。例如，某证券公司营业部员工非法吸收公众存款案①。二是诈骗罪、合同诈骗罪、集资诈骗罪。基于诈骗类案件犯罪手段、诈骗对象、侵犯法益等方面的差异，从业人员诈骗类犯罪主要涉及诈骗罪、合同诈骗罪、集资诈骗罪三项罪名。从公开披露的涉刑案件来看，三项罪名的犯罪行为模式相似，集中表现为从业人员利用职务之便，以证券公司之名，以高额返利为诱饵，虚构内部理财投资项目，违规使用或伪造公司凭证、印章与客户签订虚假合同，套取证券公司信用，诱导客户将资金转入其指定账户实施诈骗。例如，某证券公司营业部理财经理诈骗案②、某证券公司营业部总经理等人合同诈骗案③、某证券公司营业部总经理集资诈骗案④。

2. 客户开发维护方面，主要表现为场外配资、虚假开发关系引发的刑事犯罪

从业人员在开发、维护客户过程中，可能存在充当资金、账户掮客从事场外配资，以及利用虚假开发关系套取证券公司利益等违规行为，情节严重者，则可能构成非法经营罪、职务侵占罪。一是非法经营罪。场外配资本质上属于非法经营证券融资融券业务，此类犯罪多发于民间资本活跃地区，主要表现为两种犯罪行为模式：第一，为配资公司提供帮助。即从业人员与配资公司私下达成合作协议，利用客户开发、维护的职务便利，充当资金及账户掮客，为客户与他人之间的融资以及出借账户提供中介服务，或伴随着为配资公司盯盘并执行强制平仓等行为。在此种犯罪模式下，从业人员一般被认定为非法经营罪的帮助犯。此外，如果从业人员为他人操纵证券市场提供资金及账户便利，则可能被认定为操纵市场罪的帮助犯。第二，自行成立配资公司。即从业人员以他人名义成立配资公司，作为配资公司的实际控制人，组织、领导相关人员开展融资业务，在招揽客户、资金以及账户流转、盯盘强平等各个环节起决定作用。在此种犯罪模式下，从业人员将被认定为非法经营罪的主犯从重打击。例如，某证券公司营业部员工非法经营案⑤。二是职务侵占罪。因提成比例差异、岗位互斥等原因，实践中存在利用虚假开发关系套取证券公司利益的行为。此类犯罪的行为模式集中表现为：营销人员将营业部自然增长的客户加挂在自己名下、营销人员将其开发的客户加挂在经纪人名下、非营销人员将其开发的客户加挂在营销人员名下套取营销奖据为己有。例如，某证券公司营业部市场营销部经理职务侵占案⑥。

3. 客户信息查询方面，主要表现为信息泄露引发的刑事犯罪

从业人员查询、处理客户信息过程中，可能存在向他人出售、提供客户信息，以及查询客户交易信息进行趋同交易等违规行为，情节严重者，则可能构成侵犯公民个人信息罪、利用未公开信息交易罪。一是侵犯公民个人信息罪。此类犯罪的行为模式集中表现为：从业人

---

① 辽宁省锦州市中级人民法院刑事裁定书，（2020）辽07刑终141号。
② 广东省中山市中级人民法院刑事判决书，（2011）中中法刑二初字第34号。
③ 山西省高级人民法院刑事裁定书，（2017）晋刑终226号。
④ 广东省湛江市中级人民法院刑事裁定书，（2020）粤08刑终213号。
⑤ 广东省佛山市南海区人民法院刑事判决书，（2020）粤0605刑初3366号。
⑥ 上海市徐汇区人民法院刑事判决书，（2017）沪0104刑初899号。

员利用职务之便，将在履行职责或者提供服务过程中获得的客户信息，或利用公司系统漏洞违规查询的客户信息，出售或者提供给他人谋取利益。例如，某证券公司营业部员工侵犯公民个人信息案①。二是利用未公开信息交易罪。针对从业人员违规查询客户交易信息进行趋同交易的行为，监管部门出具过监管措施。例如，某证券公司营业部员工违规炒股案②。虽然目前监管部门尚未仿照"老鼠仓"对上述行为进行单独规制，但随着从严打击证券违法活动的深入，未来是否会突破对传统"老鼠仓"性质的认识，是否会扩大"老鼠仓"的打击范围尚不确定，故不排除情节严重者构成利用未公开信息交易罪的可能。

（二）投行业务领域典型涉刑案件分析

投行业务涉刑案件多发于股权类业务、公司债券业务、财务顾问业务领域等，主要表现为承销保荐、第三方费用支付、项目引入过程中引发的刑事犯罪等。

1. 股权类业务方面，主要表现为履行保荐职责过程中引发的刑事犯罪

从业人员在履行保荐职责过程中，可能存在利用内幕信息从事证券交易，以及谋取或者输送不正当利益等违规行为，情节严重者，则可能构成内幕交易罪、非国家工作人员受贿罪、行贿罪、介绍贿赂罪。一是内幕交易罪。此类犯罪的行为模式集中表现为：从业人员利用参与上市公司发行股票项目的职务便利，获取上市公司内幕信息，并从事与该信息相关的证券交易活动谋取利益。例如，某证券公司投行部项目经理内幕交易案③。二是非国家工作人员受贿罪。此类犯罪的行为模式集中表现为：从业人员利用参加拟上市公司首次公开发行股票项目的职务便利，以低价突击入股、费用报销等方式，非法收受拟上市公司给予的股权或其他利益。例如，某证券公司投行部总经理等人非国家工作人员受贿案④。三是行贿罪、介绍贿赂罪。两项罪名的犯罪行为模式相似，集中表现为：从业人员在参加拟上市公司首次公开发行股票项目的过程中，为确保项目能够顺利通过发审委审核，成功发行股票并上市，直接向发审委委员行贿，或在拟上市公司和发审委委员之间沟通、撮合，代为联络、转递贿赂款，帮助拟上市公司行贿。例如，证监会发审委委员受贿案⑤、某证券公司投行部员工介绍贿赂案⑥。

2. 公司债券业务方面，主要表现为债券承销过程中引发的刑事犯罪

从业人员在债券承销过程中，存在利用职务之便谋取不正当利益等违规行为，情节严重者，则可能构成非国家工作人员受贿罪。此类犯罪一般表现为"债券承销返费"，主要有两种行为模式：第一，从业人员利用承销债券的职务便利，为信用等级较低、债券销售困难的发行人寻找投资人，介绍投资人认购债券，非法收受发行人给予的好处费。例如，某证券公司固收部员工非国家工作人员受贿案⑦。第二，发行人、证券公司、私募公司相关人员共谋，在发行人债券销售困难的情况下，由证券公司做承销通道，私募公司用其管理的私募基

---

① 北京市门头沟区人民法院刑事判决书，（2019）京0109刑初68号。
② 中国证监会行政处罚决定书，〔2021〕22号；中国证监会行政处罚决定书，〔2021〕9号。
③ 广东省广州市中级人民法院刑事判决书，（2013）穗中法刑二初字第108号。
④ 上海市第二中级人民法院刑事裁定书，（2018）沪02刑终1368号。
⑤ 贵州省锦屏县人民法院刑事判决书，（2018）黔2628刑初42号。
⑥ 北京市高级人民法院刑事裁定书，（2006）高刑终字第65号。
⑦ 上海市第一中级人民法院刑事裁定书，（2017）沪01刑终1716号。

金购买债券,并约定由发行人向证券公司、私募公司高额返点,即通过"投行通道化+资管投行化"的方式帮助发行人发债并收受发行人贿赂。

3. 财务顾问业务方面,主要表现为提供咨询服务过程中引发的刑事犯罪

从业人员在履行财务顾问职责过程中,存在利用内幕信息从事证券交易以及谋取不正当利益等违规行为,情节严重者,则可能构成内幕交易罪、泄露内幕信息罪、非国家工作人员受贿罪。一是内幕交易罪、泄露内幕信息罪。此类犯罪的行为模式集中表现为:从业人员利用提供财务顾问服务的职务便利获取内幕信息,并从事与该信息相关的证券交易活动或泄露该信息。例如,某证券公司上海分公司项目经理内幕交易案①、某证券公司北京分公司市场部员工泄露内幕信息案②。二是非国家工作人员受贿罪。此类犯罪的行为模式集中表现为:从业人员利用提供财务顾问服务的职务便利,在尽职调查、撰写重组材料和上报中国证监会审核过程中,在交易评估、审计等方面为上市公司谋取不正当利益,并收受上市公司财物。例如,某证券公司并购业务部员工非国家工作人员受贿罪③。

4. 利用虚假合同套利引发的刑事犯罪

投行业务领域存在通过签署虚构服务主体或服务内容的协议,向未提供相应服务的第三方支付费用的违规行为,情节严重者,根据行为人是否具备国家工作人员身份,可能构成贪污罪、职务侵占罪。两项罪名的犯罪行为模式相似,集中表现为:从业人员利用管理投行项目的职务便利,在债券承销、财务顾问等具体项目中,虚构第三方公司在相关项目中提供咨询、顾问服务,以签订虚假服务合同的形式,将证券公司支付给第三方公司的服务费用据为己有。例如,某证券公司副总裁贪污案④、某证券公司投行部员工职务侵占案⑤。同时,实践中还存在利用上述方式,将套取的证券公司费用作为行贿款,用于在投行项目引入过程中向他人行贿。例如,某证券公司投行部员工行贿案⑥。此外,在资产证券化业务中,存在从业人员向业务相关方诈骗的情况,其行为模式表现为:从业人员在开展资产证券化项目中,伪造担保函,虚构信用机构为发起人出具担保的事实,致使证券公司与发起人签订基础资产买卖协议,发起人向从业人员指定账户支付担保费。例如,某证券公司投行部项目经理合同诈骗案⑦。

5. 项目承揽过程中引发的刑事犯罪

从业人员在项目承揽过程中,存在向交易相对方输送不正当利益等违规行为,情节严重者,则可能构成行贿罪。此类犯罪的行为模式集中表现为:从业人员为谋取交易机会,排除其他证券公司竞争,顺利承揽债券发行、财务顾问等项目,向债券发行人、财务顾问需求方等人员行贿。例如,某证券公司债券承销部员工行贿案⑧、某证券公司投行部员工行贿案⑨。

---

① 上海市第二中级人民法院刑事判决书,(2019)沪02刑初55号。
② 山西省太原市杏花岭区人民法院刑事判决书,(2012)杏刑初字第33号。
③ 深圳市中级人民法院刑事判决书,(2020)粤03刑终1615号。
④ 浙江省杭州市萧山区人民法院刑事判决书,(2019)浙0109刑初220号。
⑤ 上海市浦东新区人民法院刑事判决书,(2013)浦刑初字第1714号。
⑥ 江苏省泰州市海陵区人民法院刑事判决书,(2017)苏1202刑初467号。
⑦ 上海市第一中级人民法院刑事判决书,(2020)沪01刑终260号。
⑧ 重庆市綦江区人民法院刑事判决书,(2017)渝0110刑初69号。
⑨ 贵州省道真仡佬族苗族自治县人民法院刑事判决书,(2018)黔0325刑初141号。

此外，虽然尚未检索到证券公司从业人员因涉嫌欺诈发行证券罪、提供虚假证明文件罪、出具证明文件重大失实罪被判处刑罚的案件，但实践中已存在将中介机构作为发行人欺诈发行证券罪的共犯进行刑事处罚的先例。例如，万福生科农业开发股份有限公司、湖南里程会计师事务所欺诈发行证券案①，且《刑法修正案（十一）》已明确将保荐人作为提供虚假证明文件罪和出具证明文件重大失实罪的犯罪主体，故对于投行业务中可能出现的上述违法犯罪行为也应重点防范。

（三）自营业务领域典型涉刑案件分析

自营业务涉刑案件多发生于股票投资、债券投资领域，主要表现为利用投资信息交易、利用结构化理财产品或"丙类户"利益输送引发的刑事犯罪。

1. 股票投资方面，主要表现为利用投资信息交易引发的刑事犯罪

"老鼠仓"案件是自营业务领域的多发案件，从业人员在股票投资过程中，可能存在利用公司投资决策信息进行趋同交易的违规行为，情节严重者，则可能构成利用未公开信息交易罪。此类犯罪的行为模式集中表现为：从业人员利用管理自营账户的职务便利，获取账户投资决策信息，在公司自营账户买入某只股票前，个人在低点先行买入，待利用公司自有资金将股价拉升至高位后，再卖出获利。例如，某证券公司投资经理利用未公开信息交易案②。

2. 债券投资方面，主要表现为利用结构化理财产品、"丙类户"进行利益输送引发的刑事犯罪

自2013年银行间债券市场开始"反腐打黑"以来，多家证券公司从业人员被刑事处罚。债券市场相对于证券市场较为封闭，结合金融创新，具体运作模式较为隐蔽且转变较快、衍生模式较多。在多种因素的作用下，从业人员在债券投资过程中的利益输送随之而生，情节严重者，则可能构成国有公司人员滥用职权罪、职务侵占罪、非国家工作人员行贿罪、非国家工作人员受贿罪。一是国有公司人员滥用职权罪。此类犯罪的行为模式集中表现为利用结构化理财产品进行利益输送，即从业人员在针对同一结构化理财产品既做投资顾问又做次级受益人的情况下，利用从事债券交易的职务便利，采取指定交易对手和预先设定代持收益的方式，通过第三方金融机构代持、过券等手段使用公司自营债券、自营资金低卖高买，同与自己有利益关系的理财产品进行交易，将原本属于证券公司的利益输送至理财产品，最终保证理财产品的次级受益。例如，某证券公司债券投资部副总经理等人国有公司人员滥用职权案③。二是职务侵占罪。此类犯罪的行为模式本质上与前述行为相同，区别在于承接利益输送的载体不同，即前者将结构化理财产品作为利益承接载体，后者将"丙类户"作为利益承接载体。具体表现为：在私下成立公司并开立"丙类户"作为债券托管账户的前提下，从业人员利用从事债券交易的职务便利，私自增设"丙类户"交易环节，通过控制债券交易环节和价格要素，通过第三方金融机构代持、过券等手段使用证券公司自营债券、自营资金低卖高买，同与自己有利益关系的"丙类户"进行交易，将原本属于证券公

---

① 湖南省长沙市中级人民法院刑事判决书，（2014）长中刑二初字第00050号。
② 北京市第二中级人民法院刑事判决书，（2020）京02刑初36号。
③ 北京市第二中级人民法院刑事判决书，（2018）京02刑终130号。

司的债券利益转移给其实际控制的"丙类户"所属公司。例如,某证券公司固定收益部交易员职务侵占案①。三是对非国家工作人员行贿罪。从业人员在前述利益输送过程中,为确保理财产品或"丙类户"能够低买高卖到相关债券,往往会通过行贿的方式寻找交易对象。具体表现为:第一,在理财产品或"丙类户"低价买入前,为充分利用债券市场资源,寻找更多的代申购、代持、过券机构以控制交易环节和交易价格,行为人向金融机构具有相关职权和资源的人员行贿,使其同意为理财产品或"丙类户"代持、过券。例如,某证券公司定息收益部债券交易员对非国家工作人员行贿案②。第二,在理财产品或"丙类户"高价卖出前,为寻找能够以高价买入债券的对象,行为人对有权决定其所在机构债券买入事项的人员行贿,使其同意高价买入理财产品或"丙类户"持有的债券。例如,某证券公司固定收益部员工对非国家工作人员行贿案③。四是非国家工作人员受贿罪。在自营业务领域存在的"私募发行返费"现象,曾一度成为行业潜规则。此类犯罪的行为模式集中表现为:个别私募机构利用投资顾问费、财务费等名目为债券发行人争取私募债的认购资金,从业人员利用债券投资的职务便利购买发行人债券,非法收受私募机构或发行人给予的好处费。例如,某证券公司固定收益事业部交易员非国家工作人员受贿案④。

(四) 投资咨询业务领域典型涉刑案件分析

证券投资顾问业务、发布证券研究报告业务作为投资咨询业务的两项基本形式,均存在涉刑案件风险,主要表现为公开荐股、利用客户信息交易引发的刑事犯罪。

1. 证券投资顾问方面,主要表现为公开荐股引发的刑事犯罪

从业人员在履行投资顾问职责过程中,可能存在通过媒体荐股,利用公众媒体的辐射面和公信力进行"抢帽子"交易操纵等违规行为,情节严重者,则可能构成操纵证券市场罪。此类犯罪的行为模式集中表现为:从业人员利用参加媒体节目担任特邀嘉宾的职务便利,提前买入其将在节目上公开评价、预测及推介的股票,并在节目播出后卖出,通过人为影响股票的交易量和交易价格获利。例如,某证券公司投资咨询部投资顾问等人操纵证券市场案⑤。

2. 发布证券研究报告方面,主要表现为荐股、利用客户信息交易引发的刑事犯罪

从业人员在发布研究报告过程中,可能存在通过研报荐股进行"抢帽子"交易操纵,以及利用向机构客户提供研究咨询服务的便利获取客户投资决策信息进行趋同交易等违规行为,情节严重者,则可能构成操纵证券市场罪、利用未公开信息交易罪。一是操纵证券市场罪。在证券研究业务领域,从业人员"抢帽子"交易操纵主要表现为两种犯罪行为模式:第一,直接操纵型。即从业人员在将其撰写的研究报告发送客户前,通过他人证券账户,多次买入研究报告推荐的股票,并在研究报告发送后卖出获利。监管部门已对此类行为出具过监管措施。例如,某证券公司首席分析师操纵证券市场案⑥。虽尚未检索到相关涉刑案例,

---

① 江苏省徐州市泉山区人民法院刑事判决书,(2018) 苏 0311 刑初 94 号。
② 江苏省常州市中级人民法院刑事裁定书,(2014) 常刑二终字第 57 号。
③ 辽宁省本溪市中级人民法院刑事判决书,(2014) 本刑二终字第 00104 号。
④ 中国证监会:《机构监管情况通报 (2020 年第 7 期)》,2020 年 4 月 30 日。
⑤ 湖北省武汉市中级人民法院刑事判决书,(2015) 鄂武汉中刑初字第 00123 号。
⑥ 中国证监会行政处罚决定书,〔2012〕2 号;中国证监会市场禁入决定书,〔2012〕1 号。

但监管措施的出具意味着此类行为具有可罚性,存在构成刑事犯罪的可能。第二,配合操纵型。即从业人员受不法分子请托,根据其需求,公开发布研究报告或参加电视台节目推荐股票,通过刺激个股股价,配合他人操纵市场获利。例如,某基金经理与多名证券公司研究员操纵证券市场案[1],该案已由中国证监会移送至公安机关并立案侦查。虽尚未检索到刑事判决,但从中国证监会公布的案情以及刑事犯罪角度分析,证券公司研究员受他人委托公开荐股,配合他人操纵市场,虽未直接参与犯罪的实行行为,但向实行者提供帮助,可能被认定为操纵证券市场罪的帮助犯。二是利用未公开信息交易罪。发布证券研究报告是证券公司服务机构客户的重要手段,实践中存在利用客户交易信息进行趋同交易的风险。此类犯罪的行为模式集中表现为:从业人员利用向基金公司等机构客户提供研究咨询服务的职务便利,获取客户投资决策信息,并从事与该信息相关的证券交易活动。例如,某证券公司研究员利用未公开信息交易案[2]。

四、证券公司涉刑案件风险点分析

涉刑案件初期一般表现为证券公司重点环节管理漏洞,以及重点业务开展中从业人员的违规违纪行为,且案件背后通常伴随着从业人员工作情况、投资消费、社会关系等方面的异常行为。

(一) 重点环节日常管理不规范

1. 空白合同、印章、营业场所管理不规范,存在从业人员套取公司信用从事非法活动的风险

空白合同管理方面,如未能对空白合同进行编号管理和专人管理,空白合同入库、发放、使用、回收缺少清晰完整记录,停用或作废的空白合同未能及时销毁。印章管理方面,如未指定专人保管印章并实行双人负责制,保管员休假时未履行交接手续,未对印章采取安全保管措施,印章使用缺少清晰完整的记录,印章使用未履行审批程序。营业场所管理方面,存在从业人员工作时间在营业场所打印、存放虚假合同、宣传材料,并与客户洽谈、签署虚假协议。

2. 合规监测预警核查不充分,存在从业人员为场外配资等非法证券活动提供服务的风险

如账户实名制、异常交易、员工投资行为监测指标存在漏洞,相关监测预警核查不够充分,未对客户身份真实性、资金来源合法性以及交易目的合规性进行详细分析,未对名下客户经常触发预警员工执业行为予以重点关注。

3. 信息系统安全管理不规范,存在从业人员违规查询客户信息的风险

如未强化授权管理,未对重要系统操作进行双人复核,未对系统操作进行留痕,未严格分配客户信息查询及使用权限,关键系统和关键设备的管理员用户密码设置过于简单,发生

---

[1] 《中国证监会通报 5 起证券市场违法违规案件》,中国政府网站,时间:2011 - 12 - 23,网址:http://www.gov.cn/jrzg/2011 - 12/24/content_ 2028134.htm,最后访问日期:2022 年 6 月 18 日。

[2] 上海市高级人民法院刑事判决书,(2018)沪刑终 95 号。

人员变动时未及时更新密码。

4. 客户回访、投诉工作不规范，存在无法从客户渠道发觉从业人员违规违法行为的风险

如未在营业场所公示客户投诉渠道，未指定专人受理客户投诉接待客户来访，未形成定期化、常规化客户回访制度，回访问题过于简单且流于形式，对客户在回访、投诉中反映的员工违规行为未充分调查处理。

（二）重点业务操作流程管理不完善

1. 投行业务操作流程管理不完善

如在出具承揽竞标文件、与发行人或主承销商签订协议等环节未严格履行审批程序，对定价配售中的重要事项未执行集体决策，投行项目股东穿透等事项核查不严格，第三方机构的聘用遴选流程、协议签署流程不规范，未将利益冲突审查机制贯穿业务全流程，内幕信息知情人登记管理制度落实不到位。

2. 自营业务操作流程管理不完善

交易决策方面，如未严格执行投资决策审批流程，投资账户中的整体及个股持仓不符合规定的规模及控制指标。交易过程管控方面，如交易规模、授信、杠杆率、价格偏离等指标设置存在漏洞，对交易对象、价格、时间、数量等交易因素审查不严。代申购方面，如未对为客户代申购、代缴等交易流程进行严格审批及记录留存，未要求委托方提供书面委托协议。

3. 资金操作流程管理不完善

授权管理方面，如未明确具体费用审批权限，费用审批把关不严，未严格划清公务费用和私人费用界限。划付操作方面，如网银划款未做到双人经办复核，网银秘钥未实行双人保管，未根据合同约定和划付制度执行投资项目或产品的资金划付。资金核对方面，如未每日核对银行余额和银行日记账并逐笔勾对银行对账单。

4. 采购操作流程管理不完善

如未严格按照采购制度进行采购管理，未按照采购方式组织实施和评审，未对采购评审过程进行监督，未严格控制评审小组的人员构成与比例，未落实集体决策原则，未保证评审小组成员评审的独立性，未形成谈判会议纪要并由评审小组全员签名。

（三）重点岗位人员异常行为关注不充分

1. 日常工作方面，未充分关注考勤、业务开展等方面的异常行为

如重点岗位人员经常迟到、早退、请假、无故不到岗、不认真履行职责、思想消极、不安心工作，业务指标短期内大幅度异动，越权办理业务，被客户投诉、举报存在违规执业行为。

2. 投资消费方面，未充分关注投资交易、个人消费、资金借贷等方面的异常行为

如重点岗位人员使用他人账户进行证券交易，经商办企业或在其他营利性单位任职，经常发生与个人经济情况不符的购房、购车等高消费情况，存在经常大额借债、透支、逾期大额还款或被债权人上门追讨债务等信贷情况。

3. 社会关系方面，未充分关注家庭关系、社会交往等方面的异常行为

如重点岗位人员家庭发生重大变故或家庭经济状况急剧恶化，家庭成员参与民间借贷、非法集资、地下钱庄、洗钱，社会交往关系特别复杂，经常与涉黑、赌博、闹访等不良人员私下往来。

4. 涉诉违规方面，未充分关注民事诉讼、违法违规等方面的异常行为

如重点岗位人员被纳入失信被执行人或被限制高消费，被监管机构处罚或正在接受调查，涉嫌参与黄、赌、毒或邪教、非法宗教组织活动，被司法机关调查或采取强制措施。

五、证券公司涉刑案件防控路径探析

中国银河证券案件防控总部作为行业首家案件防控专职部门，自2019年设立以来，不断探索案防工作经验，着力夯实案防制度基础，持续完善案防长效机制。在涉刑案件防控方面，坚持预防和处置两手抓，以案件预防为基础，以案件处置为重点，围绕案件风险监测、排查、培训、报告、调查等开展案件防控工作。

（一）以制度建设为前提，推动涉刑案件防控规范化管理

1. 制定《案件防控管理办法》，将涉刑案件纳入案件防控范围

为加强案件防控的规范化管理，根据中投公司和中央汇金公司关于加强直管企业案件防控工作的相关意见，制定《案件防控管理办法》，并将公司及员工实施的侵犯公司或客户合法权益等涉刑犯罪案件纳入案件防控范围，同时明确涉刑案件的风险预防工作和调查处置流程。

2. 建立案件分类分级管理机制，对涉刑案件分级细化管理

为分类施策促进案件管理精细化，在对诉讼仲裁案件和涉刑案件进行分类管理的基础上，综合考虑案件标的金额、风险敞口等风险因素，将涉刑案件划分为一、二级案件，同时保留各级案件相应管理层级根据案件特殊风险情况调整案件级别的空间，并根据案件级别强化案件调查的组织保障。

（二）以案件预防为基础，着力开展涉刑案件风险监测、排查、培训等工作

1. 建立涉刑案件风险监测机制，压实一道防线案防责任

分别建立财富管理、信用、产品、托管、投行、自营6条业务线的案件风险关注池及管理机制，明确将员工在业务开展过程中存在利益输送、内幕交易、受贿、行贿以及其他侵犯公司或客户合法权益的违法犯罪行为，以及被监管部门、司法机关等有权机关问询、调查等案件风险关注事件，纳入案件风险关注池，并要求一道防线在日常业务开展中持续识别、监测并及时报告，提高案件处置的及时性。

2. 建立涉刑案件风险排查机制，强化案件风险源头防控

聚焦重点业务，对自营等重点业务中多发的职务侵占案件、利用未公开信息交易案件相关的信息隔离、廉洁从业等问题进行排查。聚焦重点环节，对分支机构重要空白凭证、印章、营业场所潜在的案件风险进行排查。聚焦关键岗位，明确关键岗位人员范围，对关键岗位员工异常行为进行排查。聚焦已发案件，针对公司已发和行业内多发涉刑案件，对员工执业过程中潜在的案件风险进行排查。

3. 建立涉刑案件警示教育机制，培育案件风险防控理念

围绕行业内多发涉刑案件，面向公司全体开展案件警示教育培训。同时，建立分层分类警示教育培训体系，针对不同业务条线岗位特点、案件特征精准开展专题培训。丰富案例警示教育形式，选取行业内具有典型意义的涉刑案件逐案进行深入剖析，形成涉刑案件防控启示和工作建议，并汇编成案件防控工作手册、案例警示邮件下发公司全体员工。

4. 建立同业涉刑案件风险跟踪机制，加强案件防控形势的分析研判

在对2005—2021年发生的140家证券公司涉刑案件进行全面梳理，初步建立起同业涉刑案件风险跟踪机制的基础上，进一步做实做细跟踪机制，对证券公司涉刑案件进行定期更新整理，持续分析总结涉刑案件的最新特点和发展趋势。

（三）以案件处置为重点，着力开展涉刑案件报告、调查、整改、问责等工作

1. 建立涉刑案件报告机制，及时掌握案件基本情况

确立"强制报告"工作原则，明确报告时间、报告形式、报告内容、报告程序，要求各部门单位发生涉刑案件及时履行报告义务，并全面说明涉刑案件基本情况、核查情况、已采取的措施以及下一步工作建议。

2. 建立涉刑案件调查机制，全面开展案件处置工作

涉刑案件发生后，成立调查组对涉案人员经办业务进行全面排查，查清基本案情，确定案件性质，总结发案原因，查找内控管理存在的问题。同时，及时制订处置预案，并于调查完成后形成案件调查报告。

3. 建立涉刑案件整改机制，及时堵塞内控管理漏洞

建立以案为鉴、举一反三的案件整改机制，根据已发涉刑案件处理情况以及风险监测、排查情况，制订整改方案，建立整改台账，明确整改措施，确定整改期限，落实整改责任，切实弥补经营管理和风险管控短板，形成案件防控闭环。

4. 建立涉刑案件问责机制，严格落实内部责任追究

建立与单位、个人绩效考核、评奖评优、选拔任用相挂钩的内部责任追究机制，并将案件责任纳入责任追究的范围，在涉刑案件调查完成后，将案件及调查结果移送相关部门进行核查和责任认定工作。

数字化转型与金融科技运用

科技赋能　数据驱动　全面深化证券公司数字化转型

毛宇星*

历经30多年的探索和发展，中国多层次资本市场的基础框架已经形成，证券行业也逐渐进入高质量发展的新阶段。在全面深化改革、加快转型升级的新形势下，金融科技正成为数字经济发展的强劲引擎。随着数字经济活力不断释放，证券业转型升级及高质量发展的势头更加强烈，金融科技的作用和价值更加突显。"十四五"以来，海通证券始终秉承"集团化、国际化、数字化"的发展战略，以建设"数字海通2.0"为目标，不断推动人工智能、大数据、区块链等新技术在业务场景的深入应用，全面深化公司数字化转型，努力为行业高质量发展探索新路、积累经验、提供样板。

一、深化数字化转型，应坚持规划引领

证券公司数字化转型，顶层设计不可缺失。企业在研究制定科技规划时，尤其要加强对国家和行业相关科技规划的深入领会和准确把握，为企业数字化转型工作提供高阶指导。

一是从国家层面来看，2021年3月发布的《中华人民共和国国民经济和社会发展第十四个五年规划和2035年远景目标纲要》中明确提出，要加快数字化发展，建设数字中国，以数字化转型整体驱动生产方式、生活方式和治理方式变革。2021年12月国务院印发的《"十四五"数字经济发展规划》中，也把加快金融领域数字化转型，合理推动大数据、人工智能、区块链等技术在银行、证券、保险等领域的深化应用作为大力推进产业数字化转型的重点任务。

二是从行业层面来看，2019年中国人民银行发布了《金融科技发展规划（2019—2021）》，2022年接续出台了《金融科技发展规划（2022—2025）》，从战略全局对金融业数

---

* 作者简介：毛宇星，理学博士，管理学博士后，教授级高级工程师，现任海通证券股份有限公司党委委员、副总经理兼首席信息官，兼任中国证券业协会证券科技专业委员会副主任委员、上海金融科技产业联盟副理事长和《上海信息化》理事会副理事长。原载于《中国证券》2022年第10期。

字化转型进行了顶层设计和统筹规划，为新时期金融业数字化转型明确了方向和路径。2021年10月，中国证监会科技监管局正式发布了《证券期货业科技发展"十四五"规划》，紧扣"推进行业数字化转型发展"与"数据让监管更加智慧"两大主题，为新发展阶段证券期货业的数字化转型发展提供了纲领性指南，并将推进科技赋能与金融科技创新作为其中的重点方向。

三是从证券公司层面来看，各证券公司应以行业科技发展规划为指引，充分考虑企业自身特点和条件禀赋，研究制定相应的科技发展规划，而不是直接用行业科技发展规划替代企业自身科技规划。海通证券在2016年率先研究制定了五年科技发展规划，为公司"十三五"科技发展明确了方向和目标，通过构建项目组织推动机制和综合度量体系，确保了公司数字化转型的成效。通过五年的推进，公司科技水平逐步实现了从行业"跟跑"到"并跑"，再到局部"领跑"的转变，为高质量发展奠定了坚实的数字基座。

二、深化数字化转型，应坚持理念先行

推动证券公司数字化转型，首要的是推动企业数字化理念的认知重塑，要推动建立全员数字素养，培育良好数字文化。只有理念到位，才能凝聚共识、形成合力，确保数字化转型的落地效果。

一是要建立长远全局思维。数字化转型必须要服务企业长远发展目标，科技是手段，数据是资产，推动企业提质增效是最终目的。因此，证券公司在推动数字化转型时，不仅要关注眼前收益，更要关注中长期发展利益；不仅要关注局部领域，更要关注前中后台全领域的数字化布局，最大程度实现数字化转型和企业长远全局发展相匹配。

二是要建立创新包容思维。数字化转型追求原创性创新甚于模仿创新，以获得跨越式的发展。这就要求主动拥抱变化、自我革新，以开拓和探索的精神改变现有模式。在坚持"零容忍"的总体要求下，行业和证券公司也要在数字化转型过程中允许试错、宽容失败，在创新发展和安全稳定中谋求平衡。

三是要建立开放融合思维。在企业内部，数字化转型的实现需要打破部门墙，树立数字化转型不仅仅是技术部门的任务，更需要技术与业务的双向融合才能有效推进的理念；在企业外部，随着证券公司对科技投入的加大和科技能力的提升，要避免"拿来主义"和"闭门造车"两个极端，要在坚持自主可控的基本前提下，加快融入生态，实现优势互补、合作共赢。

四是要建立底线红线思维。合规是红线、安全是底线。证券公司在数字化转型过程中应密切关注金融科技的合规性问题，把握好金融科技创新的合规边界，避免粗放式、低层次的盲目发展，要合理平衡科技创新同金融安全的关系，守住不发生系统性风险的底线。要将安全生产作为第一生命线，始终确保重要信息系统平稳运行，为业务高质量发展保驾护航。

三、深化数字化转型，应坚持纲举目张

数字化转型是一项系统工程，需要从数字化战略、数字化治理、数字化业务、数字化底座、保障机制等多方面综合推进，而关键是构建数字化转型的四梁八柱，从而纲举目张，最

终推动数字化转型蓝图的全面实施。

一是构建敏捷高效组织架构。大部分证券公司都有比较完善的信息技术治理体系，为了强化数字化转型工作的领导，往往会单独设立相应的决策机构，比如数字化转型办公室、金融科技委员会等，但在执行层面仍然沿用现有的科技和业务部门架构，容易造成执行层面的冲突现象。海通证券则由信息技术治理委员会作为信息技术和数字化转型的统一决策机构，下设信息技术管理办公室和数据治理工作办公室，实现了数字化转型与信息技术工作的有机结合。同时，优化了"一部两中心一实验室"的科技管理组织架构，将原有的信息技术管理部调整为金融科技部、软件开发中心、数据中心、金融科技创新实验室四大职能部门，以推动科技管理、软件研发、系统运维、科技创新向专业化、规范化发展。

二是深化关键技术自主可控。数字化转型是企业信息化发展的高级阶段，需要围绕业务场景的综合技术运用，而实现关键技术的自主可控是基础。为了提升对核心关键技术的掌控能力，海通证券建立了"一核心三平台"的平台化发展战略，2017年在行业中率先启动了新一代核心交易系统的自主研发工作。该系统基于"分布式、全内存、高并发、低延迟"技术架构，支持灵活部署方式和水平扩展能力，快速迭代，交易穿透时延达到几十微秒级，系统可靠性、并发度及交易性能均处于行业领先水平。同时，推动建立自主可控的移动端开发平台、PC端开发平台和管理类应用开发平台，为更多应用系统构建统一、通用的底层技术平台。

三是推动科技业务融合力度。数字化转型本质是促进业务的转型，因此，它不仅仅是科技部门的工作，更需要公司各业务条线共同参与、共同承担数字能力的构建职责。为进一步推动业务与科技的双向融合，海通证券试点在多个业务条线设置"业务科技融合团队"。该团队由业务和科技部门分别抽调人员组成，业务能力与技术素养兼备，能够有效承担业务与技术沟通的桥梁作用，带动业务与科技协同发展，形成业务需求与解决方案的"适配器"，共同打造"科技团队中最了解业务、业务团队中最了解科技"的复合型人才队伍；并且以促进"业务创新"为长期目标，通过对业务发展、技术创新、行业动态、客户需求的洞察，推动业务模式的创新发展，进而成为公司构筑新一轮竞争优势的重要抓手。

四是加强科技创新开放生态。各证券公司通过深化与同业、科技公司、科研机构等在科技发展、技术攻关、场景应用等方面的合作，共同努力促进金融科技生态圈建设，推动全行业科技能力的发展。海通证券坚持以服务国家战略为使命，运用资本市场的专业能力和市场影响力，通过"投、融、保、研"联动机制，抓住科创板、注册制改革全面推进的市场机遇，与合作伙伴共同开辟金融科技新蓝海，全力构建金融科技开放生态，激发创新主体活力；并通过联合创新实验室、产学研联盟、产业基金孵化等形式，携手产、学、研、用探索联合创新之路，为各类新兴技术在海通的研究、试验和应用提供良好的创新环境。

五是激发数据资产要素潜能。如何开展数据治理、更好地发挥数据价值是证券公司实现数字化转型必须解决的核心问题，而首要是实现对数据资产的准确分类分级。海通证券根据《证券期货业数据分类分级指引》，于2020年开展了数据分类分级研究，结合行业业务特点，从个人信息保护切入，构建了2大类5层级的分类框架、4层级的数据定级规则和定级调整规则、近1 200项的经纪业务条线数据分类分级清单，探索建立了一套具有行业特色的数据分类分级管理体系，在行业率先形成了可落地的数据分类分级实践范例。

四、深化数字化转型，应坚持紧扣趋势

当前，中国证券业合规风控管理日趋严格，财富管理转型力度不断加大，机构客户交易占比稳步提升，衍生品业务快速发展，境内外业务联动日益紧密，这些新情况、新趋势都对证券公司数字化能力提出更多、更高、更新的挑战，客观上又促进了证券公司数字化转型进一步深化和提速。

一是强化财富管理支持能力。证券公司经纪业务向财富管理转型已形成行业共识，走出传统通道型业务模式，以客户为中心，以提升客户体验、强化产品销售和增强投顾服务为核心的新模式正在加速形成。一方面，证券公司要全面优化交易和业务办理线上化支持能力，以满足客户全天候、全渠道的服务要求，同时，不断增强线上业务数字化运营能力，持续拓展线上入口流量、活跃度和客户体验；另一方面，证券公司要加快产品管理系统建设，构建从产品引入到销售的全流程管理体系，打通业务端到端服务的全链条。

二是强化机构服务支持能力。随着投资品类和配套制度的丰富和完善，资本市场涌现出更多元的交易机会和更复杂的投资模式，使得机构客户对综合金融服务的需求不断增加。一方面，证券公司要强化自己的专业基因，依托自身基因做好通道、融资等服务，提升交易撮合能力；另一方面，证券公司也要能够借助自身投行、研究、产品等业务线，加强资源的整合，围绕资产配置、投资研究、交易服务等客户的核心需求，提供一揽子解决方案和一站式综合服务，持续提升产品、服务的供给能力。

三是强化投行投资支持能力。证券公司投行业务和私募股权投资业务板块的数字化转型起步相对较晚，随着我国多层次资本市场战略的不断推进，尤其是科创板和注册制的推出，加速推进了投行投资类业务数字化转型进程。一方面，证券公司要通过底稿电子化来满足行业对加强投行业务内部控制的要求，全面替代以纸质底稿和业务流程台账为主的传统运营模式；另一方面，证券公司要以数字化手段实现对投行项目和私募股权类项目"全流程、全要素、全周期、全覆盖"的精细化管理。利用人工智能、区块链等新兴数字技术在金融文档审核、处理、防篡改等方面的能力，有效嵌入投行投资业务的日常运作环节，构建起"人＋技术"的数字化投行新模式。

四是强化中后台赋能支持能力。推动证券公司全面数字化转型，应加快构建"小前台、大中台、强后台"的新模式，尤其要加强中后台数字化能力建设。在业务运营领域，证券公司要通过业务运营的流程再造，实现业务审核、业务处理、业务监控、业务复核等全流程的数字化和智能化；在合规风险领域，证券公司要通过新技术的综合运用，推动从事后向事中、事前的转变，实现主要风险的科学计量、主动识别和有效处置；在数据治理领域，证券公司要以数字资产梳理和分类分级为基础，构建数据分类管控、差异化服务的管理和技术体系，在夯实数据安全的前提下，持续提升数据的完整性、准确性和及时性，以充分释放数据资产价值。

随着数字化转型的深入，证券公司自身的模式也会不断演进。证券公司根据聚焦的客户群体与业务资本化程度不同，既有布局全产品线、为客户提供全周期综合服务、以综合平台能力和科技能力打造竞争力的大型全能投行，也有深耕某类核心业务或聚焦某类特定客户的精品投行，从而构建多层次、差异化的行业生态。证券公司应根据自身的特点和发展模式制定相应的数字化转型策略，共建行业健康发展的生态圈，共同拥抱转型加速的数字化时代。

健全证券公司信息技术制度体系研究

华锐分布式（北京）技术有限公司*

一、证券行业信息技术风险管理现状及存在的问题

（一）证券行业信息技术风险管理现状

1. 监管法规体系愈加完善

自2018年以来，监管政策出台越来越密集，监管内容越来越精细，信息技术风险监管体系逐渐完善。据中国证监会官网公布信息统计，截至2021年底，证监体系监管机构已发布至少25项法律法规、规范标准，从信息技术基础设施、技术系统、人员配备、制度体系、组织架构等多个方面对信息技术合规、风险管理作出要求。

2. 信息技术风险监管处罚趋严

自2018年《证券基金经营机构信息技术管理办法》发布以来，监管机构对证券公司信息技术风险关注度大幅提升，信息技术相关违规处罚数量逐年增多，且处罚力度逐渐加大（见图1）。

3. 重视程度不断提高

随着信息技术与证券业务融合程度加深，证券经营机构对于信息技术风险管理的重视程度不断提高，具体表现在以下四方面：一是形成了信息技术部牵头负责，合规、风控、稽核等相关部门共同参与的组织架构体系；二是明确了信息技术风险管理三道防线并建立了相应的组织机制；三是部分机构围绕系统建设、软件开发、运维、信息安全事件等，建立了相应的评估机制和风险报告机制；四是证券行业11.43%的机构开始将信息技术风险列为独立的重大风险防范事项。

---

* 本文为中国证券业协会2021年优秀课题。课题负责人：曹雷，华锐金融科技研究所负责人，华锐分布式（北京）技术有限公司总经理。课题组成员包括：申晓宇、郭孟旸、蒲红田、叶楠，均供职于华锐金融科技研究所。原载于《中国证券》2022年第4期。

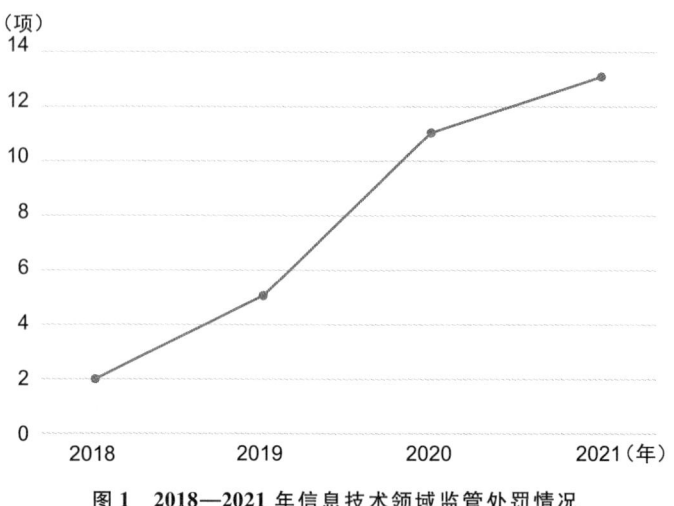

图 1　2018—2021 年信息技术领域监管处罚情况

资料来源：中国证监会及派出机构官网，华锐金融科技研究所统计。

（二）证券公司信息技术风险管理存在的问题

1. 信息技术风险主动管理意识仍然薄弱

信息技术风险管理需求不只是来自监管合规要求，更多的是来源于证券公司内部日常工作需要。然而，目前多数机构信息技术风险管理以满足监管合规为主，具有明显的政策指导性，缺乏主动管理意识。

2. 现有的信息技术风险管理体系呈现碎片化

根据公开信息统计发现，截至 2021 年仅有不足 5% 的证券公司风险管理措施覆盖健全制度、优化流程、完善风险管理机制、培育文化等整个体系的信息技术风险管理，多数证券公司信息技术风险管理从系统运维安全保障、人员岗位分离、严格把控供应商、重视系统建设等方面提出管理措施，整体呈现出碎片化特点，缺少具有战略高度和系统性的方案。

3. 信息技术风险管理流程、机制不完善

在 2017—2021 年信息技术风险相关的监管处罚中，有 26.09% 的证券公司是因为信息技术系统建设不完善，部分业务环节、风控环节未纳入系统监管流程，从而受到监管处罚；其余 73.91% 的证券公司主要是因为信息技术应用过程中相应的管理机制不健全、管理流程缺失等内部合规管理不足造成。

4. 多数机构信息技术管理制度体系不健全

目前多数证券公司信息技术管理的制度体系更新较慢，部分机构还停留在几年前的状态，缺乏系统性的梳理完善，制度体系存在结构散乱、逻辑性不足、控制点缺失等问题，对信息技术风险管理造成一定影响。

二、健全制度体系对于证券公司信息技术风险管理的重要性

（一）满足监管合规要求

制度体系是信息技术风险管理的主要依据和管理"抓手"，是证券公司内控成熟度的重

要体现。信息技术风险管理是否全面、精细可以从其相关制度体系是否完整、覆盖广度、逻辑结构、是否分类分级等维度体现。所以，关于证券公司信息技术创新应用是否合规、风险管理能力强弱，制度体系是其重要审核点或检查项。此外，行业信息技术监管处罚原因更多的是追溯到信息技术内控管理是否合规、制度体系是否健全的层面。

（二）内部风险管理能力提升需要

1. 信息技术制度体系是信息技术治理、风险管控、应用创新的重要依据和信息技术高效管理的重要保障

建立完善的信息技术制度体系，能够助力证券公司明确信息技术相关权责划分，构建权、人、事规范化运行机制，有效调节不同团队、各个环节之间因为职责不清导致的矛盾，建立跨团队、跨部门的高效协同机制和制衡机制，从而使公司信息技术管理有据可循，激励约束有法可依，有效防范信息技术风险。

2. 信息技术风险管理是证券公司内控管理的重要部分

目前我国证券行业内控管理仍然主要集中在业务流程、操作合规等层面，但随着信息技术的融入，证券公司业务模式、经营模式、产品种类、相关业务流程不断创新变化，而与之相对应的制度管理体系变更相对较慢。多数公司制度体系处于"应急状态"，而健全信息技术制度体系犹如做了"全面体检"，自上而下，由内而外，全面深入梳理监管全部控制点，同时与公司现有管理需求相结合，从根本上提高公司内部风险管理能力。

3. 健全制度体系有助于提升证券公司信息技术管理效率

在信息技术制度体系不健全的情况下，部门之间、岗位之间往往存在沟通衔接问题。健全信息技术制度体系一方面可以在现阶段厘清各部门、各岗位之间的职责，另一方面可以建立高效、灵活的协同机制，形成信息技术安全的制度"防火墙"，使规则前置，减少后期的扯皮和内耗，从而提升信息技术风险管理的效率效能。

三、健全证券公司信息技术制度体系的基本原则

（一）平衡性原则

健全证券公司信息技术制度体系的目的有两个：一是满足合规性要求；二是满足内控管理发展需求。因此，健全制度体系不是盲目建制度，不是盲目满足"合规"要求，建制度应该在满足监管政策前提下，与公司战略目标、发展现状、自身特色、管理特点等相契合，且能够有效落地应用。

（二）控制点优先原则

根据当前证券行业法律法规要求，IT合规及最佳实践要求有200余项控制点、2 000余个检查点、总制度框架涉及制度90余项。然而各机构自身业务发展情况不同，所涉及的信息技术不一，存在的风险管理问题、涉及的控制点也各不相同。因此，在构建证券公司信息技术制度体系过程中，需要结合公司自身信息技术发展战略、规模、现状、风险管理成熟度等，将控制点按照优先级、重要程度分类，优先覆盖现阶段所需控制点建设制度。

（三）持续性原则

制度指导并服务于日常工作，其建设不是一劳永逸的事情，现阶段制度满足的是当前监管要求和现阶段内部管理需求，随着监管政策的更新以及公司信息技术发展，制度体系也应随之调整。因此，证券公司信息技术制度体系建设应该遵循先广后精、先粗后细、循序渐进、逐渐完善原则，即先明确制度构建逻辑，再结合公司IT战略、IT成熟度、监管政策等循序渐进地细化、完善。

（四）协调性原则

证券公司信息技术制度体系不是独立存在的，需要与整个公司管理制度相匹配，一般从公司二级制度开始，即《信息技术管理办法》，向上衔接公司章程、内控大纲等一级制度，三级制度、四级制度则是与各个业务领域、合规、风险管理等其他领域制度相结合。因此，健全信息技术制度体系不能单一地从信息技术管理角度出发，需要与业务管理、合规管理、公司其他风险管理相融合，使信息技术风险管理制度体系能很好地嵌入其他制度之中。

（五）落地性原则

证券公司信息技术制度体系建设不只是要满足合规检查，最终目的是要落地应用，依托信息技术制度体系建设，提升自身风险管理能力和内控能力。因此，证券公司信息技术制度体系建设既需要高屋建瓴，指导公司整体信息技术风险管理，同时兼具落地性，特别是三、四级制度，如《项目管理规定》《信息技术安全管理规定》《外包人员管理规定》等，能够较好地应用到证券公司的日常管理之中，使信息技术风险管理有法可依，有据可循。

四、健全证券公司信息技术制度体系"三步走"规划

证券公司信息技术制度体系建设需要较长的过程，且持续更新完善。本文提出证券公司信息技术健全制度体系"三步走"规划，将制度体系建设分为三个步骤，以实现证券公司从"救火"阶段向规范化、"文化"、常态化的转变（见图2）。

第一步：定期自我评估。

设置定期的自我评估机制，一般以3—5年为一个周期，或者在重大政策发布后，主要分析监管合规要求、风险管理需求与制度体系之间的差距，同时做好该阶段的同业对标，并制定相应的制度体系更新完善规划，确保证券公司信息技术制度体系满足合规要求，并能够较好地指导日常经营管理工作。

第二步：制度体系修订。

制度修订分为小修订和大修订。小修订可以通过设立专岗专员，持续跟踪监管政策，不断优化。大修订一般与定期评估相结合，在评估后，对比现有差距，以满足监管要求为前提并契合公司信息技术战略，强化制度融合管控为目的，对现有制度体系逐一研讨和修订，修订过程中应该严格遵守上述五大基本原则。

第三步：持续落地完善。

制度体系修订后需要将制度传达到相关部门、岗位人员落地实施，这可以通过相关培训

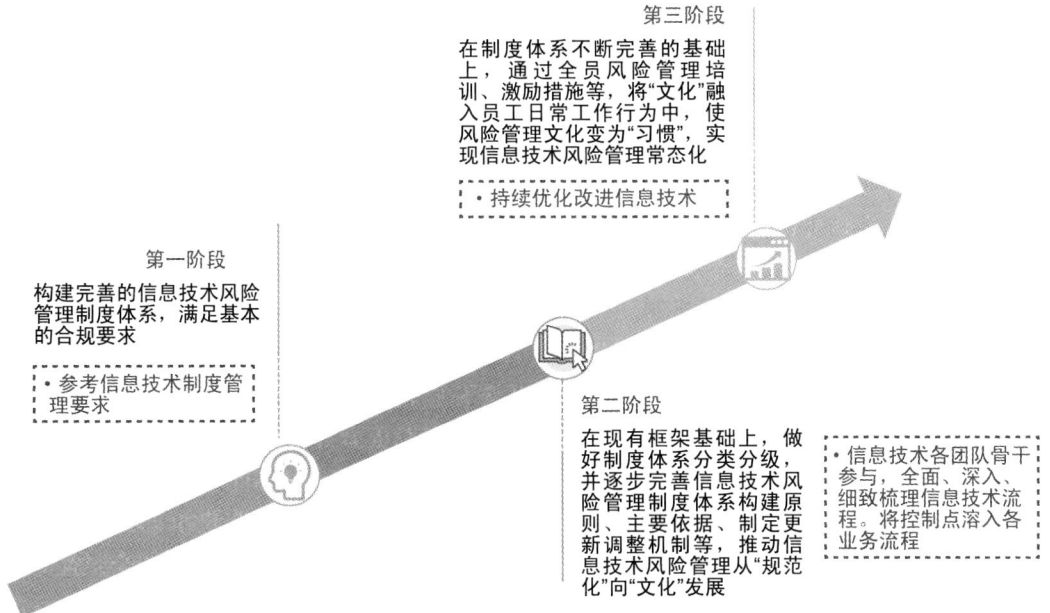

图 2　信息技术制度体系建设的三个阶段

资料来源：华锐金融科技研究所。

考核来传导、深化。如通过线下培训，或者设置相应的题库用于员工不定期考核，以强化员工信息技术风险管理意识。

五、证券公司信息技术制度体系完善建议

（一）顶层设计重点发力

从现阶段监管导向和机构合规风控需求来看，健全制度体系是未来一段时间的重要任务。但信息技术制度体系建设因其存在的价值具有隐蔽性和长期性，经营机构存在积极主动意识不足的情况，想要高质高效完成这一任务，证券公司必须得到顶层设计支持，自上而下贯彻执行。因此，健全制度体系需要得到公司高管的大力支持，建立专项的制度建设小组全权负责，各相关部门联动配合来完成。

（二）各部门共同参与协同作用

信息技术风险管理体系建设不是风险管理部或信息技术部单个部门的任务，信息技术风险管理涉及各个业务条线、中后台运营管理部门以及风险管理部、审计稽核部等多个部门。制度体系构建过程中需要向各个部门调研了解信息技术应用、管理操作流程及问题，需要各个部门协同参与、积极配合，明确日常管理工作中常规管理流程的优劣性，助力制度撰写小组在合规前提下选择最优流程。

（三）借助"外脑"提高效率

制度体系建设涉及范围广、时间长，全公司级信息技术制度体系建设周期一般为 6—10

个月，其中，仅现有制度体系评估就至少需要 1—2 个月，且耗费的人力相对较多。同时，制度体系建设对相关人员要求较高，其团队成员既需要懂信息技术在各场景下的应用，同时还需深入把握监管政策导向和主要控制点，兼具制度撰写能力。其中，监管政策导向把握能力、信息技术应用管理能力、信息技术安全专业程度、制度规范撰写能力、协同规划能力等各项能力缺一不可，证券公司仅凭内部团队完成如此专业性强、周期性长的工作难度较大，可以借助外部机构协同作用，高效完成制度体系建设。

（四）制定完善的落地实行机制

为了避免制度体系建设后成为应对合规检查的工具，在构建制度体系过程中还应制定相应的落地实施机制，如制度制定过程中要求相关团队参与制定讨论，使其深刻理解制度内容；制度完成下发到相关岗位团队后组织制度宣讲活动或者对各团队开展培训；培训后可设置不定期考试，加强员工对于制度的理解与把控，将信息技术风险意识与全员工作深度融入，形成风险管理文化，助力制度有效落地实施。

（五）建立长效更新完善机制

随着监管部门对证券行业信息技术监管趋严，相关监管政策、规范、指引越来越多，信息技术相关法规不断丰富，同时证券公司信息技术应用范围更加广泛，逐渐覆盖前、中、后台各个环节，面临的风险也越来越多，特别是头部证券公司业务范围广、管理链条长，信息技术管理需求增加，制度体系也必然不断更新变化。因此，需要建立长效制度更新管理机制，如设置制度管理专岗持续跟踪政策，维护制度等。鉴于各家机构规模、信息技术覆盖程度、管理成熟度差异较大，业务种类多、信息技术应用复杂程度高的机构可以设置专岗；而业务相对单一、信息技术应用场景简单的机构可采取一人兼多岗策略，如采用信息技术合规岗、风控岗、供应商管理岗等岗位人员兼职制度管理岗，持续跟踪完善制度体系。

证券经营机构数字化运营探索与实践

徐　峰　潘晓明　朱伟伟　王洪娟　马子珺*

一、前言

当前，国家高度重视各行业数字化建设，强调以顶层设计为核心、以政策制定和部署落实为重点，加快数字化治理体系构建，提升数字关键技术创新水平，推进数字化转型建设步伐，共建长期、稳定、良好数字生态。

证券经营机构主动贯彻落实国家数字化发展建设的政策要求，各证券公司以数据资产为核心，以新型数字基础设施建设为抓手，以技术服务业务为导向，驱动业务创新和服务优化，推动经营质量高速发展。证券公司在实现数字化转型的过程中，通过新型"数字基建"推动数据资产转变为企业持续增值的发展动力，促使客户服务、产品运营的创新和发展。因此，实现数字化运营是证券经营机构数字化转型的重中之重。

二、证券经营机构数字化运营发展历程

（一）数据管理模式的演变：从数据仓库的诞生到数据中台的崛起

数据仓库：数据仓库诞生于1990年，它能够存储海量结构化数据，并支持数据挖掘、分析等操作，支撑企业运营决策。目前证券经营机构大多已建设数据仓库用于存储、交换和加工企业核心数据；但数据仓库只能被动满足业务需求，形成严重的数据孤岛，导致资源浪费，而且系统可扩展性差，后续维护成本高。

数据湖：数据湖的概念由Pentaho的创始人兼CTO James Dixon于2010年提出，数据湖

---

* 作者简介：徐峰，华安证券股份有限公司副总裁，首席信息官；潘晓明，华安证券股份有限公司金融科技部副总经理（主持工作）；朱伟伟，华安证券股份有限公司金融科技部大数据组负责人；王洪娟，华安证券股份有限公司金融科技部规划组负责人；马子珺，华安证券股份有限公司金融科技部数据产品经理。原载于《中国证券》2022年第10期。

像湖泊一样有较强的灵活性和包容性。相比于数据仓库，数据湖中的数据能以多样的原始形态存储，需要数据进行分析时再进行转换。虽然数据湖实时性差，而且会提升数据的使用难度，但能够实现数据的集中管理，消除数据孤岛，并且擅长处理非结构化数据，为企业提供自由探索数据分析的能力。

数据中台：阿里巴巴在2015年首次提出数据中台，它与数据仓库并非同一层次的概念，而是一个庞大的体系，聚集和整理跨域数据并通过数据共享对用户提供服务。从技术角度来说，数据中台建立在数据仓库和数据湖基础上，但它通过数据技术，对海量、多源、异构的数据进行收集、存储、加工，形成大数据资产层，满足各类数据需求；从应用角度来说，数据中台是一个能够提供长效管理和精准运营的体系，通过统一、高秩序的数据管理平台，最大程度消除数据孤岛，解决数据质量和标准的错配；通过数据赋能服务，实现企业数字运营，以业务数据驱动业务发展，充分释放数据价值。随着资本市场改革进程加快，证券业信息化建设在大数据时代面临着传统数据架构升级、数据治理的迫切需求。2019年前后，少数证券公司开始借鉴互联网公司的经验，打造自己的数据中台。

数据管理模式演变过程如图1所示。

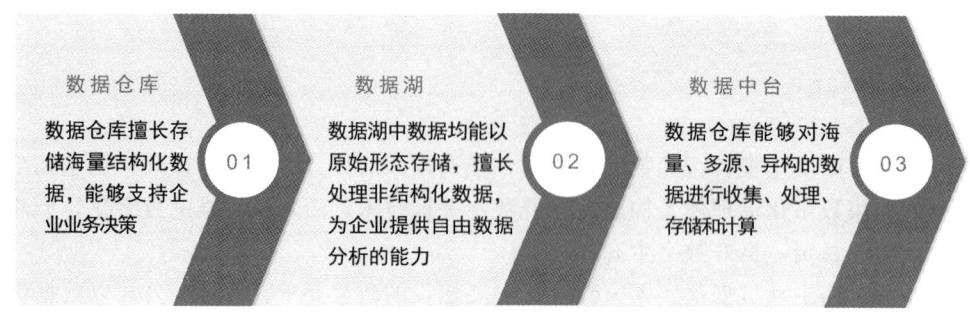

图1　数据管理模式的演变

（二）数据服务的发展：从技术导向到业务导向

数据服务是数字化运营能力的直观表征。2011年前，国内证券公司的信息技术能力处在发展的初期阶段，证券公司只能利用有限的技术资源推进PC端交易服务、客户引流等应用。在这一阶段，国内证券经营机构的数据服务表现出明显的技术导向的特征，数据服务通常以已有的设备和技术为基础，开发简单的数据产品，实现提高规模化效率、降低生产管理成本。

随着国内物质经济发展进入存量阶段，移动互联网、大数据等新技术的普及给了国内证券经营机构一个快速跨越的机会。在2011年前后，国内证券公司陆续开始打造"数字化＋金融"的发展模式，引入新技术改善业务效率。在这个信息技术蓬勃发展的阶段，数据服务从技术导向转变为业务导向，新技术基于已有的产品，通过延伸业务服务链，实现主营业务的增长、新兴业务的蓬勃发展。

时至今日，人工智能、区块链、云计算这些先进技术落地证券公司客户服务、风险管理、智能投顾等领域，帮助证券经营机构实现经营效率和服务质量的飞速提升，并为业务进一步拓展提供灵感，运用新技术打造新产品和新服务，谱写企业发展新篇章。

但是在数据服务建设上，证券行业整体发展水平参差不齐，不少中小型证券经营机构并没有形成真正的数字化思维，没有建设完整、统一的数字运营体系服务于业务。而通过数字化运营改革，利用新技术和新数据能力强化客户服务能力、重塑业务开展环节、提升企业运营效率、打造差异化运营策略，才能实现企业可持续发展。

三、基于数据中台的数字化运营创新发展思路

（一）加强"顶层"设计

企业战略决定了数字化程度的上限，也体现了企业对自身数字化转型所能达到的高度的期望。不同体量的证券公司有着不同的客户群体、人才资源、竞争优势等，在具体工作开展前，调研学习国内外金融机构践行经验，从顶端开始规划和设计符合自身发展需求的体系，合理制定建设目标，统筹资金和人力资源，扬长避短，放大自身优势，才能在全局数字化转型上达到事半功倍的效果。

一个公司数字化转型不能只停留在表面，而应是一个彻底的、全面的、深入的改革，需要调动公司所有部门和人员，形成合力共同推进数字化进程。因此，在数字化转型工作开始前，证券经营机构应以核心领导为中心，建设包含所有员工的数字化转型体系组织架构，通过有效的管理机制推动改革，在公司内部营造"人人数字化，处处数字化"的良好氛围，提升公司各级领导及员工对证券经营机构数字化转型的认识，激发大家对数字化创新和科技投入的热情。

（二）夯实"底层"根基

数字化的基础是有价值的数据以及这些数据所驱动的数字模型，怎样从海量数据中萃取数据价值，沉淀数据能力至数据中台，便是数字化运营建设最基本的工作，其主要步骤如图2所示。

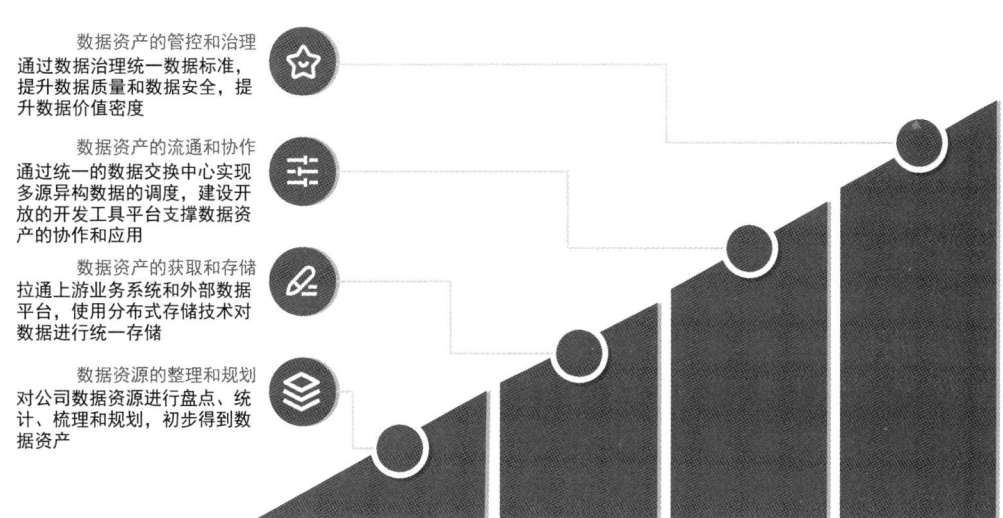

图2 数据管理"四步走"

1. 数据资源的盘点和整理

对企业数据资源的盘点整理是数据中台建设的基础。对公司数据来源系统及数据资源进行盘点和统计，形成展示数据流向的全域的数据资产地图。对企业所拥有的数据资源进行分类和规划，将有业务意义、能够通过流转和共享继续产出更大价值的数据资源梳理和规划出来，初步得到企业数据资产。

2. 数据资产的获取和存储

打通上游业务系统，收集公司各业务部门及子、分公司数据系统的结构化业务数据及各种形态的衍生数据，联通相互隔离的数据，形成数据资产共享平台。接入丰富的外部资讯数据平台、宏观经济数据平台，保障外部数据的完备性，为投研等数据需求密集型业务提供坚实的数据支撑。

使用分布式存储技术建设统一的数据存储平台，实现多层次、多类型、多源的数据的安全存储和有效融合，应对后续随着业务增长所产生的海量数据给存储系统带来的巨大挑战。

3. 数据资产的流通和协作

建设可靠的数据同步和交换能力，形成标准化数据交换规则，统一数据同步方式、消息传递机制，以先进技术架构支撑业务快速开展和迭代，实现多源异构数据的同步和交换。根据业务场景，合理规划数据交换时效，高效响应业务需求，保证数据流通和数据计算的高性能。建设开放的开发工具平台，加速数据的自由流通和使用。

4. 数据资产的管控和治理

数据中台不应只是数据存储、交换、分析的平台，应当包括数据标准模型、数据质量规则、数据安全标准等配套管理体系，这便需要引入数据治理工作，数据治理路径如图 3 所示。

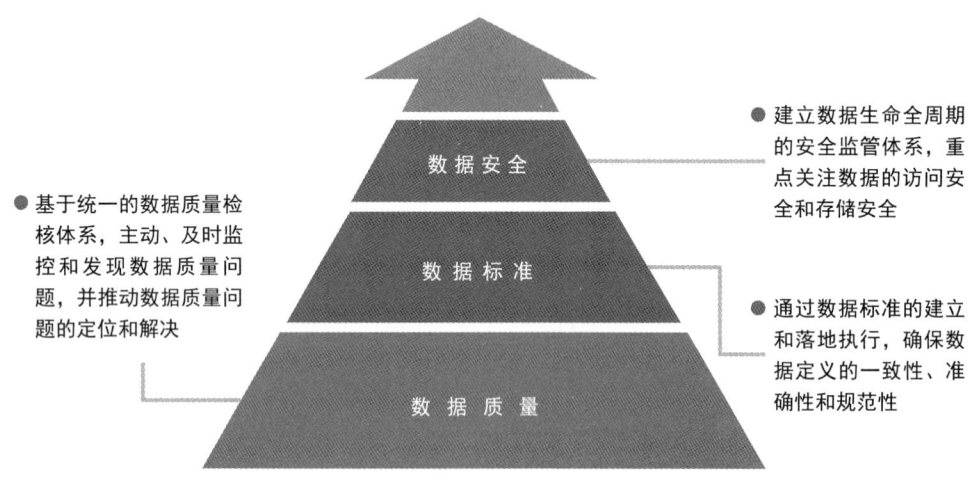

图 3　数据治理路径

数据质量：建立数据质量管理体系，制定数据校验规则、质量问题跟踪流程、评价考核办法，并在实践中对其逐步积累完善，定期自动生成数据质量报告。通过不断优化数据质量，提升企业数据价值密度。

数据标准：参照国际标准、国家标准、行业标准及内部需求建立统一的数据模型、主题、命名规范、业务口径等,实现跨部门和跨系统的信息共享和系统兼容。通过建立统一的数据标准体系,获得企业数据使用的最佳秩序。

数据安全:建立数据生命全周期的安全监管体系,确保数据安全和合理使用,最大化发挥数据资产的价值。通过形成数据安全管理体系,保护企业"信息资产",维护金融市场秩序。

(三) 坚持业务导向

尽管在数字经济时代下,证券经营机构的发展模式及业态的边界在不断扩展,但是金融的本质始终是服务实体经济,数字化运营的建设目标是通过信息化、数字化的手段促使业务发展。因此,在开发数据产品时,应当坚持"从业务中来,到业务中去"的思想,始终以业务发展为导向。

在建设数据应用之前应对其进行评估,梳理清楚几个问题,确定数据应用开发的具体实现路径:

第一,业务开展过程中有哪些数据需求,应建设什么样的数据应用满足这些数据需求;

第二,数据应用能否实现,具体需要调动哪些资源,应该怎样建设这些数据应用。

首先,在数据服务正式开发前,深入业务前线,加大内部调研力度,了解业务开展中的数据需求。在调研过程中深度挖掘数据需求的目的,剖析数据的意义、数据的变化及关联情况、数据背后蕴含的业务机会和业务风险,并据此充实数据服务的功能,直击业务痛点。同时,开展深入的横向调研,研究国内外证券公司或银行等金融同业所推出的相似产品,了解其业务功能、开发模式、技术框架等主要特征,探求共性灵活套用。

其次,明确业务需求后,认真衡量自身开发能力和资源禀赋,及时调整服务需求,根据实际状况选择合适的开发模式。在数据服务开发时,应充分考虑自身技术水平和行业发展趋势。面对大型数据服务的开发工作,全面评估服务自主开发可能性以及投入产出比,在保证核心技术、核心数据自有的前提下加强与优质技术提供商的合作,但不能过度依赖外脑力量。部分开发周期宽松、容错率较高的技术服务,倡导以自主开发的形式进行建设,提升团队的技术水平和实践经验。

最后,在具体建设数据产品时,以企业发展的视角选择合适的方法论,做好产品开发的统一规划;以前瞻思维选择先进的技术体系,通过优秀的应用框架和工程架构支撑产品高效开发。技术规划"组合拳"先行,实现科技引领业务。

此外,大型证券公司应发挥引领性作用,在建设具有行业战略意义的数据产品时,可将自己的开发成果形成 SaaS 化敏捷产品共享给信息技术服务能力薄弱的中小型证券公司,帮助他们少走弯路,高效快速地实现产品开发和部署,推动行业全面进步。

数据应用建设路径如图 4 所示。

(四) 重视人才培养

数字化人才是企业发展的灵魂,在企业数字化转型中发挥着不可或缺的作用,尤其是具备敏锐创新意识和扎实技术能力的人才,更是成为各大企业争相追逐的对象。企业应当深刻地认识到,人才培养不是阶段性的工作,而应贯穿企业生命全周期。

对于证券经营机构的数字化人才培育,需"引"也需"融",应"大"更应"强"。一

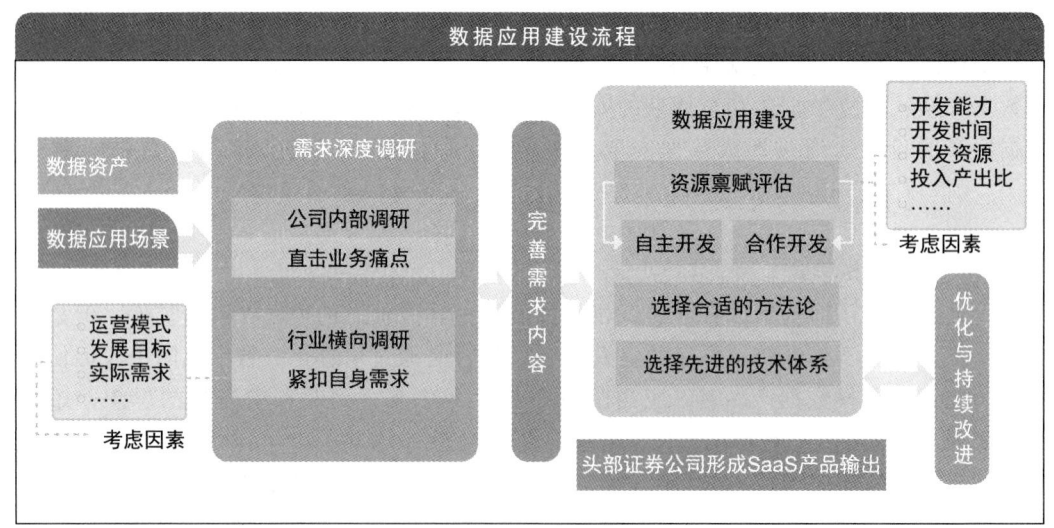

图 4 数据应用建设路径

方面，应当不断壮大人才队伍，吸纳外部技术人才为现有的人才队伍注入活水，强化企业技术能力，推动企业技术变革，更要对人才进行长期的、不断迭代的、因势利导的培养，充分释放人才潜力，激发引才效能；另一方面，可以不断强化团队多元能力，提升科技团队业务能力，增强业务人员技术素养，不断模糊技术与业务的边界，打造一支懂技术、知业务的全面发展型人才团队，为企业数字化转型乃至后续更深刻的变革提供源源不断的驱动力。

四、华安证券在数字化运营变革的探索

华安证券通过数据中台的建设，形成统一的数据管理平台，强化数据基础设施能力，沉淀数据价值，并基于优质数据资产倾力打造具备强大服务能力的数字运营体系，探索并总结出证券经营机构数字化运营变革的模式，全面推动自身数字化转型进程。

（一）制定"1+3"规划

2019年，华安证券发布了《关于加快推进金融科技发展的若干意见》，明确了集团数字化转型的战略意义和总体目标，并制定了实施路径、主要任务和保障措施。2021年制定了集团"十四五"战略规划，确定数字化转型"1+3"落地思路（见图5），即"一个顶层设计（金融科技规划）+三个平台体系（智能投资服务平台体系、综合业务管理平台体系、金融数据支撑平台体系）"，发力智慧金融。

具体来看，在智能投资服务平台体系方面，围绕客户服务，重点打造华安证券徽赢App、场景化客户智能分析等项目，不断优化客户服务的数字化、智能化水平。

在综合业务管理平台体系方面，围绕管理赋能，重点打造管理驾驶舱、员工协同平台等项目，推进集团一体化的经营和管控，优化数字化运营。

在金融数据支撑平台体系方面，围绕基础建设，重点打造数据治理、数据中台、技术中台等项目，不断夯实金融科技的基础性、支撑性工作。

数字化转型与金融科技运用　407

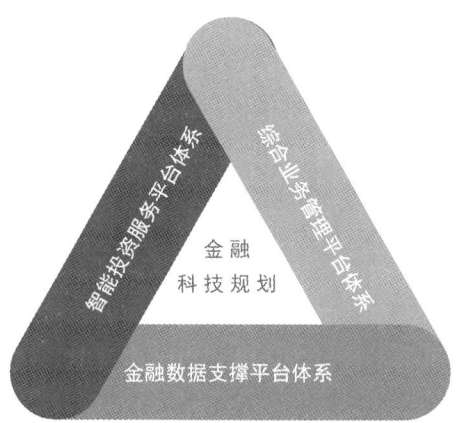

图5　数字化转型"1+3"规划

（二）整合基础设施能力

华安证券在数据中台的建设中形成了数仓与大数据平台相结合的混搭式数据中心，并通过整合基础设施能力为上层应用提供坚实支持（见图6）。

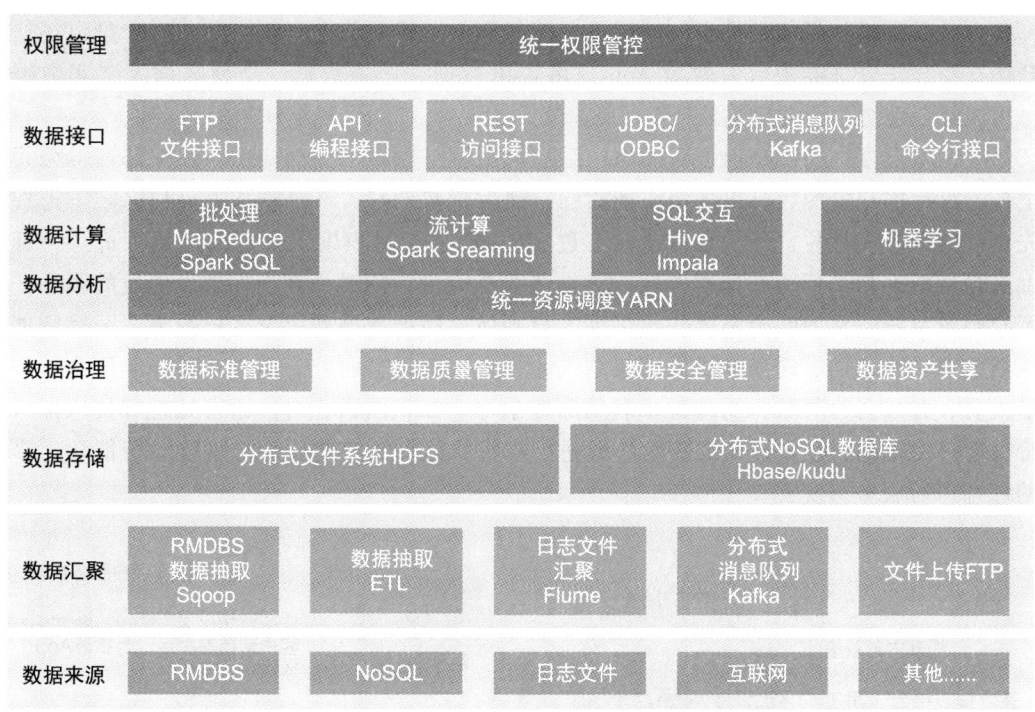

图6　华安证券基础技术架构

联通公司各部门数据系统，接入丰富外部资讯库，拉通财务数据、经营数据、外部舆情等多维数据，打破部门边界，形成有效数据共享平台。

建立标准化数据模型，构建多源异构的数据抽取汇聚平台。

引入分布式系统基础架构，实现海量多元数据的安全灵活存储。

建立数据治理体系并持续推进。统一数据质量标准，及时定位和解决数据质量问题；加强数据安全管理，关注数据的访问安全和存储安全；打造数据资产共享平台，实现资产全景可视化。

采用业界前沿的技术及规范，提供基于数据存储层的计算能力，解决海量数据统一调度、运算和分析的场景。

建设面向各类应用的统一数据服务接口，减少重复"造轮子"。

打造通用权限管理系统，细化权限管理力度，打通用户、数据和服务。

（三）打造数据服务

华安证券通过数据中台的顶层输出能力，建设及服务众多数据应用，实现业务数据的流转，发挥数据资产的价值。华安证券数字运营体系的服务目标体现在以下三方面。

第一，提升内部工作效率，改善业务流程，节约成本和人力资源，释放优质业务人才投入业务拓展。在这一方面，华安证券通过跨部门、跨条线的协同机制，组织各部门员工共同挖掘和探索其工作中在数据应用上的共同点，提取并强化公共服务能力，消除业务孤岛，开发报表平台、员工协同平台、客户洞察体系等项目，实现数字化管理。

第二，提升客户服务质量，提高客户黏性，深挖客户数据价值，发掘潜在业务机会。围绕外部客户服务，建设数字化客户管理、数字化客户营销等项目，直接产生经济价值。近年来，客户对财富增值保值的需求不断提升，而且倾向于通过线上渠道高效获取海量市场信息并开展交易，华安证券中台为徽赢App提供资讯数据、舆情数据、交易数据等坚实数据支撑，加速经纪业务线上化转型进程。

第三，重点发力智能理财服务领域。智能理财服务领域马太效应严重，头部证券公司不仅把持着海量客户资源，且人才吸引能力强，研发优势明显，产品迭代速度快，牢牢把握发展先机，占据领先地位。华安证券虽然在过去的30余年间积累了一定的地域性优势，拥有一批高黏性的客户，但为在理财领域持续创造业务增量空间，为客户提供更优质的服务，建立客户画像系统，从500余维度构建多维客户画像，精准挖掘和定位客户需求；开发智能理财规划引擎，跨部门、跨条线协同，集结人才投入智能理财研究，积极开展产学研合作，以海量投研、客户行为等数据为基础，利用深度学习、知识图谱、自然语言处理等技术深入探究符合客户需求的优质资产配置组合，并进行智能推送，为客户提供个性化、智能化、多元化的综合理财服务（见图7）。

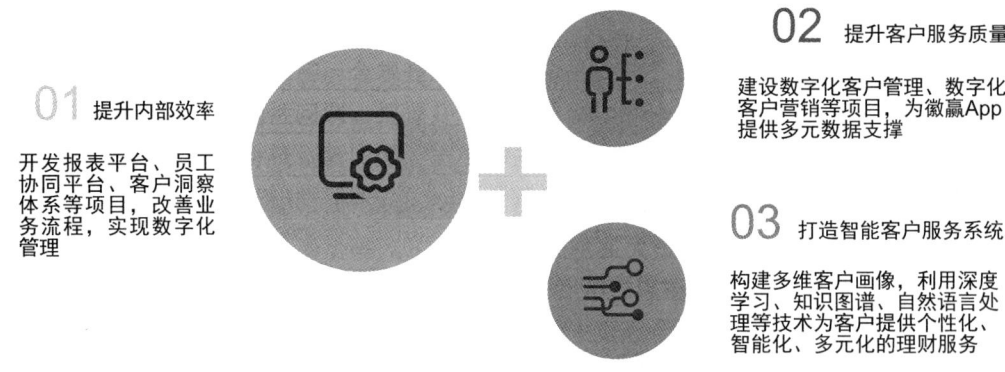

图7 华安证券数字运营体系服务目标

在数据产品开发上,华安证券深知作为地方性证券公司,在数据产品建设能力和视野上有一定不足。但为在数字经济时代站稳脚跟,助力地域性实体经济发展,需要努力探索出一条符合自身发展的数据服务体系建设道路。

在数字运营体系建设初期,深入开展横向、纵向调研,剖析公司内部需求,了解行业发展现状和趋势,积极接触厂商,择优开展合作。在合作开发中,不做甩手掌柜,安排公司技术人员渗透业务开发全周期,学习厂商使用的先进技术架构、设计思想、管理方式,并内化成自己的方法论。

博观而约取,厚积而薄发。近年来,通过不断吸取经验,提升团队水平,华安证券开始探索核心服务自研,先后建设高管驾驶舱、产品中心等精品服务。在自主开发工作中,积极引入敏捷的开发管理模式,提升项目开发效率,使用微服务架构,降低开发门槛和开发难度。

(四)培养复合人才

华安证券在复合人才培养上的努力贯穿数字化运营变革和数字化转型全生命周期。

一方面,加大IT人员投入,打造强有力数字科技团队。不断完善IT人才吸引政策,建设完善的激励政策,营造开放、积极的工作环境,全力支持IT人才开展业务及技术创新,强化自主开发能力,做到聚天下英才而用之。

另一方面,加强人才培养投入,构建完善的复合型人才培养体系。不定期对业务和科技人才进行交流,加速技术与业务融合,不仅使以金融科技驱动业务发展的思想浸润业务人员,帮助他们形成数字化思维,为业务人员提供技术视角以对业务流程进行深层优化,而且让科技人才有机会深入了解业务开展流程,降低业务需求沟通难度,为他们提供身份转变的机会。

五、总结与展望

数字经济时代的来临促使证券行业将数字化转型提升至战略层面,证券经营机构只有通过数字化运营变革才能实现全面数字化转型,适应金融市场的动态变化,保持自身的竞争优势,实现可持续发展。

未来,证券经营机构应当加快以价值为导向的数字化运营模式转型,通过创新模式和业态形成符合数字经济规律的全新业务生态,赋能企业价值体系的优化和重构,打破发展桎梏,获取新的增量空间,实现企业的绿色可持续发展。同时,从行业发展角度,证券经营机构间应加强协作,打造行业数字化自律组织,共享数据层面数字化建设成果,针对数据安全、数据规范等建设行业统一标准,提升行业整体对实体经济服务的贡献能力,推动证券行业高质量发展。

区块链在证券行业数据挖掘治理及安全共享的应用研究

海通证券股份有限公司*

一、证券行业数据安全共享所面临的挑战

随着21世纪计算机算力的激增与互联网的广泛应用，海量数据的诞生与飞速传播使得数据间的关系与流通网络更为复杂。在实际业务场景中，低质量的数据可能会使企业无法对于市场风险进行准确判断，导致企业作出错误的战略决策。因此，保障数据质量，防止数据的丢失、篡改，是数据治理面对的首要任务之一。追踪数据流动路径，保障数据流动过程中数据的完整与准确，是推动数据共享发展中技术上的重大挑战。但数据共享会带来个人信息隐私安全的问题，一旦隐私数据在共享的过程中被泄露，参与相关方除了将面临严格的审查和法律惩戒外，也将面对来自社会用户群体的持续性信任缺失。发掘新一代技术是数据共享中保障隐私性的必然选择。

二、技术应用研究综述

（一）区块链技术

区块链是证券行业数字化转型的关键技术与重要基础设施之一，是集智能合约、共识机制、分布式账本和各种信息技术融合的成果，将与新的社会结构结合，产生数据分析记录保

---

* 本文为中国证券业协会2021年优秀课题。课题负责人：毛宇星，理学博士，管理学博士后，教授级高级工程师，现任海通证券股份有限公司副总经理兼首席信息官，兼任中国证券业协会证券科技委员会副主任委员、上海金融科技产业联盟副理事长和《上海信息化》理事会副理事长。课题组成员包括：王东，海通证券股份有限公司数据中心副总经理；任荣，海通证券股份有限公司软件开发中心总经理助理；应原、杨琦路、张闻达、杜沁宇，均供职海通证券股份有限公司。原载于《中国证券》2022年第7期。

存与表达信息的新方法。从结构上来说，业内普遍认为区块链的整体平台结构可划分为数据层、网络层、共识层、激励层、合约层及应用层。

（二）数据隐私保护技术

隐私保护技术是降低隐私风险、保证业务合法合规的重要手段。针对不同的隐私风险，需采用不同的隐私保护技术进行消减。常见的技术有：一是多方安全计算，允许各个信息数据拥有者在互不信赖的情形下实行协同运算，并确保任何一方都无法获取除相应的计算以外的其余所有信息；二是零知识的证明，可在不给证明者提供其他有用信息的情形下，让证明者认为某种观点是合理的，具有完备性、可靠性、零知识性三个特性；三是同态加密，能够直接在密码信息数据上完成运算任务，在不看到敏感性信息数据的情形下完成数据信息运算。

（三）跨链数据交换

如何实现区块链内部的互联互通，构建一套有效、安全可靠、通用度强的跨链技术体系，保证链与链相互之间有效数据信息资源共享与服务协作是当前区块链研发的重点。目前主要包括三种主流的跨链技术：一是公证人机制，通过引入一个 A 与 B 之间共同信任的第三方为中介，公证人为交易对手双方创建资金托管，当交易共识达成后自动触发交易；二是侧链，有助于检验并分析主链上的区块数据信息以及账本数据信息；三是中继链，是公证人制度与侧链制度的融合与延伸，具有访问需要与验证实现互操作的链关键信号，对跨链消息提供传递。

三、证券行业基于区块链的数据安全共享技术

（一）基于区块链数据安全共享技术

1. 基于区块链数据安全共享体系架构

目前证券业还没有形成基于区块链的数据共享总体框架模型，本文结合国际标准 ISO/IEC 38505-1 中数据治理模型和框架，提出参考性证券行业间数据共享全流程治理框架的初步构想，包括数据获取层、存储层、区块链层、共享层四大模块（见图1）。

在结合区块链技术的数据治理模型框架中，区块链层将数据获取层、存储层与共享层三个模块紧密相连，通过对业务数据体系的全流程参与监管，从而为整体数据治理框架提供可信、可靠、可溯源的技术基础。

结合身份及密钥管理技术，为链上数据提供增强版安全服务，实现数据合作参与方的进一步增信，为高要求的行业应用提供更安全的技术支撑。实现的分布式身份与可验证声明功能，可将数据资产标准化和授权可控（见图2）。

采用区块链技术建立安全多方计算网关，使得各方参与者在不透露原始数据的情形下，得到基于联合数据分析的计算结果。利用治理框架的四层，区块链能够有效地提高数据获取和信息共享流动的透明性，从而保证数据共享质量，对证券行业间数据共享生态的建设与发展提供坚实可靠的基础数据流通平台。

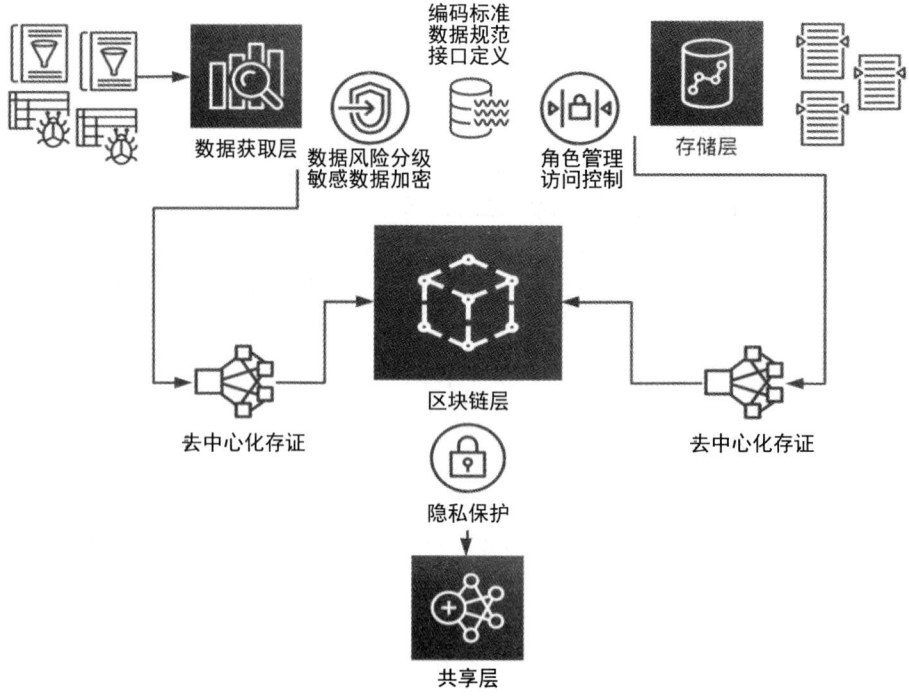

图 1　证券行业数据安全共享全流程治理框架

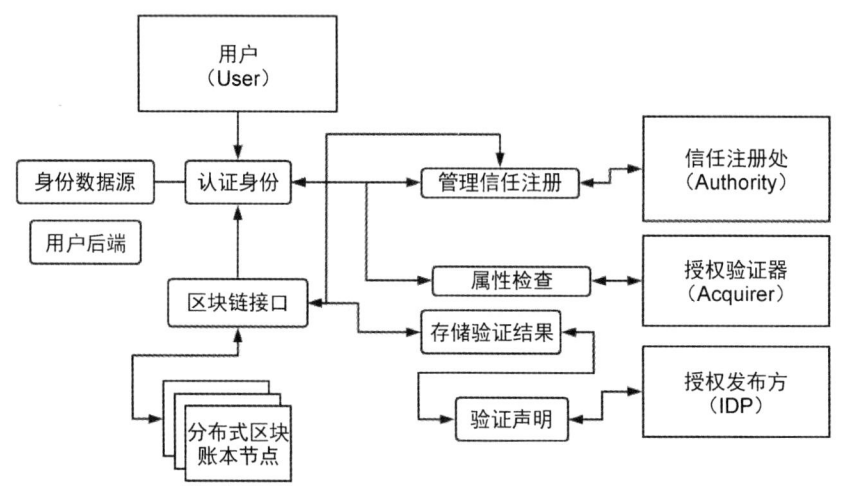

图 2　数据共享中身份授权流程

2. 基于 Shamir 三次传输协议的隐私保护算法

本文基于 Shamir 三次传输协议，利用 RSA 算法对其中部分加解密操作，同时应用不经意传输的理论实现了对于敏感信息不出库、不披露的隐私保护与数据安全共享（见图 3）。

基于 Shamir 三次传输协议的算法实现主要依赖于快速模幂算法，快速模幂算法的算法时间复杂度是 $O(\log(n))$，其性能与计算数据量 n 的大小成负相关，即 n 越大，性能越低。

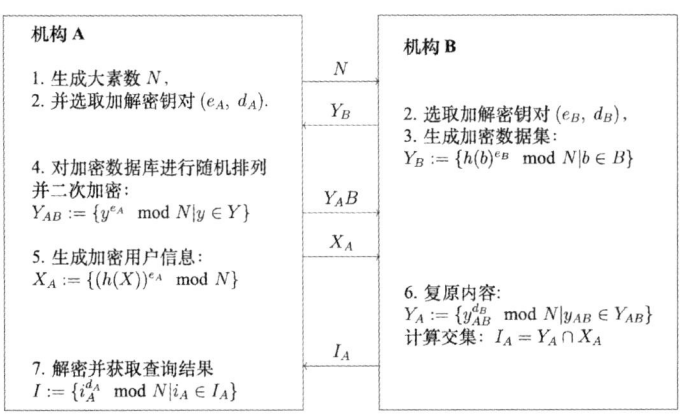

图 3　基于 Shamir 三次传输协议的隐私保护算法流程

（二）跨链数据交换技术

目前行业中每一条链上都有不一样的系统，链间没有完全统一的互联互通机制，因此无法进行价值交互，就造成了区块链产业生态中的价值孤岛效应。跨链技术是把两个区块链系统连接起来，以达到资产、数据的互操作性。

本文提出跨链数据交换原理图。当某条链拿到对方链的执行结果后，可在本地进行验证。通过检验区块连续、区块共识、从交易哈希通向交换根的 Merkle Path 的准确性以及与业务期望、交易二进制、交易哈希的相对关系这几个层次都通过后，表示业务所期望的动作已经在对方链上上链，验证完毕（见图 4）。

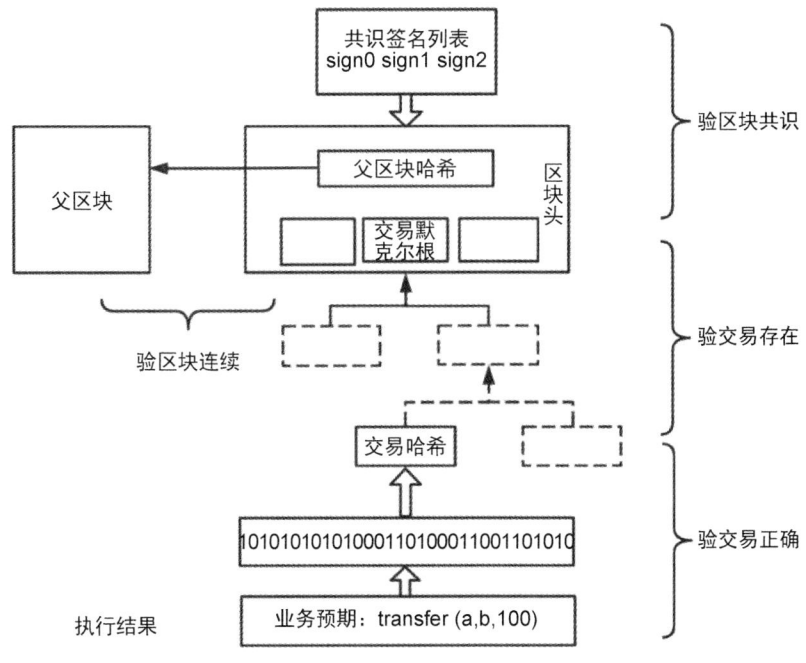

图 4　跨链数据交换原理

四、基于数据安全共享集成器 DSS_Hub 的行业数据共享方案

（一）数据安全共享集成器 DSS_Hub

数据安全共享集成器 DSS_Hub 包含不经意传输协议、适配器等一系列解决方案，其中不经意传输协议用来保护各方数的隐私，适配器可用来适配不同的机构环境，无须对原有的业务系统和区块链架构进行配套改造。

数据安全共享集成器 DSS_Hub 主要有三大特性：一是高安全性。数据安全共享集成器 DSS_Hub 所选用的隐私保护算法，采用不经意传输、同态加密等成熟的隐私保护方法，符合金融证券行业数据隐私保护要求。二是高拓展性。数据安全共享集成器 DSS_Hub 支持自由定制，将不同的隐私保护方法嵌入其中，根据接入的区块链平台和不同的隐私保护要求，选择不同的隐私保护中适配器，来实现统一隐私保护方法进行交互。三是高易用性。数据安全共享集成器 DSS_Hub 提供了高效便捷的连接方法，简化了信息安全保护与交互过程，并采用了"非侵入式"的设计，以独立进程的方法与原有系统实现了分离部署，从而无须改变既有的区块链网络与平台结构便可进行更灵活的架构部署。

（二）基于 DSS_Hub 的行业数据安全共享总体方案

行业数据安全共享采用的架构主要包含环境运行层、数据存储层、区块链层、跨链协议层、数据安全共享集成器、平台应用层（见图5）。

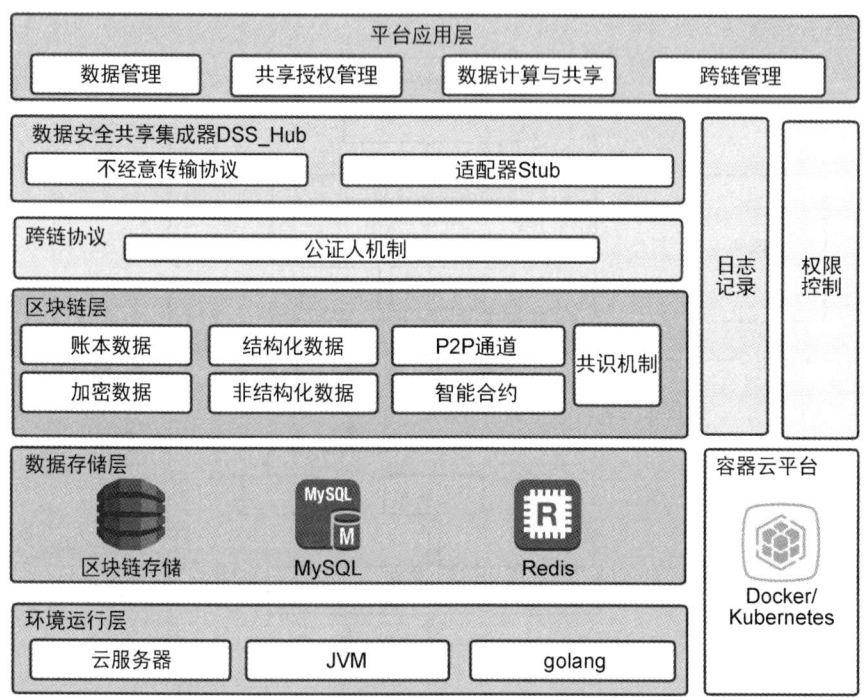

图 5　行业数据安全共享系统架构

基于区块链 DSS_Hub 的证券行业数据安全共享平台是以区块链技术作为基础，通过数据安全共享集成器 DSS_Hub，以保护客户隐私及证券公司信息安全的前提，来实现风险数据合理使用的目的，通过跨链技术打破链上"数据孤岛"，由多方共同打造的一个证券行业范围内的数据共享协作平台（见图6）。

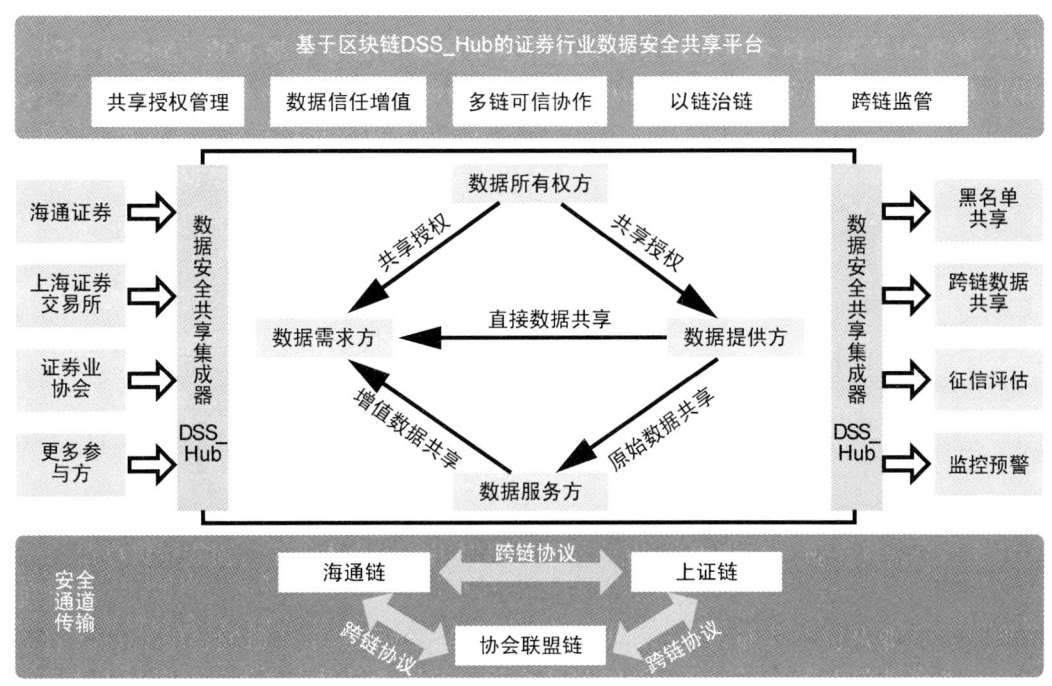

图6 数据安全共享平台整体方案

五、证券行业数据安全共享应用实践

（一）高风险客户数据共享场景应用

目前海通证券很多业务部门形成了自己的黑名单库，但各部门对数据的定义和使用可能存在较大差异，数据类型复杂、标准不一，造成了数据难以互通共享。为了实现公司各个业务部门黑名单共享使用，提升业务风控能力，规避业务风险，可在黑名单共享使用场景上使用区块链、多方安全计算等技术，实现黑名单数据的安全共享，提升集团总体的风控管理能力。

风险客户名单共享应用业务时序图如图7所示。名单入库指由各部门、单位将符合黑名单或灰名单的高风险客户认定标准的名单录入系统，通过系统对黑名单和灰名单客户在客户准入、业务决策等环节中实施业务禁入、审慎展业等风险管理措施。名单查询提供基于多方安全计算的高风险客户名单检索，不泄露所查询的客户信息。整个业务流程中涉及的操作也利用区块链进行存证，保证高风险客户数据的使用记录可审计、可追踪、不可篡改，进一步加强了对客户隐私的保护。

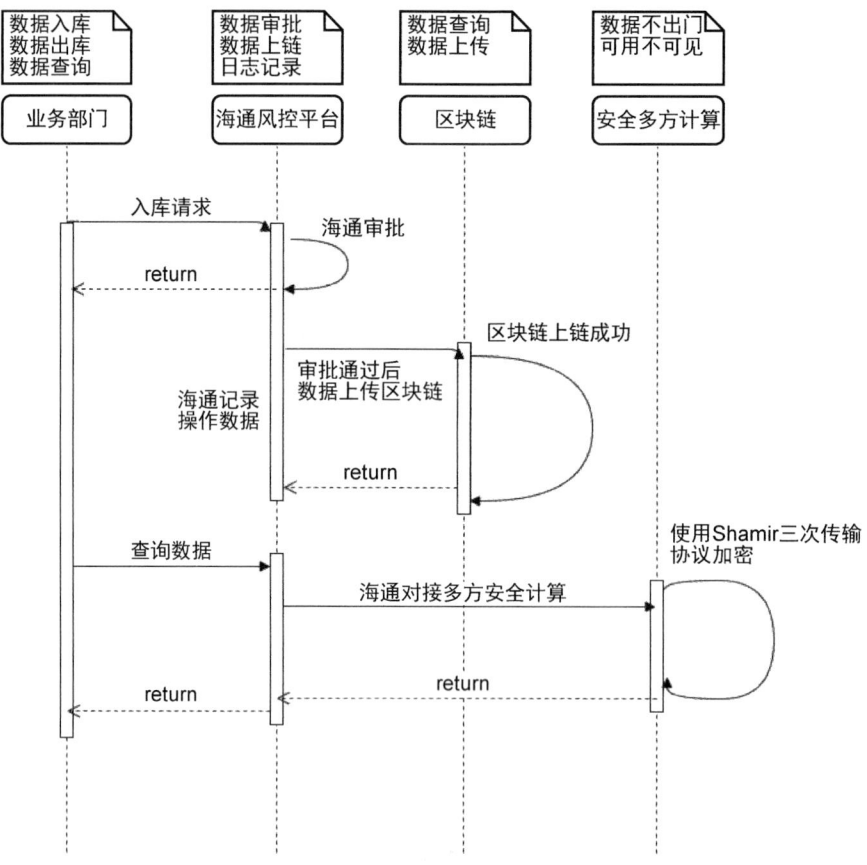

图 7 高风险客户名单共享应用业务时序图

（二）跨链数据共享场景应用

很多证券公司都建有自己的区块链平台，但不同的区块链平台所使用的区块链底层架构可能存在差异性，需要一种成熟的跨链机制来完成不同区块链平台的对接，同时也需要数据安全共享集成器 DSS_Hub 来进行隐私数据协作。

跨链平台的主要应用功能包括三部分：一是数据概览、跨链数据安全查询及跨链数据安全查询历史记录。数据显示概览目前的跨链数量、DSS_Hub 当前隐私保护算法；另外可以在跨链数据安全查询历史记录中查看查询历史记录。二是在跨链管理模块中可以对不同的链进行管理。在列表中显示目前已经接入链的信息，填写跨链对象的节点、机构名称、链名称、通道名称及部署智能合约等完成对跨链对象的添加。三是在 DSS_Hub 模块中可用来切换已配置的不同隐私保护算法。在列表中显示已配置隐私保护算法的信息，通过"配置隐私算法"功能来增加新的隐私保护算法。

证券公司资产证券化业务数字化建设实践与思考

汪锦岭　毛　伟[*]

一、证券公司资产证券化业务概述

资产证券化（Asset-Backed Securitization，简称ABS）于20世纪80年代在美国兴起，随后迅猛发展并走向世界。中国的资产证券化大约从2005年起步，随后得到了快速发展。截至2021年末，中国资产证券化市场累计发行ABS产品8 300单，累计发行规模达137 767.18亿元；其中处于存续状态的4 378单，存量规模52 474.34亿元。2021年度，全国共发行ABS产品2 192单，年度净融资规模达7 266.39亿元。资产证券化业务的发展壮大，对支持服务实体经济、改善企业融资结构、增加证券市场产品供给、拓宽居民投资范围等，都具有非常重要的意义。

国联证券自2014年起进入资产证券化领域，先后发行过消费金融、应收账款、融资租赁、商业保理等多种类型的ABS产品。2020年以来，国联证券通过市场化改革引入优秀人才团队，并全面规划了资产证券化业务的数字化运营体系，通过金融与科技的结合，大幅提升了业务效率和质量，资产证券化业务发展驶入了快车道。截至2021年末，国联证券存续ABS产品规模379.9亿元，年度增幅达37倍以上。2021年度国联证券ABS业务新增管理规模排名全行业第8位，公司在消费金融资产证券化、金融租赁资产证券化等领域建立了较好的品牌优势和较大的市场影响力，形成了差异化、特色化的竞争优势。

二、资产证券化业务的数字化体系

资产证券化业务的实质，是将具有稳定现金流的资产注入某个特殊目的实体（Special

---

[*] 作者简介：汪锦岭，国联证券股份有限公司首席信息官，中国证券业协会证券科技专业委员会委员；毛伟，国联证券股份有限公司信息技术总部总监。原载于《中国证券》2022年第10期。

Purpose Vehicle，简称 SPV），并对该 SPV 进行证券化的过程。相较于传统的基于企业主体信用的债务融资工具，资产证券化产品的收益具有更强的确定性，这种确定性来源于对原始资产的准确计量、合理剥离、风险管控等诸多专业操作。对基础资产的专业评估需要由律师事务所、会计师事务所、资产评估机构等专业机构来完成，同时证券公司需要在此基础上按照交易所、监管机构的要求完成证券化流程。

资产证券化涉及证券公司投资银行业务和资产管理业务两大领域，参与主体众多，业务流程复杂。而目前全行业资产证券化业务的数字化程度普遍不高，大量工作依赖手工处理，效率低下且难以保证质量。如何通过科技手段，以低成本、高效率的方式支持资产证券化业务快速健康发展，是证券行业面临的一个重要课题。国联证券经过两年多时间的探索实践，构建了一套较为完整的资产证券化业务数字化体系，大幅提升了业务处理效率，有效支持了公司资产证券化业务规模的快速扩张。

（一）资产证券化业务的流程梳理优化

资产证券化项目的参与主体众多，既包括原始权益人，也包括资产管理人、资产评估机构、信用评级机构、外部担保机构、主承销商、律师事务所、会计师事务所等中介机构，证券公司还需要与证券交易所、基金业协会等自律监管机构协调沟通，业务链条体系庞杂。

从证券公司资产证券化项目的生命周期看，一个资产证券化项目主要分为承揽、承做、承销、投后管理、终止五个阶段，每个阶段又由多个具体的业务流程组成。这些业务流程可以分为两类：一类为业务审批类流程，主要是为了满足内部管控的要求，在项目实施过程的各个关键节点上，由公司各职能部门出具意见，确保项目的合规可控；另一类为事件驱动类流程，主要是按照项目流转的需要，在特定事件发生时或项目状态发生特定变化时，驱动项目的各类参与者履行各自的规定职责，以保证项目的有序开展，防止出现重要步骤的遗漏或缺失。

证券公司作为资产证券化项目的组织者和核心参与者，需要通过上述业务流程驱动整个项目的正常运转，推动其他参与者协同配合完成项目任务，同时通过内部管控流程来管控项目风险、保证项目质量。因此，资产证券化业务数字化建设的第一步，是要对项目生命周期中的各类业务流程进行全面梳理优化，既要做到对资产证券化项目生命周期的全覆盖，实现全流程数字化；又要提高每个阶段业务处理的效率和规范性，保障各阶段的交付进度和交付质量。资产证券化业务的整体流程框架如图 1 所示。

（二）资产证券化业务的信息系统框架

为了支持资产证券化业务开展，国联证券在对资产证券化业务流程全面梳理优化的基础上，按照"规划先行、分步推进"的原则，经过两年多时间的建设，构建了一套较为完整的资产证券化业务信息系统框架。国联证券资产证券化业务信息系统由 ABS 项目管理系统、ABS 发行簿记系统、ABS 基础资产管理系统、ABS 工作底稿管理系统、资管产品管理系统、资管综合数据平台、OA 流程审批系统等组成（见图 2），有效支持了资产证券化业务的数字化运营。

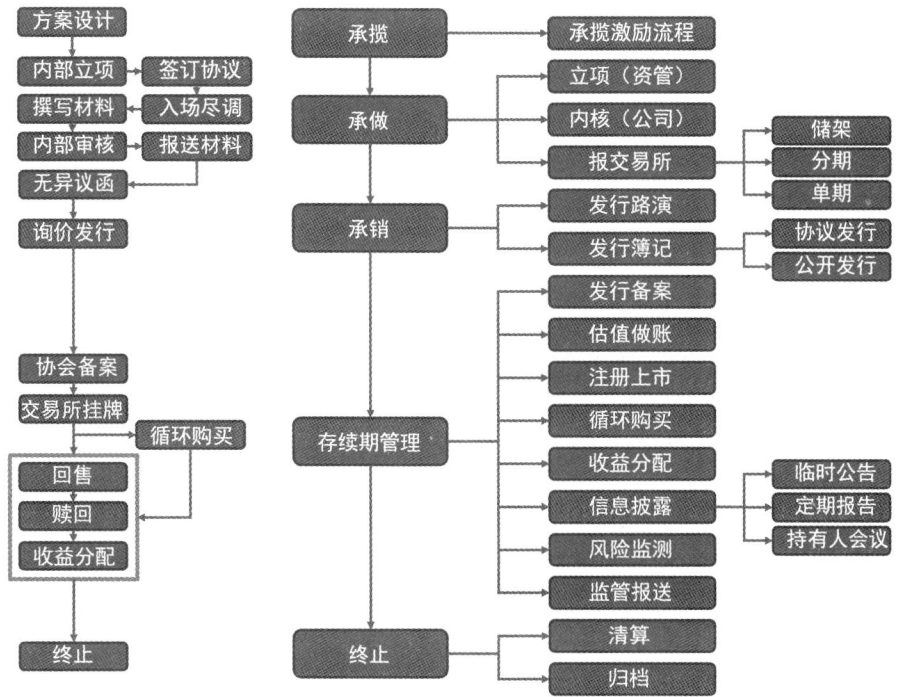

图 1 资产证券化业务整体流程框架

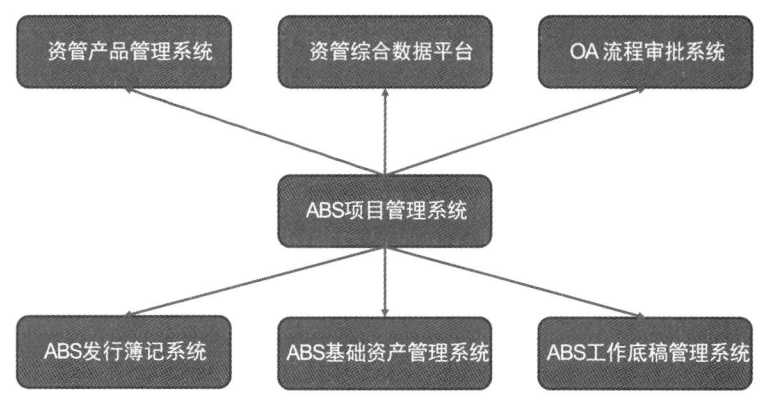

图 2 资产证券化业务的信息系统框架

各信息系统的定位及主要功能如下：

ABS 项目管理系统：主要对 ABS 项目过程进行管控，覆盖立项、尽调、成立、循环购买、分配等核心业务流程，提供项目信息管理、项目文档管理、项目报告生成等功能。

ABS 发行簿记系统：主要实现了 ABS 项目发行过程的电子化管理，提供项目发行信息管理、客户管理、投标管理、中签分配、发行簿记、自动生成缴款通知书等功能。

ABS 基础资产管理系统：主要实现了与原始权益人的系统对接和数据导入，按照各类资产数据模型，接收并存储项目涉及的基础资产数据，并对基础资产数据进行分析处理。

ABS 工作底稿管理系统：主要对项目立项、尽职调查、发行承销、后续管理（包括持续督导、受托管理、存续期管理）等作业过程及质量控制、内核、监管审核等流程中形成的工作底稿进行电子化管理。

资管产品管理系统：服务于整个资产管理业务，为所有资管产品提供统一内部编码，以便于跨系统数据对齐和勾稽；提供资管产品要素信息的汇总和管理功能，实现基于产品要素信息变化驱动的业务变更流程；提供跨系统的业务流程交互等功能。

资管综合数据平台：服务于整个资产管理业务，以资管业务统一数据模型为基础，从资管业务涉及的各个核心业务系统采集数据，提供数据汇总整合、加工分析、报表展示等功能。

OA流程审批系统：公司级的流程办公平台，基于OA流程提供了跨部门的协作和流转，实现了业务办理、项目审批、过程留痕等功能。

三、资产证券化业务数字化的关键环节

资产证券化业务与证券公司的投资银行和资产管理业务相比，既有一些共性，也有自身的鲜明特色。这就需要我们在规划建设资产证券化业务的数字化体系时，就其中具有业务特色的关键环节进行针对性规划设计和落地实施，形成行之有效的数字化解决方案。

（一）项目材料的数字化管理

资产证券化的业务过程，主要是项目人员对基础资产进行归集和核查，确认其达到资产证券化的相关标准，然后进行资产剥离、发行证券、上市交易、到期兑付的过程。为了规范项目开展，中国证监会、交易所、证券公司都对项目执行过程和项目材料提出了一系列严格的要求。从项目执行层面看，资产证券化过程也是按照相关要求准备各类项目材料的过程。因此，对各类项目材料进行数字化管理，对于确保各项工作的规范有序、防范工作差错和遗漏、保证执业质量，具有重要意义。

国联证券通过ABS项目管理系统，结合项目材料的形成过程，对项目材料进行全面数字化管理。ABS项目管理系统对业务流程的关键材料进行了定义和标识，项目组在项目执行过程中，需要分阶段上传相关材料，并安排专人在关键节点对材料的完整性进行检查核对。对于项目涉及的大量纸质文件，系统能够及时触发相应工作任务，要求项目人员完成扫描和上传。对于视频面签等离线管理的大文件，系统能够对其有效归集和审核，从而避免关键材料的缺失或遗漏。系统还提供分权限的文档管理功能，按照项目材料权限最小化原则，对不同用户分别授权，用户只能访问自己有权限的项目材料，未经授权时不能对材料进行编辑、下载等操作。

此外，为了满足监管机构对ABS业务工作底稿管理的要求，国联证券还上线了ABS工作底稿管理系统，针对资产证券化项目设置了专门的底稿模板，从严制定了底稿管理和修订规则，针对资产证券化项目储架式发行、存续期管理等场景进行了专门优化，并配套建设了资产证券化项目底稿评审和报送流程，实现了对底稿质量和报送质量的严格管理。

（二）基础资产的数字化管理

基础资产管理是资产证券化业务的核心。基础资产数据的质量和获取效率，对于资产证券化项目风险的评估、监测以及资产证券化产品收益率的测算和定价等，具有关键意义。由

于基础资产原始权益人的情况千差万别,相应的业务模式、现金流、交易结构各不相同,基础资产的数字化管理也面临一系列挑战。一方面,基础资产数据普遍具有数据量大、数据结构复杂、数据质量参差不齐等特点;另一方面,记录原始资产的信息系统大多是各原始权益人的核心信息系统,出于保护商业秘密和客户信息等考虑,他们也不愿将核心信息完全开放给证券公司。

国联证券在开展资产证券化业务的过程中,高度重视基础资产的数字化管理工作,与ABS项目管理系统同步建设了ABS基础资产管理系统。基础资产数字化管理从基础资产的数据模型和数据质量管控入手,通过项目团队与原始权益人及资产服务机构的积极沟通,支持系统直连、人工导入等多种方式,合理采集和汇总项目的基础资产原始数据,作为基础资产识别、打包和定价的依据,并可以在此基础上开展资产风险监测、资产压力测试等工作,极大提升了基础资产的数据处理能力。国联证券还积极引入大数据、人工智能等新技术,利用基础资产数据进行资产证券化项目现金流分析和预测,并通过丰富的金融模型对产品收益和风险进行测算,显著提高了资产证券化产品的定价效率和定价合理性。

(三) 项目发行的数字化管理

虽然证券公司大多设有 DCM (Debt Capital Market) 部门来负责固定收益类产品的一级市场发行工作,但受诸多因素影响,发行过程的数字化水平一直较为低下,大量的客户管理、报价登记、发行簿记等工作主要依赖手工操作完成。随着资产证券化业务规模的急剧增长,证券行业迫切需要引入科技手段以提升项目发行的效率。

国联证券根据资产证券化业务发行管理的实际需求,自主研发了一套 ABS 发行簿记系统。该系统提供客户信息管理、发行信息管理、申购管理、标位汇总、边际价格预测、中标分配、缴款通知书管理等功能,实现了发行簿记全过程的信息化。ABS发行簿记系统从资管产品管理系统中获取项目的基础信息,在完成项目发行簿记后,再将相关信息完整推送至ABS项目管理系统,从而实现了项目信息从立项、发行到存续期管理的自动流转,不但提高了发行效率,还保证了项目信息的准确性和一致性。

(四) 循环购买的数字化管理

证券公司作为资产管理人,需要在项目存续期间及时收回已到期的基础资产(例如消费贷款)资金,并按照既定的基础资产筛选标准,向原始权益人购买新的基础资产(例如新发放的贷款),这种操作就是资产证券化业务的循环购买。循环购买是资产证券化项目存续期管理的一项重要工作,工作量大,操作频率高,较容易出现操作差错。特别是对于消费金融类 ABS 项目,其基础资产为大量到期日不同的小额贷款,几乎每天都有一些贷款会到期清偿。

为了实现对循环购买的数字化管理,国联证券 ABS 项目管理系统提供了基础资产筛选、现金流预测、风险测算等基础功能。同时,由于循环购买涉及资金流转、信息披露、档案管理诸多业务流程和多套业务系统,国联证券又通过自主研发实现了多套 IT 系统的无缝衔接,将资管产品管理系统中的项目基础信息管理、ABS项目管理系统中的循环购买管理、OA系统中的资金划款流程等整合为统一的循环购买流程,并为信息披露工作提供了整合统一的数据源,简化了操作流程,大幅提高了业务效率。

（五）资产证券化业务的数据治理

资产证券化业务兼具投资银行业务和资产管理业务的特点，数据来源多、数据结构复杂和数据质量差参差不齐一直是资产证券化业务数据治理的难点。国联证券从数据一致性和数据准确性两方面着手，不断提升数据质量，有效解决了资产证券化业务数据治理的难题。

为了保持数据的一致性，国联证券在立项之初就为项目分配了内部唯一编码，该编码贯穿项目的整个生命周期。通过内部唯一编码，项目人员可以方便地在资管产品管理系统中查询项目的基础信息，或在公司 OA 系统中查询项目的流程状态信息，不同系统间也依据内部唯一编码实现了数据的勾稽和对齐，为后续的数据校验提供了基础保障。

在确保数据准确性方面，国联证券一方面通过系统对基础信息实行统一管理，避免多头管理、版本更新等造成数据差错，另一方面加强业务流程控制，设立项目组自查、内核、质控等多重复核机制，保障数据的准确性。我们还引入了文档智能审核系统，借助大数据、人工智能、自然语言处理、机器学习等手段，对文档内容进行全面审核，以实现材料中同类数据的一致性检查、勾稽关系校验等功能，防范数据差错。

此外，深入梳理业务流程、实现跨系统数据整合，也是提高数据质量的有效方式。例如，资产证券化产品对应的专项资产管理计划一般采用周度或者月度估值，运营人员无法通过估值系统获取日频的资产管理规模数据，不利于日常业务监控和经营管理。国联证券通过自主研发，采集相关 IT 系统中的资产证券化产品估值数据、循环购买数据、收益分配数据，自动计算资产证券化产品的日频资产规模，提升了日常数据校验的及时性和日常数据统计的准确性。

（六）资产证券化业务的信息保护

资产证券化业务涉及的参与方众多，如何有效保护相关各方的敏感信息，在保障业务开展的同时防范信息泄露，也是资产证券业务数字化体系建设中需要解决好的一个重要问题。

以消费金融类资产证券化项目为例，由于其基础资产为个人消费信贷合同，项目过程中不可避免会接触到大量的个人信息。从风险管理角度而言，资产管理人获得越详细的借款人明细信息，就越能够对基础资产质量进行充分的评估，从而有利于加强项目风险管理，提升定价准确率；而从保护个人信息的角度而言，原始权益人无法提供也不愿意提供过于详细的个人信息。如何在充分保护个人信息的前提下，对项目风险进行合理管控，是资产证券化业务数字化建设的一个研究热点。

近年来，数据联邦、加密共享、联合学习等新技术不断涌现，通过这些技术，数据所有者可以在不泄露个人信息的前提下，协助数据使用者完成数据统计、模型训练等工作，既有效保护了个人信息，又达到数据分析的目标。此外，区块链技术也在资产证券化业务领域得到了较多的应用，它是解决信息不对称问题的一个有效手段。通过区块链技术的防篡改特性，原始数据所有者可以将原始数据进行一定程度的加密或信息屏蔽后，再提供给数据使用者。数据使用者虽然无法获取基础资产的全部信息，但是可以信赖数据的真实性，从而在信息披露和信息保护之间达到一种平衡。

四、总结

资产证券化业务对于提升我国直接融资比例、盘活存量资产、发展多层次资本市场具有重要意义，对于证券行业而言意味着巨大的发展机遇。通过科技与金融的结合，大力提升资产证券化业务的数字化水平，既是资产证券业务发展壮大的内在需求，也是证券行业实现高质量发展、推进数字化转型的重要体现。

资产证券化涉及证券公司投资银行业务和资产管理业务两大领域，参与主体众多、业务流程复杂，有自身的一些鲜明特点。国联证券针对资产证券化业务特点，经过两年多时间的探索实践，构建了一套较为完整的资产证券化业务数字化体系，有效支持了公司资产证券化业务规模的快速扩张。下一步，国联证券将积极探索利用人工智能、联合学习等新兴技术，不断提升资产证券化业务的数字化、智能化水平，推动业务持续健康发展。

融资融券业务风险管控智能化研究

申万宏源证券有限公司　深圳市金证优智科技有限公司[*]

一、传统融资融券业务风险管控面临的问题与难点

随着上市公司数量的不断增多及科创板、创业板注册制改革的全面铺开，融资融券标的证券和可充抵保证金证券范围迅速扩大。证券公司的融资融券业务，尤其是大型证券公司的融资融券业务，动辄千亿元融资融券规模和十万级客户数量，每天交易数千只标的证券和担保物，T+0交易、量化对冲等融资融券交易策略不断更新和演进，这些交易在活跃市场、服务客户的同时，也使证券公司风险管理的压力与难度大幅增加。

随着近年融资融券业务的发展、市场行情的波动，在证券公司对融资融券业务违约客户制约措施有限的背景下，融资融券客户交易纠纷和司法判决近年来呈持续增长态势，对证券公司的正常经营造成了一定的困扰。随着融资融券业务纠纷数量、涉及金额逐年增加，证券经营机构信用风险管理问题凸显。

目前，由于维持担保比例过低、合约到期或证券公司协助司法执行对客户信用账户（法律意义上的信托账户）资产强行处置并实现证券公司债权，证券公司需根据客户的担保物情况、资信评级、持仓集中度、维保走势及交易风险控制能力等多种因素，采取事前、事中、事后等不同的风险管理手段和方法。

---

[*] 本文为中国证券业协会2021年优秀课题。课题负责人：丁伟，申万宏源证券有限公司融资融券部副总经理。课题组成员包括：房庆利，申万宏源证券有限公司执行委员会成员，兼任申万宏源（国际）集团有限公司董事长、申万宏源（香港）有限公司董事长；李海英，申万宏源证券有限公司信息技术开发总部总经理；詹毅，金证优智科技有限公司首席执行官（CEO）、首席人工智能官；邱燕，申万宏源证券有限公司信息技术开发总部总经理助理；胡建军，申万宏源证券有限公司融资融券部业务董事；李军，申万宏源证券有限公司融资融券部交易监控部经理；任添敏，申万宏源证券有限公司信息技术开发总部资深开发工程师；张世杰，申万宏源证券有限公司信息技术开发总部高级开发工程师；娄杨宾，金证优智科技有限公司高级产品经理；李春燕，申万宏源证券有限公司融资融券部高级业务经理。原载于《中国证券》2022年第7期。

此外，行业发展新趋势带来了新的风险特征：退市常态化增大了标的与担保物的风险；股票标的物、担保物也分别扩充到 1 600 只及 4 000 只以上，平均质量下降带来了筛选的挑战；地方政府债等债务违约风险及可转债风险也不同程度加剧。此外，融券券源范围扩大、去杠杆趋势下股票质押绕道融资融券等因素也需要融资融券风险管理者去考量。

针对上述问题与难点，传统的盯市和风险管控措施已难以适应证券市场环境的变化。借助人工智能技术，赋能融资融券风险管理，是融资融券风险管控的未来发展趋势。

二、融资融券业务风险管控实现智能化转型的探讨

（一）融资融券业务风险管控核心能力探讨

1. 担保证券风险评估能力

证券风险管控关键在于担保证券的评估和风险前置。证券事前预警能力是融资融券业务风险前置最重要的环节，事前预警主要围绕经过炒作或市场非理性因素使得估值远远高于其内在价值的"庄股"以及通过财务造假长期粉饰公司真实状况的"雷股"。

2. 客户风险评价能力

客户风险评价能力可以分为事前合理授信、事中有效跟踪客户、事后追偿处置。事前要确保对客户普通账户过往投资风控能力有更深入的认识；事中要识别真实风险暴露中的干扰项；事后要根据对客户投资行为特征、投资风控能力的分析获知客户类别，把握担保资产分析的准确度。

3. 风险算法能力

融资融券部门整体风险管控能力在于风险敞口的有效估算，实时准确地衡量业务整体的风险敞口是否在证券公司融资融券部门承受范围内，具体手段包括压力测试、VaR 测算、宏观风险跟踪、融券业务双向违约风险管理等。

4. 风险信息归集分析定位能力

（1）信息的归集：要求全面和及时。全面性要求覆盖外部的证券数据、行业数据与舆情，内部的客户数据、交易数据，最终实现风险要素的全覆盖。及时性要求保障数据同步更新的实时性，对证券、客户、证券公司重要信息第一时间更新。

（2）信息的分析：要求应用总结规律，并执行分析。

（3）信息的处理：要求风险分析类系统输出分析的结果到交易柜台等执行系统。

5. 风险定价能力

证券风险定价能力是证券公司打造独特竞争力的环节。证券公司面对风险控制与展业之间的矛盾，只强调风险控制会流失客户，只强调展业放宽风控条件则使得风险积累易发生大额坏账。风险定价层面既要拓展证券分析能力，也要参考同业，找到风控与展业合理的平衡点，确保风险处于证券公司可控范围之内。

（二）人工智能技术在融资融券业务风险管控中的应用探讨

1. 证券风险管控应用

证券风险管控的重点是事前的预警、风险定价以及事中的风险暴露估算。根据上述风险能力的探讨，可分四个阶段实现。

第一阶段：建立证券参数管理自动化。

针对固定规则进行调整，如不同板块新股上市、新债发行、上市满一定期限、市盈率等原因对应的担保物折算率与标的物保证金比例，做全自动化调整，自动生成名单与调整公告，人工只需做复核，降低操作风险。

第二阶段：拓宽证券分析的数据维度。

为完善证券风险定价能力的全面性，对担保股票的建模应包含更广泛的信息要素。目前常用的建模包含流动性风险、估值风险、财务风险、舆情风险，后续将炒作风险、踩踏风险、客户持仓暴露风险纳入考虑。不同板块、不同行业的股票在建模指标、权重上应有区别，体现不同监管准入条件与行业差异。

第三阶段：分步提升证券分析逻辑深度。

一是实现数字化，将原先在 EXCEL 或人脑中的打分逻辑、财务异常判断逻辑放在系统内由系统判断，可提高频率每日执行。二是改进算法，研究成交量时间分布等更负责的复杂时序指标，看能否结合基本面判断存在炒作风险的股票。三是利用机器学习等人工智能技术，寻找合适的标注标准去训练模型判断财务造假风险。四是改进舆情判断机制，通过 NLP 技术自动识别风险事件标签，过滤掉低风险证券的舆情与不重要事件的舆情。五是通过知识图谱技术确保关联企业的风险传导得到监控。

第四阶段：建立流程确保证券分析能力可回测和可迭代。

为确保证券风险管控水平逐渐提高，需建立有效的回测机制，促进模型与制度的迭代，不断向更合理、更高准召率的方法去优化。回测机制需要系统可调用数据，包括财务、行情、交易、合约、平仓记录、履约情况、担保品名单等方面。

2. 客户风险管控应用

客户风险管控需要对客户数据进行多维度解析与打标签，进而对客户进行分类，并对不同类别的客户设置相应的风险管理指标。通过对客户数据深入挖掘与分析处理，为核心客户自动画像，根据画像推送差异化的服务，具体内容包括：

（1）客户服务：能自动化生成年度投资报告下发客户，以及对客户持仓的重要风险进行提示。

（2）客户投资风控能力：通过分析客户的交易大数据生成净值曲线、Alpha、Beta、最大回撤等指标，结合过往客户投资结果判断客户风控能力的高低。

（3）客户交易归因：投资者交易策略多元化发展，要识别客户交易目的，对价值投资、T+0 交易、对冲、大额对敲等归因标签。

（4）客户风险管控：支持通过自定义规则对客户进行风险分析，包括但不限于交易策略、持仓、负债规模等。对指定客户生成建议维保比例下限（预警线、追保线、平仓线等），支持对指定客户生成建议集中度上限。

（5）客户资产分析：信用账户的担保资产是第一还款源，分析担保资产是风险把控最客观的一环，具体分析角度不应局限于融资融券余额高、集中度高、维持担保比例低，要根据证券实际分级制定模型衡量资产可变现能力，事中盯市需要把视角从股票扩展到整个信用账户资产的内在价值、相关性、集中度、流动性。

（6）还款能力分析：穿仓需补充资产时是第二还款源，需加强征信时的调研，确定给单客户适合的授信规模，控制信用风险敞口在其可承受范围内，并探索新方法了解客户资产实力与还款意愿。

(三) 智能化系统建设模式与方向

当前证券公司有融资融券交易系统、极速交易系统等交易类系统满足业务的正常运营，但各类业务数据分散。应统一数据源与实现当前业务分析数字化，建成初版分析系统，将证券、客户、行业的数据和各场景的分析逻辑整合集中，逐步嵌入 AI 模型与管控执行的部分，让系统逐步演进到智能化风险管控系统（见图 1）。

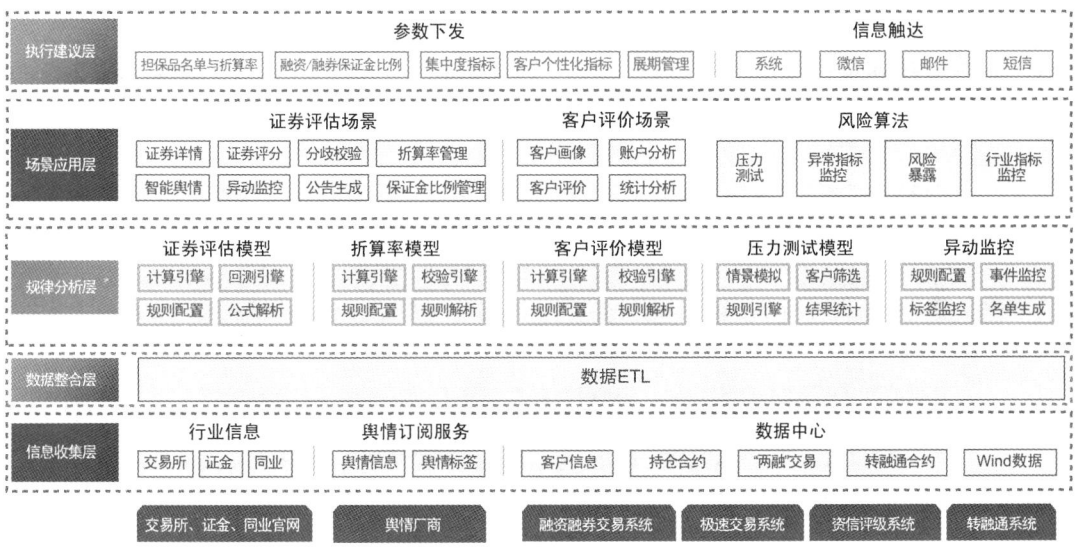

图 1 融资融券业务风险管控系统架构图

1. 信息收集层

包括执行类系统的灾备数据库与日志、公开信息数据爬虫、前后端数据埋点、数据厂商接口、数据中心。

2. 数据整合层

含数据抽取、多源异构数据整合、数据清洗。

3. 规律分析层

包括规则容器、自动化分析、规则验证回测、智能化规则生成与模型训练管理、数据统计与探查、BI 等。

4. 场景应用层

包括信息查询与筛选、重点指标监控、场景化流程管理、报表生成。

5. 执行建议层

包括担保品和标的证券参数及公告下发柜台、股票集中度分级建议下发、客户个性化指标建议下发、非实时交易限制建议下发、风险预警消息下发、舆情公告影响建议。

三、融资融券业务风险管控智能化系统建设方案

(一) 数据基础建设

1. 数据仓库建设

数据仓库是为企业所有级别的决策制定过程提供所有类型数据支持的战略集合。它是单个数据存储,出于分析性报告和决策支持目的而创建。数据仓库的搭建为融资融券业务的风险评估、监控提供决策支持,并能满足所有业务使用场景的需求。对于融资融券业务而言,建设的数据仓库是一个面向融资融券业务的,集客户数据、合约数据、宏观经济数据、舆情数据、证券市场数据、标的证券数据等经加工和处理,统一与综合之后的数据汇总集合(见图2)。

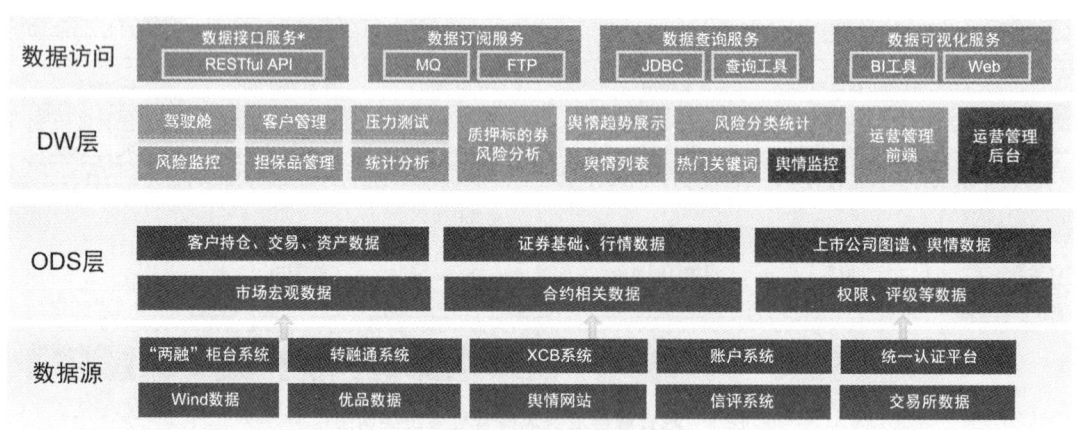

图 2 数据仓库架构

2. 数据集市生成

一是融资融券业务数据模型。该模型建设目标为融资融券业务整体风险监控。数据来源有融资融券交易系统、上海证券交易所、深圳证券交易所、证券金融公司公开数据等。

二是客户数据模型。该模型建设目标为融资融券客户风险监控。数据来源有融资融券交易系统、极速交易平台等。

三是证券数据模型。该模型建设目标为标的证券风险监控与评估。数据来源有融资融券交易系统、市场公开数据等。

四是合约数据模型。该模型建设目标为合约风险监控。数据来源有融资融券交易系统、券源管理系统和转融通系统等。

(二) 功能应用建设

为满足融资融券业务风险管控核心能力,系统通过证券评分、智能舆情、证券异动监控、证券智能评价与回测等功能提高证券风险管控能力,通过客户画像、客户评价模型、账户联合风控、客户标签生成等功能提高客户风险管控能力,通过压力测试、整体指标监控、全行业数据监控、公司风险暴露等功能提高融资融券部门整体风险管控能力。

1. 证券评分

在系统中建设一个与证券相关的指标池，通过配置多指标的评分项的计算逻辑，计算出证券评分所依赖的计算因子，最后动态选择评分项或者计算因子生成证券评价模型。

2. 智能舆情

通过采用业内领先的 AI 算法，能够基于深度学习和自然语言处理等技术，对舆情本身的特征进行抽取和分析。同时挖掘实体间的关联关系，实现风险舆情的风险程度判断。

3. 证券异动监控

通过获取到的证券相关的指标，配置规则集，定义异动事件的类型、异动事件触发的规则以及触发异动事件后的内容和异动事件所影响的标的证券范围等。

4. 证券智能评价与回测

实现证券评价多套模型及相关数据指标接入，支持多套模型共存及管理，支持数据指标增减、权重配置及关联计算，最终支持模型回测功能，包括但不限于模型有效性校验、历史公告回溯、全量数据留档、分析等。

5. 客户画像

通过雷达图展示客户的资产负债、资信等级、客户价值、投资能力、客户持仓合约的评分情况、客户持仓标的评分等信息，以便为客户风险监控提供决策支持。

6. 客户评价模型

对担保券质量、融资人画像、市场整体风险、公司风险承受能力这四个维度进行量化，生成总体客户评价与客户分级，用来指导对客户分级或定制化的指标设定。

7. 账户联合风控

通过受益人与开户申报信息，人工或自动识别，根据交易相似度，识别关联账户，后续根据新现象寻找新的关联账户的判断规则，实现关联账户统一风控授信。

8. 客户标签生成

通过数据分析处理，为融资融券核心客户自动生成标签，以便于对客户进行分类管理与针对服务，提升展业能力。

9. 压力测试

通过压力测试结果可以监测到整个公司客户维持担保比例的区间分布情况，实时跟踪到客户维持担保比例的区间分布情况，便于做好风险化解工作。

10. 整体指标监控

以公司为维度进行风险监控，需要监测公司整体的融资融券业务风险监控指标是否满足监管要求以及公司风控要求，如客户融资规模或者融券规模占公司净资本比例等。

11. 全行业数据监控

从宏观层面对整个融资融券风险情况进行监控，通过对比分析可以监控到融资融券业务大幅波动的证券。

12. 整体风险暴露

对证券公司融资融券业务整体风险敞口进行有效估算，估算已暴露的风险是否在证券公司融资融券部门承受范围内，对公司整体信用风险敞口有不同角度的定量把控。

科技赋能证券公司零售业务数字化转型

俞仕龙　孙铁林　周华喜*

一、数字化转型的背景介绍

（一）数字化转型的定义

关于数字化转型的概念，在学界、业界甚至业界不同的领域，对其定义都有略微差异。其中2021年中国证券业协会"证券行业数字化转型实践调研问卷"中提到，数字化转型主要指加快科技赋能、数据驱动，通过大数据、云计算、人工智能、区块链等数字化手段改造证券公司经纪、资管、投行、研究、投资、中后台管理等业务条线的业务模式与工作方式，持续提升公司综合金融服务能力、运营效率和风险管理水平。

从本质来讲，数字化转型有三个共性之处：一是数字技术手段的引入，通过大数据、云计算、人工智能等一系列技术手段的引入和创新，进行技术变革；二是模式的改变，包括业务模式、组织模式、工作模式等的优化或转变；三是为企业创造价值，包括改善客户体验、提升运营效率、提高风险管理水平、提升组织绩效等。

（二）数字化转型的监管背景

行业监管高度重视数字化转型的发展。2019年，中国人民银行发布《金融科技（FinTech）发展规划》，首次从国家层面对整个金融行业的信息科技发展作出了总体规划。2020年10月，中央"十四五"规划更是以独立篇幅阐述了"加快数字化发展，建设数字中国"的发展蓝图，提出要迎接数字时代，激活数据要素潜能，推进网络强国建设，加快建设数字

---

* 作者简介：俞仕龙，信达证券股份有限公司高管、首席信息官，信风投资管理有限公司董事长；中国证券业协会特聘课题专家、证券科技专业委员会委员；曾获北京市金融领军人才、中国优秀CIO等奖项；证券公司信息技术从业20余年，具有丰富的金融科技与数字化转型实践经验。孙铁林，清华大学经济管理学院MBA，信达证券股份有限公司信息技术中心总经理，清华大数据产业联合会理事，中国软件和服务业领军人物。周华喜，信达证券股份有限公司数字金融部首席产品架构师。原载于《中国证券》2022年第10期。

经济、数字社会、数字政府，以数字化转型整体驱动生产方式、生活方式和治理方式变革。2021年10月，中国证监会发布《证券期货业科技发展"十四五"规划》，围绕"推进行业数字化转型发展"与"数据让监管更加智慧"两大主题，提出重点布局六大方面。2022年1月，中国人民银行印发了《金融科技发展规划（2022—2025年）》，提出新时期金融科技发展指导意见，明确金融数字化转型的总体思路、发展目标、重点任务和实施保障将是未来三年我国金融机构数字化转型的风向标。同月，中国银保监会发布《关于银行业保险业数字化转型的指导意见》，明确提出了"加快数字经济建设，全面推进银行业保险业数字化转型，推动金融高质量发展，更好服务实体经济和满足人民群众需要"的任务。

（三）数字化转型的行业现状

中国证券业协会2020年的调研数据显示，目前已有92%的证券公司启动了数字化转型，并制定了数字化发展战略，建立了数字化转型的模式和路径，迈出了转型步伐，有的已经进入深水区。数字化转型正成为证券公司发展的共识，打造新的业务增长极。

从整个行业来看，不同的证券公司因资产规模、业务结构、发展阶段以及客户基础等不同，数字化转型的路径也有较大差别。一些头部证券公司基于自身各方面的优势进行了全面的数字化转型，在财富管理业务、资本中介业务、机构交易业务、资管业务、投研等领域均有涉及，并逐步走向平台化、智能化、生态化；一些中小证券公司也制定了相对全局性的数字化转型战略，启动从客户前端到数据平台再到技术底座的全方位数字化转型；也有的证券公司结合自身的情况，进行局部的数字化转型，以做好业务支持为主要目标，改造升级薄弱环节；还有一些证券公司正处于转型的探索和观望阶段。

证券公司大范围地进行数字化转型，也暴露出一些问题，如缺乏顶层设计、目标不清晰、业技融合不足、数字基础不牢、数字人才缺乏等。数字化转型投入大，见效慢，投产压力高，尤其对于中小证券公司而言，如何走好自己的转型之路，在激烈的竞争中实现破局发展，赢得一席之地，是摆在眼前亟待解决的问题。

二、证券公司零售业务数字化转型的模式和路径

证券公司零售业务覆盖股票交易、场外基金、融资融券、基金投顾等多个领域，海量的个人用户是其服务对象的重要组成部分，也是其营收的重要来源和传统阵地。从发展阶段来看，无论国内国外，伴随互联网的发展，零售业务都是最早线上化的领域，无论从用户成熟度、业务广泛性还是转型难度等方面考虑，选择从零售业务开始数字化转型都更具现实意义，也更适合作为转型的业务突破口。

（一）证券公司零售业务数字化转型的模式分析

近年来，不少证券公司在积极探索零售业务向财富管理转型，强调"以客户为中心"，部分头部证券公司也取得了不错的成效。在此背景下，我们认为，构建以"客户—金融产品—业务人员"循环连接的一站式数字化财富管理平台，做好用户触达、产品营销和客户服务，形成数字化、平台化、生态化的服务体系，通过前端触点、数据中台和数字平台提供强有力的触点和数据支撑；通过业务人员提供有温度的陪伴式服务；以客户要什么为中心，

通过金融产品等实现客户最终的财富升值，实现双赢格局，将是数字化转型赋能零售业务的重要突破口（见图1）。

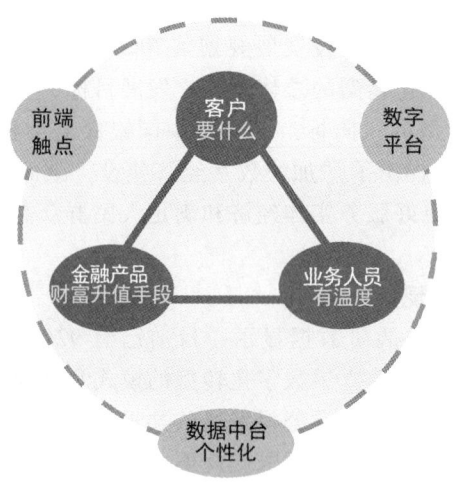

图1 循环连接的数字化服务体系

做好用户触达，需要好的平台支撑；做好产品营销，需要好的营销体系；做好客户服务，需要好的业务流转流程。因此，在零售业务数字化转型的具体方向上，我们将其拆解为平台的转型、营销的转型以及流程的转型，具体如下：

一是平台的数字化转型。所谓平台是指为用户提供产品和服务的前端触点，以及为前端触点提供支撑的中后端数据服务等系统和服务体系，例如App客户端、PC客户端、微信小程序、微信订阅号上的服务、企业微信上的服务、数据中台、CRM（客户关系管理系统）、投顾展业平台等。平台的数字化转型，一方面，是将大部分传统的线下业务线上化，如开户、权限开通、资格认证等业务线上化，更重要的是业务模式的优化或变革，例如人脸识别和图像识别技术的应用，改变了传统的临柜开户办理流程，用户可以通过自助式的服务完成线上开户；另一方面，平台也会产生大量的数据并积累沉淀，例如App客户端通过埋点产生数据并传输给数据中台，数据中台加工数据并反向指导App客户端业务的开展。

二是营销的数字化转型。所谓营销，就是对消费者施加影响，从而改变消费者行为的过程。因此，营销的数字化转型，就是通过数字化营销手段，优化或者改变局部或者全部营销的过程。这里我们以业界常说的AIPLA营销模型为例，营销可以分解为让用户知晓（Awareness）→兴趣（Interest）→购买（Purchase）→忠诚（Loyalty）→拥护（Advocate）的过程，在这个逻辑体系下，就是要做到优化其中关键的一步或几步，或者做全链路的优化或变革，进而达到更好地影响消费者的心智和行为的目的，改善和提升产品销售的目标和水平。例如，在A阶段，可以利用数字人、智能语音等技术快速生成大量事件型、话题型的短视频内容，在各流量平台进行矩阵式投放；在I阶段，可以充分利用客户画像标签，向用户精准推荐其感兴趣的内容或产品，提升转化率；而全局性的转型则是打破市场部、品牌部、客户服务部、社群运营部等部门相对独立运营的壁垒，前后协同，为用户提供衔接的、连贯的、逻辑清晰的AIPLA营销旅程。

三是流程的数字化转型。流程是业务流转的连接和基础，流转的是结构化的或者非结构化的数据化信息，连接的是平台上的一个作业点到另一个作业点，一个独立业务事件的完成，可能是顺序连接或者网状连接的多个作业点的组合流程。因此，从关系来讲，平台是流程的具体承载和实现，而流程则是平台的基础和前提，所以平台的数据化转型，也是需要围绕业务流程这个大前提展开的。那流程为什么要数字化转型呢？一种是原有的流程不够集成化、标准化、规划范和自动化，有较大的提升空间；另一种是流程的彻底变革，信息技术的推陈出新，带来了很多生产生活方式的改变，很多商业模式也发生了巨大变化，模式变了，流程也必然会变。如前文提到的零售经纪业务向财富管理的转型，两者在价值主张、收入模式、核心能力和成本结构上均存在显著差别，因此业务流程必然产生显著变化（见图2）。

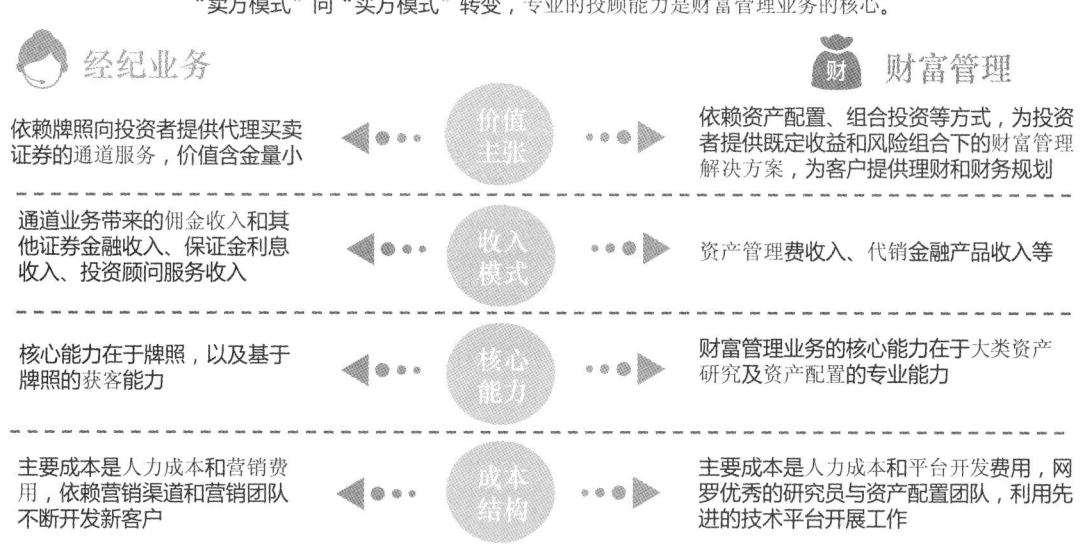

图2　零售经纪业务向财富管理转型的核心变化

（二）证券公司零售业务数字化转型的路径分析

数字化转型是一个全局性高、跨部门多、工作量大、持续时间久、投入成本高的系统性大工程，我们充分借鉴行业内的相关经验，并总结出现的一些突出问题如转型目标模糊、仅仅是IT转型、只有数字化没有转型、转型节奏与业务脱节、转型规划落地走形、组织支撑不足、微转型等，认为数字化转型可按照如下路径展开：

第一，一把手牵头，顶层设计。数字化转型是公司级的大的战略动作，需要一把手牵头，进行顶层设计，做到谋定而后动，实现上下思想上看齐、意识上一致，协力同心做转型。要找准战略定位，制定转型目标，确定核心战略方向。

第二，做好组织治理保障。数字化转型牵一发而动全身，需要多领导推动，也需要多职能线条参与和配合，协同要求极高。因此，为了保证蓝图的落地，需要创新治理模式，做好组织保障，通过跨部门敏捷团队，以及相对稳态的科技团队等组织体系，确保蓝图的落地。

第三，做好阶段规划。数字化转型，具体做什么，先做什么，后做什么，重点改进什么，短期内做什么，长期内做什么，证券公司需要结合自身的资产规模、业务结构和客户体量等资源要素，制定适合自己的具体实施路径，进而做到有的放矢。依阶段规划实施转型，保证有抓手、有具体可执行的目标，实现落地有进展、有实效、有突破、不跑偏，阶段性取得数字化转型成果。

三、信达证券科技赋能零售业务数字化转型的实践

信达证券作为一个中小型证券公司，深刻认识到数字化转型的重要意义和战略紧迫性，近年来不断加大 IT 投入和人才队伍建设，推动数字化转型实践落地。信达证券充分吸收借鉴行业的相关经验，通过顶层规划设计、战略方向引领、实处进行突破的转型部署，做到转型有规划、有方向、有手段，力争实现突破，快速取得阶段性成果。下面简述信达证券科技赋能零售业务数字化转型的相关规划、战略方向及转型成果。

（一）制定《数字化互联网平台建设规划》

2021 年，信达证券全面开启数字化转型的相关规划，充分借鉴行业的先进经验，并深入结合公司实际，立足业务，制定并通过了《数字化互联网平台建设规划》，成为公司数字化转型的纲领性文件，明确了公司数字化发展长短期战略与目标，并制定了具体的实施路径。

1. 数字化转型发展战略

数字化转型发展战略将构建信达证券金融科技的四梁八柱。以科技赋能金融，以智能引领创新，打造核心竞争力，打造行业领先的智能金融平台；数字化发展战略将实现"双信达""双在线"的全面数字化业务场景。"双信达"，即线上、线下两个信达；"双在线"，即员工在线、客户在线。

2. 数字化转型的目标

数字化转型的总目标是：利用信息技术手段，沿着"线上化、数字化、智能化"的发展思路，打造具有信达特色和行业差异化的金融科技平台。塑造一支有核心技术能力的科技研发队伍，在保障公司信息技术整体合规、安全稳定的前提下，为公司的业务发展赋能，创新业务模式，提升公司的整体数字化运营能力，为实现公司的业务发展战略保驾护航，增添动力。

（二）推动金融科技赋能零售业务数字化转型

信达证券深度把握从零售经纪业务向财富管理转型的契机，推动金融科技对业务的全面赋能，利用金融科技打造核心竞争力。

中国的财富管理已经从卖方阶段进入买方阶段，强调以质取胜，以客户为中心。信达证券深度理解多元化客户需求，依托一线营业部和分支机构，构建"线上线下融合"的一体化客户服务体系，通过人与数字相互赋能，人机结合，既有效率又有温度，提供一站式解决方案和便捷的智能化、个性化服务，全面提升客户体验，为客户创造长久价值。

1. 搭建完善的数据治理体系及平台

数字化转型，数据是基础，搭建治理体系与治理平台相配套的数据治理生态，坚持用全覆盖原则、匹配性原则、持续性原则和有效性原则开展数据治理工作。

在组织保障层面，建立多层次的公司数据治理工作组织架构。决策层，由公司 IT 治理

委员会承担，全面负责数据治理的重大事项决策；管理层，在IT治理委员会下，新设数据治理管理工作组，下设数据标准、元数据、数据质量、数据安全四个小组；执行层，数据治理执行工作组包括业务小组和技术小组。

在管理制度方面，建立健全数据治理管理制度和操作流程，明确权责分配机制，制定并发布数据治理系列管理制度，保障数据治理工作的持续性、安全性、可用性与合规性。

在系统方面，基于大数据技术建设公司级的数据中台。利用数据技术、算法和企业内外沉淀的数据产生化学反应，构建数据中心，把数据变为一种服务的能力，让数据更方便地为业务使用，真正做到为数字化转型提供最为基础的数据支撑，实现数据资产的变现，发挥数据应有的价值，为业务赋能。

2. 建设公司级的数字化基建底座

以数字化互联网平台建设为契机，全面升级技术底层构架，建立公司级的数字化统一研发框架，奠定公司的研发体系基础，打好数字化基建底座。

第一，系统升级为微服务化架构。通过微服务化架构的搭建，实现每个模块独立开发、独立升级、独立扩展，持续集成与部署，错误与故障有效隔离，进而能够支撑业务快速迭代与升级，降低客户影响。

第二，客户端采取组件化架构开发。通过客户端组件化，能够有效解耦和管理功能模块，按需装备客户端产品，多团队可同时高效协作开发。

第三，引入小程序能力，打通互联网生态。小程序能力的引入，一方面提供接近于原生客户端的体验，另一方面不需要通过发版解决系统问题，同时支持一次开发、多平台运行，通过多互联网平台的布局，打通互联网生态，大大提升功能的使用效率，拓展能力边界。

第四，构建专业的消息推送服务系统。首先，系统可以针对不同的场景提供多种推送类型，进而满足个性化的推送需求；其次，为了提升推送到达率，系统集成了多家厂商的推送功能，在提供控制台快速推送能力的同时，也提供了服务端接入方案，方便用户快速集成终端推送功能，与客户端用户保持互动，从而有效地提高用户留存率，提升用户体验。

3. 加强客户画像分析

构建埋点数据分析系统，引入数据采集、数据处理、数据存储、数据分析、数据应用流程，搭建数据中台和统一用户中心，对客户进行精准画像，挖掘用户真实和潜在需求，赋能数字化运营。例如，针对产品销售、投顾服务购买、开户等业务办理、页面浏览等多个场景进行埋点，收集用户行为数据，通过数据中台进行数据处理及分析，形成用户标签，并与用户基础数据等形成标签池，进而可实现对用户的个性化推荐。

4. 完善产品标签体系

完善产品标签体系建设，从风险性、收益性、流动性、适合人群、商品价格、产品特色等多个角度，丰富和完善金融产品标签体系。产品标签体系覆盖金融产品和服务产品，包括公司代销的公私募基金、信托计划、资管产品等金融产品，以及投顾组合、观点、观点包、套餐等增值服务类产品。

通过用户画像和产品画像体系的构建，实现资产端、产品和资金端的有效对接，赋能公司零售业务的精细化运营。

5. 构建数字化运营体系

以"双在线"作为数字化转型赋能互联网用户运营服务的核心理念，采取"点面结合、双向赋能"的原则,构建"线上线下一体化"的数字化运营体系。线上依赖"三端一微(移动端、PC端、微信端、企业微信)"等多端的前端产品服务客户,线下通过营业部理财顾问和客户经理提供面对面、有温度的专业服务;对于一些特定的业务,线上预约,线下办理,有机联动,通过线上线下的双覆盖,7×24小时服务用户。

搭建内容活动创建平台,提升运营生产能效。全面响应运营的高频性、时效性和紧迫性诉求,大幅缩短运营物料生产周期,支持快速运营、高频覆盖。信达证券正在搭建更广泛适配的内容活动创建平台,内容组件化,页面画布化。通过拖拉拽的方式快速配置和生成内容、活动页面,大大提升内容活动的生产效率。

搭建智能投放平台,数智技术赋能精细化运营。财富管理转型是从"我们有什么"向"用户要什么"的转型,强调以客户为中心,需要深度了解客户,挖掘客户诉求,同时也要精准服务客户,对用户进行精细化运营。构建信达证券组件化的智能投放平台,通过活动管理、人群管理、展位管理、素材管理、推送管理、效果分析等功能,形成个性化的投放能力,缩减运营排期、灵活定制投放人群、支持高并发调用,及时反馈活动效果。通过智能投放平台的构建,全面提升互联网用户运营效率和服务效果,促进业务增长、提升客户满意度。

立足员工展业平台,搭建精准营销体系,提升营销服务效率。全面深入地对客户及产品进行分析,解决如下业务问题:谁会成为公司的客户、谁能成为高价值客户,在何时向谁卖什么产品,客户何时、因何离开,如何让客户成为盈利客户,如何优化客户运营等。提升金融产品购买转化率、增值产品签约转化率、潜在客户实际购买率,并对激活休眠客户提供支撑,降低客户流失率。实现"场景+数据+算法"营销服务体系,输出标准化、智能化的营销服务模型及流程,扩大营销服务半径,提高服务效率。基于数据驱动—场景应用—精准营销的逻辑闭环,实现数字化转型赋能财富管理进行精准营销。

(三) 打造新一代的数字化财富管理平台

在零售经纪业务向财富管理转型的战略背景下,原有的以经纪交易为核心功能的移动端App,已无法适应"以客户为中心"的综合型、一站式财富管理平台的诉求,移动端重构势在必行。因此,2021年下半年信达证券开始规划新一代数字化财富管理平台项目,2022年3月启动平台建设,以点带面,深入贯彻落实金融科技赋能零售业务数字化转型的相关举措,实现新模式、新架构、新平台,开发领先的数字化移动财富管理客户端,并推动关联领域的数字化转型步伐。

第一,在经纪业务向财富管理转型的战略引领下,全面梳理新一代移动客户端的功能布局和业务流程。一方面,继续做好传统证券经纪业务的支持,通过优化单向视频开户、7×24小时下单、三方支付等功能,在触达获客、提升客户黏性及活跃度、差异化服务等领域赋能发力,增加业务获得感;另一方面,全面向财富管理转型,以客户为中心,以财富管理为主线,通过精简理财购买流程、丰富理财目标场景,以及省心定投、基金投顾、牵牛花会员体系、月度账单等功能,做好客户分层,做强财富管理专业性。在服务上,构建"线上线下融合"的一体化客户服务体系,从而实现新型财富管理移动平台的搭建,为用户提供有智慧、有温度的个性化服务。

第二,基于移动财富管理客户端的开发,搭建了极具扩展性的公司级数字化基建底座,包括系统微服务化架构、客户端组件化架构，接入小程序能力，并整合消息提送服务系统，使得客户端的发版交付更加机动自如（见图3）。

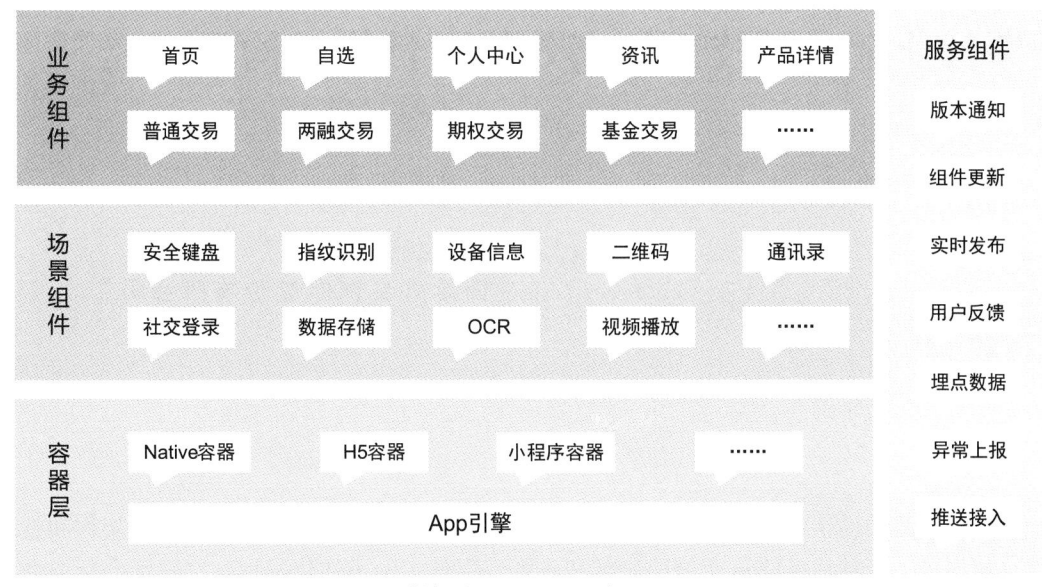

图3 移动客户端组件化架构示意图

第三，完成埋点系统、内容活动创建平台、智能投放平台的搭建。支持通过页面全埋点以及个性化埋点收集用户行为数据，输出到数据中台进行用户行为分析，沉淀用户标签；支持运营人员可以通过拖拉拽的方式快速配置和生成内容、活动页面，并进行个性化埋点；支持通过智能投放平台向特定的人群、机型、地域、用户行为等组合型标签人群，推送个性化内容和产品，进行互联网用户精准营销、精准服务。新一代财富管理平台有效打通了上述3个环节，移动客户端作为投放渠道，内容活动创建平台生成内容，通过智能投放平台，将内容定向推送给精准用户，其后再通过智能投放平台进行效果数据分析，埋点数据再反哺数据中台，丰富更多的标签数据。

以上三个体系有效协同联动，构成数字化赋能互联网用户运营服务的有机体系。

四、总结

本文详细论述了数字化转型的相关背景、数字化转型的可能模式和路径，以及信达证券在科技赋能零售业务数字化转型上的相关实践，希望能对行业提供一定的思考和借鉴。

中国证券行业的数字化转型已经从概念蓝图走向实施落地阶段，转型变革战略性机遇与挑战并存，唯有结合自身的资源禀赋，战略引领、顶层设计、实处着手、扎实推进、持久投入，方能转型成功，取得成效，在日益激烈的行业竞争中，赢得新的战略高地。

证券行业金融科技系统高效能交付体系构建研究

国泰君安证券股份有限公司*

随着金融科技的快速发展，证券行业中的应用系统建设规模、方法、模式、架构和技术条件快速演进。证券业务快速交付的要求和系统内部技术的多样化发展，都对证券行业金融科技系统的建设提出了挑战。如何兼顾质量和效率从而满足交付需求，成为提升证券行业金融科技系统建设能力的关键问题之一。本文以此为背景，深入探讨如何实现证券行业金融科技系统的高效能交付。

一、证券行业金融科技系统高效能交付体系的构建要点

（一）避免场景错位

高效能交付的基本体系与平台建设必须结合证券行业自身业务特点和数字化建设实际情况，坚持"双态"兼容，避免管理场景错位，不应直接照搬其他行业持续发展过程中的方法体系。

（二）适配领域特点

证券行业的金融科技系统所依赖的应用环境、用户群体、数据资源、技术平台、安全要求以及相应的内部外部约束条件不同于一般的信息化系统或者传统互联网应用，对这类科技系统的研发必须深度挖掘领域知识、优化技术资产复用、持续有效治理数据，才能形成可持续性。单纯通过集成或者应用一个现成的平台产品或者软件工具，很难满足这些现实要求。

（三）剪裁通用方法

证券行业的管理模式、平台基础条件和基本的协同模式有其固有特点，同时也在逐步演

---

* 本文为中国证券业协会 2021 年优秀课题。课题负责人：俞枫，博士，教授级高级工程师，国泰君安证券股份有限公司首席信息官。课题组成员包括：李进明，国泰君安证券股份有限公司信息技术部测试管理主管；罗琼、杨萍，国泰君安证券股份有限公司信息技术部高级测试工程师；万鑫明，国泰君安证券股份有限公司信息技术部测试工程师。原载于《中国证券》2022 年第 7 期。

进。一些通用系统中的管理模式、协作方法以及对于速度、效率和能力兼顾的探索，对于证券行业有相应的参考价值和局部集成价值，但是不能直接适配行业特点，同时与企业现有组织结构有潜在差异，必须合理剪裁，有效借鉴。

（四）治理效能资产

实现高效能交付的一个关键维度在于有效复用和高速流转，具体手段包括复用技术资产、简化公共事务流程、降低沟通成本等，因此，首先需要有效治理和持续管理这些效能资产，其次必须结合企业实际情况和行业应用特点进行试点。

（五）挖掘分析能力

高效能交付依赖于精准的评价和持续的反馈优化，相应的指标体系和分析方法需要结合行业特点和企业应用基础构建，不能直接照搬原有方法。

基于以上关键问题分析，初步总结出符合证券行业特点的高效能交付的基本实现思路，即在融合稳敏双态管理模式下，依赖数据与智能，兼顾核心能力发展与协同应用实现，全局效能优先于局部效能，以及适应企业IT资源生态发展的弹性可扩展架构。

二、证券行业金融科技系统高效能交付体系构建

（一）高效能交付主要建设内容

针对证券行业的特点和现实问题，本文具体提出了"1+5+2"的高效能交付建设体系（见图1）。

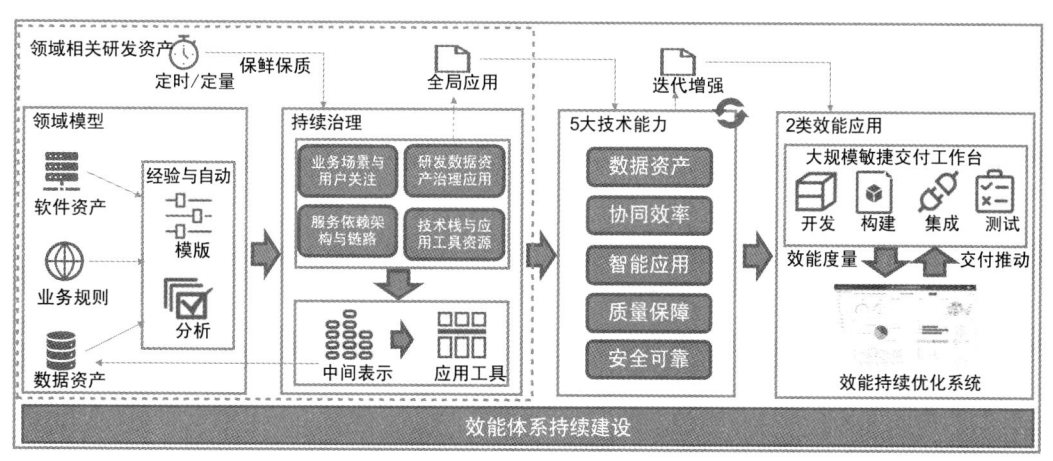

图1 "1+5+2"高效能交付体系

1项基础（领域建模）：领域建模可以帮助企业持续治理与深度分析应用研发过程中领域相关的信息化资产，从而形成可支持跨子领域协同开发的公用资产和共识依据。

5大能力（数据资产、协同效率、智能应用、质量保障、安全可靠）：企业可以从全局推动五大关键技术能力建设，逐步深化到子领域，鼓励在项目边界和团队边界内的能力建设和效能工具研发，遵循统一的规范和接口标准，持续增强全局高效能交付能力。

2 类效能应用（敏捷交付、持续优化）：为了支持高效能交付的持续性达成，企业应当建设两类应用：一方面，为角色分工日益多样的项目参与者提供一体化的协作平台，支持大规模的敏捷交付；另一方面，从鸟瞰角度，形成全方位的效能持续优化系统，为效能跟踪和问题突破提供可信的依据，达成全局优化的可能。

（二）高效能交付实施路径

高效能交付能力的建设应当以一个不断迭代增强的效能平台为核心，实现高效能交付依赖于具备高可扩展性和可持续性的基础工作设施，所以如何实现一体化的效能平台是实现高效能交付的关键。本文提出证券行业高效能交付体系的实施路径，即基础条件建设、团队组织机制、全局效能支撑、技术工具深化、持续建设与迭代优化五个阶段进行逐步建设（见图 2）。

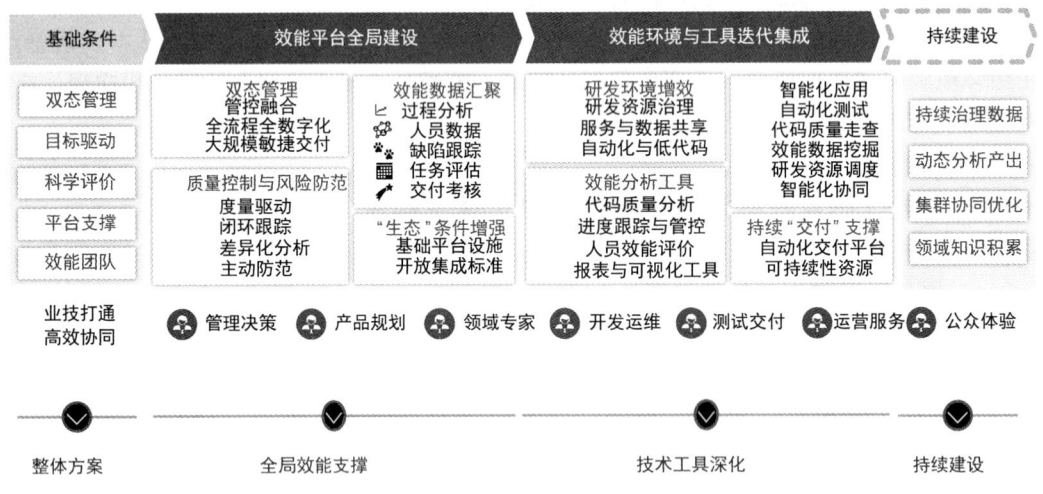

图 2　高效能实施的基本路径

企业要实现高效能交付，必须建立基础条件保障，必要的基础条件包括：形成"双态"管理模式、建立目标驱动的系统交付路径、形成可持续的评价体系、构建效能平台作为研发管理中枢、逐步建设专业的效能团队。高效能交付的基本技术平台应当是一个持续建设、可扩展可开放、不断集成资源和汇聚数据的全局效能平台，这个平台应当具备跨业务、跨技术体系、跨项目、跨团队的综合管理能力。在复杂的应用环境和快速发展条件下，高效能交付体系建设，应当鼓励与不断推动各类技术工具的深化完善，并将具备通用价值的技术工具持续集成到全局效能平台。高效能体系的实践建设是一个持续增强和迭代优化的过程，可以充分利用云原生、微服务以及自动化开发等多种技术手段，保障高效能支撑平台自身的弹性和灵活性。

（三）高效能交付应用模式

本文总结出高效能交付应用模式：持续建设一个可扩展的效能平台；持续治理与深化技术资产，形成高效能交付的基础资源与基本设施；以领域驱动和内容导向，通过多个产出维度组织研发协作和反馈交互，实现效能活动聚合和任务快速联动（见图 3）。

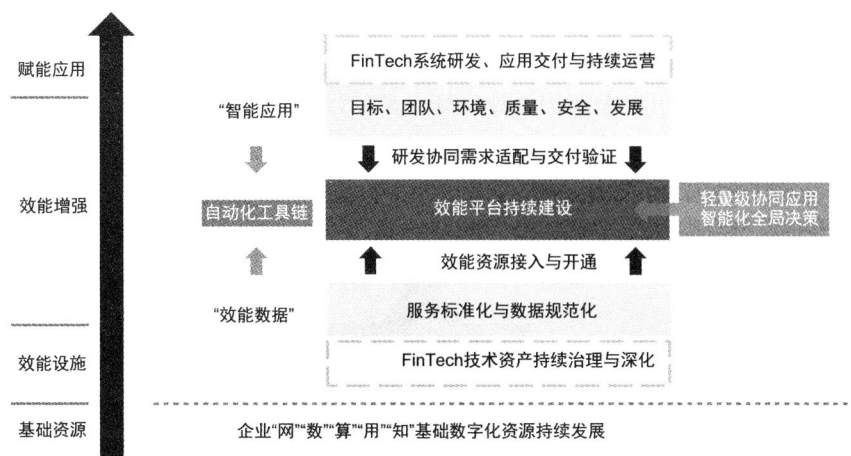

图3 效能评价应用模式

(四) 高效能交付参考体系

为符合当前大规模敏捷交付、目标导向、全局协同的研发愿景与趋势，各企业应以目标驱动、全局协同、质量保障三点为基础，综合使用各种维度指标形成研发效能评价体系。各企业所使用的研发效能度量应当遵从以下三个基本原则：一是目标驱动，聚焦目标结果，即高效持续的交付；二是全局协同，聚焦全局指标，即端到端的流动效率；三是质量保障，聚焦交付质量，即端到端高质量交付。根据以上基本原则，构建出以目标结果产出为导向的一组参考指标体系（见图4）。

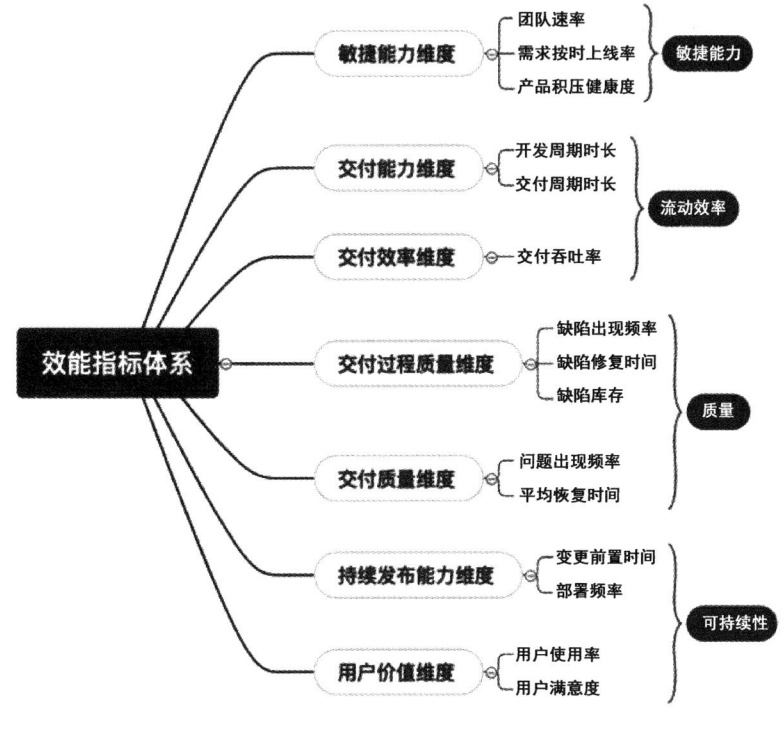

图4 效能指标体系

（五）高效能交付架构原则

本文提出金融科技应用参考架构设计原则，架构以领域驱动为前提，以持续优化、能力深化为目标，在保障应用性能和支持稳敏双态的基础上，进一步拓展金融应用的生态合作（见图5）。

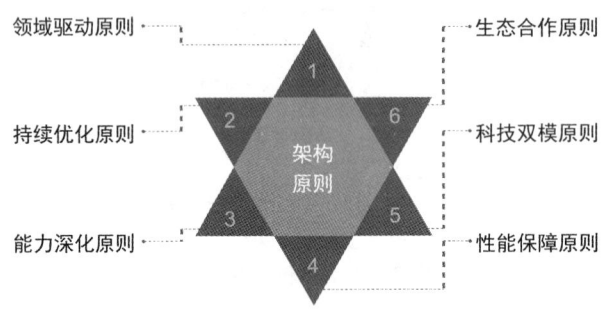

图5　高效能交付架构原则

三、证券行业金融科技系统高效能交付体系架构

（一）逻辑架构

本文提出"资源—平台—应用"可持续的高效能交付架构，这一架构的基本应用模式是兼顾能力深化与应用按需交付，在满足金融科技系统快速、有效和可靠交付的现实要求前提下，扩展数字化基础设施，增强创新技术能力，持续治理和挖掘效能数据资产，逐步提升智能化应用水平（见图6）。

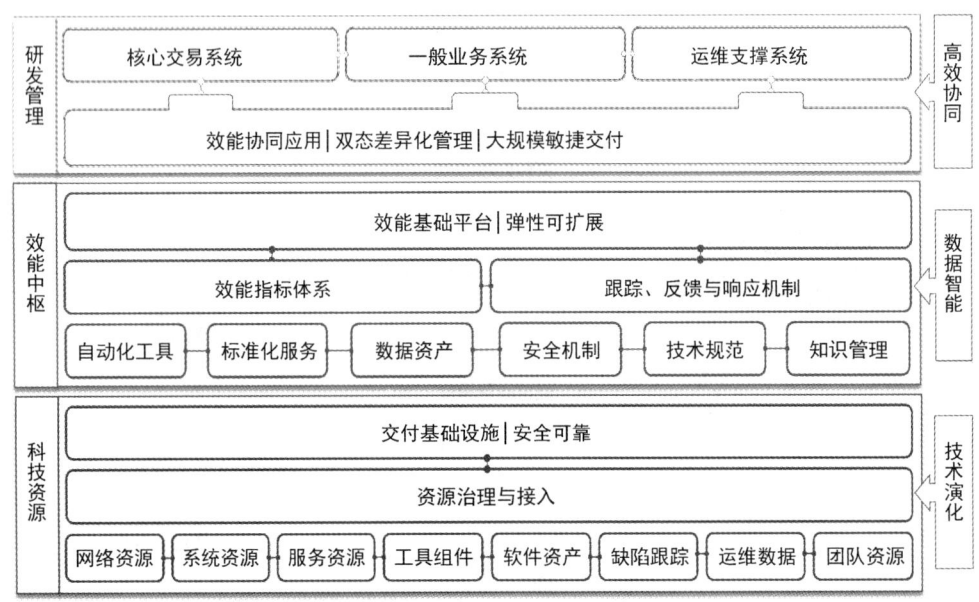

图6　"资源—平台—应用"可持续的高效能交付架构

（二）技术架构

数据支撑：企业通过数据治理手段抽取异构数据资源，以技术规范和实施细则为基准，将这些资源转化为企业的基础数据资产，并借助数据分析、机器学习等技术手段获取数据知识，为上层应用提供底层支撑。

技术资产：是企业现有的技术能力或行业通用的技术框架，包括搜索平台、代码质量工具、调度管理和风控安全中心等。

双态管理：应用构建过程中结合稳态和敏态管理模式，打破稳敏体系独立运行壁垒，相互借鉴，有效融合。

日志监控：通过统一的日志存储工具、监控系统、链路跟踪系统、告警系统和可视化看板，为企业提供系统跟踪、响应与反馈功能。

服务注册：服务提供者通过调用服务注册接口完成服务注册。

服务治理配置：通过统一配置中心提高服务配置效率，服务治理工具提供服务发现、路由、错误处理以及服务可见性等功能。

效能评价体系：效能评价体系以质量保障、目标驱动、全局协同为基础，包括敏捷能力、交付能力、交付效率、交付过程质量、交付质量、持续发布能力、用户价值等指标，为科技应用提供评估依据。

自动化工具：在人员协作、应用构建、测试、运行运维等各阶段应用自动化工具，提高应用的交付效能。

网关与终端：网关提供协议转换、路由选择、数据交换等网络兼容功能的设施，实现金融科技应用与外部终端应用之间的交互。终端更加关注用户体验与业务创新，对内积极推动业务创新，对外拓展金融生态合作，构建未来金融生态圈。

四、应用实践——以国泰君安证券为例

本文在实践层面结合了国泰君安全流程全数字化高效能交付体系建设的经验。国泰君安始终坚持双态IT管理体系，持续建设金融科技系统高效能交付的支撑环境，并将两者有机结合，加上证券行业金融科技系统高效能交付方法体系，形成了国泰君安现阶段稳健保障业务发展、灵活支持科技创新的应用效果。

在效能应用方面，国泰君安效能平台累计管理项目287个（在建87个），超大型在建项目支持300余名研发人员的协作协同；借助平台需求交付时长也由原来的5个工作日缩短到2个；日常为各团队提供37个可视化效能分析数据报表（见图7）。

在研发技术能力方面，国泰君安经过不断发展进一步集成并优化了测试管理服务和数据服务，并通过应用低代码、流程自动化、DevOps、云化交付等多种综合技术手段，持续推动企业科技研发能力。

在研发资产治理方面，国泰君安进一步推进企业数据治理发展战略，自主研发了全连接企业数字化运作平台、建设了统一的服务治理平台。通过金融科技赋能，国泰君安实现了全面数字化转型。

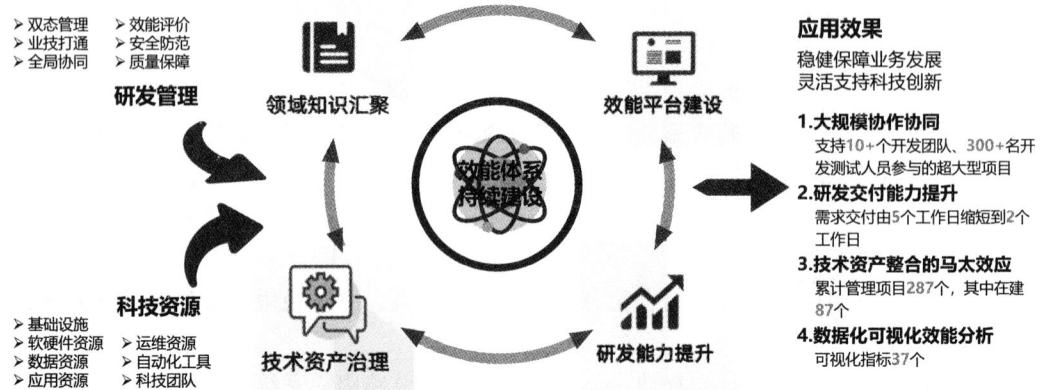

图7 国泰君安效能体系持续建设

以国泰君安的高效能交付建设经验为参考，本文提出基于能力持续发展和领域数字化资产积累的高效能交付智能驾驶舱，对应于本文所提出的"1+5+2"高效能体系中的两类高效能交付应用：一种服务于企业金融科技系统的基本研发工作管理，从目标到导向，采用大规模敏捷交付为主的手段；另一种则从鸟瞰视角和客观评价角度对金融科技系统的研发进行洞察和调度，从全局跟踪与评估质量，主动调配资源和识别风险，真正应用智能化的手段辅助全局效能提升（见图8）。

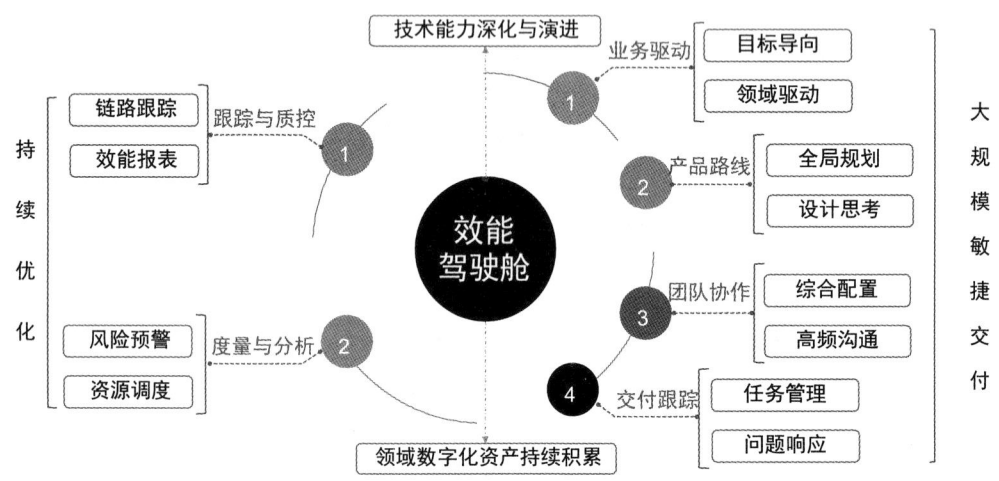

图8 驾驶舱原型设计

证券业网点数字化建设研究

国泰君安证券股份有限公司[*]

随着金融科技的快速发展与证券监管改革的持续推进，数字化转型成为行业高质量发展的关键驱动力。证券业数字化发展在经历了以运营效率提升驱动的流程线上化阶段、客户需求驱动的数字化阶段，目前已进入以科技驱动的商业模式创新生态化新阶段。如何将大数据、人工智能、云计算、区块链、5G等新兴技术与证券公司营业网点深度融合，并通过数字化创新加速网点的财富管理转型，日渐成为各证券公司需要面对的重要课题。

一、证券业网点数字化转型路径

证券业网点数字化转型发展的路径在于优化升级网点业态、转变客户服务模式，基于客户的差异化需求、公司禀赋与能力实现客户分群经营。不同客户的需求差异较大，如富裕及高净值客户往往资产量更大，投资标的更多元，投资目标更个性，倾向于寻求基于多元配置的资产保值增值。而大量基础客户金融知识相对匮乏，更倾向于简单、标准化的金融产品或智能投顾服务。同时，证券公司均受到自身资源禀赋与核心能力的制约，必须将有限的资源合理配置于不同客群，以提升服务效率，最大化资源利用。因此，证券公司可依据客户资产等指标，对客户的综合价值进行评判，进行差异化分类并提供符合其需求的产品或服务，实现客群的分层经营。

证券公司可建立集中服务辖区海量基础客户的"数字型网点"，并将其定位于公司实现财富管理业务的数字化经营中心，以数字化经营的方式提供场景化、标准化服务，破局海量基础客户经营空白。对内，通过承接辖区内海量基础客户的数字化营销、数字化运营及数字

---

[*] 本文为中国证券业协会2021年优秀课题。课题负责人：龚德雄，工商管理硕士，国泰君安证券股份有限公司副总裁、财富管理业务委员会总裁。课题组成员包括：毕志刚，工学硕士，国泰君安证券股份有限公司数字金融部总经理；董曲琰、牛露晴、骆云飞、傅慧敏、陈玮烨、张冶塑、陈韬睿、许昕、吴锦涛、郑涵尹、王梦梓、张雪峥，均为国泰君安证券股份有限公司数字金融部资深成员。原载于《中国证券》2022年第7期。

化响应等数字化财富管理服务，不断探索、持续优化业务模式，突出线上线下融合与赋能，持续提升区域数字化财富管理服务能力；对外，在营业部实体上着重体现智能化和科技感，助力提升证券公司数字化品牌和企业文化影响力。

二、证券业数字型网点的业务模式

证券公司可通过新设、现有营业网点转型等方式，首先建立一批数字型网点开展海量基础客户服务试点，分阶段、有步骤地推进网点的数字化转型。待首批网点成熟之后，充分发挥其示范作用，输出数字化能力，有序推进线上线下的融合与赋能。

（一）业务定位：覆盖基础客户，提升服务能级并输出数字化能力

数字型网点的设立应定位于达成如下目标：一是覆盖基础客户。数字型网点应依托数字化平台及工具，实现业务的全面数字化，通过集约化、数字化、智能化服务方式拓展服务半径，实现海量基础客户的有效覆盖。二是提升服务能级。数字型网点应聚焦客户经营，突出服务的金融科技赋能，不断提升运营效率、客户体验和业务规模。三是输出数字化能力。数字型网点应将数字化能力输出到区域其他类型营业网点，持续扩大并深化场景应用，进一步推动经营管理的科学化、精细化、智能化乃至智慧化。

（二）运作模式：总分紧密协同，建立等价值客户流转机制

证券公司应"总分营"明确分工、紧密协同，共同推进数字型网点落地：总部应对数字型网点进行业务赋能与指导，为数字型网点提供数字化平台及工具，数据、方法论及展业协同支持，赋能数字型网点业务开展；分公司应对数字型网点进行统筹管理和加强指导，负责数字型网点的人员、绩效、费用及合规管理等；数字型网点应聚焦于区域内海量基础客户服务，承接分公司辖区的数字化营销、数字化运营及数字化响应等数字化财富管理服务；其他营业网点则聚焦于机构客户、富裕及高净值客户服务，为其提供个性化、定制化服务。

证券公司可建立跨营业网点的等价值客户流转机制，确保数字型网点的持续、稳定运作。数字型网点可将自身的富裕、高净值客户与其他营业网点同等收入的基础客户服务关系进行交换，从而使彼此能始终专注于特定客群，更好地发挥自身禀赋优势，实现差异化、专业化发展，提升经营效能。

证券公司建立数字型网点要实现客户经营理念和客户服务关系的转变：一是客户经营理念要转变，将客户视作"共建共治共享"的公司战略性资源池，建立客户的分层、分客群精准服务机制；打开服务的时空限制，推动分公司由牌照经营向客户经营转变，由经验模式向数字模式转变，由粗放模式向精准模式转变。二是客户服务关系要转变，区域内海量基础客户服务关系应由开户网点转变至数字型网点，以充分发挥其数字化、平台化运营专业优势，领衔推动解决区域内全量基础客户服务覆盖不足的问题。

与此同时，为确保数字型网点不对其他网点经营带来较大冲击，且符合合规监管要求，应保持客户开发关系和合规管理属性不改变：一是客户开发关系保持不变，设立数字型网点后，原客户的开发关系保持不变，以降低传统营业网点与其之间的利益冲突；二是合规管理属性保持不变，各类合规问题仍由开户网点负责处理，涉及数字型网点标准化服务的由其配

合处理，内部责任认定按"谁服务、谁负责"的原则进行划分。

（三）业务架构：提供涵盖客户全生命周期的财富管理服务

数字型网点应建立涵盖客户全生命周期的业务架构，依托线上客户端平台、员工端平台，基于3A3R（即感知Awareness、获客Acquisition、激活Activate、留存Retention、收入Revenue和自传播Referral）方法论，设立数字化服务团队，为客户提供全流程的财富管理服务。该业务架构包含数字化营销、数字化运营和数字化响应三大服务场景（见图1）。

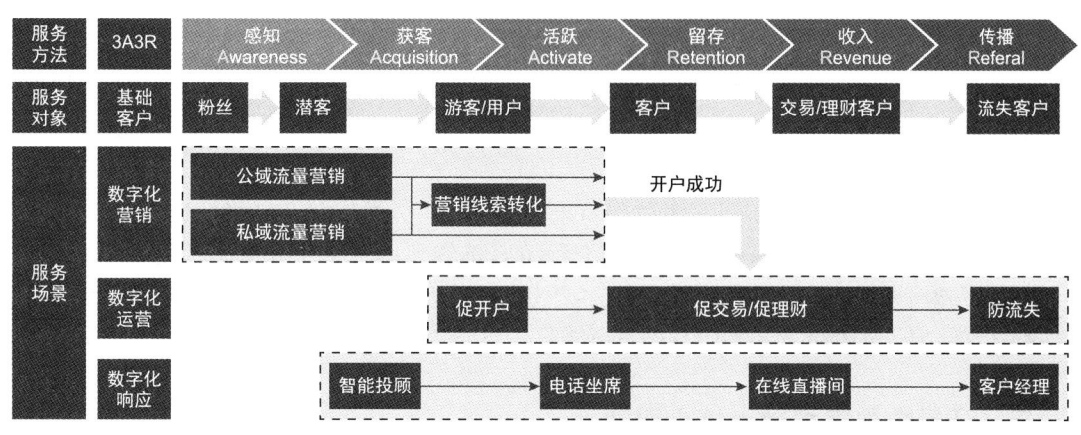

图1　数字型网点业务架构

1. 数字化营销

数字化营销的核心是开拓新增客户，将"粉丝"或用户转化为客户。通过数字化媒体宣传、营销活动和渠道推广，提升公司数字化财富管理品牌知名度、美誉度，不断扩大客户感知、获取营销线索，实现营销获客。

2. 数字化运营

数字化运营的核心是创造服务价值，为客户提供数字财富管理服务。聚焦促开户、促交易/促理财、防流失等关键工段，基于数字平台及DMP标签，通过数字化运营工具、素材，并充分运用数字化运营方法论，实现客户留存、激活和收入。

3. 数字化响应

数字化响应的核心是夯实服务基础，构建客户需求的快速响应、逐级接续的服务闭环，及时响应客户需求，赢得客户满意。构建数字化的"快速响应"机制，智能与人工"逐级接续"，实现线上与线下"全面覆盖"的高质量、端到端闭环服务。

（四）组织架构：设立数字化经营团队

数字型网点岗位设置应设立数字化经营团队，统筹开展本区域的客群经营。数字化经营团队主要包含营销岗和运营岗两大类。从工作方向上细分，营销岗可设立线上渠道拓展岗、大数据精准营销岗等岗位；运营岗可设立线上运营岗、在线投顾岗、数据分析岗等岗位。

在人岗匹配方面，可通过新增招聘、内部转岗等方式配备足量合适的员工覆盖上述岗位。同时，还应通过员工培训、实战锻炼等方式持续提升员工数字化展业能力，确保员工在后续工作中胜任工作岗位要求。

（五）绩效考核：明确绩效评价与薪酬激励方式

对于数字型网点，由于其独特的业务定位和工作职责，证券公司不应对其使用传统的营业部考核指标体系，而应在本区域总体经营计划和评价指标的基础上，建立符合其业务特点的绩效考核指标和激励机制。

1. 网点考核与激励层面

可对数字型网点采取按比例计提、计件或其他方式进行。其中，交易类、委托类（金融产品销售、投顾签约、付费中间业务）业务等建议采取比例计提的方式；数字化营销、客户上挖、流失召回等业务建议采取计件方式。采用比例计提时，证券公司可根据区域实际展业情况对业务分类、业务环节进行增删和调整。

2. 员工考核与激励层面

可对数字型网点员工开展过程考核和结果考核。其中，数字化营销指标可包括私域流量"粉丝"数、总部引流转化率、大数据精准营销名单转化率；数字化运营指标可包括开户率、新增客户有效户率、金融产品户率、客户定投率、流失客户回流率；数字化响应指标可包括数字化工具产品销量、投顾产品签约率等。

三、证券业数字型网点核心职能

（一）全域覆盖的数字化营销

基于数字化营销模式的转化漏斗模型，数字型网点承担的数字营销职能工作主要涵盖三个方面：一是拓展公域流量，通过挖掘和维护区域合作渠道开展开户引流，提升公司品牌认知度并获取营销线索；二是拓展私域流量，通过建立自媒体矩阵、企业微信等方式探索私域流量运营模式，实现"粉丝经济"背景下的私域流量营销转化；三是开展营销线索转化，通过营销线索维护和开户断点营销不断将流量转为客户，持续提升开户客户规模。

（二）流量工厂式数字化运营

数字型网点面向区域海量客户，聚焦开户、交易、理财、流失等客户转化关键节点，开展流量工厂式数字化运营，形成覆盖客户全生命周期的"流水线"式精益运营体系，促进关键环节的业务转化。

一是拆分重点运营工段，设置线上运营专岗，确定各工段运营的细分客群、运营场景和关注指标。促开户工段面向平台潜在客群，重点为进入开户流程前引导运营和开户流程断点运营，主要关注指标为注册率、开户率等；促交易和促理财工段面向平台存量客群，一方面面向新开户客户的首次入金、首次交易和首次理财运营，另一方面面向老客户的交易机会提醒和交易服务陪伴，主要关注指标为新客有效户率、金融产品户率、定投率等；防流失工段面向平台已流失客群，重点为流失预警客户的防流失运营和已流失客户的召回运营，主要关注指标为流失预警客户留存率、流失客户回流率等。

二是根据区域客户特征和服务特色，协同总部打造个性化客户画像，完善客户全景画像视图，整合多元化的客户标签，以更精准识别客户生命周期，洞察多样化的客户需求。

三是集中优质投顾资源，高效适时开展营销素材生产，同时打造数字化营销工具，实现营销素材差异化、模板化、梯度化的快速生产及迭代优化。

四是研发精细化运营策略，通过 A/B test 落地运营动作，采用漏斗分析等方法评估转化效果；筛选转化率高的运营动作，基于自动化策略管理平台，固化运营策略，形成覆盖全工段的自动化运营策略体系。

（三）人机合一的数字化响应

为解决本区域内大量广谱存量客户服务缺位的问题，数字型网点应依托公司智能科技平台，及时响应客户需求，形成快速服务、逐级接续的服务闭环，提升客户获得感。

建立智能、高效的数字化响应机制是数字型网点开展广谱服务的关键。数字化响应机制包括三层：第一层是智能投顾机器人，在所有场景中优先响应客户咨询，负责解决90%以上的客户问题；第二层是在线投顾和在线客服，对于智能投顾机器人暂无法解答的客户问题，按投顾类和业务类进行区分，再分别转接至在线投顾平台和在线客服平台进行一对多响应；第三层是专属响应人，对于仍然无法解决的问题，转接至客户服务关系对应的响应人进行响应，实现兜底服务（见图2）。

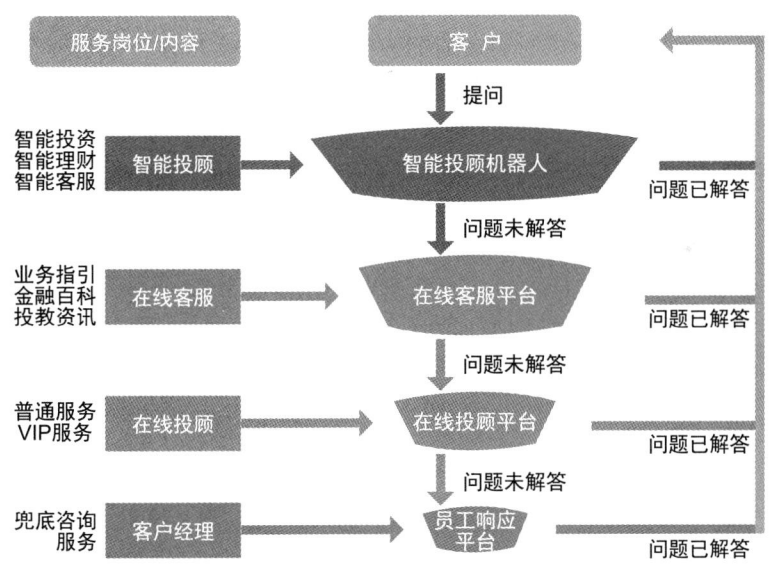

图2　数字型网点人机合一的数字化响应服务模式

四、证券业数字型网点的系统支撑建设

数字型网点的系统支撑架构应包括敏态前台、智态中台和稳态后台三层。为支持数字型网点核心业务的开展，证券公司需同步推进相关的数字底座建设。其中，智态中台建立以数据中台为核心的"数据底座"和以运营中台为核心的"能力底座"；稳态后台建立以金融云为基础的"设施底座"，全面赋能网点数字化高质量发展。基于设施底座"筑云"、数据底座"聚数"、能力底座"赋能"，确保数据要素流动，促进业务高效协同。

（一）设施底座"筑云"

设施底座统筹计算、存储和安全防护等基础资源，充分集成云计算等前沿技术，为数据资源层、能力层、应用层提供基础设施、支撑软件、信息资源、运行保障和信息安全等服务支撑，构筑"高可用、高弹性、易部署"的金融云体系。

（二）数据底座"聚数"

以"有数、用数、治数"为主线，打造一体化数据底座。"有数"方面，打通业务系统间数据共享交换通道，推动内部跨部门数据和外部数据的汇聚、治理、融合，通过统一规范和标准形成网点"数据集市"；"用数"方面，以业务为导向，将标签创建、算法建模、数据分析等数据能力直接赋能网点一线展业人员；"治数"方面，强化数据化思维，打造管理驾驶舱、数字化合规风控体系等数据决策产品，实现业务决策由经验型向数据型转变、风险管理由被动型向主动型转变。

（三）能力底座"赋能"

能力底座是在数据底座基础上将数据价值化，助力证券营业网点实现运营"线上化、智能化、开放化"。线上化方面，封装运营能力组件，提升客户体验及运营服务效率。智能化方面，利用大数据、人工智能、机器学习模型等先进技术，强化客群全生命周期运营管理，提供更专业、及时、个性化的投顾服务。开放化方面，利用自身业务场景，打造开放合作伙伴生态，借助外力升级精准营销、产品筛选、内容生产、资产配置等财富管理能力。

证券公司信用风险智能预警技术应用研究

海通证券股份有限公司*

一、证券公司信用类业务发展概况与风险预警存在的问题

（一）信用类业务发展概况

近年来，随着证券公司业务不断丰富，承担信用风险的债券投资与交易、场外衍生品交易、融资融券和股票质押式回购等业务资产规模持续增长。2018—2020 年，A 股市值排名前 40 位的证券公司合并财务报表口径信用类业务资产规模分别为 3.95 万亿元、4.80 万亿元和 5.94 万亿元，几何平均年增长率达 22.63%（见图 1）。伴随着信用类业务的高速发展，证券公司所面临的信用风险也在不断积聚。

（二）当前信用风险预警存在的问题

1. 非结构化高频预警信号数据质量不高

受限于信号捕捉关键技术的不成熟，目前非结构化高频预警信号数据普遍存在数据冗余与遗漏并存、分类标签错误、预警信号无法与相关主体准确关联等问题，影响了高频预警信号的及时性与有效性。

2. 针对非结构化高频预警信号的量化分析深度不足

目前证券公司已基本建立非结构化高频预警信号的捕获、监测机制，但仅有少数证券公司将非结构化高频信息与信用风险内部评级模型进行融合。虽然证券公司均实现了从海量信息中筛选出有价值的高频预警信号，后续以定性判断为主的方式触发信用风险再评估及其他

---

* 本文为中国证券业协会 2021 年优秀课题。课题负责人：毛宇星，理学博士，管理学博士后，教授级高级工程师，现任海通证券股份有限公司副总经理兼首席信息官，兼任中国证券业协会证券科技委员会副主任委员、上海金融科技产业联盟副理事长和《上海信息化》理事会副理事长。课题组成员包括：王正航、马浩、王纳凯、刘一森、金潋，均供职于海通证券股份有限公司软件开发中心；梁骁、张闻达，均供职于海通证券股份有限公司风险管理部。原载于《中国证券》2022 年第 7 期。

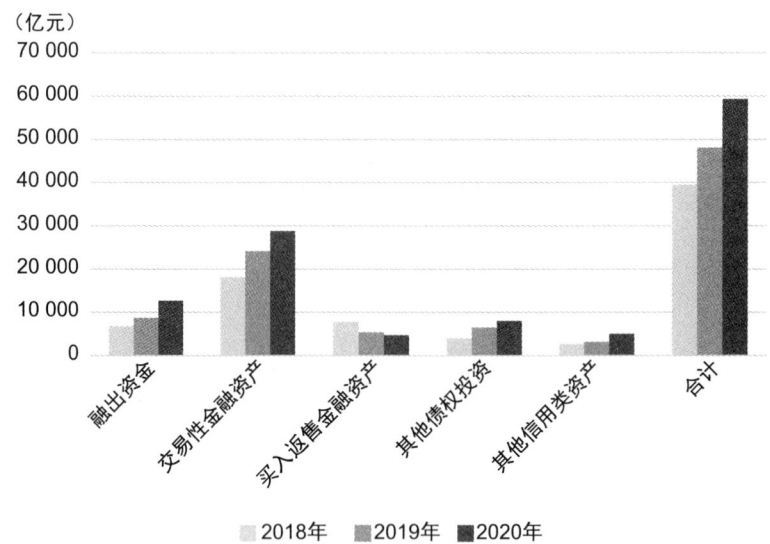

图1　2018—2020年A股市值排名前40位的证券公司信用类业务资产规模

注：交易性金融资产数据未剔除资管计划、基金、股票等。

资料来源：Wind。

风控措施，但尚未实现针对融资主体违约概率变化的量化分析。

3. 信用风险智能预警中风险传导因素评估技术尚不成熟

企业间关联关系的隐秘性成为信用风险预警的最大挑战之一，仅依据融资主体个体信息的"点估计"思路已无法保障信用风险预警的准确性与及时性。为了实现客户信用资质变动信息的全面捕捉，证券公司需要在完成同一客户识别及管理并形成"链估计"的基础上，将更多风险传导因素纳入信用风险预警体系，最终形成信用风险"网估计"。

二、企业主体内生信用风险预警研究

为提高信用风险预警的及时性、准确率及全面性，减少人工处理时间成本，有效提升信用风险日常监控效率和管理水平，本文探索了完善企业主体内生信用风险预警的模型与方法。

（一）多刻面预警指标体系

从低频、高频两个不同的角度来分析描述企业个体信用风险的影响因素。一方面，要聚焦评估企业的信用资质，形成一个相对客观规范化的衡量标准，作为确定该敞口企业信用风险的基础；另一方面，纳入高频风险信号，从舆情、公告、诚信等数据源中抽取高频风险事件，以解决财务、经营数据时效性较低的问题（见图2）。

在基本面预警指标构造方面，基于企业所在行业的业务特征对企业进行分析，将敞口内企业的经营特征以及由此衍生的评价指标看作敞口建模的起点。在综合梳理各大评级机构以及研究机构的评级方法和信用分析视角后，将多种观点进行整合，将不同视角或者统一视角的不同指标都纳入考虑范围内，形成一个基本涵盖评价该敞口评级视角的指标超长清单，以

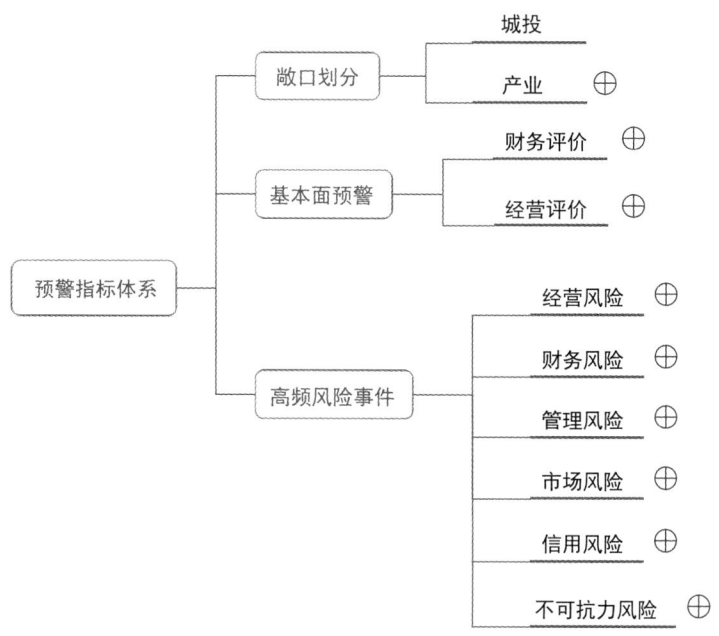

图2 企业多刻面信用风险预警指标体系

保证后续可以从多角度实现对主体风险资质的综合评估。

（二）基于深度学习的实时高频风险信号捕获

高频信号是反映市场瞬时变化的重要信息，多数隐藏在舆情、司法、公告等数据源中，存在数据量大、信息冗余、大部分为非结构化等问题，如何有效加工提取高频信号是关键。对此采用前沿的自然语言处理技术对非结构化文本，如新闻舆情、公告、司法数据进行风险事件要素抽取，利用大数据技术对市场行情进行标签生成，形成对基础信用资质评估的补充，构建实时流处理平台，得到更加及时、准确的主体预警量化评价。

（三）叠加高频信号的多模态企业内生风险评估

构建的企业内生风险预警模型采用多模态机器学习思路，主要由有监督模型、半监督模型、无监督模型和融合模型四个模块组成。其中有监督模型、半监督模型和无监督模型作为三个子模型，分别从发债企业的信用资质评估、信号波动层面预测违约概率以及（对比无风险企业的）异常水平三个方面衡量目标企业发生违约风险的可能性，并最终通过融合模型综合考虑以上多维信息的叠加，实现对发债企业违约风险的事前预警（见图3）。

（四）模型实证检验

采用上述方法构建风险预警系统，对全市场发债主体进行提前违约预警。2021年1月1日至8月1日，首次违约的14家企业中，有11家被提前预警，平均提前86天，实现了从被动事件告知到主动风险预警转变（见表1）。

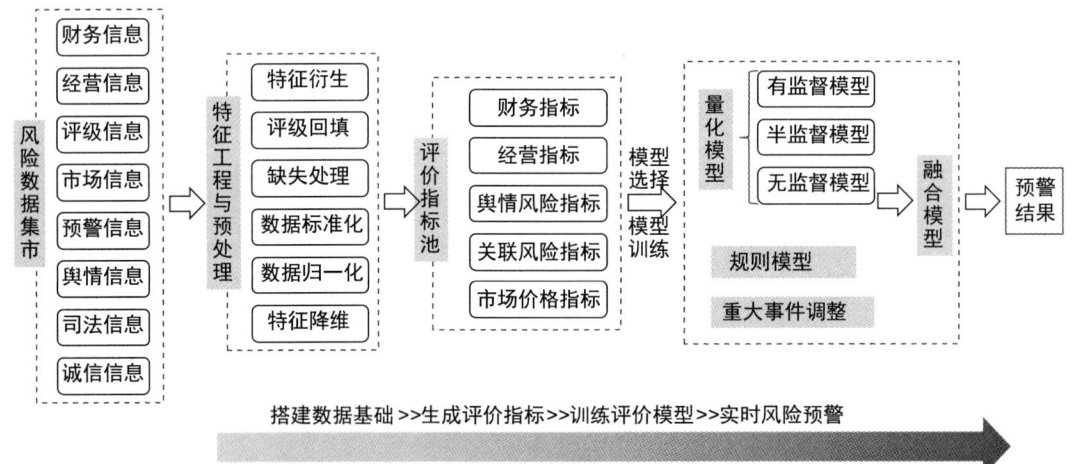

图 3 叠加高频信号的多模态企业内生风险评估框架

表 1　　　　　　　　2021 年 1—7 月违约企业提前预警情况（部分）

违约企业	违约日期	开始预警日期	提前预警天数
宜华生活科技股份有限公司	2021 年 7 月 16 日	2020 年 11 月 8 日	250
四川蓝光发展股份有限公司	2021 年 7 月 12 日	2020 年 12 月 28 日	196
隆鑫控股有限公司	2021 年 5 月 6 日	2020 年 11 月 8 日	179
北京紫光通信科技集团有限公司	2021 年 4 月 27 日	2021 年 3 月 23 日	34
同济堂医药有限公司	2021 年 4 月 26 日	2021 年 1 月 1 日	115
华夏幸福基业股份有限公司	2021 年 3 月 5 日	2020 年 12 月 25 日	70

三、基于复杂网络的信用风险建模研究

对历史上企业违约、评级发生重大调整、上市公司大股东股权被冻结或者失信等严重的信用风险事件进行追溯，可以发现很多风险案例中，除了因企业自身发生风险事件导致违约外，也会因关联企业发生风险事件导致自身企业出现问题，传导效应较为显著。为了更加全面地评估企业的风险状况，尽早发现客户潜在的预警信号，除了对企业自身的风险进行全面评估，也需要从关联企业的角度，根据可能的风险传导路径，评估关联企业对自身的影响。

（一）面向风险传导的关联关系图谱构建

构建企业关联关系图谱总体目标是建立一个全面覆盖企业客户内外部数据知识、结合客户风险管理各业务场景知识、支持各类客户知识分析和图展示的全面客户知识图谱分析与应用支持平台。通过有效地整合企业内外部的多源异构数据，包括工商、涉诉、财务等数据，利用图挖掘、图分析技术等进行深度关联分析，生成企业股权投资关系、集团关系、担保关系、受益人关系等关系图谱。企业关联关系图谱的构建为基于复杂网络的企业关联风险分析奠定了数据基础。

（二）典型关联网络中的信用风险传导

1. 基于担保网络的信用风险传导

当融资企业因为经营状况恶化或者遭遇其他风险事件出现债务违约、不能按时偿还债务时，在该笔债务中为其提供担保的企业具有相应的代偿责任。因被担保企业出现风险，导致担保企业承担相应损失，风险即在担保关系中进行传导。

2. 基于供应链网络的信用风险传导

当供应链中的企业遭遇突发的风险事件冲击时，如果在涉险企业的风险承受阈值以内，那么风险事件就在涉险企业内部处置结束，不会在供应链上扩散。但当风险超过涉险企业的处置能力时，风险就会在供应链上扩散。

3. 基于企业集团的信用风险传导

企业集团区别于单一企业的根本在于其内部成员企业之间复杂的交互行为，以及信息不对称条件下实际控制人对企业集团统一目标实现路径的控制。不同的集团类型或者集团控股方式，内部的风险传导机制都存在差异。

（三）基于多维复杂网络的预警模型构建

企业主体之间的关联往往包含多种关系，因此仅仅使用基于一种关联关系的网络分析方法并不能很好地适应实际企业主体间的风险传导方式。对包含多种不同关联关系构成的复杂网络，一种常用的解决方案是图神经网络，通过图神经网络的方法构建风险传导模型（见图4）。

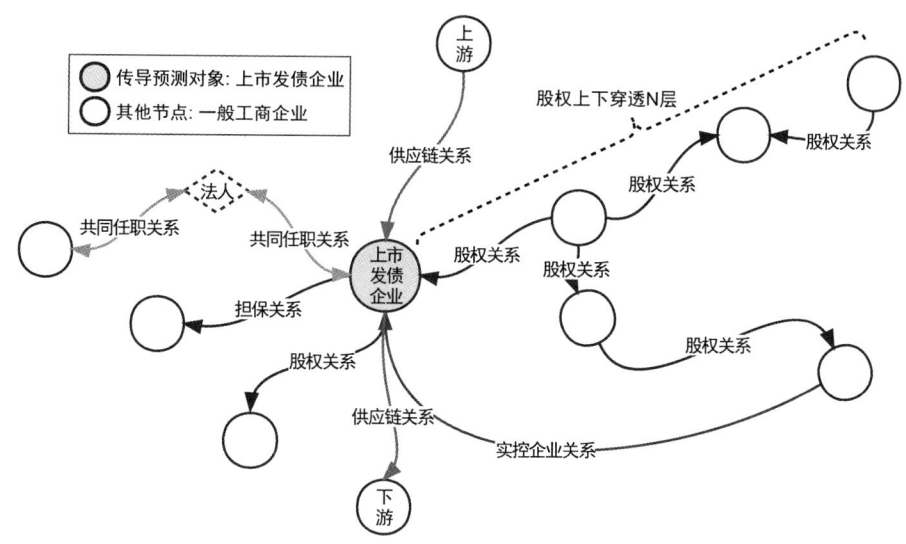

图4 基于企业传导风险预警的复杂网络构建示意图

本文在考虑企业自身风险特征外，补充纳入与风险传导相关的特征，具体包括各主体自身风险现状、主体间传导动因、图特征等维度，基于表征能力较强的 GIN 图神经网络算法，实现了关联信用风险预警模型，模型 AUC 值（综合反映模型对正负样本整体区分能力的指标）达到 0.97，取得了较高的预测准确性。

（四）模型实证分析——以隋田力"专网通信"为例

本文以隋田力"专网通信"事件为例。在隋田力所处的风险网络中，风险主要通过隋田力的控股企业和交叉的供应链关系产生负面影响（见图5）。

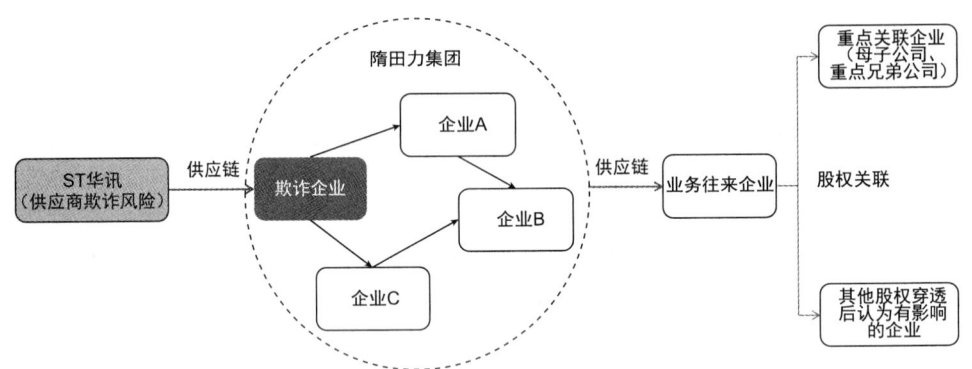

图5　隋田力"专网通信"案例风险传导过程

预警模型通过对复杂网络中风险动因、网络中主体自身风险程度、风险源与潜在被传导主体关联紧密程度等核心要素的量化，较早地发现江苏舜天、中利集团、ST新海、宏达新材、国瑞科技等多家上市、发债公司，都不同程度、直接或间接地受到了该风险的影响。自上海电气首次披露起，已有十余家上市公司陆续披露应收逾期等风险事项，通过传导模型预测，可实现提前13个月进行风险提示。

四、智能预警技术应用探索

结合国内金融机构风险管理现状和防范系统性金融风险的现实需求，从中观层面循序探讨将基于复杂网络传导的信用风险智能预警技术应用于金融机构资产组合前瞻性压力测试和信用减值计提，以及趋近于真实测度的前瞻式经济资本管理机制的思路。

（一）优化资产组合前瞻性压力测试和信用减值计提框架

企业主体内生信用风险预警技术可用于在计量时点根据可被观测的受评主体自身风险信号对其内部评级主体违约概率进行矫正，以期经矫正后的违约概率估计能够更加充分地反馈受评主体自身最新的风险信息。而基于复杂网络的风险传导预警技术利用与受评主体存在关联性的其他主体在计量时点产生的风险信号，对受评主体在未来遭受风险影响的可能性做出评估，其中隐含了关于受评主体未来风险变化的前瞻性信息。证券公司可利用上述信用风险智能预警技术重构风险传导机制，从而规避传统风险传导模型的局限性，有效提升压力测试和减值计提工作的前瞻性。

（二）建立趋近于真实测度的经济资本管理机制

由于复杂网络风险传导预警模型的驱动变量为真实市场事件信号，由此得出的资产违约相关性系数将更趋近于真实测度，且能够充分反映出债务主体的个体异质性特征。若以此补充巴塞尔协议框架下以违约概率 PD 作为唯一解释变量的相关性系数，证券公司资本计量将更贴近于资产组合的真实系统性风险暴露水平，这将有助于提升证券公司经济资本管理的精准化和精细化水平。

五、政策建议

（一）推动金融行业数据共享

建议监管机构通过牵头建立金融行业数据的共享示范，基于规范的数据共享平台，针对重点企业收集更加全面的风险因子和关联信息，实现对企业主体更加完善的风险评估，提升金融机构的风险管理和预警能力，让金融更好地为实体经济服务。

（二）进一步规范投资者适当性管理

建议根据信用风险预警结果为"高风险"的发行人、交易对手方的相关资产在总持仓中超过一定比例的产品，相应提高该产品的风险等级。助力提升金融产品风险等级划分的准确性，提高金融产品与投资者的匹配度，促进我国中小投资者权益保护和资本市场的健康发展。

（三）加强监管视角下的系统性金融风险防范

建议金融监管机构进一步围绕系统性金融风险压力指数建立系统性金融风险分级应对和跨周期宏观调节机制。例如，根据压力指数水平动态调整金融机构资本充足性要求、适时适度对局部承压主体开展预防性风险纾解工作等，从而有效提升金融系统抵御系统性风险的能力，降低重大风险事件的处置应对成本，平滑经济与信用环境的周期性波动对金融系统的冲击。

知识图谱在证券行业合规风控方向的应用研究
——在反洗钱监测分析和集团派系识别中的探索与实践

中国银河证券股份有限公司　星环信息科技（上海）股份有限公司*

合规经营是证券公司生存发展不可逾越的底线，风控能力是证券公司把握好风险和收益平衡、确保长期健康发展的有效抓手，合规风控对于金融机构的业务风险探查和风险揭示起到重要作用。近年来我国金融机构在现代化管理体制上面临较大的合规风控压力：一方面，合规成本日益高昂；另一方面，随着违法违规行为日益复杂，原有的基于人工经验的合规系统建设已不能完全满足发现业务风险的需求。因此，探索知识图谱、图算法等技术在合规风控领域的应用，为资本市场未来合规风险管理应用场景提供更多可能具有重要意义。

一、合规风控方向的知识图谱技术

（一）合规风控的主要技术手段

合规风控工作应用的主要技术手段包括人工智能、大数据、机器流程自动化、联邦学习、知识图谱等。

1. 人工智能（AI）

与传统规则互补，提升监测与报告效率，能够挖掘、发现新型洗钱模式，不断优化迭代现有模型和场景，并可保证警报优先级顺序。常用的 AI 模型技术包括聚类、异常监测、有监督模型、自然语言处理等。

---

* 本文为中国证券业协会 2021 年优秀课题。课题负责人：卓壮，中国银河证券股份有限公司软件工程师，负责人工智能和机器学习的智能应用；王旭昇，星环信息科技（上海）股份有限公司高级算法工程师，主要研究图算法。课题组成员包括：唐沛来，中国银河证券股份有限公司信息技术部总经理、中国证券业协会 IT 委员会副主任委员、中国证监会证标委技术管理首席专家；于文华，中国银河证券股份有限公司法律合规总部反洗钱团队负责人；刘永旗，中国银河证券股份有限公司信息技术部数据智能团队负责人；周诗咏、王芮、刘微、白天煜，均供职于中国银河证券股份有限公司；曾晨光、聂翠华、潘璐瑶，均供职于星环信息科技（上海）股份有限公司。原载于《中国证券》2022 年第 7 期。

2. 大数据

开展数据治理，除结构化数据外，也可运用非结构化数据，提升合规风控领域的数据质量，完善数据管控治理，发挥非结构化数据价值。

3. 机器流程自动化

即模拟人类与计算机的交互，代替人工处理复杂、烦琐以及大量的各项事务，从而大幅减少企业的人力成本，提升整体工作效率，甚至能够辅助发现工作流程中不必要的环节，实现流程优化。

4. 联邦学习技术

在保护客户隐私与数据安全的前提下，联邦学习技术可实现多机构联合建模，获得更完整的监测模型。

5. 知识图谱

知识图谱从关联和概率的角度出发，在描述数据背后"真理"的基础上，模拟人的思维，智能展示分析和推理能力，这是最接近人类心中的"人工智能"。

（二）知识图谱在合规风控上的应用价值及场景

目前运用知识图谱的行业主要集中在社交网络、金融、保险、零售、广告、物流、通信、IT等领域。在合规风控领域中，知识图谱可应用于反欺诈、反洗钱、互联网授信、保险欺诈、银行欺诈等场景中，主要能实现可视化展示、关联分析、丰富特征指标、洗钱风险事中监测等功能。

一是使用图数据库存储客户信息，并借助知识图谱工具实现可视化展示，定义点、边及属性，以拖拉拽可视化形式，快速展示客户信息全貌，为监测分析人员提供灵活、直观、高效的分析工具。二是金融机构积累的碎片化数据之间存在着大量基于关系的知识，运用知识图谱，可实现实体之间的关系管理和探查，并且支持挖掘、分析未知关系，为监测人员提供知识的快速查询和挖掘、分析服务。三是知识图谱本质上是对内外部各渠道客户身份、交易信息的整合和加工，可以多层次、跨地区俯瞰、挖掘、刻画客户隐蔽性、复杂性关联关系及交易特征，用于模型构建，丰富特征指标来源，提高特征及模型质量。四是基于图分析和半监督的机器学习模型，支持主动识别客户行为和关联的异常，对具有标签的实体进行关联扩散，可以支持在开户、交易等环节进行事中干预、提前预警，将洗钱风险管控从事后向事中前置。

二、知识图谱在合规风控上的实践

（一）基于知识图谱的反洗钱监测分析

本文模拟人工分析思路，搭建可视化监测分析辅助工具，使用知识图谱建立客户直接的各类关系网络图谱，挖掘客户关联关系、刻画客户全貌。构建反洗钱知识图谱的整体思路是：首先，建立客户基础信息、委托交易关系、转账关系、社会关系等各类关系图谱；其次，基于图谱建立一些可疑客户的社区发现规则，发现一些社区团伙。

设计知识图谱，即设计知识图谱的三要素——实体、关系和属性。然后根据数据特性，分析数据和业务规律，按照构建好的知识图谱的节点、边及属性，多维度提取特征，用于后续构建图谱（见图1）。

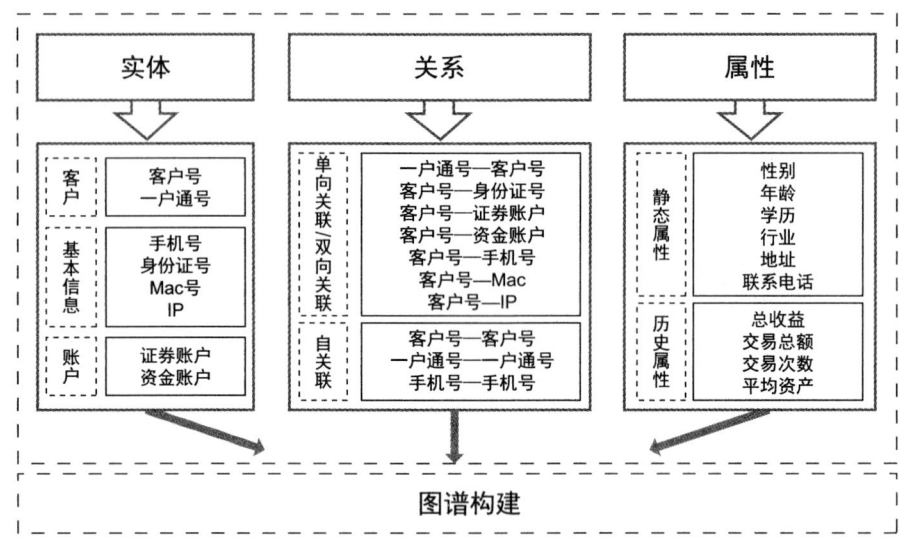

图1　反洗钱知识图谱构建

基于上述目标，设计了13类实体、16类关系，主要维度、关系及属性如下：

客户维度基本信息：基于一户通号、客户号、证券账户、资金账户、托管账户的基本信息。

客户维度和时间维度的行为信息：资金转入转出、证券委托交易及撤单、更改资料等。

身份证号维度：籍贯、出生日期、年龄等信息。

操作工具维度：手机号、IP、Mac等特征。

基于实体构建关联关系，包括一户通号—客户号，客户号—身份证号，客户号—手机号等；客户号—客户号，手机号—手机号等。

反洗钱知识图谱如图2所示。

进一步基于星环Sophon KG平台（即知识图谱应用平台）可视化地构建图谱和分析图谱，以拖拉拽可视化形式，定义点、边及属性，完成知识图谱构建，快速展示客户信息全貌以及一些反洗钱犯罪团伙/关联账户或者链条的信息，辅助人工分析。

利用机器学习技术绘制知识图谱，丰富了信息来源和特征维度，为分析人员提供了灵活、直观、高效的分析工具，促进发现复杂、隐蔽、跨地区的异常行为和可疑线索，并在安全前提下打破分散作业模式下的数据壁垒，有效提高了人工分析核查效率及效果。

（二）反洗钱监测分析图谱结果验证

1. 客户画像查询展示

对于目标可疑客户A，由一户通出发，可查找并展示各种属性、关联实体客户号，该客户有4个客户号，涉及多个委托手机号、多个Mac地址（见图3）。

数字化转型与金融科技运用

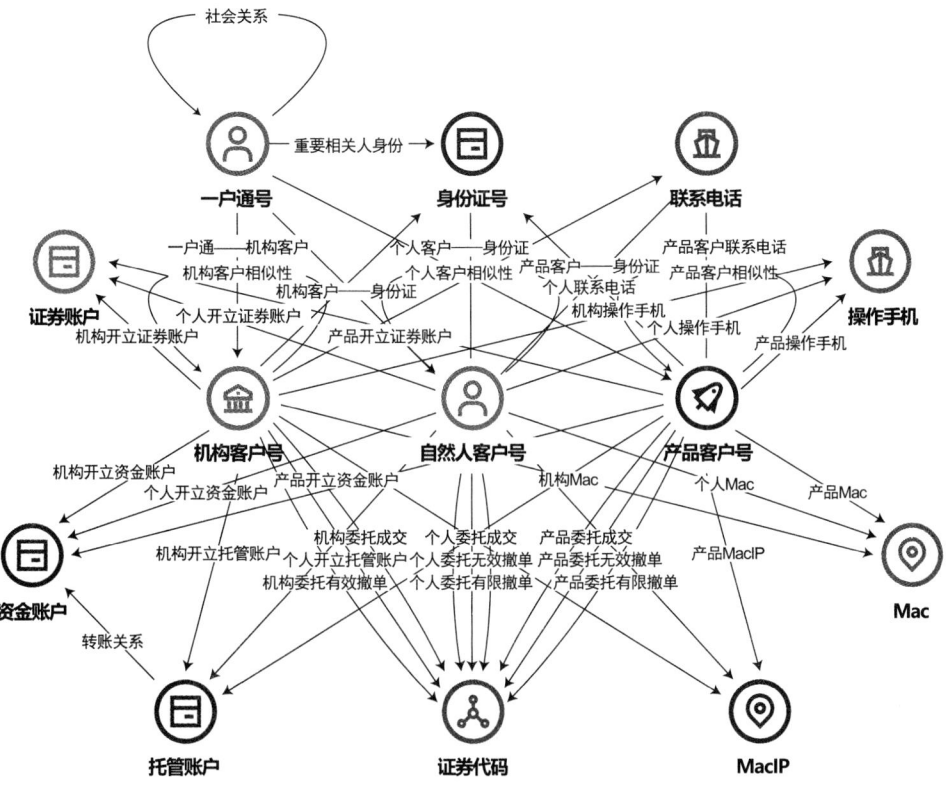

图 2 反洗钱知识图谱

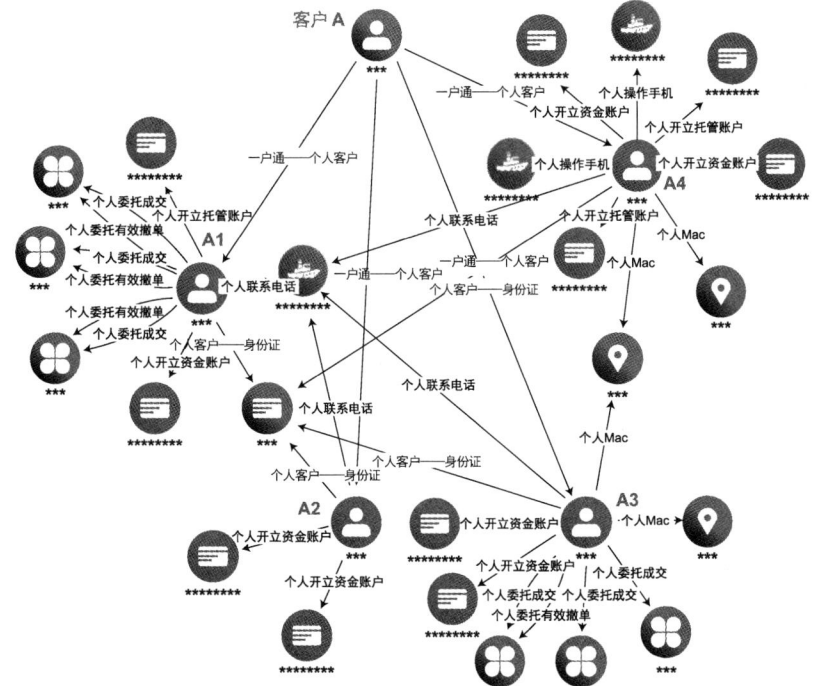

图 3 反洗钱知识图谱——客户画像查询展示

2. 关联账户查探

由一户通客户 A 的客户号 A1—A4 出发，通过共用操作设备、集中交易标的等，发现多个客户之间的关联关系（见图 4）。

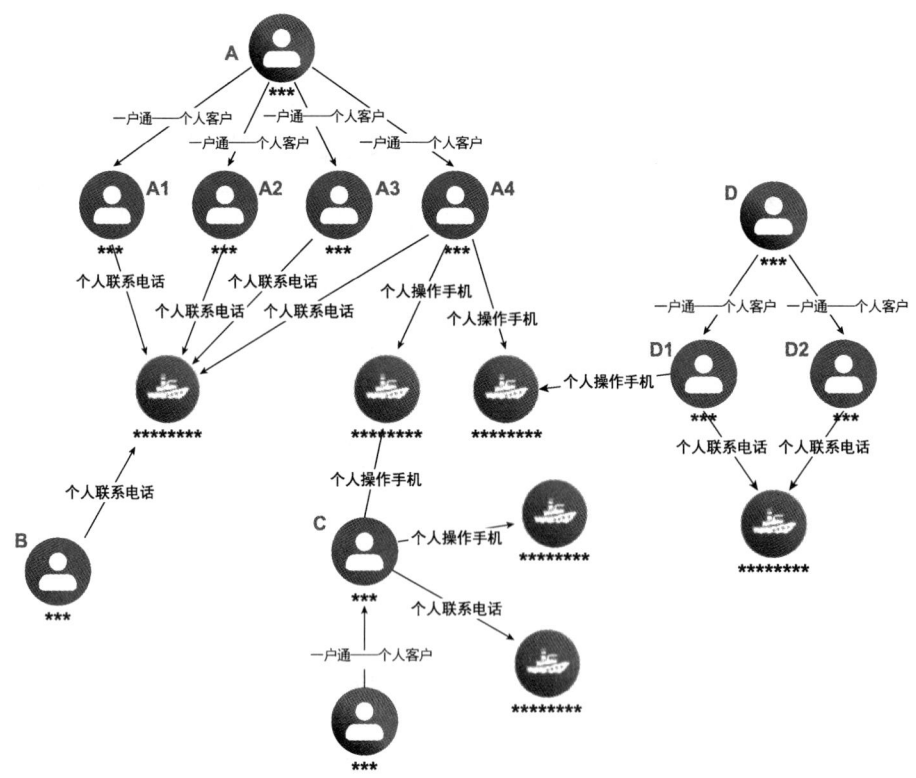

图 4　反洗钱知识图谱——关联分析

客户 A 与客户 B 预留了同一个联系电话，客户 C 与客户 A4 共用同一个手机号进行委托，客户 D 与客户 A4 共用另一个手机号进行委托。因此，由同一客户 A 的 4 个客户号，通过操作设备，可以发掘关联客户 B、客户 C 和客户 D。

3. 深入挖掘洗钱团伙

使用 cypher 语句高级查询，挖掘上一步无法直接发现的可疑关联客户。由客户 C 和客户 D2，可深入挖掘出关联的客户 E 和客户 F，他们频繁地集中操作个别股票，且存在大量撤单行为。因此怀疑此团伙存在洗钱风险，可进一步核查确认。

（三）基于知识图谱的集团派系识别

随着证券公司创新业务不断涌现，母子公司业务交叉、多重授信，加之金融市场信用违约事件日益增多，主体之间因为多维的关联关系，如股权、担保、抵质押、一致行动人、夫妻等，使得风险可能在主体间存在复杂的隐形关联。本文使用了知识图谱相关技术手段构建公司同一客户认定及管理的完整解决方案，识别包含管理层、实控人、股权等关系的同一客户认证以及关联客户识别等关键问题，以此找出主体间可能存在的复杂的隐形关联，并最终应用于以信用风险管理为核心的全面风险管理中，同时可为其他风险管理场景提供支持。

1. 图谱实体关系设计

从业务角度出发设计同一客户集团派系持股关系知识图谱，图谱包含三个要素，即实体、关系和属性。实体中既包括企业 ID、企业名称、统一社会信用代码、注册资本等基本信息实体，也包括其股东 ID、股东名称、股东类型、股东类别等这类相关性实体。关系边中则包括股东持股份额、股东持股比例、股东职务等基本关系，以便于查看相关客户企业基本信息。

2. 持股关系图谱构建

基于加工好的点、边的特征宽表，在机器学习平台上以拖拉拽可视化形式定义点、边及属性，构建并固化集团派系持股关系知识蓝图（见图 5）。

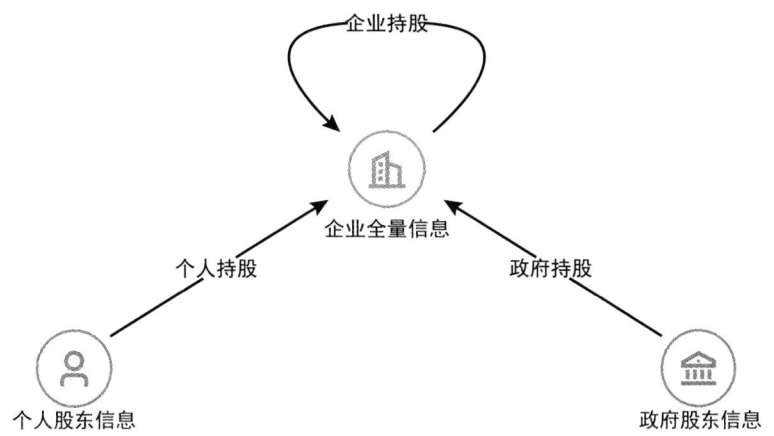

图 5　集团派系持股关系蓝图

三、合规风控的应用研究成果

（一）反洗钱监测分析的研究成果

1. 整合内外部数据，夯实监测分析基础

全面整合公司内部业务、合规、风控等系统与客户身份、资金来源、交易特征、行为特点、交易目的相关数据，结合负面舆情、证券信息、实体关系等第三方数据，丰富客户信息数据来源。

2. 深入刻画客户图像，可视化辅助监测分析

使用图数据库存储客户信息，并借助知识图谱工具实现可视化展示，定义点、边及属性，以拖拉拽可视化形式，快速展示客户信息全貌，为监测分析人员提供灵活、直观、高效的分析工具。

3. 探查隐蔽复杂关系，促进关联账户挖掘

在全公司范围内，跨地区、跨业务，基于客户留存身份信息、委托地址、交易信息等，探查客户、账户之间复杂、隐蔽的关联关系，促进内幕交易、操纵市场、非法利益输送、经营场外配资等犯罪行为的关联账户挖掘，充分发挥金融情报价值。

4. 模拟人工分析思路，丰富监测分析特征和规则

梳理可疑交易监测分析所需的数据和信息，拓展外部数据，完善知识图谱的点、边、属性（关系）需求，并借助大数据平台海量数据整合、运算效力，设计针对性强、复杂度高的监测分析特征和规则，补充完善现有反洗钱监测预警体系。

（二）集团派系识别的研究成果

1. 实现不同数据源的同一客户认定

通过整合不同数据源以及对数据的清洗和预加工，完成不同数据模块的同一客户认定，实现通过同一客户的 ID 信息查找即可发现其关联的所有股权关系。

2. 实现全部客户企业的集团派系划分

通过运行集团派系识别算法，可根据业务逻辑的需要将所有客户划分到其所属的集团和派系，并根据底层数据每日更新的频率，保证业务人员核查名单数据的实时性和准确性。

3. 实现核查企业数据的易操作性

针对包含企业数量较少的集团或者派系，业务人员直接在画布上核查分析，而对于不易在画布上查看的大集团和派系，通过一键导出功能快速导出集团或派系名单，以便业务人员核对分析。

基于大数据和人工智能的信用债违约预警研究

平安资产管理有限责任公司*

一、引言

随着 2014 年"超日债"违约事件发生,中国信用债市场逐渐打破刚兑"信仰",近几年违约规模持续扩大,使得防范和化解债务违约风险成为债券市场发展的重中之重。

信用风险是债券面临的主要风险。早期信用风险度量方法以定性为主,如专家模型和评级模型。随着经济活动复杂度的增加,定量风险模型使用越来越广泛,陆续出现统计模型、结构模型、简约模型等。这些模型为信用风险提供了计量手段,但在实际应用中仍然存在诸多局限性:首先,结构模型和简约模型的测算依赖于市场价格数据,而国内债券交易不够活跃,可能导致模型存在误判风险;其次,现有模型忽视了财务造假在企业违约中的作用;最后,仅以单家企业为研究对象的风险模型难以提前识别关联风险的变化,导致信用风险呈现突发性和蔓延性。

近年来,大数据和人工智能技术逐渐发展成熟,为构建新一代的违约风险防范体系创造了新的可能:一方面,现代大数据技术可以提供海量数据的采集、存储、整理、归纳、汇报等商业智能服务;另一方面,基于先进的机器学习模型算法,可以从海量数据中进一步提炼价值线索,做到更早、更准、更全面地发现企业信用风险。因此,可基于机器学习算法重构信用债风险预警体系,以实现对违约企业的及时有效预警。

---

* 本文为中国证券业协会 2021 年优秀课题。课题负责人:李果夫,计算机与人工智能博士,平安资产管理有限责任公司 AI 模型团队负责人,主导 AI 实验室的建设与核心项目的研发,推动人工智能领域在金融投资和研究领域的应用。课题组成员包括:刘剑,工商管理硕士,平安资产管理有限责任公司大数据总监,负责平安资产管理有限责任公司大数据与人工智能团队管理;吴宜蓉、李贤杰、张骅、李毅琳、戴嘉冀、张又允,均供职于平安资产管理有限责任公司。原载于《中国证券》2022 年第 7 期。

二、信用债违约预警模型构建

（一）融合多种学习模型的主从模型架构

企业信用风险受到宏观环境、经营状况、财务状况等多重因素的影响，而度量各类影响因素的数据在及时性和真实性上具有较大差异，因此风险建模需要综合考虑多种数据来源、多种数据形态及不同分析体系的融合（见图1）。

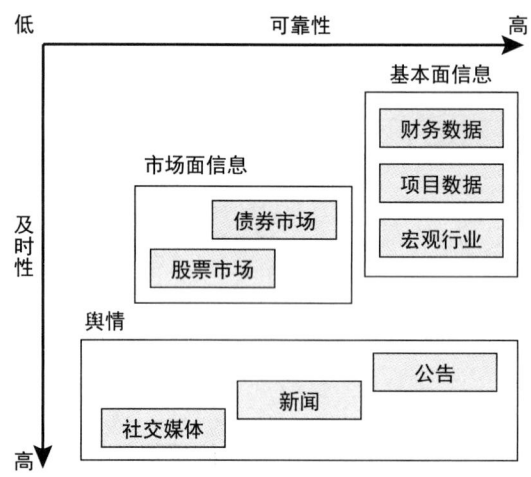

图1　不同的数据源在及时性和真实性上的不同特点

预警模型架构整体设计分为一个集成模型和多个子模型。子模型针对五个维度分别设立辅助目标来监控企业风险表现，包括研究企业长期趋势的基本面模型，及时反映企业短期冲击情况的市场面模型和舆情模型、财务粉饰模型、风险传导模型（见图2）。子模型是相互独立而又相互补充的有机体，确保了风险来源多角度、全方位覆盖。集成模型使得各类风险在一套系统中统一监控输出，预测企业未来3—9个月内的信用风险等级。

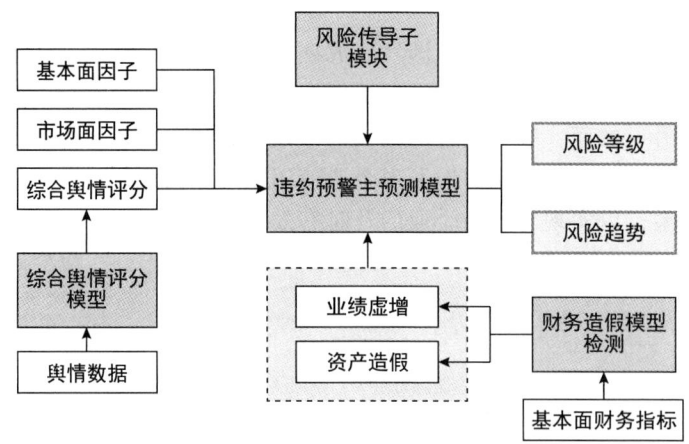

图2　基于大数据和人工智能技术的违约预警模型整体架构

(二) 基于 XGBoost 的主模型原理

预警主模型选取的基于树结构的 XGBoost 模型是对传统梯度提升机的改良。与传统线性模型相比,该方法引入了对输入数据多层次、非线性的变化,可以有效捕捉数据中的复杂关联。XGBoost 的基本思想是在构建森林时,逐步增加新的决策树,且每一个新增的决策树所要学习的目标是对现有模型预测结果残差的补足。这一过程可以用如下计算式表示:

$$\mathcal{L}^{(t)} = \sum_{i=1}^{n} l[y_i, \hat{y}_i^{(t-1)} + f_t(x_i)] + \Omega(f_t)$$

其中,$\mathcal{L}^{(t)}$ 表示在生成 t 棵树时的目标函数;$l[y_i, \hat{y}_i^{(t-1)} + f_t(x_i)]$ 表示在当第 i 个学习案例的目标输出是,第 $t-1$ 棵树的输出是 $\hat{y}_i^{(t-1)}$,且当前第 t 棵树的输出是 $f_t(x_i)$ 时,第 i 个学习案例所带来的损失;最后一项 $\Omega(f_t)$ 则是一个正则化项,表示对第 t 棵树带来的额外模型复杂度进行的惩罚。

在此基础上,XGBoost 在生成每一棵树时,会同时考虑现有模型的一阶残差项和二阶残差项,让模型可以更快更准确地收敛。此外,也会对结构进行高强度的正则化约束,用以克服梯度提升机常见的过拟合问题。

预测模型的解释性分为全局解释和局部解释。违约预警的场景更关注于个体案例的局部解释,因此预警模型构造了基于 Shapley 原理的线性可加思想的归因算法。函数 f 是需要被解释的原模型,函数 g 为解释 f 的模型。局部解释的目标是寻找一个最优的 g,对任意一个案例 x 以及其对应的简化输入 x',即 $x = h_x(x')$,使得当 $z' \approx x'$ 时,$g(z') \approx f[h_x(z')]$。这类归因模型被称为特征可加归因方法,解释性模型是关于一组二元变量的线性函数:

$$g(z') = \Phi_0 + \sum_{i=1}^{M} \Phi_i z_i'$$

其中,$z' \in \{0,1\}^M$ 是一组 M 维的二元变量,M 是简化的输入特征数量,而 $\Phi_i \in \mathbb{R}$ 表示特征 i 对预测结果的贡献度权重。

(三) 基于专家规则和多种机器学习模型的子模型原理

1. 基于事件标签和序列分析的舆情模型

舆情模型的核心思想是通过捕捉新闻、公告、舆论等信息,及时挖掘发债主体的偿债风险。本文使用基于自注意力机制的 Transformer 架构。Transformer 解决了传统序列模型中信息流动瓶颈的问题,通过大量使用注意力结构代替了循环结构。

Transformer 模型往往包含多层 Transformer 单元,其中每一层单元,输入嵌入向量将首先作用于多头注意力单元,之后再输入到前馈网络单元,得到最后的输出结果。这两个单元都加入了残差网络结构和层标准化处理结构(见图3)。

Transformer 模型的核心在于多头注意力(multi-head attention)机制,即把每一个时间片上的输入特征编码为一个存储向量 V,并生成一个存储索引向量 K,以便在接收到查询向量 Q 时返回适当的向量值。多头注意力单元的计算过程可写成如下形式:

$$\text{MultiHead}(Q, K, V) = \text{Concat}(\text{head}_1, \cdots, \text{head}_h) W^O$$

$$\text{where head}_i = \text{Attention}(QW_i^Q, KW_i^K, VW_i^V)$$

其中,V、K、Q 为三个向量,分别表示存储值向量、存储索引键向量和查询键向量,

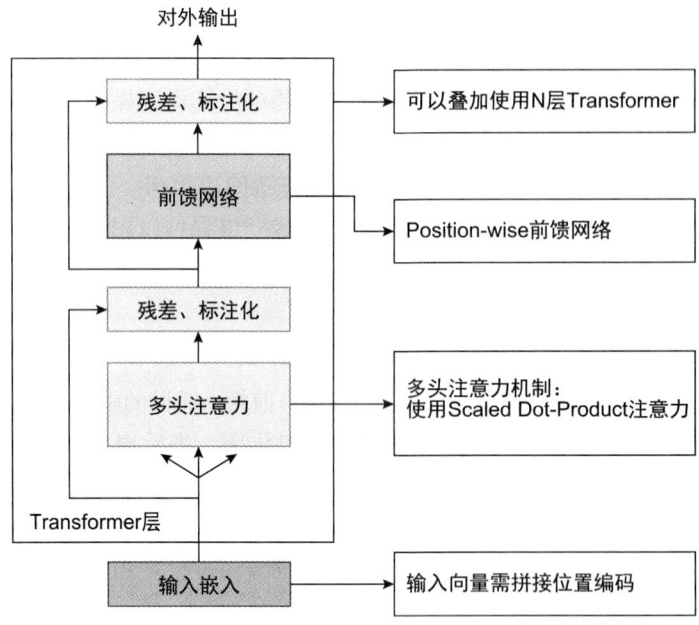

图 3　Transformer 层模型结构

h 为注意力头的数量。计算过程可以被进一步细化为如下形式，其中 d_k 表示向量长度：

$$\text{Attention}(Q, K, V) = \text{softmax}\left(\frac{QK^T}{\sqrt{d_k}}\right)V$$

完整的 Transformer 模型包含了一个编码器和一个解码器，而多头注意力则会应用于编码器—解码器、编码器自注意力和解码器自注意力三处。不同于原始的机器翻译应用场景，预警系统并不需要考虑序列形式的输出，因此在具体使用时，仅采纳了 Transformer 模型中的编码器部分，将序列数据编码成一个固定长度的语义向量，然后通过一个密集连接层预测某一类的信用风险事件发生概率。

2. 基于专家规则和蒸馏方法的财务粉饰模型

整个财务粉饰模型从舞弊三要素理论出发，包括舞弊动机、舞弊机会和舞弊借口。典型的造假行为模式可总结为由舞弊机会带来虚增业绩的可能性，而后再通过舞弊借口使得前期被虚增的业绩成为伪造的虚假资产。

与实质违约样本相比，财务造假学习样本更为稀疏，目前广泛使用的是监管机构公布的造假处罚名单，并不适合直接套用机器学习模型对样本进行分类学习。为解决这一问题，财务粉饰模型结合专家经验沉淀并通过知识蒸馏的方式让机器来学习：第一步是专家规则沉淀。通过沉淀专家的分析逻辑并进行演绎，设计更为复杂的规则来识别造假企业，得到精度较高但覆盖率较低的可疑造假样本。第二步是机器学习泛化。通过机器学习模型对第一步所得到的信度较高的财务造假可疑样本进行泛化学习，找到无法通过简单规则直接抓出的疑似造假样本。上述两个步骤彼此相辅相成，构成了一个正循环的自增长（bootstrap）过程，并在此基础上研发更为精准的财务粉饰模型，旨在发现企业财务造假的完整证据链（见图4）。

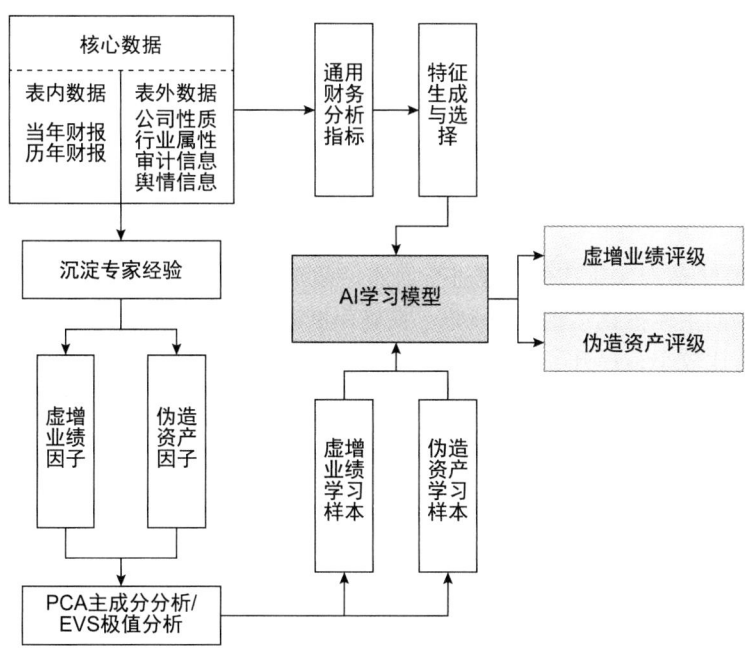

图 4 基于专家因子和机器学习的双层反财务舞弊模型架构

3. 基于企业图谱的风险传导模型

公司的信用风险不仅与其自身内部状态相关，还受到外部关联方的影响。因此，模型中可引入一个主体数量达百万级别的企业和关键人物关联图谱，通过对核心风险传导链的建模，实现更早更精准地风险发现、风险管控功能。

基于专家经验确定风险源和传导规则，主要是将专家规则转换为可被执行的计算机代码。基于规则的传导模型过度依赖于先验知识，扩展能力弱。为弥补这一缺陷，本文进一步引入了基于深度学习的图模型。早期较有影响力的模型是结构化嵌入（structured embedding），将图中每个节点嵌入高维语义空间中，以适合计算的语义向量进行表示（见图5）。

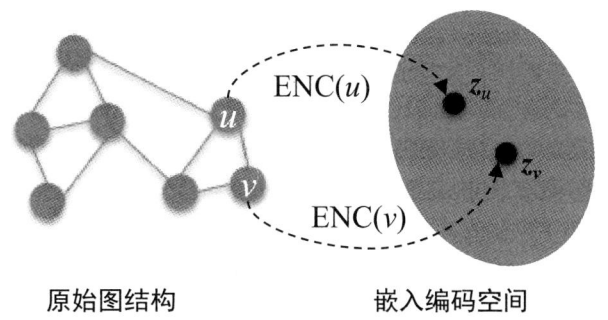

图 5 结构化嵌入式模型

这类模型有天然的局限性：映射关系缺乏语义解释，使得模型缺乏解释性；仅考虑了结构关联性，无法考虑点和边的属性；本质上属于直推式学习（transductive learning），难以应对新的结构变化。因此，学者又将目光聚焦于图神经网络。神经网络本身是一种归纳式学习方式，将学习样本中总结得到的模式迁移到新场景中。在图神经网络中，可以使用向量嵌入表示企业图谱中企业自身属性和各种关系类型，不同方向关系也可以使用不同向量表示，再利用多头注意力机制进行学习，最大程度保留模型的可解释性。

三、信用债违约预警模型实证效果

本文对2020年债券实质违约情况进行回测。截至2020年底，存续债主体中预警模型认为信用资质较差的主体占比达到13.68%。在确保有效预警风险企业的基础上，模型给出风险提示的企业占比较小，提升了当前信用债投资对资质下沉的投资需求。预警模型相对外部评级机构对信用风险区分度更高，外部评级更多集中在AA以上，预警等级则呈现类正态分布，对企业具备更好的区分度（见图6）。

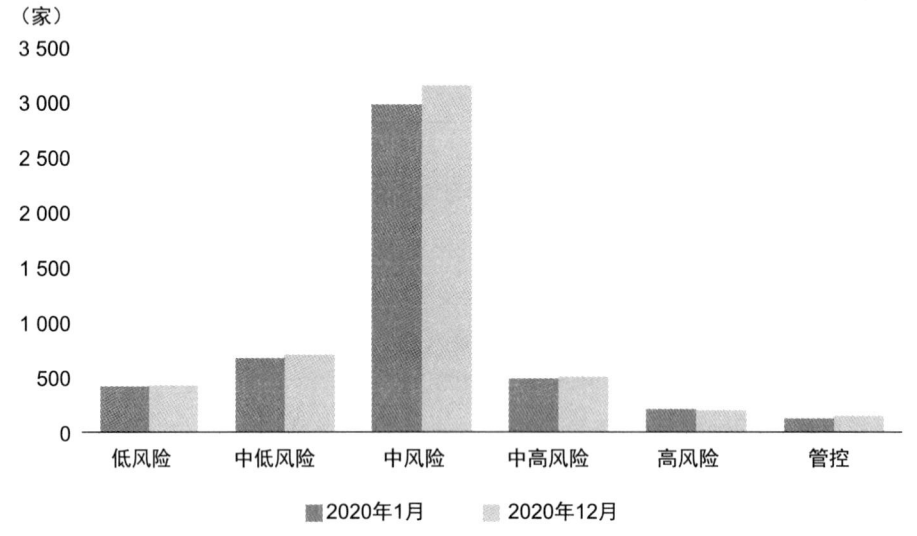

图6 存续债主体风险预警等级分布

从准确性来看，2020年初高风险预警名单中的192家企业，其中152家在一年内发生各类信用风险事件（包括违约、外评AA-及以下、外评下调、债券收益率过高等），占比达到79.2%，预测准确性相对较高（见图7）。

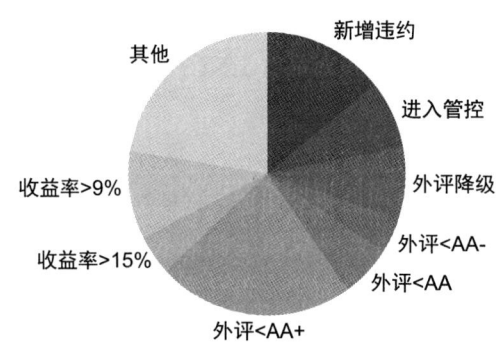

图7 高风险预警主体准确性统计

从预警提前量来看，2020 年预警模型覆盖的新增违约主体为 45 家，预警模型提前量最多达到 810 天，平均提前量为 478 天。2020 年相较 2019 年预警提前天数略有增长。从预警有效性角度来看，如果以预警日提前违约日为准，违约企业已全部提前预警；如果以预警提前量不足 3 个月为准，2020 年全年漏警率也仅为 2.2%。

四、总结和展望

本文基于大数据与人工智能技术，创新性地构建信用债违约预警模型，模型覆盖了基本面、市场面、舆情面、财务粉饰、关联风险传导等众多特征因素，具有及时捕捉信用恶化先验信号、精准抓取舆情事件并还原信用发酵故事线、覆盖关联风险传导和自动化财务粉饰辨别、兼容多目标学习等特点。在未来风险建模中，我们将深入探究训练样本的重新划分、零碎信息的整合、加强非量化因素在风险预警中的应用等问题，进一步提升预警效果，助力信用债市场高质量发展。

机器学习在投资组合风险控制中的应用研究

东方证券股份有限公司[*]

随着中国资本市场发展，投资者结构逐渐变化，对外开放程序逐渐提升，组合风险控制逐渐面临一些新的问题。例如，许多优质资产面临更强的协同、拥挤效应，投资者对市场突发事件的反应愈加迅速，导致投资组合的风险控制也愈加困难，同时，市场对多方位风险控制手段的需求也更加迫切。近十年来，机器学习、深度学习等新兴科学的兴起与发展，为风险计量和控制模型提供了新的思路和工具。本文着重探索新时代下机器学习、深度学习如何应用于量化风控模型，使风控智能化，提升风控效果。

一、投资组合风险控制中使用的模型

（一）风险模型

Markowitz（1952）提出了均值方差模型，建立了现代投资组合理论的框架。Rosenberg（1974）首次提出了Barra的多因子风险模型。他认为资产的收益主要来源于公共因子的收益和特异因子的收益，有效解决了均值方差模型维度过高的问题，使估计参数量大幅降低。Menchero（2012）研究表明，多因子风险模型的因子收益协方差和特质方差的估计值存在系统性偏差，并提出了对应的特征值调整方法和贝叶斯压缩调整方法。但本文研究发现，贝叶斯压缩调整方法并不适用于A股市场。近年来，机器学习技术的发展为我们提供了新的思路，本文拟构建一套自研的风险模型，并使用机器学习方法改进系统性偏差问题。

（二）新闻舆情模型

在资产配置过程中，投资标的的舆情对中短期风险有较为重要的影响。对于一些非标准

---

[*] 本文为中国证券业协会2021年优秀课题。课题负责人：张磊伟，东方证券股份有限公司系统研发总部高级工程师，在量化投研、风险模型、机器学习、组合优化等方面具有多年相关研究经验。课题组成员包括：张庆，东方证券股份有限公司系统研发总部高级工程师；许可，东方证券股份有限公司系统研发总部副总经理。原载于《中国证券》2022年第7期。

型的突发事件,量化模型难以直接评价这类事件对于公司价值产生的影响。但相关新闻报道往往带有一定程度的正负面情感,这类新闻情感的识别,是量化模型处理上市公司突发事件很好的切入点。而深度学习和 NLP(自然语言处理)技术的发展,特别是谷歌发布的 BERT 预训练模型,为机器理解这类上市公司新闻舆情提供了有效的工具。

(三)基于深度学习的短期技术面模型

在高频交易领域,投资者面临的短期风险信息主要集中在订单簿上。基于订单簿和机器学习的高频交易,是近年来的研究热点之一,但当前该领域研究成果往往都采用在图像或者文本领域较为成熟的机器学习模型。而图像和文本领域的成熟模型并不完全适用于金融市场这样高噪声的环境,本文将针对金融数据高噪声、厚尾分布的特点,重新设计符合该数据环境的算法。

(四)小结

上述三个模型领域的研究较为割裂,尚未形成一套完整的风险控制体系。本文将尝试将这三个不同周期长度的模型予以整合,形成全方位的风险控制解决方案,为行业内风险控制手段的进步、投资者的权益保护、投资组合的分散化提供思路与参考。

二、投资组合风险计量与控制体系

本文旨在基于机器学习和深度学习方法,构建一套 A 股投资组合风险计量与控制的体系(以下简称"风险控制体系")。从长、中、短三个时间纬度出发,该体系包括三个风险控制手段:一是为应对组合中长期波动,构建基本面多因子风险模型,并基于机器学习方法改进模型的估计问题;二是为应对组合中短期事件与舆情风险,构建基于新闻文本数据和深度学习方法的舆情模型;三是为应对组合短期风险,构建基于订单簿数据和深度学习的技术面模型。为同时使用这三个风险控制手段,使其协调运行,本文尝试使用凸优化的方法求解理想的目标权重,并构建相应的组合优化器(见图1)。

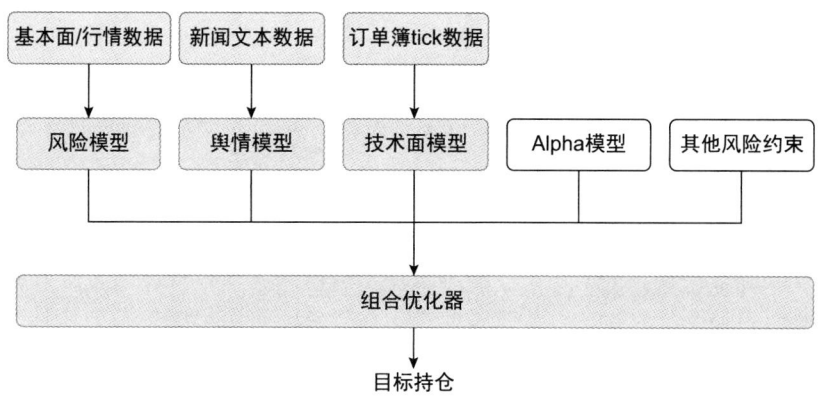

图 1 风险控制体系示意图

本文也将尝试以一个实际的量化策略组合为例,使用本文的风险控制体系求解组合的目标持仓并进行模拟交易。通过观察该模拟组合在跟踪误差、超额收益最大回撤、信息比等风险指标上的统计结果，评价该风险控制体系的实际效果。

三、基本面风险模型的改进方法

（一）风险因子

参考 Barra 中国区第五代模型（CNE5）的方法，我们构建了 10 个风格因子，另包含 32 个行业因子与一个国家因子。风险因子全市场解释力（R2）如图 2 所示，基线为市场在售的主流风险模型。

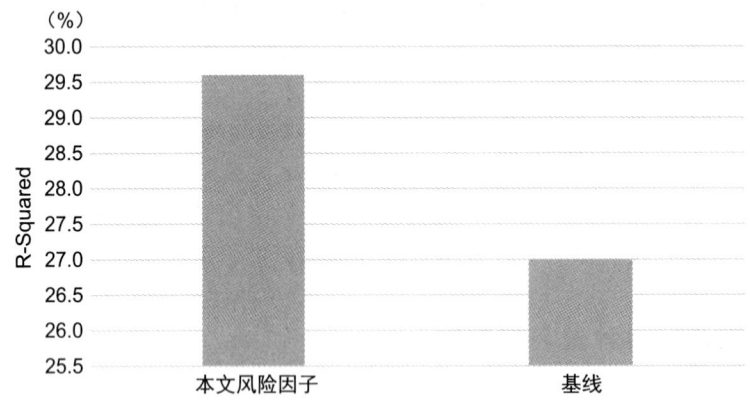

图 2　风险因子全市场解释力

（二）特质风险的偏差调整

Menchero（2011）使用特质风险将美股分组并排序，并分别统计每组的偏差，由此观测到特质风险存在系统性偏差。本文以 A 股市场为样本，采用同样的方法，观察到了类似的系统性偏差趋势（见图 3）

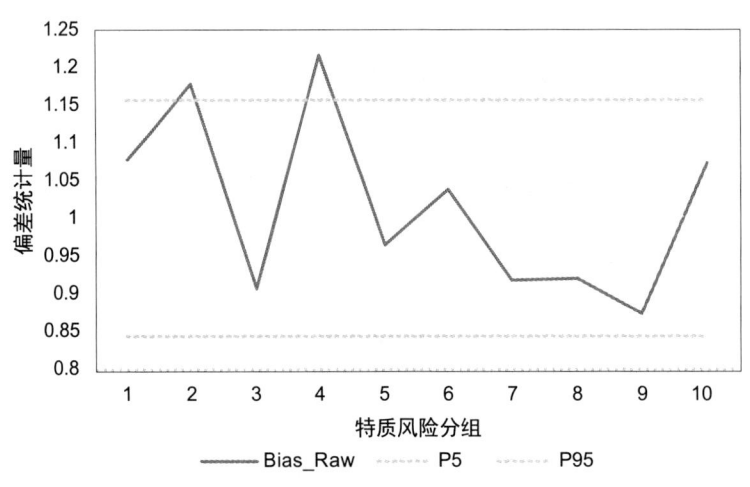

图 3　A 股特质风险系统性偏差

为了消除该系统性偏差，Menchero（2011）提出了一种贝叶斯压缩方法（Bayesian Shrinkage）。本文以 A 股为样本空间，使用相同的方法，得出的实证结果如图 4 所示。

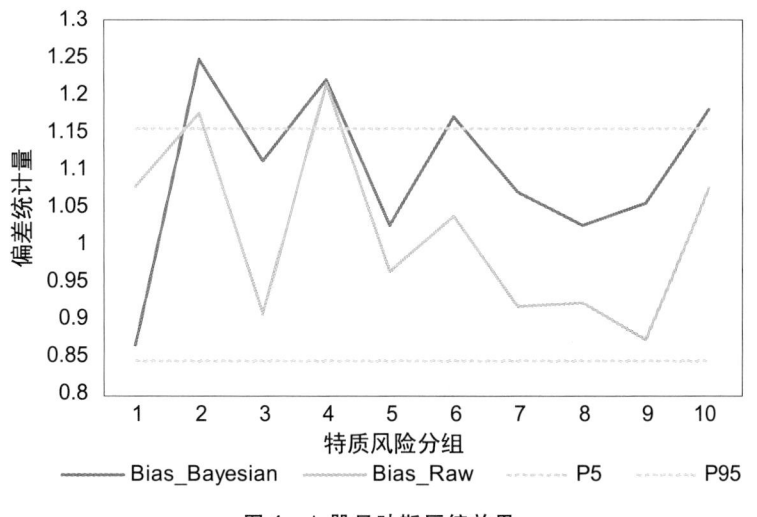

图 4　A 股贝叶斯压缩效果

从图 4 中的数据可以看出，仍然有多组的偏差统计量在 95% 置信区间以外。贝叶斯压缩方法可能在 A 股并不能充分地纠正特质风险的系统性偏差。

（三）特质风险偏差调整方法的改进

为解决特质风险的系统性偏差问题，本文构建了基于神经网络估计值调整模型，模型的网络结构和实证结果见图 5 和图 6。

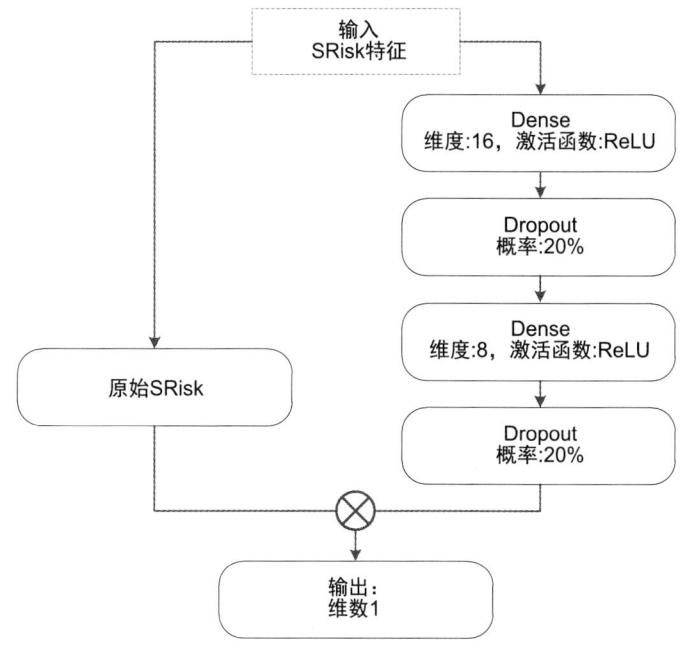

图 5　模型结构示意图

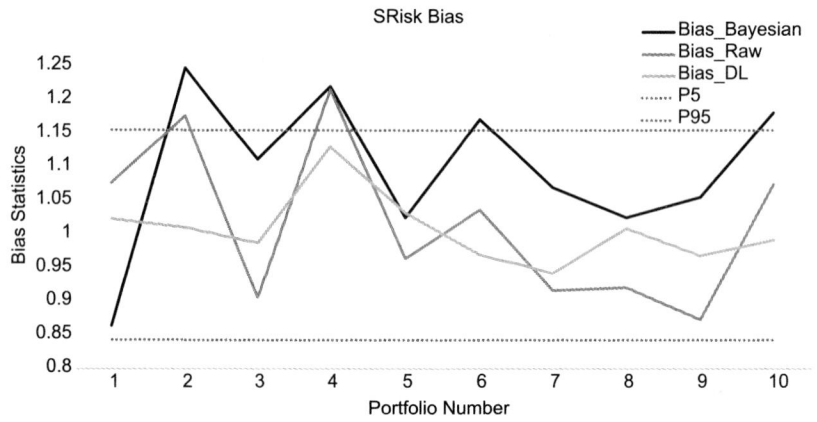

图 6　基于机器学习的特质风险调整效果

从实证结果来看，所有组合的偏差统计量均在95%置信区间内，因此，基于神经网络的调整方法优于贝叶斯压缩方法。

四、基于深度学习的舆情模型

（一）模型结构

本文采用分段模型的设计，将新闻舆情模型分为两部分：一是金融机构命名实体识别；二是细粒度情感极性分类模型。模型结构如图7所示。

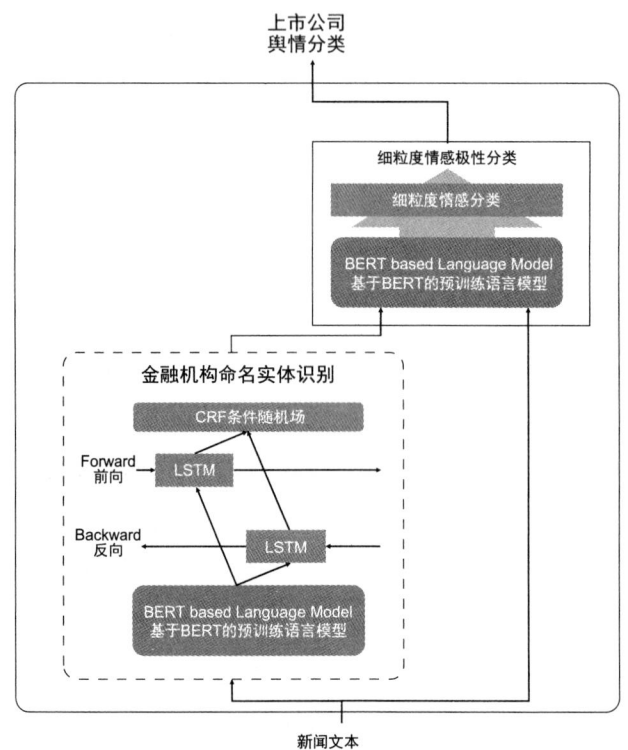

图 7　细粒度情感极性分类模型结构示意图

(二) 数据预处理

在新闻舆情语料中,存在着比较明显的样本不均衡性,即负面消息会高于正面消息,这里仅对负面消息进行采样。此外,样本还存在机构的不均衡问题,如某个金融机构在新闻舆情语料中经常以负面消息形式被报道,容易引起模型的预测偏见。因此,本文所识别的实体使用"我方机构"和"其他机构"作为代词进行遮蔽,使模型在判断时不受具体的机构名称限制。实验表明,该方法可获得较为理想的模型预测效果。

(三) 舆情模型实证结果

1. 金融机构实体识别数据集

将历史新闻舆情数据作为训练数据集,含180万条新闻文本。

2. 细粒度情感极性分类数据集

由于新闻语料中负面消息远多于正面消息,对负面消息进行采样,数据清洗后训练集包含40万条记录。

3. 实证结果

细粒度情感分类的实证结果如图8所示,并将FastText、基于预训练Word2Vec的FastText进行模型效果及性能的对比。

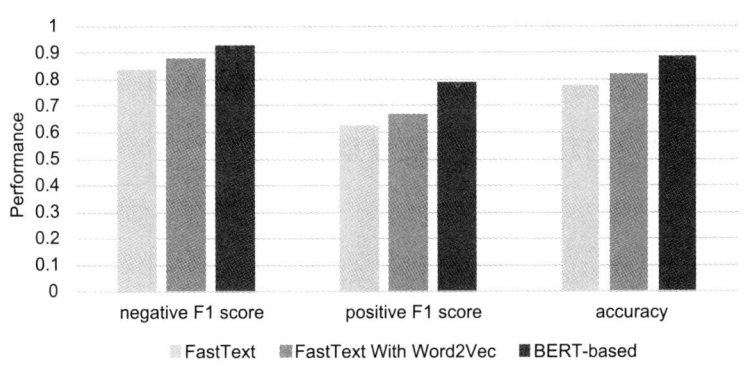

图8 基于不同语言模型的情感极性模型效果对比

从实证结果来看,基于BERT的模型展现了三者中最佳的表现,特别在正面消息的判断方面,BERT明显提升。

(四) 舆情因子与实证结果

取 m_{nt} 为股票n在t日的极端负面新闻数量(舆情模型分类值Prob小于0.1),负面舆情因子的算法为:

$$S_{nt}^{neg} = - \sum_{t=1}^{T} \sum_{i=1}^{m_{nt}} sign(s_{nti})$$

本文根据负面舆情因子的暴露值将股票池分为10组,并计算年化de-mean收益与年化信息比,实证结果如图9所示。

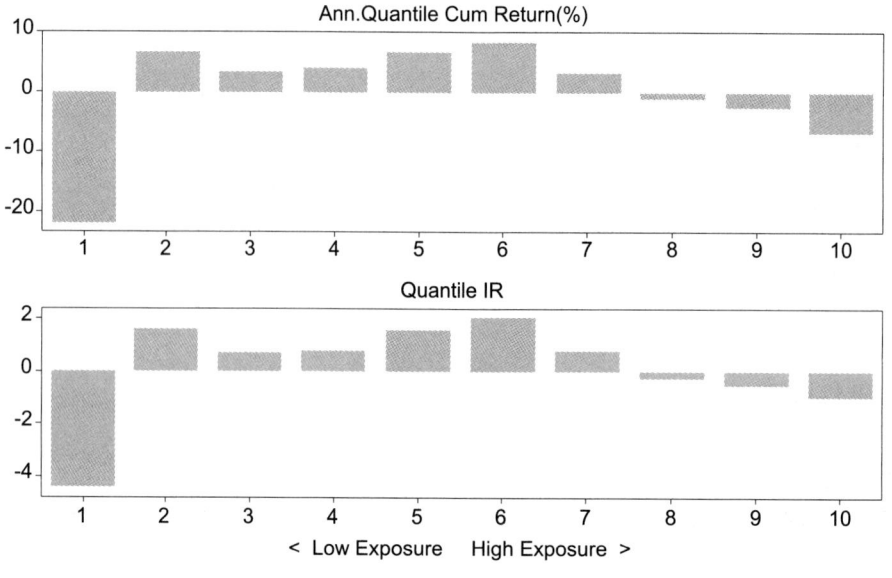

图 9 负面舆情因子分位数

从结果来看，负面舆情因子暴露最低的一组（负面舆情数量最多），表现出了超过20%的年化亏损以及超过4倍的信息比，表明基于深度学习舆情模型构建的舆情因子模型能够有效规避舆情风险。

五、基于深度学习的超短期技术面模型

（一）模型结构

本文基于沪、深两市的 tick 高频数据构建深度学习模型，并基于 Synthesizer 模型改造，构建了模型变种 Thin – Synthesizer，使用了 CNN、LSTM 等结构对输入输出进行降维，降低参数量。模型结构如图 10 所示。

（二）实证结果

本文选取沪、深两市 A 股作为样本，按照时间划分训练集和测试集。训练集为 2021 年 4 月至 2021 年 8 月，测试集为 2021 年 9 月，预测目标为未来 3 分钟的收益率。训练集样本总量约为 7 亿条。采用 IC（Information Coefficient，预测值与实际值的相关系数）作为模型有效性的统计量，每 100 个 step 统计测试集和验证集的 IC 均值，再分别统计预测值为 ±0.15%、±0.3% 以上的买入/卖出信号的收益均值和胜率，统计数据如表 1 所示。

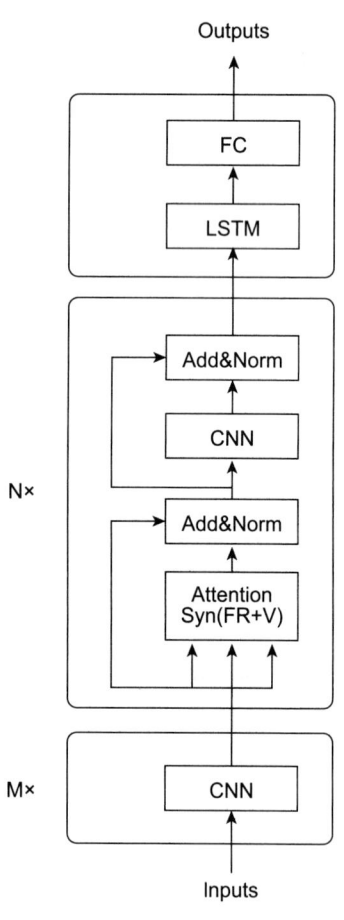

图 10 模型结构示意图

表1　　多空信号收益统计

预测值区间	平均收益（%）	胜率（%）
[0.15%, +∞)	0.207	60.3
(-∞, -0.15%]	0.213	61.7
[0.3%, +∞)	0.372	69.6
(-∞, -0.3%]	0.413	77.1

从结果来看，在使用对手价交易的前提下，多空信号均有较高的每笔收益和胜率，并且能够战胜交易成本，模型成功地应用于短期股票收益的预测问题。

六、策略实例

根据本文风险控制体系与 Alpha 模型，构建中证 500 指数增强策略，并使用组合优化器求解模型最优解，以 0.3% 为双边交易成本。经过模拟交易后，相关统计指标如表 2 所示。

表2　　指数增强策略统计数据

年度	年化总收益（%）	年化基准收益（%）	年化超额收益（%）	跟踪误差（%）	信息比	超额收益最大回撤（%）
所有	65.25	23.98	41.28	4.78	8.64	3.59
2019	62.18	28.51	33.67	4.62	7.28	3.59
2020	70.05	21.63	48.43	4.87	9.93	1.70
2021	56.56	19.93	36.62	4.83	7.58	2.18

从统计数据来看，模拟交易结果满足 5% 的跟踪误差约束。由于持仓组合保持满仓状态，我们以超额收益的最大回撤作为风险规避评价指标，近 3 年该模拟组合均保持较低的最大回撤水平，最高为 3.59%。实证结果显示，风险控制体系满足了我们对于组合风险控制的整体需求，并且获得了理想的结果。

七、总结与展望

本文风险控制体系最终取得了优秀的模型表现，在跟踪误差目标和超额收益最大回撤目标上均取得了理想的实证结果。同时，本文的研究成果也存在一些不足：一是短期技术面模型没有充分利用海量样本数据；二是整体架构也因硬件算力水平受限而妥协。随着深度学习技术与硬件算力水平的突破，相信基于机器学习的投资组合风险控制技术一定会有更长足的发展。

金融科技助力投资者保护研究

辛治运*

我国资本市场经过三十余年的发展，现已成为全球第二大规模的资本市场。伴随资本市场不断发展与壮大，市场对投资者保护工作愈发重视。证券公司作为资本市场的重要参与者，将以更加积极的姿态，大力开展和建立起投资者保护体系，探索并利用金融科技开展投资者保护工作。

一、投资者保护工作存在的主要问题

（一）金融产品信息不对称

在金融产品交易过程中，信息不对称是最常见且极为典型的问题。从产品设计层面看，市场中存在一些金融产品，其经过复杂的金融工程设计，使得其风险不容易被洞悉。因此，一旦投资者受投资顾问诱导时无法清晰判别，容易导致购买超出自己风险承受能力的产品。从卖方机构对产品评价层面来看，如果机构不能对产品做出客观正确的评价，投资者基于该类评价信息而购买对应的产品，也会损害投资者权益。从专业能力层面看，相较于金融机构及专业的投资顾问，普通投资者在专业性和信息获取能力方面都存在差距，这就造成了机构与投资者之间的信息不对称问题，并最终导致投资者无法正确认识所购买的产品，投资者权益受到损害。

（二）投资者专业度参差不齐

与金融市场复杂、专业、充满创新的特征形成对比，部分投资者具有金融知识缺乏、投资时间和精力有限、获取信息时效性差等特征。具体表现为：部分投资者仅基于已有知识进

---

* 作者简介：辛治运，清华大学计算机科学与技术专业博士，现任广发证券股份有限公司党委委员、副总经理、首席信息官，广发控股香港董事，中国证券业协会投资银行委员会副主任委员。曾工作于中国证监会信息中心、机构监管部综合处、审核处，安信证券股份有限公司。原载于《中国证券》2022年第8期。

行交易决策；部分投资者可能意识到补充金融知识的必要性，但是发现学习成本过高，没有充裕的时间和精力学习；部分投资者大力收集市场信息，却无法识别真伪和有效信息。因此，在这种情况下，投资者进行投资活动，可能导致其实际收益与期望收益存在一定差距。

（三）投资环境日益复杂

随着资本市场的发展，科创板、北交所陆续设立，企业上市门槛大幅度降低，投资者投资机会增加，而市场风险也随之增加。近年来企业财务舞弊事件频发，舞弊人通过财务欺诈等违法违规手段，遮盖企业真实财务现状、经营成果和现金流量，误导投资者作出错误的投资决策，从而使投资者蒙受经济损失。目前上市公司的舞弊动机和手段呈现多样化和复杂化趋势，普通投资者难以及时识别舞弊风险，作出规避风险的决策。

（四）投资者风险承受能力与产品风险不匹配

2017年7月，《证券期货投资者适当性管理办法》开始实施，规定金融机构必须充分了解投资者，提供符合其情况的产品。在实际操作中，机构首先使用调查问卷的方式了解投资者的财务状况、金融知识、投资经验、投资目标和风险偏好，并对问卷进行打分。问卷的分数决定了投资者的分类评级，机构基于分类评级向投资者提供符合其自身情况的产品。

该办法的实施体现了金融业对投资者保护的重视，也是投资者保护工作的重大进步。然而，调查问卷的方式仍具有一定的局限性：一是调查问卷无法涵盖投资者风险偏好以及风险承担能力的方方面面，一些因人而异的细节可能会被遗漏；二是一些投资者并没有认真填写问卷；三是存在部分投资顾问因某些需要诱导投资者填写错误的情况；四是随着时间的推移，投资者的风险偏好出现变化而没有及时重新评估。综合来看，调查问卷难以全面、准确地判断投资者风险偏好。在这种情形下，金融机构难以将真正匹配投资者风险的产品和服务提供给投资者，容易造成投资者权益受损。

（五）投资者信息泄露风险

随着人工智能的发展，个人数据信息在各行业的价值迅速升高，应用场景层出不穷，如上文提及的投资者适当性管理、客户行为分析和精准营销等。当前机构已经发现数据带来的价值，并加大投入，尽可能多地获取投资者信息。在这样的背景下，投资者个人信息被盗取和泄露的事件也逐渐增多。信息一旦泄露，将可能使投资者遭遇不法团伙诈骗，造成资产重大损失，给投资者带来难以估量的伤害。

（六）投资者维权难度大、成本高

当投资者认为自己权益受到侵害、踏上维权之路时，也可能会出现各种各样的问题阻碍投资者维权。一是一些留存的证据没有法律效力；二是合同中存在陷阱，缺少金融知识和法律知识的普通投资者很容易忽略，最终导致维权失败。

除了维权难度大，投资者还面临着维权成本高的问题。首先是金钱成本，维权所需的诉讼费、律师费是一笔高昂的费用。其次是时间成本，它虽然不像律师费、诉讼费那样直观，但也为投资者带来较大负担。法院复杂的诉讼流程使得诉讼周期很长，导致消费者不能获得及时的赔偿。同时，存在投资者赢下官司、拿到判决书却拿不到赔偿的情况，一些公司拒不配合或是没有偿还能力使得投资者在消耗大量金钱和时间后，仍难以得到赔偿。

二、利用金融科技构建投资者保护全方案

在数字化转型的背景下，广发证券已将金融科技发展提升为集团战略高度层面，对信息技术的投入逐年增加，已连续3年保持投入8亿元以上，预计未来资金投入仍将稳步增长，为客户持续提供高质量的专业服务。广发证券始终知晓公司有责任与义务保护投资者权益，积极响应《证券公司投资者教育工作评估指南》和《证券公司投资者权益保护工作规范》，编制《广发证券股份有限公司投资者权益保护工作管理办法》，填报《2021年投资者保护工作专项调查》。近年来，广发证券大力开展投资者保护工作，并在三个方向运用金融科技助力投资者保护：一是增强智能化投研能力和风险控制能力，不断提高投资者研究、产品研究及其风险控制的科技化水平；二是加强信息化建设，打造区块链存证中台，连接证券行业联盟链提升信用背书，支持业务全流程、通用业务场景便捷高效接入，形成证据链条，供监管单位和投资者使用；三是探索智能化未来，创新投资者教育方法，结合不同群体投资者的多样化需求，实现对投资者的全面覆盖，提升投资者金融市场知识水平。

（一）金融产品画像洞察秋毫，减少信息不对称

目前，国内的财富管理行业正蓬勃发展，并处于数字化转型阶段。国内居民人均可支配收入逐年升高，随着"刚兑"打破以及房地产泡沫的消除，投资者更多地开始配置金融资产。伴随资管新规的落地，权益类投资市场变得火热起来，产品数量大幅增加。此时，面对种类繁多、数量庞大的金融产品，投资者将面临难以挑选出与自身情况最为匹配的产品难题，投资者与金融机构出现交易信息不对称现象。

消除交易信息不对称的关键是准确地描绘产品画像。在实际交易中，由于机构的失误或是能力的欠缺，可能会出现投资者所购买的产品实际风险大于机构认定的风险，或是投资者购买的产品与机构描述不符的现象。为了保护投资者权益及机构自身利益，金融机构有责任及义务对产品画像进行客观、及时、准确、完整、详细的描述。

为此，广发证券建设智能化基金投研平台，利用大数据、人工智能技术描绘基金画像，帮助投资者更好地了解金融产品。基金投研平台可以对基金进行评级，提高基金评级对未来综合表现的预测准确度；对基金的潜在风险进行预警；跟踪、监控画像特征，分析特征是否产生异动；生成基金特征标签，帮助研究人员和投资者判断基金的显著特征；生成基金的综合评价，如雷达图，提高可视化程度。智能化基金投研平台通过丰富的特征，使一个立体、全面、准确的产品画像呈现在投资者面前（见图1）。同时，人工智能的使用保证了产品画像的客观性与及时性。通过广发证券的智能化基金投研平台，投资者可以更加详细、准确地认识产品，选择符合自己投资偏好、风险偏好的产品，形成投资者与产品的适配，在一定程度上避免交易信息不对称，实现保护投资者的目的。

（二）数字化手段各显神通，加强投资者教育

新技术加速了投资者教育方式的进步，也为投资者教育拓展了渠道。广发证券运用虚拟人物生成技术，模拟出虚拟主播，应用于线上课程、资讯播报、培训路演、产品"双录"、

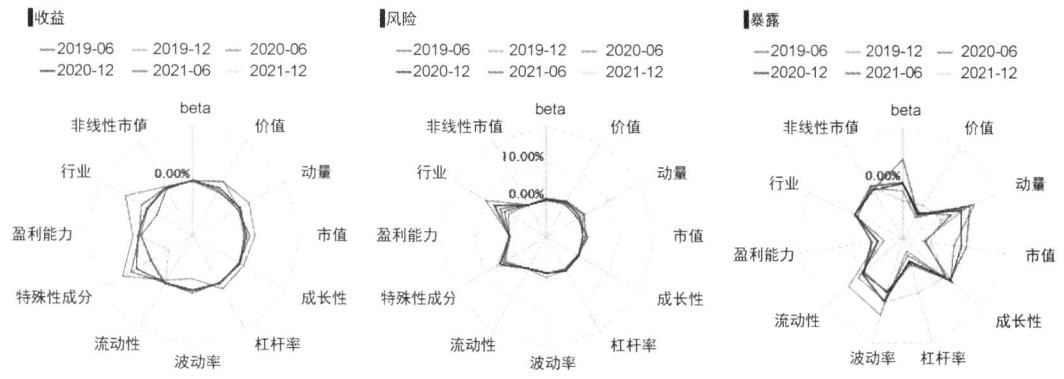

图 1　产品画像对全市场基金多维度精准刻画

资料来源：广发证券基金投研平台。

开户审核等场景，成功地为投资者教育工作引入了虚拟人物技术，为投资者教育发展带来活力。

AI 主播综合使用了多模态虚拟人物生成技术、人脸特征提取技术、唇语识别技术并结合多模态信息进行模型训练，实现了自然语言处理（NLP）和图像语音技术的融合。在以往的投资者教育视频课程中，各机构通常采用真人录制的方式制作，需要消耗大量的人力资源和时间。首先需要有讲师和拍摄人员，同时还需要一些后勤人员做其他准备。讲课的内容也需要讲师花费时间提前熟悉，即使熟悉内容，在录制过程中也难免会产生错误，导致视频需要补录。这样，一个简短的投教视频却需要数倍的时间去制作。与传统方法对比，虚拟主播在经过模型训练成型后，只需要将文稿输入，就能输出视频内容，耗时仅需几分钟，同时能够保证语音的准确性。虚拟主播使金融机构能够以更低成本制作更多优质的投资者教育视频课程，对提升投资者专业素养有着巨大帮助。

同时，为了加强高龄投资者适当性管理，推进高龄投资者教育工作，针对老年投资者群体，广发证券正推动 App 适老化和无障碍化改造，以满足老年人的使用需求，提升老年投资者使用体验。通过无障碍阅读优化、使用大字体、清晰的界面设计等手段，帮助老年投资者更便捷地获取金融知识；同时，将操作页面简洁化，降低 App 使用的学习难度。

（三）企业财务智能预警"火眼金睛"，净化投资环境

随着金融科技的发展，基于人工智能等技术对企业财务异常及舞弊进行自动识别，大大提高了风险预警效率，在监管、投资、风险控制方面都有实际意义和价值。

广发证券企业财务智能预警平台通过对历史财务舞弊、监管处罚等案例进行分析，基于企业财报表内、表外数据，构建企业财务分析预警指标体系，融合业务专家经验及机器学习算法模型，尤其是当下深度学习领域最前沿技术——超大规模预训练大模型，构建了集数据、模型、服务于一体的企业财务智能预警平台。智能预警平台可快速有效识别 4 000 多家上市公司和 6 000 多家发债企业等主体 4 大类财务异常、160 多小类预警信号、6 大舞弊动机、10 余种常见舞弊手段，助力监管及行业机构有序推进金融改革发展、治理金融风险、增强金融服务普惠性以及探索行业金融科技创新及智能风控场景，改善投资者投资环境（见图 2）。

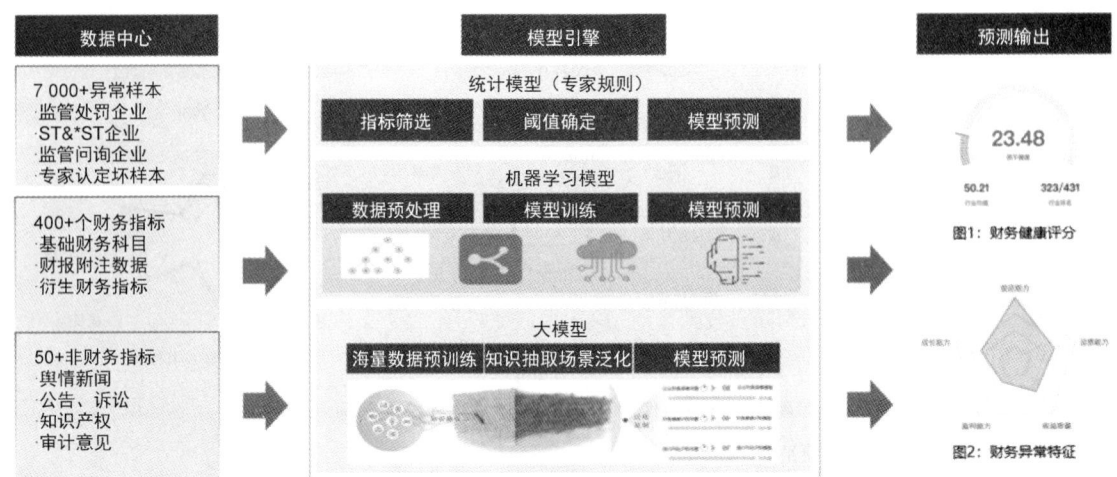

图 2　DCAR 企业财务智能预警平台

资料来源：广发证券 DCAR 企业财务智能预警平台。

（四）客户画像千人千面，精准匹配风险适当产品

在金融投资领域，客户画像不仅能避免投资者购买与其适当性不匹配的产品，更能从投资者服务层面向"千人千面"个性化服务发展。以往，机构通过问卷的方式识别客户风险承受能力，但是这一方法从实际投资反馈来看，可能出现与客户实际风险偏好不符的情况。机构可以尝试从外部引入客户行为数据，从客户的资金实力、产品偏好、交易偏好等维度补充客户画像，统一设计标签，进行数据挖掘，同时通过机器学习模型，从客观角度评估用户风险承受能力。

考虑到引入外部数据有助于完善用户画像，准确评估投资者风险承受能力，进而可以起到保护投资者的作用，广发证券大数据团队开始探索基于隐私计算的多方联合建模。在公司统一数据模型的基础上，引入多方安全计算、安全求交、隐私检索、可信计算、零知识证明等底层技术，使得公司可以合法合规的方式引入多维数据，丰富指标体系，健全客户画像，进一步明确客户行为及决策风险，从而提供更加契合客户现状的服务。

为了实现管理标签、分析客群，提升投资者与产品匹配度的目标，广发证券研发了智能画像标签系统，涵盖了客户的交易行为、金融产品、平台行为、人口属性等 1 000 多个特征标签信息。在标签管理模块，用户可以定义标签、创建标签、检验标签质量以及管理标签的生命周期。在客群分析模块，可以实现客群探索、洞察、比对与交叉分析。公司将持续建设智能画像系统，实现客户画像全面刻画、产品精准匹配，发挥投资者保护的作用。

（五）主动防御机制建立铜墙铁壁，保护客户信息

保护客户隐私信息除了严格遵守规章制度，也可以使用主动防御的方法。广发证券采用了多项措施加强数据安全管理，保护客户隐私。针对内部风险，建立统一日志平台，收集重要业务系统和安全设备的日志信息，并进行分析告警，及时确认处理可疑的风险行为；针对研发测试环境对数据的使用需求，广发证券建设了数据脱敏系统及配套流程制度，加强对生产数据脱敏的审核，保障数据使用安全合规。

同时，广发证券正在建设以零信任安全管理平台与桌面云虚拟化办公技术为核心的终端数据安全防护框架，具体如下：

1. 风险暴露面收敛

通过零信任 SPA 技术及应用级隧道加密，实现办公应用对外隐藏，避免内部风险暴露在互联网边界，有效降低外部攻击风险。

2. 敏感数据不落地

零信任平台数据沙箱技术及桌面云平台的办公环境管控，使得敏感数据留存于数据沙箱或桌面云内部，避免敏感数据落地到本地办公电脑，实现对不同敏感程度的内部数据采用不同级别的管控措施，进一步加强基于数据分类分级的管控要求。

3. 移动端、PC 端统一管控

通过建设零信任安全管理平台，将移动端办公需求统一纳管，实现移动端、PC 端统一架构，统一后台，统一身份管理，统一接入流程的一体化管控模式，有效解决移动办公安全防护的痛点。

（六）区块链存证中台去伪存真，助力业务全流程上链

作为证券期货业监管的重要环节，数据存证往往面临业务数据分散，举证困难等问题，比如缺失身份认证、视频单双录等存证。传统上，证券公司运用第三方数字签名服务，对业务过程中的重要协议、文件进行存证留痕，以满足监管和合规的需求。随着数字化转型的推进，业务场景对全流程证据留痕、高效举证等诉求逐步加强，为了提供快捷有效的存证服务，广发证券区块链存证中台应运而生。

在公司金融科技中台化的战略框架下，广发证券自研的区块链存证中台系统采用区块链和云服务技术，通过连接证券行业联盟链提升信用背书，支持业务全流程、通用业务场景便捷高效接入。

如图 3 所示，区块链存证中台涉及的系统从左至右分别为业务应用系统、区块链存证中台、行业链、出证平台、监管链等。存证流程主要分为以下三步：（1）存证中台对企业内部提供通用的存证服务，接受各业务应用系统接入；（2）将各类业务数据进行本地存档，同时以数据加密或摘要形式提交给行业链（联盟链）；（3）行业链依靠关键节点（如行业机构、司法公证机构等）提供信用背书，并负责出具存证报告。

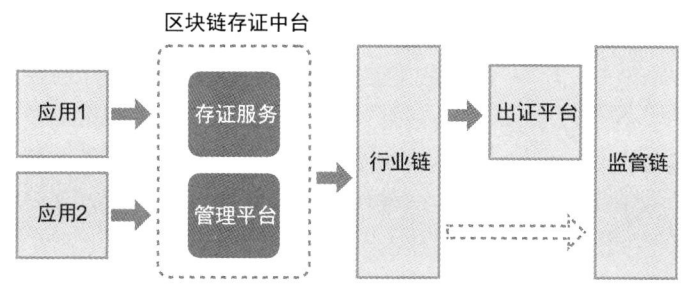

图 3　区块链存证中台的上下游系统关系

资料来源：广发证券区块链存证中台。

区块链中台覆盖了业务全流程，系统模型支持多步骤业务，可以清晰地展示出证据间的关联关系。存证服务适用于多个业务场景，如零售、机构、研究、投资等，支持文本、文件、图片、视频等电子数据。系统部署采用云原生技术，支持快速构建和弹性扩缩。系统功能内聚并中台化，可供用户端便捷、低成本地接入而无须关心区块链复杂的底层。

目前，区块链已在广发证券零售业务办理及卖方研究业务落地。在专业投资者认定环节，通过将各环节业务数据依次上链存证，形成证据链条，易于现场还原。在OpenApi服务协议签署环节，服务机构客户过程中，将服务协议签署进行留痕、存证，以保障业务合规性和可信地溯源。

未来，区块链存证将通过行业链连接监管链，提升行业监管数据报送的标准化、规范化、便利性与可信度，进一步助力投资者保护。

参考文献

[1] 封清源. 金融科技时代投资者权益保护问题研究 [J]. 经济研究导刊，2020.

[2] 中国证券投资者保护基金有限责任公司. 证券公司投资者保护状况评价报告，2021.

[3] 中国证券业协会. 证券公司投资者服务与保护报告，2021.

[4] 波士顿咨询. 券商数字化转型破局之道：财富管理业务篇，2022.

金融科技发展背景下中老年投资者保护研究

陈 军[*]

中国资本市场从无到有，经过三十多年的发展，已经成为服务国民经济发展的重要平台。保护资本市场各方参与者的合法利益，是资本市场快速、健康发展的基础保障。其中投资者保护工作更是维护资本市场长期、持续、稳定发展的基础，是资本市场基础建设的重要内容，也是推进资本市场健康发展的一项长期性、系统性工作。中国证监会主席易会满对于投资者保护进行了更为清晰的论述：资本市场是一个内涵丰富、机理复杂的生态系统，做好资本市场工作，必须统筹兼顾投资者和融资者、上市和退市、再融资和减持、新股东和老股东、机构投资者和个人投资者、存量和增量等关系的动态平衡，求取最大公约数。

而随着中国社会老龄化的加速，投资者中的中老年人群体也日益庞大。据国家最新统计，我国65周岁及以上人口已达到2.55亿人，占总人口的17.8%。庞大的群体，让监管机构必须加强对中老年投资者的保护。本文旨在关注金融科技发展背景下如何实现对中老年投资者的保护，切实做好保护中老年投资者合法权益，促进证券市场健康发展。

一、境外中老年投资者保护情况简介

境外主要市场关于老年投资者权益保护的主要方式可以概括为：发布关于保护老年投资者权益的政策、加强老年投资者适当性管理和投资风险管理。

（一）美国

美国证券交易委员会（SEC）和金融业监管局（FINRA）已发布规则、指引，要求证券经纪人评估、起草或完善其向已退休或准备退休的投资者销售证券产品的政策和程序；采取合理措施，获取老年投资者账户的受信任联系人姓名和联系方式等信息。同时，规则新增了关于"为弱势客户着想"（Consideration for Vulnerable Customer）的原则性思考，明确涉及

---

[*] 作者简介：陈军，长城证券股份有限公司营运管理部总经理。原载于《中国证券》2022年第8期。

老年投资者群体的纠纷裁决指引。

（二）日本

日本金融服务局（JFSA）出台关于规范金融服务机构向老年投资者提供金融服务的相关规则，明确关于销售结构性产品的行为审查、内部监督体系以及售后持续跟踪等相关措施的监管指引。此外，日本证券业协会（JSDA）制定了《老年人客户招揽注意事项》，进一步明确了其会员在向75岁以上的老年投资者招揽或营销时的注意事项，要求会员建立相应的内部制度，明确相关流程，并确认老年投资者的意愿和意识状态等。

（三）中国香港

香港金融局（HKMA）和银行业协会合作推出相关规则，要求经授权的机构应向投资衍生产品的老年投资者提供额外保护，包括为参与投资的老年投资者设置为期两天的冷静期，以便其更好地理解投资产品，思考其投资的合适性。

二、境内中老年投资者保护现状

根据《证券法》第八十八条要求，证券公司向投资者销售证券、提供服务时，应当按照规定充分了解投资者的基本情况、财产状况、金融资产状况、投资知识和经验、专业能力等相关信息；如实说明证券、服务的重要内容，充分揭示投资风险；销售、提供与投资者上述状况相匹配的证券、服务。明确要求证券公司要充分了解投资者，及让投资者了解其购买的产品或服务。

我国《老年人权益保障法》规定，六十周岁以上的公民为老年人。目前国内中老年投资者保护工作已经相对完备，保护中老年投资者权益的政策、加强中老年投资者适当性管理和投资风险管理贯穿于资本市场改革发展稳定各项工作之中。从投资者教育、制度建设以及权利救济、市场环境建设、投保机构功能完善、法治供给等方面，构建了事前、事中、事后全链条保护机制。

（一）事前

在中老年投资者购买产品或服务前，证券公司一般通过科技手段下发调查问卷，在开户过程中完成基本情况、财产状况、金融资产状况等一般性信息的了解与收集；在购买具体产品或服务前通过电子问卷形式完成投资知识和经验、专业能力等信息的了解与收集。在调查问卷的设计过程中，充分考虑各个问题间的逻辑关系，以保证信息收集的真实性、科学性。在风险揭示方面，对于允许公开宣传的，如公募基金等，通过中老年投资者申请，或大数据推送等方式，将其感兴趣的产品信息及存在的风险通过手机等终端展示给中老年投资者；对于不允许公开宣传的，如私募产品等，则只能在事中完成风险等级匹配后，由证券公司工作人员当面讲解。

（二）事中

证券公司建立了完善的适当性管理机制，通过科技手段确保证券公司提供给投资者的产品、服务符合监管要求，及中老年投资者的购买意愿真实有效。通过事前的信息收集及分析，初步了解中老年投资者的风险喜好，也让中老年投资者对所需的产品或服务有一定的了解。在购买具体产品或服务前，还需根据具体产品或服务的风险特性进一步收集、了解中老年投资者的情况，如通过专业测试、进一步对产品或服务进行面对面讲解等，以充分揭示产品或服务风险。最后对收集到的数据、信息通过科学的分析，对该中老年投资者得到标准化的适当性分数，依次对应风险等级，再与产品或服务的风险等级进行匹配，以保障提供给中老年投资者的产品或服务在其风险承受范围内。

（三）事后

中老年投资者在完成产品或服务的购买后，证券公司一般在30个工作日内完成对中老年投资者的回访工作，以再次核实、确认购买产品或服务的为中老年投资者本人，以及为本人的真实意愿。后续证券公司还要动态跟踪中老年投资者账户情况，对中老年投资者账户的各项适当性要求进行动态评估，如发生重大变化的，则会再次对中老年投资者进行回访，提醒中老年投资者业务风险。经过评估，对于确实无法承受相应风险的，则会安排退出机制，如限制再次购买产品或服务等。对中老年投资者的风险评测，即便动态评估没有变化，证券公司仍会强制要求中老年投资者每两年重新提供基本情况、财产状况、金融资产状况、投资知识和经验、专业能力等相关信息，使证券公司对中老年投资者的评估更加准确。

三、中老年投资者在投资过程中的痛点

（一）对账户的实名使用管理仍需加强

在实践过程中，通过回访及大数据分析，我们发现许多中老年人的账户并不由本人操作，这为证券公司保护中老年投资者带来困难。《证券法》第五十八条首次将个人投资者纳入证券账户实名制，并在第一百九十五条规定了罚则，完善了证券账户实名制。账户作为交易行为的载体，非实名使用在法律上属于违法行为。但在实践过程中，中老年投资者因各种原因，其账户多由子女或亲朋好友代为操作，属于实质上代理人行为。此种情况与监管机构明确禁止的"出借"账户又有所不同。由代理人操作账户在中国结算公司发布的《证券账户管理规则》中属于账户合法使用情形，而"出借"账户，则在《证券法》《证券账户管理规则》中明文禁止。但账户实际是"代理人"操作，还是"出借"给他人操作，证券公司在界定上存在困难，这也是行业一个共性问题。

（二）中老年投资者对所购买的产品或服务风险没有清晰的了解

按照理性的投资模型来说，年纪越大，投资行为就应该越保守。对于中老年人而言，选择稳健性、低波动、低风险的投资标的，应该是一个合理选择。中国证券业协会发布的《证券公司投资者适当性制度指引》对投资者与产品或服务适当性不匹配的情况进行了明确要求，证券公司对投资者只是给出匹配性建议，不能代替投资者决定。如果中老年投资者执意购买高于其风险承受能力产品或服务，证券公司应向投资者做好劝导工作；在劝导无效的情况下，须向其充分揭示投资风险，同时要求其签署《产品或服务风险警示及投资者确认书》，自行承担投资风险。然而从最近曝光的一些案例看，虽然法律、法规、适当性管理要

求等都不建议中老年投资者参与高风险产品，且在制度设计上有诸多限制，如在风险测评设计时，对中老年人的测评结果都有专门考虑，但很多老年人并非理性投资者，为购买更高风险产品，违背真实情况重新填写调查问卷，通过多次提交风险测评，来修改测评结果，达到系统要求，在并未反映真实情况的前提下参与高风险业务。

（三）中老年人行动不便，反而多项业务需临柜办理

在现行的规章制度中，为保障中老年人的权益，让中老年人充分了解产品或服务的风险，及确认是本人办理业务和真实意图，证券公司在业务办理过程中，设置了比年轻人更多的流程，比年轻人办理业务有更多的要求。许多业务的办理，直接把中老年人与年轻人区别对待，如创业板、科创板、股转、北交所、港股通、退市整理板、私募合格投资者权限的开通，要求中老年人只能临柜办理，这也给中老年人业务办理带来了诸多不便。客观上，中老年人由于行动不便，需要更便捷的业务办理方式，而实际上业务办理过程比年轻人更为复杂。这种看似保护中老年人权益的做法，实则侵害了中老年人的权益，涉嫌歧视中老年人。另外，证券公司非现场的业务办理，多依赖手机 App，而手机 App 主要针对年轻人设计，多数证券公司的手机 App 并无专门的中老年人版本，中老年人因视力、反应速度均不及年轻人，在手机 App 上办理业务也存在不少困难。

四、金融科技下的改进措施

针对上述痛点，为更好地保护中老年投资者的合法权益，在金融科技背景下，我们有以下建议：

（一）加强中老年人账户实名使用管理

在实践过程中，证券公司为中老年投资者办理业务，主要围绕以下三个问题开展：是否本人办理、是否本人真实意愿、提供资料是否真实有效。如果这三个问题的答案都是"是"，那么证券公司就认定账户是本人在使用。过往证券公司对账户的实名管理一般仅在账户开立时，账户开立完成后在其使用过程中，并没有过多地跟踪账户使用情况，无法准确得知账户是否本人使用。虽然近几年在账户实名管理的措施上有所加强，如事后通过大数据分析同一 IP、手机号登录多账户、超龄老人账户增加回访频次等对账户进行分析，以判断是否本人使用。

因此，在中老年人账户实名使用上，我们建议在账户使用过程中通过科技手段增加核实措施。基于人脸识别、光学字符识别（OCR）、公安联网核查、活体检测、姿态识别等技术在开户时已经有很好的应用，那么在账户使用过程中，在一些时效性要求不太强但高频的场景中可增加使用。首先，在登录时使用人脸识别，防止密码外借或泄漏；其次，在购买理财产品时，加入人脸检测环节，用活体检测替代短信验证，也可在其点击资产查询等高频业务环节，加入生物识别技术，如人脸识别、指纹识别等，可极大地杜绝账户非本人使用现象，从根本上保障中老年人合法权益。当然在实施更严格的管理措施时，必然会降低中老年投资者的操作体验。然而当金融科技高度发达，提升投资者操作体验可使用更先进的技术来弥补。只要操作便捷、合法，中老年投资者并不介意环节的多少，自然愿意配合。

(二) 加强中老年投资者对所购买的产品或服务风险的了解

1. 证券公司应充分了解自己的客户，在全面了解的基础上才能作出合理的判断

目前，证券行业并未建立统一的投资者信息库，各证券公司的信息也无法互联互通，各证券公司的信息均是信息孤岛。

建议公信力较强的机构建立基于整个市场的数据，然后分级、有限地对证券市场参与方开放，以便证券公司全面了解投资者，特别是中老年投资者，以对此部分投资者有更大的权益保护。

2. 严格落实适当性义务

在前面痛点中提到，在利益及业绩压力前，证券公司对中老年人的适当性管理可能流于形式，在流程上及留痕环节看不出任何问题，但实际并未体现真实情况。

建议证券公司自身持续加大人力、物力投入，设置适当性管理专岗，充实专职人员队伍；配备必要的录音录像设备，完善系统配置，满足适当性管理工作需要。完善内控制度，定期对适当性业务进行"回头看"。通过金融科技，加大智能外呼、RPA（机器人流程自动化）的投入，将适当性管理落到实处。

3. 证券公司应加大对产品或服务的宣传，让投资者充分了解所购买产品或服务的风险点

特别针对中老年投资者，可通过微信、抖音等社交平台发布通俗易懂的短视频，根据其兴趣爱好定向推送，在中老年投资者"刷一刷"过程中就能实现投资者教育，让中老年投资者充分了解其准备购买的产品或服务的风险。

(三) 针对中老年投资者，应提供更便捷的业务办理途径

目前，证券公司专门针对中老年投资者的 App 仍然不多，各证券公司应加大科技投入，尽快提供大字体、界面简洁的中老年专用 App。另外，在保障中老年权益的前提下，提供更为便捷的业务办理流程，虽监管要求证券公司对中老年投资者有更多的了解义务，但并不能因为有监管要求而将义务转嫁给中老年投资者，让中老年投资者临柜办理业务。证券公司应通过金融科技手段，提供远程、"双录"、人脸识别，机器人或人工指导等服务，让中老年投资者享受到比年轻人更为便捷的服务。

参考文献

[1] 汪世虎，陈素华. 金融科技视野下中小证券投资者权益保护法律机制研究 [J]. 西南政法大学学报，2020，V. 22；No. 129 (03)：118—129.

[2] 华泰证券课题组，李筠，吴加荣，李燃，郭玉玺，周文威. 证券公司投资者适当性管理的大数据应用研究 [J]. 金融纵横，2019 (07).

[3] 杨欣，赵晓钧. 完善老年投资者适当性管理 [J]. 中国金融，2019 (12).

[4] 蒋璟璟. 保护老年人投资权益——重点要持续强化投资者适当性管理 [J]. 封面评论，2022 (02).

面向个人客户信息保护的数据安全治理体系研究

刘汉西　李明军　左银康*

一、引言

在大数据时代,随着云计算、人工智能、区块链、联邦学习等新兴技术快速推进数字化发展进程,人们无时无刻不在享受着数字化所带来的便利,数据价值的挖掘也在不断深入。

但数据是一把双刃剑,个人客户信息等重要数据信息化后,既可以得到快速、便捷、有效的利用,也面临着被非法收集、窃取、泄露、篡改、破坏等风险。

我国于2021年先后发布了《中华人民共和国数据安全法》(以下简称《数据安全法》)《中华人民共和国个人信息保护法》(以下简称《个人信息保护法》),从国家层面确立了数据安全和个人信息保护的原则、责任和义务。为了使《数据安全法》《个人信息保护法》的配套落地,一些上级机关和地方政府也先后发布了相关制度,例如中央网信办起草或者发布了《网络数据安全管理条例(征求意见稿)》《数据出境安全评估办法》,深圳市政府发布了《深圳经济特区数据条例》。可以预见,后续各级单位和各行各业也将不断完善各级法律法规和政策制度,推动统一公平、竞争有序、成熟完备的数据经济市场发展。

证券行业作为典型的数据规模巨大、数据价值高、数据应用场景复杂的行业,面向个人投资者提供着众多金融产品和服务,对数据安全治理有着天然的诉求。然而,在开展数据安全和个人信息保护政策落地时,往往面临着一系列问题和挑战。例如,多法并轨下数据安全实施细则尚不完善,越来越多的个人客户信息泄露来源于内部人员,海量数据导致资产梳理和分类分级难度大,数据的职责权属尚不明确,缺乏长期有效的运营机制来持续保障等。结合近年来个人信息保护的政策法规以及信息泄露事故,可以发现,这些问题和挑战可能是出

---

*　作者简介:刘汉西,国信证券股份有限公司首席信息官,中国证券业协会证券科技专业委员会副主任委员;李明军,国信证券股份有限公司首席架构师;左银康,国信证券股份有限公司数据治理负责人。原载于《中国证券》2022年第10期。

于管理、技术、运营等多方面的原因。

为了解决个人信息保护和数据安全面临的这些痛点难点，我们也需要在企业内从管理、技术和运营三个方面，建立有效的数据安全治理体系，推动企业内外部数据的合规使用、有序开放和共享。

二、数据安全治理体系建设框架分析

数据安全治理体系以个人客户数据为中心，自上而下搭建企业数据安全的管理、技术和运营体系，并贯穿数据的采集、存储、传输、使用、共享、销毁全生命周期。典型的数据安全治理体系框架见图1。

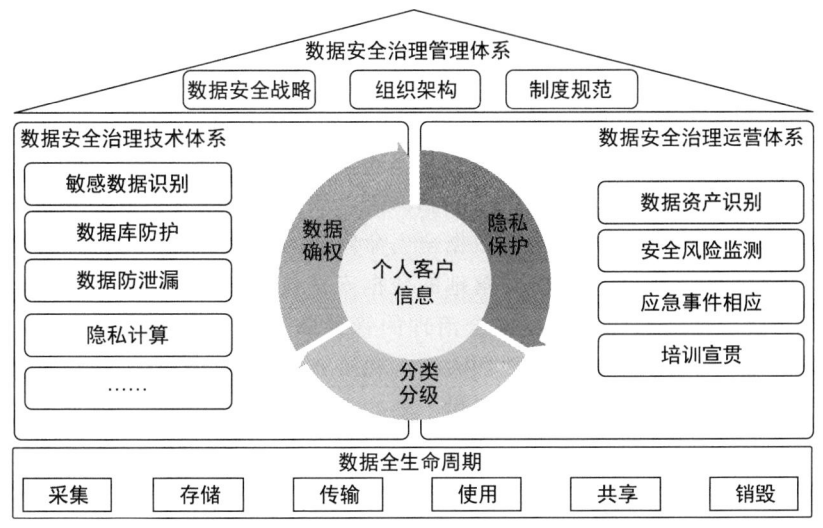

图1 数据安全治理体系框架示例

（一）数据安全治理管理体系

在数据安全治理的管理层面，需要深入结合国家、行业监管和企业自身发展的诉求，制定公司数据安全战略、成立数据安全组织、发布数据安全管理制度。

数据安全战略指明了企业数据安全工作的愿景、目标、规划和工作框架，是开展数据安全工作的纲领，是数据安全的顶层设计。数据安全战略首先要求保障公司内各类数据资产全生命周期的安全，避免遭到泄露或者非法篡改破坏，保障数据的机密性、完整性和可用性，践行企业社会责任，保障客户、企业和员工的利益。

数据安全组织包含了决策层、管理层、执行层和监督层。决策层通常由公司数据安全最高负责人及各业务、职能部门、信息化分管领导组成，负责对公司数据安全战略、范围、重大事项进行决策。管理层一般由数据安全或者信息安全管理部门或团队组成，负责数据安全治理体系的规划、建设、持续运营、推广和培训。执行层一般由各个业务、职能和IT部门的成员组成，是数据安全各项制度、策略和流程规范的主要执行者，也多是数据的提供方和消费方。他们最能发现数据安全管理的漏洞和潜在风险，也直接关系着数据安全治理体系是否能有效落地和持续保障。监督层通常由数据安全审计或者内控部门组成，负责定期对数据安全的战略、制度、策略、流程等工作的贯彻落实情况进行审查考核，发现问题和风险并负责向决策层进行结果汇报。

基于数据安全战略和组织架构，数据安全管理制度也可以分为三级，分别是数据安全治理总则、管理办法和各项细则。数据安全治理总则与数据安全战略相契合，是通过决策层审定的数据安全工作的指导文件。数据安全管理办法明确了数据安全的组织与人员、数据确权、各生命周期的保护策略、应急响应、监控预警、审计评估、培训宣导等制度。数据安全各项细则属于流程规范性文件，偏向流程落地和操作指引，包括数据分类分级模板、敏感数据申请流程、数据安全事件响应工单等流程模板和表单文件。

（二）数据安全治理技术体系

在数据安全治理技术层面，数据安全面临着国家、各级政府、行业监管、业务发展和客户体验等日益复杂的合规要求和场景需要，国密算法、AI、区块链、云平台等大数据技术也在飞速发展，数据安全治理的技术体系也愈加全面和多样，并非由单一平台和技术可以实现。与网络安全相比，数据安全技术发展较晚，目前主流的数据安全技术包括数据访问控制、数据加密、数据脱敏、数据防泄漏、隐私保护、数据安全溯源、数据可用性保护、数据备份和数据销毁技术等。企业需要围绕数据全生命周期的风险场景，与企业内数据安全组织人员、策略、制度规范相配套，打造可落地的数据安全技术工具，并发挥"1＋1＞2"的效果，及时发现风险，反哺和优化数据安全治理的管理体系和运营体系。对于个人信息的保护，一些新兴的隐私计算保护技术需要加大投入和研究，如差分隐私、联邦学习、多方安全计算等，这些都为个人信息的隐私保护提供了新的解决方案和思路。

纵观数据安全技术的相关发展和挑战，海量、多元和非结构化数据已经愈发成为常态，数据呈现多样化、复杂化的趋势。例如，在证券行业非现场开户中的视频"双录"数据、呼叫中心通话记录、客户人脸识别数据等，多样的数据形态和业务要求，给数据的存储、安全和管理都带来了巨大的压力。另外，数据实时性的需求在证券行业内也更为迫切，这也是新生业务和效率提升的必然结果。例如，反欺诈风险评估、业务推广中的实时竞价，需要依赖实时、安全可靠的数据采集、同步和分析处理。云平台、物联网、5G等新型基础技术和设施的演进，对如何安全高效地支撑数据中心的建设也提出了挑战。

（三）数据安全治理运营体系

在数据安全治理运营层面，主要基于数据安全管理和技术层面的要求和工具，落实数据安全各项管控措施，持续开展数据资产梳理、安全风险监测、应急事件响应、培训宣贯四方面的工作。

在数据资产梳理方面，主要是借助数据分类分级、敏感数据识别等数据资产盘点工具，基于前期调研梳理制定的数据分类分级策略，对数据库表、字段、数据文件进行自动扫描，记录和统计敏感数据、重要数据的分布、流向，打上分类分级标签，并对数据项的归属部门、责任人等信息进行权责归属登记。

在安全风险监测方面，通过数据流量监测、数据库账号检测等手段，持续监测数据流程和使用风险，针对异常事件进行告警和记录，方便事前、事中和事后的风险溯源和处置。

在应急事件响应方面，基于数据安全应急工单和流程，定期开展数据安全应急演练，并对每一个工单形成数据安全应急事件报告，归档并作为数据安全知识清单和培训材料。

在培训宣贯方面，数据安全的培训可以通过邮件、企业OA、线上培训视频或者会议、线下培训等多种方式，以定期或者不定期的方式展开。培训内容包括内外部数据安全规章制度、数据安全管控流程、个人客户信息保密意识和手段、数据安全事件宣贯等，培训对象既可以是各个业务部门的业务人员和一线人员，也可以指职能内控部门人员和IT人员。数据安全合规是底线，通过不间断的培训宣贯工作，才能在每个人心中树立起安全意识，保护好企业和客户的数据。

三、证券行业数据安全治理体系建设与应用

证券行业数据安全治理体系的建设并非一蹴而就，并非在一个项目或者团队就可以实现，应根据企业的实际情况有所侧重、分步实施。数据安全治理的整体框架可以通过几个关键阶段来构建（见图2）。

图2 数据安全治理体系分步建设

（一）个人客户数据资产盘点

第一阶段：以个人客户数据为中心开展数据资产盘点。通过问卷调研、业务访谈、系统自动扫描等方式，对结构化数据、非结构化的个人客户数据，从合规性、业务需求、安全需求方面整理数据资产分布情况，汇总数据资产流转及授权审批情况，为数据分类分级及安全防护建议提供数据支撑。在梳理过程中，应该明确识别对应不同的业务活动、数据活动中所涉及的不同角色，例如数据提供方、数据所有方、数据处理方、数据合作方等。明确在不同场景下各方角色的数据安全义务和责任，才能有针对性地开展后续数据安全治理工作，进行分步实施、分级治理。这项工作的关键在于制定可落地的数据的分类分级和确权策略，并借助系统进行敏感数据识别。现在市场已经有着成熟的工具和技术支持关键字识别、自然语言处理、特征码识别等方式，实现表级和字段级的数据分类定级工作。

（二）数据安全评估和规划

第二阶段：进行数据安全评估和规划。通过第一步，可以了解公司的数据资产现状。结合现状、各级政策法规和监管要求，评估与行业发展要求的差距点，进而对公司数据安全治理体系的建设路径进行规划。数据安全评估和规划的内容包括管理、技术和运营三个层面，每个层面的企业现状不同，下一步工作也会分别有所侧重。在评估个人客户信息数据时，需要注意个人客户数据的类型与敏感程度、个人客户数据全生命周期的情况和现有的保护措

施，如果涉及第三方数据的交互共享或者境外客户数据的交互共享，要特别明确各方的隐私保护职责和边界。

（三）数据安全治理组织制度统筹

第三阶段：建设数据安全治理管理体系。结合证券行业数据治理工作开展的情况，证券经营机构数据安全的组织并非一定要单独设置。数据安全组织的决策层、管理层、执行层、监督层通常与数据治理组织存在一定的相似之处，可以与金融科技委员会、数据治理委员会等组织相结合，成立共同的决策、管理、执行和监督组织。在数据安全治理制度体系建设过程中，可以将数据安全总则融入企业数据管理总则中，在细则和流程规范层面，再对数据安全、个人信息保护进行单独的阐释要求。

（四）数据安全治理技术平台建设

第四阶段：建设数据安全治理技术体系与风险识别控制。明确了数据资产、组织职责分工和制度规范后，即可建设数据访问控制、数据流量监控、数据防泄漏、数据库审计等安全管控平台，对各项数据安全管控要求进行落地。通过各类数据安全管控平台识别的风险和潜在问题，需要及时进行优化整改。数据安全治理的技术体系本身也在不断迭代发展，在针对个人客户信息保护方面，有着多种技术来支持不同的场景和需求。例如，零信任访问架构关注针对数据、应用的动态访问授权和细粒度控制，建立先认证再连接的访问机制；差分隐私技术主要用于解决数据发布和分析阶段带来的个人隐私泄露问题；数据加密技术则是传统主流的个人客户信息保护方法。此外，还有匿名化技术、同态加密、多方安全计算、区块链、联邦学习等不断发展和投入应用的数据安全防护技术。

（五）数据安全治理持续运营保障

第五阶段：数据安全持续运营。通过以上四步，已经建立起了公司内数据安全的框架，但必须通过人员、流程和平台的持续运营才能长期有效地保障数据的安全可靠。同时，在数据安全持续运营过程中，需要判断原有的策略规范是否与新的法律法规及监管要求有偏差，要定期配合检查策略规范是否需要更新、是否有新兴安全风险和防范技术，并且要通过培训宣贯向每一位员工灌输数据安全意识，防范安全风险。

四、总结与展望

国际上，数据安全治理最早在 2016 年由高德纳公司提出，近两年也在国内逐渐兴起。2021 年《数据安全法》《个人信息保护法》的发布也使数据安全在各行各业得到了前所未有的重视。

在证券行业日益发展的业务及其海量数据背景下，以个人客户信息保护为中心开展数据安全治理，符合当下的监管和业务发展趋势，也更能找到切入点，推动业务、合规风控和技术部门共同参与数据安全的建设过程。

行业数据安全治理有以下几个特点。

（一）行业监管指引、标准规范不断推出

目前证券行业尚未基于《数据安全法》《个人信息保护法》出具详细的监管指引或实施指南，但中国人民银行等主管单位已经发布了《个人金融信息保护技术规范》《金融数据安全数据安全分级指南》。可以预见，更多的行业数据安全规范、标准将持续推出。

（二）数据安全保护技术日新月异，需要加速研究和投入应用

这一点和大数据技术的迅速发展相辅相成。随着大数据技术创新与应用日趋活跃，在新技术和场景中对个人客户信息保护的手段也需要推陈出新，对于区块链、零信任、联邦学习、差分隐私等技术进行灵活研究和应用。

（三）侵犯个人客户信息的方式愈加多样，问题愈加严重

以最常见的各类 App 为例。近年来个人信息数据过度采集、滥用、非法交易及用户数据泄露等问题频繁发生，且已有不少处罚案例。例如，根据《"十四五"信息通信行业发展规划》，2021 年工信部针对 App 违法违规使用个人信息行为进行检查，共发现 38 款 App 存在问题。

基于以上特点，数据安全治理的发展也将朝向资产化、智能化和服务化三个方向。

一是资产化。数据资产意味着数据要素需要确权、标准化和定价，只有主权明确、完整规范的数据要素才能成为满足安全合规、风险可控的要求。

二是智能化。智能化是金融企业数据安全治理的必经之路，金融行业数据规模巨大、敏感数据集中、数据使用和交换场景复杂，日数据量可以达到千万级。数据安全治理各类流程需要依赖大量的人力和资源，需要借助智能化、可视化的方法和技术来实现数据安全治理的常态化。

三是服务化。通过与业务场景、用户痛点、应用的处处融合，安全可控与数据价值应用的平衡是数据安全治理保持长效和活力的秘诀。数据的安全管控也是为了更好地进行服务和价值创造。

参考文献

[1] 工业和信息化部. "十四五"信息通信行业发展规划 [R]. 北京：2021-11-1.

[2] 中国网络安全产业联盟数据安全工作委员会.《数据安全法》实施参考 [M]. 北京：北京天空卫士网络安全技术有限公司，2022-21.

[3] DAMA International. DAMA-DMBOK2 [M]. Technics Publications，2017-7.

[4] Ari Ezra Waldman. Privacy as Trust-Information Privacy for an Information Age [M]. Cambridge University Press，2018-5.

智能中台在证券行业客户服务领域的研究与实践

唐沛来　霍宇红　刘永旗　马志杰　周诗咏*

一、智能中台建设背景及意义

随着人工智能技术的日益成熟，其在证券行业各业务领域应用逐渐深化，给传统券商业务带来新的机遇和活力。银河证券坚持金融科技驱动，不断为业务系统智能化赋能，对多个业务系统进行智能化改造，主要体现在以下方向：一是投资者服务：针对投资者开户、业务变更、交易委托等场景提供智能客服或客服辅助工具。二是营销方向：基于客户画像提供产品推荐，或向客户经理提供营销辅助工具。三是风控方向：提供信用风险、市场风险、操作风险、舆情监控等风险智能化分析工具。四是智能交易：为量化交易提供智能交易策略。五是管理场景：为各类审核、审计类场景提供 RPA 工具。

然而，在改造过程中，不断新增的信息系统和模型带来的耦合和冗余，也带来更大的开发难度和管理压力。例如，在智能服务场景，各渠道端和运营系统提出更多更复杂的智能应用需求，包括图像 OCR、证照质量检测、生物特征识别、语音识别、语音生成、语义检索等在内的多种机器学习、深度学习模型，并需要基于模型进行二次开发，以实现业务功能。传统的信息系统厂商普遍缺乏人工智能方面的技术积累，需要集成多个第三方厂商人工智能模型，实现系统智能化改造。这种建设模式带来诸多问题，首先是不同来源的人工智能模型效果参差不齐，不能保证服务质量的一致性。其次是传统的开发模式导致业务系统和人工智能模型深度耦合（见图1），同种类的模型难以跨系统复用，导致智能能力重复建设，增加了信息系统智能化改造成本和系统运维投入。因此，传统的智能应用"烟囱式"开发导致

---

* 作者简介：唐沛来，中国银河证券股份有限公司信息技术部总经理，中国证券业协会证券科技专业委员会副主任委员、中国证监会证标委技术管理首席专家；霍宇红，中国银河证券股份有限公司信息技术部执行总经理；刘永旗，中国银河证券股份有限公司信息技术部数据智能团队负责人；马志杰，中国银河证券股份有限公司信息技术部数据治理团队负责人；周诗咏，中国银河证券股份有限公司软件工程师。原载于《中国证券》2022 年第 10 期。

的服务不易集成和智能能力的重复建设，成为信息系统智能化转型必须面对的问题。

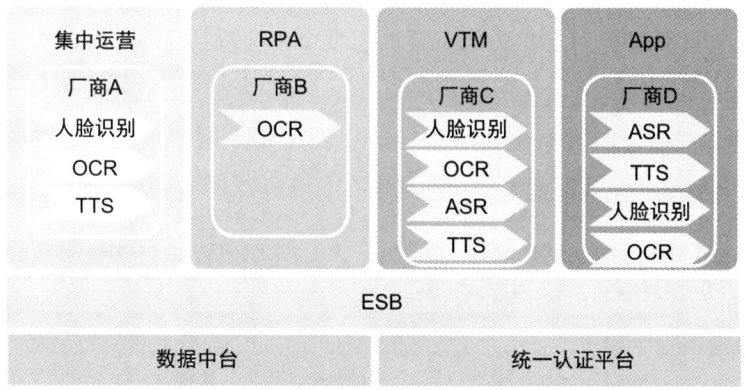

图 1　传统项目开发模式

银河证券智能中台项目组经过深入调研，借鉴互联网行业优秀经验，采用构建智能中台的思路，沉淀共享智能能力，提高智能能力重用率，打破"烟囱式""项目制"系统之间的壁垒，实现人工智能模型跨项目共享复用，降低前台业务的试错成本，快速实现业务系统智能化赋能（见图2）。

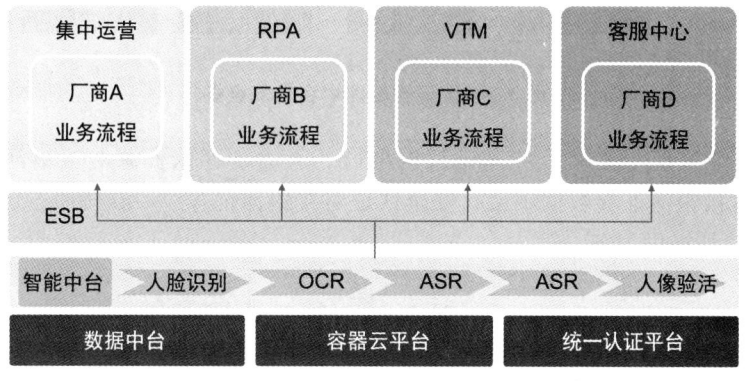

图 2　中台式开发模式

二、智能中台建设方案

（一）目标和方案

为实现智能服务中台化、建设智能信息系统，智能中台的建设目标和实现方案如下：

针对智能能力重复建设问题，需要实现智能能力的共享复用和模型的引入、部署、升级、下线全生命周期管理；

针对开发效率低的情况，智能中台的建设目标是实现服务图形化开发，通过画布拖拽数据组件、模型组件、自定义组件完成业务功能，并实现自动化服务封装；

面向渠道端需要提供 7×24 小时服务，运维压力较大，智能中台可通过一键式部署、图形化监控，提高部署、运维自动化水平；

针对业务系统架构陈旧、耦合的问题，智能中台采用 spring cloud 微服务架构，实现前后端解耦、智能服务可插拔，降低业务系统智能化改造成本。

基于以上目标，智能中台定位为人工智能模型全生命周期管理和服务配置体系的智能化服务中心，集人工智能模型接入、业务流程开发、服务封装部署、线上运维为一体的一站式平台。

智能中台最终实现功能全景如图 3 所示，其中红框部分是智能中台的范畴。

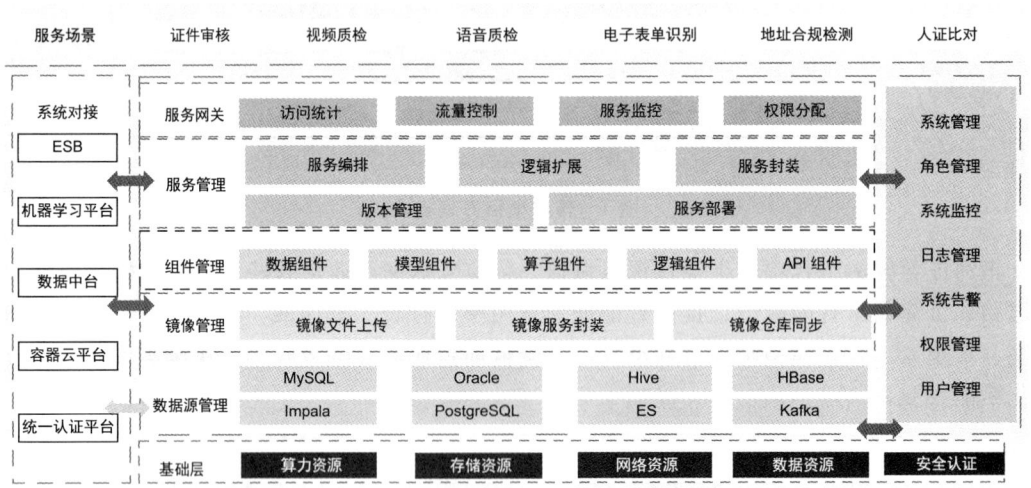

图 3 银河证券智能中台功能全景

智能中台基础底座与银河证券基础架构融合，算力、存储资源对接银河证券容器云平台，数据资源对接银河证券数据中台，安全认证对接银河证券统一认证平台，网络资源通过银河证券 ESB 对外提供服务。

（二）功能层次

智能中台按功能逻辑划分为以下几个层次：

1. 数据源管理层

提供各类数据库、中间件访问接口，为服务提供数据访问能力。

2. 镜像管理层

通过镜像上传或镜像仓库同步方式支持模型镜像接入模型仓库，可对模型运行参数、环境变量进行维护。

3. 组件管理层

将基本功能单元抽象成组件。组件按功能划分为数据源组件、模型组件、逻辑控制组件和自定义算子组件。其中，逻辑控制组件通过 pipeline 方式实现，其他各类组件均通过微服务方式实现。各类组件可以通过画布拖拽的开发方式实现业务逻辑。各种组件的功能如下：

（1）数据源组件：对接各类数据源中间件，将数据表、kafka topic 等读写操作封装成微服务，抽象成数据源组件，可作为服务的输入或输出；

（2）模型组件：将人工智能模型镜像封装成微服务，如 OCR、ASR 等；

(3) 逻辑控制组件：实现 pipeline 流程控制功能，包括开始、结束、并发、条件判断等；

(4) 自定义组件：提供 python 在线开发接口，实现自定义开发功能。

4. 服务管理层

提供微服务、低代码开发工具，基于 netflix conductor 技术实现微服务工作流编排引擎，支持画布拖拽组件的开发方式实现业务逻辑，提升智能服务开发效率。

5. 服务部署

通过 k8s 集群实现服务部署。

6. 网关服务

对外发布服务接口，并实现访问权限分配，流量控制，访问统计、服务监控功能。

三、智能中台技术概况

智能中台基础层和数据层借助银河证券基础技术架构，基础层使用容器云平台实现智能应用服务部署，通过 ESB 发布服务接口，使用统一认证平台实现权限认证。数据层使用银河数据中台存储各类结构化业务数据，使用对象存储保存音频、视频、图像等非结构化数据（见图4）。

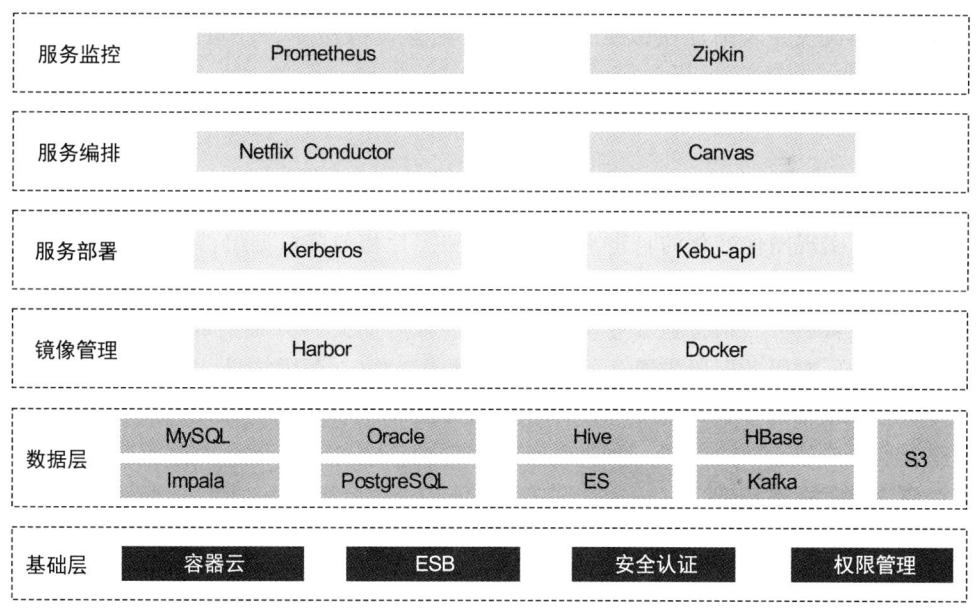

图 4 银河证券智能中台技术栈

智能中台后台主体功能使用 Java 语言开发，使用 spring cloud 生态组件实现；智能中台前端使用 VUE 框架，采用 HTML5 技术开发，画布服务采用 canvas 组件实现；智能中台各类功能组件采用 docker 镜像方式部署，镜像管理采用 harbor 镜像仓库，实现镜像管理；服务编排基于 netflix conductor 实现，流程图通过 canvas 组件实现；服务部署对接 kerberos 容器云，服务部署功能采用 python 开发，通过调用 kube-api 相关接口完成镜像的启停更删。服务监控采用 zipkin 组件对服务请求在编排服务中消息流转进行跟踪，采用 prometheus 收集和查询日志，实现服务监控功能。

四、基于智能中台的智能服务实施流程

基于智能中台的服务实施过程，主要包括模型导入、组件配置、服务编排、服务部署、服务监控 5 个步骤（见图 5）。

图 5　基于中台的智能服务实施过程

下面以客户签名比对为例，说明基于智能中台的服务实施过程。该案例采用自定义组件对签名图片进行预处理，将透底图转化为白底图，再调用图片相似度模型对现场签名和历史签名做对比，返回相似度。具体流程如下：

在镜像管理模块导入图片相似度模型镜像，配置镜像命令、环境变量等，上传至镜像仓库；

将图片相似度模型封装成模型组件，通过组件配置对组件功能、访问路径、访问接口进行定义；

封装完成的组件，可以在服务编排界面进行拖拽编辑，定义每个组件的入参出参，通过逻辑控制组件，实现图像转化的自定义算子组件和图片相似度模型组件进行串并联编排，实现签名对比功能；

服务完成编辑后会自动打包服务镜像，配置资源后提交 K8S 集群部署；

服务部署后可对服务配置告警，可以对服务调用次数、调用结果、响应时长等监控项自定义告警规则、告警内容和告警方式，并且可以对监控项进行图形化展示。

五、智能中台建设成果

银河证券智能中台引入了 OCR、证件质检、生物特征、TTS、ASR、手写体对比、印章识别、文档解析等 18 个人工智能模型，通过智能中台为集中运营系统、VTM 系统、非现场业务系统中的业务要素审核场景、RPA 系统文档 OCR 场景、智能化文档识别审核系统的文档审核场景提供服务，显著提高客户体验度，降低业务运营难度，节省公司人力成本（见图 6）。

银河证券智能中台智能能力如表 1 所示。

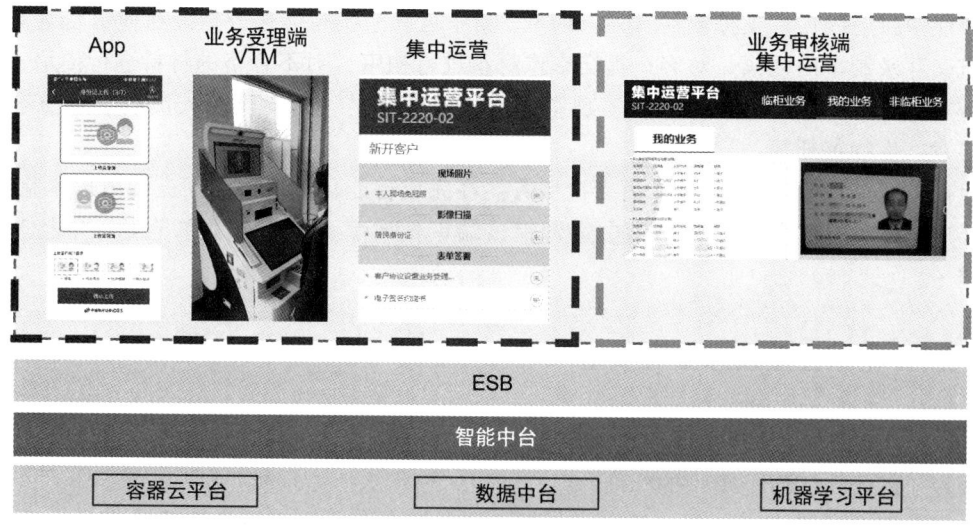

图 6 智能运营服务架构

表 1　　　　　　　　　　　　智能中台能力列表

智能服务	能力描述	应用场景
生物特征	人脸检测、人脸质检、人脸比对、人脸属性	集中运营/VTM/非现场业务
ASR	将语音转成文字	集中运营/VTM/非现场业务
身份证 OCR	支持各类二代身份证（少数民族地区多种专有板式）	集中运营/VTM
营业执照 OCR	识别营业执照的关键字段，包括：统一社会信用代码/注册号、单位名称、法人、地址、有效期等	集中运营/VTM
银行卡 OCR	识别银行卡号、银行名称、卡种等	集中运营/VTM
身份证质检	对身份证进行质检，识别证件是否为身份证，是否清晰、四边四角完整、可辨、遮挡、反光	集中运营/VTM
营业执照质检	对营业执照进行质检，识别证照是否为营业执照，是否清晰、四边四角完整、可辨、遮挡、反光	集中运营/VTM
银行卡质检	对银行卡进行质检，识别卡片是否为银行卡，是否清晰、四边四角完整、可辨、遮挡、反光	集中运营/VTM
语音质检	客户语音与标准话术进行对比，标注差异点	集中运营/VTM
TTS	文字转成语音，支持多种音色、语速	非现场业务
印章检测+比对	检测印章位置，与历史印章比对相似度	集中运营/VTM
印章识别	识别印章内容	集中运营/VTM
手写体 OCR	手写内容转文字	集中运营/VTM
NLP 地址解析	提取地址中的省、市、区、街道、小区、楼号、门牌等详细信息，结构化输出	非现场业务
签字对比	签字相似度对比	集中运营/VTM
通用 OCR	通过标注模板的方式，识别非特定类型表单扫描件关键信息	RPA
合同要素抽取	提取合同中各关键要素信息	合同审核/财务审计
合同对比	文档对比，展示差异点	合同审核/财务审计

智能中台上线后，支撑银河 App、VTM、集中运营系统智能化改造。在业务受理端，实现人机交互录制单向视频，对客户提交影像材料进行初审，对不合格的材料进行提示，避免业务被审核驳回。在业务审核端，实现智能审核辅助工具，帮助审核人员快速审核客户证件、签章、生物特征等。

目前，智能中台每天提供 22 万余次服务。在完成智能化改造后，渠道端用户体验提升，App 开户业务驳回率降低 10%。集中运营审核端审核效率大幅提升，单笔业务审核时间降低 40%+。

六、智能中台建设总结与展望

银河证券数据中台支撑了越来越多系统的智能化需求，取得了显著成效。银河证券智能中台规范了各类人工智能模型的标准和接口规范，使得人工智能模型便捷地实现跨系统共享复用；通过服务编排、服务自动封装、一键式发布等方式，实现研发流程标准化、自动化，降低业务定制化开发难度，实现智能服务快速开发、测试、交付部署。智能中台随时监控服务访问量，响应时长，通过银河证券容器云平台，可以在服务运行时根据业务访问需求变化而动态伸缩以应对业务高峰压力，提供高可靠服务，降低运维人员的负担。

随着银河证券业务智能化实践不断深入，智能中台未来会在如下几个方面进行探索：

一是扩展智能能力，探索应用场景。随着人工智能技术持续发展，智能中台项目将不断引进更多的人工智能模型，未来计划在风控、投研、营销、客服等方向实现业务智能化。

二是完善中台服务架构。目前基于 RestfulApi 微服务架构实现的编排服务在服务模式、访问性能方面有一定局限，未来计划利用 gRPC 方式和流式计算框架以支持更多高性能、低时延服务场景。

三是提高系统安全性。智能中台跨业务系统提供服务，可能引入新的风险点。未来智能中台将时刻警醒，做好服务访问权限、数据访问权限控制，通过提升技术和管理手段消除云计算中的安全风险。

人工分析与系统监控相结合有效管控客户异常行为研究

东北证券股份有限公司课题组[*]

近年来，监管机构不断强化对投资者异常行为的管控力度，旨在进一步净化市场，为投资者提供公平公正的交易环境。各证券公司始终高度重视投资者异常行为管理工作，但实践中仍然存在因为无法精准识别可疑客户而收到监管提示函件的情况，因此，如何提高识别投资者异常行为的精准度并有效引导客户合规交易成为行业各证券公司不断努力探究的课题之一。

2019年以来，东北证券在监管部门的专业指导下，持续加强防范非法配资、反外挂、异常交易监控等客户异常交易行为管理，针对系统监控的薄弱环节加强探索与实践，不断完善系统预警与人工排查相结合的工作机制，形成标准化的工作流程。历经两年的持续优化与总结完善，东北证券在投资者异常行为管理方面取得了一定的管理经验。

一、投资者异常行为分类与管控难点

（一）投资者异常行为分类

广义的投资者异常交易行为是指中国证监会、沪深证券交易所、全国中小企业股份转让系统等机构认定的异常交易行为以及可能影响市场稳定的其他交易行为。这些投资者异常行为中，场外配资、外挂和异常交易对维护资本市场稳定、有效发挥资本市场枢纽功能危害最为严重，应予以特别关注。

1. 场外配资

场外配资是指未经中国证监会批准，法人、自然人以高于投资者支付的保证金数倍的比

---

[*] 课题组简介：课题负责人：王爱宾，东北证券股份有限公司合规总监；副组长：李雪飞，东北证券股份有限公司副总裁、经发管委主任。课题组成员包括：赵文忠，东北证券股份有限公司合规管理部总经理；于彦，东北证券股份有限公司交易风控条线总经理；张卓，东北证券股份有限公司合规管理部总经理助理；李丹、孙洪超、潘云岩，均供职于东北证券股份有限公司合规管理部、交易风控条线。原载于《中国证券》2022年第8期。

例向其出借资金，组织投资者在特定证券账户上使用融入资金及保证金进行股票交易，并收取利息、费用或收益分成的活动。其行为模式主要包括系统分仓、出借账户、虚盘配资、点买配资等。

2. 外挂

外挂是指投资者非法接入证券公司交易系统或不当使用非证券公司官方发布的交易系统进行证券交易的行为，该行为可能给客户账户带来被盗买盗卖的风险。

3. 异常交易

异常交易是指由证券交易所定义的严重影响正常交易秩序的异常交易行为或者涉嫌违法违规的交易行为，主要包括虚假申报、拉抬打压、维持涨（跌）幅限制价格、自买自卖和互为对手方交易四类行为。

（二）投资者异常交易行为管控存在的难点

1. 非法证券机构惯用手段灵活，证券公司排查和监控难度大

2020 年以前证券公司监控系统大多以单指标进行监控，存在指标繁多、数据冗余的情况，对于单指标触发的客户，难以对客户整体异常交易行为进行画像分析，仍须对客户疑点进行逐一排查。

2. 外挂软件存在安全隐患，投资者账户安全无法得到保障

证券公司反外挂策略由各系统供应商提供，监控系统阈值难以把控，如何有效识别外挂软件客户并有效转化是有效管控外挂软件客户的重点课题。

3. 高净值客户自主交易意愿较强，异常交易行为管控难度较大

目前，证券公司对客户交易行为的管控层面，主要是以引导合规交易提示为主，系统监控为辅，系统监控又分为事前监控与事中、事后监控。应用最为广泛的仍是事中、事后监控，管控滞后；事前监控阻断模式由于会影响客户买卖交易，遇到极端行情客户无法及时买卖极易引起客户投诉，罕有应用。

二、投资者异常交易行为管控的探索与实践经验

东北证券在总结行业通行做法及排查系统监控薄弱环节的基础上，根据投资者异常行为的不同类型，不断完善差异化的系统预警与人工分析相结合的工作机制。

（一）系统监控与人工分析结合，提高非法配资防控质效

2019 年 9 月，吉林证监局要求东北证券对可能存在的非法配资账户进行核查和处置。东北证券对此高度重视，成立了以总裁为组长，分管经纪业务副总裁和合规总监为副组长，相关部门负责人、业务骨干员工为成员的专项工作小组，并与监管部门专管员深度交流，逐条梳理异常交易行为特点和排查防控的重点，在监控系统预警的基础上，增加人工排查和持续管控。

截至 2021 年 12 月 31 日，共发现高度疑似配资客户 70 户，对其均采取了限制买入、限期销户措施，另有部分客户由于被采取提佣等措施而选择主动销户。2020 年 9 月 28 日，中国证监会《关于核查处置疑似场外配资证券账户有关事项的函》提及的核查对象在下函之

前即已经被排查发现,并采取处置措施。

1. 应用随机森林模型系统筛选,提高核查客户精准度

使用恒生疑似配资专业版监控系统对账户核查名单进行筛选。系统应用随机森林模型,通过前置筛选、指标触发、模型筛选三个步骤对客户场外配资疑似程度进行打分,筛选出配资嫌疑较大的客户名单。

2. 总部逐户审核模式,避免利益冲突

东北证券配资核查管理模式为"自上而下"的方式,即由总部统一评估并下发核查数据,由营业网点进行核查,核查结果报总部逐户复审后完成账户处置工作。

3. 持续完善流程,形成标准化工作机制

(1) 账户核查的标准化工作流程。营业网点结合账户基本情况、背景调查以及改密、转账、交易终端等方面进行疑点核查分析;依据客户评分情况以及账户核查结果对客户疑似配资进行评级,并将核查结果通过公文形式报送公司总部审核。

(2) 完善人工分析关键点,提高排查精确度。经过监管部门的指导以及两年多的工作实践,东北证券总结归纳出疑似配资账户核查应包含客户的基本信息分析、背景调查、改密转账交易站点分析以及系统触发疑点分析等多个维度,对客户进行综合分析判断(见表1)。

表1 疑似配资账户核查

序号	账户信息类别	核查要点	核查目的
1	基本信息分析	◎是否异地开户及异地开户原因 ◎查询其他证券公司开户情况 ◎接收监管函件情况	客户开户行为及历史交易行为是否存在异常
2	背景信息调查	客户所有系统留存的相关手机号码: ◎通讯运营商实名制情况 ◎支付宝账户实名制情况 ◎互联网检索是否与配资平台相关	客户相关联系方式是否存在异常
3	改密、转账、交易站点分析	◎系统触发的指标结合交易站点信息的列举分析	客户交易站点是否存在异常

经过实践,东北证券总结了关于客户账户非实名制使用的一些站点信息规律:一是预留联系电话与转账涉及的手机号码不一致,且转账与交易涉及的站点地址完全不相关;二是转账与改密地址相同,但与交易地址完全不相关。上述两条异常线索在某网点同一批次账户核查的4个账户相关的终端站点排查中总结得出,并在后续核查工作中得到有效验证。实践中,可以从非实名制使用账户的疑点切入开展排查,通过客户回访、调研等多种方式排查是否存在非法配资行为。对于存在该类情况的账户,将提高客户的疑似配资账户核查评级结果并采取相应的账户处置措施。

4. 一站式工作底稿及核查名单库,形成管控闭环

2019年以来,东北证券结合10余批疑似配资账户核查的实践经验,不断优化完善并形成了账户核查工作底稿,还自建了疑似配资账户核查的名单库,实现核查账户名单的查询及账户状态跟踪,形成管控闭环。

5. 场外配资案例

客户 A、客户 B、客户 C、客户 D 这 4 名客户于 2020 年先后触发了"转账地址与交易地址不一致"指标，其中客户 A 还触发了交易活跃类的 3 个指标，从系统触发指标上无法判定是否存在配资行为。但人工核查过程中发现 4 名客户站点地址存在关联性且 4 名客户为亲属且均为同一经纪人开发，东北证券结合人工核查要点对 4 名客户进行了合并排查，具体情况如下：

（1）客户基本情况介绍。

客户 A：年龄 31 岁，某企业管理咨询有限公司总经理，2019 年 7 月开立账户，开户次日即入金开始操作，交易品种较多，转账、交易十分活跃。

客户 B：年龄 58 岁，离退休人员，2019 年 11 月开立账户，开户第二个月开始入金操作，转账、交易较为活跃。

客户 C：年龄 59 岁，某制药股份有限公司员工，2019 年 11 月开立账户，开户一周后开始入金操作，转账、交易较为活跃。

客户 D：年龄 38 岁，其他金融机构从业人员，2019 年 9 月开立账户，开户一周后开始入金操作，转账、交易较为活跃。

（2）核查发现的主要疑点。

疑点一：客户 A 存在同一交易日同时段相邻两笔交易在不同城市操作且两城市间距离与两笔交易间隔时间不合理。客户 A 称其为提高交易速度，使用阿里云服务器进行委托交易，可能导致站点归属城市差异较大的情况。

疑点二：4 名客户均存在频繁修改密码或密码错误超过 10 次的情况。客户称为了账户安全，存在定期修改密码的情况，修改后其家人登录账号，导致账户多次输入错误密码。

疑点三：4 名客户账户均存在账户清空后修改密码，且修改密码后的交易发生在新的地址，但转账地址未变更的情况。客户 A 账户于 7 月 10 日清空后，7 月 14 日修改密码，转账、改密地址与其他 3 户均相同，且在修改密码后交易地址发生了变化（见图 1）。

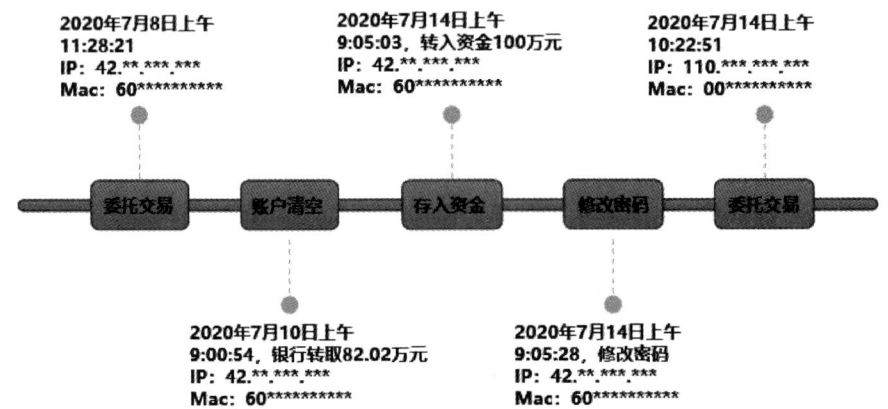

图 1　客户账户操作站点地址线索分析

客户 B 账户于 2020 年 1 月 16 日账户基本清空后修改了账户密码，转账、改密地址与其他 3 户均相同，1 月 21 日存入资金后交易地址较修改密码前的交易地址发生变化；客户 C 账户未发生清空账户的情况，但转账、改密地址与其他 3 户均相同，在 1 月 17 日修改密码后，交易地址发生变化；客户 D 账户于 10 月 9 日清空，转账、改密地址与其他 3 户均相同，修改密码前后交易地址发生变化。

对于上述账户站点信息异常情况，客户解释 4 名客户为亲属，均委托 A 代为操作账户，但经人工核查并根据实际情况分析，4 个账户的改密、转账地址相同，但交易地址与转账、改密地址不同，且交易涉及的手机号码与客户预留手机号码不相关，代为操作账户的账户交易站点地址应趋同。

根据排查，账户存在"预留联系电话与转账涉及的手机号码不一致且转账与交易涉及的站点地址完全不相关""转账与改密地址相同，但与交易地址完全不相关"的情况，客户无法进一步提供合理解释，此 4 个账户存在较大的账户出借或者配资嫌疑，公司最终对 4 名客户账户采取了限期注销的处置措施。目前 4 个账户均已销户。

（二）构建风险画像排查体系及转化方案，有效转化外挂客户

在转化外挂工作中，东北证券根据监管要求和行业经验，不断探索、总结和改进方法，"以客户为中心"，在保护投资者账户资金安全的前提下，满足投资者日常的交易需求，提升客户的交易体验，取得了客户的信任和配合，大幅降低了外挂报警数据总量，化解了部分客户账户使用风险。

1. 逐项分析数据特征，构建风险画像体系

通过对所有报警数据的全面分析以及对单一报警数据的深入研究，总结出应重点关注账户涉及的 7 个异常特征及疑点，并基于这 7 个特征对每个触发报警的客户进行画像。具体特征详见表 2。

表 2 异常账户涉及的 7 个特征及疑点

序号	异常账户特征	具体特征描述	存在的疑点
1	云 IP	客户站点 IP 为云服务器 IP	隐匿使用者的真实地理定位
2	Mac 地址异常	Mac 地址为空、全数字、全字母等不符合常规 Mac 地址字段的情形	可能属于客户恶意篡改 Mac 地址，意图隐匿真实的交易设备
3	Mac 地址有规律	不同客户之间 Mac 地址的前 10 位相同，仅后两位不同	可能属于客户恶意篡改 Mac 地址，意图隐匿真实的交易设备
4	多 Mac 地址	同一账户对应 4 个以上 Mac 地址	如客户曾经在住所和工作场所发生交易，且上述两设备均发生过更换，则涉及 4 个 Mac 地址为合理情形，一年内超过 4 个 Mac 地址不符合一般客户的交易行为
5	同址多账户	5 个以上账户通过同一 Mac 地址委托，且账户之间不存在同属于一个家庭等相关关系	可能存在客户账户非实名使用
6	高频交易	每分钟最大交易次数超过 30 次	客户自主手动操作很难达到每分钟 30 次，可能存在未经报备的程序化交易
7	高频转账	转账次数大于交易日 ×2	假设每个交易日转入、转出各一次属于正常行为，超出这一频次可能存在异常情况

2. 调研客户需求，针对性制订客户转化方案

（1）全面回访报警客户，了解客户需求并进行账户安全提示。东北证券组织各营业网点对触发反外挂策略报警的客户进行网上交易客户端需求调研，向客户提示风险，指导客户正确下载、安装官方软件。

（2）锁定重点排查对象，逐项分析异常特征。对客户账户累计报警数量、客户回访了解到的账户使用情况进行综合分析，对于年度累计"报警达到50次以上"的账户从背景信息、交易信息等方面进行多维度分析，对异常特征进行逐项排除式排查，为每位客户的分析结果单独建档，形成独立说明。

（3）对重点账户制订有针对性的转化方案。对于通过上述排查发现的重点账户、不了解如何安装官方软件的客户及购买使用"按键精灵""委托助手"等非法外挂软件的客户，采取不同措施引导客户使用官方软件。

3. 定期跟踪并总结外挂账户特征，持续优化排查方案

（1）设置专人每日跟踪报警数据，及时开展排查，单人建档，形成独立说明。

（2）跟踪重点账户持续报警情况，及时向软件供应商反馈反外挂策略的错报情况，持续优化反外挂策略。

（3）客户交易软件版本众多，东北证券相关部门形成联动机制，持续完善反外挂工作的流程及方法，有效提高报警精度，提升客户体验。

4. 转化非法外挂案例

客户L某，截至2021年9月累计触发反外挂策略系统报警数量800余次。

（1）客户基本情况介绍。

身份背景信息：客户L某，女，年龄44岁，本科学历，于2020年1月开立账户，预留联系电话为138xxxxxxxx，联系地址为吉林省松原市xxxxx。

交易情况：截至2020年9月，账户资金往来不频繁，转账方式均为手机委托，手机号码均为133xxxxxxxx（百度检索手机号码归属地为上海中国电信），IP地址分属松原和上海两地，交易活跃。

（2）核查发现的主要疑点。该客户使用云IP、同一账户对应4个以上Mac地址；近一年合计银证转账5笔，均为手机委托，百度检索手机号码归属地为上海，5笔委托的手机IMEI相同，百度检索交易流水的IP地址归属地分属松原和上海两地。

经了解，客户在上海有生意，日常大部分时间在上海，只有少数时间会在松原，与系统留存IP地址相符；经过多次沟通，客户承认其购买并使用了T0交易软件，通过对接破解版通达信行情系统对其持有的3只股票T0交易，目的是降低持仓成本，增加收益。客户陈述与历史交易情况相符。关于云IP、同一账户对应4个以上Mac地址以及相同Mac地址的相关账户等情况，客户表示并不知情，对软件运算逻辑不了解。

经过多次风险提示，客户L某在意识到使用T0软件登录交易账户存在账户被恶意盗买盗卖的风险后，立即完成密码修改，并表示后续使用官方软件。经过持续监测，该账户改密后的委托均来自公司官方软件，未再发生报警事件。

（三）事前风控阻断模式与事中事后监控双举措，有效管控客户异常交易行为

1. 持续完善监控机制，加强系统建设及指标优化评估

结合最新监管动态，及时优化完善监控系统功能；结合系统运行情况定期评估调整系统监控指标，不断提高监控工作的有效性。

2. 行业内率先启用事前风控阻断模式

2021年8月，东北证券经过多次测试以及5轮生产环境测试，上线试运行了事前风控系统，并于9月起对一个交易所重点监控账户正式启用事前监控及阻断模式。启用后系统运行平稳，取得良好的管控效果。

三、投资者异常行为管理存在的困惑及建议

（一）异常数据仅局限在各证券公司，未能实现行业共享

2018年以来，沪、深证券交易所持续加强重点监控账户名单管理，为证券公司提供了管控支持。但由于各证券公司仅能监控本公司开立账户客户的交易行为，存在部分恶意扰乱证券市场秩序的投资者可以通过阶段性、策略性更换证券公司的方式规避监控系统预警和异常行为的持续评估的情况。目前行业内还没有共享此类异常客户信息的途径。

（二）建议建立异常行为投资者信息共享数据库

建议沪、深证券交易所或其他行业自律组织建立数据上报路径，使各证券公司可以分别上报监控结果数据；沪、深证券交易所或其他行业自律组织同时结合其自身监控数据构建异常客户数据库，并向各证券公司开放共享投资者历史异常行为信息，实现行业数据共享，核查联动，更好地管控恶意扰乱证券市场秩序的投资者。

（三）东北证券下一步工作设想

1. 结合数字化转型，建立全方位客户风险画像体系

在疑似配资多维度账户核查方面，针对异地开户、监管函件、通讯运营商实名制、支付宝账户实名制情况以及互联网检索配资平台相关性和改密转账交易站点分析等方面的排查，目前还是主要依靠排查人员对异常信息的敏感程度。东北证券将进一步探索人工排查的有效性，并将成熟的排查方法转化为自主研发的系统监控模型，结合数字化转型整体工作安排，建立异常客户画像体系，减少人工误差。

2. 将客户异常行为数据分析方法应用于从业人员执业行为排查

排查客户异常交易行为的数据挖掘方法主要针对客户站点信息等进行排查分析，相应方法可以经过调整优化后拓展到对证券从业人员代客理财炒股等执业规范情况的监控排查。

量化交易精益管理探索

俞 枫[*]

在公司"三个三年三步走"战略路径构想引领下，2021年国泰君安启动全面数字化转型，面向客户、业务和管理，重点聚焦"增长、效率、体验、安全"四大维度，进行综合改革，打造公司高质量发展"新引擎"，制订发布了《全面数字化转型总体方案》，在业内首次清晰地、成体系地提出了打造"SMART投行"的全面数字化转型愿景。

信息技术条线秉承公司的战略思想，提出全面数字化转型应该围绕技术、数据、流程、组织四要素开展，既要自上而下，以客户为中心，依托组织变革和文化建设，引导业务、技术、管理能力提升，实现经营管理模式创新驱动业务模式革新；又要自下而上，以技术赋能为支撑，回归业务的本质进行优化与变革。

2019年加快科技赋能，信息技术投入在全行业领先，量化服务体系逐步补全；2020年创新服务模式，量化服务各项指标加速增长，量化服务体系进一步完善成型；2021年完成5项重点项目建设，引领量化交易突破式增长；2022年至今，券源通项目顺利上线，交易延迟全链路持续性能优化，交易评估TCA（Transaction Cost Analysis）等评价指标进一步完善，交易生态逐渐改善。伴随着公司数字化转型进程，量化交易低延迟解决方案和量化交易管理指标体系同步建设。过程中，国泰君安秉承精益管理中的持续改善、由顾客定义价值、全员参与等理念，逐步完成量化交易管理系统及指标体系的建设，不断为客户提供更好的量化交易服务。本文通过"起""承""转""合"几个方面，简述国泰君安在数字化转型进程中量化交易精益管理的探索。

---

[*] 作者简介：俞枫，博士，教授级高级工程师，行业信息化资深专家，现任国泰君安证券股份有限公司首席信息官，兼任金标委、证标委委员，金融科技创新联盟副理事长，证券期货业信息化专家委员会委员，中国证券业协会证券科技专业委员会副主任委员，上海市证券同业公会信息技术专业委员会主任委员。主持或参与制定了10余项行业技术标准和规范，获得发明专利1项，荣获省部级科技大奖15项，在各类期刊发表论文20余篇。原载于《中国证券》2022年第10期。

一、源起

国泰君安作为行业金融科技的开拓者和践行者,多年始终保持着对金融科技的高度重视与持续投入。2014 年行业领先的数据中心建成,是国内首家证券公司数据处理中心,为量化交易服务体系建设打下了坚实基础;随后逐步上线了算法交易、自研专业交易终端软件君弘君融和君弘君易、统一交易网关等系统。2018 年极速柜台上线,标志着量化交易低延迟解决方案的正式启动。至 2020 年底,构建了极速柜台、高频行情、量化中台、算法中台和终端应用的完善的量化服务体系,且所有组件均实现核心技术自主掌控,其中 FPGA(Field Programmable Gate Array)极速行情和自研低延迟柜台都代表了行业最先进的技术水平。

伴随着量化行业的发展,量化产品的管理规模从 2018 年的千亿元增长到了 2021 年的万亿元水平,量化交易客户的需求逐渐清晰明确,交易低延迟的需求混合着个性化的交易系统需求,对于证券公司交易系统建设提出了较大的挑战。证券公司既要不断优化交易系统延迟以满足用户交易速度需求,又要在基础交易功能外迅速响应用户的非标准化系统需求,还要在快速迭代的过程中维护好系统的兼容性和稳定性。在此背景下,国泰君安自 2018 年以来摸索出一套基于低延时框架底座和全流程风险管理的低延时量化交易生态技术体系,可快速响应客户的个性化和链路低延时的需求,使其成为量化系统的"贡献者、使用者、受益者"。低延迟底座支持极速交易的技术需求,全链路风控管理系统提供了业务风险管理能力,两者结合为客户提供全链路可管可控的低延迟交易服务。

二、承接

2021 年初,为推动量化交易服务的快速发展,在总裁办公会上,国泰君安科技与业务领导在会上讨论了 2021 年量化交易低延迟解决方案建设主旨方针,建设行业延迟性能领先的交易系统,发展量化生态,强化对公司内、外用户的服务能力,通过重点用户服务跟踪,优化服务质量和服务效率。

量化交易低延迟解决方案落实对应三大重要举措:全面提升,构建生态,队伍建设。首先,全面提升对应量化交易低延迟解决方案的基础建设部分,打造行业综合延迟性能第一的全链路解决方案,上海金桥机房建设以及低延迟极速柜台建设按计划完成,为后期提供高质量的量化低延迟交易服务提供了基础支撑。其次,量化生态建设中,STS(Smart Trading System)构建了丰富的专业化交易终端体系,打造算法总线,提供更加丰富的服务内容。同时与"两融"、QFII(合格境外机构投资者)以及期货合作,极大地丰富了量化服务解决方案,可以满足客户需求。截至 2021 年底,公司完成了"5+3"托管机房行业最优解决方案,支持量化交易业务场景落地。最后,队伍建设方面,连续多年完成大量人员扩充,顺利支持量化交易业务量逐年翻倍增长(见图 1)。

三、转变

2021 年是国泰君安量化交易低延迟解决方案进一步完善的一年,随着量化交易 F1 赛道

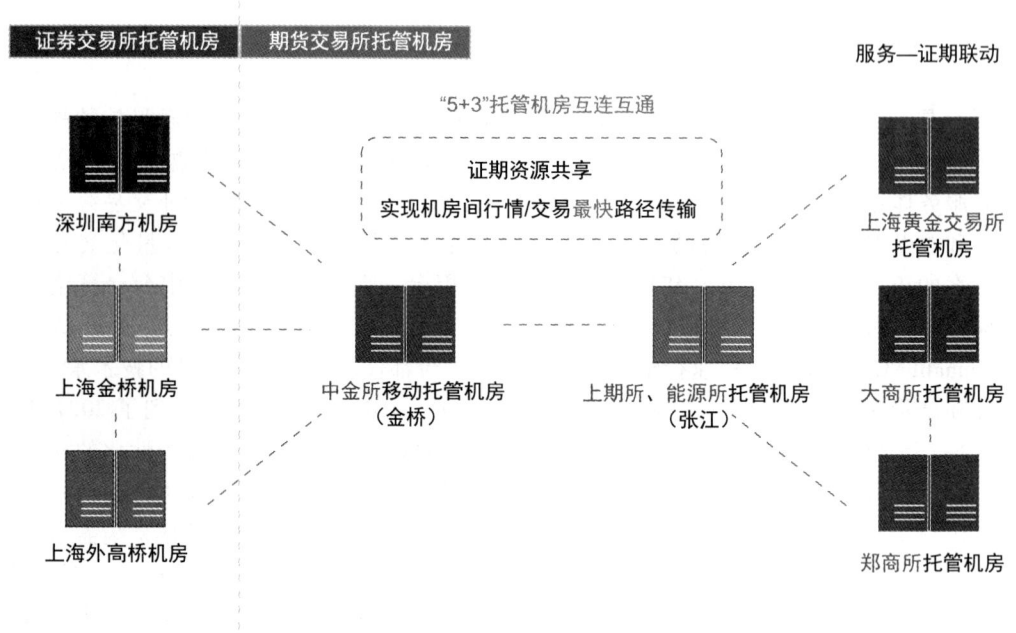

图 1　量化交易低延迟解决方案

的建成，公司量化交易低延迟性能在沪、深两市综合排名第一位，配套的量化服务体系和生态体系进一步完善，标志着量化服务强基固本阶段正式完成，也标志着量化交易服务体系争先进位阶段的正式开始。随着近些年量化交易机构发展的崛起，量化交易在 2021 年管理规模超过 1 万亿元，流动性占比接近二级市场的 20%，量化服务已经从增量业务开始向存量服务转变，这对量化服务体系进一步完善也提出了新的要求。

2022 年，量化低延迟服务体系将会持续完善量化交易技术生态，从如下几个方面打造长效且富有活力的量化交易技术供应链：

一是行情：自研为主，保持技术和业务领先的水平，拓展下游服务能力。

二是交易：与细分领域顶级科技公司合作，建立极速和丰富的交易功能。

三是清算：加强清算文件分发的标准化和服务的效率。

四是风控：基于现有量化中台的聚合能力，加强与客户、监管部门、服务商的联系，建设集约有预见性的技术业务能力。

五是算法：构建统一的算法总线，支持多算法灵活调用的服务模式；自研算法评价基准，更好地评价算法效果，更好地为客户提供算法评估执行效果服务。

六是"两融"：建设券源通系统，优化融券业务对客服务能力。

2022 年国泰君安在量化交易骨架层功能建设方面，制定了多个"速赢"项目，以期集中力量，短期高效完成重点功能系统的上线，实现更好的对客量化服务体验。在系统研发过程中，各团队充分利用精益管理的理念，构建小团队，快速迭代。截至 2022 年 8 月底，新一代核心系统、多空收益互换、券源通的重点工作均已完成；此外配合量化交易还新增了多套平台型专业终端，完成 TCA 算法评估系统，完成 1.5 层交换机研发。在服务体系建设中，2022 年持续推进量化交易系统管理办法的优化，进一步推广 DevOps 经验，优化量化全链路运维管理效率，优化异常交易风控、提升异常交易管理水平，完善期权程序化报备和可转债程序化交易报送管理，提升管理能力。此外，对客量化服务能力对内输出，支持自营部门投资交易需求，增强自营交易系统辅助功能。

四、和合

国泰君安为更好地对量化低延迟交易进行可控管理，依托公司全面数字化转型，逐步完善程序化、量化交易统计指标体系建设。作为公司数字化转型的重要环节，数据中心坚决贯彻执行全面数字化转型，自主规划智能运维管理体系，通过联合共建的创新方式，积极探索面向金融发展新趋势的一体化智能运维平台建设。数据中心的智能运维管理体系，实现了以大数据与算法为基础、以数据治理为手段、以中台技术架构为支撑，集成现有运维工具链，对多样化数据梳理整合，实现数据采集、处理、分析、展示统一的智能运维应用体系。数据中心的一体化智能运维平台，实现了对业务系统的全面多维监控、日志分析、调用跟踪、容量管理、算法应用、优化告警等功能，为数字化转型和完善用户体验提供了有力的运维保障。

国泰君安全链路低延迟量化交易系统中，自研的多柜台统一适配的三方网关项目是集中体现程序化、量化交易统计指标体系的项目之一。量化交易服务分散、交易柜台较多，缺少全链条式量化交易服务和集约式的风险管理控制，需要建设公司级量化交易中台，形成前、中、后台的整体解决方案，构建连接柜台、风险分析、投资组合管理、复杂交易和各终端于一体的量化交易全链路平台型系统。三方网关通过聚合公司的账户、交易、存管、清算、运营管理等部门服务节点，建设完成全流程、标准化的机构业务服务方案，为客户提供决策可量化、交易自动化、风险可管控、监控透明化、能力平台化的解决方案。三方网关项目基于前、中、后台的整体解决方案，连接柜台和终端，用于构建量化交易全链路的中台服务，具备集约增效的特点。一套系统打通现货、"两融"、期权等交易柜台；可无缝切换多套柜台；多层次接入管控，对交易信息系统外部接入实施集中统一管理。

程序化、量化交易统计指标体系建设，主要包括基础运维指标和特色业务指标：交易和延迟管理、异常交易旁路风控、客户体验优化管理、可转债程序化报送管理和TCA算法评估管理等。

一是交易和延迟管理：通过日志标准化和硬件打点技术，精准度量全链路节点延迟，有效提升延迟异常捕获能力，降低问题定位时间，便于用户在关键延迟节点的性能监控和优化。

二是异常交易旁路风控：基础风控能力项建设满足交易所异常交易管理要求，提升风控精准性，配合用户需求开发定制化异常交易风控服务。

三是客户体验优化管理：深度场景化理解用户交易行为，定期回顾核心交易业务指标，主动优化客户交易体验。

四是可转债程序化报送管理：根据交易所"双十"要求，自动对触发报送要求的账户进行监管报送。

五是TCA算法评估管理：构建国泰君安算法交易评价标准，为市场提供统一可比口径的算法评估结果，提升用户对于算法结果的分析能力。

从强基固本、争先进位到全面领先，量化低延迟服务方案的逐步发展完善，离不开行业发展的大背景，离不开公司对金融科技的重视和投入，离不开数字化转型带来的服务能力和服务效率的持续提升，更离不开程序化交易指标对业务的管理和风控能力的帮助。充分运用精益管理的核心理念及工具，国泰君安量化低延迟服务将会乘着公司数字化转型的东风，进一步聚焦"增长、效率、体验、安全"四大维度，完善长效且富有活力的量化交易技术供应链，具备应对持续变化的量化交易技术需求，持续打造面向未来的战略竞争优势，以全面数字化转型引领驱动公司高质量发展。